Christian Michel/Felix Novak

Kleines Psychologisches Wörterbuch

HERDER spektrum

Band 5870

Das Buch

Mit dem Kleinen Psychologischen Wörterbuch erhält man auf einen Blick grundlegende Informationen zu allen Bereichen der Psychologie: über die bedeutenden psychologischen Schulen und Therapiearten, über psychologische Störungen, über naturwissenschaftliche Grundlagen der Psychologie und über die Bereiche, in denen die Psychologie befragt wird. In gut verständlicher Sprache werden in kürzeren Artikeln Fachbegriffe erklärt, in den längeren Artikeln Zusammenhänge aufgezeigt. Ein Verweissystem erschließt die unterschiedlichen Ebenen von Problemen und lädt ein zum Weiterlesen.
Die kompakten Informationen und hilfreichen Anregungen für das Verstehen psychologischer Vorgänge sind hilfreich für den Alltag, für die berufliche Arbeit und das Weiterstudium.

Die Autoren

Felix Novak, geboren 1942, Dr. phil., Diplompsychologe, unterrichtete 30 Jahre lang in den Fächern Psychologie, Pädagogik und Ethik an der Fachoberschule und Berufsoberschule Schweinfurt. Seit August 2000 leitet er die Staatl. Fach- und Berufsoberschule Regensburg. Weitere Arbeitsgebiete sind: Lehrerausbildung und -fortbildung, Verfassen von Schulbüchern, Organisationsentwicklung, Mediation bei Konflikten in Organisationen.

Christian Michel, geb. 1946, Diplompsychologe, arbeitete einige Jahre im Bereich der Beratung und ist seit 1972 Lehrer in den Fächern Pädagogik und Psychologie an der Fach- und Berufsoberschule in Kitzingen. Weitere Arbeitsschwerpunkte: Beratung und Fortbildung von Lehrern, Konzeption von Lehrplänen.

Christian Michel
Felix Novak

Kleines Psychologisches Wörterbuch

Das Standardwerk

HERDER
FREIBURG · BASEL · WIEN

Gedruckt auf umweltfreundlichem,
chlorfrei gebleichtem Papier

Neuausgabe von Band 5115
(Erweitert und aktualisiert 2004)

22. Gesamtauflage

www.herder.de
Herstellung: fgb · freiburger graphische betriebe 2007
www.fgb.de
Umschlaggestaltung und Konzeption:
R·M·E München / Roland Eschlbeck, Liana Tuchel
Umschlagmotiv: © Erich Buchholz, Sog-Suction, 1920
ISBN 978-3-451-05870-7

Vorwort

Ist es sinnvoll, ein 25 Jahre altes, vor 10 Jahren bereits grundlegend überarbeitetes psychologisches Wörterbuch auf den aktuellen Stand zu bringen? Das fragten wir uns, als Herr Raab vom Verlag Herder uns sein Konzept zu einer völlig neuen Ausgabe unterbreitete. Seine Vorstellungen überzeugten – für seine Unterstützung sei ihm an dieser Stelle herzlich gedankt – und wir begannen mit der Arbeit, um eines der erfolgreichsten Taschenbücher des Herder Verlags am Leben zu erhalten.
Ist ein psychologisches Wörterbuch im Taschenbuchformat angesichts schier unbegrenzter Informationsmöglichkeiten durch das Internet überhaupt noch sinnvoll nutzbar und einsetzbar, war die zweite Frage, die uns beschäftigte. Natürlich kann die Informationsfülle und -dichte im Taschenbuch nicht mit dem Internet konkurrieren. Andererseits ist der mobile, unkomplizierte Zugriff und das schnelle Nachlesen-Können über alle wichtigen Themen und Stichwörter der Psychologie nur in einem Taschenbuch möglich.
Im Vorwort zur neubearbeiteten Ausgabe vor 10 Jahren haben wir uns die Frage gestellt, was sich in der Psychologie seit der ersten Ausgabe vor damals 15 Jahren geändert hat. Die Überlegungen, die wir dort im Vorwort angestellt haben, erscheinen uns immer noch zutreffend und aktuell, so dass wir diesen Teil des Vorwortes hier zitieren dürfen: „Die wissenschaftliche Psychologie wurde um viele Erkenntnisse, insbesondere um solche von großer praktischer Nützlichkeit, bereichert. Der Glaube an die Allmacht der naturwissenschaftlichen Psychologie und empirischer Methoden wurde zugunsten geisteswissenschaftlicher Interpretation und tiefenpsychologischer Deutung zurückgedrängt. Das humanistische Menschenbild und die Berücksichtigung typisch menschlicher Wesensmerkmale, die wir im Denken, sinnvollen Handeln und Erwarten künftiger Ereignisse, d. h. in den kognitiven Prozessen, sehen, haben die Psychologie selbst ‚menschlicher' gemacht. Es war uns sehr wichtig, dies bei der Neubearbeitung zu berücksichtigen." Wir sind überzeugt, dass die Entwicklung in der Gesellschaft und in der wissenschaftlichen Psychologie im letzten Jahrzehnt unsere damalige Auffassung nicht nur bestätigt, sondern im Sinne dieser Darstellung fortgeführt wurde. Hinzu kamen allerdings neue Erscheinungen, die wir damals so nicht vorausgesehen oder geahnt haben (z. B. die ökologische Problematik, die Globalisierung und Vernetzung der Wirtschaft, Erweiterung der Kommunikationsmöglichkeiten durch elektronische Medien). Demzufolge sind Innovation, Rationalisierung, Organisationsentwicklung, Gesundheitsförderung, totale Kommunikation, aber auch Stress, Hetze, Überforderung, Anonymität, Termindruck Themen, die unser Leben beeinflussen. Unsere Recherche hat gezeigt, dass diese Entwicklung tiefe Spuren auch in der wissenschaftlichen Psychologie und vor allem in der klinischen

und angewandten Psychologie hinterlassen hat. Bei der jetzt vorliegenden Aktualisierung haben wir diese Entwicklung angemessen berücksichtigt und vor allem Themen der Klinischen und Angewandten Psychologie neu einbezogen oder ausgebaut. Andrerseits sind viele Informationen, die vor 25 Jahren als grundlegend und unverzichtbar eingestuft wurden, heute nicht mehr interessant. Auch dem wollten wir in der Aktualisierung angemessen gerecht werden.
Nach wie vor verfolgt dieses Nachschlagewerk folgende Ziele:

1. Es kann zu Rate gezogen werden, wenn beim Lesen psychologischer Fachliteratur Verständnisprobleme auftreten.
2. Der Leser wird in die Lage versetzt, seine eigenen Probleme und Konflikte präziser zu umschreiben und anderen mitzuteilen. Man kann im Buch Hilfen zur Reflexion von eigenen Verhaltensweisen und darüber erhalten, welche Sichtweisen von Problemen möglich sind. Es werden relativ detaillierte Informationen über effektive und wissenschaftlich fundierte Beratungs- und Therapiemöglichkeiten geboten.
3. In diesem Nachschlagewerk werden die Interessen verschiedener sozialer Berufe, z.B. Seelsorger, Sozialpädagogen, Lehrer, Erzieher, und die Bedürfnisse verschiedener berufsbildender Schulen wie z.B. Fachschulen, Fachakademien, Fachoberschulen, Berufsoberschulen und auch Fachhochschulen berücksichtigt.

Es ist uns bewusst, dass wir mit dem Bemühen um Verständlichkeit und Informationsdichte zu hohe Ansprüche an eine streng wissenschaftliche Darstellung lockern mussten. Manche Vereinfachung, die häufig fehlende Darstellung von Kontroversen, der Verzicht auf das Zitieren von Autoren, Nennung von Namen ohne die dazugehörende Literaturangaben, und oft auch der Hinweis auf den Hypothesencharakter von Aussagen lassen etliche Darstellungen als endgültig gesichertes Ergebnis der Psychologie erscheinen, obwohl es sich, streng wissenschaftlich betrachtet, um Meinungen, Betrachtungen oder um Theorien handelt. Daher wird der Leser von uns ausdrücklich darauf hingewiesen, dass die von uns aufgeführten Erkenntnisse gut gesichert und begründet sind, aber keineswegs Anspruch auf Vollständigkeit oder alleinige Richtigkeit (Wahrheit) erheben.
Wir wollen den Leser nicht belehren. Wir wünschen uns vielmehr, dass es ihm gelingen möge, in dem Nachschlagewerk die Informationen, Hinweise und Anregungen zu finden, die er im Alltag seiner professionellen Praxis, in der Schule oder im Studium und zum kompetenten Umgang mit psychologischen Fragen braucht.

AAM, Abkürzung für *angeborener Auslösemechanismus*. Tiere können auf bestimmte innere oder äußere Reize angepasst reagieren, weil ihr Verhalten oft durch eine angeborene Bereitschaft, einen bestimmten Reiz mit einer ganz bestimmten Reaktion zu beantworten, gesteuert wird.

Aberglaube, Glaube wider bessere Einsicht. Abergläubisches Verhalten, wie verschiedene Bräuche, Regentänze u. a. Maßnahmen zur Abwehr und Herbeiführung von Unheil in primitiven Kulturen und der Glaube an Talisman, Maskottchen, Horoskope usw. in zivilisierten Gesellschaften ist immer dann zu beobachten, wenn bestimmte Ereignisse mit großer Wahrscheinlichkeit auftreten, jedoch nicht vorhersagbar sind. Beispiele: Deutung bestimmter Zeichen für die Voraussage des Geschlechts während der Schwangerschaft, Tragen von Talismanen, der Glaube an Glück bringende Maskottchen am Spieltisch, im Wettkampf (Fußballspiel) oder in einer wichtigen Prüfung. Da die so vorausgesagten Ereignisse oft eintreten, wird der Aberglaube verstärkt, gelernt. Eine einzige ↗Bekräftigung wiegt viele unverstärkte Versuche, d. h. falsche Voraussagen, auf (↗Lernen). Das so gelernte Verhalten wird trotz „besserer Einsicht“ beibehalten; der Glaube an die Wirksamkeit eines Talismans verringert die Erwartungsangst, z. B. bei Prüfungen, in denen man dann dank der größeren Gelassenheit besser abschneidet.

Abhängige Variable, Bezeichnung für die veränderliche Größe (z. B. Reaktion), die von einer kontrollierten, vom Experimentator eingesetzten Größe (unabhängige Variable, Reiz) als abhängig angenommen wird. ↗Experiment, ↗Methoden der Psychologie.

Abnormität, Sammelbezeichnung für psychische Störungen, für auffallende und von der Normalität abweichende Formen des Erlebens und Verhaltens, die als pathologisch und behandlungsbedürftig eingestuft werden. ↗Normen und Normalität.

Abreaktion (↗Katharsis), Ausleben psychischer Energie. Umstrittene Annahme, dass ungehemmte Äußerungen unterdrückter Gefühle und Wünsche zum Wohlbefinden beitragen und an zerstörerischer Wirkung verlieren.

Abwehrmechanismen. Die ↗Psychoanalyse nimmt an, dass Triebwünsche, deren Befriedigung verboten ist, die aber nicht aufgeschoben werden können, Spannungen und Ängste erzeugen. Diese können – i. d. R. unbewusst – durch Abwehrmechanismen reduziert werden. Nach Sigmund Freud sind A. unbewusste Strategien des Ich, um die Wirkung solcher Ängste zu verringern, die als Folge verbotener Triebwünsche oder negativer Gefühle entstehen. Solche Strategien führen in der Regel zu unangepassten Verhaltensweisen und Konflikten mit der Umwelt. Die wichtigsten Abwehrmechanismen sind:

1. *Rationalisierung.* Für das Ausbleiben einer Befriedigung oder für eigene unangepasste Verhaltensweisen wird eine einleuchtende, aber nicht der

A

tatsächlichen Situation entsprechende Erklärung gefunden. Beispiele: Zwanghaftes Kontrollieren, ob das Auto verkehrssicher ist (aus übergroßer Angst vor Verletzung), wird damit begründet, dass die Werkstätten schon viele gravierende Mängel übersehen haben. Häufige Erklärungen sind: die anderen tun es ja auch, die können ja nicht wissen, dass ich gewichtige Gründe hatte, es gab keine andere Möglichkeit usw. Rationalisierungen sind leicht durchschaubare Rechtfertigungen unangepassten Verhaltens.
2. *Verkehrung ins Gegenteil.* Sozial abgelehnte und verpönte Triebwünsche werden durch gegenteiliges Verhalten abgewehrt. Der Mechanismus kann mit dem Satz umschrieben werden: „Seht doch, wie ich mich aufopfere“ oder „Wie hilfreich und sozial ich bin!“ Eine Mutter, die ihr Kind unbewusst oder bewusst ablehnt, ist überbesorgt um das Wohl des Kindes, verzärtelt und verwöhnt es in übertriebenem Maße. Ein Geschäftsmann, der rücksichtslos andere Menschen ausbeutet, versucht sein Verhalten durch großzügige Spenden zu verbergen und seine „soziale“ Einstellung zu zeigen. Solche Vorgänge werden selten gezielt gesteuert und bewusst eingesetzt, und der Geschäftsmann ist von seiner sozialen Einstellung überzeugt. Auch das so genannte Helfersyndrom könnte durch diesen Abwehrmechanismus begründet sein.
Weitere Abwehrmechanismen sind:
3. ↗*Verdrängung* ist gegeben, wenn unerlaubten, Angst verursachenden Triebwünschen und Gefühlen der Zugang zum Bewussten versperrt wird.
4. ↗*Regression* besteht im Zurückgreifen auf längst überwundene Verhaltensweisen, um Energie zur Bewältigung belastender Situationen zu gewinnen. Nächtliches Einnässen wird als Folge der Regression gedeutet. Das Ich gewinnt Energie, in dem es bestimmte kindhafte Verhaltensweisen nicht mehr kontrollieren und beherrschen muss.
5. ↗*Projektion* liegt vor, wenn eigene unerlaubte Triebwünsche und Gefühle an anderen Personen wahrgenommen werden; diese Personen werden wegen projektionsbedingter Wahrnehmung bekämpft, wodurch es zu Konflikten kommt.
6. ↗*Sublimierung* entsteht durch Umkehrung, Maskierung, Verschleierung verpönter Triebwünsche durch kulturell erlaubte Tätigkeiten. Ein Chirurg kann z. B. seine Aggressionen ausleben.
7. Von *Identifikation* spricht man, wenn eine Gleichstellung mit anderen Personen, ein Schlüpfen in die Position oder Rolle anderer Personen zur Bewältigung unbewusster Angst eingesetzt wird.

Adaptation, Anpassung. 1. Es wurde beobachtet, dass sich Menschen in ihrem Verhalten, ihren Einstellungen und auch in ihren Wahrnehmungsurteilen von der sozialen Umgebung (Gruppendruck, Normen und Wertvorstellungen) beeinflussen lassen. Man spricht von sozialer Anpassung. 2. Sinnesphysiologische Prozesse, die der Anpassung der Sinneswahrnehmung an veränderte Umweltverhältnisse dienen. Bei der Gesichtswahrnehmung spricht man von Helladaptation (beim Übergang aus einem dunklen in einen hellen Raum) und Dunkeladaptation (umgekehrt).

A

Adaptationssyndrom. Mit dem Begriff „allgemeines Adaptationssyndrom" hat der Stressforscher H. Seyle alle unmittelbaren körperlichen Reaktionen auf Stressoren zusammengefasst. ↗Stress.

Adoleszenz wird in der Entwicklungspsychologie die Phase des Übergangs ins Erwachsenenalter genannt. ↗Jugendalter.

Adoption. Die Adoption (Annahme eines anderen an Kindes statt; durch einen Adoptionsvertrag wird eine Eltern-Kind-Beziehung hergestellt, die nicht lösbar ist) ist mit vielen psychologischen Problemen verbunden. Daher ist Adoption immer mit Beratung von Eltern, die ihr Kind zur Adoption frei geben wollen und mit Beratung sowie Überprüfung von Eltern, die ein Kind adoptieren wollen, verbunden. Vor der Adoption sollten die Motive für die Annahme eines Kindes geklärt werden. Es ist wichtig, dass die Adoption von beiden Elternteilen gewünscht wird. Adoptiveltern müssen wissen, dass der Adoptionsvertrag unlösbar ist und dass sie eines Tages das Kind über seine Herkunft aufklären müssen. Die Erziehung von Adoptivkindern – wie auch von *Pflegekindern* – wird oft durch folgende Einstellungen beeinträchtigt:

- Das Kind wird durch „Dankbarkeitsanspruch" belastet, die aufopfernde Mühe wird ihm bei jeder Kleinigkeit vorgehalten.
- Es werden zu hohe Ansprüche und Erwartungen gestellt.
- Bei Pflegekindern werden Erziehungsschwierigkeiten mit der Drohung beantwortet: „Dann gebe ich dich wieder weg!"
- Gelegentlich wird bei Adoptiv- und Pflegekindern ein ausgesprochen negatives Elternbild gezüchtet („Ganz wie der Vater").
- Die Adoptiv- und Pflegeeltern unterliegen einer so genannten „Erziehungsängstlichkeit": Sie fürchten, etwas falsch zu machen, und stehen den üblichen Eltern-Kind-Krisen (z. B. in der Pubertät) ratlos gegenüber.
- Bei den ersten Erziehungsschwierigkeiten kommt es zu dramatisierenden Warnungen seitens der Verwandtschaft (ökonomische Gründe), die eine erhebliche Belastung für Adoptiveltern bedeuten;
- Wird das Kind nach dem 1. Lebensjahr adoptiert, so sind Erziehungsschwierigkeiten zu erwarten, die auf falsche Erziehung im 1. Lebensjahr zurückzuführen sind.

Zu Adoption, Adoptionsberatung, über den Austausch zwischen den Adoptiveltern und -kindern, Adoptionsvermittlung usw. sind viele Informationen und Angebote im Internet zu finden.

Adrenalin, Hormon des Nebennierenmarks, das besonders bei emotionalen Belastungen ausgeschüttet wird und für eine Aktivierung des Organismus sorgt (erhöhter Herzschlag, Verengung der Blutgefäße, Steigerung des Blutdrucks u. a.). ↗Hormone.

Affekt, heftiges, starkes Gefühl, starke Erregung, unkontrollierte Handlung. Mit affektiv werden alle Erlebnisse und Verhaltensweisen bezeichnet, die durch starke Gefühle bedingt oder mit starken Gefühlen eng verknüpft sind und von gefühlsmäßiger Erregung begleitet werden.

A

Aggression. Unter dem Begriff Aggression wird jene Verhaltenssequenz verstanden, die darauf ausgerichtet ist, einen Organismus oder Gegenstand zu schädigen. In der wissenschaftlichen Diskussion besteht eine Kontroverse darüber, ob aggressives Verhalten angeboren, also instinktiv ist (↗Triebe) oder ob es sich um erlernte Verhaltensweisen handelt. Für die Vielfalt aggressiver Verhaltensweisen (von roher Gewalt bis hin zu sprachlicher Aggression) ist das Vorhandensein einer einheitlichen Ursache (nur angeboren – nur erlernt) unwahrscheinlich. Insgesamt wird das Entstehen durch drei Theorien erklärt:

- *Aggression als Ausdrucksform eines ererbten ↗Triebes oder Instinkts.* S. Freud postuliert den der ↗Libido entgegenwirkenden, lebenszerstörenden Todestrieb, der sich z. B. im sadistischen und masochistischen (↗Perversionen) Verhalten des Menschen äußert. Die vergleichende ↗Verhaltensforschung nimmt ebenso einen angeborenen Trieb an, meint jedoch, dass das aggressive Verhalten nicht auf die Zerstörung anderer, sondern primär auf die Sicherung von z. B. Nahrung, Lebensraum und Paarung gerichtet ist. Die Aggression, so meinen verschiedene Verhaltensforscher (z. B. K. Lorenz), dient der Arterhaltung durch eine biologisch gesteuerte Auslese.
- *Aggression als Reaktion auf ↗Frustration.* Die Frustrations-Aggressions-Hypothese wurde von J. Dollard und N. E. Miller 1939 erstmals veröffentlicht und besagt, dass Aggressionen immer als eine Reaktion auf die Störung einer zielgerichteten Aktivität oder einer nicht verarbeiteten Einschränkung (Beispiel: erlittenes Unrecht) zurückzuführen sind und Frustrationen ab einer bestimmten Stärke immer Aggression zur Folge haben. Die Frustrations-Aggressions-Hypothese ist keine echte Alternative gegenüber einer am Trieb oder Instinkt orientierten Forschung, denn zumindest in ihrer frühen Formulierung wird der Eindruck erweckt, als sei die Frustration gleichsam der (angeborene) auslösende Reiz für aggressives Verhalten. Physiologisch ist bei Frustrationen eine Erhöhung des Blutdrucks zu beobachten, der zum Ausgangswert zurückkehrt, wenn das Individuum mit Aggressionen reagiert. Aggressionen wirken hier kathartisch (↗Katharsis) und reduzieren die entstandene Wut oder Furcht. Jedoch hat der Mensch noch andere Möglichkeiten, auf erlittene Frustrationen zu reagieren (↗Frustration). Die Frustrations-Aggressions-Hypothese ist somit zwar nicht falsch, aber ähnlich wie der trieborientierte Ansatz ist sie nicht in der Lage, die Aggression ausreichend zu erklären.
- *Aggression als erlernte Verhaltensweise.* Gegenwärtig ist die Auffassung vorherrschend, dass Aggressionen nach denselben Prinzipien gelernt werden wie andere menschliche Verhaltensweisen (↗Lernen). Durch Imitation lernen Kinder das aggressive Verhalten der Personen, die sie akzeptieren und die ihnen imponieren. So werden erfolgreiche Vorbilder aus Fernsehen und Film nachgeahmt, und jeder, der es wissen will, weiß heute, wie man Geiselnahmen, Bombendrohungen oder Vergewaltigungen durchführen kann (nach H. Selb, 1994). Die Wahrscheinlichkeit eines zukünftigen Auftretens von Aggression wird erhöht, wenn sie zum Erfolg führt. Dies ist häufig in Kindergärten oder im Haushalt zu beobachten, wenn Kinder sich aggressiv

fremdes Spielzeug aneignen oder vernachlässigte Kinder Aggressionen einsetzen, um sich Beachtung und Zuwendung zu verschaffen. Auch Schulkinder verhalten sich vielfach aggressiv, um die Aufmerksamkeit des Lehrers auf sich zu lenken. Zeigt ein Kind aggressives Verhalten, so wird es meist stärker beachtet, d. h. Aggression führt oft rascher und wirksamer zum Erfolg (Beachtet-Werden) als andere Verhaltensweisen. Im Erwachsenenalter werden Aggressionen verstärkt, z. B. durch den beruflichen Erfolg, der auf das aggressive Sich-Einsetzen folgt (Ellenbogenmenschen). Hinter den zu beobachtenden erlernten Aggressionen können eine Menge verschiedener Bedürfnisse (↗Motivation) verborgen sein. Man spricht in diesem Zusammenhang von der instrumentellen Aggression, denn sie kann als Instrument bzw. als ein Weg angesehen werden, um ein Ziel zu erreichen. Es ist erwiesen, dass bei strenger Erziehung (die meist aggressives Erzieherverhalten bedeutet) Kinder aggressives Verhalten entwickeln. Die Annahme, dass Aggressionen gelernt sind, kann gegenwärtig am besten begründet werden und erklärt die meisten Aggressionserscheinungen.

Ungeklärt ist der oft destruktive, grausame Charakter menschlicher Aggression, der von Fromm beschrieben wird: „Das Einzigartige beim Menschen ist, dass er von Impulsen zu morden und zu quälen getrieben werden kann und dass er dabei Lustgefühle empfindet. Er ist das einzige Lebewesen, das zum Mörder und Vernichter der eigenen Art werden kann, ohne davon einen entsprechenden biologischen oder ökonomischen Nutzen zu haben."

Möglichkeiten zur Aggressionsbewältigung. Die vergleichende ↗Verhaltensforschung glaubt, dass menschliche Aggressionen abgebaut werden können durch das Beobachten von Gewalt, z. B. im Film und Fernsehen, das Zerstören von Gegenständen und durch das Ausüben von Wettkämpfen (Fußball). Gegen letzteres spricht die Tatsache, dass durch Wahrnehmungen von Aggression diese ebenso erhöht werden kann (Imitationslernen). Es ist wichtig zu lernen, eigene Bedürfnisse zurückzustellen und Aktivitäten zu suchen, bei denen man sich abreagieren kann (z. B. im Sport). Wenn Aggressionen nicht auf sozial anerkannte Weise abgebaut werden, kann es nach Ansicht der trieborientierten Forscher zu nicht mehr kontrollierbaren Äußerungen der Aggression kommen. Kinder sollten schon früh lernen, mit Frustrationen konstruktiv umzugehen, um sich nicht in die Aggression flüchten zu müssen. Ein aggressives Bestrafen von Aggressionen ist falsch, weil dadurch neue Aggressionen gelernt werden. Häufig werden nachträglich Erklärungen für ein aggressives Verhalten erfunden, von dessen Berechtigung man nicht ganz überzeugt ist. Diese Rationalisierungen (↗Abwehrmechanismen) erhöhen die Wahrscheinlichkeit eines zukünftigen Auftretens von Aggressionen (Beispiel: Schüler müssen angetrieben werden, weil sie desinteressiert sind).

In naher Zukunft besteht kaum die Aussicht auf eine aggressionsfreie Gesellschaft, da es nicht möglich ist, alle Merkmale und Erscheinungen, die das Lernen von Aggressionen begünstigen, auszuschalten. Man denke hier z. B. an die Beziehungen zwischen Eigen- und Fremdgruppen (↗Politische Psychologie; ↗Vorurteil). Die Lernpsychologen als Vertreter der noch plausibelsten Theorien zur Aggressionsentstehung wissen, dass ihre Erklärungen lückenhaft und

A

wenig differenziert sind, so dass man H. Selg verstehen kann, wenn er sagt: „Die Entwicklungspsychologie hat im Bereich menschlicher Aggressivität fast alle Aufgaben noch vor sich."

Agoraphobie, neurotische, d. h. unerklärliche, übertriebene, irrationale, das Leben stark beeinträchtigende Angst vor weiten Plätzen („Platzangst") und Straßen, sowie vor Menschenansammlungen, z. B. in Kirchen, Kaufhäusern oder bei Veranstaltungen. ↗Angststörungen.

Aha-Erlebnis, lustbetontes Finden einer Lösung, plötzliche Einsicht in komplexe Zusammenhänge, eine innere Erkenntnis grundlegender Zusammenhänge, die plötzlich auftritt, ein plötzliches Verständnis.

Akkommodation. 1. Einstellung auf verschieden weit entfernte Gegenstände durch die Veränderung der Krümmung der Augenlinse, so dass die Gegenstände scharf gesehen werden. Dieser Begriff spielt in der Psychologie der visuellen Wahrnehmung eine wichtige Rolle. 2. Änderung der Denkform während der ↗Intelligenzentwicklung.

Aktives Zuhören. Beim aktiven Zuhören geht es nicht nur um Bestätigen, Nicken, Blickkontakt-Halten im Gespräch, vielmehr beschreibt diese von A. Gordon entwickelte Technik der ↗Kommunikation das Vermögen des Zuhörers, zu erkennen, was der Andere eigentlich sagen will. Es geht darum wahrzunehmen, was in den Worten des Anderen mitschwingt und welche Gefühle er dadurch mitteilt. Solche Informationen bekommt man z. B. über den Tonfall, die Stimmlage, aber auch den Gesichtsausdruck oder die Körperhaltung. Aktives Zuhören verbalisiert diese mitschwingenden Gefühlsanteile. Der Andere fühlt sich dadurch verstanden, ernst genommen und entwickelt eine Bereitschaft, sich etwas mehr zu öffnen und mitzuteilen. Die Technik des aktiven Zuhörens ist ein Teil des Therapeutenverhaltens in der ↗Gesprächspsychotherapie und wird eingeübt, indem man zuerst durch *Paraphrasieren* darauf achten lernt, was der Andere tatsächlich sagt, erst später lernt man das Verbalisieren der emotionalen, nicht offen mitgeteilten Inhalte.

Aktivierung. Der Begriff wird in der Psychologie für die physiologische Aktivierung (Aktivation) der Hirnrinde (↗Nervensystem) gebraucht, die durch das „retikuläre aktivierende System" (RAS), auch „aufsteigendes retikuläres aktivierendes System" (ARAS) genannt, gesteuert wird. Die Aktivierung kann durch die Messung von hirnelektrischen Wellen (↗EEG), an der Beschleunigung der Herz- und Atemtätigkeit und anderen körperlichen Vorgängen festgestellt werden. Es wird angenommen, dass der physiologische Mechanismus der Aktivierung für unterschiedliche Erregbarkeit, für psychische Erkrankungen, wie ↗Psychosen und ↗Neurosen, und für Gefühlsreaktionen mitverantwortlich ist. Der Aktivierungszustand kann durch ↗Psychopharmaka beeinflusst und für die Erklärung verschiedener Bewusstseinszustände herangezogen werden: Bewusstlosigkeit, ↗Schlaf, Munterkeit, ↗Aufmerksamkeit, Aufregung und Erschrecken.

Alkoholismus. Alkoholismus ist die wohl am weitesten verbreitete Krankheit überhaupt. Mit Alkoholismus werden die verschiedenen psychischen und körperlichen Zustände umschrieben, die durch den regelmäßigen und umfangreichen Genuss von Alkohol entstehen. Je nach Individuum liegt die tägliche Menge, ab der eine psychische oder organische Schädigung zu erwarten ist, bei 80–100 Gramm Alkohol (ungefähr 4 Flaschen Bier). Bei einem solchen regelmäßigen Konsum wird nach durchschnittlich 15 Jahren eine leichte bis mittlere Leberverfettung festgestellt (W. Bräutigam), die jedoch für die Gegenwart schon fast „normal" ist.
In unserer Gesellschaft gibt es viele Anlässe, erlaubterweise, wenn nicht sogar erwünschterweise (wer nicht trinkt, ist Außenseiter) Alkohol zu trinken, z. B. bei fast allen geselligen Zusammenkünften und manchen Berufen, für die der Alkoholkonsum typisch ist und zum gruppenkonformen Verhalten gehört (Bauarbeiter, Ziegeleiarbeiter, Brauereiangestellte). Eine weitere Ursache übermäßigen Alkoholkonsums ist die eingeschränkte Fähigkeit mancher Menschen, Versagungen, Konflikte und Misserfolge zu bewältigen; sie greifen zur Flasche, um zu vergessen. Emotionale Probleme dürften die wichtigste Wurzel des Alkoholismus sein. Alkoholismus ist eine Krankheit und hat nichts mit schwachen Willen zu tun. In Deutschland sterben jeden Tag ca. 300 Menschen an den direkten oder indirekten Folgen der Krankheit Alkoholismus. Man schätzt, dass ca. 4 % der Bevölkerung in Deutschland an Alkoholismus leiden. Unter den psychischen Merkmalen werden mit den Begriffen *Rausch* und *abnormer Rausch* das Betrunkensein bzw. der stark erregte Zustand bezeichnet, der von unkontrollierten Angst- und Wutäußerungen begleitet ist. *Trunksucht* umschreibt das Stadium einer starken psychischen und körperlichen Abhängigkeit (Drogenabhängigkeit) vom Alkohol, bei dem jedoch noch keine Dauerschäden aufgetreten sind. Sie werden bei *chronischem* Alkoholismus offensichtlich: Der Mensch ist reizbar, hat Gedächtnis- und Auffassungsstörungen, organisch ist vor allem eine Leberschädigung festzustellen. Nach mehrjährigem Alkoholmissbrauch tritt bei plötzlichem Entzug Delirium tremens auf (schweißbedecktes Gesicht, zitternde Hände, Halluzinationen, Schlaflosigkeit). Aus den genannten Störungen kann sich das ↗Korsakowsyndrom entwickeln.
Wenn mehrere der nachfolgend aufgeführten Probleme in Folge von Alkoholkonsum zutreffen, dann liegt bereits Sucht vor: Finanzielle Probleme, berufliche Probleme (Auffälligkeit[en] am Arbeitsplatz), Probleme mit dem Partner, gesundheitliche Probleme, Vereinsamung, Interessenverlust, Entzugserscheinungen (Zittern, Schweißausbrüche). Eine typische Eigenschaft von Sucht ist es auch, dass der Betroffene es nicht vermag, sich alleine von der Sucht zu befreien. Meistens fehlt sogar die Einsicht, dass man abhängig ist. Leugnen und Ausreden herrschen vor.
Das Verhalten der Alkoholiker wird durch den Co-Alkoholismus naher Angehöriger stabilisiert und auch verstärkt. Wenn das Verhalten des Angehörigen dazu führt, dass das süchtige Verhalten des Betroffenen fortbestehen kann und eine Behandlung verhindert wird, dann liegt Co-Alkoholismus vor. Typische Merkmale des Co-Alkoholismus sind:
- Glaube an eine Mitschuld am Trinkverhalten des Angehörigen
- Lob der Mitmenschen, weil man so tapfer ist

A

- Erfinden von Notlügen für den Alkoholkranken
- starke Abhängigkeit der Gefühle vom Zustand des Abhängigen
- Übernehmen von Aufgaben des Abhängigen, weil er sie selbst nicht mehr bewältigen kann
- vermeiden, mit anderen Menschen über das Problem des Suchtkranken zu sprechen
- Drohen mit Maßnahmen (z. B. Trennung etc.), weil er/sie soviel trinkt, diese aber nicht konsequent umsetzen
- das Gefühl der Machtlosigkeit gegen den Abhängigen
- eine immer größere Rolle des Alkohols in einer Beziehung
- häufiger Wechsel der Gefühle für den trinkenden Partner zwischen Hass und Liebe
- das Gefühl, dass der Partner noch tiefer abrutscht, wenn er verlassen wird
- der Versuch zu kontrollieren, wie viel der Alkoholkranke trinkt
- Suche nach Verstecken der Alkoholvorräte.

Alkoholismus ist heilbar, doch Grundvoraussetzung für eine erfolgreiche Therapie ist der feste Wille des Betroffenen, sich vom Alkohol zu lösen. Zwangstherapien haben bisher nur in äußerst seltenen Fällen zum Erfolg geführt.
In den wenigsten Fällen wird der Alkoholiker durch gut gemeinte Ratschläge abstinent. Meist ist eine klinische Betreuung (vielfach werden verschiedene Formen der Verhaltenstherapie angewandt, z. B. Aversionstherapie, verschiedene Formen der Gruppentherapie und tiefenpsychologisch orientierte Therapien) und Entgiftung notwendig. Ziel der Behandlung ist die Wiedererlangung der körperlichen und seelischen Leistungsfähigkeit, die durch den jahrelangen Alkoholmissbrauch gemindert worden ist. Ein weiteres wesentliches und unumgängliches Behandlungsziel ist die Akzeptanz der entstandenen Sucht als eigenständige Erkrankung. Wesentliche Bestandteile der Behandlung sind: die Therapie der eigentlichen Abhängigkeit, psychotherapeutische Erarbeitung der individuellen Problematik unter Berücksichtigung der besonderen emotionalen und kognitiven Prozesse sowie der psychosozialen Hintergründe, die zur Entwicklung der Abhängigkeit geführt haben, sowie die evtl. notwendige Nachbehandlung.
Nach der Entlassung oder auch schon dort wenden sich viele an die Selbsthilfeorganisation der „Anonymen Alkoholiker". In einer Atmosphäre gegenseitigen Verständnisses, die den einzelnen von seinen starken Schuldgefühlen entlastet, wird im Gespräch versucht, die eigene Persönlichkeit zu erforschen und die Gründe für die frühere Alkoholabhängigkeit zu erfahren, damit eine endgültige Loslösung vom Alkohol erfolgt. Die Anonymität des Einzelnen in dieser Gruppe reduziert seine Furcht, sich zu diskreditieren, und ermöglicht ihm, frei von sich zu sprechen. Besonders problematisch bei Alkoholismus ist der so genannte Rückfall, der bereits dann vorliegt, wenn ein „trockener" Alkoholiker nach einer abstinenten Phase eine beliebige Menge Alkohol zu sich nimmt.

Allergie ist eine krankhafte Überempfindlichkeit (Hypersensibilität) gegenüber bestimmten Objekten (z. B. Waschmittel, Blütenpollen, Hundehaare), die auffallende körperliche Abwehrreaktionen hervorrufen (Schnupfen, Juckreiz, Asthma, Nesselfieber, Migräne usw.). Die Ursachen der Allergien sind noch unklar; man weiß lediglich, dass sie in bestimmten Familien häufiger auftreten und gelegentlich psychogenen Ursprungs sein können. ↗Gesundheitspsychologie

Alles-oder-Nichts-Gesetz. Nervenzellen arbeiten nach dem Alles-oder-Nichts-Gesetz, d. h. es kommt entweder zur Bildung von Aktionspotentialen, die dann weitergeleitet werden, oder es kommt zu gar keiner Weiterleitung. Die Reizstärke drückt sich in der Frequenz (Anzahl der Ausschläge pro Sekunde) der Aktionspotentialfolgen aus. ↗Nervensystem.

Allgemeine Psychologie. Sie ist jene Disziplin der Psychologie, die sich bemüht, grundlegende, für alle Menschen geltende Regelmäßigkeiten im Erleben und Verhalten zu finden. Dabei werden Einflüsse aus der sozialen Umwelt (↗Sozialpsychologie) wenig berücksichtigt, und auf die Feststellung von Unterschieden zwischen den Individuen (↗Differentielle Psychologie) wird ganz verzichtet. Aus Forschungen innerhalb der Allgemeinen Psychologie resultieren Erkenntnisse über die Lern- und Vergessensvorgänge (↗Lernen, ↗Gedächtnis), die Entstehung und das Wirken von Motiven, über den Verlauf und die Koordination von Bewegungen (↗Motorik) sowie über Entstehung und Art der ↗Gefühle, wobei nicht so sehr auf ihre Darstellung eingegangen wird (↗Ausdruckspsychologie), die kulturell sehr unterschiedlich sein kann und innerhalb der Sozialpsychologie näher untersucht wird. Ein weiteres großes Gebiet in der Allgemeinen Psychologie macht die Erforschung der Wahrnehmungsvorgänge (↗Wahrnehmung) aus, wobei insbesondere ihre physiologischen Grundlagen, ihre Beeinflussung durch Gefühle, Bedürfnisse, Triebe, die Anwesenheit anderer Menschen (↗soziale Wahrnehmung) oder die Umgebung des wahrgenommenen Objektes (↗Wahrnehmungstäuschungen) berücksichtigt werden.
Der Begriff Allgemeine Psychologie wird von einigen Psychologen abgelehnt, da eine klare Trennung zwischen dem, was innerhalb der Psychologie grundlegend ist oder einer speziellen Forschungsrichtung (z. B. ↗Klinische Psychologie, ↗Sozialpsychologie, ↗Differentielle Psychologie) zuzuordnen ist, nicht möglich ist. So werden die Ergebnisse aus dem Gebiet der ↗sozialen Wahrnehmung einmal der Allgemeinen Psychologie zugeordnet und ein anderes Mal der Sozialpsychologie. Deshalb vermeidet man es heute weitgehend, den Begriff Allgemeine Psychologie zu verwenden, und spricht statt dessen lieber im Einzelnen von der Wahrnehmung, dem Gedächtnis, von Lernen, Denken und Motivation, von Geschichte der Psychologie und von den Methoden der Psychologie. Diese Disziplinen sind beim Studium der Psychologie auch Prüfungsfächer.
In der Allgemeinen Psychologie werden Fragen der Wahrnehmung, des Gedächtnisses und Lernens, des Denkens und Problemlösens, der Emotionen, der Motivation und der Psychomotorik behandelt. Damit sind zum einen die kognitiven Funktionen angesprochen, in denen sich eines der wichtigsten Charakteristika des Menschen manifestiert, seine Intelligenz. Andererseits zählen aber auch die das Handeln stimulierenden und steuernden Kräfte, wie Emo-

tion und Motivation, und das Wechselspiel zwischen Kognition und Emotion zum Thema der Allgemeinen Psychologie.
Der Fokus liegt hierbei auf den allgemein menschlichen Prozessen, weniger auf den individuellen Unterschieden oder deren Entwicklung. Die Allgemeine Psychologie ist damit eine wichtige Grundlage für viele psychologische und andere sozialwissenschaftliche Gebiete. Sie beschäftigt sich aber auch mit der praktischen Umsetzung dieser Befunde. Im Grundstudium teilt sich die Allgemeine Psychologie an vielen Universitäten auf in Allgemeine I (Lernen, Motivation und Emotionen) und Allgemeine II (Gedächtnis, Wahrnehmung, Denken und Sprache). Im Hauptstudium und in der Forschung liegt der Schwerpunkt auf experimenteller, kognitiver Psychologie.

Alterspsychologie oder **Psychologie des Alterns.** *1. Einleitung.* Unsere Lebenserwartung beträgt inzwischen mehr als siebzig Jahre und wird vermutlich weiter steigen. Wir haben vielleicht Angst, alt zu werden, weil uns oft alte Menschen mit Gebrechen und Pflegebedürftigkeit begegnen. Für viele Frauen mag Altwerden mit der Angst um ihr Aussehen verknüpft sein. Während Männer mit grauen Schläfen oder kahlem Kopf noch interessant erscheinen, so glauben viele Frauen, dass sie nur dann beachtet werden, wenn sie jugendlich aussehen.
Die Wissenschaften, vor allem die Psychologie und Psychiatrie, haben erst in den letzten Jahren das Thema Alter entdeckt. Es gibt noch immer sehr viele Vorurteile und falsche Informationen über Probleme im Alter. Das 65. Lebensjahr gilt in der Regel als Grenze zwischen „alt" und „noch nicht alt". Das Alter entwickelt sehr vielfältige Erscheinungsformen. Man hat festgestellt, dass sich alte Menschen untereinander stärker unterscheiden als Angehörige anderer Altersgruppen. Gleichzeitig sei noch erwähnt, dass Ehepaare einander umso ähnlicher werden, je älter sie sind und je länger sie zusammenleben.
2. Vorgänge des Alterns. Was macht uns alt: genetische Informationen und die so vorprogrammierten biologischen Prozesse, die gesundheitliche Entwicklung in früheren Lebensabschnitten, Umweltbelastungen, gesundheitsfördernder oder schädigender Lebensstil, z. B. Ernährungsverhalten, fehlende Interessen oder das Bewusstsein, z. B. 70 Jahre alt zu sein?
Die Gerontologie wird als die Wissenschaft oder Lehre vom Altern verstanden. Sie befasst sich mit den psychischen Veränderungen und dem Entstehen von Krankheiten im Zusammenhang mit dem biologischen Altersprozess. Im Mittelpunkt des Interesses steht die Frage, ob das Alter als Verlust, Abbau, Rückzug, Leistungsabfall und Unzufriedenheit zu verstehen ist oder als ein neuer Lebensabschnitt mit wichtigen Veränderungen und neuen Kompetenzen. Der Alterungsprozess beruht auf physiologischen Veränderungen der Organe sowie der chemischen Zusammensetzung des Gewebes und der Sinnesorgane. Veränderungen äußern sich z. B. als Nachlassen der Sehkraft und Hörfähigkeit, durch Zahnprobleme, Beeinträchtigungen der Beweglichkeit und durch eine Verringerung der allgemeinen Leistungsfähigkeit. Als Ursache vermutet man den Abbau von Nervenzellen und die Verminderung der Leitungsgeschwindigkeit von elektrischen Impulsen in den Nervenbahnen.
In zahlreichen Untersuchungen zu den altersbedingten psychischen Verände-

rungen wurde in den höheren Altersstufen eine geringere Aufnahmefähigkeit für Neues festgestellt (Abfall der Gedächtnisleistung). Auch Situationen, die eine schnelle geistige Umstellungsfähigkeit erfordern, werden von älteren Menschen schlechter bewältigt. Dafür schneiden ältere Menschen dort besser ab, wo ihnen vermehrte Erfahrung zugute kommt (z.B. Umfang des Wortschatzes). Bei den sensomotorischen Leistungen ist der alte Mensch zwar langsamer, dafür aber durch sein höheres Verantwortungsgefühl genauer. Im Bereich der Gefühle ist die emotionale Ansprechbarkeit geringer, das Gefühlsprofil dafür ausgeglichener.

3. Modelle des Alterns. Man kann das Altern als „Rückzugsgefecht aus dem Leben oder Entwicklungsaufgabe für das Leben" betrachten. *Das biologisch-medizinische Defizitmodell* des Alterns nimmt einen genetisch vorprogrammierten Abbauprozess von Funktionen und Leistungen an. Dieses Modell wird vielfach kritisiert, weil es von einem Vergleich zwischen gesunden jüngeren und eher kranken älteren Menschen ausgeht. Ältere Menschen können die gleichen Leistungen wie jüngere erbringen, wenn ihnen mehr Zeit zur Verfügung steht.

Auch die *Kompetenzmodelle oder Kompensationstheorien des Alterns* akzeptieren den biologisch bedingten Abbau bestimmter Fähigkeiten, Funktionen und Fertigkeiten. Sie betonen aber, dass dadurch kein genereller Leistungsabbau bedingt ist. Vielmehr ist die Frage zu prüfen, ob sich bestimmte Kompetenzen erst im Alter entwickeln können, und welche Aufgaben alte Menschen auf Grund ihrer Kompetenzen übernehmen könnten.

Die Entwicklung älterer Menschen wird in diesem Modell als kompensierende Anpassung verstanden. P. B. Baltes nimmt an, dass ein positives Selbstbild im Alter durch die Mechanismen Selektion, kompensierende Maßnahmen und Optimierung erhalten bleibt. Mit Selektion ist die Beschränkung alter Menschen auf subjektiv wichtige und der Leistungsfähigkeit entsprechende Aufgaben gemeint. Kompensierende Maßnahmen sind nach irreversiblen Ausfällen notwendig. Gemeint sind vor allem Prothetik (Brille, Hörgerät) und Gedächtnistechniken. Optimierung bedeutet Verbesserung der körperlichen und mentalen Reserven durch Übung.

Die *Disengagement-Theorie* behauptet, ältere Menschen wünschten sich eine Reduzierung sozialer Kontakte, weil dies eine positive Einstellung zum Lebensende fördere und beglückend wirke. Man kann die Verminderung von Interaktionen als einen Zugewinn an Freiheit interpretieren, weil gewisse Normen im Umgang mit anderen nicht mehr eingehalten werden müssen. Ursula Lehr meint, dass eine Verringerung sozialer Kontakte vorübergehend zur Erhöhung der Zufriedenheit führen kann. Ist die Umorientierung geglückt, dann streben alte Menschen jedoch wieder nach neuen sozialen Beziehungen und Engagements.

Altern ist nach Erik Erikson eine *Entwicklungsaufgabe.* Die erfolgreiche Bewältigung einer Entwicklungsaufgabe fügt unserer Persönlichkeit neue Stärken und Ressourcen hinzu, die die Grundlage für die Bewältigung neuer Aufgaben bilden.

Die drei Stadien des Erwachsenenalters nach Erikson sind: Intimität gegenüber Isolierung, Generativität gegenüber Selbstabsorption und Integrität gegen Lebensekel und Verzweiflung. Intimität ist die Fähigkeit, intensive Bindungen mit anderen einzugehen, Beziehungen und Partnerschaften aufzubauen. Das bedeutet: verzichten, Opfer bringen und Kompromisse eingehen müssen. Menschen, die sich auf intime Beziehungen nicht einlassen können, entwickeln das Gefühl der Isolierung. Im vorletzten Entwicklungsstadium befassen sich die Menschen nach Erikson mit dem Anliegen, die Welt zu erhalten, für künftige Generationen zu sorgen, die Fähigkeit der Fürsorglichkeit zu entwickeln. Wir lernen, unseren wahren Interessen und Sehnsüchten zu folgen und gleichzeitig Verantwortung zu tragen. Wer es nicht schafft, etwas zum Leben anderer beizutragen, verfällt nach Erikson in Stillstand und Selbstabsorption. Im reifen Erwachsenenalter oder dem letzten Entwicklungsstadium entsteht das Gefühl der Integrität, wenn es uns gelingt, verschiedene Teile unseres Selbst zu einem Ganzen zu formen. Wenn die Bewältigung dieser Aufgabe misslingt, entstehen nach Erikson Verzweiflung, weil die uns verbliebene Zeit als zu kurz erlebt wird, und Ekelgefühle.

4. Zwei Arten des Alterns. Gerontologen unterscheiden zwischen einer aktiven und einer passiven Form des Alterns. Erfolgreiches Altern verlangt eine bewusste Entscheidung zur Aktivität und die Verpflichtung zur Selbstdisziplin. Es geht darum, etwas zu haben, wofür man lebt und etwas zu finden, wofür man leben möchte.

Aus medizinischer Sicht ist wichtig, Selbstheilungskräfte zu stärken, z. B. durch eine Änderung der Ernährung, weniger Medikamenteneinnahme, Vermeidung von Stress und durch Bewegung. Weil die meisten alten Menschen die Vorurteile der Gesellschaft, sie hätten geistig abgebaut, akzeptieren, unterschätzen sie ihre mentalen Fähigkeiten. Es hilft, sich ein kleines Ziel am Tag zu setzen. Es ist wichtig, aktiv zu bleiben, sich nicht zu isolieren und Verbindung zwischen Geist und Körper zu halten. Körperliche Übungen, z. B. Spaziergänge, helfen auch gegen Altersdepression.

Auch im Alter kann seelisches und geistiges Wachstum stattfinden, wenn man jeden Augenblick des Lebens bewusst lebt. Man muss die Zukunft loslassen und die Gegenwart gestalten – ohne Verschieben auf morgen!

Es gibt Menschen, die bereits mit 40 Angst haben, alt zu werden. Offensichtlich haben viele Menschen Probleme, nach vorne zu blicken und zuzugeben, dass man älter wird.

Das Alter kann man als Erfüllung des Lebens sehen: Man kann die Früchte eigener Arbeit ernten, und man hat auch die Zeit dazu. Das Alter ist eine Lebensphase der Unabhängigkeit, man ist frei von beruflichen Verpflichtungen, frei von Ambitionen, „noch was zu werden".

Die erste Voraussetzung für erfolgreiches Altern ist nach Paula Payne Hardin eine schöpferische Haltung gegenüber den Veränderungen im Leben und die Entscheidung, das Leben, so wie es ist, zu akzeptieren. Es erfordert Mut, realistisch einzuschätzen, an welchem Punkt man sich in seinem Leben befindet. Dieser Entscheidung geht in der Regel Angst vor dem Älterwerden voraus. Zur aktiven Form des Alterns gehören die Bereitschaft, sich auf wenige wesentliche Dinge zu beschränken, gesunde Essgewohnheiten, lebenslanges Lernen, Humor, Lachen und auch die Fähigkeit, sich mit Sterben und Tod zu beschäftigen.

Folgende sieben Lebensregeln werden auch „die Methusalem-Strategie“ genannt:

1. Machen Sie sich bewusst, was „Sich-Alt-Fühlen“ wirklich bedeutet – im Gegensatz zu „Älterwerden“. Menschen, die sich alt fühlen, glauben, das Leben sei unwichtig geworden, weil es „hinter“ einem liege, setzen sich keine Lebensziele und meinen, dass Begeisterung nichts für ältere Menschen sein kann oder darf.
2. Entwickeln Sie eine aktive, vitale Lebenseinstellung (Sport, Treppensteigen, Spazierengehen, Tanzen; tätige Gehirnzellen sind widerstandsfähig gegen Altern: „Wer rastet, der rostet“).
3. Essen Sie ab sofort für Ihre Zukunft; das bedeutet: weniger Kalorien, weniger Fett, mehr Vollkornprodukte, Obst und Gemüse, weniger Alkohol (Motto: Zehn Prozent weniger Essen und zehn Prozent mehr Aktivität).
4. Werden Sie ein kluger Stressmanager! Das bedeutet: sich regelmäßig entspannen, bewusst atmen, loslassen, nicht mehr der „Beste“ sein wollen.
5. Öffnen Sie sich für soziale Beziehungen, engagieren Sie sich für die Gemeinschaft.
6. Finden und kultivieren Sie Ihre persönlichen Lebensmaximen: Optimismus, Humor, Selbstvertrauen, Involviertsein.
7. Machen Sie sich bewusst, dass Lebenszufriedenheit und Gesundheit zusammenhängen.

5. Psychische Störungen im Alter sowie die Notwendigkeit sozialer Netzwerke.

Neben den vielfältigen körperlichen Erkrankungen älterer Menschen prägen auch seelische Belastungen das Älterwerden. Die meisten psychischen Störungen im höheren Lebensalter sind auf folgende wesentliche Ursachen zurückzuführen: Psycho-reaktiv entstandene, situative Depressionen bei Verlust von Lebensaufgaben und des Lebenspartners, Trostlosigkeit der Lebensumstände, soziale Verarmung, Nachlassen der Leistungsfähigkeit, familiäre Streitigkeiten, Entwurzelung durch Umzug oder Aufgabe der Berufstätigkeit und andere Umstellungs- und Trauerreaktionen. Altersbedingte hirnorganische Veränderungen führen oft zu Desorientierung, Verwirrtheit und Altersdemenz.

Bei verschiedenen Problemen und in schwierigen Situationen sind vor allem im Alter soziale Kontakte und Beziehungen von Vorteil. Mit dem Begriff „soziales Netzwerk“ werden Personen umschrieben, mit denen ein Mensch soziale Kontakte hat und von denen er bei Problemen Unterstützung und Hilfe erhält.

Die Funktion des Netzwerks besteht im emotionalen Beistand bei Trauer und Verlust, in der praktischen Hilfe oder in der instrumentellen Unterstützung bei Problemen sachlicher oder materieller Art (Geldprobleme, Autopanne) und in Unterstützung kognitiver oder informativer Art, wenn wichtige Entscheidungen zu treffen sind.

Berufliche Ausgliederung, Verlust von Bezugspersonen (wegen Krankheit und Tod), Wohnungswechsel, der aus verschiedenen Gründen notwendig sein kann, und auch der gesundheitliche Zustand führen im Alter zur Verkleinerung des sozialen Netzwerks. Die wichtigsten Kontaktpersonen älterer Menschen sind die nächsten Angehörigen (Kinder, Schwiegerkinder, Enkel), Nachbarn und Freunde.

A *6. Vorurteile über alte Menschen.* Über viele Vorgänge in der Natur und Gesellschaft gibt es keine zuverlässigen Erkenntnisse oder meist mehrere, sich teilweise widersprechende wissenschaftliche Denkmodelle. Das gilt auch für den Strukturwandel im Alter.

In der heutigen Gesellschaft werden alte Menschen einseitig als Versorgungs- und Pflegeproblem betrachtet. Eine Zunahme älterer Menschen führt nicht notwendigerweise zu einer Zunahme von Pflegebedürftigen. Tatsache ist, dass etwa 40 % der Pflegebedürftigen jünger als 60 Jahre sind und dass nur etwa 2 % der alten Menschen (70 Jahre und älter) pflegebedürftig sind. Die meisten älteren Personen versorgen sich selbst oder werden von den Familienangehörigen mitversorgt.

Die weit verbreitete Vorstellung, wonach das Interesse an der Sexualität im Alter erlischt, ist durch wissenschaftliche Untersuchungsergebnisse widerlegt worden. Bezüglich der Sexualität gibt es keine wesentlichen körperlichen Einschränkungen im Alter. Das Vorhandensein sexueller Bedürfnisse im Alter muss auch von der Altenpflege berücksichtigt werden.

Auch die Meinung, alte Menschen seien schlechte Autofahrer, trifft nicht uneingeschränkt zu. Sie fahren insgesamt langsamer, verursachen aber weniger Unfälle als 20-jährige Autofahrer. An diesen Beispielen zeigt sich, dass Bewertungen, die in unserer Kultur vorgenommen werden, ältere Menschen und Behinderte benachteiligen.

7. Negatives Altersbild in den Medien und Alter als Chance. Die anerkannte Alterspsychologin Ursula Lehr stellte vor einigen Jahren mit Bedauern fest, dass es in der Öffentlichkeit wieder eine Anti-Altersideologie oder Altenfeindschaft gibt. Diese sei etwas Ähnliches wie die Diskriminierung rassischer oder religiöser Minderheiten. Alte Menschen gelten nach allgemeinem Klischee als leistungsschwach, gebrechlich, krank, pflegebedürftig – auch wenn das auf die eigenen älteren Verwandten bezeichnenderweise nur selten zutrifft. Die Medien verbreiten ein „feindliches Bild“ vom Alter. Alte seien einsam, isoliert, hilflos, krank oder pflegebedürftig, arteriosklerotisch, senil, vertrottelt, eigensinnig und starrköpfig. Wie kommt es zu diesem Vorurteil? In Wahrheit sind Lehr zufolge von allen 60- bis 70-Jährigen nur 0,9 % pflegebedürftig und 0,6 % leben in Heimen.

Gerontologen befürchten, dass solche Klischees und Vorurteile als Feind von außen zum Feind von innen werden. Es entstehen Selbstbilder, die dem alten Mensch einreden, dass er nichts mehr tauge, die wohlverdiente Ruhe genießen solle, dass er zurückgezogen, schwarz angezogen, möglichst lautlos leben solle. Solche Vorurteile erzeugen häufig „self-fulfilling-prophecies“ und sollten überwunden werden.

„Vielleicht die besten Jahre überhaupt“ so lautet der Titel eines Buches, in dem vor allem Lebens-Chancen ab 40 aufgezeigt werden. Optimistische Mediziner sehen realistische Möglichkeiten, die Zeitspanne zwischen Pflegebedürftigkeit und Tod stark verkürzen zu können, wenn es gelingt, die Bevölkerung zu einer gesunden Lebensweise zu erziehen. Gesundheitspsychologen haben herausgefunden, dass ältere Menschen ihre Gesundheit besser einschätzen, als sie objektiv ist. Viele Beschwerden und vor allem Schmerzzu-

stände werden – auch von Ärzten – als nicht mehr behandelbar wahrgenommen. Daraus folgt die Frage nach dem subjektiven Bewältigungsstil.
Mit Alter verbindet die Entwicklungspsychologin Charlotte Bühler folgende Begriffe: Genießen, Glück, Erfolg, Wohlstand, Erfahrungsreichtum, Verwirklichung von Idealen, innere und äußere Unabhängigkeit, innerer Frieden. Diese Selbstbestimmung wird höher eingeschätzt als der Verlust an Funktionen und an Leistungsfähigkeit. Die innere Zufriedenheit scheint im Alter nicht an äußere Umstände und gesellschaftliche Anerkennung gebunden zu sein. Hilfe zu geben in frühen Jahren und Hilfe zu nehmen im Alter werden als reziproke Prozesse gesehen. Soziale Unterstützung wirkt sich vor allem dann auf das Wohlbefinden und Gesundheit im Alter günstig aus, wenn sie das Gefühl der Selbstwirksamkeit verstärkt. Präventive Gerontologie fordert einen aktiven alten Menschen.

Altruismus, uneigennützige, selbstlose, dem Egoismus entgegengesetzte, sich für andere einsetzende oder aufopfernde Lebensweise. In sozialpsychologischen Experimenten konnte gezeigt werden, dass „helfendes Verhalten“, auch „prosoziales Verhalten“ genannt, oft nicht auf eine triebbedingte Selbsterhaltung zurückgeführt werden kann. Man nimmt an, dass helfendes Verhalten durch soziale Normen und Werte bestimmt wird, die bei so genanntem nicht helfenden Zuschauerverhalten unwirksam bleiben können, vor allem dann, wenn man glaubt, dass andere helfen werden.

Ambiguitätstoleranz, die Disposition, Vieldeutigkeit, Unsicherheit ertragen zu können. Die Fähigkeit, mehrdeutige Eindrücke, z. B. in der Wahrnehmung von Personen, zu ertragen und nicht zum Schwarz-Weiß-Denken zu neigen, wird als ein wichtiges Persönlichkeitsmerkmal angesehen. A. wird auch als ein Denkmuster oder als Denkstil gedeutet, der sich durch den Verzicht auf vorschnelle Reduktionsschemata auszeichnet.

Ambivalenz, ambivalent, doppelwertig. Zwei widerstreitende Gefühle, z. B. Liebe-Hass, Angst-Geborgenheit; sich zwischen zwei Möglichkeiten nicht entscheiden können. Bezeichnung für zweideutige Reize.

Amnesie ist das Vergessen von ↗Gedächtnisinhalten, das durch Verletzungen des Gehirns oder durch Schockerlebnisse verursacht wird. Eine *retrograde* Amnesie, die sich z. B. auf das Geschehen für die Zeit kurz vor dem Unfall und auf das Unfallgeschehen selbst erstreckt, ist besonders häufig zu beobachten. Die verletzten oder unter Schock stehenden Personen sind nicht in der Lage, sich an die Ursache, ihre Reaktionen usw. zu erinnern.

Anale Phase. Von Sigmund Freud stammende Bezeichnung für die seelische Entwicklung des Kindes im zweiten und dritten Lebensjahr. Lustspendend sind Tätigkeiten, die mit dem Afterbereich (erogene Zone) verknüpft sind. In diesem Entwicklungsabschnitt ist die Lösung des innerpsychischen Konflikts von Liebe und Hass von entscheidender Bedeutung für die Entstehung einer positiven Beziehung zum Ich (Autonomiestreben). ↗Psychoanalyse.

A

Analog (analoges Denken), entsprechend, ähnlich, gleichartig. Ausdruck, Mimik, Gestik, Tonfall werden in der Kommunikation analoge Zeichen genannt. Mit Hilfe des analogen Denkens werden Beziehungen zwischen Ereignissen verschiedener Ebenen (z. B. körperliche Krankheit und psychische Belastung) hergestellt. Die Erscheinung auf der Ebene des Körpers spiegelt oder symbolisiert (=Analogie) das Geschehen auf der psychischen Ebene. Die Astrologie bedient sich des analogen Denkens.

Analytische Psychologie. Carl Gustav Jung (1875–1961) begründete die Analytische oder Komplexe Psychologie, eines der drei klassischen Modelle der ↗Tiefenpsychologie (↗Psychoanalyse, ↗Individualpsychologie). Jung stellt die Selbst-Findung des Menschen in den Mittelpunkt und übernimmt wesentliche Inhalte der beiden anderen Modelle (z. B. das Unbewusste, Schichtung in Es, Ich und Über-Ich). Die Analytische Psychologie versteht sich aber im Gegensatz zu den Systemen von Freud und Adler, die den Menschen auf jeweils ein Grundbedürfnis (Sexualität bzw. Selbstwertgefühl) reduzieren, als eine ganzheitliche Psychologie, in welcher der Mensch im Laufe der Individuation (Entwicklung) seine verschiedenen Seiten, vor allem auch die unbewussten, ungelebten Anteile, zu integrieren versucht.
Nach seinem Studium arbeitete Jung an einer Psychiatrischen Klinik und versuchte, Inhalte und Sinn von Wahnvorstellungen zu entschlüsseln. Als geisteswissenschaftlicher Forscher kam er über sein Interesse an Philosophie, Religion, Mythologie und Dichtung zur Entdeckung des kollektiven Unbewussten, das eine zentrale Stellung in seiner Theorie einnimmt.
Persönlichkeitstheorie. Sie umfasst die Typenlehre, die Struktur des Selbst und den Prozess der Individuation.
1. *Die Typenlehre.* Jung schließt an die Typenforschung (↗Typologie) des 19. Jahrhunderts an und unterscheidet zwei Einstellungstypen: ↗*Extra-* und *Introversion.* Jeder Mensch trägt beide Teile in sich, verkörpert aber im Leben vorzugsweise nur einen Typus. Weiterhin spricht Jung von *Funktionstypen.* Als Grundfunktionen nennt er *Denken, Intuieren, Fühlen* und *Empfinden.* Alle vier Funktionen sind dem Menschen zu eigen, in der Regel verwendet er jedoch nur eine zur Lebensbewältigung. Um gesund leben zu können, gilt es, die unberücksichtigten Selbstanteile bewusst erlebbar zu machen, so dass der Mensch sich als ganzheitliches, aber auch polares, d. h. scheinbar widersprüchliches Wesen akzeptieren kann.
2. *Struktur der Persönlichkeit (des „Selbst“).* Die Spitze des Selbst ist das *Ich,* mit dem wir vor allem die Außenwelt wahrnehmen, aber auch die Innenwelt bewusst erleben können. Das Ich verfügt über die vier Grundfunktionen und den Zugang zum Unbewussten. Dieses umfasst ebenfalls alle Funktionen und Kräfte des Menschen. Hier sind vor allem – wie in der Psychoanalyse – abgewehrte Triebe, Vergessenes, frühkindliche ↗Fixierungen, aber auch unterschwellig Wahrgenommenes, Gewohnheiten und schöpferische Fähigkeiten vorhanden. Diese mit der individuellen Geschichte und der Eigenart des Menschen verbundenen Inhalte nennt die Analytische Psychologie das *persönliche Unbewusste.* Dagegen werden jene Faktoren, die bei allen Menschen der unterschiedlichsten Kulturen bestimmte und immer wieder auf-

tretende Verhaltens- und Erlebensweisen bewirken, als das *kollektive Unbewusste* oder als *Archetypen* bezeichnet. Sie sind seit dem Anfang der Menschheitsgeschichte entstanden und stellen die Summe der gespeicherten Erfahrungen („geistige Erbmasse") dar, die Menschen in der Auseinandersetzung mit im Wesentlichen immer gleichen Problemen gemacht haben (z. B. Frage nach dem Sinn des Lebens, nach Gut und Böse, nach der Beziehung zwischen den Geschlechtern, nach dem Umgang mit Krankheit und Tod). Das kollektive Unbewusste äußert sich z. B. in Mythen, religiösen Bildern und Sagen. So zeugt der Mythos des Helden in allen Kulturen von denselben Erfahrungen und Hoffnungen der Menschen: die armselige Geburt, die frühen Zeichen seiner übermenschlichen Stärke, der siegreiche Kampf mit dem Bösen, sein Tod durch Verrat oder aufgrund eines heldenhaften Opfers. Andere Archetypen oder Urbilder sind z. B. Gott, Hexe, die Große Mutter, der alte Weise, Sonne, Wasser. Der Mensch kann bis in die Tiefe des kollektiven Unbewussten gelangen, die darunter liegende Basis, eine vierte seelische Schicht, entzieht sich jedoch jeglicher Einsicht. Sie ist irrational und bildet den „unergründlichen Grund allen Geschehens, aus dem einst die ‚Einzelpsychen' in die Wirklichkeit unserer Welt aufgestiegen sind" (A. Fahrau, R. Cohn, 1984).

3. *Entwicklung des Menschen.* Entwicklung wird von der Analytischen Psychologie im wesentlichen als Prozess der *Individuation* angesehen, in dem der Mensch über seine wachsende Differenzierung seine Anlagen entwickelt und sich zum Ziel setzt, sein Selbst bewusst zu erkennen. Im Mutterleib lebt das Kind im Zustand vollkommener Unbewusstheit, aber im Besitz von Bildern und urtümlichen Vorstellungen (Archetypen), in deren Licht nach der Geburt die Welt und insbesondere die Bezugspersonen gesehen werden.

Das Persönlichkeitsmodell von Jung

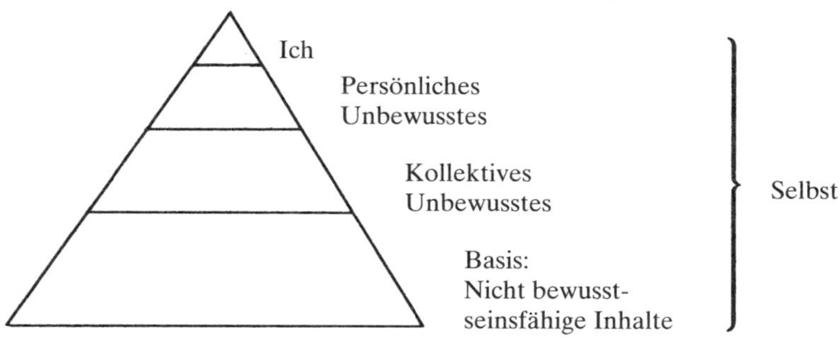

Das Kind erlebt z. B. seine Mutter nicht als individuelle, reale Person, sondern in der archetypischen Form der Großen Mutter. Anfänge einer Entwicklung von *Ich-Bewusstsein* werden von Jung schon im embryonalen Stadium vermutet, aber erst mit der Entwicklung von motorischen Fähigkeiten, von Wahrnehmung und Sprachvermögen vermag das Kind, sich von dem archetypischen Bild der Mutter zu lösen und sich anderen Personen zuzuwenden, die anfangs auch archetypisch überhöht gesehen werden (z. B. Vater, Geschwister, Großeltern). Nicht alle Inhalte des Selbst finden ihre Entsprechung in der Umwelt. Das Kind lernt bald, richtig und falsch, gut und böse zu unterscheiden, so dass manche Verhaltens- und Erlebensweisen besonders gepflegt oder andere abgelehnt werden müssen. So entstehen wichtige Persönlichkeitsaspekte: Die *Persona* (das konventionelle Ich) ist jener Teil, der sich auf die Erwartungen der gesellschaftlichen Umwelt eingestellt hat und uns durch den Alltag kommen lässt. Eine überstarke Ausprägung oder ein Fehlen führen zu psychischen Störungen. Dies kann bei der Entwicklung der Geschlechtsrolle bedeutsam werden. Der Mensch ist von seinem Selbst her als Ganzheit angelegt, im Mann ist auch die Frau vertreten *(Anima)* und in der Frau der Mann *(Animus)*. Für die Entwicklung einer geschlechtlichen Identität ist das Zurückdrängen der gegengeschlechtlichen Anteile notwendig. Die Anziehung durch das andere Geschlecht wird erlebt, weil man im Partner den eigenen, nicht entwickelten Seelenanteil sieht. Nicht nur im sexuellen Bereich entsteht aufgrund von Verdrängung gesellschaftlich nicht erwünschter Eigenschaften eine Welt im *Schatten*. Neid, Wut, Missgunst, Unverträglichkeit, übertriebener Ehrgeiz u. a. abgelehnte Persönlichkeitszüge sind aber – obwohl unbewusst geworden – psychische Realität, die oft zwischenmenschliche Beziehungen erschwert, weil gerne die eigene, verleugnete Seite im anderen gesehen wird. Diese Persönlichkeitsbereiche, mit denen zahlreiche angstvolle Erfahrungen verbunden sind, verdichten sich im persönlichen Unbewussten zu *Komplexen* und sind in der Lage, Verhalten und Erleben zu steuern (sie lassen z. B. Missgeschicke, Versprecher, Affektausbrüche und ↗psychosomatische Reaktionen entstehen).

Neurosenlehre. Jung bestreitet nicht die Entstehung von Neurosen in der Kindheit, betont aber, dass es beliebige Stellen im Lebenslauf geben kann, an denen wichtigen Problemen ausgewichen und eine Scheinlösung gefunden wurde. Das sei der Beginn der Neurose. Um ihr vorzubeugen bzw. sie zu beheben, gibt es nach Ansicht der Analytischen Psychologie nur den Weg der Individuation, das bedeutet

- Auseinandersetzung mit dem eigenen Schatten,
- Begegnung mit den Archetypen des Geschlechts (die Frau sucht ihren männlichen Anteil, der Mann seinen weiblichen),
- Auseinandersetzung mit den archetypischen Figuren, die in die Bezugspersonen des eigenen Lebens projiziert werden.

Ein analytischer Psychotherapeut räumt der Analyse von Träumen einen breiten Raum ein. Dazu verfügt er u. a. über folgende *methodische Möglichkeiten:*

- Sammeln von Assoziationen zu bestimmten Traumsituationen.
- Erweiterung (Amplifikation) des Trauminhaltes hinsichtlich seines archetypischen Hintergrundes. Der Klient findet z. B. ähnliche Motive in Sagen und Märchen, aber auch in Redensarten und Witzen.
- Der Klient identifiziert sich mit verschiedenen Objekten oder Personen seines Traumes und nimmt einen Dialog mit ihnen auf.
- Künstlerische Ausgestaltung des Trauminhaltes (z. B. Malen, Modellieren, Schreiben einer Geschichte).
- Realisation der neu gewonnenen Einsichten im Alltag, um über Erkenntnisse aus dem Verhalten zu einer tieferen Problembewältigung zu kommen.

- Deutung der unbewussten Sachverhalte des Traumes als Ergänzung der o. g. emotionalen und intuitiven Vorgehensweisen.

Bewertung der Analytischen Psychologie. Jung hat mit seiner religiös-wissenschaftlichen Lehre die mittelalterliche Idee, dass die Seele Realität ist, wieder aufgenommen. Er war bis in die 80er Jahre nur in kleinen tiefenpsychologisch orientierten Kreisen geschätzt, weil seine Psychologie mit ihrem geisteswissenschaftlichen Ansatz dem Zeitgeist zuwiderlief. Es ist aber sein Verdienst, schon lange vor Autoren wie z. B. Maslow die Prozesse der Selbstaktualisierung bzw. Selbstverwirklichung beschrieben und so eine Brücke von der Tiefenpsychologie zur ↗humanistischen Psychologie geschlagen zu haben.

Anamnese, Bezeichnung für das Sammeln (↗Exploration) von Informationen über den Lebenslauf einer Person. Es wird auch vom Erheben so genannter objektiver Daten gesprochen. Anamnestische Daten unterstützen die Interpretation von ↗Test-Daten. ↗Diagnostik.

Angewandte Psychologie. Die Angewandte Psychologie befasst sich mit dem Menschen im alltäglichen Leben unter Einsatz wissenschaftlich-psychologischer Methoden. Diese anwendungsorientierte Psychologie versucht nicht nur, das Verhalten des Menschen in seiner Umwelt zu verstehen und zu erklären, sondern auch – wenn immer nötig und möglich – zur positiven Veränderung des Menschen und seiner Umwelt beizutragen. Es geht um die Gewinnung und Anwendung psychologischer Erkenntnisse zur Lösung lebenspraktischer Probleme. Weiter kann man die anwendungsorientierte Psychologie durch die Lebensbereiche charakterisieren, in denen sie tätig ist. Die Hauptbereiche sind: Erziehung und Schule, Arbeit und Beruf. Damit befasst sich die Angewandte Psychologie vorwiegend mit dem lernenden und arbeitenden Menschen. Die traditionellen Tätigkeitsfelder der angewandten Psychologie sind z. B. Schulpsychologie, Laufbahnberatung, Betriebspsychologie, Ergonomie oder Arbeitspsychologie, Wirtschaftspsychologie, Verkehrspsychologie, Sportpsychologie, Organisationspsychologie usw. Ob in Betrieb oder Schule, im Verkehr oder beim Einkauf, ja sogar in der ↗Familie wird unser Verhalten durch Anwendung psychologischer Erkenntnisse beeinflusst.

Die Bezeichnung Angewandte Psychologie ist mehrdeutig; es handelt sich nicht nur um die Anwendung schon vorhandener psychologischer Kenntnisse und Erkenntnisse, sondern auch um psychologische Forschung. Aus diesem Grund wird in der Literatur folgende Differenzierung vorgeschlagen: Die *Allgemeine Psychologie* ist mit *„psychologischer Grundlagenforschung"* ohne einen fremden Auftrag gleichzusetzen. *Angewandte Psychologie* gilt als Bezeichnung für wissenschaftliche Forschung mit fremdem Auftrag und *Praktische Psychologie* für die reine Anwendung der Kenntnisse, für die Praxis des berufstätigen Psychologen (Beratung, Therapie). Der praktisch tätige Psychologe nutzt das Wissen und die Erkenntnisse, die ihm psychologische Grundlagenforschung und die Angewandte Psychologie bereitstellen. Der im Bereich der Angewandten Psychologie tätige Psychologe verfolgt das Ziel, das Wissen zur Lösung solcher Probleme zu gewinnen, die aus der Praxis kommen bzw. von außen (von Institutionen, Unternehmen, Industrie) an ihn herangetragen werden. Solche Psychologen sind in der Regel nicht nur Forscher, sondern auch an der Durchführung vorgeschlagener Maßnahmen, d. h. an der Anwendung, beteiligt und damit praktisch tätig. Bleibt noch zu ergänzen, dass auch psychologische Grundlagenforschung anwendungsbezogen ist und nicht nur „psychologieinterne Themen" behandelt, sondern auch solche, die von den praktisch tätigen Psychologen an sie herangetragen werden. So ergibt sich eine gegenseitige Befruchtung, Wechselwirkung und Überschneidung. Die seit Jahrzehnten anhaltende Diskussion um rechtliche und ethische Bedenken gegenüber der Anwendung psychologischer Erkenntnisse hält unvermindert an. Zu Enttäuschungen kam es, weil psychologisches Wissen weniger zum Zweck der Vorbeugung, sondern eher eingesetzt wurde, um Feuerwehr zu spielen, akute Krisen zu lösen und zu therapieren. Manche Missbräuche, wie z. B. der Einsatz des „Lügendetektors", führten zu vielen Vorurteilen, die es in der Öffentlichkeit gegenüber der Psychologie ohnehin schon gibt. Wir können festhalten: In der Öffentlichkeit herrschen sowohl unangebrachte Skepsis gegenüber der Anwendung psychologischen Wissens als auch unangebrachte, übertriebene Erwartungen an die Allmacht der Psychologie. Es bestehen nicht gerechtfertigte Vorurteile und gerechtfertigte, nicht gelöste ethische Bedenken. Um das verzerrte Bild von der Psychologie zu korrigieren, wird wirkungsvolle Öffentlichkeitsarbeit gefordert. Ein differenziertes Verständnis der verschiedenen Problemstellungen, Arbeitsmethoden und Forschungsansätze im Arbeitsbereich der Angewandten Psychologie ist Voraussetzung zu einer verantwortungsvollen Tätigkeit in der psychologischen Forschung und Praxis.

Anwendungsgebiete psychologischer Erkenntnisse. An den praktisch tätigen Psychologen werden viele Aufgaben gestellt. Er soll z. B. herausfinden, warum das Betriebsklima schlecht ist und wie man die Zusammenarbeit zwischen der Führungsspitze und den Mitarbeitern verbessern könnte. Er soll z. B. zeigen, warum ein Zeuge vor Gericht nicht glaubwürdig ist und wann jemandem kein Führerschein mehr erteilt werden soll. Er soll die falsche Erziehung strenger und sehr ehrgeiziger Eltern korrigieren und den Kindern wieder zur Lust am Lernen und Arbeiten verhelfen oder überbehütende Eltern von ihren Ängsten befreien.

↗Klinische und ↗Pädagogische Psychologie werden zum Teil zur Angewandten und zum Teil zur Allgemeinen Psychologie gerechnet. Die Wirtschaftspsychologie, in neuerer Zeit eher Organisationspsychologie genannt, und die Beratung sind inzwischen besonders gut ausgebaut worden und zählen zu den wichtigsten Gebieten der Angewandten Psychologie. Zu den Teilgebieten der angewandten Psychologie zählen auch ↗Sexualpsychologie, ↗Psychohygiene, ↗Religionspsychologie, ↗Psychologie des Alterns und ↗Gesundheitspsychologie. In der Übersicht sind auch die wichtigsten Aufgaben einzelner Teilgebiete aufgeführt. Um diese Aufgaben zu bewältigen, muss der Psychologe eine Vielfalt von Methoden und Techniken beherrschen und Kenntnisse aus verschiedenen Bereichen der Allgemeinen Psychologie besitzen.

Angewandte Psychologie: Übersicht über Anwendungsgebiete und die wichtigsten Aufgaben

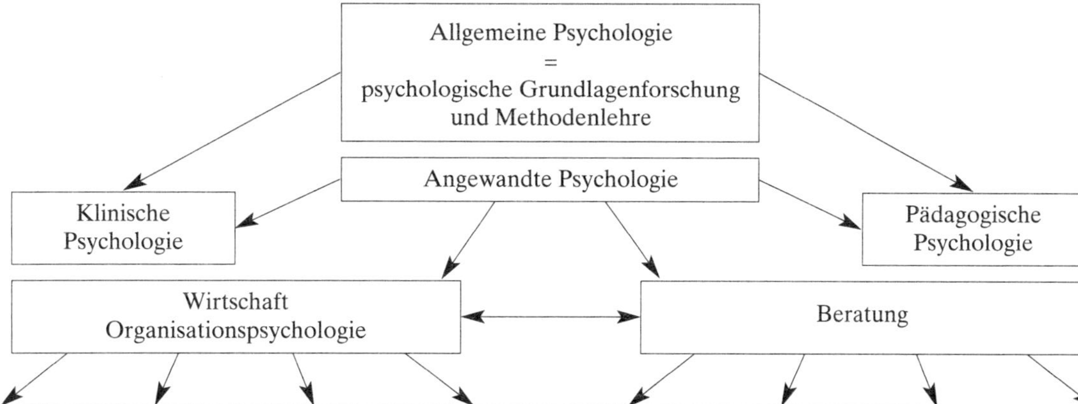

Arbeitspsychologie	Betriebspsychologie	Marktpsychologie	Werbepsychologie	Erziehungsberatung	Berufsberatung	Eheberatung	Schulberatung
Arbeitsplatzgestaltung, Bewegungsstudien, Arbeitszeitgestaltung, Pausenregelung, Mensch-Maschine-System-Anpassung, z. B. Vigilanzprobleme	Betriebliche Organisation, Führungsprobleme, Mangementtechniken, Mitarbeiterbeurteilung, Leistungsanreize, Betriebsklima, Organisationsentwicklung	Markt- und Meinungsforschung, Produktgestaltung, Konsumverhalten, Verbraucherpsychologie, Image	Motivforschung, Werbungs-, Reklame und Propagandatechniken, Public relations, Verkaufsstrategien und Verkäuferverhalten	Beratung der Eltern bei Erziehungsproblemen, Beratung bei Verhaltensstörungen, Adoptionsberatung, Beratung von Kindern und Jugendlichen	Information über Berufsbilder (Anforderungen), über neue Berufe, Rehabilitation und Resozialisierung, Eignungsuntersuchungen	Mediation, Beratung bei Ehekonflikten, Hilfen bei Ehescheidung, allgemeine Erziehungsberatung bei Ehescheidung	Beratung bei Einschulung (Schulreife), Beratung bei Schulversagen (Schulangst, Lernstörungen) Schullaufbahnberatung

A

Neben den in der Übersicht aufgeführten Bereichen der Angewandten Psychologie werden häufig noch genannt:
Übersicht

Forensische Psychologie Gerichtsgutachten, z. B. zu verminderter Schuldfähigkeit und Zurechnungsfähigkeit. Triebtätergutachten, Glaubwürdigkeit von Zeugen- aussagen, z. B. von Kinderaussagen	*Kriminal-psychologie* Ursachen und Bekämpfung der Kriminalität, Jugendkriminalität, Polizeipsychologie, Psychohygiene nach Entführungen, Bekämpfung von Terrorismus	*Sport-psychologie* Auslese und Betreuung von Sportlern, Verbesserung von Trainingsmethoden, Steigerung der sportlichen Leistungsfähigkeit, mentales Training	*Verkehrs-psychologie* Psychologie des Fahrverhaltens, Fahrbahn- und Verkehrszeichengestaltung, Eignung zum Führen von Kfz (Wahrnehmung und Reaktionsfähigkeit), Unfallforschung
Kultur-psychologie Psychologie und Kunst, Psychologie und Literatur, Kulturforschung	*Friedens-psychologie* Forschung zur Entstehung von Konflikten, Aggression, politische Psychologie	*Musik-psychologie* Psychologie der musikalischen Begabung, Musiktherapie	*Ökologische Psychologie* Beziehungen des Menschen zu seiner Umwelt, Umweltbewusstsein, Umweltschutz, Umwelt und Gesundheit

Angst. Mit dem Gefühl der Angst reagieren Menschen auf Situationen, Personen und Objekte, die wirklich gefährlich oder schmerzhaft sind bzw. von denen sie dies annehmen. So lösen ein elektrischer Schlag, ein plötzlicher lauter Knall, das Verlieren des Gleichgewichts oder der Anblick eines wilden Tieres körperliche Reaktionen, wie Zittern, Schwitzen, Trockenheit des Mundes, beschleunigten Herzschlag oder starken Harndrang aus. Sie zeigen an, dass der Mensch Angst erlebt. Solche körperlichen Reaktionen werden durch das autonome ↗Nervensystem gesteuert und sind in der Regel willentlich nicht beeinflussbar. Weitere Angstreaktionen sind z. B. verstärkte Darmtätigkeit (Einkoten), Pupillenerweiterung und Abnahme des ↗Hautwiderstandes, Erstarren und Abwehr- oder Fluchtbewegungen. Die Symptome der Angst gleichen den Defensiv- und Schreckreaktionen bzw. Notfallreaktionen im Tierreich.
Ängstlichkeit, in der Fachsprache *Angstneigung* genannt, wird als Persönlichkeitseigenschaft angesehen und kann mit ↗Fragebogen festgestellt werden. H. J. Eysenck spricht von ↗*Neurotizismus* und emotionaler Labilität, wobei er die unterschiedlich ausgeprägte angeborene Bereitschaft des Menschen meint, auf schädliche und bedrohliche Reize rasch und intensiv zu reagieren. Angstneigung hängt jedoch in ihrem Ausmaß, d. h. wie oft, wie stark und in welchen Situationen sie empfunden wird, auch von den bisherigen Erfahrungen des Menschen ab. Besonders wichtig sind hierbei *kognitive Bewertungsprozesse,* die sich auf die erwartete Gefahr und die eigenen Bewältigungsmöglichkeiten beziehen.

Angsttheorien. Angst wird in der Psychologie äußerst unterschiedlich gesehen:

- Die ↗ *Psychoanalyse* unterscheidet *Realangst,* die bei einer tatsächlichen Gefahr entsteht, und *neurotische Angst,* deren Ursprung und Sinn dem Betroffenen nicht zugänglich ist. Freud spricht von einer „Angst vor einer Gefahr, die wir nicht kennen". Diese Angst rührt von unbewusst gebliebenen seelischen Verletzungen (z. B. Trennungsangst, ↗Trauma) bzw. von Konflikten zwischen Über-Ich und Triebansprüchen her.
- Die ↗ *Behavioristen* sagen, dass Angst aufgrund der Konditionierung (↗Lernen) einer angeborenen Schreckreaktion mit einem neutralen Reiz entstanden ist. So lernt ein Kind z. B. gegenüber einem weißen, flauschigen Kaninchen Angst zu empfinden, wenn beim Spielen mit dem Tier unvermittelt schmerzender Lärm auftritt, der das Kind erschreckt (z. B. Durchbrechen der Schallmauer durch einen Düsenjäger). Durch die ↗Assoziation des Lärms mit dem ursprünglich eher angenehme Gefühle auslösenden Kaninchen wird das Tier zu einem Objekt, vor dem das Kind Angst hat. Man hat beobachtet, dass derart gelernte Angst nur sehr langsam wieder verlernt (gelöscht) wird und außerdem die Gefahr besteht, dass andere, dem Kaninchen ähnliche Objekte (z. B. flauschiger Teppich, Hunde, Pelzmäntel usw.) auch zu Angst erzeugenden Reizen werden (Generalisierung). Dieser Mechanismus ist eine mögliche Erklärung für die besonders störende (quälende) Eigenschaft der Angst, nicht zu wissen, wovor man Angst hat. So wissen Kinder oft nicht, warum sie vor einem Lehrer, der freundlich zu ihnen ist, oder vor harmlosen Tieren Angst haben. Seligman geht mit seinem Gedanken der „preparedness" davon aus, dass Lernprozesse biologisch beeinflusst sind. Er betont, dass ↗Phobien nicht auf alle beliebige Reize ausgebildet werden, sondern nur auf bestimmte (z. B. Tiere), bei denen ein Vermeidungsverhalten biologisch sinnvoll erscheint.
- Mowrer u. a. Lerntheoretiker sprechen von der *Zwei-Faktoren-Theorie* und betonen, dass zur Angstentstehung durch Konditionierung noch *Vermeidungsreaktionen* hinzukommen, welche die ängstliche Spannung reduzieren, andrerseits aber auch im Sinne einer negativen Verstärkung (↗Lernen) die Wahrscheinlichkeit des Wiederauftretens der Angst erhöhen. So wird z. B. ein Hundephobiker (↗Phobie), der sich nicht mehr auf die Straße wagt oder andere auffällige Vermeidungs- und Entlastungsreaktionen entwickelt, seine Angst nur vergrößern und vor allem sein Leben erheblich einschränken.
- In der Weiterentwicklung der lerntheoretischen Ansätze betont die neuere Forschung den *Einfluss kognitiver Prozesse.* Man stellt heraus, dass Angst auf einem Kontinuum mit Neugier anzusiedeln ist und es von der Einschätzung der eigenen Denk- und Handlungsmöglichkeiten abhängt, ob eine neue Situation Angst macht oder Neugier hervorruft. Lazarus stellt in seinem Modell von ↗Stress heraus, dass Angst entsteht, wenn jemand eine Situation als bedrohlich bewertet und seine Bewältigungsmöglichkeiten als unzureichend einschätzt.

Aus den zahlreichen theoretischen Ansätzen entstanden vor allem lerntheoretisch begründete Techniken zur Reduzierung von Angst (↗Verhaltenstherapie). Eine besondere Rolle spielte dabei die ↗Prüfungsangst.

A

Da die Auswirkungen der angeborenen Fähigkeit, Angstgefühle zu erleben, von Erfahrungen (vor allem in der frühen Kindheit), d. h. vom ↗Lernen, abhängig sind, müssen die Erzieher jede Angst erzeugende Verhaltensweise vermeiden. Einige Beispiele für Angst erzeugende Verhaltensweisen: körperliche Strafe (Schmerz), plötzliche intensive Reize (Knall, Lichtblitz), dunkler Keller, Angstträume (Alleinsein beim Aufwachen), Drohungen (z. B. mit dem Nikolaus) usw. Die Angst schränkt die Entfaltungsmöglichkeiten des Kindes ein (z. B. Leistungen in der Schule, kreatives Denken, Kommunikation); sie führt zu ↗Aggressionen gegenüber Schwächeren und zu ↗Verhaltensstörungen. Irrationale Ängste, deren Sinn dem Individuum nicht zugänglich ist, sollte das Kind äußern lernen (z. B. „ich habe so Angst, wenn ich alleine im Zimmer bin"), damit es sich von der inneren Spannung befreien kann und die Eltern sie durch liebevolle Zuwendung und Verständnis abbauen können. Erzieher sollten in Angstsituationen ein Beispiel geben, wie durch besonnenes Verhalten Angst vermindert werden kann, indem sie z. B. vor einer Spinne nicht laut aufkreischen, sondern sie verjagen bzw. mit der Zeitung totschlagen, oder mit dem Kind in das Zimmer gehen, in dem es so verdächtig knackt und ihm bei Licht zeigen, dass es nur das Knarren der Schranktüre ist.

Angststörungen. Die Grenze zwischen „normaler" ↗Angst und solcher, die als ↗psychische Störung angesehen wird, ist fließend. Erlebt jemand, dass seine Angst ihn mehr und mehr einschränkt, wenn er sich z. B. nicht mehr unter Menschen traut und deshalb seine Arbeit verliert, wird er diese Angst wohl bald als Störung erleben. Ungefähr 10 % bis 30 % der Bevölkerung leiden in Deutschland an Angststörungen.
Die ↗Psychoanalyse verwendet für jede Störung, die durch Angst bestimmt ist, den Begriff ↗Neurose, der auch im Alltag weit verbreitet ist. Da eine solche Kennzeichnung zu vage ist , unterscheidet das ICD-10 fünf Formen klinischer Angst: Phobien, Zwänge, generalisierte Angst, Panikstörungen und die posttraumatische Belastungsreaktion.

- Bei einer *Phobie* fürchtet sich eine Person hartnäckig vor einem Objekt, einer Situation oder Aktivität (phobischer Reiz) und versucht zwanghaft, diese Reize zu vermeiden (phobische Reaktion). Dabei ist aber der betroffenen Person klar, dass ihre Angst weit übertrieben oder oft völlig unangebracht ist. In der klinischen Psychologie unterscheidet man *spezifische Phobien* (Furcht vor Höhe, Dunkelheit, Enge, Tieren usw.), *soziale Phobien* (Meiden von gemeinsamem Essen, Veranstaltungen usw.) und die *Agoraphobie.* Letztere bezeichnet ursprünglich eine Angst vor weiten Plätzen und Menschenansammlungen, mittlerweile wird der Begriff aber allgemeiner verwendet, um die Angst von Personen zu kennzeichnen, die befürchten, in der Öffentlichkeit peinlich oder unangenehm aufzufallen.

  Als *Ursachen* für phobische Störungen werden häufig Lernprozesse angeführt: das Erleiden eines Hundebisses, das Erleben *ungünstiger Modelle,* die z. B. vor Spinnen zurückschrecken, oder falsches Informiert-Werden, z. B. über das Risiko des Fliegens. Auch stammesgeschichtliche Gründe werden angeführt; so ist es biologisch z. B. durchaus sinnvoll, giftige Schlangen oder Spinnen zu meiden. In der Regel wirken alle Lernprozesse bei der Entstehung von Phobien zusammen. Für psychodynamische Theorien, wie z. B. die ↗Psychoanalyse, haben Phobien häufig Symbolcharakter, sie sind das Bild für einen inneren Konflikt des Menschen (z. B. kann eine Brückenphobie für eine Furcht vor Übernahme von Verantwortung stehen, eine Pferdephobie die Angst vor dem Vater repräsentieren).

– Bei einer *Zwangsstörung* kann der Betroffene sich nicht von Gedanken, Bildern oder Impulsen lösen, die immer wieder in sein Bewusstsein drängen (Zwangsgedanken) oder muss bestimmte Handlungen immer wieder ausführen (Zwangshandlungen, z. B. Hände waschen). Zwei bis drei Prozent der Bevölkerung erkranken irgendwann einmal an einer Zwangsstörung. Leicht zwanghafte Gedanken hat dagegen jeder schon einmal erlebt („Habe ich den Herd wirklich abgeschaltet, das Licht wirklich gelöscht?"), neurotische Zwangsgedanken sind jedoch viel stärker, von intensiven Gefühlen der Angst und Anspannung begleitet und schränken den Menschen sehr ein. Solche Gedanken haben häufig mit Themen wie Schmutz, Verunreinigung, Aggression oder Sexualität zu tun (z. B. „die Wohnung ist verschmutzt" oder „ich will mich in der Öffentlichkeit nackt zeigen", „ich sehe immer wieder in Gedanken, wie mein Gegner niedergemetzelt wird"). Die Folge solcher Gedanken sind meist Zwangshandlungen (z. B. Reinigen der Wohnung, Duschen, Desinfizieren von Gegenständen, Kontrolle von Elektrogeräten). Bei einem Zwang handelt es sich in der Regel um eine „heimliche Krankheit", viele Betroffene leben ein „normales", aber anstrengendes Leben und entschließen sich erst nach Jahren, therapeutische Hilfe in Anspruch zu nehmen.
Entstehung von Zwängen. Die ↗Psychoanalyse nimmt als Ursache von Zwängen sexuelle oder aggressive Triebkräfte an, mit denen man aufgrund einer sehr strengen Erziehung in der analen Phase nicht umgehen kann. Die Symptome des Zwangs zeigen, dass einmal das Es sich fast ungebändigt durchsetzt, wenn z. B. Tötungsfantasien immer wieder auftauchen, oder ↗Abwehrmechanismen die Oberhand gewinnen, wenn z. B. der angstbesetzte Impuls, mit Dreck umzugehen, im Rahmen einer Reaktionsbildung in ein exzessives Einhalten von Sauberkeit und Ordnung umgesetzt wird. Adler vermutet, dass einem Menschen, der zu wenig Selbstbewusstsein entwickelt hat, durch seine Zwangshandlungen das Gefühl vermittelt wird, wenigstens irgendetwas kontrollieren und beeinflussen zu können. Die Lerntheorien betonen, dass durch Zwangsrituale Angst vermindert wird, was zu einer negativen ↗Verstärkung des jeweiligen Rituals führt (z. B. wird die Angst vor Schmutz gemindert, wenn man sich die Hände wäscht). Kognitive Theoretiker heben hervor, dass Zwangsgestörte in einer für sie unangenehmen Situation das Risiko des Auftretens einer Gefahr überschätzen. Sie erwarten, dass etwas schief geht und versuchen mögliche Bedrohungen zu vermeiden, was wiederum die Entstehung von Zwängen aufgrund einer negativen Verstärkung fördert. Neuere Untersuchungen haben ergeben, dass Zwänge anscheinend auch von neurochemischen Einflüssen abhängig sind, wobei Vorgänge bei der Reizleitung, insbesondere an den ↗Synapsen (↗Nervensystem), eine Rolle spielen (nach G. Davison, J. Neale, 1996).

- Einige Menschen leiden unter allgemeiner, *generalisierter Angst.* Sie haben eine extrem pessimistische Sicht entwickelt und wissen, dass sie – egal, was sie tun – überfordert sind und versagen werden. Psychoanalytiker sehen diese Angst als Ausdruck eines unbewussten Konfliktes zwischen den Triebwünschen des Es und dem Ich an, Verhaltenstherapeuten führen sie auf Lernprozesse zurück.
- *Panikstörungen* treten plötzlich und unerklärlich auf und sind mit starken körperlichen Symptomen, wie z. B. Herzrasen, Atemnot, Brustschmerzen, sowie dem starken Gefühl drohenden Unheils verbunden. Oft ist sofortige Hilfe notwendig. Ursache für Panikstörungen ist oft die Überbewertung von körperlichen Symptomen (z. B. sehr starkes Herzklopfen, Atmungsprobleme), die mit an sich eher wenig Besorgnis erregenden physiologischen Abläufen, wie z. B. Fehlfunktionen des Kreislaufs, verbunden sind. Erste Empfindungen solcher Auffälligkeiten „schaukeln" sich dann zu einer voll ausgeprägten Panikstörung auf. Diese ist oft mit einer Agoraphobie verbunden, wenn Betroffene systematisch Situationen meiden möchten, in denen eine Panikattacke für andere sichtbar werden könnte.
- Die *posttraumatische Belastungsstörung* stellt eine extreme Reaktion des Menschen auf starke Belastungen, wie z. B. Vergewaltigung, Missbrauch, Kriegserlebnisse, Unfall, dar. Man kann sich häufig nicht von der Erinnerung an das traumatische Ereignis lösen und ist sehr erregt. Andere Betroffene vermeiden es, an das ↗Trauma oder die Begleitumstände zu denken. Oft ist man auch einem unwillkürlichen Wechsel von Wiedererleben und Rückzug ausgesetzt. Fast immer sind ↗Schlafstörungen, starke Schreckreaktionen oder Konzentrationsschwierigkeiten festzustellen. Weitere Probleme, wie Ärger, Wut, Schuldgefühle, Drogenmissbrauch oder Eheprobleme gehen häufig mit der posttraumatischen Belastungsstörung einher. Kinder reagieren anders als Erwachsene und verändern z. B. ihre Persönlichkeit (ein früher ruhiges Kind wird laut und aggressiv), erleiden Schlafstörungen mit Alpträumen oder verlieren schon entwickelte Fähigkeiten (z. B. Sauberkeit, Sprache). Die Ursache dieser Belastungsstörung ist vor allem das schädigende Ereignis und die Schwere, mit der es erlebt wird; auch psychisch stabile Menschen können eine solche Beeinträchtigung erwerben. Andrerseits entwickeln nicht alle Personen, die ein Trauma erleben, eine Störung. Persönlichkeitsmerkmale, die einen anfälliger machen, sind u. a. vorher bestehende psychische Störungen, frühe Trennung von den Eltern und eine Form der Bewältigung von ↗Stress, bei dem die Ursachen für Misslingen eher bei einem selbst (↗erlernte Hilflosigkeit) gesucht werden (nach G. Davison, J. Neale, 1996).

Bei der *Therapie von Angststörungen* haben *verhaltenstherapeutische Techniken* (↗Verhaltenstherapie) eine große Bedeutung. Grundsätzlich ist es sinnvoll, den Klienten schrittweise in *Konfrontation* mit den Situationen zu bringen, die bei ihm Angst auslösen. Man muss dabei aber unbedingt darauf achten, dass nicht das übliche Vermeidungs- oder Entlastungsverhalten (z. B. Augenschließen bei Brückenphobie, Waschzwang) auftritt. Der Klient berichtet über das Ausmaß seiner Angst und bearbeitet sie mit Hilfe des Therapeuten. Wichtig ist, dass der Betroffene in der Situation bleibt, bis Unruhe und Angst weniger wer-

den. Hilfreich sind auch Techniken wie die ↗*systematische Desensibilisierung* oder ein Trainieren von Verhaltensweisen, die angstmindernd sind (z. B. Ansprechen fremder Menschen, Äußern von Widerspruch). Besonders bei sozialen Phobien lernen die Betroffenen zusätzlich – z. B. im Rahmen der ↗rational-emotiven Therapie, ihre Gedanken und Bewertungen zu ändern (z. B. „man kann auch etwas Falsches sagen und wird nicht als dumm angesehen"). Verschiedene Formen des Trainierens von ↗Entspannungstechniken werden ebenso angewendet. In Selbsthilfegruppen findet man Verständnis, kann sich Mut machen und bei posttraumatischen Störungen bewusst mit den erlebten schrecklichen Ereignissen auseinander setzen. Auf diese Weise verlieren sie einen Teil ihres Einflusses, den sie auf die Betroffenen ausüben.
Psychodynamische Ansätze, wie z. B. die ↗Psychoanalyse, sehen Angst als Ergebnis eines Konfliktes an. Demzufolge muss die Verdrängung der Triebwünsche aufgehoben werden, damit der Klient sich seiner wahren Angst stellen kann. Besonders bei Zwängen ist dieses Vorgehen nicht besonders erfolgreich und psychoanalytisch orientierte Therapeuten sind deshalb dazu übergegangen, vermehrt das ↗Ich zu stärken und den Klienten zu ermutigen, jene Unsicherheit und Angst zu tolerieren, die allgemein empfunden wird, wenn man mit der Realität konfrontiert wird.
Auch *Antidepressiva* (↗Psychopharmaka) stellen – oft in Verbindung mit psychotherapeutischen Hilfen – eine Möglichkeit dar, Angststörungen zu reduzieren, wenn der Klient die Nebenwirkungen (oft Mundtrockenheit, Zittern) ertragen kann. Ein ungelöstes Problem ist noch die hohe Rückfallhäufigkeit nach Absetzen des Medikamentes.

Anima, Animus, die von C. G. Jung eingeführte Bezeichnung für das gegengeschlechtliche Bild (Anima beim Mann und Animus bei der Frau), das sich in der Regel zusammensetzt aus Erfahrungen, die die Menschheit mit dem anderen Geschlecht gemacht hat (Archetypus). Anima und Animus setzen sich zusammen aus verdrängten gegengeschlechtlichen Eigenschaften und auch aus Erlebnissen mit dem anderen Geschlecht. Anima oder Animus ist damit ein Teil der nicht gelebtem Seite, des Schattens in uns. ↗Analytische Psychologie

Anlage (Disposition, Erbe, Prädisposition). Unter Anlage versteht man im biologischen Sinn die im Erbgut (↗Gene) enthaltenen Hinweise (Baupläne) für die spätere Entwicklung von Organen, z. B. von Sinnesorganen, und anderer Merkmale des Organismus, wie Hautfarbe, Augenfarbe, Körpergröße usw. Im Bereich psychischer Erscheinungen wird angenommen, dass die Ausprägung vieler ↗Fähigkeiten und Verhaltenseigenarten zum Teil im Erbgut (Anlage) festgelegt ist (↗Anlage-Umwelt-Problem). Der Begriff der *Disposition* (Prädisposition) ist weiter gefasst als die Anlage, da er auch das durchgehende Auftreten von erworbenen Verhaltensweisen im Leben eines Individuums oder die Bereitschaft hierzu einschließt (↗Persönlichkeit).

Anlage-Umwelt-Problem. Der ursprüngliche Streit zwischen „Nativisten" (Vertreter der Dominanz der Vererbung: Plato, Kant und Galton) und „Empiristen" (Vertreter der Umwelt: Hobbes und Locke) über das Verhältnis von

anlagebedingten zu umweltbedingten Eigenschaften wurde in den 70er Jahren wieder aufgenommen, als die Frage „Intelligenz: angeboren oder erlernt?“ ausdauernd diskutiert wurde.
Es handelt sich um ein zentrales Problem der Entwicklungspsychologie, bei dem nach den Ursachen für das Auftreten bestimmter Leistungen, Fähigkeiten und Persönlichkeitsmerkmale gefragt wird. Die „Präformationstheorie“ führte die Entwicklung der ↗Persönlichkeit auf die Reifung der im Erbgut niedergelegten Anlagen zurück. Noch am Anfang des 20. Jahrhunderts wurde die Entwicklung als eine sich nach „immanenten Gesetzen“ vollziehende Veränderung definiert. Erst W. Stern (1914) betonte das Zusammenwirken von endogenen (inneren, Erbgut) und exogenen (Umwelteinflüsse) Faktoren und beschrieb die Entwicklung als das Ergebnis einer Konvergenz (Zusammenwirken) von endogenen und exogenen Bedingungen. Die Theorie von Stern hat sich lange nicht durchsetzen können. Die Entwicklungspsychologen, z. B. K. Bühler (1918), hielten an der Anlage-Theorie fest und meinten, dass neben den Anlagen die Entwicklung als Stufengang durch einen im „Individuum angelegten Plan des Werdens“ festgeschrieben ist. Da eine genetische Manipulation derzeit noch eine wissenschaftliche Utopie darstellt, wird man sich in der pädagogischen Praxis stärker dem milieutheoretischen Standpunkt nähern, solange unbekannt ist, welche Phänomene ausschließlich endogenen und welche exogenen Ursprungs sind.
Anlage-Umwelt-Forschung. Sowohl Anlage- als auch Milieutheoretiker haben umfangreiche Untersuchungen durchgeführt, um Beweise für ihre Theorie zu liefern. Die Forschung konzentrierte sich hauptsächlich auf die Frage, ob ↗Intelligenz angeboren oder eher eine Folge der Umwelteinflüsse (erworben) sei. Als Untersuchungsmethode bot sich die so genannte Zwillingsforschung an. Wenn die intellektuelle Kapazität eines Individuums durch Erbfaktoren stärker vorausbestimmt ist als durch Umweltfaktoren beeinflussbar, dann müssten z. B. eineiige Zwillinge, die identisches Erbgut besitzen, jedoch in ganz unterschiedlichem Milieu aufwuchsen, trotzdem annähernd gleich intelligent sein. In vielen Untersuchungen wurden die Intelligenztestwerte eineiiger und zweieiiger Zwillinge sowie von Geschwistern miteinander verglichen und Korrelationen berechnet; je höher die Korrelation, desto größer sollte der Einfluss der Anlage sein ↗ Statistik).
Es ergaben sich folgende Korrelationen:

Kinderpaare	Korrelations-koeffizient (r)
Eineiige Zwillinge, die in gleicher Umgebung aufwuchsen	.92
Eineiige Zwillinge, die in verschiedener Umgebung aufwuchsen	.84
Zweieiige Zwillinge	.63
Geschwister	.53

Die hohe Korrelation bei eineiigen Zwillingen, die in verschiedener Umgebung aufwuchsen, spricht für die Bedeutung der Anlagefaktoren. Aber auch hier können die Einflüsse der Umwelt, vor allem während der Schwangerschaft, bei der Geburt und kurz nach der Geburt nicht ausgeschlossen werden. Die meisten Zwillingsuntersuchungen beschäftigen sich mit Geschwistern, die nicht unmittelbar nach der Geburt, sondern zum Teil erst nach 2 bis 3 Jahren voneinander getrennt aufwuchsen; stellt man die Bedeutung, die das 1. Lebensjahr für die gesamte individuelle Entwicklung hat, dabei in Rechnung, so erweist sich die Höhe der Korrelation zum Teil als irreführend (↗Experiment). In neuerer Literatur werden die Einflüsse während der Schwangerschaft (Krankheiten der Mutter, Ernährung, Verletzungen, Gewohnheiten wie die, früh oder spät schlafen zu gehen usw.) stark hervorgehoben, die auch in der höheren Korrelation bei zweieiigen Zwillingen als bei Geschwistern zum Ausdruck kommen dürften. Hinsichtlich der Persönlichkeitsmerkmale gleichen sich eineiige Zwillinge kaum mehr als zweieiige; lediglich für den Neurotizismus-Faktor ergaben sich bei eineiigen Zwillingen hohe Korrelationen ($r = .85$).
Die Kontroverse zwischen Anlage und Umwelt hat im letzten Jahrzehnt im Bezug auf spitzensportliche Höchstleistungen an Bedeutung zugenommen. Man geht davon aus, dass sportliche Höchstleistungen nicht nur optimale Umwelt- und Trainingsbedingungen, sondern auch stets spezifische Anlagen, verstanden als genetisch bedingte Hochbegabung, erfordern. Als ein spitzensportliches Talent ist eine Person (in der Regel ein Kind oder ein Jugendlicher) zu verstehen, die aufgrund anatomischer, physiologischer und psychologischer Merkmale mit hoher Wahrscheinlichkeit erwarten lässt, dass bei optimalen Trainings- und Umweltbedingungen sportliche Spitzenleistungen erbracht werden können.
Stammbaumstudien (Familienforschung) zeigen, dass fünfzig Prozent der Kinder hervorragender Sportler sich meist wieder durch besondere sportliche Leistungsfähigkeit auszeichnen, allerdings meist in anderen Sportarten als ihre Eltern. Konstitutionelle Faktoren wie Körperbau, Körpergewicht, Körpergröße, konditionelle Faktoren wie Kraft, Schnelligkeit, Ausdauer und koordinative Faktoren wie Geschicklichkeit, Gewandtheit, motorische Lernfähigkeit sind auf Grund der Ergebnisse der Zwillingsforschung erheblich durch den Genotypus bestimmt. So mehren sich die Anzeichen dafür, dass weder eine quantitative noch eine qualitative Veränderung des Konditionstrainings entscheidende Leistungssteigerungen bewirken könnte. Sportmotorische Technik, Taktik und die leistungspsychologischen Merkmale (positives Denken, Belastbarkeit, Stresstoleranz) sind weniger abhängig vom Genotypus und eher umweltbedingt und entscheiden zunehmend über Sieg und Niederlage. Sportliche Spitzenleistungen des heutigen Standards erfordern sowohl bezüglich der notwendigen leistungsbestimmenden Merkmale als auch bezüglich deren Trainierbarkeit eine anormal große, genetisch bedingte Ausprägung und eine Förderung durch entsprechende Trainingsmethoden (Bedeutung der Umwelt).
Die herkömmliche Zwillingsmethode, die bisher als Königsweg zur Erforschung der Bedeutung der Anlagen galt, ist nicht in der Lage, den real ablau-

fenden Entwicklungsprozess aufzuschlüsseln. Die Zwillingsforschung versucht, die intellektuellen Unterschiede in mechanischer Form zu zerlegen in einen sozusagen „reinen“ Umweltanteil und in einen „reinen“ genetischen. Beide Entwicklungsfaktoren wirken immer zusammen und lassen sich prinzipiell nicht voneinander abgrenzen. Die Ergebnisse der traditionellen, höchst unzulänglichen Zwillingsforschung werden von Erbtheoretikern in doppelter Weise missbraucht. Zum einen wird von der Erblichkeit der Intelligenz auf ihre Unveränderlichkeit geschlossen. Dies ist jedoch nicht möglich. Merkmalsunterschiede können eine Erblichkeit von 100 % haben, dennoch kann das individuelle Merkmal unbegrenzt veränderlich sein. Mit dem Hinweis auf Prozentanteile ist für die pädagogische Praxis nichts geleistet.
Als weitere, nach Meinung der Anlage-Theoretiker überzeugende Beweise für die Anlage werden die empirischen Ergebnisse von A. Jensen betrachtet, der beweisen konnte, dass der Durchschnitt-Intelligenzquotient von Afroamerikanern um etwa 15 IQ-Punkte niedriger ist als der der weißen Bevölkerung, und die Feststellung, dass sich für die Intelligenz eine Normalverteilung (↗Statistik) mit einer kleinen Abweichung („Huckel“) ergibt (s. Abb.).

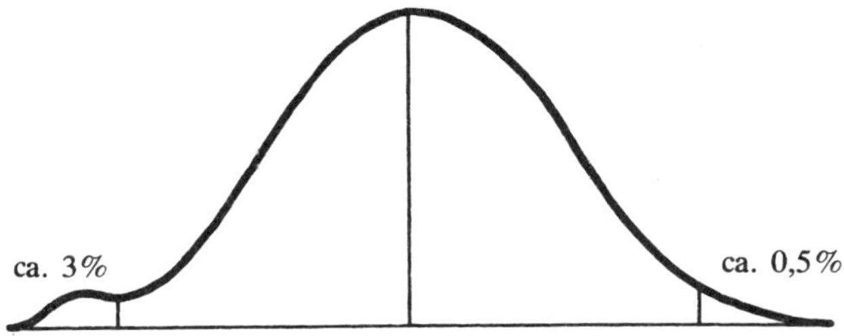

Die Abweichung von der Normalverteilung wird so erklärt, dass die Anlage die Ausprägung der Intelligenz überzufällig stark beeinflusst. Gegenargumente: Der „Überschuss“ an geistig behinderten Menschen ist durch die Berücksichtigung der Faktoren, die ↗geistige Behinderung verursachen, leicht zu erklären. Es handelt sich häufig um exogene Einflüsse wie Krankheiten während der Schwangerschaft, Vorgänge bei der Geburt (Asphyxie) und um frühkindliche Erkrankungen (z. B. Gehirnhautentzündung) und Verletzungen durch Unfälle.
Die Vererbungsgesetze legen weder die Richtung noch die Inhalte der Verhaltensentwicklung fest, sondern bilden lediglich spezifische dafür erforderliche organische Voraussetzungen und spielen damit im menschlichen Bereich eine ganz andere Rolle als im tierischen. Sowohl der Inhalt als auch die Richtung der psychischen und damit auch im besonderen Maße der intellektuellen Entwicklung werden durch aktive Auseinandersetzung mit der Lebenswelt realisiert. Diese Tatsache zeigt sich sehr deutlich am Beispiel der Sprache. Der Mensch ist dazu in der Lage, die menschliche Sprache zu erwerben – aufgrund bestimmter, im Laufe seiner Evolutionsgeschichte erworbener Hirnstruktu-

ren. Diese Strukturen und Mechanismen enthalten jedoch noch keineswegs die Inhalte oder die Regeln der je gruppenspezifischen Sprache, und schon gar nicht die mit der Sprache verbundenen Gedanken. Sie alle werden erst im Laufe eines individuellen Lebenslaufs erworben.
So können Milieutheoretiker den Anlagetheoretikern viele Untersuchungsergebnisse entgegenhalten, die eindeutig die Umwelteinflüsse hervorheben. Einige Beispiele: Die ↗Sprache, ein wichtiges Indiz für Intelligenz, wird nur bei entsprechender Unterstützung und Förderung gelernt. Insgesamt können die lerntheoretischen Erkenntnisse (↗Lernen) das Entstehen von Bedürfnissen, Gefühlen, Aggressionen und anderen Verhaltensweisen erklären. Kinder, die in Heimen aufwachsen, entwickeln sich langsamer als Kinder, die in Familien aufwachsen (↗Hospitalismus). Die große Bedeutung der frühkindlichen Erfahrung für die Entwicklung der Persönlichkeit wird unter den Stichworten ↗Erziehung, ↗Familie, ↗Lernen, ↗Entwicklung, ↗Sexualität u. a. abgehandelt.
Gegenwärtig ist die Ansicht vorherrschend, dass die Frage „Anlage oder Umwelt“ falsch gestellt ist. Man postuliert im Sinne Sterns eine *Wechselwirkung* zwischen Vererbung und Milieu, aus der sich schon ab den ersten Begegnungen des Kindes mit der Umwelt ein dritter Bedingungsfaktor für die ↗Entwicklung, die Selbststeuerung (autogene Faktoren), entwickelt. Sie stellt die aktiven Gestaltungsmöglichkeiten des Menschen dar, die sich nach Ch. Bühler aus einem konstitutionellen Kern entwickeln und verschiedene Tendenzen (z. B. zur schöpferischen Expansion, zur Aufrechterhaltung einer inneren Ordnung) beinhalten. Auch die von Maslow (humanistische Psychologie) formulierten Grundbedürfnisse beschreiben solche Tendenzen. Es ist sicher, dass genetisch vorgegebene Möglichkeiten nur in einer günstigen Umwelt zur Entfaltung kommen. Gleiches gilt für die Kräfte der Selbststeuerung. Wir wissen zwar noch nicht, wie eine „ideale“ Umwelt aussieht, es lässt sich jedoch leicht nachweisen, dass sich viele Umwelteinflüsse schädlich auswirken. Sind Faktoren wie eine gestörte ↗Familie, viele Heimaufenthalte, strenge Erziehung, ungünstige sozio-kulturelle Umwelt (z. B. Obdachlose) im individuellen Fall bekannt, so sollte man es vermeiden, für die evtl. vorkommenden psychischen Störungen, ↗Aggressionen, niedrige Intelligenz oder gar für Kriminalität die Anlage verantwortlich zu machen, die als Alibi soziale Missstände zu verschleiern sucht. Daniel Cohen meint, die Frage, zu wie viel Prozent dieses oder jenes Verhalten angeboren oder erworben sei, sei vergleichbar mit der Frage, was für die Oberfläche eines Rechtecks mehr zählt – die Länge oder die Breite.

Anorexie, anorexia nervosa, oft auch Pubertätsmagersucht genannt. Es handelt sich um eine schwerwiegende, schwer zu behandelnde Essstörung, die oft mit sozialen Ängsten, Zwangsstörungen und anderen auffälligen Verhaltensweisen gekoppelt auftritt. ↗Essstörungen.

Anthropomorphismus, die Neigung verschiedener Naturvölker (Primitivkulturen) und der Kinder zwischen dem zweiten und vierten Lebensjahr (↗Intelligenzentwicklung), die belebte und unbelebte Umwelt zu „ver-

A

menschlichen", der Umwelt menschliche Eigenschaften und Erlebnisweisen zuzuschreiben.

Antidepressiva, Bezeichnung für ↗Psychopharmaka zur Behandlung von ↗Depressionen.

Antipsychiatrie ist der von R. D. Laing eingeführte „Protestbegriff" gegen die „normale" ↗Psychiatrie, um mit Nachdruck darauf hinzuweisen, dass psychisch Kranke ein „anderes" Leben führen und außerhalb psychiatrischer Anstalten versorgt werden sollen.

Antisoziales Verhalten, ein Verhalten, das fortlaufend Rechte und Gefühle Anderer verletzt. ↗Persönlichkeitsstörung, ↗Psychopathie.

Antizipation, vorstellungsmäßige, gefühlsmäßige, gedankliche und auch physiologische Vorwegnahme eines Reizes oder einer Reaktion. In jüngster Zeit spielt der Begriff der Antizipation beim motorischen ↗Lernen eine Rolle.

Antrieb, in der Psychologie eine undifferenzierte und unklare Bezeichnung für Ausdauer, Dynamik und Aktivität bei bestimmten Handlungen. Eindeutiger sind die Bezeichnungen: *Antriebslosigkeit* für die Passivität bei vielen ↗Psychosen; *Antriebsstörung,* zu viel oder zu wenig (ohne sichtbaren Grund) Aktivität bei hirnorganischen Erkrankungen und *Antriebsüberschuss* in der manischen Phase (↗Manisch-depressives Irresein). ↗Motivation.

Apathie, Bezeichnung für mangelnde Gefühlserregbarkeit und affektive Gleichgültigkeit, die oft mit einer Antriebshemmung verbunden ist (↗Depression).

Aphasie ist eine Sprachstörung, die auf einer Schädigung bestimmter Regionen der Hirnrinde beruht. Die Unfähigkeit, bei intakten Sprechorganen (Zunge, Lippen) zu sprechen, wird *motorische* Aphasie genannt, und die Unfähigkeit, die Bedeutung der Worte zu verstehen, obwohl das akustische Sinnesorgan funktionstüchtig ist und sämtliche gesprochenen Laute verstanden werden, nennt man *sensorische* Aphasie.

Aphrasie ist eine Form der ↗Aphasie, bei der einzelne Wörter richtig gebraucht und verstanden werden können, jedoch die Satzbildung (motorische Aphasie) oder das Satzverständnis (sensorische Aphasie) gestört ist.

Aphrodisia, Bezeichnung für einen krankhaft gesteigerten Sexualtrieb (bei Frauen *Nymphomanie*).

Appetenz, allgemeine Bezeichnung für die Anziehung, Annäherung an attraktive Reize, für das Streben, sie zu erreichen. Ursprünglich wurde mit dem Begriff das angeborene, instinktbedingte Annäherungsverhalten (Appetenzverhalten) der Tiere bezeichnet, das ohne ↗Auslöser abläuft (z. B. Brunst).

Arbeitspsychologie. Neben der ↗Betriebspsychologie gilt die Arbeitspsychologie als der älteste, wichtigste und am besten ausgebaute Teilbereich der ↗Angewandten Psychologie. Sie wird oft *Ingenieurpsychologie* und im angloamerikanischen Raum auch *Industriepsychologie* genannt.

Allgemeines. Im Anschluss an H. Münsterberg (1863–1916), der oft als Begründer der Arbeitspsychologie gilt und für die „Anwendung der Psychologie im praktischen Leben" den Ausdruck *„Psychotechnik"* prägte, richtete die Arbeitspsychologie ihr Bemühen auf die Auslese von Bewerbern (Eignung für bestimmte Arbeit) und auf die Erhöhung der Leistung durch Vermeidung von Leerlauf, Abschwächung der Ermüdung und Anpassung des Arbeitsplatzes an den Menschen.

Diese Aufgaben der Psychotechnik wurden auch vom F. W. Taylor (1856–1915), dem Begründer des „Taylor-Systems", als die wichtigsten im Rahmen der „wissenschaftlichen Betriebsführung" herausgestellt. Taylor glaubte, höhere Leistung und Produktivität nach folgenden drei Grundsätzen erreichen zu können:

„1. Wähle für eine bestimmte Arbeit den geeignetsten Mann aus.

2. Lehre ihn für diese Tätigkeit die effizientesten Arbeitsmethoden und Bewegungen.

3. Belohne höhere Leistung durch höhere Bezahlung."

Taylor hatte mit seinem System viel Erfolg. Er konnte die Arbeitsleistung vom Arbeiter Schmidt, der ihm für das Verladen von Roheisen besonders geeignet erschien, durch Verfeinerung der Verladetechnik und durch genaue Bewegungsstudien innerhalb weniger Wochen von 12 auf 48 Tonnen pro Tag steigern. Die Verfeinerung und Weiterentwicklung von Taylors Arbeitsmethoden wird *„Taylorismus"* genannt.

Aufgaben. Die Arbeit ist ebenso wie das Lernen ein kompliziertes Verhaltensmuster, das der Erreichung bestimmter Ziele dient. Das Bemühen der Arbeitspsychologie richtet sich auf die Anpassung des Arbeitsverhaltens an die jeweiligen Bedingungen, damit die gesteckten Ziele schneller und leichter erreicht werden. Dabei handelt es sich um folgende Aufgaben: Verminderung der Ermüdung, Erhöhung von Arbeitszufriedenheit und Sicherheit, Anpassung der Geräte, Maschinen usw. an den Menschen, Vermeidung negativer Umgebungseinflüsse (Lärm, Hitze, Klima, Beleuchtung, Farbe), zweckmäßige Gestaltung des Arbeitsplatzes, Verminderung des Ausschusses, Verminderung der Monotonie, Arbeitsplatzanalyse, Personalauslese und Personalausbildung, Arbeitszufriedenheit, Bedarfsanalyse für Weiterbildung, Arbeitsschutz.

1. Mensch-Maschine-System. Die technische Entwicklung und die mit ihr einhergehende Mechanisierung und Automatisierung der Produktion konfrontierten die Psychologie mit neuen Aufgaben. Die Kontroll- und Steuerfunktion des Menschen, die früher hauptsächlich aus Muskelarbeit und Kraftbeanspruchung bestand, geht mehr und mehr in die vorwiegend geistigen Anforderungen über. Verschiedene Signale, die Informationen über den Betriebszustand der technischen Anlage liefern, müssen schnell wahrgenommen, richtig gedeutet und beantwortet werden. Es geht eigentlich um Informationsaustausch zwischen dem Menschen, der biologischen und psychischen Geset-

zen unterliegt, und der Maschine, die nach physikalischen Gesetzen gesteuert werden kann.
Bei der Optimierung der Kontroll-, Überwachungs- und Steuerungstätigkeit des Menschen müssen viele Tatsachen berücksichtigt werden:
Überwachung bedeutet eine Dauerbelastung der Aufmerksamkeit und Konzentration. Bei der Dauerüberwachung geht es darum, die Bereitschaft – auch *„Vigilanz"* genannt – aufrechtzuerhalten, bestimmte unerwartete Umweltveränderungen (z. B. Aufleuchten einer Signallampe) zu entdecken und zu beantworten. Bei Vigilanzaufgaben tritt schnell eine Leistungsverschlechterung auf; nach etwa 30 Minuten werden nur noch 30 % der Signale beachtet, und die Zeitspanne zwischen Wahrnehmung des Signals und Reaktion wird immer länger.
Die Leistung kann verbessert werden durch: Einlegen von Pausen, Einführung von sog. „Spielreizen" (Signale, die nicht beantwortet werden müssen), Erhöhung der Intensität und Dauer der Signale (unangenehme Töne), Erhöhung der Signalfrequenz (häufigeres Auftreten). All diese Maßnahmen erhöhen zwar die Leistung, können einen gewissen Leistungsabfall jedoch nicht verhindern. Eine wichtige Rolle spielen Umwelteinflüsse: Lärm, Unbehaglichkeit (Klima), Isolierung (kein Kontakt mit anderen Arbeitern) und mangelnde Arbeitszufriedenheit vermindern die Leistung. Arbeitszufriedenheit ist nach Franke (1980) bestimmt durch Zufriedenheit mit dem Arbeitsinhalt, dem Forderungsniveau, der sozialen Eingliederung, der Bezahlung, der Arbeitsumgebung, der Beachtung der Persönlichkeit, der Zukunftssicherung, dem Führungsverhalten und dem Firmenstil.
Alter und Erfahrung zeigen keinen Einfluss. Individuelle Unterschiede sind sehr groß. Es hat sich herausgestellt, dass stark extravertierte (↗Extraversion) Menschen für Überwachungsaufgaben kaum geeignet sind. Zur Untersuchung der individuellen Eignung wurden inzwischen verschiedene Testverfahren entwickelt.
Die Aufklärung über Sinn, Zweck und Wichtigkeit der Aufgabe erhöht die Leistung ebenso wie eine positive Einstellung zur Arbeit; allerdings kann es vorkommen, dass bei Prüfarbeiten mehr Produkte für Ausschuss erklärt werden, als tatsächlich angemessen ist. Wichtig sind auch gute Beleuchtung, Farbgestaltung des Arbeitsplatzes und optimale Pausenregulierung. Von Bedeutung ist auch die Anordnung der Anzeigegeräte, bei der besondere Eigenschaften der menschlichen ↗Wahrnehmung und Informationsverarbeitung berücksichtigt werden müssen.
Anzeigegeräte mit einheitlicher Sollwertlage sollten zu einer Gruppe zusammengefasst werden, da nur so eine Abweichung von der Soll-Lage auch bei großer Anzahl der Instrumente schnell erkannt werden kann. Die Zuverlässigkeit der Beachtung und Reaktion wird z. B. erhöht, wenn man die Signale je nach ihrer Bedeutung durch Farbe, Umrandung usw. besonders heraushebt. Immer mehr Bedeutung gewinnt die Psychologie bei der Gestaltung sog. „Kleinwarten" (Überwachungs- und Steuerzentralen). Auf möglichst kleinem Raum müssen viele Signalgeber und Steuergeräte untergebracht werden; dabei kommt es darauf an, dass trotz Platzersparnis Übersichtlichkeit gewahrt bleibt. Die stürmische Entwicklung im Bereich „neuer Techno-

logien“, insbesondere die Mensch-Computer-Interaktion, wirft eine Fülle psychologischer Probleme auf. Zu nennen sind: soziale Isolierung, Zwang zu Daueraufmerksamkeit, Monotonie, Leistungsverdichtung infolge des Wegfalls von Routinearbeit, erhebliche Lern- und Anpassungsleistungen, Benutzerunfreundlichkeit u. a. Es hat sich herausgestellt, dass die Anlernzeit zum Umgang mit neuen Systemen überraschend lang ist und dass die Kapazität der Systeme nicht genutzt wird. Es wird festgestellt, dass es in diesem Bereich mehr denn je auf die sog. „partizipative Systemgestaltung“ ankommt, d. h. eine echte Mitwirkung der betroffenen Arbeitnehmer von Anfang an ist eine wichtige Voraussetzung für den gewünschten Erfolg. Es ist wichtig, dass die Betroffenen die Notwendigkeit und Nützlichkeit neuer Technologien einsehen.

2. Arbeitsplatzgestaltung. Jeder Arbeitsplatzgestaltung geht die Arbeitsanalyse voraus. Durch die *Arbeitsanalyse* werden physische und psychische Anforderungen und die zur Ausführung einer Arbeit notwendigen Fertigkeiten, Fähigkeiten und Erfahrungen festgelegt. Durch Arbeitsanalyse werden ermittelt: organisatorische Merkmale (Abgrenzung der Arbeit gegenüber anderen), der Verantwortungsbereich, die direkten Anforderungen, der Arbeitsablauf und die Umgebungseinflüsse. Nach K. Pentzlin finden besondere Berücksichtigung: der Mensch, die Maschine, das Werkzeug, das Förderwesen und die Umwelteinflüsse.

Erkenntnisse aus der Arbeitsanalyse finden Berücksichtigung bei der Anpassung des Arbeitsplatzes an den Menschen (auch *human engineering* genannt). Wichtig sind: Arbeitsplatzhöhe, der Griffbereich, der durch geringen Bewegungsumfang der Gelenke und durch die Notwendigkeit des Gleichgewichtshaltens begrenzt wird. Alle Bewegungen, die große Muskelanspannung erfordern und die nicht durch die Augen kontrolliert werden können, müssen wegfallen. Bei der Gestaltung des Arbeitsplatzes, der Maschinen und des Werkzeugs sollte man darauf achten, dass die Arbeit hauptsächlich durch Unterarmbewegungen bewältigt werden kann. Durch *Bewegungsstudien* wurden verschiedene Grundsätze der Bewegungsökonomie festgestellt, die gegenwärtig stark kritisiert werden. Einige Beispiele:

- Beide Hände sollen eine Arbeit möglichst zugleich beginnen und gleichzeitig beenden.
- Die Bewegungen beider Hände sollen in entgegengesetzter Richtung symmetrisch verlaufen (Arm-Bein-Bewegung beim Gehen).
- Aufeinanderfolgende Bewegungen sollen so verbunden sein, dass eine Bewegung leicht in die nachfolgende übergeht (gut gestaltete Treppenhöhe).

3. Umwelteinflüsse am Arbeitsplatz. Ungünstige Umgebungseinflüsse wie Lärm und Hitze können sich nicht nur organisch (verschiedene Krankheiten), sondern auch psychisch schädigend auswirken. Häufigste Folge: allgemeine Nervosität, Zerfahrenheit, schnelle Ermüdung, Leistungsminderung, Aggressivität, Verstimmtheit, Unzufriedenheit.

a) *Lärm:* Geräusche unter 30 Phon werden normalerweise noch nicht als Lärm empfunden. Stärkere Geräusche teilt Lehmann in verschiedene Lärmstufen ein.

A

Lärmstufe I (30 bis 65 Phon) wirkt individuell unangenehm und kann zu psychosomatischen (↗Psychosomatik) Störungen führen. Lärmstufe II (65 bis 90 Phon; Lärm im Straßenverkehr bei 100 Fahrzeugen pro Minute) führt zu Störungen im vegetativen Nervensystem (↗Nervensystem), zur Verengung peripherer Blutgefäße, kann Schlaf- und Verdauungsstörungen zur Folge haben und bedeutet für jeden Menschen eine nervliche Belastung. Aufgrund der erschwerten Kommunikation untereinander klagen Lärmarbeiter über gestörte zwischenmenschliche Beziehungen und Familienschwierigkeiten. Lärmstufe III (90 bis 120 Phon) führt zu organischen Krankheiten; es treten vor allem vorübergehende Taubheitserscheinungen auf und Schädigungen des Hörvermögens im Bereich von 4000 Hz. Lärmstufe IV (über 120 Phon) hat direkte Erkrankungen des ↗Nervensystems zur Folge.
Nach den Richtlinien des VDI (Verband Deutscher Ingenieure) wurden folgende Lärmgrenzen für bestimmte Arbeiten festgelegt: bis 50 Phon bei geistiger Arbeit, bis 70 Phon bei Büroarbeiten, bis 90 Phon bei Industriearbeiten.
b) *Klima:* Günstigste Temperatur am Arbeitsplatz liegt bei 16 bis 24 Grad je nach Luftfeuchtigkeit und Körperwärme, die von der Art der Tätigkeit abhängt.
Besondere Schutzmaßnahmen z. B. vor Hitzeeinwirkungen müssen dann getroffen werden, wenn:
- die Pulsfrequenz steigt, obwohl die Leistung des Arbeiters gleich bleibt oder sogar abnimmt,
- die Pulsfrequenz durchschnittlich 120 Schläge pro Minute übersteigt,
- die Pulsfrequenz nach der Beendigung der Arbeit nur langsam zum Ruhewert zurückkehrt.

Bei Hitze gilt: Arbeitszeit verkürzen, viele Pausen einlegen, Getränke oft in kleinen Mengen zu sich nehmen, eiskalte Getränke vermeiden.
c) *Farbe im Betrieb.* Das Arbeitsverhalten, das Wohlbefinden und die Sicherheit der Arbeiter kann durch richtig durchdachte Farbgestaltung des Arbeitsplatzes verbessert werden. Farbige Kennzeichnung verbessert die Orientierung, verhindert Verzögerungsmomente durch „Vorsichtshalber-noch-einmal-Nachsehen“, vermindert falsche Handgriffe, erhöht die Sicherheit. Farbige Umweltgestaltung ist besonders dann wichtig, wenn „hässliche“ Räume zu arbeitshemmender Unlust führen, Neigung zum Arbeitsplatzwechsel und häufiges Krankmelden zur Folge haben. Es wurde festgestellt, dass farbig gestaltete Maschinen freiwillig besser gepflegt und gewartet werden als „schmutzunempfindliche“ graue.
Farbe als Sicherheitsfaktor:
- Rot bedeutet: halt, stopp, Gefahr; dient der Kennzeichnung von Feuerlöschern und Feuermeldern.
- Grün bedeutet: keine Gefahr, Rettung, Hilfe; dient der Kennzeichnung von Notausgängen, von Einrichtungen für erste Hilfe (Verbandskasten wird durch das weiße Balkenkreuz auf grünem Grund gekennzeichnet), von Türen zum Arzt oder Sicherheitsingenieur.
- Gelb bedeutet: Vorsicht, Achtung, Gefahr in der Nähe; dient der Kennzeichnung von Gefahrenstellen und gefährlichen Stoffen.

- Blau ist die Farbe für innerbetriebliche Anordnungen, Hinweise, Informationen und allgemeine Sicherheitsgebote.

4. *Ermüdung und Pausengestaltung.* Es ist keineswegs ausreichend, *Ermüdung* als einen Zustand zu definieren, der nach getaner schwerer Arbeit, nach vorhergehender Beanspruchung auftritt und verminderte Arbeitsfreudigkeit sowie gesteigertes Anstrengungsgefühl zur Folge hat. Auch *Monotonie* infolge einförmiger Arbeit oder gedrückte Stimmung aufgrund des Versagens oder eines Familienstreits führen zu Ermüdungsgefühlen und zum Absinken der Leistung. Ein Leistungsabfall kann auch ein Zeichen der beginnenden Krankheit sein. So stellte H. G. Bartenwerfer fest, dass die psychischen, physiologischen (organischen) und leistungsmäßigen Merkmale der Ermüdung unabhängig voneinander auftreten können bzw. nur schwach miteinander korrelieren.

Körperliche Ermüdung führt nach Schmidtke zu folgenden Erscheinungen: Veränderung der Muskelkraft, Veränderung der Atmung und des Blutbildes, der Herz- und Kreislauftätigkeit. Es kommt zu Störungen der Bewegungskoordination.

Auf *psychische* Ermüdung, die unabhängig von der körperlichen auftreten kann, folgen: verminderte Aufmerksamkeit und Konzentration, Störungen der Wahrnehmung und des Denkens, allgemeines Absinken der Aktivität und Abschwächung des Bedürfnisses, ein Ziel zu erreichen, sowie Störungen in sozialen Beziehungen. Es wird angenommen, dass die Monotonie als ein der Ermüdung ähnlicher Zustand stärkeren Leistungsabfall bewirkt als die Ermüdung infolge körperlicher oder geistiger Beanspruchung. Die Schwankungen zwischen Absinken und Ansteigen der psychischen Aktivität und Leistung werden auf eine Einengung der psychischen Wachheit und Spannung zurückgeführt, die durch stete Wiederholung, Gleichförmigkeit und Reizmangel hervorgerufen wird. Ein bewusstes Ankämpfen gegen den Monotoniezustand ist wertlos und führt um so schneller zur „Ermüdung“, da man sich bemüht, sich auf eine einförmige Tätigkeit zu konzentrieren. Man denke hier an die Einschlafhilfe; je mehr man sich bemüht, sich auf etwas zu konzentrieren (Schafe zählen), um so schneller schläft man ein. Die Monotonie wird hauptsächlich durch Musik am Arbeitsplatz, Bewegung, Unterhaltung, Tätigkeitswechsel bekämpft, die Ermüdung vorwiegend durch optimale Pausengestaltung. Es gibt keine allgemein gültigen Gesetzmäßigkeiten der *Pausenregelung,* da in jedem Betrieb die Arbeitsbedingungen verschieden sind. Es gilt:

- Die Betriebspausen (Essenspausen) sollen minimal 45 Minuten und die Kurzpausen zwischen 5 und 10 Minuten dauern.
- Die ersten Pausenminuten haben den höchsten Erholungsgewinn.
- Die Länge der Kurzpausen bzw. deren Häufigkeit soll im Laufe der Schicht zunehmen, d. h. die Arbeitsintervalle sollen immer kürzer werden.
- Je schwerer die Arbeit, um so häufiger müssen Kurzpausen eingelegt werden, um einer schnellen Ermüdung vorzubeugen.
- Pause ist ein Bestand der Arbeit und darf nicht durch Nebentätigkeiten und „Pseudoarbeiten“ ausgefüllt werden, auch dann nicht, wenn ein Vorgesetzter in der Nähe ist.

Rein psychologisch gesehen sind vor allem Kurzpausen sehr wichtig, weil sie die in kleine, überschaubare Abschnitte eingeteilte Arbeit leichter erscheinen lassen und in dem Sinne vorauswirken, dass die Leistung schon vor der Pause leicht ansteigt. Bei „verdeckten" Arbeitsunterbrechungen, die zu beobachten sind, wenn keine günstige Pausenregelung getroffen wird, entfällt die Vorauswirkung von Pausen.

Arbeitszufriedenheit. Motivierte und zufriedene Mitarbeiter sind in der Regel auch gesunde Mitarbeiter. Nach Berechnungen der Wirtschaft entstehen den Betrieben in den ersten sechs Wochen Krankheit Kosten von 400 bis 1000 DM pro Tag. Pro Jahr summieren sich die krankheitsbedingten gesamtwirtschaftlichen Verluste auf 100 Milliarden Mark und mehr. Hauptursache für Unzufriedenheit und krankheitsbedingte Fehltage sind in der Regel eine problematische individuelle Einstellung zur Arbeit und negative psychosoziale Rahmenbedingungen, die maßgeblich durch das innerbetriebliche Klima geprägt werden.
Wichtige Unterstützung für Arbeitszufriedenheit sind: Verbesserung zwischenmenschlicher Beziehungen, gute Kommunikation, partnerschaftliches Führungsverhalten, Identifikation der Mitarbeiter mit der Arbeit und dem Unternehmen, teilautonome Handlungsspielräume, Eigenverantwortlichkeit, Vermeidung von Monotonie, Teamarbeit, Zeitsouveränität.

Archetypus, Urbild, Urform. Nach C. G. Jung haben sich im Laufe der Jahrtausende unbewusste Kräfte, Begriffe und Bedeutungen entwickelt, die unser Erleben und Verhalten stark beeinflussen. Beispiele: König, Mutter, Schlange, Hexe, Tod, Unschuld, Schuld, Liebe, Gerechtigkeit, Rache. ↗Analytische Psychologie

Artefakt. Ein Artefakt oder experimentelles Artefakt liegt vor, wenn Versuchspersonen in einer experimentellen Situation anders reagieren als vom Experimentator angenommen und diese unerwarteten Reaktionen durch die experimentelle Situation, z. B. schon allein durch das Wissen der Versuchspersonen, dass sie an einem Experiment teilnehmen, verursacht werden. ↗Experiment in der Psychologie.

Asozial, unscharfe, abwertende und stark kritisierte Bezeichnung für das von den sozialen ↗Normen abweichende Verhalten, für gesellschaftsfeindliche kriminelle Handlungen (↗Kriminalität). Da auch kriminelle Handlungen und Verhaltensweisen von Randgruppen gesellschaftlich sind und vielfach durch die Gesellschaft bzw. bestimmte Sozialstrukturen erzeugt werden, können sie im Grunde nicht als „asozial" („nicht-sozial") bezeichnet werden. Dasselbe gilt auch für das abweichende Verhalten infolge körperlicher oder geistiger Schäden. Für den moralisch abwertenden Begriff „asozial" wird der wertfreie Begriff „dissozial" vorgeschlagen.

Assimilation, Bezeichnung für das Angleichen, Anpassen, Ähnlich-Werden mit der sozialen Umgebung, z. B. mit einer ↗Gruppe, wie auch für das Anpassen von unvollständigen Informationen an die eigene Vorstellung (Gerüchtebildung) und für das Akzeptieren von Informationen, die der eigener Meinung entsprechen. H. Hering hat in seiner Vierfarbentheorie (↗Farbenwahrnehmung) mit dem Begriff den Aufbau von lichtempfindlichen Substanzen auf der ↗Netzhaut bezeichnet, der die Farberlebnisse Grün, Blau und Schwarz vermittelt. Piaget verwendet den Begriff für die Anpassung der Umwelt an das Denkschema im Rahmen der ↗Intelligenzentwicklung.

Assoziation. Schon Aristoteles nahm an, dass zwischen einzelnen Gedanken, Erinnerungen und Vorstellungen Verknüpfungen bzw. Verbindungen nach den Prinzipien der Ähnlichkeit, des Kontrastes und der zeitlichen und räumlichen Nähe (Kontiguität) entstehen. Solche Verknüpfungen wurden Assoziationen genannt und die Prinzipien Assoziationsgesetze. Mit Hilfe der Assoziationen haben schon britische Empiriker (T. Hobbes, J. Locke, D. Hume) versucht, die Gedächtnisvorgänge zu erklären, und russische Physiologen (I. Sechtschenow, I. P. Pawlow) die Verbindungen zwischen Reiz und Reaktionen (↗Lernen = zeitweilige nervöse Verknüpfung, Schaltung; ↗Nervensystem). Der ↗Behaviorismus und vor allem Lerntheoretiker (↗Lernen) haben darauf hingewiesen, dass viele Ängste, Wünsche, aber auch ↗Perversionen auf Assoziationen zwischen ↗Schmerz oder angenehmem Zustand und bestimmten Situationen oder Reizen, die sich im Laufe der ↗Entwicklung gebildet haben, zurückzuführen sind. Zweifellos spielen solche Verknüpfungen beim Lernen von Gefühlen, Bedürfnissen und Verhaltensweisen eine wichtige Rolle. Mit Hilfe sogenannter „freier Assoziation“ während des therapeutischen Gesprächs (↗Psychoanalyse) versuchte S. Freud die verborgenen, unbewussten und verdrängten Früherlebnisse aufzudecken.

Astheniker sind Menschen mit zartem und dünnem Körperbau, deren physisch und psychisch wenig belastbare ↗Persönlichkeit durch emotionale Labilität und Willensschwäche sowie durch die Unfähigkeit, sich zu wehren, beschrieben werden kann.

Ataxie beschreibt die fehlende Koordination von Bewegungen, wie sie oft bei Erkrankungen des ↗Nervensystems beobachtet werden kann.

Athletiker, athletischer Typus, Körperbautypus nach E. Kretschmer, der sich durch breite Schultern, betonte Muskulatur, starken Knochenbau und straffen Bauch auszeichnet. Der Athletiker neigt zu Epilepsie und zum viskösen Temperament (teilweise explosiv, schwerfällig im Innenleben, zäh, ausdauernd, auch gründlich und pflichtbewusst).

Ätiologie, Lehre von den Krankheitsursachen, Bezeichnung für die Erklärung der Entstehung einer Krankheit, vor allem von psychischen Störungen.

Attitude (engl. Haltung, Werthaltung), zentraler Begriff der Sozialpsychologie, wird in der Regel mit „soziale Einstellung“ übersetzt.

A

Attribuierung, Beigabe, Kennzeichnung, Zuschreibung einer Eigenschaft. Aus der Sozialpsychologie stammende Bezeichnung für die Tatsache, dass Menschen sich selbst als Ursache für Erfolge oder Misserfolge ansehen (innere Attribuierung) oder die Ergebnisse als Folge äußerer Umstände erklären (äußere Attribuierung). Da es sich dabei um eine Ursachenzuschreibung handelt, wird auch von *Kausalattribuierung* gesprochen.

Aufmerksamkeit und ↗Gedächtnis sind eng miteinander verbunden, denn Reize, auf die wir unsere Aufmerksamkeit gerichtet haben, können wir ca. 15 Sekunden lang behalten; dies ist die typische Behaltensdauer des Kurzzeitgedächtnisses. Aufmerksamkeit wird deshalb auch manchmal das unmittelbare Gedächtnis genannt. In der Forschung der letzten Jahre spielte der Vorgang der selektiven Aufmerksamkeit eine wichtige Rolle. Mit der Methode des *dichotischen Zuhörens* wurden Versuchspersonen zwei verschiedene Botschaften zugespielt (eine für jedes Ohr), wobei die Versuchsperson die Wahrnehmung der einen Botschaft durch Nachsprechen der anderen „verschattete". Zahlreiche Untersuchungen (dargestellt in Wessels, 1984) zeigten, dass von der „verschatteten" Botschaft nur oberflächliche Informationen (z. B. männliche oder weibliche Stimme) erinnert wurden. Das führte zur Formulierung eines *Filter-Modells* der Aufmerksamkeit (z. B. Cherry, 1953), das hervorhebt, dass nur *eine* Botschaft mit voller Aufmerksamkeit wahrgenommen werden kann. Andrerseits können wir im Alltag zweifellos uns manchmal zwei Aufgaben zuwenden (z. B. Auto fahren und Unterhalten), so dass nach einiger Zeit das Filter-Modell durch eine andere Vorstellung, das *Ressourcen-Allokations-Modell* (Kahnemann, 1973) ergänzt wurde. Es besagt, dass unsere Aufmerksamkeit über eine beschränkte Verarbeitungskapazität verfügt, die wir aber flexibel nutzen können. Ist eine Aufgabe sehr anspruchsvoll, wird die Verarbeitungskapazität total beansprucht und andere Reize werden ausgefiltert. Ist die Aufgabe hingegen einfacher, dann stehen noch genügend Möglichkeiten der Verarbeitung zur Verfügung, und wir können uns noch einer anderen Aufgabe zuwenden. Der Umfang der Verarbeitungskapazität ist mit dem Kurzzeitgedächtnis identisch (Wiedergabe von 7 Items), so dass die Unterscheidung Aufmerksamkeit – Kurzzeitgedächtnis, die in der Fachliteratur erfolgt, eigentlich überflüssig ist.

Aufmerksamkeits-Defizit-Syndrom (ADS). Ältere Bezeichnungen für diese Störung sind „frühkindliche leichte Hirnschädigung", „psychoorganes Syndrom" oder „hyperkinetisches Syndrom".
Das *Erscheinungsbild* des ADS ist vielfältig, wobei aber nicht alle Symptome im Einzelfall vorkommen müssen: Impulsivität (kein Nachdenken vor dem Handeln); unstetige wechselnde Beschäftigungen; kein planvolles Arbeiten; „Zappelphilipp"; braves, träumerisches Verhalten; leichte Ablenkung durch äußere Reize, aber auch eigene Gedanken; Wahrnehmungsstörungen (geringerer Umfang sowie langsame und ungenaue Verarbeitung der Informationen) und Gedächtnisstörungen (erheblich verminderte Kapazität des Kurzzeitgedächtnisses). Folgen dieser Einschränkungen sind Schwierigkeiten beim schulischen Lernen (Lesen, Rechtschreiben, schlechtes Schriftbild, Ver-

gessen von Hausaufgaben), soziale Probleme (man wird zum Außenseiter, Versager, Schulschwänzer oder Störenfried) und emotionale Beeinträchtigungen (Verlust des Selbstwertgefühls, Misserfolgserwartung, Aggressivität u. a.).

Als wesentliche Ursache vermutet man bei dem ADS eine Stoffwechselstörung an den Synapsen (↗Nervensystem) der Nervenzellen im Gehirn, wobei genetische Einflüsse nicht auszuschließen sind. Eine Behandlung erfolgt deshalb meist auf der Basis einer medikamentösen Therapie, welche die Funktion der Synapsen normalisiert, so dass vor allem Wahrnehmungs- und Gedächtnisprobleme reduziert werden. Darauf aufbauend können soziale, emotionale und Lernprobleme angegangen werden. Das geschieht u. a. über Aufklärung der Eltern und Betroffenen über den Hintergrund der Störung, verhaltenstherapeutische Hilfen (z. B. Vermittlung von ↗Lerntechniken, ↗Selbstinstruktionstraining, ↗Gruppentherapie u. a.), ↗psychotherapeutische Hilfen zur Aufarbeitung tief liegender Konflikte oder Veränderungen in der häuslichen und schulischen Umgebung.

Ausdruck. Das Ausdrucksgeschehen ist eine Möglichkeit der ↗Kommunikation, da die feste Erscheinungsform des Gesichts und Körpers sowie *(Physiognomik)*, Bewegungen des Gesichts *(Mimik)*, der Hände und Arme *(Gestik)* und des ganzen Körpers *(Pantomimik)* als nicht verbale Signale viele Informationen über den Ausdrucksträger (Sender) enthalten. Alle möglichen Ausdruckserscheinungen werden mit dem Begriff *Pathognomik* beschrieben, unter dem neben den schon aufgeführten auch der Ausdruck der Sprechstimme und die vegetativen Ausdruckserscheinungen, wie Erröten, Schwitzen, erhöhter ↗Hautwiderstand u. a. verstanden werden. Ausdruckserscheinungen werden aus der Sicht der ↗Kommunikation als analoge Zeichen eingeordnet (Gegenteil: digitale, d. h. sprachliche Zeichen).

Man nimmt an, dass das menschliche Ausdrucksverhalten bei starken Affekten, wie Wut, Schmerz, Schreck, Furcht, Kummer und Freude, angeboren ist. Diese Ansicht wird unterstützt von ethnologischen Vergleichen, die das entsprechende Ausdrucksverhalten bei jedem Volk zumindest auch in einer allen gemeinsamen Bedeutung festgestellt haben. Neurologische Untersuchungen stellten fest, dass eine Reizung des Zwischenhirns ↗Nervensystem) von Hunden und Katzen Wut- und Furchtreaktionen auslöst. Eine Reizung der Formatio reticularis ↗Nervensystem) hatte ein Aufmerksamkeitsverhalten zur Folge. Die ↗Entwicklungspsychologie stellte fest, dass kurz nach der Geburt starke Reize bei dem Neugeborenen Schreckreaktionen hervorrufen (Aufreißen der Augen, Seit- und Rückwärtsbewegungen der Arme, Spreizung der Finger). Das Neugeborene produziert mimische Reaktionen bei unangenehmem Geruch, saurem, salzigem oder bitterem Geschmack (Abwenden des Kopfes, Grimassieren). Der Vergleich blinder und sehender Kinder erbrachte keinen Unterschied hinsichtlich des ersten Auftretens von Lachen oder Lächeln. Auch Blinde vermögen einen frohen, verdrießlichen, ängstlichen oder bösen Gesichtsausdruck zu zeigen. Bei Ausdrucksverhaltensweisen wie dem Grüßen der Ja- und Neingebärde, dem Lachen und Weinen fand man zwischen den Kulturen jedoch große Unterschiede. Es ist von ↗Lernen abhängig, ob und wann bestimmte Gefühle gezeigt werden, unter welchen Bedingungen sie geäußert werden und welche Gegebenheiten ein bestimmtes Ausdrucksverhalten hervorrufen; so lächelt vielleicht ein Chinese, um seine Gefühle zu verbergen, ein Europäer aus Höflichkeit und ein japanischer Diener, wenn er getadelt wird.

Bei Zusammenfassung ethnologischer, neurologischer und entwicklungspsychologischer Befunde ergibt sich die Schlussfolgerung, dass für bestimmte Ausdruckserscheinungen Schaltpläne im ↗Nervensystem verantwortlich sind, die entsprechende Muskeln innervieren und allen Menschen von Geburt an gemeinsam sind. Das physiologische Funktionieren des menschlichen Organismus erlaubt nur eine begrenzte Anzahl von Ausdruckserscheinungen; diejenigen, die der Lebenserhaltung dienen (Reaktion auf starke Reize; Erschrecken, Aufreißen der Augen vor Furcht usw.), scheinen schon von Geburt an funktionstüchtig zu sein. Im Laufe der Entwicklung werden immer neue Situationen (Reize) gelernt, die solche Reaktionen auslösen.

Ausdrucksverstehen. Der Empfänger, der Beobachter, hat verschiedene Möglichkeiten, den Informationswert des Ausdrucks zu erkennen:

1. Prinzip der Zustandsvergleichung. Bestimmte Ausdruckserscheinungen treten bei mehreren psychischen Erscheinungen auf; so findet man verlangsamte Bewegungen und Passivität bei Trauer, Ermüdung, Langeweile und Faulheit. Durch Vergleich wird das Gemeinsame der Ausdruckserscheinungen festgestellt und diese zu deuten versucht (Beispiel: Beim Lachen und Weinen findet beide Male eine Reduktion psychischer Spannung statt).
2. Prinzip der Erlebnisisomorphie. In Ausdruckserscheinungen findet man Ähnlichkeiten mit bestimmten seelischen Zuständen (Beispiel: Spannung im Gesicht deutet auf ein gespanntes Erleben hin).
3. Prinzip der Handlungsanalogie. Ausdruckserscheinungen werden so betrachtet, als wären sie Verhaltensweisen mit einem bestimmten Ziel. Wer ein offenes Auge hat, wird z.B. eingeschätzt als würde er der Welt offen begegnen, als wäre er ein offener Mensch.
4. Prinzip der Raumsymbolik. Man nimmt insbesondere in der ↗Graphologie an, dass verschiedene Regionen im Raum (auf dem Schreibpapier) eine bestimmte Bedeutung haben. Vorne ist beispielsweise die weltzugewandte Seite, oben das Freie und Uneingeschränkte, unten die Schwere und Unterwerfung.

Das Vorgehen beim Ausdrucksverstehen nach diesen Prinzipien erwies sich als nicht sehr erfolgreich. Es stellte sich heraus, dass gleiche Ausdruckserscheinungen verschiedene Bedeutungen haben können und dass schon die ↗Wahrnehmung des Ausdrucks durch soziale und emotionale Faktoren verfälscht werden kann. Diese Erkenntnis aus der ↗sozialen Wahrnehmung wurde auf die Erforschung des Ausdrucksgeschehens übertragen, die sich unter dem neuen Titel *Personenwahrnehmung* nunmehr bemüht, die Bedingungen zu erhellen, unter denen der Empfänger einen bestimmten Eindruck vom Sender hat.

So kann ein Lehrer – je nach seiner ↗Einstellung – einen lachenden Schüler als „lacht freundlich“ oder „grinst schadenfroh“ einordnen. Das Urteil über eine andere Person hängt u. a. von der momentanen Situation ab; so wird das angespannte Gesicht eines Gewichthebers auf einem Foto ohne Hintergrund als

„traurig“ und mit Hintergrund als „angespannt“ beurteilt. Eine große Anzahl von gleichzeitig wahrgenommenen Personen wird gerne in Richtung der Extremwerte, z. B. intelligent – unintelligent, sympathisch – unsympathisch, eingeschätzt; diese Tendenz wird als Kontrasteffekt bezeichnet. Weiterhin wirken Persönlichkeitsmerkmale des Beurteilers auf die Personwahrnehmung ein: die Fähigkeit, mehrdeutige Eindrücke zu tolerieren und nicht zum Schwarz-Weiß-Denken zu neigen (Ambiguitätstoleranz) objektiviert die Wahrnehmung anderer Personen. Meist jedoch werden um eine vermeintliche Eigenschaft alle anderen so angeordnet, dass für den Beurteiler ein stimmiges Bild entsteht (logischer Fehler). Andere Fehlermöglichkeiten entstehen durch das Wirken eines ↗Halo-Effektes. Die Bedürfnisse spielen eine wichtige Rolle, so wird die sexuelle Anziehung eines Menschen besonders dann wahrgenommen, wenn man länger sexuell enthaltsam lebte. Weiterhin wird die Personwahrnehmung durch die Gruppenzugehörigkeit beeinflusst: Mitglieder der eigenen ↗Gruppe, Rasse oder Religionsgemeinschaft werden positiver beurteilt als Mitglieder von Fremdgruppen. Das Alter und vor allem Geschlecht können viele Eindrücke verfälschen. Frauen wurden von Frauen ihrem Gesichtsausdruck nach eher als bedrohlich, unsympathisch beurteilt als von Männern.

Auslöser. Die Bezeichnung „Auslöser“ wird in der Verhaltensforschung in Abgrenzung zum ↗Schlüsselreiz nur für solche Signale gebraucht, die das angeborene Verhalten der Tiere untereinander auslösen und steuern (z. B. Färbung des Schwanzes bei Fischen, Duftsignale, Laute usw.). ↗Verhaltensforschung.

Außersinnliche Wahrnehmung. Zusammenfassende Bezeichnung für parapsychologische Erscheinungen: ↗Telepathie (Übermittlung seelischer Vorgänge ohne Sinnesorgane), ↗Hellsehen (Wahrnehmen von Ereignissen, über die niemand Kenntnis hat) und ↗Präkognition (Vorauswissen des Zukünftigen).

Autismus beschreibt in der Kindheit auftretende schwere Kontaktstörungen. Das Kind isoliert sich von den anderen, ist verschlossen und für keinen – auch nicht für die Mutter – zugänglich (autistische Isolation); da die Kinder oft mit keinem sprechen, obwohl sie sprechen können, und auf keine Ansprache reagieren, werden sie von den Eltern anfangs fälschlicherweise für stumm, taub oder geistig zurückgeblieben gehalten. Sie beharren auf einer beruhigenden Gleichförmigkeit in ihrer Umgebung und werden ängstlich, wenn z. B. die Essenszeit sich verschiebt, Möbel oder Spielzeuge verändert werden. Ihre ↗Sprache bleibt kleinkindlich, mit Sätzen, die nur aus wenigen Worten bestehen und oft bruchstückhaft sind; das Wort „ich“ wird nie verwendet. Man versucht, das autistische Verhalten eines Kindes meist mit verschiedenen Techniken der ↗Verhaltenstherapie zu verändern, bei der schrittweise ein dem anderen zugewendetes Verhalten aufgebaut wird (sinnvolles Sprechen, Sich-Anlehnen an die Mutter, Spielen mit anderen Kindern u. a.). Die Erfolgsaussichten einer Therapie werden bei Kindern, die bis zu sechs Jahren alt sind und wenigstens teilweise eine verständliche Sprache sprechen können, mit ungefähr 50 % angegeben, bei den anderen Kindern ist die Prognose schlecht. Die Ursachen des

A

Autismus sind unbekannt, häufig wird eine Schädigung des Zentralnervensystems ↗Nervensystem) angenommen.

Autogene Faktoren, Bezeichnung für alle entwicklungspsychologisch wirksamen Kräfte, die vom Individuum selbst ausgehen. ↗Entwicklungspsychologie

Autogenes Training. Durch beständige Entspannungsübungen, bei denen die Aufmerksamkeit auf bestimmte Körperstellen gelenkt wird, kann bis zum gewissen Grad die Beeinflussung autonomer oder vegetativer Körperfunktionen erzielt werden. ↗Entspannungstechniken.

Autonomes Nervensystem oder vegetatives Nervensystem ist für die vegetativen Lebensfunktionen des Körpers wie Atmung, Herztätigkeit, Darmtätigkeit verantwortlich. ↗Nervensystem

Autoritäre Persönlichkeit. Die autoritäre Persönlichkeit oder auch antidemokratische Persönlichkeit wurde von T. W. Adorno u. a. (1950) als eine Persönlichkeit beschrieben, die folgende Hauptmerkmale aufweist: 1. Antisemitismus (Ablehnung von Juden), 2. ↗Ethnozentrismus (positive Klischeevorstellungen von der eigenen Gruppe), 3. eine konservative ↗Einstellung zu Werten, wie Besitz, Eigentum, Arbeit, und eine gleichzeitige Bejahung der sozialen Ungleichheit, die als rechtmäßig verstanden wird, da Reichtum als abhängig von der persönlichen Tüchtigkeit des Individuums gesehen wird, 4. mangelnde Flexibilität (↗Rigidität) und ↗Intoleranz in mehrdeutigen Situationen; Neigung zu starren Kategorienbildungen wie stark–schwach, Führer–Geführter, Herrscher–Beherrschte, 5. Autoritarismus oder Faschismus, die gekennzeichnet sind durch einen starken Konformismus (Übereinstimmung mit Normen und Werten der Majorität; Tendenz, dieses konforme Verhalten auch von anderen zu fordern), durch eine unkritische Unterwerfung unter mächtige Personen der eigenen Gruppe, eine Auffassung der Welt als eine mystische und bedrohliche Gegebenheit und Neigung zur ↗Verdrängung und ↗Projektion speziell nicht akzeptierter eigener Impulse. Die Kindheitssituation der autoritären Persönlichkeit ist bestimmt durch einen stark autokratischen Erziehungsstil (strenge Disziplin, hierarchische Familienstruktur). Die Befunde von Adorno werden wegen methodischer Mängel kritisiert.
Der Begriff „autoritäre Persönlichkeit" darf nicht mit ↗Autorität verwechselt werden, die eigentlich das Gegenteil darstellt. Unter den Nachfolge-Untersuchungen zur autoritären Persönlichkeit nimmt M. Rokeach (1961) einen besonderen Platz ein. Er fand Einstellungen heraus, für die eine Geschlossenheit im Wahrnehmen und Denken (closed-mindedness) typisch ist. Ihr Gegenteil ist die Offenheit eines ↗kognitiven Systems (open-mindedness). Das Individuum ist nicht in der Lage, flexibel, d. h. der Umwelt angepasst, wahrzunehmen und zu denken. Dogmatismus, d. h. ein starres kognitives System, begünstigt Einstellungen wie ↗Ethnozentrismus und Autoritarismus und wurde von Rokeach sowohl bei Links- als auch bei Rechtsextremisten in ähnlich hohem Maße festgestellt. Es scheint, dass ein starres Festhalten an bestimmten Ideo-

logien und Vorstellungen das objektive Beurteilen und Wahrnehmen der Wirklichkeit verhindert. Die Annahme, dass Merkmale einer autoritären Persönlichkeit und des Dogmatismus entwickelt werden, um eigene Schwächen, ↗Minderwertigkeitskomplexe und Unsicherheiten zu verarbeiten und die Sicherheit bei einer ↗Gruppe gesucht wird, die nicht sich selbst, sondern die Umwelt und die Gesellschaft als „schlecht" ansieht, wurde durch eine Untersuchung an linkextremen Studenten in Deutschland bestätigt.

Autorität kann eine Person, Institution oder Sache haben (Lehrer, Kirche, Wissenschaft); personenbezogene Autorität wird z. B. durch Fachwissen, Kooperationsbereitschaft erworben oder durch eine bestimmte soziale Position (Offizier, Pfarrer = Amtsautorität). Ein in der Psychologie häufig in ähnlicher Bedeutung gebrauchter Begriff ist der des ↗Status. Autorität haben auf jeden Fall Personen, die die Befriedigung der Bedürfnisse anderer Gruppenmitglieder kontrollieren bzw. herbeiführen können (Familienvater, Mutter, Lehrer in der Grundschule). Personen, die solcherart „Macht" haben, wird Vertrauen und Anerkennung entgegengebracht, wenn man positive Erfahrungen mit ihnen gemacht hat.
Einige Zitate zum Begriff Autorität nach Thomas Gordon (Familienkonferenz): „Diese Art von Autorität leitet sich von der Erfahrung einer Person ab – von deren Wissen, Ausbildung, Fähigkeit, Weisheit, Bildung ... Autorität beruht auf der Position, Stellung oder dem Titel einer Person oder einer gegenseitig anerkannten Stellenbeschreibung, die die Pflichten, Funktionen und Verantwortlichkeiten einer Person beinhaltet ... Autorität in menschlichen Beziehungen leitet sich von den vielen Abmachungen, Vereinbarungen und Verträgen ab, die Menschen in den alltäglichen Interaktionen eingehen ... Autorität leitet sich von der Person ab, die die Macht über andere hat (...), Macht zu kontrollieren, zu beherrschen, zu zwingen, den Willen anderer zu brechen, andere zu veranlassen, zu tun, was man will."
Von der Autorität müssen ↗autoritäre Persönlichkeit, autoritäre Erziehung und Autoritarismus unterschieden werden; gelegentlich wird Autorität synonym mit Kompetenz, Charisma, Ausstrahlung und Führerpersönlichkeit gebraucht. Der von der älteren Generation häufig beklagte Autoritätsschwund oder Autoritätskonflikt resultiert z. T. aus der Verlagerung von der Amtsautorität zur personenbezogenen Autorität.

Autostereotyp, Bezeichnung für Klischeevorstellungen über die Eigenschaften der Eigengruppe oder ihrer Mitglieder.

Autosuggestion (Selbstbeeinflussung) äußert sich im Gegensatz zur Fremdsuggestion darin, dass Erwartungen, Sorgen, Ängste, Wünsche und Überzeugungen ohne Fremdeinwirkung herbeigeführt werden und eigenes Verhalten und Erleben beeinflussen. Autosuggestionen können sich auch auf den körperlichen Bereich auswirken, was bei der sog. Stigmatisierung der Fall ist, wo Handblutungen durch Selbstbeeinflussung, d. h. durch Vorstellungen, Wünsche usw. herbeigeführt werden können. Alle ↗Entspannungstechniken bauen auf dem Mechanismus der Autosuggestion auf ↗Leib-Seele-Problem).

A

Aversion, allg.: Abneigung, Vermeidung, Widerwille; Gegenteil von ↗Appetenz. Strafe und andere unangenehme Reize werden in der Psychologie aversive Reize genannt. Das Herstellen von Verknüpfungen zwischen aversiven Reizen und deren unangenehmen Folgen und unerwünschten Verhaltensweisen hat sich die *Aversionstherapie* ↗Verhaltenstherapie) zum Ziel gesetzt. Es wird angenommen, dass aus Angst vor unangenehmen Folgen die mit ihnen assoziierte ↗Assoziation) unerwünschte Verhaltensweise ausbleibt. Muss ein Individuum zwischen zwei gleich unangenehmen Situationen wählen, so befindet es sich in einem Aversions-Aversions-Konflikt (nach K. Lewin).

Aversionstherapie. Ein Verfahren der ↗Verhaltenstherapie, das zum Abbau störender Verhaltensweisen (z. B. Alkoholkonsum) führt.

B

Balint-Gruppe ist die Bezeichnung für eine Form der ↗Supervision, die von dem gleichnamigen ungarischen Arzt und Psychoanalytiker eingeführt wurde. Ärzte, Psychotherapeuten, Lehrer, Eheberater, Krankenschwestern und andere in sozialen Berufen tätige Personen treffen sich in Arbeitsgruppen und besprechen Erfahrungen aus ihrer Arbeit unter Anleitung eines erfahrenen, psychoanalytisch geschulten Gruppenleiters. Eine typische Balint-Gruppe trifft sich über einen längeren Zeitraum regelmäßig. Ein Mitglied stellt einen Fall vor, er spricht über alles, was ihm momentan an Fakten, Erinnerungen, Gefühlen und Fantasien zu dem Fall einfällt. Die anderen Teilnehmer äußern dazu ihre Gedanken und Einfälle. Ziel eines solchen Vorgehens ist es, die Beziehung zwischen z. B. Berater und Klient zu verbessern und die Beratung von unerwünschten Einflüssen durch die Person des Beraters freizuhalten.

Baum-Test. Der von Karl Koch entwickelte und erprobte Test besteht in der Anweisung: Zeichnen sie einen Baum, es ist egal welchen, nur keine Tanne. Der Test liefert Hinweise zur Persönlichkeitsstruktur, zur Ausprägung bestimmter Bedürfnisse sowie zum Entwicklungsstand (Reife).

Bedingter Reflex, auch *konditionierter Reflex* wird ein ursprünglich angeborener oder unkonditionierter Reflex genannt, wenn er durch einen gelernten oder bedingten (konditionierten) Reiz ausgelöst wird. Im Experiment von I. P. Pawlow wird der Speichelfluss (angeborener Reflex) durch den Klingelton ausgelöst und wird deswegen bedingter Reflex genannt. ↗Lernen.

Bedürfnis(se). Das psychische und körperliche Wohlbefinden eines Menschen hängt davon ab, inwieweit sein Bedarf an Nahrung, Flüssigkeit, Kleidung (Wärme, Schutz), Sauerstoff, Schlaf und Traum, mitmenschlichen Kontakten, Zuwendung, Anerkennung, Selbstverwirklichung, Zärtlichkeit und Wertschätzung durch geeignete Objekte und Personen gedeckt wird.
Bedürfnisse sind eine allgemeine Bezeichnung für ein Antriebserlebnis, für eine Spannung, die mit dem Streben verbunden ist, einen Mangelzustand zu beseitigen und einen erwünschten Zustand zu erreichen (Bedürfnisbefriedigung). Je nach Ursache des jeweiligen Mangelzustandes werden die Bedürfnisse aufgegliedert in primäre oder biogene (angeborene Ursache, stehen in engem Zusammenhang mit den Trieben) und sekundäre oder soziokulturelle (gelernte, erworbene, sozio-kulturell bedingte Ursache, stehen im Zusammenhang mit kulturellen Normen und Werten). Werden primäre oder sekundäre Bedürfnisse über längere Zeit hinweg unzureichend oder gar nicht befriedigt, dann entstehen in der Regel körperliche und psychische Schäden (z. B. ↗Hospitalismus).
Die wichtigsten Bedürfnisse des Menschen sind: Sicherheitsbedürfnisse, Ehrgeiz als das Bedürfnis, Hindernisse auf dem Weg zum Ziel zu überwinden, Machtstreben oder das Bedürfnis, die Umgebung zu kontrollieren, die sozialen Bedürfnisse, d. h. das Bedürfnis nach sozialen Beziehungen und die Neu-

gier, d. h. das Bedürfnis, sich auszukennen, die Umgebung zu erforschen. Die Stärke der Bedürfnisse ist von Person zu Person unterschiedlich und hat die Eigenschaften eines Charakterzugs, kann also als weitgehend konstant angesehen werden.
Maslow geht von einer angeborenen Bedürfnishierarchie aus und hat mit der Bedürfnispyramide ein Modell für die Befriedigung der menschlichen Bedürfnisse entworfen. Die Stufen der Pyramide besagen, dass zuerst ein Bedürfnis der niederen Ebene befriedigt sein muss, bevor die nächste Stufe in Angriff genommen werden kann. Die Stufen der Pyramide sind:
1. physiologische Bedürfnisse, Strebungen, körperliche Mangelzustände zu vermeiden,
2. Sicherheitsbedürfnisse, Bedürfnisse der Angstvermeidung,
3. Liebesbedürfnisse, Bedürfnisse nach Geborgenheit, nach emotionaler Zuwendung,
4. Geltungsbedürfnisse, Bedürfnis nach Anerkennung,
5. das Bedürfnis nach Selbstverwirklichung, nach Selbstaktualisierung.

Maslow unterscheidet zwischen Defizit- und Wachstumsbedürfnissen. Defizitbedürfnisse dienen der Vermeidung von Unlust und werden unwirksam, wenn ein Mangelzustand behoben wird. Selbstaktualisierung ist ein Wachstumsbedürfnis, besteht in der Tendenz, aus einem liebenden, kreativen Geist heraus produktiv Neues zu erschaffen, dient nicht der Unlustvermeidung, sondern der Gewinnung von Lust durch Selbstverwirklichungsaktivität und bleibt immer wirksam.
Es sei noch erwähnt, dass Menschen gleichermaßen vom Mangel wie vom Überfluss frustriert werden können.

Befragung. Auf dem Gebiet der öffentlichen ↗Meinungsforschung und der ↗Marktpsychologie werden oft schriftliche Befragungen *(Umfragen)* zum Zweck der Datensammlung durchgeführt. Mündliche Befragung wird gewöhnlich ↗Interview genannt. Jede Befragung ist ein sehr unzuverlässiges Instrument der Datenerhebung. Als Vorteile der schriftlichen Befragung gegenüber dem Interview werden genannt: Anonymität des Befragten, Vermeidung der Fehler seitens des Interviewers, Antworten werden besser durchdacht. Als Nachteile werden aufgeführt: Situation bei der Beantwortung kann nicht kontrolliert werden, Befragte sind wenig motiviert. Unvollkommenheiten des Fragebogens können durch den Interviewer nicht ausgeglichen werden. Daher wird besonderes Gewicht auf die Formulierung der Fragen (Alltagssprache, kurze, eindeutige Fragen, keine hypothetischen Fragen usw.) gelegt und auf die Konstruktion der ↗Fragebogen.

Befriedigung. Die Beseitigung eines Mangelzustands (z. B. Durst), das Erreichen eines Handlungszieles, das Herabsetzen einer Triebspannung, ein angenehmer Zustand bei Lob und Anerkennung, um nur einige Beispiele aufzuführen, werden Befriedigung – genauer Bedürfnisbefriedigung – genannt. Das menschliche Verhalten und Handeln hat die Befriedigung der Bedürfnisse zum Ziel ↗Motivation).

Begabung, ein umstrittener und viel diskutierter Begriff mit folgenden Bedeutungen:

1. B. = die Gesamtheit der angeborenen ↗Anlage) Fähigkeiten zu qualifizierten Leistungsvollzügen in den verschiedenen Kulturbereichen (W. Arnold);
2. B. = Begabungen (von außen her) und Begabtwerden durch Erzieher (H. Roth);
3. B. = spezifische Voraussetzung für Leistungen bestimmten Grades; naturgegebene, innerpsychische Voraussetzungen für Leistungsunterschiede zwischen Menschen;
4. B. = Intelligenz und ↗Kreativität.

Wenn der Begriff Begabung überhaupt noch sinnvoll verwendet werden kann, dann als Bezeichnung für sog. „besondere Begabung" im Bereich von Musik, Kunst, Mathematik, Sport u. a. Kulturgebieten, die aufgrund günstiger Verknüpfungen von Intelligenz, Kreativität und besonders stark ausgeprägten spezifischen Fähigkeiten bei gleichzeitiger Umweltförderung schon in frühen Lebensjahren überdurchschnittliche bis hervorragende Leistungen ermöglicht.

Solche besondere Begabungen erkennt man an folgenden Merkmalen:

- Das Kind zeigt schon im Vorschulalter eine auffallende Neigung, bestimmte Aufgaben zu bewältigen.
- Das Kind bewältigt die Aufgaben mit einer gewissen lustbetonten Leichtigkeit und zeigt besonderes Interesse und Anstrengungsbereitschaft, noch bessere Leistungen zu erzielen.
- Die erzielten Leistungen steigern das Selbstvertrauen, das als eine notwendige Voraussetzung für schöpferische Produktivität ↗Kreativität) angesehen wird. Begabung wird in frühen Lebensjahren entwickelt, wobei es vor allem auf die Erziehung und Förderung durch die Umwelt ankommt. Die ↗Anlage spielt nur bei Extremleistungen eine wichtige Rolle.

Bevor man als Lehrer oder Erzieher ein Kind mit niedrigen Leistungen als unbegabt erklärt, sollte man sich fragen, was bisher getan wurde, um bei diesem Kind die notwendigen Fähigkeiten zu fördern.

Begriff, Begriffsbildung. Wörter sind Namen, Bezeichnungen, Symbole für das Bezeichnete (das Symbolisierte). Das Bezeichnete oder der Begriff ist eine Zusammenfassung einer mehr oder weniger großen Menge von wesentlichen Merkmalen von etwas. Begriffe sind „Sinngehalt", Einheiten der Realität, sind Vorstellungen, Produkte des Verstandes. Mit Hilfe der Begriffe können wir eine große Anzahl von Einzeldaten zusammenfassen. Begriffe sind Elemente des Denkens, sind Mittel, um die Wirklichkeit zu verstehen. Mit Hilfe von *Definitionen* und Umschreibungen wird der „Inhalt" der Begriffe erläutert. Begriffe wie Freiheit, Alter, Sexualität, Tisch, Psychologie bilden sich durch Erfahrung (natürliche Begriffe) sowie über Logik und Denken aus.

Neben der Wörterbuchdefinition (denotative Bedeutung) beinhalten Begriffe auch die konnotative Bedeutung, z. B. rund, impulsiv, schwach, weniger intelligent usw. für den Begriff „weiblich" ↗Sprache).

B

Behalten bezeichnet die Fähigkeit des Menschen, Informationen zu lernen und zu speichern (im Gedächtnis „behalten“). ↗Gedächtnis.

Behaviorismus, von J. B. Watson 1913 gegründete, einflussreiche psychologische Schule, die der introspektiven (↗Selbstbeobachtung) Methode mangelnde Objektivität vorwirft und als Gegenstand der Forschung nur das Verhalten bzw. die Reaktionen auf bestimmte Reize (Reiz-Reaktions-Psychologie) anerkennt. Behaviorismus hat lange Zeit die amerikanische Psychologie dominiert. Die bekanntesten Vertreter dieser Schule sind neben Watson Guthrie, Hull, Skinner und Tolman.
Zur Erklärung komplexer Verhaltensweisen wurden später „innere Prozesse“ (intervenierende Variablen), soweit sie aus beobachtbarem Verhalten erschlossen werden können, berücksichtigt. Charakteristisch für die Behavioristen ist die Auffassung, dass ↗Verhalten und Eigenschaften des Menschen ausschließlich von der Umwelt abhängen und somit primär Lernmechanismen ↗Lernen) erforscht werden müssen. Nicht nur in den USA wurde inzwischen der strenge Behaviorismus von der ↗kognitiven Psychologie abgelöst. ↗Geschichte der Psychologie.

Bekräftigung (Verstärkung). Bezeichnung für bedürfnisbefriedigende, positive, angenehme Konsequenzen oder Folgen einer Handlung, die dazu führen, dass solch eine Handlung immer öfter ausgeführt wird. *Bekräftiger* oder *Verstärker* werden Reize genannt, die die Fähigkeit haben, die Auftrittswahrscheinlichkeit eines Verhaltens zu erhöhen (wegen angenehmer Wirkung).

Belohnung (positive ↗Bekräftigung), bewusstes Einsetzen von bestimmten Reizen (Süßigkeiten, liebevolle Zuwendung, Lob, Anerkennung) nach erfolgtem Verhalten, um es zu bekräftigen, d. h. um es zu fördern und zu festigen. ↗Lernen.

Beobachtung. Die Erkenntnisse jeder Wissenschaft und so auch der Psychologie gehen auf Datengewinnung, Faktensammlung zu einer bestimmten Fragestellung zurück. Die Daten (quantitative oder qualitative Beschreibung von Erscheinungen) werden durch systematische, planvolle, zielgerichtete (unter dem Gesichtspunkt der Fragestellung) Beobachtungen gewonnen. Da eine naive Beobachtung fehlerhaft, unzuverlässig, von der Voreingenommenheit des Beobachters abhängig (subjektiv) und da die sprachliche Beschreibung von beobachteten Merkmalen vieldeutig und ungenau ist, wird durch die ↗Methoden der Psychologie festgelegt, wie eine Beobachtung durchzuführen ist, damit sie objektiv, zuverlässig, nachprüfbar wird. Nach Gesichtspunkten des Beobachtungsgegenstandes, der Auswahl und Anzahl der beobachteten Merkmale und nach der Art der Variablen (quantitativ, qualitativ) werden verschiedene Beobachtungsarten unterschieden (vgl. Tabelle). Fehler bei der Beobachtung können durch gut durchdachte Experimente am besten vermieden werden; es müssen Behauptungen, Theorien und ↗Hypothesen in der Psychologie nach Möglichkeit experimentell nachgewiesen und überprüft werden. ↗Experiment, ↗Methoden der Psychologie.

Kriterium	Beobachtungsart (Bezeichnung)	Mögliche Fehler
1. Gegenstand: Erlebnisse ------------- Verhalten	↗Selbstbeobachtung ------------- Fremdbeobachtung	↗Selbstbeobachtung ------------- Fremdbeobachtung
2. Auswahl: Personen- ↗Stichprobe ------------- Verhaltensstichprobe	Kontrollierte und unkontrollierte ------------- Systematische und unsystematische	Fehler bei der Auswahl von beobachteten Personen ------------- Fehler bei der Auswahl der beobachteten Merkmale
3. Beteiligung des Beobachters	Teilnehmende und nichtteilnehmende	Das Geschehen wird durch die Teilnahme des Beobachters beeinflusst.
4. Zahl der beobachteten Merkmale	Eindimensionale und mehrdimensionale	Wie bei Fremdbeobachtung
5. Art der „Variablen"	Messung, Zählen und qualitative Vergleiche	Messfehler und Fehler bei der Einschätzung von Eigenschaften
6. Willkürlichkeit, Wiederholbarkeit, Variierbarkeit	Experimentelle Beobachtung	↗Experiment

Beratung. Die meisten Psychologen üben zur Zeit in Deutschland ihren Beruf in irgendeiner Form der psychologischen Beratung aus. Unter Beratung wird dabei keineswegs das Erteilen von „guten Ratschlägen" seitens der Fachkraft, die Ermutigung, Überredung oder ein Gespräch zwischen dem Ratsuchenden und dem Berater verstanden. Die psychologische Beratung wird vielmehr als umfassende Bezeichnung für einen ganzen Komplex von helfenden Maßnahmen verstanden, die zur Beseitigung persönlicher und sozialer Probleme in verschiedenen Lebensbereichen eingesetzt werden.
Bei jedem Beratungsfall kommen verschiedene Behandlungstechniken zur Anwendung.
Ein erstes Kontaktgespräch dient der Abgrenzung des Problems, danach folgen Befragung (↗Exploration), ↗Anamnese und eventuell Durchführung verschiedener ↗Tests zur Feststellung der Ursachen (↗Diagnostik) oder zur genaueren Beschreibung des Problems. Erziehungsschwierigkeiten und ↗Verhaltensstörungen sowie verschiedene Formen des ↗Schulversagens erfordern die Durchführung einer intensiven Elternberatung (↗Familientherapie), ↗Verhaltenstherapie, ↗Kinderpsychotherapie, von Konzentrationstraining oder verschiedener ↗Entspannungstechniken sowie Gruppentherapie (↗Psychotherapie). Bei Eheproblemen werden z. B. ↗Kommunikationstherapie, ↗Gruppentherapie, ↗Gesprächstherapie angewandt.
Lebensbereiche, in denen psychologische Beratung zur Anwendung kommt: ↗Erziehungsberatung, ↗Berufsberatung, ↗Eheberatung und ↗Schulbera-

tung gehören zu den klassischen Feldern der Beratungstätigkeit und werden gesondert abgehandelt. Die *Einzelberatung* umfasst alle beratend-therapeutischen Maßnahmen, die bei gestörten Personen (↗psychische Störungen, ↗Persönlichkeitsstörungen) eingesetzt werden. Unter *Sachberatung* wird die Klärung verschiedener sachlicher Probleme verstanden. Am bekanntesten dürften die Sexualaufklärung und Familienplanung sein. Drogenberatung und Beratung von Institutionen (z. B. Jugendamt) zur Ergreifung verschiedener Maßnahmen zu Jugendschutz, Freizeitgestaltung usw.

In diesen Bereich gehört auch die sog. *Supervision* als „eine Methode berufsbezogener Wissensvermittlung". Supervision wird auch als „Kontrolle", „Anleitung" oder „Praxisanleitung" bezeichnet und dient der Weiterbildung im konkreten Berufsfeld. Diese Methode der beruflichen Weiterbildung eignet sich vor allem im Bereich der Sozialarbeit und Sozialpädagogik, wo es neben der Vermittlung von Fachkenntnissen auch auf das Erkennen von Gefühlen, Bedürfnissen, zwischenmenschlichen Beziehungen usw. ankommt, was durch eine „angeleitete" Gruppe am besten erzielt werden kann.

Neben der Beratung im Jugendstrafvollzug und in der Bewährungshilfe (↗Resozialisierung) hat die Telefonberatung (Telefonseelsorge) immer mehr an Bedeutung gewonnen.

Die *Telefonberatung* entstand aus privater Bürgerinitiative und weist einige Vorteile auf: Die Anonymität des Anrufers bleibt gewahrt, keiner der Partner besitzt soziale Macht über den anderen, man kann das Gespräch jederzeit unterbrechen, außerdem wird die Entscheidung, jemanden anzurufen, viel leichter und schneller getroffen als die, eine offizielle Beratungsstelle aufzusuchen. Der Nachteil ergibt sich für den Berater, da er Erfolg oder Misserfolg seiner Tätigkeit selten oder nie kontrollieren kann, was auf die Dauer nur bei einem hohen Maß an Selbstvertrauen und Sicherheit bewältigt werden kann. Die Statistiken beweisen, dass wirtschaftliche Not, religiöse Fragen (Telefonseelsorge!) und auch Erziehungsprobleme nur in 3,8 % der Fälle als Grund des Anrufes genannt werden, organische und psychische Krankheiten sowie Konflikte in der Ehe und gestörte Partnerbeziehungen jedoch in 72 % der Fälle.

Einige Prinzipien der nicht- direktiven Gesprächsführung in der Einzelberatung:

- Der Berater muss das Problem in seinen Ursachen und Ausprägungen so erfassen, wie es sich für die Rat suchende Person darstellt, und den Klienten in seiner persönlichen Entwicklung und in Richtung der Problembewältigung unterstützen (↗Psychotherapie).
- Der Ratsuchende ist in einem Zustand der Angst, oder der Unsicherheit; der Berater akzeptiert ihn, ist natürlich, flexibel, zeigt Verständnis und Einfühlung (↗Gesprächspsychotherapie).
- Der Berater verdeutlicht dem Ratsuchenden Gefühle und Einstellungen, die dieser äußert, und respektiert sie.
- Auf diese Weise kann der Ratsuchende seine Gefühle, Einstellungen und Reaktionen klarer erkennen, ihm fallen Alternativen zu seinem bisherigen Verhalten ein.

Deutlich wird die Eigenart einer Beratung auch dadurch, dass man bedenkt, was sie nicht ist:
a) Das Beratungsgespräch ist keine bloße Konversation (Austausch von Informationen), keine Diskussion (Widerlegen der Argumente, Streitgespräch) und keine Befragung (der Befragte ist unterlegen, wird „verdächtigt").
b) Der Berater vermeidet im Gespräch wertende Antworten (erzeugen beim Klienten das Gefühl der Minderwertigkeit), deutende Äußerungen (Patient fühlt sich unverstanden), tröstende Aussagen (der Klient begibt sich in Abhängigkeit und arbeitet nicht mehr an der Lösung des Problems) und Ratschläge, weil dadurch ein Weg vorgezeichnet wird, den der Ratsuchende meist schon kennt, aber nicht befolgen kann.
Eine besondere Rolle spielt die Beratung, die zu einer konkreten Verhaltensänderung führen soll (man möchte z. B. seine Schüchternheit überwinden). Hier wird der Berater dem Klienten verdeutlichen, wie aus psychologischer Sicht Verhalten entsteht (↗Lernen), mit dem Ratsuchenden das Problem analysieren und „machbare" alternative Verhaltensweisen suchen. Diese werden eingeübt oder in der Praxis ausprobiert, wobei darauf zu achten ist, dass das neue Verhalten prompt verstärkt wird. Bei einem solchen Vorgehen wird deutlich, dass kein wesentlicher Unterschied zwischen Beratung und ↗Psychotherapie besteht. Beratungen sind lediglich kürzer, da sie nur bei „leichteren" Problemen durchgeführt werden. Auch ist keine Zulassung als Psychotherapeut notwendig, um Beratungen durchzuführen.
Die gegebenen Möglichkeiten einer psychologischen Beratung werden aus verschiedenen Gründen nicht genutzt:
- Das Aufsuchen einer Beratungsstelle wird gleichgesetzt mit einem Besuch beim Psychiater; d. h. man meint, derjenige, der eine Beratungsstelle aufsucht, sei nicht „normal".
- Man ist der Meinung, es sei nicht richtig, sich in psychischen Problemen beraten zu lassen, man müsse es selbst schaffen.
- Oft wird Hilfe bei Freunden und Bekannten gesucht, was nicht selten dazu führt, dass man Freunde verliert, was die Schwierigkeiten vergrößert.
- Die Möglichkeit der „Zeitschriften-Ratgeber" wird überbewertet. Durch Zeitschriften können zwar sachliche Informationen gegeben, jedoch keine persönlichen Probleme oder Konflikte gelöst werden.

Berufsberatung. Mit dem Begriff Berufsberatung werden alle Einrichtungen und Tätigkeiten bezeichnet, die Schüler, Jugendliche, Studenten und Erwachsene durch Feststellung der Berufseignung bei der Berufswahl oder Berufsveränderung beraten und unterstützen. Berufsberatung wird in Deutschland von den Arbeitsämtern durchgeführt, die von der Bundesanstalt für Arbeit eingerichtet werden und nach dem Arbeitsförderungsgesetz alleine das Recht zur Berufsberatung haben.
Bei der Berufswahl sind zu berücksichtigen:
- *Berufseignung.* Zu ihrer Beurteilung ist es notwendig, individuelle Neigungen, Interessen und Fähigkeiten realistisch einzuschätzen. Das geschieht z. B. mit Hilfe von ↗Tests, die ↗Intelligenzhöhe, Fähigkeiten, bestimmte Begabungen und Persönlichkeitseigenschaften wie z. B. Kooperationsbereit-

schaft, Ausdauer, Einfühlungsvermögen, Kritikfähigkeit feststellen. Diese individuellen Fähigkeiten werden dann mit den beruflichen Anforderungen und denen in der Ausbildung verglichen.

- *Berufsbild,* das sind die charakteristischen geistigen und körperlichen Anforderungen, die für die Bewältigung der Aufgaben eines bestimmten Berufes notwendig sind. Die Aufstellung von Berufsbildern ist die Aufgabe der Berufskunde und Berufspsychologie.
- *Arbeitspolitische Marktlage,* Nachfrage nach bestimmten Berufen bzw. Prognosen über den künftigen Bedarf an bestimmten Berufen.
- *Persönliche,* wirtschaftliche und soziale *Verhältnisse* des Ratsuchenden sind z. B. Körperbehinderung, Familie, Wohnort.

Die Leistungsfähigkeit der Berufsberatung wird durch verschiedene Faktoren stark eingeschränkt:

- Die Anforderungen vieler Berufe (Berufsbilder) sind unbekannt bzw. haben sich aufgrund der wirtschaftlichen Weiterentwicklung geändert.
- Die Nachfrage nach bestimmten Berufen kann kaum vorausgesagt werden.
- Die Feststellung der Berufseignung hat ihre Grenzen. Erfolg im Beruf bzw. in der Berufsausbildung hängt nicht nur von der Intelligenz, den Fähigkeiten und von den in der Beratung festgestellten Persönlichkeitseigenschaften ab, sondern auch von anderen Faktoren, die noch weitgehend unbekannt sind.
- Die beschränkten Kapazitäten an Ausbildungsplätzen verhindern häufig eine Berufsausbildung, die für den Ratsuchenden am geeignetsten erscheint.

Betriebsklima ist die Bezeichnung für die Arbeitsatmosphäre in einem Betrieb, für die emotionale Basis und die Art des Umgangs von Mitarbeitern und Vorgesetzten miteinander. Entscheidende Bedingungen eines guten Betriebsklimas sind: gute Kommunikation, partnerschaftliches Führungsverhalten, teilautonome Handlungsspielräume, Eigenverantwortlichkeit und Kompetenzklarheit, Beratung und Betreuung, Teamarbeit, Zeitsouveränität, soziale Absicherung, das Image des Betriebes. ↗Organisationspsychologie, ↗Betriebspsychologie.

Betriebspsychologie. Im Gegensatz zur Arbeitspsychologie, die sich mit der Beziehung Mensch – Arbeit befasst, untersucht die Betriebspsychologie die Beziehungen der arbeitenden Menschen untereinander. Elton Mayo und seine Mitarbeiter, insbesondere F. J. Roethlisberger und T. N. Whitehead – die eigentlichen Begründer der Betriebspsychologie –, haben ihre berühmten Untersuchungen in den Hawthorne-Werken in Chicago (1927–1932) mit arbeitspsychologischer Zielsetzung durchgeführt. Die Experimente über den Einfluss von Beleuchtung, Arbeitszeit, Ruhepausen, Entlohnung usw. führten zur Entdeckung der *informellen* Arbeitsgruppe und deren Einfluss auf die Arbeitsleistung. Es hat sich gezeigt, dass der Mensch am Arbeitsplatz nicht als isoliertes Individuum mit den Maschinen umgeht, sondern sich aus seinen sozialen Kontakten und Gruppenbeziehungen eine eigene soziale Umwelt schafft, die seitens der betrieblichen Organisation berücksichtigt werden muss.

Aufgaben. Die primäre Aufgabe von Betriebspsychologen besteht in der betrieblichen Menschenführung, die hauptsächlich auf sozialpsychologischen ↗Sozialpsychologie) Erkenntnissen basiert. Da das Verhalten der Menschen im Betrieb durch viele Faktoren, z. B. durch betriebliche Organisation, Kommunikation, Vorgesetzte, Gruppenbildung, Gewerkschaft, persönliche Eigenarten der Arbeiter usw. bestimmt wird, ergeben sich für den Betriebspsychologen viele Einzelaufgaben, die jedoch alle mit der betrieblichen Menschenführung zusammenhängen.

1. Organisationsprobleme. Seit es Arbeitsteilung gibt, die durch horizontale Spezialisierung (z. B. unter den Arbeitern am Fließband) und vertikale Spezialisierung (Lehrling, Arbeiter, Meister, ... oberster Direktor) immer komplizierter wird, gibt es auch viele rein organisatorische Probleme. Die Organisation im Betrieb soll soziale Spannungen und Konflikte vermeiden, die dann entstehen, wenn sich Entscheidungsbefugnisse verschiedener Funktionsträger überschneiden und zu einem „schlechten Betriebsklima", Verminderung der Leistung und zu Unzufriedenheit führen ↗Organisationspsychologie).

Um Spannungen im hierarchischen Aufbau des Betriebes zu vermeiden, wurden von der Akademie für Führungskräfte der Wirtschaft in Bad Harzburg Prinzipien zur „Führung im Mitarbeiterverhältnis" entwickelt *(Harzburger Modell).* Die einzelnen Abteilungen bzw. Filialen erhalten selbständige Aufgabenbereiche, Verantwortung, Dienstaufsicht und unterliegen nur der gesamtbetrieblichen Erfolgskontrolle. Das heißt: solange sie erfolgreich arbeiten, werden sie von „Oben" nicht beeinflusst. Dieses System lässt sich nicht auf jede Betriebsart verallgemeinern. Inzwischen sind viele Management-Systeme entwickelt worden (z. B. management by objectives, by delegation, by exception, by motivation), und die Betriebspsychologen werden als Berater bei Betriebsorganisation und -aufbau eingesetzt. Spannungen in der horizontalen Arbeitsteilung werden hauptsächlich durch die Rivalität unter Mitgliedern einer ↗Gruppe und durch die Konflikte zwischen formellen und informellen Gruppen verursacht.

Verschiedene Tätigkeiten müssen auf den Betriebszweck hin koordiniert werden, wozu eine formale Organisation und ein Anweisungs- und Kontrollsystem benötigt wird. Von jedem, der im Betrieb eine bestimmte Tätigkeit ausführt, d. h. eine soziale ↗Rolle übernimmt, wird ein seiner Rolle entsprechendes Verhalten erwartet. Das Rollenverhalten wird einerseits durch Betriebsnormen (Arbeitsanweisung, Arbeitszeit, Verantwortung usw.) bestimmt und durch innerbetriebliche Sanktionen (Geldbußen, Versetzung, weniger Lohn, Entlassung) erzwungen, andererseits wird das Rollenverhalten durch persönliche Bedürfnisse und Eigenschaften, durch die Zugehörigkeit zu außerbetrieblichen ↗Gruppen und durch Ziele und Normen von informellen Gruppen mitbestimmt. So kann es zu Rollenkonflikten, zu Unsicherheiten, Rivalität und Leistungsabfall kommen. Spannungen können weitgehend vermieden werden, wenn bei der Bildung von Arbeitsgruppen und -teams unter anderem folgende psychologische Erkenntnisse berücksichtigt werden:

Jeder Mensch strebt danach, durch seine Rolle am Arbeitsplatz die Bedürfnisse nach Anerkennung, Ansehen, Selbstachtung und Selbstentfaltung zu befriedigen.

Rollenkonflikte gefährden das persönliche Sicherheitsgefühl und die Befriedigung der genannten Bedürfnisse.
Wird die Befriedigung der genannten Bedürfnisse durch die formale Organisation verhindert, so werden spontan soziale Beziehungen aufgenommen, die zur Bildung von informellen Gruppen führen.
Charakteristisch für beide Gruppenformen ist, dass die Interaktion zwischen Gruppenmitgliedern zur Befriedigung persönlicher Ziele aufgenommen wird, um sich soziale Geltung, Anerkennung, Ansehen (Status) zu verschaffen. Bei entsprechender Zusammenstellung und Führung der Gruppe können die von der Organisation festgelegten Gruppenziele, Normen und Verhaltenskontrollen auch der Befriedigung persönlicher Bedürfnisse dienen und somit mit den Normen der informellen Gruppen zusammenfallen.
Da Mitglieder einer Gruppe ein Wir-Gefühl entwickeln, den Kontakt untereinander ausbauen, zusammenhalten und hinsichtlich der Zielsetzung gleiche Aktivitäten entwickeln, ist es besser, Arbeitsgruppen zu entwickeln als ein „Mann-zu-Mann"-System.
Es gilt: Lösungen von Problemen und Entscheidungen sollen der Gruppe übertragen werden, die Gruppe selbst soll die Kontrollsysteme ihrer Arbeit entwickeln und auch anwenden. Neue Normen und Zielsetzungen sollen von der Gruppe entwickelt und auch angewandt werden.
2. Menschenführung. Besondere Bedeutung haben die psychologischen Erkenntnisse für das direkte Einwirken des Vorgesetzten auf die Mitarbeiter, d.h. für das gesamte moderne Management. Die Management-Funktion ergibt sich zwar aus einer Synthese zwischen betriebswissenschaftlichen, psychologischen und soziologischen Erkenntnissen, jedoch gewinnen in der komplexen Wirtschaftsstruktur der Gegenwart die psychologischen und soziologischen Aspekte immer mehr an Gewicht.
Damit Manager die Führungsfunktion des sog. Management-Kreises (Ziele setzen, planen, entscheiden, realisieren, kontrollieren und je nach Ergebnis von neuem Ziele setzen) erfolgreich realisieren können, wird von Psychologen die sog. Management-Schulung durchgeführt. Es handelt sich vorwiegend um verschiedene Psychotrainings:
Brainstorming fördert ↗Kreativität, zwanglose Produktion von Ideen, Freimachen von Konventionen und eingefahrenen Denkschemata.
Verschiedene Gruppentrainings dienen der Selbsterfahrung, der Verbesserung von Kommunikationstechniken, dem Erlernen der „sozialen Kompetenz".
Sensitivity-Training dient ähnlich wie die Gruppentechniken dem Abbau von eingefahrenen Reaktionen auf das Verhalten anderer Menschen und dem Aufbau von sozialer Sensitivität (Einfühlung, angepasste gefühlsmäßige Reaktion, Erkennen von Problemen anderer).
Am weitesten verbreitet ist jedoch die Schulung des Führungsverhaltens (Führungsstile, Einwirkung auf Mitarbeiter, Kontrolle des Verhaltens und Kritik, Mitarbeiterbeurteilung).
Alle Komponenten des Führungsverhaltens sind eigentlich auf die Mitarbeitermotivierung, d. h. auf das Erzielen höherer Leistung und auf die Zufriedenheit ausgerichtet.

Leistungsanreize: Es werden fünf verschiedene Möglichkeiten genannt. Solange die Aktivität oder Arbeit dem Erreichen eigener Ziele dient, wird sie auch mit Lust bzw. Freude durchgeführt. Das Problem der Motivierung besteht hauptsächlich darin, dass sich persönliche Ziele und betriebliche Zielsetzung nicht decken. Die Arbeit wird mit Unlust durchgeführt, wenn es sich um fremde Ziele handelt. Um die Unlust zu mindern, hat man verschiedene Leistungsanreize gefunden, die bewirken sollen, dass der Arbeitnehmer betriebliche Ziele intensiver verfolgt, um eigene Ziele zu erreichen. Die wichtigsten persönlichen Ziele bzw. Bedürfnisse, die am Arbeitsplatz befriedigt werden müssen, sind: Bedürfnis nach Selbstentfaltung, Selbstverwirklichung, nach Anerkennung, Ansehen und sozialer Geltung ↗Motivation).

a) Finanzielle Anreize, wie Leistungslohn, Prämienzahlungen und leistungsabhängige Gehaltssteigerungen, dienen zwar der Befriedigung persönlicher Wünsche und Interessen, werden jedoch sehr schnell zum „Gewohnheitsrecht" und verlieren an leistungssteigernder Wirkung. Wichtiger als die tatsächliche Lohnhöhe ist der Glaube, dass man für die gleiche Tätigkeit mehr verdient als die anderen.

b) Anreize aus der Arbeitszeitregelung, wie gleitende Arbeitszeit, verlängerter Urlaub, Verkürzung der Arbeitszeit, dienen auch der Befriedigung persönlicher Wünsche, werden jedoch sehr schnell zur Selbstverständlichkeit. So hat man sich z. B. von der Einführung der „gleitenden Arbeitszeit" mehr leistungssteigernde Wirkung versprochen, als tatsächlich eintrat.

c) Anreize aus Sozialleistungen, wie billige Werkswohnungen, Werkskantinen, Sport und Erholungsmöglichkeiten, Werkskindergarten usw., ermöglichen soziale Kontakte, kommen dem Bedürfnis nach Sicherheit und persönlichen Bedürfnissen der Freizeitgestaltung entgegen, werden jedoch auch schnell zur Selbstverständlichkeit und verlieren an ihrer motivierenden Wirkung. Sie spielen eine bedeutende Rolle beim Anwerben von Arbeitspersonal bei Vollbeschäftigung.

d) Anreize aus zwischenmenschlichen Beziehungen, wie Wettbewerb zwischen einzelnen Abteilungen, Gewähren bestimmter Statussymbole (Arbeitskleidung, größerer Schreibtisch), berücksichtigen den Wunsch der Mitarbeiter nach Anerkennung, verbessern jedoch die Einstellung zur Arbeit selbst nicht.

Bei den bisher erwähnten Leistungsanreizen handelt es sich um ↗Motivationen aus den Begleitumständen der Arbeit und nicht aus der Arbeit selbst.

Die einzig dauernde Motivierung bieten die Anreize aus der Arbeit selbst.

e) Leistungsanreize aus der Arbeit selbst ergeben sich aus dem ständigen Aufgabenbereich, aus Entscheidungsbefugnissen und Verantwortung und aus der weitgehenden Selbstkontrolle der eigenen Arbeit. Ein ständiger Aufgabenbereich lässt das Gefühl der eigenen Wichtigkeit, Bedeutung, Unentbehrlichkeit aufkommen. Es kommt zur persönlichen Profilierung, Erfahrungsbildung und Anerkennung. Fällen andere Entscheidungen, die der Arbeiter selbst treffen könnte, so entsteht das Gefühl der Abwertung, des Misstrauens, der eigenen Unfähigkeit. Durch eigene Entscheidungen wachsen das Selbstbewusstsein, die Möglichkeiten der Selbstverwirklichung und das Erlebnis der fachlichen Kompetenz.

Darf der Mitarbeiter das Erreichen der aufgestellten Ziele selbst kontrollieren, so hat er sich die Aufgabe zur „eigenen Sache" gemacht und ist daran interessiert, dass Fehler möglichst frühzeitig entdeckt werden.
Voraussetzungen für die Wirksamkeit von Leistungsanreizen der Arbeit selbst sind betriebliche Organisation (Gruppenbildung) und demokratischer Führungsstil.
3. Führungsstil. Wenn sich Mitarbeiter eine bestimmte niedrige Leistungsnorm zu eigen machen, weil dies das Ziel der informellen Gruppe ist und das Einhalten der Norm durch die Gruppe belohnt bzw. sanktioniert wird, dann sind Leistungsanreize wirkungslos.
a) Führungsstile standen lange Zeit im Mittelpunkt der betriebspsychologischen Forschung. Es wurden z. B. lange Eigenschaftslisten ausgearbeitet, die für die erfolgreiche Führung charakteristische Eigenschaften enthielten. Besonders wichtig scheinen Intelligenz, sachliches Wissen, Selbstkritik, Beweglichkeit und Ausgeglichenheit zu sein. Es ist richtig, dass das Führungsverhalten von der Persönlichkeit des Vorgesetzten stark mitbestimmt wird. Erfolgreiches Führungsverhalten kann jedoch auch gelernt werden (Management-Schulung).
Bis in die Gegenwart war für das Führungsverhalten die Überzeugung bestimmend, der Arbeitnehmer sei faul, dumm, unbotmäßig und gleichgültig und könne deshalb nur autokratisch geführt werden. Macht, Kontrolle, Kritik, Antreiben, Befehle usw. dienten der Durchsetzung betrieblicher Normen.
Es hat sich herausgestellt, dass der partnerschaftliche Führungsstil bzw. die demokratische Führung der autokratischen überlegen ist, vor allem dann, wenn keine dauernde Überwachung möglich ist. Komponenten des partnerschaftlichen Führungsstils (mitarbeiter- bzw. personorientierte Führung) sind: Wertschätzung des Mitarbeiters, Vertrauen in seine Fähigkeiten, Lob und Anerkennung statt Tadel und Kritik, Übertragen von Verantwortung, sachliche Kritik, Unterstützung und Kooperation.
Wichtig: Jeder Vorgesetzte soll seinem Mitarbeiter zeigen, warum seine Arbeit wichtig ist, was seine Funktion ist und was von ihm erwartet wird, soll den Mitarbeiter durch Delegieren von Funktionen fördern, ihn loben und Anerkennung aussprechen, persönlich am Erreichen der Ziele und am Fortkommen der Mitarbeiter interessiert sein, dem Mitarbeiter ein Mitspracherecht einräumen und Aufstiegsmöglichkeiten schaffen. Er muss dem Mitarbeiter zuhören können, ihn ermutigen, seine Vorschläge verwirklichen.
b) Einwirkung auf die Mitarbeiter. Auch bei einem mitarbeiterorientierten Führungsstil ist die „Einwirkung auf den Mitarbeiter eine wichtige Funktion" des Vorgesetzten, da er seine Mitarbeiter immer wieder zur Durchführung von Einzelaufträgen „veranlassen" muss.
Bei der Einwirkung auf den Mitarbeiter müssen allgemein folgende Grundsätze eingehalten werden:
(1) Kenntnisse und Fertigkeiten des Mitarbeiters prüfen und sich fragen, welche Schwierigkeiten auftreten können.
(2) Anweisungen in einem „umkehrbaren" Tonfall geben, d. h. in einem Tonfall, den sich der Mitarbeiter gegenüber seinem Vorgesetzten auch erlauben kann.

(3) Bei der Kontrolle von Verständnis und Zustimmung darauf achten, dass vor allem „neue“ Mitarbeiter durch „Bescheidwissen“ imponieren möchten oder aus Befangenheit nicht zu fragen wagen.
(4) Die Mitarbeiter hören umso aufmerksamer zu, je größer das Prestige des Informationsgebers ist und je mehr sie die Bedeutung und Wichtigkeit einer Information erkannt haben.
(5) Die Informationen müssen zum richtigen Zeitpunkt erfolgen und nicht dann, wenn der Vorgesetzte gerade „Zeit hat“. Ungeeignet sind die ersten Tage nach der Einstellung (zu viele neue Informationen) und der Zeitpunkt, zu dem der Mitarbeiter schon halb eingearbeitet ist (er glaubt schon alles zu wissen).

c) Kritik und Verhalten bei Beschwerden. Fast alle Menschen sind empfindlich gegenüber Kritik, auch dann, wenn sie berechtigt ist. Die Kritik führt selten zu Einsicht, und wenn, dann ändert die Einsicht das Verhalten kaum. Man findet immer Entschuldigungen, Ausflüchte, Rechtfertigungen (die häufig nicht ausgesprochen werden) und unternimmt alles, um Bloßstellungen zu vermeiden. Kritik führt zu Angst vor dem Verlust der Anerkennung, der Wertschätzung, Angst vor Liebesentzug. Dieses Verhalten resultiert aus der Tatsache, dass wir schon als Kinder von den Eltern, Lehrern, Freunden u. a. viel zu viel kritisiert und zu wenig anerkannt wurden. Das nötige Selbstbewusstsein, um Kritik zu ertragen, fehlt.

Aus diesen Gründen wird in Betrieben zu viel und falsch kritisiert. Ein Kritikgespräch ist nur dann notwendig, wenn der Mitarbeiter sich absichtlich falsch verhält. Bei unbeabsichtigten Fehlern, momentaner Unaufmerksamkeit, bei widrigen Arbeitsbedingungen und bei Fehlern aufgrund mangelnder Kenntnisse oder Fertigkeiten darf nicht kritisiert werden. In solchen Fällen wird Kritik als ungerechtfertigt erlebt, führt zu Angst, Unsicherheit, Unlust, Misstrauen und vergiftet die Betriebsatmosphäre. Verhaltensregeln für richtig geübte Kritik:
(1) Ursache falschen Verhaltens prüfen.
(2) Nie die Person (z. B. „Wie kann man sich so dumm anstellen“), sondern nur die falsche Verhaltensweise kritisieren.
(3) Nie einen Mitarbeiter als „warnendes Beispiel“ für andere bloßstellen und nie einen Mitarbeiter in dessen Abwesenheit bei seinen Kollegen kritisieren.
(4) Der Anlass für Kritik muss aktuell sein.

Verhalten bei Beschwerden und Konflikten. Immer, wenn mehrere Menschen auf einem engen Raum zusammenleben, kommt es zu ↗Konflikten und Meinungsverschiedenheiten. Solche Konflikte werden entweder durch Streit gelöst oder führen zu Beschwerden bei Vorgesetzten.

Jeder Streit und jede Beschwerde beinhalten zwei Aspekte: einen gefühlsmäßigen und einen sachlichen Aspekt. Wegen der Verärgerung wird der Konfliktpartner subjektiv und meist falsch beurteilt, der objektive Tatbestand wird übersteigert gesehen.

Folgende Regeln sollen beim Streit und bei der Behandlung von Beschwerden beachtet werden:
(1) Eigene Argumente prüfen und den Beschwerdeführer ernst nehmen.

(2) Dem Konfliktpartner oder dem Beschwerdeführer die Möglichkeit geben, seinen Ärger, seine Aggressionen loszuwerden, den „Dampf abzulassen".
(3) Sachlich bleiben, Schimpfwörter vermeiden und zunächst keine persönliche Stellungnahme äußern.
(4) Nach Einzelheiten des Konflikts fragen und Standpunkte festhalten, d. h. sich informieren, ob man den Partner richtig verstanden hat.
(5) Gemeinsam nach einer Lösung suchen.

4. *Mitarbeiterbeurteilung.* Durch empirische Untersuchungen konnte festgestellt werden, dass schlechte Leistungen der Mitarbeiter vielfach auf falsche Beurteilung zurückzuführen sind. Gründe für schlechte Leistungen, die mit dem Problem der Mitarbeiterurteilung zusammenhängen:

- Der Arbeitnehmer kennt die Normen nicht, weiß nicht, was von ihm erwartet wird.
- Er weiß nicht, wie gut er arbeitet, weiß nicht, ob er die Norm erreicht hat, und wird nicht anerkannt.
- Leistungsverbesserungen werden nicht erreicht, wenn bei der Beurteilung Fehler und negative Aspekte der Leistung zu sehr hervorgehoben werden.
- Von der Beurteilung sind positive Auswirkungen auf die Leistung zu erwarten, wenn aus der Beobachtung konkreter Aufgabenbereiche heraus Auskunft über erreichte Ziele gegeben wird und aus der Beurteilung neue Ziele, Möglichkeiten der Leistungsverbesserung und Hinweise auf notwendige Fortbildung hervorgehen.

In den vergangenen zehn Jahren hat die Organisationspsychologie mit den Themen Teamentwicklung, Corporate Identity, Organisationsentwicklung, Coaching, Supervision, Positives Denken, Qualitätsmanagement, Personalentwicklung, permanente Verbesserungsprozesse und Evaluation viele Bereiche und Aufgaben der Betriebspsychologie übernommen.

Bettnässen, nächtliches Einnässen (enuresis nocturna), tritt manchmal bei älteren, emotional belasteten Kindern auf, die schon trocken waren. ↗Enuresis.

Bewegung, Bewegungssehen, Bewegungstäuschungen. Natürliche Bewegung vollzieht sich automatisch und unauffällig und oft unbewusst. Jeder Mensch hat ein anderes Bewegungsrepertoire, welches abhängig ist von Umweltfaktoren, Veranlagung und Übung. Viele Alltagsbewegungen bedürfen keiner bewussten Steuerung (z. B. Treppensteigen, Laufen usw.). Tritt jedoch der Fall ein, dass Bewegungsabläufe noch nicht beherrscht werden oder durch eine Verletzung (Bruch, Erkrankung, Alter usw.) Bewegungseinschränkungen auftreten, so dringt das Bewegungsgeschehen in unser Bewusstsein ein und erfordert Konzentration und Mühe. Durch sehr häufiges Üben oder Anwenden bestimmter Bewegungsabläufe werden diese automatisiert und mit der Zeit auch gespeichert.
Die Psychologie der Bewegung beschäftigt sich mit Fragen der Bewegungsdiagnostik, d. h. mit der Erschließung psychischer Erkrankungen aus dem Bewegungsablauf, mit der Bewegungskontrolle, dem Bewegungsgedächtnis, dem Bewegungssehen und den Bewegungstäuschungen. Zu den wichtigsten Bewegungstäuschungen gehören das autokinetische Phänomen (im völlig abgedun-

kelten Raum ohne Orientierungsmöglichkeit wird ein stationärer Lichtpunkt als bewegt gesehen), Phi-Phänomen als Prototyp der Scheinbewegung (werden im abgedunkelten Raum zwei Lichtpunkte nacheinander dargeboten, dann werden sie als Bewegung eines Punktes gesehen), Daumensprung (betrachtet man den Daumen abwechselnd mit dem rechten und mit dem linken Auge, scheint er sich hin und her zu bewegen) und Bewegungsnachwirkungen (nach mehrmaligen Drehen hat man nach dem Anhalten das Gefühl, man drehe sich in die andere Richtung).

Bewegungstherapie. Hilarion Petzold hat mit seinen Mitarbeitern in 20 Jahren ein breites Spektrum an bewegungs- und leibtherapeutischen Methoden entwickelt und dies theoretisch auf der Grundlage ↗Integrativer Therapie begründet. Es hat sich gezeigt, dass die therapeutische Arbeit mit Einzelnen und Gruppen auf der Leib- und Bewegungsebene sehr effektiv unterstützt werden kann. Im therapeutischen Gespräch wird das Erlebte in Worte gefasst, reflektiert und im Zusammenhang mit der Lebensgeschichte betrachtet. Im bewussten Erleben des eigenen Körpers werden Erinnerungen und Gefühle reaktiviert, die im Laufe des Lebens ihren Ausdruck in Körperhaltung, Bewegung und Verhalten gefunden haben; diese können bis in die frühe Kindheit zurückreichen.
Bewegungstherapeutische Übungen und Techniken lassen sich zu verschiedenen Gruppen zusammenfassen. Die zu den „Dimensionen der Leiblichkeit“ gehörenden Übungen zielen auf ein größeres Bewusstwerden der eigenleiblichen Möglichkeiten im Sinne ganzheitlicher Verlebendigung. Das „Sich-Selbst-Erleben“ steht im Vordergrund. Übungen und Techniken aus dem Bereich der „Dynamiken des Leibes“ lassen auf der Bewegungsebene Themen wie Spannungsfelder, Ambivalenzen, Gegensätzlichkeit, Bedürfnisse und Emotionen erlebbar werden. Viele Übungen lassen sich zusammenfassen mit dem Begriff „Leib in seinen Relationen“. Diese Übungen sensibilisieren für die gesamte Vielfalt zwischenmenschlichen Geschehens. Themen wie Urvertrauen, Grenzerfahrungen, Kontakt und Abgrenzung werden bearbeitet. Das Interaktionsgeschehen zwischen dem Ich und dem Anderen, dem Einzelnen und der Gruppe und zwischen Partnern findet hier ausführliche Berücksichtigung. Das bewegungstherapeutische Vorgehen lässt sich drei Arbeitsmodalitäten zuordnen. Es sind:

- Übungszentriert-funktionales Vorgehen zur Stärkung und Vitalisierung körperlicher Funktionen (Bereich der Fitness, des „Außer-Atem-Kommens“).
- Konfliktzentriert-aufdeckende Arbeit, deren Ziel darin besteht, über die Bewegungsebene verdecktes Material ins Bewusstsein gelangen zu lassen und damit der Bearbeitung zugänglich zu machen.
- Besonders wichtig ist die erlebniszentriert-stimulierende Vorgehensweise, in der Wahrnehmung und Bewegung als Grundlage für neue Erfahrungen genutzt werden und damit auch als Ermutigung zum neuen Handeln.

Die Konzentrative Bewegungstherapie ist eine sehr wirksame leiborientierte psychotherapeutische Methode. Sie öffnet den Weg, verdrängte Erfahrungen zu erinnern, unterdrückte Kräfte neu zu beleben und mit sich selbst mehr in

Kontakt zu kommen. Unser Erleben und Tun drücken sich in unserem Körper aus und finden im Körper statt. Ein Grundelement der Konzentrativen Bewegungstherapie ist es, diesem Zusammenhang nachzuspüren und ihn mit Konzentration und mit wachen Sinnen wahrzunehmen. Das drückt sich auch in der Sprache aus. Beispiele: Auf eigenen Beinen stehen, weiche Knie bekommen, die Ellenbogen benutzen, jemand geht die Luft aus, sich jemand vom Leib halten, mit dem Kopf durch die Wand wollen, etwas fest im Griff haben, es im Kreuz spüren. Durch das Richten der Aufmerksamkeit auf die Bewegung soll sowohl die äußere als auch die innere Bewegung als Lebensäußerung des Menschen wahrgenommen werden. Bewegungstherapien gehen davon aus, dass sich alle Erfahrungen des Menschen nicht nur seelisch niederschlagen, sondern eine „verkörperte" Lebensgeschichte ergeben. Im Körperbild und in Körperempfindungen, in Haltungen, Fehlhaltungen und im Verhalten, in Spannungen oder Verspannungen wird diese „Verkörperung" spürbar. Der Körper macht Unsichtbares ohne Worte sichtbar, der Körper ist Übersetzer unserer Gefühle. Der Körper ist gefühlsnah und sagt deshalb manches über unsere emotionale Befindlichkeit aus. Er drückt aus, was uns noch nicht zu Bewusstsein gekommen ist und für das wir noch keine Worte gefunden haben.

Die meisten Menschen haben Angst vor bewusster Wahrnehmung des eigenen Körpers und der Bewegungssprache. Daher ist es sehr wichtig, dass der therapeutische Prozess im geschützten Raum, in einer Atmosphäre der Geborgenheit und Sicherheit stattfindet, damit Sinneswahrnehmung und Bewegung, Berührung, Gestaltung und Gespräch zu vertiefter Selbsterkenntnis führen können. Es geht darum, über Probehandeln, über Ausprobieren und durch Nachspüren zu finden, was in einem oft fremdbestimmten und stressreichen Alltag das Gefühlsleben bestimmt und uns „beherrscht".

Die verschiedenen Bewegungsübungen und „Zustände" des Körpers werden z. B. über folgende Fragen bewusst gemacht: Wie ist meine Haltung? Wie ist mein Standpunkt im Leben? Wie gehe ich auf Neues zu, wie lasse ich Altes los? Wie viel Nähe und Distanz brauche ich? Was ist der Sinn meiner körperlichen Beschwerden? Wie kann ich Lebenslust spüren? Wann kann ich loslassen?

Erwähnt sei noch das so genannte *Rebalancing* (wieder ins Gleichgewicht bringen). Mit Hilfe verschiedener Techniken wie Atemtechniken, Gelenkmobilisation und einer tiefen und sanften Massage des Bindegewebes und der Muskulatur wird nach einer eingehenden Körperanalyse auf die individuellen Bedürfnisse des Patienten eingegangen, um ihn bei der bewussten Wahrnehmung des Körpers zu unterstützen und ihm zu einem neuen Gleichgewicht zu verhelfen. Chronische Haltungsmuster und Spannungen werden durch Rebalancing gelockert und entkrampft.

Das Geschehen während einer Stunde der Konzentrativen Bewegungstherapie wird durch folgendes Beispiel verdeutlicht: Der Therapeut schlägt der Gruppe vor, im Raum zu gehen. Dann werden die Teilnehmer (Patienten, Klienten) aufgefordert, wahrzunehmen, wie sich das Gehen anfühlt. Es könnte schwerfällig, leichtfüßig, schleppend oder federnd sein. Während des Gehens werden die Teilnehmer dazu aufgefordert, sich im Raum umzuschauen und auch nach draußen zu schauen, wahrzunehmen, was bei dem Blick aus dem

Fenster ins Auge fällt. Dabei können die Teilnehmer feststellen, wo sie sich im Moment mit ihrer Aufmerksamkeit befinden: mehr im Raum, bei sich, oder mehr draußen. Welche Gefühle herrschen im Moment vor?
Danach wird durch den Therapeuten die Wahrnehmung direkt auf die körperlichen Empfindungen gelenkt. Zum Atem, zu den Fußsohlen, den Fersen, den Fußgelenken. Welche Informationen liefern die Kniegelenke, die Hüftgelenke, die Wirbelsäule usw.? Die Teilnehmer werden immer wieder aufgefordert, innezuhalten, nachzuspüren und zu vergleichen. Im ersten Gruppengespräch nach dieser Körpererfahrung berichten die Teilnehmer von ihren Erfahrungen auf der leiblichen und auf der Gefühlsebene. Aus einem solchen Gespräch heraus entwickelt sich das nächste Thema für die nächste Gruppenstunde. Solche Themen können sein: Abschied – Trennung – Neubeginn, Distanz und Nähe, Vertrauen–Misstrauen–Festhalten und Loslassen, Arbeitsbelastung und Entlastung. Solche Themen können durch geeignete Körperarbeit „erlebt" und anschließend im Gruppengespräch vertieft werden. Mit Stichworten wie Körperdialog, Körpererinnerung, Körpererfahrung, Körperbild und Körperschema können konkrete Erfahrungen und auch unbewusste Vorgänge im Hier und Jetzt bearbeitet und besprochen werden.

Bewusstsein. Innere Vorgänge, die in einem Zustand der Wachheit ablaufen, die wir bemerken und über die wir Auskunft geben können, werden bewusst genannt. Bewusstsein wurde in der ↗Geschichte der Psychologie als eine spezifische Eigenschaft menschlichen Erlebens, das der Mensch „in sich selbst" beobachten kann ↗Selbstbeobachtung), und als das Insgesamt oder auch als Ort aller menschlichen Anstrengungen, Bemühungen, Vorstellungen und des Denkens, die Bewusstseinselemente oder -inhalte (z. B. Wahrnehmungsinhalte) genannt werden, angesehen. Es wird angenommen, dass neben den bewussten auch unbewusste innere Vorgänge, die der Mensch nicht wissentlich beherrscht und auch nicht mitteilen kann, in vielfacher Weise das Verhalten des Menschen bestimmen und steuern. Die Psychologie befasste sich vor allem mit der Weite bzw. Enge des Bewusstseins und mit verschiedenen Bewusstseinsstörungen. In verschiedenen ↗Experimenten konnten Wissenschaftler feststellen, dass der Mensch bis zu sieben Merkmale bzw. Objekte auf einen Blick erfassen und kurzfristig bewusst behalten kann (z. B. siebenstellige Telefonnummer, sieben Tage oder sieben Todsünden; ↗Gedächtnis). Besonders intensives Erleben unter dem Einfluss von ↗Psychopharmaka oder auch bei Yoga-Übungen ↗Entspannungstechniken) wird häufig Bewusstseinserweiterung genannt. Die Ergebnisse physiologischer Messungen (z. B. ↗EEG) sprechen jedoch dafür, dass es sich um einen Zustand der Bewusstseinsveränderung handelt, da die Aktivität des ↗Nervensystems von der im normalen Wachzustand stark abweicht. Bewusstseinsstörungen verschiedener Grade können weiterhin durch starke ↗Affekte, ↗Angst, Verletzungen des Gehirns ↗Amnesie), Alkoholkonsum, Hormonstörungen ↗Hormone) oder Geisteskrankheit verursacht werden. In der Rechtssprechung werden solche Bewusstseinstrübungen (Dämmerzustand, Benommenheit) unter der Bezeichnung „verminderte Zurechnungsfähigkeit" zusammengefasst. (-Forensische Psychologie). Bewusstlosigkeit, die völlige Ausschaltung bewusster psychischer Vorgänge (Koma), ist der höchste Grad gestörten Bewusstseins.

Bewusstseinsstörungen. Neben der Unterscheidung zwischen bewusst (klares, anschauliches, spürbares aktuelles Wissen von etwas) und unbewusst (den Funktionen des Ichs wie Erinnern, Wahrnehmen, Spüren nicht zugänglich) gibt es noch außergewöhnliche Bewusstseinszustände wie ↗Traum, ↗Hypnose, Trance, Meditation und Mystik, Schlaf und quantitative Bewusstseinsstörungen von der Benommenheit bis zum Koma und verschiedene Verwirrtheitszustände wie z. B. Wahn, Delirium, multiple Persönlichkeit. Der Zustand des Bewusstseins kann auch durch Drogen unterschiedlich stark verändert oder gestört werden.

Beziehung. a) Emotionale Beziehung zwischen Menschen. Im Modell der ↗Kommunikation von Watzlawick spielt diese Beziehung („Beziehungsaspekt") eine wichtige Rolle, da sie wesentlich zum Verstehen oder Missverstehen einer Mitteilung beiträgt.
b) Umgangssprachliche Bezeichnung für eine dauerhafte Partnerschaft.
c) Die ↗Psychoanalyse bezeichnet mit „Objektbezug" die Bindung des Menschen an andere Personen, die für die Befriedigung seiner Bedürfnisse gesorgt haben (z. B. Mutter).

Bezugsperson. Die Entwicklungspsychologie hat festgestellt, dass bestimmte Personen Babys besser beruhigen können als andere Menschen, dass sich Babys an bestimmte Personen wenden, wenn sie getröstet, beruhigt werden wollen und dass sie in Anwesenheit bestimmter Personen weniger ängstlich sind. Bezugsperson muss nicht die leibliche Mutter sein. ↗Bindungsverhalten.
In der Sozialpsychologie wird mit dem Begriff „Bezugsperson" herausgestellt, dass vor allem Jugendliche bestimmte Personen als Orientierung, als Bezugssystem für eigene Einstellungen und Werthaltungen wählen.

Bezugssystem. Jede ↗Wahrnehmung und Beurteilung eines Gegenstandes oder eines Sachverhaltes geht auf einen unbewussten Vergleich mit früher Erfahrenem zurück. So erkennt man ↗Eigenschaften wie heftig, warm, wild usw. nur, indem man sie mit einem Bezugssystem vergleicht, das von Mensch zu Mensch und zwischen den einzelnen Gesellschaften unterschiedlich sein kann; ein Eskimo wird z. B. aufgrund seiner Erfahrungen eine Lufttemperatur von 5 Grad eher als warm bezeichnen als ein Mitteleuropäer. Kurzfristige Bezugssysteme entstehen durch die Anpassung der Wahrnehmungsvorgänge an die jeweilige Umgebung des wahrgenommenen Objektes. Auf diese Weise sind optische Täuschungen ↗Wahrnehmungstäuschungen) oder störende Einflüsse bei der Personwahrnehmung ↗Ausdruck) zu erklären. Eine große Zahl gleichzeitig wahrgenommener Personen beeinflusst z. B. das Bezugssystem desjenigen, der eine einzige Person beurteilen will, und führt dazu, dass bevorzugt Extremurteile getroffen werden (sympathisch – unsympathisch, attraktiv – hässlich).

Bindungsverhalten. Die Untersuchungen von Mary Ainsworth bestätigen, dass Kinder eine fremde Umgebung untersuchen, solange sie sich sicher fühlen. Das wird auch durch andere Untersuchungen bestätigt. Wird die Situation bedrohlich, suchen die Kinder die Nähe einer Vertrauensperson. Die Trennungsreaktion tritt erst im Alter von sechs bis sieben Monaten auf. Bei sehr kleinen Babys tritt nur allgemeine Verwirrtheit und Weinerlichkeit auf.
Besonders wichtig waren zwei Erkenntnisse von Ainsworth. Erstens, dass Kinder mit einer „sicheren Bindung" an die Mutter oder eine andere Bezugsperson aktiver sind im Erkunden der Umwelt als unsichere Kinder bzw. Kinder mit einer „schwachen Bindung" an die Mutter.
Zweitens, dass Kinder mit angeborenen Verhaltensweisen ausgestattet sind, um die Mutter an sich zu binden, um Kontakt mit der Mutter aufrechtzuerhalten. Die Mutter-Kind-Beziehung ist als eine Interaktion zu interpretieren, wobei die Kinder nicht die „hilflose" Rolle übernehmen.
Von entscheidender Bedeutung ist die Feinfühligkeit der Mütter, die subtilen Signale ihrer Kinder wahrzunehmen und richtig zu deuten.
Einige Postulate der ersten Untersuchungen über die Bedeutung der Mutter-Kind-Beziehung (René Spitz) konnten durch spätere Untersuchungen relativiert werden. Zwischen Mutterentbehrung und psychopathologischer Entwicklung besteht keine einfache Korrelation oder Ursache-Wirkung-Beziehung. Wesentlicher als zeitweilige Trennung erscheint die Qualität der Beziehung und das gestörte Familienklima. Ungeklärt ist, wie sich die Trennung vom Vater auswirkt. Strittig ist auch die Frage, ob die negativen Folgen auf die fehlende emotionale Zuwendung oder auf die eingeschränkte sensorische Stimulation (zu wenig Ansprache, reizarme Umgebung) zurückzuführen sind.
Die aufgeführten Untersuchungen liefern Erkenntnisse zum Anlage-Umwelt-Problem einerseits und zur Bedeutung der frühen Erfahrung sowie der liebevollen Zuwendung und Pflege andererseits. Bereits Babys sind mit angeborenen Verhaltensweisen ausgestattet, die für eine gesunde Entwicklung wichtig sind. Ebenso wichtig wie die Anlage ist auch die Umwelt, die die Signale der Kinder erkennt und auf sie reagiert.
Die Erkenntnisse zum Bindungsverhalten sind sehr wertvoll und nützlich. Sie liefern direkte Hinweise für die pädagogische Praxis in den ersten Lebensjahren. Sie zeigen, dass Kinder bereits in einem sehr frühen Entwicklungsstadium mit Fähigkeiten ausgestattet sind, mit denen sie sich lebensnotwendige Zuwendung und Sicherheit verschaffen können. Sie sind auch sehr anpassungsfähig. Bei Fehlen der leiblichen Mutter können Babys bei anderen Bezugspersonen oder auch bei Kindern den notwendigen Körperkontakt und die Ansprache finden.
Die Erkenntnisse über das Bindungsverhalten werden auch mit den Experimenten von Konrad Lorenz zum Prägungsverhalten bei Tieren in Verbindung gebracht. Das erste Lebensjahr wird als die kritische oder sensible Phase für die Entwicklung der Beziehung zur Welt (Urvertrauen–Urmisstrauen), für den Aufbau des Gefühlslebens und sozialer Beziehungen angesehen.

Bioenergetik ist eine von Alexander Lowen (geb. 1910) entwickelte therapeutische Methode, die dem Menschen hilft, wieder Kontakt zu seinem Körper zu finden, Probleme zu lösen und sein Persönlichkeitspotential zu erkennen.

Persönlichkeitstheorie. Grundlage der Bioenergetik ist das *Energiekonzept,* das energetische Prozesse im Körper annimmt. Lowen meint, dass es unerheblich und auch nicht geklärt ist, ob die Energie nun elektrischer, kosmischer oder anderer Natur ist, fest steht, dass bei allen Lebensprozessen wie Bewegen, Fühlen und Denken Energie mitwirkt. Sie wird durch Nahrungsverbrennung gewonnen, aber auch durch Kontaktaufnahme mit positiven Kräften (z. B. ein strahlender Tag, ein glücklicher Mensch) in der Umwelt. Die Energie ist an Körperflüssigkeiten wie Blut, Lymphe, Darm- und Zellflüssigkeiten gebunden und bewegt sich in einem *Prozess des Fließens* im gesamten Körper. So sind z. B. alle Gefühle mit einem Erregungsfluss verbunden: Wenn sich Körperregionen wie erogene Zonen oder der Bauchraum („Sonnengeflecht", ↗Entspannungstechniken) mit Blut füllen, spüren wir Wärme und eine angenehme Erregung. Gefühle sind somit Wahrnehmungen innerer Bewegungen. Die Fähigkeit des Körpers, Erregungen zu leiten, Impulse und Schwingungen aufzunehmen, wird *Motilität* genannt. Lowen übernimmt von seinem Lehrer Wilhelm Reich die Erkenntnis, dass der Mensch durch Anspannen einzelner Muskeln oder Muskelgruppen Gefühle unterdrücken kann. Mit *Muskelpanzerung* beschreibt Reich das Gesamtbild chronischer Muskelverspannungen, die im Laufe des Lebens entstehen und einen Menschen vor schmerzhaften Gefühlen schützen. Schon Säuglinge können durch Zusammenziehen der Zwerchfellregion (das wiederum führt zu einer Verflachung der Atmung) Unlust und Trauergefühle vermeiden. Im Laufe seines Lebens „gewöhnt" der Mensch sich oft an Verspannungen und falsches Atmen, er registriert nicht mehr die körperliche Beeinträchtigung und die Problematik sinkt ins ↗Unbewusste. So beeinflussen schmerzhafte Erfahrungen, wenn sie über einen längeren Zeitraum wirken können, die gesamte Mimik, Gestik, Körperhaltung und sogar Verhaltensweisen. Aus Angst hochgezogene Schultern, ein aus Kummer gebeugter Gang oder ein vor Wut vorgeschobenes Kinn sind hierfür Beispiele. Die Gesamtzahl von Haltungen und Spannungen ergibt für jede Person eine bestimmte individuelle *Charakterstruktur.*

Therapeutisches Vorgehen: Mit Körperübungen, Tiefatmung und Massage werden körperliche Verspannungen gelöst. Die Körperarbeit ↗Körpertherapie) weicht den Charakterpanzer auf, so dass verdrängte, im Körper aber noch vorhandene Konflikte bewusst erlebt und analysiert werden können. Lowen meint, der Mensch „kann nur wachsen, wenn er seine Wurzeln stärkt, die ihn mit der Vergangenheit verbinden. Und die Vergangenheit eines Menschen ist sein Körper." Die *bioenergetischen Übungen* entwickelte Lowen aus eigenen Therapieerfahrungen und Beobachtungen an Patienten. Deutlich erkennbar sind Einflüsse fernöstlicher Anspannungs- und ↗Entspannungstechniken wie Yoga und Tai Chi. Mit den Übungen des *Grounding* („Erden") soll der Klient wieder gefühlsmäßigen, intensiven Kontakt mit dem Boden erlangen. So werden z. B. durch die Bogenhaltung oder das Stehen mit gebeugtem Knie auf einem Bein eine intensivere, tiefere Atmung erreicht, und die Beine beginnen zu vibrieren. Bei regelmäßiger Durchführung kann sich ein Gefühl der Sicherheit und Verwurzelung entwickeln. Mit den Übungen des *Reaching*

(„Hingreifen“) wird die häufige Unfähigkeit des Klienten angesprochen, körperliche und emotionale Kontakte von sich aus aufzunehmen. Wenn die Arme z. B. längere Zeit bittend vorgestreckt werden, führt dies häufig zu heftigen emotionalen Äußerungen wie Weinen und Wut. Erinnerungen an Alleinsein, das Sehnen nach Wärme und Geborgenheit werden wach. *Aggressionsübungen* lösen chronische Verkrampfungen, die durch ständiges Zurückhalten von Wut und Ärger entstanden sind. *Atemübungen* können den Energiespiegel erhöhen.

Biofeedback-Verfahren. Mit Hilfe geeigneter Instrumente können nicht direkt wahrnehmbare körperliche Vorgänge (z. B. Muskelspannung, Herzfrequenz, Atmung, Blutdruck, Gehirnaktivität) in akustische oder optische Signale umgewandelt und als Rückmeldungen dazu eingesetzt werden, dass der Mensch lernt, autonome oder vegetative Körperfunktionen wahrzunehmen und zu kontrollieren. Die Methoden finden vielfältige Verwendung bei Entspannungstherapien, bei der ↗systematischen Desensibilisierung, bei ↗Bewegungstherapien und ↗Körpertherapien.

Bisexuell, doppelgeschlechtlich. Als Missbildung können bei Menschen sowohl männliche als auch weibliche Geschlechtsorgane vorhanden sein. Es wird vom Zwittertum oder ↗Hermaphroditismus gesprochen.

Blindversuch. Da die Erwartungen des Versuchsleiters das Verhalten von Versuchspersonen beeinflussen und Ergebnisse eines Experiments verfälschen können, werden in „Blindversuchen“ die Versuchspersonen nicht näher informiert und bei Doppel-Blind-Versuchen sind auch die Versuchsleiter „unwissentlich“, sie wissen z. B. nicht, welche Versuchspersonengruppe manipuliert wird und welche als Kontrollgruppe dient. ↗Experiment.

Blockierung (umgangssprachlich Mattscheibe, Kurzschluss, Faden-Verlieren) ist die Bezeichnung für Hemmung, Sperre, die infolge von Prüfungsangst oder eines Schocks zu einer Erinnerungs-, Denk- oder Reaktionssperre führt. Die Blockierung kann plötzlich eintreten und ebenso schnell wieder verschwinden. Von Blockierung spricht man auch, wenn durch einen bestimmten Reiz ein Konditionierungsvorgang „blockiert“, verhindert wird oder wenn der Reiz wider Erwarten dazu führt, dass ein Verhalten statt konditioniert unterlassen wird. Werden die Wahrnehmung und das Denken durch starke Gefühle gehemmt, so spricht man von emotionaler Blockierung.

Borderline-Störung. Diese Störung wurde ursprünglich zwischen der ↗Neurose und ↗Psychose angesiedelt, und so kam es zu der Bezeichnung Borderline („Grenzlinie“). Diese Einordnung ist überholt, der Begriff wurde jedoch beibehalten. Die Borderline-Störung zählt zu den ↗Persönlichkeitsstörungen. Die Betroffenen zeigen starke Stimmungsschwankungen, neigen zu Wutanfällen, durchleiden schwere Angst-, Erregungs- und Depressionszustände. 75 % der Betroffenen sind Frauen. Borderline-Persönlichkeiten unterscheiden sich stark in ihren Symptomen. Nach der Klassifikation des

DSM-IV (↗psychische Störungen) sollte von einer Borderline-Störung gesprochen werden, wenn wenigstens fünf der folgenden Symptome zu beobachten sind:

- Unbeständige, aber intensive zwischenmenschliche Beziehungen, wobei aber extrem zwischen Idealisierung und Abwertung des Anderen gewechselt wird.
- Selbstschädigende Verhaltensweisen, wie Drogenmissbrauch, Spielsucht, ↗Essstörungen, unkontrollierte Geldausgaben).
- Chronisches Gefühl der Leere.
- Überzogene Angst vor dem Verlassenwerden oder Alleinsein.
- Starke Identitätsstörung (z. B. Unsicherheit über Selbstbild, sexuelle Orientierung, Zielsetzungen im Leben).
- Wiederholte Selbstmorddrohungen oder -versuche bzw. Selbstverstümmelungen.
- Häufige Wutausbrüche, andauernde Wut, wiederholt körperliche Auseinandersetzungen.
- Starke Stimmungsschwankungen.

Als *Ursachen* für die Borderline-Störung wird ein Bündel von Einflüssen angeführt, die offensichtlich zusammenwirken. So werden häufig sexueller Missbrauch und Misshandlungen im Kindesalter genannt. Auch Erziehungsmängel wie Vernachlässigung und Zurückweisung des Kindes oder eine große Zahl von Personen, die man als Vater- und Muttersubstitut erlebt hat, werden als wichtig erachtet. Meistens konnten die Betroffenen nicht lernen, mit ihren Gefühlen angemessen umzugehen und ein stabiles Ich zu entwickeln. Auch biologische Einflüsse spielen eine Rolle; so stellte man z. B. eine niedrige Serotoninaktivität im Gehirn, Auffälligkeiten in den REM-Phasen des Schlafes (↗Schlafforschung) und in der Dopaminaktivität fest. Auch kommt die Störung unter nahen Verwandten fünfmal häufiger vor als in der Gesamtbevölkerung. Soziokulturell orientierte Psychologen betonen, dass die Störung auftritt, wenn Werte und Normen einer Kultur sich rasch verändern oder zerfallen. Ähnlich wie bei der antisozialen Persönlichkeit (↗Psychopathie) ist eine *Therapie* bei Borderline-Klienten sehr schwierig, so dass es nicht überrascht, wenn nur bei 10 % der Klienten eine Heilung erreicht wird. Techniken der ↗Verhaltens- und ↗Gruppentherapie werden genutzt, um ein angemessenes Sozialverhalten zu erlernen. Schwere ↗Depressionen können auch medikamentös behandelt werden, bei akuter Selbstmordgefährdung ist ein Klinikaufenthalt angezeigt.

Brainstorming, „Gehirn-Sturm“, eine besprechend-erarbeitende Technik der Ideenfindung in Gruppen. Die Teilnehmer versuchen, ein Problem zu entwickeln und zu lösen, indem sie alles, was ihnen unmittelbar dazu einfällt, frei äußern, ohne dass Kritik gefürchtet werden muss. In einem entspannten Lern- oder Arbeitsklima werden die Teilnehmer durch einen Anleiter (z. B. Lehrer, Trainer) auf ein bestimmtes Thema oder Problem eingestimmt und zur unkritischen Äußerung von Ideen und Gedanken (Ideensturm, Gedankenwirbel) aufgerufen. Nach der Ideenproduktion oder -sammlung werden die Vorschläge bewertet, geordnet und ausgewertet. Brainstorming ist eine gut geeignete Methode, um die Entwicklung der Kreativität und Problemlösefähigkeit zu fördern.

Bulimie, eine schwerwiegende ↗Essstörung, die sich im Abwechseln von „Heißhunger" und „Fressattacken" mit anschließendem Erbrechen bis zu totaler Nahrungsverweigerung äußert. Bulimie muss in der Regel ambulant und oft auch stationär in Spezialkliniken behandelt werden.

Bumerang-Effekt. In den Experimenten zur Änderung sozialer ↗Einstellungen wurde beobachtet, dass unter bestimmten Umständen oder bei bestimmten Personen nicht die beabsichtigte Wirkung einer Botschaft, sondern ihr Gegenteil auftritt. Man stellte fest, dass bestimmte Botschaften nicht zur Einstellungsänderung, sondern zu deren Verfestigung geführt haben. Diesen Rebound- oder Bumerang-Effekt konnte man entweder mit dem Kontrast zwischen der Botschaft und der vorhandenen Einstellung der Versuchsperson oder mit einer negativistischen Haltung bestimmter Versuchspersonen erklären. Man nimmt an, dass manche Menschen das Durchführen von Experimenten und deren Gelingen ablehnen und sich zu der gegeben Instruktion gegensätzlich verhalten.

Burnout-Syndrom wurde 1974 durch den Psychoanalytiker Herbert Freudenberger als psychischer und physischer Abbau bei ehrenamtlichen Mitarbeitern einer Hilfsorganisation beschrieben. Opfer waren meist besonders engagierte Menschen, deren Lebensstil es war, alles zu geben, um geliebt zu werden, und die später den enttäuschten Erwartungen zum Opfer zu fielen.
In Managerkreisen, in denen das „Burnout-Syndrom" häufig zu beobachten ist, meint man mit Burnout einen körperlichen wie geistigen Zustand des völligen „Ausgebrannt-Seins", eine „geistige Leere" wie eine „völlige körperliche Erschöpfung". Wird man einer Situation mit erhöhten Ansprüchen auf Dauer ausgesetzt und stellt sich ein Gefühl des Versagens und des Nichtbeherrschens ein, dann kann es zu völliger körperlicher und geistiger Lähmung kommen. Das Burnout-Syndrom entwickelt sich in der Regel durch folgende Steigerung der Symptome: 1. der Zwang sich zu beweisen, 2. verstärkter Einsatz, 3. subtile Vernachlässigung eigener Bedürfnisse, 4. Verdrängung von Konflikten und Bedürfnissen, 5. Umdeutung von Werten, 6. verstärkte Verleugnung der aufgetretenen Probleme, 7. Rückzug, 8. beobachtbare Verhaltensänderungen, 9. Verlust des Gefühls für die eigene Persönlichkeit, 10. innere Leere, 11. Depression, 12. Völlige Burnout-Erschöpfung.
Eine schwere Form des Burnout-Syndroms ist das CFS – Chronic Fatigue Syndrom oder Chronisches Erschöpfungssyndrom. Das Chronische Erschöpfungssyndrom ist ein komplexes Krankheitsbild, das die Leistungsfähigkeit und Lebensqualität der Erkrankten oft jahrelang massiv beeinträchtigt. Charakteristische Symptome des CFS sind: erhebliche, vormals nicht erlebte Erschöpfung nach Anstrengung, Muskelschwäche, Muskelschmerzen, Kopfschmerzen, Gelenkschmerzen, Rachenentzündung, Fieber und/oder Frösteln, empfindliche Lymphknoten, Magen-Darm-Krämpfe, Schlafstörungen (sowohl Schlaflosigkeit wie auch gesteigertes Schlafbedürfnis) und neuropsychia-

trische Beschwerden wie z. B. Lichtscheu, Gesichtsfeldausfall, Vergesslichkeit, Denk- und Konzentrationsschwäche, Reizbarkeit, Depressionen, Verwirrtheitszustände. Man nimmt an, dass in Deutschland ca. 300 000 Menschen an CFS erkrankt sind und ca. 1,5 Millionen am Burnout-Syndrom leiden.
Als Therapie- und vor allem als Präventionsmaßnahmen werden aufgeführt: Reduzierung der Arbeitsbelastung,

1. ausrechend Ruhe, körperliche Betätigung,
2. suchen von Rat und Hilfe bei einer Vertrauensperson, Kontrolle des geselligen Lebens,
3. Aufrechterhaltung sozialer Kontakte
4. positive Gestaltung des Arbeitsplatzes, Abgrenzung von Arbeit und Freizeit, Erwägung einer Therapie.

Carpenter-Effekt, auch *ideomotorisches Gesetz oder Reflex* genannt, Bezeichnung für die Tatsache, dass emotional vorgestellte oder wahrgenommene Bewegungen eine Tendenz auslösen, sie nachzuvollziehen (z. B. Fußbewegung beim Anschauen eines Fußballspiels).

Chaostheorie. Eher zufällig und nicht ganz ernst gemeint wurde das Wort „Chaos" von J. Yorke 1975 zuerst in der Mathematik zur Charakterisierung starker Abhängigkeit mathematischer (und später auch physikalischer) Systeme von ihren Anfangswerten und von Randbedingungen eingeführt. Entscheidendes Merkmal chaotischer Systeme ist also ihre Empfindlichkeit gegen Veränderung der Anfangs- oder Randbedingungen; oft schlägt regelmäßiges Verhalten plötzlich in unregelmäßiges um. Um diese Abhängigkeit einprägsam darzustellen, meinte E. Lorenz, der Flügelschlag eines Schmetterlings im Golf von Mexiko könne das Wetter in Europa beeinflussen. Mit der Chaostheorie sind viele Phänomene in der Natur und vor allem in der Psychologie nicht mehr erklärbar oder voraussagbar.
Mit der Chaostheorie wird verdeutlicht, dass das Verhalten offener Systeme nicht voraussagbar ist, weil kleine Ursachen große Wirkungen haben können. Unvorhersagbarkeit ist ein Problem in der Wetterforschung. Man hat inzwischen in der Natur viele Prozesse gefunden, die bei ähnlichen Ursachen (völlig gleiche Ursachen gibt es nicht) zu völlig verschiedenen Wirkungen führen. Lange Zeit wurden solche Prozesse als Kuriositäten angesehen, ignoriert oder verdrängt, passten sie doch gar nicht in das Konzept der Naturwissenschaften. Erst die Chaostheorie erkannte, dass solche Fälle den Normalfall darstellen; allerdings muss man beachten, dass das chaotische Verhalten oft erst nach sehr langer Zeit zutage tritt.
Man hat inzwischen erkannt, dass sowohl unser Herz als auch unser Gehirn Chaos als Grundzustand brauchen, um flexibel und schnell reagieren zu können. Der Grundzustand des Gehirns (sichtbar im EEG) lässt sich als wartendes, kreatives Chaos verstehen. Zwischen bestimmten EEG-Mustern und Gedanken oder Sinneseindrücken konnte kein kausaler Zusammenhang gefunden werden. Die Produktion der Gedanken geht einher mit ständig entstehenden neuen Ordnungsmustern, die sich laufend ablösen und mit der Aktivierung tausender von immer neuen Gehirnzellen verbunden sind. Chaossysteme produzieren Komplexität, aus einfachen chaotischen Zuständen entstehen Ordnungen. Das ist immer dann der Fall, wenn sich in einem System, z. B. in einem Lebewesen, viele Teile gegenseitig beeinflussen.
In der Psychologie glaubt man mit Hilfe der Chaostheorie viele plötzlich auftretende und nicht voraussagbare Erscheinungen erklären zu können. Bereits die systemische ↗Familientherapie konnte zeigen, dass ein „Familienchaos" oder das „chaotische" (weil gestörte) Verhalten eines Familienmitglieds systemerhaltend ist und damit Ordnung herstellt.
Die Chaostheorie untersucht nichtlineare Systeme und zeigt, dass aus Ordnung Chaos entsteht, weil Prozesse, die (oft) einfachen Gesetzen gehorchen, plötzlich von geordnetem zu (völlig) ungeordnetem Verhalten umschlagen. Sie zeigt aber auch, dass es Übergänge vom Chaos zu Ordnung gibt, wie bereits beim menschlichen Gehirn erläutert. Man könnte z. B. die Entstehung ei-

ner Magersucht, die auch zum Tode führen kann, als Entstehung der Unordnung betrachten, weil irgendeine winzig kleine Bedingung das chaotische (Symptome der Magersucht) und unerwartete Verhalten hervorbringt. Aus dem chaotischen Zustand der Magersucht wird wiederum Ordnung im Sinne eines neuen Systems produziert, was zur Ablehnung der Hilfe und der Therapie führen kann.

Charakter beschreibt alle wesentlichen ↗Verhaltens- und ↗Einstellungsmerkmale, die die Eigentümlichkeit eines Menschen, Tieres, Volkes oder einer Sache ausmachen. Durch Erfahrungsbildung werden bestimmte Charaktereigenschaften erworben, die dann relativ stabil und überdauernd sind; deshalb wird mit dem Begriff Charakter häufig der Eindruck von etwas Unveränderlichem und Starrem verbunden. Die Beobachtung auffälliger Ähnlichkeiten von Charaktermerkmalen zwischen Eltern und Kindern führte zu der Annahme, Charakter sei weitgehend vererbt; eine andere Hypothese zur Erklärung des Phänomens ist die des Imitationslernens ↗Lernen). Charakterkunde als Teildisziplin der Psychologie beschäftigt sich heute unter der neueren Bezeichnung „Persönlichkeitspsychologie" vorwiegend mit der objektiven Erfassung von Persönlichkeits- (Charakter-)Eigenschaften. ↗Persönlichkeit.

Choleriker ist eine der vier Temperamentstypen des Hippokrates ↗Typologie). Es wird gesagt, der Choleriker sei leicht reizbar und zeichne sich durch impulsives, stark emotionales Verhalten aus.

Chromosomen, stäbchen- oder schleifenförmige Gebilde im Zellkern, die ↗Gene enthalten und somit als Träger der Erbmerkmale dienen. Die Anzahl der Chromosomen ist artspezifisch und beträgt beim Menschen 46. Dabei handelt es sich um einen *diploiden* (doppelten) Chromosomensatz. Der doppelte Chromosomensatz entsteht bei der Befruchtung aus den einfachen Chromosomensätzen der weiblichen und männlichen Geschlechtszelle. Der einfache *(haploide),* aber vollständige Chromosomensatz entsteht bei der Teilung der Geschlechtszelle. Wenn es bei der Zellteilung zu Störungen kommt, so dass ein oder mehrere Chromosomenpaare nicht geteilt werden, oder wenn ein Paarling fehlt, spricht man von *Chromosomenaberration* oder *Chromosomenanomalie.* Bei zu viel oder zu wenig Chromosomen kommt es zu Störungen des Erbgutes und somit zu körperlichen und psychischen Schäden. Bekannt sind z. B. „Trisomie 21" (Chromosomenpaar Nr. 21 in der weiblichen Geschlechtszelle wurde nicht geteilt) als Ursache des Mongolismus ↗geistige Behinderung) und die XXY-Aberration (statt XY beim Paar Nr. 23), die zum Klinefelter-Syndrom führt (Männer mit stark entwickelten weiblichen Zügen, Unterentwicklung der sekundären und primären Geschlechtsmerkmale, häufig auch leichter Schwachsinn).

Client-centered-Therapy, nicht-direktive-Therapie, nicht-direktive-Gesprächstherapie. 1951 beschrieb Carl Rogers in seinem Buch „Client-Centered Therapy" eine neue Methoden der Beratung, die dem Klienten ermöglicht, ganz er selbst zu sein und unabhängig vom Therapeuten seinen Weg aus den Problemen zu suchen. Er lehnte das direktive Vorgehen der behavioristischen Therapieansätze völlig ab. ↗Gesprächspsychotherapie.

Coaching ist eine noch relativ wenig in Anspruch genommene Dienstleistung im Bereich der Praxisberatung. Es handelt sich um eine Art ↗Supervision mit dem Ziel der Beschleunigung persönlicher Lern- und Entwicklungsprozesse, um eingestandene Schwächen, Schwierigkeiten im Beruf und Unzulänglichkeiten zu überwinden. Coaching kann der Leistungsverbesserung dienen, Konfliktbewältigung und Führungskompetenz fördern, die Gewinnung von Einsichten in zwischenmenschliche Beziehungen zum Ziel haben oder Sinnfragen klären, um mehr Lebensqualität zu gewinnen.
Ein Coach führt eine Ist-Soll-Zustand-Analyse durch, klärt persönliche Wünsche und Bedürfnisse und strebt unter Berücksichtigung von Stärken und Schwächen klare Zielformulierungen an.
Klar formulierte Ziele garantieren Erfolg, weil wir unsere Energien „auf den Punkt bringen können" und uns nicht verzetteln oder mit Unwesentlichem abgeben. Nach der Zielformulierung konzentriert sich das Coaching auf die Entwicklung einer geeigneten Strategie sowie auf die Unterstützung bei der Umsetzung geplanter Maßnahmen. Dabei steht im Vordergrund, dass der Erfolg Spaß machen muss und aus diesem Grund über mentales Training entspreche emotionale Grundlagen des Erfolges erarbeitet werden müssen.

Common-Sense-Psychologie oder „Psychologie des gesunden Menschenverstandes" enthält naives Wissen (unreflektiert, ungeprüft) und so genannte Alltagserklärungen über psychologische Vorgänge wie z. B. Gruppendynamik, Kommunikation, Entwicklungsprozesse oder die Entstehung und Behandlung von psychischen Störungen. Es handelt sich um eine naive Verhaltenstheorie, die in Amerika von Fritz Heider und in Deutschland von Uwe Laucken thematisiert wurde, wobei verschiedene Merkmale und Funktionen herausgearbeitet wurden.
Gleichgewicht und Logik. Nach Fritz Heider organisieren Menschen ihr alltagspsychologisches Wissen zu kognitiven Einheiten, und zwar so, dass stimmige, ausbalancierte Konzepte und Schemata entstehen. Wir wollen, dass unsere Gefühle, unsere Meinungen und unsere Verhaltensweisen gegenüber anderen Menschen und Dingen zueinander passen, folgerichtig sind und ein Gleichgewicht ergeben. Dabei geht der Mensch nach Gesetzen der Logik vor. Altbekannte Schlussfolgerungen wie „Wer lügt, der stiehlt auch", oder „Zeige mir, wie du wohnst, und ich sage dir, wer du bist" werden dabei ebenso benutzt wie die Tendenz, für jedes Ereignis eine Ursache zu finden bzw. zu konstruieren. Diesen Prozess der Zuordnung von Ursachen zu beobachteten Verhaltensweisen nennt man „Attribuierung". Dabei erklären Alltagspsychologen das Erleben, Verhalten und Handeln entweder über eine „interne" Ursache, indem sie einer Person eine bestimmte Eigenschaft oder Fähigkeit zuschreiben, oder über eine „externe", indem sie die Ursache für das beobachtete Ereignis in den Umweltkräften und -einflüssen sehen. Ob ein Verhalten durch interne oder externe Ursachen erklärt wird, hängt von der Information ab, die

dem Alltagspsychologen zur Verfügung steht. Es wurde herausgefunden, dass Menschen dazu neigen, Erfolge eher durch interne und Misserfolge eher durch externe Ursachen zu erklären. Aus dieser Erkenntnis wird deutlich: Der Privatpsychologe geht so vor, dass für ihn ein möglichst vorteilhaftes Bild entsteht. Die logische Schlussfolgerung, die zum Erstellen eines stimmigen Gleichgewichts angewandt wird, ist egoistisch motiviert.

Akt- oder Prozess- und Dispositionskonstrukta. Uwe Laucken hat über die Erkenntnisse von Heider hinaus herausgefunden, dass sich das gesamte alltagspsychologische Wissen in „Aktkonstrukta“ oder „Prozesskonstrukta“ und in „Dispositionskonstrukta“ einteilen lässt. Ursachen, mit denen der naive Denker das Verhalten anderer oder auch das eigene erklären kann, sind also entweder Aktkonstrukta, d. h. willkürlich und je nach Bedarf konstruierte Prozesse des Abwägens, Planens, Denkens und Wollens (z. B. weil er/sie denkt, will, befürchtet, vergisst, hofft) oder Dispositonskonstrukta, d. h. angenommene, über längere Zeit hinweg gleich bleibende innere Fähigkeiten und Verhaltensbereitschaften (z. B. intelligent, konzentriert, fleißig, mutig, dominant, ängstlich).

Einfache Beispiele: Habe ich oder ein Freund von mir in einer Prüfung versagt, so ist die Angelegenheit naiv-psychologisch schnell erklärt. Es wird eine externe Ursache gefunden, z. B. die vom Lehrer gestellten Aufgaben waren zu schwer bzw. unverständlich formuliert oder er hat etwas gefragt, was noch nicht durchgenommen war. Ist die Prüfung erfolgreich verlaufen, so wird intern attribuiert. Es lag am eigenen Können, an der Begabung (Dispositionskonstrukta) oder weil ich bzw. mein Freund gut abschneiden wollte und auch richtig gedacht habe (Prozesskonstrukta). Weiß man, dass ein Lehrer einen bestimmten Schüler mag, so ist es logisch, dass der Schüler gute Note bekommt (Gleichgewicht).

In den Sprechstunden der Lehrer beklagen die Eltern oft, dass ihre Söhne oder Töchter nur deswegen schlechte Noten bekommen, weil sie zu faul seien. Sie sagen z. B.: „Er/sie macht ja nie Hausaufgaben und wenn, dann ganz schnell. Wenn er/sie bloß nicht so faul wäre!“ Auf die Frage des Lehrers, woher sie denn wissen, dass ihr Kind faul sei, reagieren die Eltern zunächst mit Unverständnis. Was soll die Frage? Stellt der Lehrer seine Frage erneut, dann folgt in der Regel die Antwort: „Weil er/sie die Hausaufgabennicht macht, sich nicht aufraffen kann zu lernen.“ Es könnte die Frage folgen: „Und woher wissen Sie, dass er/sie sich nicht aufraffen kann zu lernen?“ „Weil er/sie denkt, dass er/sie es auch ohne Lernen schafft.“ Diese Fragen- und Erklärungsfolge könnte man beliebig fortsetzen. Es werden immer sofort Ursachen gefunden und das Verhalten wird entweder mit Hilfe der Prozesskonstrukta (denkt, will) oder mit Dispositionskonstrukta (faul, begabt) erklärt. Dass dabei die Erklärungen zirkulär und nichts sagend sind, fällt nicht auf oder stört niemanden. Ein Schüler ist faul, weil er die Hausaufgaben nicht macht, und er macht keine Hausaufgaben, weil er faul ist. Ein Schüler bekommt schlechte Noten, weil der Lehrer was gegen ihn hat, und warum mag ihn der Lehrer nicht? Weil er ihm schlechte Noten erteilt.

Zirkularität und Projektion. Die bisher geschilderten Merkmale der naiven Psychologie sind: Logik, Gleichgewicht, Zirkularität, Zuordnen von internen oder externen Ursachen, die durch je nach Situation gefundene Prozess- und Dispositionskonstrukta verblüffende Stimmigkeit aufweisen. So ergibt sich ein weiteres Merkmal: Naiv-psychologische Erklärungen sind immer „wahr", d. h. die Psychologie des gesunden Menschenverstandes irrt nie. Es hat keinen Sinn, privatpsychologische Erklärungen in Frage zu stellen, sie sind subjektiv immer in Ordnung und wahr. Da man die Ursachen oft über den Mechanismus der Projektion findet, d. h. dass eigene Vorgänge, Verhaltensbereitschaften und auch verbotene Gefühle oder Wünsche an den uns umgebenden Menschen gesehen und dann zur Erklärung verwendet werden, wird jedes Hinterfragen mit Nachdruck zurückgewiesen. Der Vorgang der Projektion läuft unbewusst ab, der Projizierende ist überzeugt, die Ursache des erklärten Verhaltens „gesehen", „wahrgenommen" zu haben. Man kann den Privatpsychologen nicht einfach für verrückt erklären.

Denken in Gegensatzpaaren. Die bisher dargestellte Sicherheit und Unumstößlichkeit privatpsychologischer Erklärungen wird durch die Tendenz, in Gegensatzpaaren zu denken, gestützt. Der Mensch nimmt dauernd Erscheinungen und Vorgänge wahr und bewertet diese gleichzeitig. Die spontane Bewertung erfolgt durch einfache Einteilungen in richtig-falsch, gut-böse, schön-hässlich, wünschenswert-verabscheuungswürdig. Da viele Wörter zugleich ein beschreibendes und ein wertendes Urteil abgeben, wird diese Eigenart des naiven Urteilens einerseits durch die Sprache unterstützt und andererseits verschleiert. Es fällt niemandem auf und keiner stellt solche Urteile in Frage. Sagt man z. B., dass sich jemand idiotisch benommen hat, dann ist diese Aussage eine Beschreibung (jemand hat sich zu seinem Nachteil verhalten), eine Erklärung (weil er dumm oder ein Idiot ist) und eine Wertung (im Gegensatz zu allen anderen, die nicht so dumm sind) zugleich. Ein Klärungsversuch, wie die Aussage gemeint ist, endet in der Regel im Streit.

Denken in Metaphern. Ein weiteres Merkmal der Privatpsychologie ist das Denken in Metaphern. Eine Metapher ist ein bildhafter Vergleich. Metaphern helfen Phänomene zu veranschaulichen, die der Beobachtung und Beschreibung ansonsten nicht zugänglich sind. In der Privatpsychologie werden oft durch eine Metapher Beziehungen oder Ähnlichkeiten zwischen Dingen hergestellt, die miteinander nichts zu tun haben. Beispiel: „Lange Haare, kurzer Sinn", „schräger" Blick, ein „schräger" Typ oder „Was mich nicht umbringt, macht mich stärker". Oder man sagt: Sie benimmt sich wie „die Prinzessin auf der Erbse". So wie lange Haare in keinem Zusammenhang mit der Intelligenz stehen, so hat auch ein überempfindliches, sensibles, verwöhntes Auftreten mit einer Prinzessin nichts Gemeinsames. Werden Erklärungen in Form von Metaphern gegeben, so fühlen sich die Privatpsychologen nicht nur im Recht, sondern glauben auch kreativ, humorvoll und intelligent zu sein. Metaphern sind auch in der Privatpädagogik sehr beliebt. Es wird z. B. von „Entfaltung" der Persönlichkeit gesprochen, vom Erzieher als „Gärtner", vom „Sprudeln des Wissens" und von der „Erziehungskunst" oder „Zucht".

Funktionen des naiven Denkens. Es wird klar: Im Laufe der Jahrtausende hat die Menschheit eine Privatpsychologie und Alltagspädagogik entwickelt, die sehr viel zur Sicherheit und persönlichen Zufriedenheit beiträgt. Die Deutungen sind immer wahr und können leicht verteidigt werden. Die Willkürlichkeit,

der wertende Charakter und die Subjektivität der Deutungen fallen nicht auf. So werden mit Hilfe der naiven Psychologie wichtige Bedürfnisse befriedigt.
Die Alltagspsychologie dient der Orientierung, sie hilft uns, mit einer Flut von Informationen fertig zu werden. Sie befriedigt das Bedürfnis nach Systematisierung und Ordnung von ankommenden Informationen, z. B. durch die Einteilung in Gegensatzpaare oder durch bildhafte Vergleiche.
Sie ermöglicht schnelle Beurteilungen von Personen und verkürzt dadurch den Weg zur angemessenen Beantwortung des Erlebten oder Wahrgenommenen.
Es entsteht so ein Gefühl der Handlungssicherheit und die Überzeugung, sich in einer bestimmten Situation angemessen und richtig verhalten zu haben.
Die Alltagspsychologie ist ein hervorragendes Instrument, um im normalen Alltag, in Situationen, die nicht allzu belastend und problematisch sind, zurechtzukommen. Sie wird zum Problem, wenn das naive Denken in echt belastenden, kritischen und stresshaften Krisensituationen nicht aufgegeben wird. Durch naive Erklärungen werden die Probleme, z. B. Konflikte zwischen Partnern, zwischen Erziehern und Kindern, immer größer. Es entsteht ein Teufelskreis. In ausweglos scheinenden Problemsituationen, bei schwer wiegenden Konflikten und in persönlichen Krisen sind wissenschaftliche Erkenntnisse und professionell arbeitende Psychologen gefragt.

Content-Analyse, *Inhaltsanalyse,* ist eine sozialpsychologische und soziologische Forschungsmethode, die der objektiven, systematischen und quantitativen Beschreibung von – hauptsächlich schriftlich fixierten – Kommunikationsinhalten dient. Zeitungsartikel, Texte von Reden, Filme, aber auch verbales Verhalten des Lehrers im Unterricht (Tonbandaufnahmen) werden nach ausgewählten Kategorien, wie Drohungen, Verwendung von Fremdwörtern, Zustimmung, Anerkennung, Appellieren an das Wir-Gefühl, Verwendung von mehrdeutigen Begriffen usw., analysiert, indem Häufigkeiten bzw. deren Relationen bestimmt werden. Die Analyse dient der Erforschung von Abhängigkeiten zwischen einer bestimmten Kommunikationsart und deren Wirken und erlaubt verschiedene Aussagen über den Sender, z. B. über einen Politiker.

Coping, Bezeichnung für alle kognitiven, emotionalen und verhaltensmäßigen Anstrengungen, um eine Belastung oder Stress zu bewältigen. Lazarus unterscheidet als grundlegende Bewältigungsformen (Copingformen) aktive zielorientierte Bemühungen wie Informationssuche, direkte Aktion und eher passives, hilfloses Ertragen oder Abwehren der Belastung durch Entwicklung negativer Gefühle, Drogeneinnahme u. a. Die Wahl der Strategie hängt von der Einschätzung der Belastung als Herausforderung oder als Bedrohung und von der Bewertung eigener Bewältigungsfähigkeiten ab.
Unter Coping im engeren Sinne werden in der Regel Reaktionen auf eine wahrgenommene Bedrohung verstanden. Dies liegt vor, wenn die Möglichkeit wahrgenommen oder eingeschätzt wird, dass aversive Ereignisse eintreten können, wobei keine routinemäßigen Handlungen zur Verhinderung solcher Ereignisse bekannt sind.

Coping im weiteren Sinne könnte man alle Handlungen nennen, die darauf ausgerichtet sind, potentielle Bedrohung erst gar nicht entstehen zu lassen.
Oft wird zwischen angemessenen und unangemessenen Formen des Coping unterschieden. Ein Coping ist dann angemessen, wenn es der persönlichen Zielerreichung im Sinne der Förderung der seelischen Gesundheit dienlich ist, also wenn es die Lebenszufriedenheit zuverlässig und möglichst langfristig fördert.
Als angemessene Coping-Formen werden genannt Informationssuche, direkte Aktivitäten zur Lösung eines Problems, Zurückhaltung nach dem Motto: „Da kann ich wenigstens nichts falsch machen". Auch Umdeutung oder Ablenkung zählen dann zu den angemessenen Copingformen, wenn keine eigenen Möglichkeiten vorhanden sind, um die Realität zu verändern.
Unangemessene Copingformen sind Flucht vor sich selbst, Maßnahmen, die die Bedrohung erhöhen, wie z. B. die Suche nach eigenen Schwächen und Misserfolgen sowie Verdrängung des Problems bzw. Zurückstellung lebenswichtiger Ziele.

Counseling, allgemeine, englischsprachige Bezeichnung für verschiedene Formen der ↗Beratung, deren Behandlungsstrategie aus gängigen Psychotherapieverfahren zusammengestellt wird.

D

Daseinsanalyse. Ludwig Binswanger (1881–1966) gilt als Begründer der Daseinsanalyse, die zunächst verstanden wird als psychiatrische Erforschung von so genannten Geisteskrankheiten (phänomenologische Deutung der Schizophrenie).
Medard Boss (1903–1990) erweiterte den Anwendungsbereich der Daseinsanalyse auf die Gebiete der Neurosenlehre, der Psychosomatik und der Traumauslegung und begründete die Daseinsanalyse als eigene Richtung der „Psychotherapie. Sowohl Biswanger als auch Boss haben die von Freud entwickelte ↗Psychoanalyse anerkannt und mit Hilfe der phänomenologischen Methode, die ein geduldiges Hinhören, Hinsehen oder auch Erspüren der sich zeigenden Gegebenheiten praktiziert und allem vorschnellen Erklären und Deuten kritisch gegenübersteht, weiterentwickelt.
Im analytisch-therapeutischen Gespräch, das nicht auf reine Symptombehandlung ausgerichtet ist, soll durch eine umfassende Problemeinsicht und durch die Auseinandersetzung mit der eigenen Daseins- und Lebensweise (unter Einbezug des Träumens und des körperlichen Erlebens, ↗Bewegungstherapie) die Konfrontation mit bisher abgewehrten Daseinsbereichen ermöglicht werden. So werden gewünschte Veränderungen über eine ganzheitliche Selbsterfahrung ermöglicht.
Zentrale Elemente der Daseinsanalytischen Psychotherapie sind: die gemeinsame Arbeit des Therapeuten und Klienten an der therapeutischen Beziehung, phänomenologisch-hermeneutisches Verstehen vorhandener Hindernisse und die Verbindung mit anderen Therapiemethoden, etwa mit dem ↗Katathymen Bilderleben oder der analytischen Paar-, Familien- und Gruppentherapie. Durch vertiefte Einsicht in den zerstörerischen Umgang mit der Natur leistet die Daseinsanalyse einen Beitrag zum notwendig gewordenen Umdenken und zur ↗Umweltpsychologie.

Debilität, gering ausgeprägte ↗geistige Behinderung oder Lernstörung, die oft durch Vorgänge vor und während der Geburt verursacht wird.

Deduktion, methodisches Schlussfolgern, bei dem aus allgemeinen Gesetzmäßigkeiten oder Theorien spezifische Sachverhalte abgeleitet werden. Bei der *Induktion* werden aus einzelnen anschaulichen (beobachtbaren) Gegebenheiten allgemeine Regeln und Gesetzmäßigkeiten erschlossen. In der Psychologie überwiegt das induktive Vorgehen.

Definition, Aussage, mit der ein ↗Begriff gegenüber einem anderen klar abgegrenzt wird. In der Psychologie ist es oft sehr schwierig, einen Sachverhalt, z. B. Angst, eindeutig zu definieren, obwohl eine eindeutige Klärung der Begriffe unbedingt notwendig ist, um Missverständnisse auszuschließen. Oft werden so genannte operationale Definitionen gebraucht. ↗Methoden der Psychologie.

Defizitbedürfnisse entstehen nach A. Maslow durch das Auftreten verschiedener Mangelzustände und werden so lange als Spannung erlebt, bis der Mangel beseitigt ist. ↗Bedürfnisse.

Dèjà-vu, Erinnerungstäuschung, die darin besteht, dass einer Person eine neue Situation oder ein unbekannter Mensch als bereits bekannt vorkommt bzw. als bekannt erlebt wird. Diese Täuschung kommt beim Gesunden manchmal im ↗Traum vor, häufiger ist sie aber bei Menschen anzutreffen, die unter ↗Neurosen oder organischen Hirnschäden leiden. Man erklärt diese Täuschungen als Übereinstimmung des aktuellen Erlebens mit vergessenen oder unbewussten Wahrnehmungen.

Delinquenz, Sammelbezeichnung für Verhaltensweisen, die gegen das Strafrecht verstoßen, für Handlungen, die strafrechtlich verfolgt werden. ↗Jugendkriminalität, ↗Kriminalität.

Delirium. Das Delirium tritt meist nach einer akuten, sich auf das ↗Nervensystem auswirkenden schweren Krankheit auf und äußert sich als ein psychisch abnormer Zustand der Verwirrtheit, der von ↗Wahrnehmungstäuschungen, vor allem Halluzinationen und Wahnideen (↗Wahn), begleitet ist. Am bekanntesten ist das *Delirium tremens,* das beim chronischen Alkoholismus auftritt, wenn dem Betreffenden der Alkohol plötzlich entzogen wird (z. B. plötzlicher Entzug durch Unfall oder Entziehungskur).

Demenz, hauptsächlich in der Psychiatrie angewandte Bezeichnung für ↗Intelligenzstörungen (starkes Absinken der Intelligenz, ist zu unterscheiden von der Alzheimerkrankheit, für die extremes Vergessen, Verlust der Kommunikationsfähigkeit, Verlust der Alltagskompetenz und der Erlebnisfähigkeit charakteristisch sind), die meist durch fortgeschrittene ↗Psychosen verursacht werden. Der Intelligenzverlust im hohen Alter wird als *senile* Demenz bezeichnet (umgangssprachlich „Verkalkung"). Intelligenzmängel, die auf von Geburt an vorhandenen Hirnschäden beruhen, werden in der Psychologie ↗geistige Behinderung genannt.

Demographie ist die Beschreibung (meist statistischer Art) der Struktur einer Gesellschaft oder bestimmter gesellschaftlicher Gruppen nach Geschlecht, Alter, Einkommen, Beruf, Familienstand und anderen relativ objektiven Merkmalen.

Demoskopie, ↗Meinungsforschung, Erfassung öffentlicher Meinung (wörtlich Volksbetrachtung). Demoskopisch relevante Daten oder Merkmale sind z. B. „Politbarometer", Werthaltungen und soziale Einstellungen, Vorlieben und Modetrends, Mediengewohnheiten, Vorurteile, Zukunftserwartungen und -ängste, bevorzugte Erziehungsmethoden usw.

Denken. Es ist schwierig, den Vorgang des Denkens zu erforschen, da er wie zahlreiche andere psychische Vorgänge (z. B. ↗Einstellungen, ↗Interessen) nicht direkt beobachtbar ist, sondern aus dem intelligenten Verhalten des Menschen erschlossen werden muss. Man schließt aber nicht nur auf den das Handeln begleitenden Denkprozess, sondern auch auf die als ↗Fähigkeit zugrunde liegende ↗Intelligenz, so dass sich folgender Zusammenhang ergibt:

D

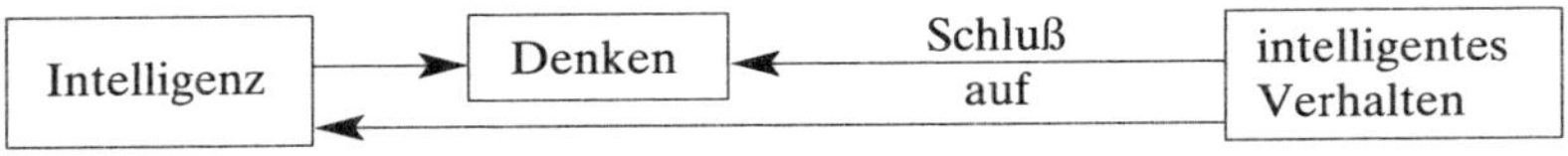

Dies ist eine Unterscheidung von Denken und Intelligenz, wie sie z. B. W. Schraml vorschlägt, die jedoch sehr schwer fällt, da alle Prozesse ineinander übergehen. Heute wird Denken in der Regel definiert als ein Prozess der Informationsverarbeitung, als interpretierende, ordnungstiftende Herstellung von Beziehungen und Zusammenhängen, wobei Probleme erkannt, Gesetzmäßigkeiten zugeordnet, neue Beziehungen und Handlungsmöglichkeiten entdeckt und Vorgänge „überlegt“, beurteilt, bewertet, klassifiziert und Schlussfolgerungen gezogen werden. Auf der anschaulichen Stufe (Sinneseindrücke, Bilder) werden konkrete Vorstellungen miteinander verbunden und verglichen. Das abstrakte Denken hängt sehr eng mit der Sprache, mit Symbolen und Begriffen zusammen. Das abstrakte Denken ist sehr vielfältig, effektiv und auch anpassungsfähig, verschiedene Modelle und Lösungswege können schnell durchgespielt werden. Denken hat sicher etwas mit „Verstehen“, mit dem Erkennen von Bedeutungen, mit dem Bilden von Sinnzusammenhängen, mit logischem Schlussfolgern und intuitiver Einsicht zu tun.
Oft werden zwei Arten des Denkens unterschieden: das produktive, schöpferische oder divergente (auch intuitive) Denken und das logische, zergliedernde, analytische, schlussfolgernde, konvergente Denken, das auch reproduktives Denken genannt wird. Das konvergente Denken strebt eine „richtige“ Lösung an, das divergente Denken führt zu verschiedenen, oft gleich gültigen oder guten Lösungen.
In beiden Fällen greift das Denken auf gemachte Erfahrungen, auf das Wissen, die Erinnerungen und auf die Fähigkeit zurück, bestimmte Denkstrategien wie z. B. Logik, Analyse, Vergleich, Analogiebildung usw. einzusetzen.
In den letzten Jahren wurden von der „kognitiven Psychologie insbesondere das Problemlösen und das Bilden von Begriffen untersucht.
Problemlösen. Der Vorgang des Problemlösens kann in vier Stufen aufgegliedert werden: 1. die *Präparation* (Vorbereitung, die *Identifizierung,* d. h. das Erkennen, Verstehen und Beschreiben des Problems, und die *Differenzierung,* d. h. die systematische Aufgliederung seiner Teilstrukturen); 2. eine *Inkubation* genannte Ruhephase; 3. die *Illumination* (lateinisch für „Erleuchtung“, das sog. Aha-Erlebnis); 4. die Evaluation, d. h. die Übertragung und Ausführung sowie die Auswertung und Bewertung des Ergebnisses oder Erfolges. Die Stufen stehen in enger gegenseitiger Verbindung; so entwickeln sich mit der genauen, gut formulierten Fragestellung oft schon erste Ansätze zur Lösung des Problems. Das kann das Neun-Punkte-Problem verdeutlichen: Es sind 9 Punkte ohne abzusetzen in vier Zügen miteinander zu verbinden. Solange man das Problem als Quadrat wahrnimmt, gelangt man zu keiner Lösung. Erst wenn man die Punkte auch in anderen Zusammenhängen sehen kann (man geht in Gedanken über die Begrenzungen hinaus), wird eine Lösung möglich. Die Schwierigkeit liegt in der *Funktionsfixierung,* d. h. man folgt in seinem Denken rigiden, starren Mustern, die von vertrauten Lösungen herstammen oder auch angeboren sind (↗Gestalt).

9-Punkte-Problem

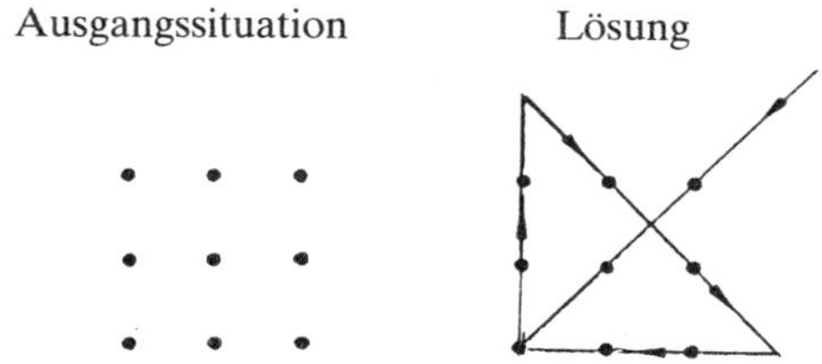

Die Bedeutung der richtigen Wahrnehmung und Beschreibung fällt besonders bei der Untersuchung des deduktiven Denkens (Ableiten von Erkenntnissen aus anderen, allgemeineren) auf. Es zeigte sich, dass Menschen die Feststellung „einige A sind B" meist so wahrnehmen, dass einige A's B's sind, während andere A's keine B's sind. Es sind jedoch noch andere Lösungen möglich, wenn man der Logik folgt (siehe Euler-Diagramm). Die Theorie der *Prämissenkonversion* von Chapman und Chapman stellt deshalb auch fest, dass sich Menschen irren, weil sie Prämissen unangemessen wahrnehmen und umformen. So wird die Aussage „alle A sind B" umgeformt in „alle B sind A" (wenn man anschauliche Begriffe einsetzt, z. B. A sind Katzen, B sind Tiere, wird der Irrtum offenbar). Vor allem logisch nicht vorgebildete Personen entwickeln bei eher abstrakten Fragestellungen diese symmetrische Sicht von Prämissen und übersehen dabei andere richtige Schlüsse (siehe Euler-Diagramm).

Euler-Diagramm (nach Herkner, 1986)

mögliche Lösungen

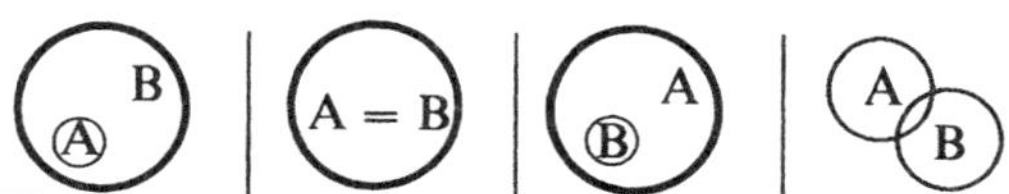

alle A sind B	●	●		
einige A sind B	●	●	●	●

Bei der Entwicklung von Strategien hat es sich als günstig erwiesen, das Problem in Unteraufgaben aufzuteilen. Der Erfolg hängt weiterhin davon ab, ob man den Suchbereich, in dem Lösungen gefunden werden können, sinnvoll einengen kann. Meist denkt man nur an Schritte, die früher schon einmal erfolgreich waren. Auch wird oft lediglich angestrebt, Beweise zu sammeln, welche die eigene Hypothese stützen *(Bestätigungsstrategie)*, oder man orientiert sich nur an augenfälligen, plastischen Einzelereignissen, so dass man zu falschen Schlüssen gelangt.

Begriffsbildung. All unser Wissen ist in Begriffe gefasst, die wir in Form von Hierarchien im Langzeitgedächtnis (↗Gedächtnis) gespeichert haben. Ein Beispiel einer solchen Taxonomie (hierarchische Anordnung von Kategorien) ist der übergeordnete Begriff „Tier", der sich aufgliedert in „Wirbeltiere" und

D

„Weichtiere", „Wirbeltiere" gliedern sich weiter in „Reptilien", „Fische", „Vögel", „Säugetiere", diese wiederum sind durch „Pferde", „Bären" usw. bestimmt. Die Begriffe der letzten basalen Kategorie können am leichtesten gelernt und verstanden werden, da ihre Mitglieder viele gemeinsame und offensichtliche Merkmale haben. Begriffe werden aufgrund verschiedener Prozesse gebildet. Einmal geschieht das mit Hilfe des *Diskriminationslernens,* wobei Kinder über gezieltes Verstärken (↗Lernen) sich z. B. den Begriff „Hund" aneignen (Verstärken bei richtiger Benennung des Tieres). Das Kind berücksichtigt so Schritt für Schritt immer mehr Merkmale, die einen Hund bestimmen (z. B. Fell, vier Beine, Bellen, scharfe Zähne). Die heute am meisten anerkannte Theorie zur Begriffsbildung von Levine (1966) besagt jedoch, dass Erwachsene ihre Begriffe durch *Testen von Hypothesen* entwickeln. Ihre Vermutung über die Bedeutung eines Begriffs, den sie noch nicht genau kennen, überprüfen sie an der Wirklichkeit und registrieren, ob ihre Vorstellung vom Begriff passt oder inwieweit ein Bezug zum gesuchten Begriff vorhanden ist (ein Beispiel hierfür könnte das Vorgehen beim „Beruferaten" bzw. „Teekesselspiel" sein).
Eine besondere Beachtung fand die Beziehung zwischen Begriffsbildung und Sprache. Die *Sapir-Whorf-Hypothese* besagt hierbei, dass die ↗Sprache von Mitgliedern einer Kultur den Rahmen vorgibt, in dem das Denken ablaufen kann (linguistischer Determinismus). Man übernimmt mit dem Erwerb der Sprache eine bestimmte Wahrnehmung von der Welt und entwickelt dazu passende Begriffe. Bekannte Beispiele sind hierfür die Hanoo auf den Philippinen, die über 90 verschiedene Bezeichnungen für Reis kennen, oder die Eskimos, die erheblich mehr Sorten von Schnee unterscheiden als Mitteleuropäer. Auch heute ist diese Ende der 50er Jahre aufgestellte Hypothese noch weitgehend unüberprüft. Sicher lernen wir zahlreiche Begriffe im Zusammenhang mit der Muttersprache, andrerseits sind wir nicht durch die Sprache gefangen genommen. So können kleine Kinder oft schon zwischen Hund und Katze unterscheiden, bevor sie die entsprechenden Wörter kennen, und ein Südeuropäer, der vielleicht nur ein Wort für Schnee kennt, hat dennoch die Möglichkeit, verschiedene Sorten von Schnee zu unterscheiden.
Die Art, wie ein Mensch beständig seine Umwelt auffasst (↗Wahrnehmung), sie gliedert und ordnet (Denken), bezeichnet man als *kognitiven Stil* (auch kognitive Attitüde oder ↗Einstellung). Über die Entstehung und den Zusammenhang verschiedener kognitiver Stile ist bis heute wenig Genaues bekannt; man nimmt an, dass es erlernte ↗Gewohnheiten sind. Es werden hauptsächlich folgen kognitive Stile unterschieden, die jedoch nicht unabhängig voneinander sind (sie überschneiden sich):
Feldabhängigkeit (bzw. Feldunabhängigkeit): Menschen und Objekte werden weitgehend unabhängig von ihrer jeweiligen Umgebung wahrgenommen, so dass sie schnell und klar auch in unübersichtlichen Situationen erkannt werden können. Im Test wird diese Fähigkeit anhand von Symbolen (Zahlen, Buchstaben) überprüft, die in ein Wirrwarr von Linien eingebettet sind und möglichst schnell wahrgenommen werden müssen.
Als kognitiven Stil bezeichnet man weiterhin die Toleranz (Intoleranz) mancher Menschen für mehrdeutige Situationen und Sachverhalte. Diese Fähigkeit, widersprüchliche Merkmale (z. B. bei einem Menschen: Egoismus und

Hilfsbereitschaft in ähnlichen Situationen) auffassen zu können, ohne dass eines übersehen oder verfälscht wird, bezeichnet man auch als Ambiguitätstoleranz. Ein anderer allgemeiner Stil des Denkens und Wahrnehmens stellt sich in der Weite der Begriffe oder Kategorien dar, die der Einzelne verwendet (Beispiel eines Urteils auf Grund eines weiten, zu allgemeinen Begriffs: Alle Langhaarigen sind verwahrlost).

Depersonalisation, Unfähigkeit, sich selbst zu erleben, und die Überzeugung, jemand anderer zu sein (↗Schizophrenie).

Depressionen sind als ↗psychische Störung weit verbreitet und fast allen bekannt. In vielen Fällen kommt man mit ihnen auch ohne therapeutischen Beistand zurecht, bei 6 % der Frauen und 3 % der Männer in Deutschland sind die Beeinträchtigungen jedoch so stark, dass sie fachliche Hilfe brauchen. Das Risiko, irgendwann im Leben an einer Depression zu erkranken, beträgt nach Aussagen des Max-Planck-Instituts für Psychiatrie 17 %. Ein depressiver Mensch erlebt über Wochen hinweg Hilflosigkeit und Hoffnungslosigkeit, manchmal Verzweiflung. Er fühlt sich wert- und nutzlos, hat kein Interesse mehr an Hobbys oder Menschen, hat zu nichts Lust. Sein Wahrnehmen und Denken ist verändert, negative Gegebenheiten werden z. B. bevorzugt wahrgenommen, die Gedanken beschäftigen sich häufig mit der eigenen Minderwertigkeit. Körperlich sind depressive Menschen häufig durch Schlafstörungen, Appetitlosigkeit, Verlust des sexuellen Interesses oder andauernde Müdigkeit beeinträchtigt. Leider erkennen Allgemeinärzte gerade bei Männern eine Depression oft nicht und eine angemessene Behandlung bleibt aus. Ausgelöst werden Depressionen häufig durch „kritische Lebensereignisse, wie z. B. Verlust eines Angehörigen, Scheidung oder Trennung (reaktive D.). Als tiefere Ursachen nimmt die ↗Psychoanalyse fehlgelaufene Erziehungsprozesse an (zu starke Verwöhnung, überfordernd-versagende Erziehung). In den letzten Jahren wurde deutlicher, dass biochemische Prozesse bei der Entstehung von Depressionen eine wichtige Rolle spielen (endogene D.), möglicherweise ist eine erhöhte Anfälligkeit auch vererbt.
Bei der Behandlung von Depressionen haben vor allem die ↗kognitiven Therapien gute Erfolge. Sie helfen dem Klienten neue Fertigkeiten zu entwickeln, mit Belastungen umzugehen, soziale Kontakte aufzubauen und die negativen Denkmuster zu durchbrechen. Oftmals ist begleitend eine medikamentöse Therapie notwendig, die den Stoffwechsel im Gehirn beeinflusst.
Von der Depression ist die im Normalbereich anzusiedelnde *depressive Persönlichkeit* zu unterscheiden. Sie wünscht sich viel Zuwendung und Beachtung, ist aber gleichzeitig nicht in der Lage, diese für sich zu fordern. Sie identifiziert sich gerne mit dem Leid anderer und kann sich nicht abgrenzen. Der Psychoanalytiker F. Riemann sieht diese Person im Zusammenhang mit einer Kindheit, in der Ende des ersten Lebensjahres, wenn erste selbständige Regungen sich entwickeln, das Kind zu wenig oder zu viel Zuwendung erhalten hat und deshalb die liebevolle Beachtung der Mutter immer wieder erringen oder sich erhalten muss. Solche Personen zeichnen sich im Alltag oft durch Einfühlungsvermögen und Kontaktfähigkeit aus.

D

Deprivation ist eine allgemeine Bezeichnung für einen Zustand des Mangels, des Entzugs oder der Entbehrung. Man unterscheidet drei Formen der Deprivation:

- *Sensorische Deprivation* beschreibt den langanhaltenden Entzug von Sinneseindrücken beim Menschen (z. B. bei einer Isolationshaft) sowie die Verweigerung der Befriedigung elementarer Bedürfnisse (z. B. Schlafentzug).
- Bei der *sozialen Deprivation* erlebt der Mensch einen gravierenden Mangel an sozialen Kontakten (z. B. Vereinsamung alter Menschen, Alleinsegler). Dauern solche Zustände, wie sie bei einigen Foltermethoden üblich sind, länger, entwickelt sich beim Menschen ein außerordentliches Verlangen nach Sinnesreizen, Kommunikation und sozialem Kontakt. In der Folge steigert sich dieser Zustand und es können Denk- und Konzentrationsstörungen, „Depressionen oder auch ↗Halluzinationen auftreten.
- Die *frühkindliche Deprivation* beschreibt den Verlust von mütterlicher Sorge und Pflege in der frühen Kindheit. Der Mangel an Nestwärme kann schwere Störungen nach sich ziehen (↗Hospitalismus), wobei eine Aussicht auf eine völlige Rückbildung der Beeinträchtigungen im späteren Leben umso größer ist, je früher und kürzer im ersten Lebensjahr die Schädigung erfolgte oder je später die Deprivation nach dem ersten Lebensjahr eintrat.

Desensibilisierung. Die Technik der ↗Verhaltenstherapie, die mit Hilfe tiefer Entspannung die Wirkung angstauslösender Reize löschen will, nennt man systematische Desensibilisierung.

Designerdrogen. Designer- oder Diskodrogen, auch „Partydrogen" genannt, werden in Drogenlabors durch chemische Abwandlung bekannter Betäubungsmittel synthetisch hergestellt. Es handelt sich hier also um ein vollsynthetisches Rauschmittel. Diese Drogen der „Neuen (Zweiten) Generation" sind relativ preiswert, massenhaft zu produzieren und jederzeit durch Phantasieprägungen an gesetzlichen Bestimmungen vorbei in fast beliebiger Zahl zu variieren. Diese Mittel werden dem Konsumenten in Tablettenform angeboten. Es handelt sich um geruchsneutrale weiße, graue oder bunte Tabletten. Sie weisen zum Teil verschiedenartige Prägungen wie Kleeblätter, Delphine, Schwalben, VW-Zeichen u. a. auf.
Da die Mittel wie Ecstasy, Adam, Eve, Speed, Angel, Dust u. a. eine aufputschende und kommunikationsfördernde Wirkung besitzen, sind sie sehr beliebt bei der Gruppe der Jugendlichen (15–25 Jahre). Sie werden meist anlässlich von „Rave-Parties", „Techno-Diskos" oder ähnlichen Veranstaltungen konsumiert.
Kurzfristige und auch langfristige Folgen des Konsums von Designerdrogen sind Erschöpfungszustände, Kollaps, körperlicher Verfall, Bewusstseinstrübungen, Herz-/Kreislaufschäden, unkalkulierbare Gefahren wie z. B. Bewusstlosigkeit, Aggressivität, Deliriumzustände, Realitätsverlust, Störungen der Motorik, Paranoia, Echoeffekt, Schüttellähmung und Tod.

Determination. Der Begriff wird in der Psychologie hauptsächlich bei der Frage, welche Fakten ein Verhalten oder Entwicklung bestimmen (determinieren), gebraucht. Im Zusammenhang mit dem ↗Anlage-Umwelt-Problem wird z. B. gefragt, welches Verhalten durch die Anlage und welches durch die Umweltfaktoren determiniert ist.

Devianz, Devianztheorien. Mit dem diskreditierenden und diskriminierenden Begriff „deviant“ werden solche Verhaltensweisen oder auch Personen gekennzeichnet, die unangepasst (nicht konform), sozial unerwünscht (nicht wertvoll), abnorm (von der gängigen Norm abweichend), problematisch („so etwas macht man nicht“), für die Gesellschaft belastend (kriminell, krank, alt), also in irgendeiner Hinsicht als „abweichend“ einzustufen sind. In der Sozialarbeit und Sozialpädagogik wird vorgeschlagen, den Begriff Devianz durch die Bezeichnung „Exklusion“ zu ersetzen. Damit soll betont werden, dass manche Menschen in Verhaltensweisen (z. B. Süchte) abgleiten, die die Teilnahme und Eingliederung in verschiedene sozialen Systeme erschweren.
Systematische Erklärungen der Entstehung des devianten Verhaltens werden in der Regel Anomietheorien genannt. In den soziologisch und sozialpsychologisch orientierten Anomietheorien wird herausgestellt, dass die Devianz immer dann begünstigt wird, wenn das Erreichen kulturell wertvoller Ziele (kulturelle Struktur) durch die gegebenen sozialen Strukturen (soziale Normen, institutionelle Möglichkeiten des Handelns) erschwert wird. Es wird angenommen, dass abweichendes Verhalten wegen des leichteren Zugangs zu illegitimen Mitteln vor allem in Subkulturen vermehrt auftritt. Hinzu kommt, dass die für Subkulturen typischen stabilen sozialen Kontakte den Zugang zu illegitimen Mitteln erleichtern.
Der „labeling approach weist als eine interakationistische Anomietheorie auch auf die kriminalisierenden Konsequenzen des Strafvollzugs bzw. der sozialen Kontrolle allgemein hin, da jemand, der als abweichend stigmatisiert wurde, kaum mehr Möglichkeiten hat, konforme Verhaltensweisen anerkannt zu bekommen. So kann es passieren, dass er durch die Definition, sein Verhalten sei deviant, und durch die Reaktionen der Umwelt nach einer solchen Definition geradezu in eine kriminelle Laufbahn hineingedrängt wird.

Diagnostik. Es ist das Ziel der Diagnose, aufgrund weniger, aber verlässlicher und gut ausgewählter Daten ein genaues Bild von der untersuchten Person zu erstellen. Die Diagnostik wird eingesetzt, um bisheriges Verhalten zu erklären und um zukünftiges Verhalten vorauszusagen. Zum Beispiel stellt man die Art und den Grad einer psychischen Störung fest oder beantwortet bestimmte wissenschaftliche Fragestellungen. Um die individuelle Ausprägung verschiedener Merkmale, die nicht direkt beobachtbar sind (z. B. Intelligenz, Einstellungen, Leistungsmotivation, Prüfungsangst), diagnostizieren zu können, werden mit Hilfe verschiedener ↗Tests (z. B. Leistungs-, Fähigkeits- oder Persönlichkeitstest) und durch ↗Exploration und ↗Anamnese verschiedene Persönlichkeitsdaten zusammengetragen. Bei Berufsberatung, Eignungsuntersuchungen und Schulberatung werden meist nur Tests in Gruppen durchgeführt, weil eine individuelle Exploration aus Zeitgründen nicht möglich ist; in Kliniken und psychologischen Beratungsstellen werden die Testdaten immer durch Anamnese und Exploration ergänzt, weil der Diagnostiker nur so feststellen kann, ob die erhaltenen Testwerte tatsächlich auf überdauernde Persönlichkeitsmerkmale hinweisen oder vielleicht durch aktuelle Ereignisse und situative Bedingungen zustande gekommen sind. Die psychologische Diagnostik (Psychodiagnostik) leistet im Bereich der ↗Psychotherapie, ↗Psychiatrie und in der ↗Beratung nützliche Dienste und wird im Interesse des Klienten durchgeführt. Letzteres gilt auch für Tests in der Schul- und Berufsberatung, aber nur selten in der innerbetrieblichen Personalauslese, wo sich die Kriterien der Beurteilung nach den Zielen der jeweiligen Institutionen ausrichten. Damit die Interessen des Einzelnen bei einer derartigen innerbetrieblichen Verwendung von Tests gewahrt bleiben, sollte der Betreffende die Richtlinien für den Umgang mit Verfahren der psychologischen Diagnostik vor Augen haben, die u. a. von K.-H. Schmidt formuliert wurden:

– In Deutschland ist ein Angehöriger eines Betriebes oder ein Bewerber für eine Stelle nur verpflichtet, sich einer psychologischen Diagnostik zu unterziehen, wenn sie in einem sachlichen Zusammenhang mit der beabsichtigten, neuen Tätigkeit steht. Fragen, die sich z. B. auf die Intimsphäre eines Menschen beziehen, brauchen nicht wahrheitsgemäß beantwortet oder können verweigert werden (z. B. Fragen nach Freizeitgestaltung, Weltanschauung, persönliche Vorlieben).
– Die Untersuchung muss von einem Psychologen und nicht von einer Hilfskraft vorgenommen werden, ansonsten ist man berechtigt, die Durchführung des Tests abzulehnen.
– Für die jeweilige Verwendung der gesamten Testdaten, insbesondere für ihre Weitergabe, ist die Erlaubnis der untersuchten Person einzuholen.
– Mit der Möglichkeit, Testergebnisse in Computern zu speichern, wird die Gefahr, dass sie in unrechte Hände gelangen, größer; deshalb hat z. B. ein abgewiesener Bewerber für eine Stelle das Recht, die Vernichtung seiner Testdaten zu verlangen.

Die Treffsicherheit der Diagnostik hängt von der Güte der verwendeten Tests („Statistik) und der Gewissenhaftigkeit der Interpretation ab. Bei Leistungstests z. B. gelingt die Prognose zukünftigen Verhaltens verhältnismäßig gut, da die Testaufgaben der in der Realität ausgeführten Tätigkeit ähnlich sind. Die Voraussage von Schulleistungen nur mit Hilfe des Intelligenztests ist kaum möglich, da sie noch von anderen Persönlichkeitsmerkmalen als der gemessenen Intelligenz abhängig sind. Das weist darauf hin, dass bei der diagnostischen Beurteilung einer Person stets mehrere Verfahren verwendet werden müssen (Testbatterie) und vor allem die Lebenssituation des Betreffenden zu berücksichtigen ist, um zu einem vertrauenswürdigen Ergebnis zu kommen. Man sollte die Aussagekraft der psychologischen Diagnostik nicht überschätzen; sie stellt aber eine weitaus sicherere Möglichkeit dar als die Beurteilung eines Menschen ohne sie.

Differentielle Psychologie. W. Stern hat schon 1911 für die Teildisziplin der Psychologie, die sich mit der Analyse und Beschreibung von Unterschieden zwischen Individuen und Gruppen befasst, die Bezeichnung „Differentielle Psychologie" eingeführt. Sie ist nicht wie die ↗Allgemeine Psychologie an den Gesetzmäßigkeiten des Verhaltens, sondern an ↗inter- und intraindividuellen Abweichungen des Verhaltens interessiert.

Je mehr die Psychologie durch ihre Anwendung in Schulen, Kliniken, Arbeitsämtern, vor Gericht, in Betrieben und an anderen Orten („Angewandte Psychologie) an Lebensnähe gewann, umso größer wurde die Bedeutung der Differentiellen Psychologie. Aufgrund unterschiedlicher Ausprägung von ↗Fähigkeiten, Bedürfnissen und emotionaler Ansprechbarkeit können sich Menschen in gleichen Situationen ganz unterschiedlich verhalten. Bei der Voraussage des Verhaltens müssen daher allgemeine Gesetzmäßigkeiten und die individuelle Persönlichkeitsstruktur berücksichtigt werden. Daher versucht die Differentielle Psychologie die typische Ausprägung und Wechselwirkung zwischen mehreren psychischen Merkmalen für bestimmte Altersstufen, Geschlechter, Berufe, soziale Schichten und andere Gruppen festzustellen. Unter psychischen Merkmalen werden berücksichtigt: ↗Intelligenz, motorische ↗Fähigkeiten, ↗Gefühle, Bedürfnisse, ↗Ich-Stärke bzw. Ich-Schwäche usw. Die Arbeit der Differentiellen Psychologie wird erschwert durch Probleme der Messung von psychischen Merkmalen bzw. Eigenschaften und der Zuordnung von festgestellten individuellen Unterschieden zu bestimmten Persönlichkeitstypen (↗Typologie).

Dimensionen der Persönlichkeit. Mit Hilfe verschiedener Beobachtungsdaten, von Eigenschaften und Gewohnheiten, die mit Fragebogen erfasst wurden, und durch den Einsatz von psychologischen Tests konnten mehrere Grunddimensionen (Faktoren, Verhaltensbereitschaften, Charakterzüge) der Persönlichkeit ermittelt werden. Die bekanntesten sind: ↗Extra- und Introversion, emotionale Stabilität und ↗Neurotizismus.

Diskriminierung und *Diskrimination,* umgangssprachlich: Trennung, Unterscheidung, aber auch soziale Abwertung, Feindseligkeit, Diskriminierung von Fremdgruppen (zum Teil durch ↗Vorurteile), ist gelernt und dient der Verminderung von Angst (↗Abwehrmechanismen) und der Erhöhung der eigenen Sicherheit (↗Einstellung). Eine Diskriminierung ist vor allem zwischen verschiedenen Rassen und sozialen Schichten zu beobachten. In der Lernpsychologie wird mit Diskrimination das Lernen von Bedeutungen einzelner Reize für das Verhalten bezeichnet.

Disposition, Potenz, Anordnung, Entwurf, Neigung, Bereitschaft. Mit Disposition (früher Vermögen) bezeichnet man in der Psychologie die Bereitschaft, Neigung oder Potenz (Möglichkeit) zum Vollzug eines bestimmten Verhaltens und bestimmter seelischer Erlebnisse. Man unterscheidet zwischen angeborener (Anlage) und erworbener Disposition. ↗Persönlichkeit.

Dissonanz, kognitive (Grundbegriff: ↗Konsonanz). Kognitive Dissonanz ist der wesentliche Begriff in Festingers Theorie der ↗Einstellung, in der er versucht, Einstellungsänderungen durch das Bestreben des Individuums zu erklären, ein kognitives Gleichgewicht zu erhalten bzw. herzustellen; d. h.: jeder Mensch ist bestrebt, sein Handeln und Verhalten auch „logisch“ stimmig erklären zu können. Ein kognitives Ungleichgewicht bzw. eine kognitive *Dissonanz* besteht, wenn zwei oder mehr kognitive Elemente (das Wissen, die

Wahrnehmung, das Denken in Bezug auf Objekte, sich selbst oder andere) als widersprüchlich erlebt werden (Beispiel: Ich weiß, dass mein Auto zu kostspielig ist und ich sehr wenig Geld habe).

Dissoziative Störungen. Es kann vorkommen, dass ein Mensch z. B. unter Hypnose komplexe Handlungen ohne bewusste Einflussnahme ausführen kann. Zu dissoziativen, nicht bewusst gesteuerten Handlungen gehören auch manche hysterische Reaktionen. Von Dissoziationen spricht man auch, wenn eine Person ohne explizites Wissen, sozusagen automatisch, bestimmte Handlungen ausführen kann oder muss.
Nach ICD-10 sind folgende Subgruppen zu unterscheiden: dissoziativer Stupor (F 44.2), gekennzeichnet durch beträchtliche Verringerung oder Fehlen willkürlicher Bewegungen und normaler (reflektorischer) Reaktionen auf Reizung durch Licht, Geräusche oder Berührung; dissoziative Bewegungsstörungen (F 44.4), wobei ganze Funktionsabläufe im Bereich der Extremitäten, besonders in den Beinen, mit der Folge von Gehstörungen bzw. -unfähigkeit (Abasie) oder Unfähigkeit zu stehen (Astasie) beeinträchtigt sind; dissoziative Krampfanfälle (F 44.5), die als variantenreiche Imitation epileptischer Anfälle mit großer Bandbreite und Dauer auftreten und die auch von sozialen Stimuli (Zuwendung) abhängen können; dissoziative Sensibilitätsstörungen der Haut (z. B. Parästhesien) und Empfindungsstörungen (Sehen, Hören, Riechen) (F 44.6); sie sind insgesamt selten, Sehstörungen (Verschwommen- oder „Tunnel"-Sehen) wie Hörstörungen sind überwiegend partiell ausgeprägt.
Dissoziative Störungen werden oft auch Konversionsstörungen und teilweise auch multiple Persönlichkeitsstörungen genannt. Der Ausdruck Hysterie wird heute so weit wie möglich vermieden.

Disstress. Unter ↗Stress versteht man die physischen und psychischen Auswirkungen von besonderen Anspannungen und Belastungen auf den Menschen.
Die moderne Forschung deutet Stress, d. h. die physischen und psychischen Auswirkungen von besonderen Herausforderungen und Belastungen, als Wechselbeziehung einer Person mit ihrer Umwelt (Richard S. Lazarus). Da jedoch jeder dieselbe Situation unterschiedlich erlebt und bewertet, sind es unsere subjektiven Wahrnehmungen, die zu Stress führen.
Hans Syle, der Vater der Stressforschung, unterscheidet zwischen Eustress (eu = gut, schön, heilsam) und Disstress (dis = schlecht, krankmachend). Rein physiologisch betrachtet haben Eustress und Disstress annähernd die gleichen Auswirkungen. Während der Eustress unser Verhalten, z. B. unsere Leistungen, positiv beeinflusst, führt der Disstress zu unterschiedlichen Symptomen wie z. B. Müdigkeit und Unlust, Gereiztheit oder Niedergeschlagenheit, zu innerer Unruhe oder Schlafstörungen, zu Herzrhythmusstörungen und Störungen der Atmung.

Divergentes Denken. In der Denkforschung wird zwischen konvergentem und divergentem Denken unterschieden. Ergebnis des divergenten Denkens ist eine Vielfalt verschiedenartiger Lösungen, während das konvergente Denken die *eine,* richtige Lösung hervorbringt.

D

Dogmatismus ist die von M. Rokeach eingeführte Bezeichnung für die Einstellung von Menschen, die stur, unbelehrbar auf ihrer Meinung beharren. Rokeach erklärte dies mit einem „geschlossenen" (closed-mindedness) Denksystem, das für die ↗autoritäre Persönlichkeit typisch ist.

Dominanz äußert sich in der Tendenz, andere zu bevormunden und deren Verhalten zu kontrollieren. Als Persönlichkeitsfaktor (↗Persönlichkeit) wird die Dominanz mit ↗Fragebogen erfasst und trifft häufig mit dem Persönlichkeitsmerkmal ↗Extraversion zusammen. Große Bedeutung für den Menschen hat das Dominanzstreben, wenn es zu ↗Konflikten führt, weil sich der Partner unterordnen müsste (z. B. Ehestreit). Als Verhaltensmerkmal der Dominanz werden u. a. genannt: bestimmend, gebieterisch, hart, dirigierend, selbstüberzeugt. Gegenteil: Unterwerfung (Submission).

Doppelmoral bezeichnet eine Einstellung, wonach moralische Maßstäbe nicht auf alle in gleicher Weise anwendbar sind, so wird z. B. dem Mann mehr sexuelle Freiheit eingeräumt als der Frau. Einerseits wurde bzw. wird von der Frau „Keuschheit" erwartet, andererseits sollte sie dem Mann zur Verfügung stehen, damit er seine Vorrechte realisieren kann. Diese Doppelmoral dürfte eine Ursache der Prostitution sein.

Doppeln. Neben dem Spiegeln und Rollentausch ist das Doppeln eine zentrale Technik des ↗Psychodrama. Beim Doppeln übernimmt ein „Doppelgänger" die Rolle des Protagonisten oder Hauptakteurs und drückt sozusagen als ein „Hilfs-Ich" die Gefühle des Hauptakteurs aus, verdeutlicht seine Standpunkte und kann ermutigend oder warnend wirken.

Double-bind-Kommunikation. Die schon früh (Fromm-Reichmann, 1948) geäußerte Vermutung, dass die Mütter von ↗schizophrenen Patienten auf den ersten Blick aufopferungsvoll erscheinen, bei genauerem Hinsehen jedoch ihre Kinder benutzen, um ihre eigenen Bedürfnisse zu befriedigen, sich also gleichzeitig fürsorglich und ablehnend verhalten, wurde durch Beobachtungen von Bateson, der in Zusammenarbeit mit Watzlawick ein Modell der ↗Kommunikation entwickelte, bestätigt. Bateson stellte fest, dass manche Eltern ständig Doppelbotschaften dem Kind mitteilen, wobei eine (z. B. die auf der Inhaltsebene) die andere (die auf der Beziehungsebene) ausschließt. Das geschieht z. B., wenn die Mutter sagt „ich freue mich, dich zu sehen", dabei aber grimmig schaut und den Blickkontakt vermeidet. Da das Kind die Problematik der Situation nicht erkennt, gerät es in eine Zwickmühle und weiß nicht, welche Botschaft gilt. Ein Kind, das häufig Double-bind-Botschaften erlebt, kann sich nach Cromer drei Strategien zurechtlegen, die aber alle zu schizophrenen Symptomen führen können:

- Ignorieren der inhaltlichen Ebene. Man muss immer schauen, was der andere eigentlich meint, auf Gesten, Mimik, Tonfall u. a. achten, um die wahre Absicht zu erkennen. Grundsätzlich ist Misstrauen eine richtige Haltung.
- Man muss alles wortwörtlich auffassen. Menschen, die sich so orientieren, fassen nicht die Feinheiten der Kommunikation auf, erkennen keine Zwischentöne und die eigentliche Intention der Mitteilung.

– Botschaften anderer Menschen müssen ignoriert werden, dann können sie einen auch nicht verwirren. Man zieht sich immer mehr zurück und wird immer stummer.

Die Double-bind-Hypothese fand in der ↗klinischen Psychologie großen Anklang, die wenigen empirischen Untersuchungen konnten sie aber bis jetzt noch nicht bestätigen.

Down-Syndrom. Eine angeborene körperliche Fehlbildung, die mit einer geistigen Behinderung mittleren bis schweren Grades einhergeht. Sie wird verursacht durch das dreifach vorhandene ↗Chromosom 21. Menschen mit einem Down-Syndrom sind oft untersetzt, haben einen kleinen, runden Kopf, eine vergrößerte Zunge, eine kleine, stumpfe Nase, schräg gestellte Lidspalten und kurze Finger. Häufig leiden sie an einem angeborenen Herzfehler und sind mehr als andere anfällig für Leukämie. Aufgrund einer verbesserten medizinischen Versorgung ist ihr durchschnittliches Lebensalter fast so hoch wie bei anderen Menschen. Die meisten vom Down-Syndrom betroffenen Kinder leben zu Hause und gehen in Förderschulen, müssen aber später weiterhin betreut werden (z. B. in Werkstätten für Behinderte), da sie in ihrer geistigen Entwicklung auf dem Niveau eines achtjährigen Kindes stehen bleiben.

Drogenabhängigkeit. Die unterschiedliche Bedeutung der Begriffe *Drogenabhängigkeit* und *Sucht* ist kaum bekannt. Der Vorschlag der Weltgesundheitsorganisation (WHO), den bekannteren und älteren Begriff *Sucht* als Bezeichnung für *psychische Abhängigkeit* zu verwenden und den umfassenderen Begriff *Drogenabhängigkeit* für psychische und physische (physiologische) Abhängigkeit von der Droge, hat sich nicht durchgesetzt.

Psychische Abhängigkeit: Der Mensch meint, ohne Droge (z. B. auch ohne Alkohol, Aufputschmittel, Zigaretten oder Psychopharmaka) nicht mehr auszukommen. Es ist ein starkes, oft unstillbares Verlangen vorhanden, die Droge wegen ihrer psychischen Wirkung (beruhigend, stimmungsanhebend, bewusstseinserweiternd, leistungssteigernd usw.) einzunehmen, um einen unangenehmen Zustand zu vermeiden.

Physische Abhängigkeit: Bei Einnahme über längere Zeit hat sich der Stoffwechsel des Organismus so weit auf die Droge eingestellt, dass er beim Fehlen der Stoffe mit quälenden Entzugserscheinungen (z. B. Kreislaufstörungen, Zittern, starke Erregung, Schweißausbrüche, Durchfall, Schmerzen) reagiert, die sehr schmerzvoll sind und lebensgefährlich sein können.

Missbrauch von Hanfprodukten (Haschisch und Marihuana) und von Psychotomimetika („LSD und Meskalin; Psychopharmaka) erzeugt normalerweise „nur“ psychische Abhängigkeit, führt jedoch zu verschiedenen schädigenden psychischen und körperlichen Folgen.

Physische Abhängigkeit und somit körperliche Entzugserscheinungen beim Abbrechen der Einnahme kommen hauptsächlich bei Opiaten (Opium, Morphium, Heroin), Barbituraten (Schlaf-und Schmerzmittel), Stimulantien (↗Amphetamine und Weckamine; Psychopharmaka) und schließlich auch bei Alkohol vor. Die Abhängigkeit hat oft weitere persönliche Konsequenzen. Häufig sehen Personen sich gezwungen, zu stehlen, dealen oder sich zu prostituieren, um das Geld für den ständig steigenden Bedarf an Drogen aufzutreiben (Beschaffungskriminalität).

Übersicht über Drogen, deren Wirkungen und Folgen

Drogen, Suchtmittel	**Wirkungen, Folgen, medizinischer Nutzen**
Hanfprodukte (Cannabis), wie Haschisch u. Marihuana. Im Jargon: Heu, hash, grass, pot, shit.	Sie erleichtern den Übergang zu harten Drogen („Einstiegsdroge"), erzeugen meist jedoch keine Abhängigkeit. Haschisch wirkt stärker als Marihuana. Erhöhung der Empfindlichkeit der Sinne, Benommenheit, gehobene Stimmung, Konzentrations- u. Lernstörungen, ↗Halluzinationen, unkontrollierte Zuneigungsgefühle und Handlungen, ↗Ängste, ↗Depressionen. Früher traditionelles Heilmittel, heute praktisch keine Anwendung mehr.
Halluzinogene, wie z. B. LSD, Meskalin, Psilocybin, Phencyclidin). Im Jargon: Trip, Fahrkarte, Reise, Angeldust, Rocket, Fuel.	Je nach Droge entstehen ↗psychose-ähnliche Zustände, extrem beschleunigtes und verwirrtes Denken, ↗Halluzinationen; Töne werden „gefühlt", Farben „geschmeckt"; Bewusstseinsstörungen, Angstzustände („Horrortrip"), Gewalttätigkeiten, Verringerung des Schmerzempfindens, Gleichgültigkeit gegenüber Schule und Beruf und sog. Suche nach Wahrheit („Ausflippen"). Kaum medizinische Verwendung, gelegentlich eingesetzt zur Behandlung Sterbender oder psychotischer Patienten.
Stimulantien, wie z. B. Kokain, Crack, Ecstasy, Amphetamine. Im Jargon: Pepps, Stimulus, Captas, Speed, Koks, Coke, Schnee, Charley.	Kokain, Crack: Große Steigerung der Leistungsfähigkeit. Wohlbehagen, lustbetonte, leichte ↗Halluzinationen, Wachheit werden wegen der kurzen Wirkungsdauer (bis eine Stunde) schnell durch Angstzustände und Wahnvorstellungen abgelöst. Besonders Crack erzeugt schnell Abhängigkeit. Medizinische Verwendung von Kokain zur örtlichen Betäubung und Blutstillung. Ecstasy, Amphetamine: Erhöhte Wachheit, Wohlbehagen, Redebedürfnis, Gefühl erhöhter Leistungsfähigkeit. Verminderte Leistung des Langzeitgedächtnisses. Starke Abhängigkeit bei Dauergebrauch. Appetitsenkende Wirkung, Unruhe, Angst, Zittern, Herzklopfen, kalte Hände. Bei längerem Gebrauch Leberschäden und Gefahr der Entstehung schizophrener Symptome. Amphetamine wirken bei kindlicher Hyperaktivität beruhigend.
Sedative Hypnotika (z. B. Barbiturate, Benzodiazepine wie Valium oder Librium). Im Jargon: Barbs, Bombs.	Schnelle Gewöhnung und Suchtgefahr. In kleinen Dosen wirken sie als Schlafmittel (↗Psychopharmaka), in höheren Dosen führen sie zu „Rauschzuständen", Vergiftung, Kopfschmerzen, Müdigkeit, vermindertem Orientierungsvermögen, Verwirrtheit. Unvorhersehbare Wirkungen entstehen bei gleichzeitigem Einnehmen von Alkohol und Beruhigungsmitteln. Plötzliches Absetzen kann zum Tod führen. Medizinische Verwendung zur Behandlung von Angstzuständen, Schlaflosigkeit, Epilepsie.
Opiate, Morphiate (Opium, Morphium, Heroin). Im Jargon: Stoff, Harry, „O", „M", „H".	Die psychische Abhängigkeit entsteht sehr schnell, es werden immer größere Dosen erforderlich, um die gleichen Hochgefühle zu erleben. Opiate wirken je nach Erfahrungen und Erwartungen unterschiedlich, nach längerem Gebrauch starke physische Abhängigkeit. Entzugserscheinungen: Gleichgültig-

	keit, Zuckungen, Krämpfe, Angstzustände, Erbrechen, Schlaflosigkeit, Fieber. Wenig Aussicht auf Entwöhnung. Opium wird wegen der Suchtgefahr nur noch selten als schmerzstillendes Mittel angewandt, Morphium nur noch bei schweren Schmerzzuständen.
Inhalationsmittel, z. B. Farben, Klebstoffe, Lösungsmittel, Spray, Butangas	In geringen Dosen leicht anregende Wirkung; in größeren Mengen aufgenommen, erfolgen erst Kontrollverlust, Bewusstlosigkeit, dann treten Kopfschmerzen, Übelkeit und Benommenheit auf. Bei chronischem Gebrauch: Schädigungen des Nervensystems, Atemlähmung; Abhängigkeit kann eintreten.

Ursachen des Drogenmissbrauchs. Die Verbreitung des Drogenmissbrauchs in den westlichen Industrieländern wurde durch sozio-kulturelle und psychologische Faktoren verursacht.
1. Soziokulturelle Faktoren: Mängel der Wohlstandsgesellschaft, die zur Ablehnung seitens der Jugend geführt haben und zur Suche nach neuen, „besseren“ Lebensmöglichkeiten. Es wurde mit den Rauschmitteln (vor allem Haschisch, LSD, Marihuana) experimentiert, um „Bewusstseinserweiterung“, „Glück“, „Freiheit“, ↗Kreativität zu erreichen. Die Gefahren und negativen Folgen wurden dabei übersehen. Als eine weitere Ursache sind Versprechungen der pharmazeutischen Industrie zu sehen, die zu einem allgemeinen (und erlaubten) Tablettenmissbrauch geführt haben. Leistungszwang, ↗Stress, Arbeitslosigkeit, Massenmedien spielen auch eine Rolle.
2. Psychologische Ursachen: Unsicherheit der Jugend (↗Jugendalter), Familienkonflikte (↗Familie), Versagen in der Schule oder im Beruf, Unzufriedenheit, falsche Erwartungen an die Droge, Anpassung an die ↗Gruppe und Persönlichkeitsmerkmale wie Labilität der ↗Gefühle, Kontaktsuche.
Erklärung des Suchtverhaltens. Sucht stellt ein sich selbst verstärkendes System dar. Der Abhängige entzieht sich durch den Genuss von Suchtmitteln einer unangenehmen Realität; klingt die Wirkung ab, ist er ernüchtert, oft beschämt, das Leben ist noch weniger erträglich, und erneuter Drogenkonsum folgt. Ein biologischer Ansatz ergänzt diese Erklärung und stellt heraus, dass durch Drogen Hirnregionen aktiviert werden, die für das Entstehen von Gefühlen wie Glück und Wohlbefinden sorgen.
Behandlungsmöglichkeiten. Die mit der Drogenabhängigkeit einhergehende Persönlichkeitsänderung (↗Depression, Passivität, verminderte Fähigkeiten, Verwirrtheit, mangelnder Antrieb usw.) macht eine Behandlung fast unmöglich. Wenn ein Drogenabhängiger eine Behandlung wünscht und zur Mitarbeit bereit ist, dann wird oft folgendes Verfahren angewendet:
1. Entziehungskur und Behandlung organischer Schäden in einer Klinik;
2. therapeutische Hilfe während des Aufenthaltes in der Klinik (z. B. ↗Gesprächspsychotherapie, ↗Verhaltenstherapie, ↗Gruppentherapie);
3. Unterstützung und Therapie nach der Entlassung aus dem Krankenhaus (Betreuung in einer Gruppe und durch die Gruppe), Beratung, Freizeitgestaltung;
4. soziale Hilfsmaßnahmen (Unterkunft, Ausbildung, Arbeit).
Ein derartiges therapeutisches Vorgehen stellt an die Betroffenen große An-

forderungen. Bringen sie die entsprechende Kraft nicht auf, können bei Abhängigen von Opiaten auch Drogenersatzstoffe (z. B. Methadon, Naltrexon) verwendet werden. Sie machen die Beschaffungskriminalität unnötig und ermöglichen bei entsprechender therapeutischer Hilfe und Bereitschaft zur Mitarbeit dem Betroffenen, aus dem Heroinmissbrauch auszusteigen.

DSM, Abkürzung für *Diagnostisches und Statistisches Manual Psychischer Störungen,* Übersetzung des *Diagnostic and Statistical Manual of Mental Disorders* der *American Psychiatric Association.* ↗psychische Störungen.

E

Echtheit oder Selbstkongruenz (Spontaneität, Ursprünglichkeit, kein „Spielen einer Rolle") ist nach C. Rogers als eine Therapeutenvariable die wesentliche Bedingung für das Gelingen der ↗Gesprächstherapie.

EEG (Abkürzung für Elektroenzephalogramm). Elektroenzephalogramm werden Aufzeichnungen der Hirnströme genannt, die von der Kopfhaut abgeleitet und durch ein stark verstärkendes Registriergerät (Verstärkung 1:1 000 000) als Kurven aufgezeichnet werden. Die psychische Tätigkeit (z. B. Anspannung, Denken, Schlaf-Wach-Zustand, organische Erkrankungen des Gehirns, Träumen) schlägt sich in den elektrischen Spannungsschwankungen nieder.
Gegenwärtig werden das EEG wie auch die Pneumoencephalographie (röntgenologische Darstellung der Hirnkammern, die vorher mit Luft gefüllt werden) hauptsächlich zur Diagnose von Hirnerkrankungen angewandt.
Daher wird ein EEG oft bei folgenden Erkrankungen durchgeführt: Epilepsie, Kopfschmerzen, Entzündungen des Gehirns, Ohnmachtsanfälle, sowie zur Verlaufskontrolle von Patienten, die Psychopharmaka erhalten.
Alpha-Wellen zeigen den wachen, entspannten Zustand mit geschlossenen Augen; Beta-Wellen werden registriert, wenn sich die Testperson auf einen Reiz von außen konzentriert. Außerdem werden noch Delta- und Theta-Wellen unterschieden.

Effektgesetz. Das Effektgesetz (Erfolgsgesetz) von Thorndike besagt, dass die Verbindung eines Verhaltens mit einem bestimmten Reiz (Situation) vom Effekt des Verhaltens abhängt. Bei Erfolg wird die Verbindung verstärkt (das Verhalten wird gelernt), beim Fehlen des Erfolges oder bei Strafe wird sie geschwächt. ↗Lernen.

Ego, das ↗Ich ist nach Freud die psychische Instanz, die für realitätsgerechte Triebbefriedigung zuständig ist und zwischen den Triebwünschen des Es und den Moralvorstellungen des Über-Ich und den Ansprüchen der Realität vermittelt. Oft werden die Begriffe Ego, Ich und Selbst weitgehend gleichbedeutend verwendet. Manche Autoren betonen, das Ego enthalte untransformierte, starre und abgegrenzte Ich-Anteile, die loszulassen eine absolute Notwendigkeit in der menschlichen Entwicklung darstellt. Das Ego zeigt sich in Spannungen und Verkrampfungen, in Neid, Verbissenheit, Gier, Eifersucht, Druck, Härte, Abwertung, Unversöhnlichkeit, in Allmachtsphantasien, Anerkennungssucht und Machtansprüchen. Auf diese Weise bindet das Ego unsere kreativen Kräfte. So verstanden kann das Ego als die Grundlage des Egoismus angesehen werden.

Egoismus. Im Alltag wird unter Egoismus das eigennützige, unsoziale Verhalten eines Menschen verstanden. Man übersieht dabei leicht die positive Seite des Egoismus, der es dem Individuum ermöglicht, in Konkurrenzsituationen an sich zu denken und seine berechtigten Interessen durchzusetzen. Das Auftreten eines solchen „gesunden" Egoismus ist u. a. abhängig vom Aufwachsen in einem Elternhaus, in dem den Kindern eigene Interessen und Wünsche zugestanden werden und ihr oft als Trotz erscheinendes Bemühen, sich durchzusetzen, nicht rücksichtslos gebrochen wird. Das egoistische Verhalten hat mit dem Streben des Menschen nach ↗Dominanz viele Gemeinsamkeiten. Es darf nicht mit dem egozentrischen Verhalten verwechselt werden.

Egozentrisch sind Menschen, die ständig im Mittelpunkt stehen wollen; sie sind nicht fähig, soziale „Spielregeln" zu beachten, streben nach Aufmerksamkeit und sofortiger Bedürfnisbefriedigung und sind nicht in der Lage, Wünsche anderer zu akzeptieren.

Eheberatung. Tief greifende gesellschaftliche Veränderungen (z. B. höhere Lebenserwartung, größere Mobilität, demokratisch-partnerschaftliche Wertvorstellungen, sexuelle Freizügigkeit, Emanzipation der Frau) haben zu einer Krise in der traditionellen Ehe geführt. So wundert es nicht, dass in den letzten Jahrzehnten in Deutschland viele Eheberatungsstellen, Eheinstitute und Sexualberatungsstellen eingerichtet worden sind. Eine Eheberatungsstelle vermittelt zwischen den Partnern, wenn sie ihre Probleme (meist geht es um sexuelle, soziale und emotionale Konflikte) nicht mehr alleine bewältigen können. Häufige *Ursachen* für Partnerschaftskonflikte sind:
- Man konnte in seiner traditionell strukturierten oder unvollständigen Herkunftsfamilie nicht lernen, wie man fair und partnerschaftlich lebt.
- Konflikte außerhalb der Ehe beeinflussen die Partner (z. B. Arbeitslosigkeit, Generationskonflikte).
- Es wird kaum mehr über Gefühle gesprochen (viele Paare sprechen am Tag kaum noch eine Viertelstunde miteinander). Viele Ehekonflikte entstehen, weil intime Wünsche, Bedürfnisse und Gefühle dem Partner nicht mitgeteilt werden.
- Viele Ehepartner handeln nach der Selbsttäuschung, dass derjenige, der wirklich liebt, die Wünsche des anderen genau kennen muss.
- Wünsche werden zum falschen Zeitpunkt (während des Streits) und so verschlüsselt mitgeteilt, dass sie der Partner nicht „versteht".
- Übertriebene Ansprüche und Fehlerwartungen werden an den Partner herangetragen.
- Man entwickelt übergroße Besitzansprüche (man will den Partner nur für sich. haben), daraus resultieren Eifersuchtsszenen (meist verbunden mit Minderwertigkeitsgefühlen des eifersüchtigen Partners).

Ziel der Partnerschaftstherapie ist immer eine optimale beiderseitige Bedürfnisbefriedigung. Wichtig ist dabei anzuerkennen, dass Meinungsverschiedenheiten etwas Normales sind und Konflikte sofort angesprochen werden sollten („Störungen haben Vorrang", ↗Themenzentrierte Interaktion). Weiterhin sollte darauf geachtet werden, dass ein offener Austausch von Meinungen stattfindet, der auch Mitteilungen peinlicher und aggressiver Inhalte umfasst. Ein fairer Streit respektiert die Rechte beider Partner. Man achtet z. B. auf einen für beide geeigneten Zeitpunkt, hält sich an abgesprochene Regeln, nimmt sich Zeit zum Überlegen und lässt sie dem anderen. Für das Weiterbestehen jeder Partnerbeziehung ist wichtig, dass Bedürfnisse geäußert und befriedigt werden, unterschiedliche Erwartungen angeglichen und deren Verwirklichung ermöglicht wird und dass sich die Partner gegenseitig bestätigen und anerkennen.
Die Vorgehensweisen in einer Eheberatung beinhalten Techniken aus der

↗Kommunikationstherapie, ↗Verhaltenstherapie, ↗Gruppentherapie und ↗Gesprächspsychotherapie. ↗Psychotherapie.

Eidetiker werden Personen genannt, die die Fähigkeit besitzen, einmal wahrgenommene Ereignisse oder Situationen sich noch einmal lebhaft und in allen Einzelheiten plastisch vorzustellen bzw. vor einem „geistigen Auge" zu sehen. Diese Fähigkeit, die vor allem bei Kindern und Jugendlichen zu finden ist, wird im Anschauungsunterricht berücksichtigt und spielt eine Rolle bei Zeugenaussagen.

Eigenschaften, aus dem Verhalten erschlossene, relativ überdauernde Merkmale und Gewohnheiten der ↗Persönlichkeit.

Eifersucht. Dieses Gefühl ist in seiner normalen Ausprägung jedem bekannt: Man hat Angst einen Menschen, zu dem eine enge emotionale Bindung besteht, an einen anderen zu verlieren. Diese Gefahr kann tatsächlich bestehen oder eingebildet sein. Eifersucht ist in ihrer starken Ausprägung ein quälendes Gefühl, das den Menschen gefangen nimmt, ihn körperlich beeinträchtigt, sein gesamtes Denken und Fühlen in Anspruch nimmt. Die Ursachen einer solchen Eifersucht sind aus psychoanalytischer Sicht (↗Psychoanalyse) in der frühen Kindheit zu suchen, in der die Person Abwertung, zu geringe Liebe und Zuwendung erfahren hat. Sie ist auf diese Zeit fixiert (↗Abwehrmechanismen) und muss ständig dafür sorgen, genügend Aufmerksamkeit vom Partner zu bekommen. Auch die alltägliche, nicht pathologische Eifersucht ist ein Zeichen dafür, dass die Person in ihrer Beziehung zu wenig Sicherheit und Bestätigung erlebt. Man kann in diesem Fall die Problematik mit dem Partner besprechen und versuchen, eine Änderung herbeizuführen. „Krankhafte" Eifersucht ist als ↗psychische Störung anzusehen und bedarf einer professionellen Hilfe (↗Psychotherapie).

Einfühlung, Empathie. Das Verstehen, Nachvollziehen (Einfühlen, eigenes „Mitschwingen") fremden Erlebens, vor allem der Ängste und Konflikte anderer, die nur bruchstückhaft gezeigt werden, spielt in der therapeutischen Situation als die Therapeutenvariable „Empathie" eine wichtige Rolle. Bei zutreffender Einfühlung fühlen sich Menschen verstanden und sind eher in der Lage, über sich selbst zu erzählen. Empathische, einfühlsame Menschen können sich in andere hineinversetzen, deren Lage mit deren Augen betrachten, deren Motive und Zielsetzungen nachvollziehen und deren Gefühlslage nachempfinden. Empathie ist der Weg zum unmittelbaren Verständnis fremdseelischer Vorgänge.

Einkoten (Enkopresis). Wiederholtes willkürliches oder unwillkürliches Absetzen von Kot (in der Regel am Tag) an Stellen, die dafür nicht vorgesehen sind, ist sowohl für die Eltern als auch für die Kinder sehr belastend. Die Störung kann eine abnorme Verlängerung des normalen kindlichen Einkotens darstellen, oder es handelt sich um einen Verlust der Darmkontrolle, die bereits vorhanden war, oder sie kann das absichtliche Absetzen von Stuhl an dafür nicht vorgesehenen Stellen trotz normaler physiologischer Darmkontrolle beinhalten. Die Störung ist in der Regel gekoppelt mit emotionalen Störungen und mit Auffälligkeiten im Sozialverhalten.

Die genaue Symptomatik der Enkopresis ist schwer zu erfassen, da viele Eltern glauben, pädagogisch versagt zu haben; aber auch für die Kinder sind diese Symptome außerordentlich belastend und schambesetzt. Sie versuchen in der Regel, vor Gleichaltrigen diese Schwächen zu verbergen und selbst vor vertrauten Personen die Symptomatik zu verleugnen. Im diagnostischen Gespräch sollte erfasst werden, wie häufig und zu welcher Tageszeit das Kind einkotet und wie es die Symptomatik zu verbergen sucht. Zu fragen ist auch nach „Toilettenängsten“, Schmerzen beim Stuhlgang sowie nach vergeblichen Versuchen der Selbsthilfe, nach dem subjektiven Leidensdruck (Hänseleien?), nach der emotionalen Belastung und nach der Offenheit, mit der mit den nächsten Bezugspersonen darüber gesprochen werden kann.
Als mögliche Entstehungsbedingungen sind zu nennen: starke familiäre Konflikte, Probleme beim Toilettentraining, Nahrungsmittelunverträglichkeit, Schwächen der analen Muskulatur, starke emotionale und soziale Störungen, die sowohl Ursache als auch Symptome sein können. In 25 % der Fälle tritt neben dem Einkoten auch das „Einnässen auf. Kinder mit einer hyperkinetischen Störung können wegen der Aufmerksamkeitsstörung, die sich auch als unzureichende Wahrnehmung des Füllungsdrucks im Rektum äußern kann, ein erhöhtes Risiko für Enkopresis zeigen.
Die Enkopresis mit geringer emotionaler Symptomatik und guter Kooperation der Eltern kann ambulant behandelt werden. Dabei sind wichtig: Reduktion der psychischen Belastung, die das Symptom in der Familie hervorgerufen hat, Beratung der Eltern, Aufklärung über die Besonderheiten der Erkrankung mit Abbau der Ängste und Reduktion von Schuld- und Schamgefühlen bei Kindern und Eltern. Das Kind soll im Rahmen einer Psychotherapie das Gefühl entwickeln, dass die Erkrankung durch reine Willensanstrengung nicht zu beheben ist, dass aber durch Training und durch das Lernen von Eigenverantwortung das Einkoten beherrscht werden kann. Dazu eignet sich ein verhaltenstherapeutisches Programm („Toilet Training“): Regelmäßiger Gang zur Toilette nach den Mahlzeiten, Achten auf entspanntes Sitzen, positives Besetzen der Situation (Lektüre darf mitgenommen werden), Verstärkung des Einhaltens von Regeln (Lob, Zuwendung), zusätzlicher Verstärkereinsatz, wenn Stuhl in die Toilette abgesetzt wird (z. B. gemeinsames Spiel, gemeinsame Tätigkeit).

Einnässen *(Enuresis).* Ein normal entwickeltes Kind wird ohne direktes Sauberkeitstraining etwa mit drei bis vier Jahren nicht mehr einnässen. Später handelt es sich um ein krankhaftes Verhalten, das man als *primäre* Enuresis bezeichnet. War das Kind eine Zeit lang trocken und nässt dann wieder ein, spricht man von *sekundärer* Enuresis. Weiterhin unterscheidet man noch das Einnässen am Tag (Enuresis diurna) und nachts (E. nocturna). In seltenen Fällen geht das Einnässen auf eine organische Missbildung oder Fehlfunktion (z. B. des Blasenmuskels) zurück, vielmehr tritt es als neurotische (↗Neurose) Reaktion in Situationen auf, die das Kind überfordern. Es erlebt, dass sein Wunsch nach Zuneigung und Sicherheit vermeintlich oder wirklich nicht erfüllt wird (z. B. weil die Mutter das neu geborene Geschwisterchen umsorgt, aufgrund ständiger Familienstreitigkeiten, der Belastung beim Schulanfang oder wegen Vernachlässigung, weil die Eltern berufstätig sind), und versucht unbewusst, durch sein auffälliges Verhalten die Aufmerksamkeit und Zuwendung der Eltern wieder auf sich zu lenken. Eine fanatische und strenge ↗Reinlichkeitserziehung begünstigt das Auftreten der Enuresis. Da das Kind ungewollt und aus Hilflosigkeit einnässt, ist ein moralisierendes und ermahnendes Verhalten der Eltern bei dieser am häufigsten vorkommenden kindlichen ↗Verhaltensstörung völlig unangebracht. Auch abwertende verächtlich machende Bemerkungen sollten unterlassen werden, denn nur eine vermehrte Zuwendung (z. B. Einbeziehung des Kindes in die Pflege des Neugeborenen, dabei deutlich machen, dass es eine große Hilfe ist; nur noch halbtägige Berufstätigkeit; Erlaubnis, im Bett der Eltern zu schlafen usw.), die sich kurze Zeit auch als Verwöhnung äußern kann, vermag den Kindern das Gefühl wiederzugeben, sicher und akzeptiert zu sein. Man versucht auch, durch Medikamente die Schlaftiefe herabzusetzen, damit der Spannungszustand der Blase rechtzeitig bemerkt wird; jedoch ist diese Maßnahme ebenso wie das Wecken des Kindes beim ersten Tropfen Urin mit Hilfe einer Klingelhose für sich alleine – ohne eine vermehrte Hinwendung zum Kind – unnütz, da der das neurotische Verhalten verursachende Konflikt nicht beseitigt wird.

Einsicht, umgangssprachlich: Verstehen eines Zusammenhangs, Zustimmung zu logischen Argumenten. In der Lernpsychologie hat man mit dem Begriff „Einsicht“ die Tatsache zu klären versucht, dass Menschen (und Tiere) in einer neuen Situation ihre bisherigen Erfahrungen neu organisieren und einen neuen Lösungsweg einschlagen, d. h. ihr Verhalten ohne unmittelbares Training ändern. Durch Einsicht (wahrscheinlich eine Folge des vorausgegangenen Denkens) wird ein neuer Lösungsplan entworfen, der die bisherigen Erfahrungen zielgerichtet einsetzt und steuert. Es wäre verfehlt anzunehmen, dass Menschen durch Einsicht ihre bisherigen ↗Gewohnheiten und Verhaltensweisen leicht ändern können (↗Lernen).

Einstellungen, auch *Attitüden* oder *Haltungen* genannt, sind während der Erziehung erworbene Bereitschaften, sich gegenüber Reizen aus der sozialen und physikalischen Umwelt in einer bestimmten und beständigen Weise zu verhalten. Sie dienen dem Menschen zur besseren Orientierung in seiner Umwelt.
Merkmale von Einstellungen. Eine Einstellung besteht aus drei Komponenten: die *kognitive* umfasst die Wahrnehmungen, Meinungen, Ansichten und Vorstellungen eines Individuums über das Objekt der Einstellung (Beispiel negative Einstellung gegenüber Asylanten: Asylanten nehmen uns die Arbeitsplätze weg); die *affektive* Komponente wird beschrieben durch Reaktionen des Autonomen „Nervensystems und sprachliche Äußerungen über ↗Gefühle, die bei der Konfrontation mit einem Einstellungsobjekt auftreten (Wut, Ärger, erhöhte Puls- und Atemfrequenz, wenn von Asylanten die Rede ist); die *Verhaltenskomponente* (konative Komponente) beinhaltet das offen zutage tretende Verhalten eines Individuums (Ignorieren, Meiden von Asylanten). Das Verhalten verstärkt die bestehende kognitive und affektive Komponente (Teufelskreis).
Zusammenstellung der Bestimmungsstücke von Einstellungen (nach R. Oerter, 1968):

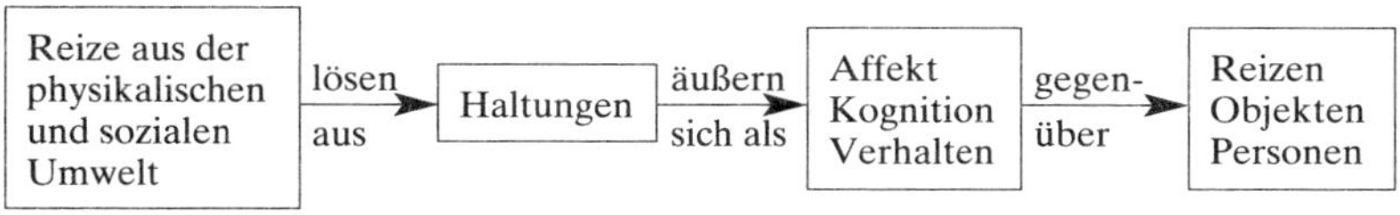

Einstellungen können nicht beobachtet, sondern nur aus dem Verhalten erschlossen werden. Immer dann, wenn Menschen auf bestimmte Objekte, Personen oder politische Probleme mit großer Beständigkeit und Einheitlichkeit reagieren, kann angenommen werden, dass solchem Verhalten eine Verhaltensbereitschaft zu Grunde liegt, die sich durch die Übereinstimmung zwischen der kognitiven, affektiven und der Verhaltenskomponente auszeichnet. Die Welt ist für solche Individuen „in Ordnung"; weder von der Meinung noch von Gefühlen her besteht ein Grund für eine Verhaltensänderung.
La Piere (1934) verdeutlichte die Wechselwirkung von Ansicht und Gefühlen. Er reiste mit einem chinesischen Paar durch die USA und wurde in allen Hotels und Restaurants immer –bis auf ein einziges Mal – bedient. Nach der Reise befragte er schriftlich die Hoteliers und Gastwirte über ihre Einstellungen gegenüber Chinesen und erfuhr, dass über 90 Prozent der Meinung waren – im Gegensatz zu ihrem tatsächlich erfolgten Verhalten – keine Chinesen bedienen zu wollen. Für diese Diskrepanz zwischen verbal geäußerter Überzeugung und dem tatsächlich gezeigten Verhalten mag es mehrere Gründe geben: 1. Fehlende negative Gefühlsbeziehung (affektive Komponente) gegenüber Chinesen; die Meinung allein reicht nicht aus, um das Verhalten beständig zu machen. 2. Die positive Einstellung der Gastwirte gegenüber dem anwesenden Professor La Piere war so bedeutend, dass das Reizobjekt für die ablehnende Haltung (Chinesen) in Gegenwart des Reizobjektes für die positive Haltung (Professor) an verhaltenssteuernder Bedeutung verlor. Trotz negativer Einstellungen gegenüber verschiedenen Objekten zeigen Menschen ein zustimmendes Verhalten, weil gleichzeitig Objekte anwesend sind, gegenüber denen positive Einstellungen dominieren. 3. Schließlich hängt das Verhalten in einer konkreten Situation nicht nur von Einstellungen ab, sondern wird auch durch Normen (Gastfreundschaft) und die erwartete Belohnung bzw. Bestrafung bestimmt.
Funktionen von Einstellungen. 1. *Orientierungsfunktion.* Einstellungen ermöglichen dem Individuum, rational nicht immer erklärbare Umweltgegebenheiten zu verstehen. Der Mensch glaubt, sich genau auszukennen, die Wirklichkeit zu verstehen und z. B. politische Entscheidungen beurteilen zu können, weil er nicht merkt, dass seine Meinung der Realität nicht angemessen, sondern subjektiv ist und lediglich seiner Einstellung entspricht. Beispiel: In wirtschaftlichen Krisenzeiten oder bei persönlichen Schwierigkeiten wird deren Ursache willkürlich Angehörigen von Fremdgruppen zugeschoben (z. B. Juden, Asylanten; ↗Vorurteil). Sie gelten als Verursacher der Probleme, deren eigentlicher Hintergrund oft sehr komplex und für den Einzelnen nicht einsehbar ist.
2. *Anpassungsfunktion.* Durch das Zeigen und Sich-Aneignen bestimmter Einstellungen passt sich das Individuum an die Eigengruppe (↗Gruppe) an

und distanziert sich von den Fremdgruppen. Der Mensch ist bemüht, sich Einstellungen anzueignen, die ihm z. B. die Anerkennung von Familie, Freunden, Parteimitgliedern und Vorgesetzten einbringen. Dieser Anpassungsmechanismus kann an folgendem Beispiel gezeigt werden: Leitende Angestellte und Beamte sind von der Richtigkeit einzelner Aktionen, Anordnungen und Normen des Unternehmens oder der Organisation weit mehr überzeugt als niedrig gestellte. Berufserfolg und Anerkennung hängen z. T. vom Grad der Anpassung an bestehende Formen ab, was wiederum Neuerungen im Betrieb oder anderen Organisationen erschwert.

3. *Selbstdarstellungsfunktion.* Das beständige Verhalten aufgrund bestimmter Einstellungen zeigt anderen Gruppenmitgliedern, dass man einen „eigenen" Standpunkt vertritt und nach „eigenen Wertvorstellungen" handelt.

4. *Ich-Verteidigungsfunktion.* Einstellungen schützen vor unerwünschten Erfahrungen, Wünschen und Bedürfnissen. So werden ↗Aggressionen, die in der eigenen Familie nicht gezeigt werden dürfen oder ↗Konflikte herbeiführen würden, oft in Form von ↗Vorurteilen gegenüber Fremdgruppen abgeleitet. Ein anderes Beispiel ist die „alte Jungfer", die sich ihre sexuellen Wünsche nicht eingesteht und die jungen Mädchen für leichtfertig und viel zu freizügig hält.

Entwicklung von Einstellungen. Im Säuglings- und Kleinkindalter setzt die Entwicklung von Einstellungen bei der Verhaltens- und Affektkomponente ein; als letztes wird die kognitive Komponente, meist als nachträgliche Rechtfertigung des Verhaltens, ausgeprägt. So wird die Einstellung des Kindes zur Sauberkeit durch positive Verstärkung (↗Lernen) des erwünschten Verhaltens oder durch Nachahmung erreicht. Gleichzeitig mit dem Erleben der Verstärkung bildet sich ein angenehmes Gefühl heraus, das mit zukünftigem Verhalten verknüpft wird. Das Kind ist unglücklich und weint, wenn es sich beschmutzt, obwohl es nicht weiß, warum. Dem Kleinkind sind z. B. die rationalen Grundlagen seines Hygieneverhaltens kaum bekannt; sie stellen die kognitive Komponente der Einstellungen dar und werden als letztes ausgebildet. Die drei Komponenten sind jedoch nicht immer bei der Entstehung genau auseinander zu halten. Mit dem Unabhängigwerden von den Erziehern und der voranschreitenden Entwicklung der Intelligenz (↗Jugendalter, Erwachsenenalter) hat der Mensch mehr und mehr die Möglichkeit, aus rationalen Gründen seine Einstellungen auszubilden; es ist aber festzustellen, dass auch im Erwachsenenalter entstehende Einstellungen häufig affektiven Ursprungs sind.

Einstellungstheorien. Es gibt zahlreiche Versuche, den Vorgang der Einstellungsbildung und die Struktur von Einstellungen auf allgemein gültige Gesetzmäßigkeiten zurückzuführen. Die bisherigen Ansätze erklären jedoch immer nur einen bestimmten Aspekt der Einstellungsentstehung und -wirkung. Die *Assimilations-Kontrast-Theorie* von M. Sherif und C. I. Hovland (1957) geht davon aus, dass Menschen Bezugspunkte (Ankerreize) ausbilden, auf die Wahrnehmungen entweder hintendieren (Assimilation) oder sich davon wegbewegen (Kontrast). Bei der Entwicklung von Einstellungen zu einem neuen Schüler bildet der beste Schüler, an den man sich erinnern kann, den Ankerreiz für den neuen Schüler. Mit ihm wird der neue vergli-

chen. Mängel des Ansatzes: Es wird nur die vergangene Erfahrung berücksichtigt, die neben dem Wissen auch die affektive Komponente beinhalten kann, nicht jedoch andere Einstellungen und die tatsächlich vorhandene Situation.
Andere Einstellungstheorien nehmen an, dass der Mensch ein Gleichgewicht seiner Einstellungen bzw. aller drei Einstellungskomponenten anstrebe. F. Heider (1946) spricht von der *Balance* und L. Festinger (1957) von der *Konsonanz,* C. E. Osgood und P. H. Tannenbaum (1955) von der *Symmetrie.* Der einfachste Ansatz stammt von Heider: Einstellungen müssen gegenüber verschiedenen Objekten ähnlich sein und zu größeren, stimmigen Konzepten (Gleichgewicht, Balance) zusammengefasst werden. Zwei Beispiele: Zwei befreundete Personen A und B haben jeweils eine Einstellung gegenüber einem Objekt. Das Einstellungssystem wäre stimmig, wenn A und B sich in ihrer Einstellung gegenüber dem Objekt einig wären (beide positiv oder beide negativ). Ist das nicht der Fall, dann wäre die positive Einstellung von A zu B gefährdet. Eine positive Einstellung zur Regierungspartei führt nach der Theorie von Heider zur positiven Einstellung gegenüber dem Bundeskanzler und zu Handlungen, die von der Regierung unternommen werden. An diesen beiden Beispielen werden die Schwächen der Theorie von Heider deutlich. Differenzierte Einstellungen, die nicht nur den Aspekt gut – böse oder positiv – negativ, sondern mehrere Beurteilungsgesichtspunkte beinhalten, werden nicht berücksichtigt. Zudem ist es in einer komplexen Situation nicht immer möglich, die wesentlichen Elemente aufzufinden und die Einstellungen gegenüber ihnen in einen Einklang zu bringen. Die bekannteste aller Einstellungstheorien ist die *Dissonanz-Theorie* von Leon Festinger. Sie hat die Erklärung der Entstehung von Einstellungen und ↗Neurosen stark beeinflusst. Sie geht davon aus, dass sich der Mensch nur dann wohl fühlt, wenn seine Erklärungen der Objekte und Personen voneinander unabhängig (die Sonne scheint – der Fußball ist rund) oder konsonant sind (weil ich wenig Geld habe, kaufe ich mir ein billiges Auto). Für die Entstehung von Einstellungen ist nach Festinger ein dissonanter (widersprüchlicher) Zustand verantwortlich. Er kann auf einer logischen Inkonsistenz beruhen (ich bin der Überzeugung, dass auf einer bestimmten Insel Wasser zu finden ist, jedoch berichten die Einwohner, dass keines vorhanden ist), einer Diskrepanz zwischen eigenem Verhalten und entsprechenden kulturellen Normen (ich schlage meine Frau, weiß aber, dass dies verpönt ist) oder einem Widerspruch zwischen dem eigenen Wissen und dem Verhalten (ich weiß, dass Rauchen Krebs fördert, rauche aber sehr viel). Ein dissonanter Zustand erzeugt unangenehme psychische Spannungen, die das Individuum verringern möchte. Das kann durch Änderung der bestehenden Einstellung geschehen. Sie ist möglich durch das Zeigen eines neuen Verhaltens (ich schlage meine Frau nicht mehr), eine Veränderung der Umgebung (ich meide die Öffentlichkeit) oder durch Hinzufügen neuer kognitiver Elemente in meine Einstellung (ich stelle fest, dass auch diejenigen, die mein Verhalten verurteilen, ihre Frauen schlagen). Nach der Dissonanz-Theorie kann durch neue Informationen ein bestehendes Einstellungssystem gestört werden. Um den unangenehmen Zustand zu vermeiden, entwickelt der Mensch verschiedene Mechanismen, die zur Abwertung neuer Informationen

und zur Festigung schon bestehender konsonanter Einstellungen führen (↗Massenkommunikation).

Einstellungsänderungen. Die Kommunikationsforschung (↗Kommunikation) hat viel zur Klärung der Einstellungsänderung beigetragen. Aus der Vielfalt von Ergebnissen werden die wichtigsten Erkenntnisse herausgegriffen.

Ein hohes Maß an subjektiv erlebter Glaubwürdigkeit, Attraktivität und Macht einer Person ist geeignet, Einstellungsänderungen beim Zuhörer herbeizuführen. Als wenig nützlich hat sich ein starkes Appellieren an die Furcht erwiesen; in geringem Maße Angst erzeugende Mitteilungen haben größere Chancen, eine Einstellungsänderung herbeizuführen (Beispiele: Zähneputzen, Rauchen). Einen Einfluss hat ebenso die Reihenfolge, in der Informationen dargeboten werden. Wer als erster oder letzter seine Argumente darlegen kann (z. B. bei politischer Werbung), besitzt eine günstigere Ausgangsbasis zur Beeinflussung von Einstellungen als jemand, der eine mittlere Position einnimmt (primacy-recency-Effekt, ↗Aufmerksamkeit).

Ein Meinungsaustausch in der ↗Gruppe wirkt in kürzerer Zeit in stärkerem Maße einstellungsändernd als die ↗Massenkommunikation oder als Kommunikation zwischen zwei Partnern. Die Suggestibilität (↗Hypnose) eines Menschen, d. h. seine Bereitschaft, sich von anderen in seinen Einstellungen und seinem Verhalten beeinflussen zu lassen, hängt mit dem Gefühl, gesellschaftlich nicht akzeptiert zu werden, und einem geringen Selbstbewusstsein zusammen. Dadurch werden viele veranlasst, mit einer propagierten Meinung schnell konform zu gehen, um soziale Anerkennung zu erlangen. Die ↗Intelligenz ist insofern wichtig, als wenig intelligente Personen eine nur geringe Bereitschaft zeigen, sich neuen Informationen auszusetzen. Die Verarbeitung der aufgenommenen Information geschieht ↗interindividuell unterschiedlich. Personen, die differenziert denken und wahrnehmen können, sind in der Lage, viele unabhängige Gesichtspunkte bei der Beurteilung eines Objektes miteinander zu verbinden; sie sind eher bereit, ihre Einstellungen durch Berücksichtigung neuer Elemente zu modifizieren. Personen, die den entgegengesetzten kognitiven Stil (↗Denken), den der Simplizität, besitzen, halten in starkem Maße an ihren Einstellungen fest. Einstellungen, die den eigenen ähnlich sind, werden eher übernommen als solche, die im Gegensatz zu den eigenen stehen. Sie wirken sogar noch verstärkend auf die schon bestehenden Einstellungen. Eine Einstellungsänderung kann am schnellsten durch Gruppeneinflüsse und durch so genannte „erzwungene Einwilligung“ erreicht werden. Im Rahmen der Anpassungsfunktion wurde darüber berichtet, dass leitende Angestellte und Beamte in ihren Einstellungen mit der Organisationsleitung übereinstimmen. Um beruflich aufzusteigen, wurden sie gezwungen, sich so zu verhalten, dass sie von der Führung akzeptiert werden. Durch das Verhalten wurden auch die Einstellungen geändert, damit ein Widerspruch zwischen Verhalten, Denken und Fühlen (affektive Komponente) vermieden wird. Kurzfristig haben verschiedene Gruppen immer so viel Macht, dass sie ihre Mitglieder dazu zwingen können, ihr Verhalten zu ändern, was zur Änderung von Einstellungen führt (Beispiel: Dorfgemeinschaft zwingt den progressiven Lehrer, sein Verhalten zu ändern, was wiederum dazu führt, dass der Lehrer seine Einstellungen ändert).

Ekstase, Bezeichnung für religiöse Verzückung, Glaube, sich mit Gott vereint zu haben, rauschhafter Zustand (Alkohol, ↗Psychopharmaka), höchstes Lebensgefühl; affektgeladene traumartige psychische Vorgänge mit verminderter Selbstkontrolle.

Elektroenzephalogramm wird die graphische Aufzeichnung der Hirnströme – oft zu diagnostischen Zwecken – genannt. (↗EEG).

Eltern-Ich. Die von Erich Berne entwickelte ↗Transaktionsanalyse (TA) ist neben der Psychotherapie ein Persönlichkeitskonzept, das dazu hilft, innere Prozesse und lebensgeschichtliche Entwicklungen zu verstehen.
In Anlehnung an Freud unterscheidet die TA drei Bereiche der Persönlichkeitsstruktur, die sich in der frühen Entwicklungsphase herausbilden: das Kindheits-Ich, das Erwachsenen-Ich und das Eltern-Ich.
Das Verhalten der eigenen Eltern formt die Inhalte des Eltern-Ichs (Bewertung, Belohnung – Bestrafung, Verständnis usw.). Das Eltern-Ich ist fürsorglich oder kritisch, während das Erwachsenen-Ich sachlich, realitätsorientiert handelt und das Kindheits-Ich die spontane Emotionalität lebt.

Emotional, Bezeichnung für das Verhalten und Erleben, das Gefühlstönung aufweist, von ↗Gefühlen begleitet oder angetrieben wird und kaum ↗kognitive Merkmale aufweist.

Emotionen. Gefühle oder Emotionen sind Befindlichkeiten, Ich-Zustände, die den Körper, das Erleben und Verhalten betreffen und als Erregung, Spannung oder Beruhigung bewusst werden. Emotionen sind untrennbar mit körperlichen Veränderungen wie schnellerer Atmung, Zittern, Schweißausbrüchen, verstärkter Magen- und Darmtätigkeit, erhöhtem Hautwiderstand verbunden und können von unterschiedlicher Intensität sein. Gefühle entstehen spontan, unwillkürlich, rücken den eigenen Zustand („Wie-geht-es-mir-Modus“) in den Mittelpunkt des Bewusstseins, zeigen sich im Ausdruck (Mimik, Gestik, Bewegung) und haben eine motivierende, aktivierende Funktion (Vermeidung, Annäherung). Dieter Ullich teilt Gefühle in vier Gruppen ein: Zuneigungsgefühle (Liebe, Sympathie, Bindung, Mitgefühl, Stolz, Wohlwollen, Freundlichkeit, Sehnsucht – sie werden auch natürliche Gefühle genannt), Abneigungsgefühle (Ekel, Abscheu, Verachtung, Ärger, Wut, Zorn, Angst, Hass, Eifersucht), Wohlbefindensgefühle (Lustgefühl, Genuss, Freude, Zufriedenheit, Glück) und Unbehagensgefühle (Trauer, Kummer, Niedergeschlagenheit, Müdigkeit, Schuldgefühl, Unruhe, Stress). Gefühle haben wichtige lebenserhaltende und orientierende Funktion. Man spricht von der Urteilskraft der Gefühle, von der emotionalen Vernunft, von der emotionalen oder auch von der sozialen Intelligenz.

Empathie. Das Wort ist abgeleitet von Pathos (das Leid) und bedeutet Mitleiden, Mitfühlen. Empathie bedeutet, einen anderen in seinen Konflikten, seinen Gefühlen und Einstellungen zu verstehen und ihm diesen gefühlsmäßigen Nachvollzug auf geeignete Weise mitzuteilen. ↗Einfühlung.

Empfindung. In Abgrenzung zum komplexen psychischen Prozess der ↗Wahrnehmung sind Empfindungen einfachere psychische Vorgänge, die durch Umweltveränderungen (Reize) hervorgerufen werden. Voraussetzung für Empfindungen sind sensible Sinnesorgane, die die Reizenergie zu den ↗Rezeptoren transportieren, wo sie in elektrische Potentiale (Aktionspotentiale) umgewandelt wird (↗Nervensystem). Die Intensität der Empfindung hängt von der Reizstärke ab und wird als Anzahl der Aktionspotentiale pro Sekunde (Frequenz) und in der Anzahl beteiligter Nervenfasern verschlüsselt. Die Qualität wird durch das Sinnesorgan und die Nervenleitungen, die eine Verbindung zwischen dem betroffenen Sinnesorgan und dem Hirnzentrum aufrechterhalten, bestimmt. Die Tatsache, dass ein Schlag aufs Auge ebenso wie ein Lichtreiz eine Lichtempfindung verursacht und somit die Qualität der Empfindung von der Art des Sinneskanals abhängt, wurde von J. Müller im „Gesetz von der spezifischen Sinnesenergie" formuliert.
Die Beziehung zwischen objektiven, äußeren Reizen und subjektiven Empfindungen wurden in allen Einzelheiten von der physiologisch ausgerichteten *Psychophysik* untersucht. Da die Messung subjektiver Empfindungen unmöglich erschien, hat G. T. Fechner schon 1860 vorgeschlagen, die „eben merklichen Unterschiede" (EMU bzw. JND = just notable differences) festzustellen, d.h. den Grad des Reizstärkenzuwachses, damit die Reizerhöhung gerade wahrgenommen (bemerkt) wird.
Die eben merklichen Unterschiede werden, bezogen auf den Reizunterschied, auch *Unterschiedsschwellen* und der Reizwert, der gerade wahrgenommen wird, *absolute Reizschwelle* genannt. Unterschwellig sind danach alle Reize, die unterhalb der absoluten Reizschwelle liegen.
Als grundlegendste Erkenntnis der Psychophysik ist das Weber-Fechnersche Gesetz in die Geschichte der Psychologie eingegangen. E. H. Weber und G. T. Fechner haben festgestellt, dass die subjektive Wirkung (E) jeder Reizänderung (dR) von der Ausgangsgröße des Reizes (R) abhängt. Anders ausgedrückt: Die Reizerhöhung (dR), die einen EMU hervorruft, steht in einem konstanten Verhältnis zu dem Ausgangsreiz (R):

$$\frac{dR}{R} = K \text{ (konstant)}$$

Abgesehen von Extremwerten gilt für alle Sinnesorgane die Beziehung: $E = k \log R$; die Empfindung wächst proportional mit dem Logarithmus des Reizes. S. S. Stevens konnte 1953 endgültig nachweisen, dass die subjektive Empfindung proportional zu der mit einem sinnesspezifischen Exponenten potenzierten Reizgröße wächst. Der Exponent für Lautstärke beträgt z. B. 0,67, für Licht 0,33, für Geschmack 1,3 usw. Dieses „psychophysische Grundgesetz" spielt bei der Bestimmung der Informationsleistung einzelner Sinne eine wichtige Rolle.

Empirisch, umfassende Bezeichnung für wissenschaftliches Vorgehen, das auf Erfahrungen, Beobachtungen, dem Messen, dem ↗Experiment beruht. Eine empirisch gewonnene Theorie beruht auf vielen beobachtbaren Merkmalen oder Tatsachen (induktives Vorgehen; ↗Deduktion). ↗Methoden der Psychologie.

Encounter-Gruppen. Encounter heißt Begegnung. Die Encountergruppen arbeiten nach dem personzentrierten Ansatz von Carl Rogers unter starker Einbeziehung des Körpers und bieten vielen Menschen eine Gelegenheit, zu erleben, dass Begegnung (Encounter) nicht planbar, nicht machbar oder manipulierbar ist.
In Encounter-Gruppen gelten einfache Regeln wie „Sei ehrlich und teile dich mit" oder „Achte auf deine Gefühle und begegne dir und den anderen einmal auf diese unmaskierte Weise". Zu Gefühlen Ja zu sagen, erfordert etwas Mut und soll den Wunsch nach mehr Authentizität, mehr Freude, mehr Zufriedenheit, mehr Glück hervorbringen.
In Encounter-Gruppen wird am so genannten „ganzen" Menschen gearbeitet, einem Menschen, der sowohl fähig ist in vollen Zügen sein physisches Leben zu genießen als auch in stiller Meditation zu sitzen, einem Menschen also, der geistig wie auch körperlich „anwesend" ist. In der Gruppenarbeit finden die Gruppenteilnehmer dabei durch die Verwirklichung der Encounterregeln nach und nach heraus, was echt bzw. unecht an ihnen ist, befreien unausgedrückte und „verbogene" Gefühle, sehen, welche Mauern sie um sich herum gebaut haben und wie sie sich dadurch vor Schmerzen und Ängsten, vor Wut und Eifersucht, aber auch vor Freude und Nähe, vor Lebendigkeit und einem authentischen Selbstwertgefühl schützen.
Encounter fördert die Erweiterung und Vertiefung menschlicher Beziehungen, Selbstverwirklichung und Selbstbefreiung, Kreativität und Spontaneität. Menschen aus verschiedenen Berufen und Altersgruppen, die sich in einer Encountergruppe zusammenfinden, entwickeln im gemeinsamen *Erleben* der menschlichen Begegnung eine wirksame Gegenkraft zur fortschreitenden Enthumanisierung der Gesellschaft. Voraussetzung für das Gelingen der Begegnungen in Encountergruppen ist eine sehr sorgfältige Leitung, die allzu schmerzliche Erlebnisse oder Gefühlsexzesse verhindert.

Endogen werden alle psychischen Prozesse sowie psychische Störungen (z. B. ↗Psychosen) genannt, die nicht durch Einflüsse der Umwelt bedingt werden *(exogen),* sondern von „innen entstehen", ausschließlich anlagebedingt sind (↗Anlage-Umwelt-Problem).

Endogene Faktoren. In der Entwicklungspsychologie werden Änderungen des Erlebens und Verhaltens als Folge des Zusammenwirkens von endogenen, exogenen und autogenen Faktoren gesehen. Mit endogenen Faktoren werden alle Wirkungen und Bedingungen der ↗Entwicklung zusammengefasst, die von „innen kommen" (Anlage, Genotyp).

Endogene Psychosen werden solche schwerwiegenden psychischen Erkrankungen genannt, deren Entstehung nicht mit Hilfe äußerer Ereignisse erklärt werden kann und die daher eine oder mehrere innere (endogene, evtl. ererbte) Ursachen haben müssen. ↗Psychosen.

E

Endothym, genauer „endothymer Grund" nannte Ph. Lersch Gefühle, Affekte, Triebe, Leidenschaften und Strebungen, die eng an körperliche Vorgänge gebunden sind.

Enkopresis. Die Enkopresis bezeichnet ↗Einkoten, das nach der erfolgreich abgeschlossenen Sauberkeitserziehung auftritt und nicht auf eine körperlich bedingte Schließmuskelschwäche oder momentanes Schreck- oder Angsterleben zurückgeführt werden kann.

Entfremdung. Die in politischen Diskussionen seit K. Marx zitierte Entfremdung wurde ursprünglich für die Diskrepanz zwischen „Geistigem" (Mensch) und „Wirklichkeit" (Umwelt) gebraucht (z. B. bei Hegel) und im Marxismus definiert als ein Zustand, in dem „die eigene Tat des Menschen [Leistung des Arbeiters] ihm zu einer fremden gegenüberstehenden Macht wird [Kapitalisten], die ihn unterjocht ..." In der Psychologie wird der Begriff Entfremdung im Sinne der Selbst-Entfremdung (E. Fromm) gebraucht, die darin besteht, dass die Person sich selbst als einen Fremden empfindet, entscheidungs- und handlungsunfähig wird und sich lustlos, ohne eigene Initiative und Ziele verhält. Diese Selbst-Entfremdung kann verursacht werden durch:
- die Arbeit (z. B. Fließbandarbeit), in der der Mensch keine Bedürfnisbefriedigung, keine Verantwortung, Anerkennung, Selbstverwirklichung findet und die ihm daher „fremd" wird;
- durch das Erleben der eigenen Machtlosigkeit in der Massengesellschaft, in der persönliche Kontakte verloren gehen;
- durch kulturelle und soziale Isolation oder aber auch durch Zwänge der Kultur (z. B. sexuelle Normen), durch Forderungen der Umwelt und Gruppendruck, die eigene Entscheidungsfähigkeit und Identität des Menschen in Frage stellen.

Entscheidung. Die Wahl zwischen zwei oder mehreren Handlungs- und Verhaltensmöglichkeiten (ohne Alternative ist keine Entscheidung möglich) wird für viele Menschen zur „Qual", zu einer Art ↗Konflikt, wenn die Richtigkeit der Entscheidung nicht vorausgesagt werden kann. Bei Unsicherheit hängt die Entscheidung von der ↗Persönlichkeit des Entscheidenden, z. B. von seiner ↗Risikobereitschaft, ab. Das Risiko wird umso geringer, je mehr man in der Lage ist, sich über die Folgen der zur Verfügung stehenden Verhaltensmöglichkeiten zu informieren. Nutzbarmachung von Informationen und die Entscheidungsfähigkeit hängen eng zusammen, da bei denjenigen, die sich besser zu informieren wissen, auch die größere Wahrscheinlichkeit besteht, öfters richtige Entscheidungen zu treffen. Da gegenwärtig in vielen Bereichen der Politik, Wirtschaft und Bildung Entscheidungsgremien die individuelle Entscheidung vorprogrammieren bzw. ganz ersetzen, findet man häufig Entscheidungsunfähigkeit. *Gruppenentscheidungen,* also Faktoren, die den Entscheidungsprozess in Gruppen beeinflussen, sind: Situation (Gruppengröße, Zeitdruck, Art des Problems), Ausgangsposition der Gruppenmitglieder (sind sie dafür, neutral oder dagegen, dass eine Entscheidung herbeigeführt wird), Argumentation (Folgen der Entscheidung, Übereinstimmung mit den Einstellungen der Gruppenmitglieder, Position bestimmter Argumente: Anfang, Mitte, Ende), Persönlichkeit der Sprecher und Zuhörer (Sympathie, sachliche Kompetenz, Einstellungen, Beeinflussbarkeit, Macht, Ängste).

Entscheidungstheorie. Die ursprünglich in der Mathematik und den Wirtschaftswissenschaften angesiedelte Theorie, die von einer Nutzenmaximierung bzw. Risikominimierung ausgeht, spielt seit einigen Jahren auch in der Psychologie eine Rolle. So geht man (z. B. Tedeschi, 1972) davon aus, dass der Mensch, wenn er die Wahl zwischen Möglichkeiten hat, jene wählen wird, die ihm den meisten Nutzen bringen wird. Wichtig ist, alle Ereignisse vorauszusehen, die sich auf den Ausgang der Situation auswirken können und festzustellen, welchen Beitrag sie zum Gesamtnutzen leisten. Im Laufe der Zeit hat sich deshalb ein eigenes Teilgebiet, die Nutzenmessung, entwickelt.

Entspannungstechniken. Der menschliche Organismus besitzt eine Grundspannung (Tonus), die innerhalb einer ↗interindividuell unterschiedlichen Breite zeitweise vermindert (z. B. im ↗Schlaf) oder gesteigert werden kann (in Belastungssituationen; ↗Aktivierung). Eine ständige, gesteigerte Anspannung z. B. durch Überlastung im Beruf, familiäre Sorgen, Konflikte mit Mitarbeitern, führt zu psychischen und organischen Schädigungen (↗psychische Störungen, ↗Stress). Bei solchen Erregungszuständen können Kopfschmerzen, Herzbeschwerden, Angst, Durchblutungsstörungen, Schweißausbrüche oder Störungen der ↗Sexualität verursacht werden; zur Erholung reicht der ungestörte Schlaf nicht mehr aus. Man hat daher verschiedene Techniken entwickelt bzw. aus fernöstlichen Kulturen übernommen, mit denen gezielt eine Entspannung herbeigeführt werden kann. Alle Verfahren gehen von der Tatsache aus, dass psychische Vorgänge eng mit körperlichen verknüpft sind (↗Leib-Seele-Problem).

Beim *Autogenen Training* richtet das Individuum im angenehmen Ruhezustand seine Vorstellungen auf die normalerweise nicht zu beeinflussenden Vorgänge des vegetativen „Nervensystems. Die Entspannung der Muskeln ist am so genannten „Schwerer-Werden" des Körpers zu bemerken; etwa gleichzeitig erweitern sich in der Entspannung die Blutgefäße, so dass durch die gesteigerte Durchblutung ein Gefühl der Wärme entsteht. Die ersten Übungen des Autogenen Trainings zielen darauf ab, das Wärme- und Schwere-Erlebnis mit Hilfe formelhafter Vorsatzbildungen (z. B. der rechte Arm ist ganz schwer) hervorrufen zu können. Dazu müssen die organischen Vorgänge oft und regelmäßig mit den Vorstellungen assoziiert werden (↗Lernen), damit diese später die Entspannungsreaktion prompt auslösen können. Im weiterführenden gezielten Organtraining (Herzübung, Atemübung, Bauchübung, Kopfübung) wird die Entspannung erweitert und ein tiefer erholsamer Zustand der Ruhe erreicht. Autogenes Training wird erfolgreich eingesetzt u. a. bei Spannungskopfschmerz, Herz-Kreislauf-Erkrankungen, Schlaf- und ↗Angststörungen. Es wird nicht eingesetzt bei schweren ↗Depressionen, ↗Zwängen und Migräne.

Da manche psychisch äußerst belasteten Menschen nicht in der Lage sind, irgendeine Äußerung der Entspannung bei sich zu beobachten, wird dem Au-

togenen Training oft eine *progressive Muskelrelaxation* vorgeschaltet. Es werden sämtliche Muskeln der Reihe nach zuerst angespannt und dann bewusst entspannt (Anweisungsbeispiel: „Beißen Sie die Zähne fest aufeinander ... entspannen Sie jetzt die Gesichtsmuskeln, genießen Sie die Entspannung“). Auf diese Weise wird ein Zustand der Entspannung kennen gelernt, wodurch das Individuum in die Lage versetzt wird, zu erkennen, wann bei einem Autogenen Training durch Vorstellungen und bewusste Steuerung die Entspannung bestimmter Körperteile erreicht wird. Auch über das *Biofeedback* kann der Mensch jene mit Entspannung verbundenen physiologischen Prozesse kennen lernen, die der Wahrnehmung üblicherweise unzugänglich sind. Durch eine akustische oder visuelle Rückmeldung des Entspannungszustandes wird der Mensch in die Lage versetzt, solche Prozesse absichtlich herbeizuführen und zu steuern. Die progressive Muskelentspannung wird häufig in Verbindung mit ↗Verhaltenstherapien eingesetzt und ist sehr erfolgreich bei der Reduzierung von ↗Angststörungen, Schmerzen und Hypertonie (Bluthochdruck).
Entspannung kann ebenfalls durch imaginative Verfahren (z. B. ↗katathymes Bilderleben, Hypnotherapie ↗Hypnose, ↗Meditation, ↗Fantasiereise) erreicht werden. Eine gezielt vorgegebene Imagination (Vorstellung) wäre z. B., in Gedanken an einen Ruhe und Entspannung spendenden Ort zu gehen und sich mit allen Sinnen diesen Platz möglichst anschaulich vorzustellen. Auch verschiedene *Yoga-Übungen,* bei denen die Entspannung oft über anstrengende Körperübungen, wie unbequeme Sitzstellungen, Schulter- und Kopfstand, Dehn- und Beugeübungen usw., aber auch durch Atemübungen und vollständige Ruhe (Savasana) angestrebt wird, sind wieder beliebt geworden. Der Entspannung geht Anstrengung voraus, durch die gleichzeitig – wie durch Meditation – eine Lösung von sämtlichen äußeren und inneren Reizen erreicht wird.

Übersicht über Entspannungstechniken

Die verschiedenen spannungsreduzierenden Techniken setzen jeweils an einer Ebene an und versuchen, dort ein Ruhigwerden zu erreichen. Dieses wirkt sich dann auf die anderen Ebenen und den gesamten Körper aus:

Spannung auf der Ebene ...	*Entspannung durch ...*
der Motorik (z.B. Verkrampfung, Verspannung, Lähmung)	Muskelentspannende Techniken (z.B. progressive Muskelrelaxation, Yoga)
des vegetativen „Nervensystems (z.B. Herzklopfen, Schwitzen)	autogenes Training, „Hypnose
der Wahrnehmung (z.B. Erleben von Beklemmung, Ärger bzw. ständige Beschäftigung damit; Störungen der „Konzentration, des „Gedächtnisses)	imaginative Verfahren, z.B. „Fantasiereise, „Meditation, „katathymes Bilderleben, Kontemplation

Entwicklung ist die Veränderung von Organismen (Mensch, Tier, Pflanze), das Entstehen und Abbauen von Fähigkeiten, Verhaltensmerkmalen und Funktionen im Laufe der Zeit. Die Veränderungen sind durch die Merkmale der Differenzierung und Integration gekennzeichnet und beruhen auf der Wechselwirkung von endogenen, exogenen und autogenen Faktoren.
Die Entwicklung wird dabei gesehen als eine Reihe von untereinander zusammenhängenden Veränderungen des Erlebens und Verhaltens, die normalerweise auf bestimmten Altersstufen auftreten. Bereits Wilhelm Stern hebt in der Definition der Entwicklung hervor, dass es sich dabei um eine Konvergenz innerer (angeborene Eigenschaften) und äußerer Angelegenheiten (Umwelt) handelt. Es wird deutlich, dass die Entwicklungspsychologen die Entwicklung nicht nur beschreiben, sondern auch erklären wollen. Die Erklärungen mit Hilfe der aufgedeckten Gesetzmäßigkeiten und der Prozesse wie Lernen und Reifung sind weit wichtiger für die Anwendung als bloße Beschreibung.
In der entwicklungspsychologischen Literatur werden Differenzierung und Integration als die wichtigsten Merkmale (=Beschreibung) und Gesetzmäßigkeiten (= Erklärung) der Entwicklung aufgeführt.
Entwicklung und Differenzierung als Beschreibungsmodell. Das Wort Differenzierung bedeutet Unterscheidung, Trennung, Aufspaltung, Bildung vieler Teile, Verfeinerung, Abweichung, Abstufung und Verschiedensein. Die Entwicklung des Erlebens und Verhaltens verläuft von einem globalen Anfangszustand zu „Spezialeinheiten“, von wenigen zu vielen Einzelteilen, von einfachen zu komplexen Bauteilen, von einem ungegliederten Ganzen zu gegliederten Funktionseinheiten.
Aus einer undifferenzierten Erregung entwickeln sich nach K.M. Bridges in den ersten beiden Lebensjahren die Gefühle Eifersucht, Ärger, Wut, Ekel und Furcht auf der Unlustseite und die Gefühle Neugier, Freude, Vergnügen, Begeisterung, Stolz und Liebe auf der Lustseite. Auch bei der Entwicklung der Motorik kann man das Merkmal Differenzierung beobachten. Aus einfachen Bewegungen entwickelt sich die Fähigkeit zum Gehen, zum Schreiben, zum Spielen eines Instruments. Die Sensumotorik (Verbindung zwischen Wahrnehmung und Bewegung) wird ergänzt durch Psychomotorik (Verknüpfung von Erleben und Bewegungen), und die Grobmotorik wird erweitert durch Feinmotorik. Die Entwicklung der Fähigkeit zur Koordination einzelner Bewegungen zu einem zielgerichteten Bewegungsablauf oder die Fähigkeit, Gefühle zu kontrollieren, wird als Integration bezeichnet. Das Wort Integration bedeutet Bildung von Einheiten, Zusammenschließen zu einem Ganzen, Vervollständigung, Herstellung von Beziehungen zwischen Einzelteilen.
Differenzierung und Integration als Erklärungsmodell. Aus der Beobachtung des Entwicklungsverlaufs konnten die Wissenschaftler Prinzipien oder Gesetzmäßigkeiten der Entwicklung ableiten, mit denen man den Ablauf und das Zustandekommen der beobachteten Veränderungen auch erklären kann.
Differenzierung und Integration können als ein sich selbst organisierendes (autopoietisches) System gedeutet werden. Der Integration, der Verarbeitung zu einer funktionierenden Einheit, der Entstehung von Steuerungs- und Koordinierungsinstanzen muss die Ausbildung von Einzelteilen vorausgehen. Man denke hier z.B. an die Ausdifferenzierung der Gefühle oder an die Be-

dürfnishierarchie nach Maslow. Damit die Entwicklung nicht als Chaos zusammenbricht, muss der Prozess der Integration einsetzen. Es kommt zu Störungen der Entwicklung, wenn infolge emotionaler Belastung oder einer einseitigen, verfrühten Beeinflussung die Integration nicht mehr geleistet werden kann. Störungen treten auch auf, wenn wegen Deprivation, reizarmer Umgebung oder wegen Erkrankung die Differenzierung behindert oder gehemmt wird. Differenzierung und Integration müssen sich laufend ergänzen und gegenseitig unterstützen.
Ohne Integration würden die durch Differenzierung entstandenen vielen Einzelteile, würde das verfeinerte, komplexe, gegliederte und spezialisierte Gebilde zusammenbrechen. Je komplexer ein System ist, desto anfälliger ist es für Störungen; je mehr Möglichkeiten ein Lebewesen besitzt, desto notwendiger ist eine Integration über Einstellungen, Werthaltungen und Sinnfindung. Integration im Sinne der Eingliederung geht mit Entwicklung der Autonomie und Verantwortung einher.
Die wichtigsten Erkenntnisse über das Zusammenwirken von Differenzierung und Integration sind: Die Entwicklungsfortschritte bestehen im Überwinden von Krisen, also von Zuständen des Zusammenbruchs, der fehlenden Anpassung. Von Hawighurst wird Entwicklung erklärt als Bewältigen von Aufgaben, die sich aus dem Zusammenspiel von Organreifung und Umweltanforderungen ergeben. Es ist klar, dass sich erfolgreiches Bewältigen von Anforderungen und Aufgaben positiv auf die Entwicklung auswirkt. Zu viele kritische Ereignisse wie Tod, Unfälle, Krankheiten, Schulversagen usw. können negative Folgen haben.
Jean Piaget erklärt die (kognitive) Entwicklung als „Selbstkonstruktion", als ein Zusammenwirken von Assimilation (Anwendung innerer Denkschemata zur Anpassung an die Umwelt) und Akkommodation (Änderung innerer Strukturen oder Schemata). Dabei stellte er fest, dass der Akkommodation die Assimilation vorausgehen muss. Die Prozesse der Assimilation finden statt, wenn das Kind selbständig handeln kann. Erfahrungen, die das Kind dabei macht, bewirken oft ein Ungleichgewicht zwischen Person und Umwelt. Die so entstandene Störung (des Gleichgewichts) muss über Akkommodation beseitigt werden, wodurch es zu einem veränderten Subjekt-Objekt-Verhältnis kommt.
So gesehen kann die Entwicklung aus dem Zusammenwirken von Anlage, Umwelt und Selbststeuerung erklärt werden. Es kommt darauf an, was der sich entwickelnde Mensch aus seiner Anlage in verschiedenen Umwelten macht.
Man spricht von *endogenen Faktoren* und meint jene Kräfte, die aus den Anlagen heraus die Entwicklung beeinflussen. Sie sind vorwiegend verantwortlich für das Auftreten sensibler Phasen, die Eigenarten menschlichen Lernens (z. B. Reizassoziation, Streben nach angenehmen Konsequenzen), die Entwicklung der inneren Organe und des Nervensystems. Das Wirksamwerden von endogenen Faktoren wird als Reifung bezeichnet. *Exogene Faktoren* sind die Einflüsse aus der natürlichen, sozialen, ökonomischen und kulturellen Umwelt, die in Verbindung mit den anderen Faktoren auf die Entwicklung einwirken (z. B. Entwicklung von Sprache, Intelligenz, Einstellungen). Kurz

gesagt bestimmen exogene Kräfte, was, wann und in welchem Umfang gelernt wird. Aufgrund des Zusammenwirkens der beiden genannten Faktoren entwickelt sich ein dritter Faktor, die Selbststeuerung, deren Kräfte *autogene Faktoren* genannt werden. Sobald das kleine Kind z. B. mit seiner Umwelt Kontakt aufnimmt, entstehen Einstellungen und Gefühle (z. B. Angst, Zuversicht), die wiederum sein zukünftiges Verhalten beeinflussen und die Entwicklung voranbringen bzw. stillstehen lassen. Adler („Individualpsychologie) spricht in diesem Zusammenhang von Leitlinien und meint damit erworbene Grundhaltungen, die ein Leben bestimmen, meist aber unbewusst bleiben (z. B. „ich kann nichts").

Die Frage, ob die Entwicklung stärker durch die Anlage oder eher durch die Umwelt beeinflusst wird, ist uninteressant und nicht beantwortbar. Man muss eher fragen, wie und wann die Anlagen für bestimmte Fähigkeiten, Eigenschaften und Fertigkeiten am optimalsten gefördert und unterstützt werden können. Es gibt z. B. Störungen und Erkrankungen, für die es genetische Dispositionen gibt, die sich in einem sehr weiten Spektrum von Entwicklungsumgebungen, wenn nicht gar universell auswirken. Es gibt andere, in denen die Risiken einer genetischen Disposition durch günstige Entwicklungskontexte ausgeglichen werden können. Die Anlage zum Übergewicht kann durch Nahrungsgewohnheiten zu voller Entfaltung kommen oder aber kompensiert werden. Intellektuelle Hochbegabung kann in einer restriktiven, anregungsarmen Umwelt behindert oder angemessen gefördert werden.

In der Entwicklungspsychologie werden beobachtete Veränderungen auf Reifung zurückführt, die universell in einer Altersperiode und weitgehend ohne Lernen in einem weiteren Sinn auftreten. Säuglinge werden bereits mit einem umfangreichen Verhaltensrepertoire geboren, dessen Erwerb nicht auf extern gesteuertes Lernen zurückgeführt werden kann. Wir beobachten universell selbständiges Gehen um den 12./13. Lebensmonat, Zwei-Wort-Sätze um den 18. Lebensmonat, erste logische Operationen um das sechste Lebensjahr.

Das Konzept der sensiblen Perioden (oder „readiness for learning", gelegentlich auch kritische Periode genannt) hat in der Geschichte der Entwicklungspsychologie eine gewisse Bedeutung erlangt. Nach diesem Konzept muss ein bestimmter Entwicklungsstand gegeben sein, damit Erfahrungen auf fruchtbaren Boden fallen. In der Entwicklungspsychologie werden sensible Perioden allgemeiner als Entwicklungsabschnitte definiert, in denen – im Vergleich zu vorangehenden oder nachfolgenden Perioden – spezifische Erfahrungen maximale positive oder negative Wirkungen haben. Es handelt sich also um Perioden erhöhter Plastizität.

Nach dem Modell der (alterstypischen) Entwicklungsaufgaben bedeutet jede erfolgreiche Problemlösung und Meisterung der gestellten Aufgaben Kompetenzgewinn und Entwicklungsfortschritte. Dabei ist gerade die Bewältigung von kritischen Lebensereignissen sehr wichtig (Krankheit, Verlust, Unfälle, Schulversagen); hierzu brauchen Kinder und Jugendliche Ermutigung, materielle und vor allem soziale Unterstützung.

Nach dem total exogenistischen Modell kann die Entwicklung über strikte Kontrolle der signalisierenden und verstärkenden (evtl. auch der bestrafenden) Reize willkürlich gesteuert werden.

Nach dem Transaktionsmodell bilden die Teilsysteme Mensch und Umwelt ein Gesamtsystem, Veränderungen eines Teilsystems führen zu Veränderungen im anderen Teilsystem. Solche gegenseitigen Beeinflussungen nennt man Transaktionen.

Entwicklungspsychologie. Die Entwicklungspsychologie hat zu erklären, warum es zu Veränderungen und warum es zu Stabilitäten kommt, ferner warum es diesbezüglich inter- und intraindividuelle Unterschiede gibt. Die Bedingungen können intern (in der Natur der Spezies Mensch, in den individuellen Anlagen, in der Person) liegen, sie können extern (in der physischen, sozialen oder sozial gestalteten Umwelt liegend) sein. Interne und externe Bedingungen können additiv wirken oder interagieren.
Die *Entwicklungspsychologie* beschäftigt sich mit den „untereinander zusammenhängenden Änderungen im menschlichen Verhalten und seiner inneren Begründung" (H. Thomae, 1959). Sie berücksichtigt das gesamte Leben des Menschen von der Zeugung bis zum Tod. Häufig wird jedoch unter dem Thema Entwicklung lediglich die Zeit von der Geburt bis zum „Jugendalter dargestellt.
Methoden. Aufschlussreiche Erkenntnisse wurden mit dem idiographischen Vorgehen (↗Fallstudie) gewonnen; viele Psychologen haben die Entwicklung ihrer eigenen Kinder sehr genau beobachtet und beschrieben. Wichtige Ergebnisse liefern Längs- und Querschnittsuntersuchungen (↗Methoden der Psychologie). Eine allgemeine Theorie der Entwicklung, die die Ergebnisse bisheriger Forschung systematisch beschreiben und Hinweise auf weitere Forschung liefern sollte, existiert in der Entwicklungspsychologie im Augenblick nicht. Am ehesten könnte noch die psychoanalytische Theorie genannt werden, die als erste die Bedeutung von frühkindlichen Erfahrungen für das Erwachsenenleben herausstellte und die Erziehungspraxis stark beeinflusste. Eine größere Bedeutung haben auch die Lerntheorien, die die Gesetzmäßigkeiten des Lernens neuer Verhaltensweisen, der Gefühle, Bedürfnisse und Einstellungen beschrieben haben. Die Theorie von Piaget bezieht sich lediglich auf die kognitive Entwicklung (↗Intelligenzentwicklung).

Entwicklungsstörungen. Zusammenfassende Bezeichnung für alle Abweichungen (Verfrühung, Verspätung, Ausfall einzelner Funktionen oder Handlungsmöglichkeiten, Störungen der Motorik, der Sprache, des emotionalen und sozialen Verhaltens) von der „normalen" Entwicklung des Kindes. In den meisten Fällen sind E. konstitutionell oder familiär bedingt. Ursachen für ererbte Entwicklungsstörungen sind insbesondere Stoffwechselstörungen (z. B. Phenylketonurie, Down-Syndrom), zu den erworbenen Ursachen zählen vor allem Erkrankungen, z. B. Röteln, Sauerstoffmangel während der Geburt, Unfälle und verschiedene Gehirnerkrankungen. Zu den Entwicklungsstörungen zählen: E. des Sprechens und der Sprache (Artikulationsstörung, expressive Sprachstörung, rezeptive Sprachstörung, erworbene Aphasie u. a.), umschriebene Entwicklungsstörungen schulischer Fertigkeiten, z. B. Lese- und Rechtschreibstörung, isolierte Rechtschreibstörung, Rechenstörung, ferner die kombinierte Störung schulischer Fertigkeiten, die

Entwicklungsstörung der motorischen Funktionen, kindlicher Autismus, Hyperaktivität mit Intelligenzminderung, emotionale und soziale Störungen (z. B. Aggressivität).
Kinder oder Jugendliche mit Entwicklungsauffälligkeiten (chronischen Erkrankungen, Behinderungen oder Entwicklungsverzögerung) dürfen nicht ausschließlich als die Träger einer bestimmten organisch oder psychologisch definierten Abweichung gesehen werden. Sie erscheinen vielmehr als Bestandteil von größeren ineinander greifenden Systemen wie Familie, Gesellschaft usw. Diagnostik und Therapie, die am Einzelnen ansetzen, können nie den Anspruch erheben, objektiv und allgemeingültig zu sein: sie sind in jedem Fall untrennbar mit den Wechselwirkungen zwischen dem Kind und seiner Umwelt, deren vorgegebenen Erwartungen, Hoffnungen, Enttäuschungen, Befürchtungen und Zielen verbunden. Niemand steht außerhalb dieses Systems.
Diagnostik und Entscheidungen über eine Therapie dürfen niemals allein an „objektiven" Daten orientiert sein. Dies gilt auch für Erkrankungen, bei denen Labordaten und standardisierte Behandlungsrichtlinien unverzichtbar sind, etwa Stoffwechselerkrankungen. Die Bedeutung einer Erkrankung für den Betroffenen ist nicht allein nach dem organischen Schweregrad der Beeinträchtigung zu bemessen, sondern auch danach, welchen Stellenwert diese Störung innerhalb des Beziehungsnetzes des Betroffenen hat. Dazu gehören die Wechselwirkungen mit der engeren und weiteren Familie, der Nachbarschaft, den Erwachsenen in Kindergarten und Schule, der Peer-Gruppe und nicht zuletzt mit den Professionellen. Der wichtigste Motor für Entwicklung ist die Teilnahme am gemeinsamen Leben. Diagnostik und Therapie sind keine „neutralen" Vorgänge: Schon der Verdacht einer Störung (ausgelöst etwa durch eine „Sicherheits"-Behandlung nach dem Motto: „Ein bisschen Turnen hat noch keinem Kind geschadet") kann bei den Eltern das Bild vom Kind und damit die Beziehung grundlegend verändern und auf diese Weise selbst zum Risikofaktor werden. Therapien, die beim Kind die Eigeninitiative entmutigen, blockieren die Entwicklung. Bei der Bewertung von diagnostischen Resultaten und therapeutischen Strategien gibt es in der Entwicklungsförderung kein absolutes „richtig" oder „falsch". Alle Bilder, das Bild des Kindes oder Jugendlichen von sich selbst, die Bilder der Eltern, der Lehrer, der professionellen Helfer ergeben zusammen ein Netzwerk, das für die Entwicklungsförderung von vorrangiger Bedeutung ist.

Enuresis, wiederholtes ↗Einnässen des Kindes nach Abschluss der Sauberkeitserziehung.

Epidemiologie. Datenerhebung über die Ausbreitung von Infektionskrankheiten sowie über nicht übertragbare Krankheiten, Aufbereitung der Daten im Sinne der Gesundheitsberichterstattung, Aufklärung der Bevölkerung, Erstellung von Präventionskonzepten in Zusammenarbeit mit der Bundeszentrale für gesundheitliche Aufklärung. Psychologisch interessant sind vor allem epidemiologische Daten über die Ausbreitung von psychischen Erkrankungen, von Allergien und von Erkrankungen im Kindes- und Jugendalter.

E

Epilepsie. Epilepsie ist eine Bezeichnung für verschiedene krampfartige Anfälle, die mit mehr oder weniger starker Bewusseinstrübung einhergehen und öfter auftreten. Es handelt sich um eine organische Erkrankung, die mit Hilfe des ↗EEG eindeutig diagnostiziert werden kann; anschließend wird unter Einbeziehung . der sogenannten bildgebenden Verfahren der Computertomographie oder der Kernspintomographie (Magnet-Resonanz-Verfahren) nach der Ursache der epileptischen Anfälle geforscht.
Beim epileptischen Anfall handelt es sich um ein einzelnes Geschehen, das sich plötzlich ereignet und meist nach Sekunden oder Minuten wieder aufhört. Es werden unterschieden fokale (kleinere) und generalisierte Anfälle. Erst wenn bei einem Menschen ohne ersichtlichen Grund, d. h. ohne dass eine Vergiftung, Alkoholkonsum, Sauerstoffmangel oder ein Fieberkrampf vorliegt, mindestens zwei epileptische Anfälle aufgetreten sind, spricht man von Epilepsie. Es handelt sich um eine chronische Erkrankung des Gehirns, die sich in immer wieder auftretenden epileptischen Anfällen äußert.
Für die Entstehung von epileptischer Aktivität im Gehirn sind einerseits eine krankhafte Erregung in Gruppen von Nervenzellen und andererseits eine fehlende Erregungsbegrenzung (Hemmung), die eine Ausbreitung der pathologischen Entladungen ermöglicht, verantwortlich. Diese gestörte Gehirnaktivität kann vererbt oder durch spätere pathologische Einflüsse auf das Gehirn verursacht sein.
Durch die Antiepileptika, die die Ausbreitung von Erregung verhindern, werden etwa 60–70 % der Betroffenen anfallsfrei, bei etwa 20–30 % erreicht man noch eine deutliche Besserung; 10–20 % der Epilepsien sind außerordentlich schwierig zu beeinflussen.
Aus psychologischer Sicht sind vor allem Vorurteile (Besessenheit, Verblödung), die im Zusammenhang mit Epilepsie immer noch weit verbreitet sind, ein wichtiges Problem. Auch beim Erlernen eines normalen Umgangs mit der Erkrankung durch die Patienten selbst und durch die Angehörigen (z. B. in Selbsthilfegruppen) kann die Psychologie hilfreich sein.

Erfahrung, Bezeichnung für die Gesamtheit der gelernten (erworbenen) Kenntnisse, Informationen, Fähigkeiten, Verhaltensweisen. Erfahrungen werden durch ↗Empfindungen (heiß, kalt), ↗Wahrnehmung, Erleben (Schock-, Angsterlebnisse), Verhalten (spielen, etwas umgestalten, arbeiten usw.) gesammelt. Ob jemand viele oder wenige Erfahrungen sammelt, ist sowohl anlage- (geistig behindertes Kind macht nur wenige Erfahrungen) als auch umweltbedingt (ein Arbeiterkind macht weniger Spracherfahrungen als ein Akademikerkind). Die gesamte spätere Entwicklung (↗Intelligenz, Lernen in der Schule, ↗Gefühle) hängt davon ab, ob das Kind in seinem frühen Lebensalter die Möglichkeit hatte, sich mit der Umwelt in vielfältiger Weise auseinander zu setzen. Negative Erfahrungen in der frühen Kindheit sind häufig Ursache für spätere neurotische Störungen (↗Neurose). Sog. *Quasi-Erfahrungen,* die auf der Vermittlung von Informationen bzw. fertigen Erklärungen durch Bücher, Lehrer und Fernsehen beruhen, beeinflussen das Verhalten des Menschen kaum und spielen bei der Entwicklung der Intelligenz, der ↗Einstellungen, ↗Gefühle u. a. nur eine geringe Rolle.

Erfolgsgesetz, Effekt-Gesetz (law of effect), wurde von Thorndike bereits 1913 formuliert und später modifiziert. Laut Erfolgsgesetz erhöht sich die Auftrittswahrscheinlichkeit solcher Verhaltensweisen, die in einer bestimmten Situation erfolgreich sind, d. h. zu einem befriedigenden Zustand führen. ↗Lernen.

Ergotherapie ist der Oberbegriff und die internationale Berufsbezeichnung für die Beschäftigungs- und Arbeitstherapie. Im Rahmen der Ergotherapie werden unter Verwendung von geeigneten Materialien (Ton, Holz, Metall, Farben und Stoffe) Bewegungsmuster nachvollzogen und alltägliche Gebrauchsbewegungen eingeübt. Die Materialien und die individuell gewählten Themen werden zum Aufbau der Motivation und zur Bearbeitung des Gefühlslebens eingesetzt. Bei Kindern kommt es zur Einbeziehung von Spielen. Im Unterschied zur Krankengymnastik werden mittels handwerklich-schöpferischer Arbeiten gezielte – der jeweiligen Behinderung, Erkrankung und dem Alter entsprechend – individuelle Bewegungsanleitungen gegeben, durch die Störungen der Motorik, Sensorik und Wahrnehmung ausgeglichen werden können.
Ergotherapie eignet sich zur Behandlung von Patienten aus allen medizinischen Bereichen (vor allem Psychiatrie, Psychosomatik, Pädiatrie, Neuropsychologie), von Patienten mit Schwierigkeiten im lebenspraktischen Bereich (Essen, Körperpflege, Kochen, Handarbeiten) und bei Vorliegen von motorischen und sensorischen Auffälligkeiten (Störungen der Grob- und Feinmotorik, der Koordination, des Gleichgewichts, der Sensibilität, bei Aufmerksamkeits- und Konzentrationsstörungen). Im pädiatrischen Bereich wird Ergotherapie bei Behinderungen und bei „Entwicklungsstörungen eingesetzt. Sie dient der Förderung von Interessen, der Schulung von Geschicklichkeit und Handfertigkeit und erhöht Ausdauer und Durchhaltevermögen.

Ermutigung ist nach Alfred Adler (↗Individualpsychologie) das grundlegende Prinzip im sozialen Umgang mit anderen Menschen. Ermutigung bedeutet, den anderen Menschen (Kinder, Jugendliche) in ihrer Einzigartigkeit zu respektieren, die Fähigkeiten und Stärken – aber auch Schwächen – mit positiven Augen zu sehen und an die Bereitschaft des Anderen zu glauben, dass er sein Leben meistern wird. Ein ermutigender Mensch ist zu sich selbst gut und auch zu den anderen. Ermutigende Haltung kann durch das so genannte Encouraging-Training erlernt oder trainiert werden. Es besteht im permanenten Arbeiten an verinnerlichten Glaubenssätzen, Meinungen und Wahrnehmungen, im Einüben des ↗positiven Denkens sowie in der Schulung der Bereitschaft, in sich selbst den Schöpfer eigener Umstände zu sehen.

Erregbarkeit, 1. als *Irritabilität* Bezeichnung für die Fähigkeit lebender Organismen, auf Umweltveränderungen (Reize) zu reagieren (↗Nervensystem, ↗Sinne); 2. als *Exzitabilität* Bezeichnung für überstarke emotionale (gefühls- und affektmäßige) Reaktionen bei geringsten Anlässen. Entsprechend werden bestimmte Phasen in der menschlichen Entwicklung, z. B. die Pubertät, auch Erregungsphasen genannt.

E

Erregung, Bezeichnung für körperliche Vorgänge, wie Erhöhung des Blutdrucks, Hormonausschüttung (Adrenalin), ↗Hautwiderstand, sowie für stark affektbezogene ↗Empfindungen, die vom ↗Nervensystem gesteuert werden und als Reaktionen des Organismus auf innere oder äußere Reize auftreten. ↗Erregbarkeit.

Ersatzbefriedigung. Nach S. Freud streben alle verdrängten (↗Verdrängung) Bedürfnisse oder Triebe nach einer Ersatzbefriedigung, d. h. ihre verhaltensaktivierende Energie richtet sich auf ein neues Ziel, ein neues Objekt oder eine neue Person und führt zu Ersatzhandlungen. ↗Abwehrmechanismen.

Erster Eindruck. In der Person-Wahrnehmung und -Beurteilung (↗Ausdruck) spielt der erste Eindruck eine wichtige Rolle. Da beim ersten Eindruck besonders markante Merkmale des Fremden ausschlaggebend sind, kommt der Beurteiler oft zu einem falschen „Bild", weil er alle hinzukommenden Merkmale unter dem Aspekt des ersten Eindrucks entweder zu negativ oder zu positiv beurteilt.

Erwachsenen-Ich handelt nach Erich Berne sachlich und realitätsorientiert. ↗Eltern-Ich, ↗Transaktionsanalyse.

Erwartung. Die „Vorwegnahme" zukünftiger Ereignisse, die auf Erfahrungen beruht, bewirkt Erwartungsspannungen und -gefühle, wie Hoffnung auf Erfolg und Furcht vor Misserfolg, Angst oder Freude, die sich auf das Verhalten auswirken und die Erreichbarkeit des Zieles (z. B. Vollbringen einer Leistung) oder das Eintreten zukünftiger Ereignisse stark beeinflussen können. Hoffnung auf Erfolg oder Furcht vor Misserfolg spielen in der ↗Leistungsmotivation eine wichtige Rolle.
Mit dem Begriff Erwartung (im Sinne von Rollenerwartung; „Rolle) wird in der Psychologie die Tatsache beschrieben, dass die in der ↗Interaktion stehenden Menschen erwarten, dass jeder Beteiligte bestimmte soziale ↗Normen einhält und sein Verhalten bis zu einem gewissen Grad voraussagbar ist.

Erziehungsberatung. Es gibt heute kaum noch „reine" Erziehungsberatungsstellen, es sind mittlerweile Beratungsstellen geworden, an die sich Kinder, Jugendliche und Erwachsene wenden können, um nicht nur Erziehungsfragen, sondern auch persönliche oder familienbezogene Probleme zu klären. In diesen Stellen arbeiten Psychologen, Sozialpädagogen, Logopäden und Erzieher. Ein enger Kontakt besteht zu Ärzten und Juristen, damit medizinische und rechtliche Fragen geklärt werden können. Weiterhin arbeitet man zusammen mit sozialpädagogischen (Jugendamt, soziale Fürsorge, Heimerziehung) und heilpädagogischen Einrichtungen (Behindertenschulen, heilpädagogische Heime) und verschiedenen Fachkräften (Logopäden, Psychagogen, spezialisierte Psychotherapeuten u. a.). Die Beratung erfolgt kostenlos. Manchmal wenden sich die Klienten freiwillig an eine Beratungsstelle, oftmals werden sie aber auch von Lehrern, Erzieherinnen oder Ärzten auf diese Hilfsmöglichkeit aufmerksam gemacht.

Probleme, wegen derer Beratungsstellen aufgesucht werden, sind:
- schulische Probleme (Lernstörungen, Kontaktprobleme, Schulversagen u. a.)
- Familienstreitigkeiten (Eheprobleme, Beziehungskonflikte)
- auffällige Änderungen im Verhalten der Kinder (Streunen, Ängste, Aggressivität, Magenschmerzen, Schlafstörungen, „Essstörungen u. a.)
- Fehlentwicklungen (Sprachstörungen, Bettnässen, Kontaktschwierigkeiten)
- Unsicherheit im Umgang mit Kindern (z. B. Sorgen, ob ein Kind normal entwickelt ist).

Für Jugendliche ist es wichtig zu wissen, dass man auch ohne die Eltern eine Beratungsstelle aufsuchen kann und die Berater auch in diesem Fall der Schweigepflicht unterliegen.

Die Schwierigkeiten der Klienten haben unterschiedliche Ursachen (nach: http://www.bke.de/eb.htm):
- Eltern haben oftmals schon lange und manchmal auch geleugnete Beziehungsschwierigkeiten als Paar.
- Eltern wollen sich trennen oder haben sich gerade getrennt.
- Eltern fühlen sich überfordert, oft auch wenn sie in wirtschaftlichen Schwierigkeiten (z. B. Arbeitslosigkeit) sind.
- Es können Probleme aufgrund des Einflusses unterschiedlicher Kulturen und Wertvorstellungen entstehen.
- Überforderung oder Ablehnung des Kindes im Kindergarten oder der Schule.
- Die Lebenswelt der Kinder ist eingeschränkt. Spielzeug ist häufig wertlos, Neugierverhalten kann nicht ausgelebt werden.
- Eltern fühlen sich durch die Diskussion über richtige und falsche Erziehung verunsichert, werden in ihrer Erziehung inkonsequent, was sich auf Kinder besonders negativ auswirkt.

Ablauf und Methoden der Beratung

In einem ersten Treffen lernt man sich kennen, die Berater versuchen die Schwierigkeit zu verstehen. Nicht immer wird das tatsächliche Problem von den Eltern direkt angegeben, das eigentliche Anliegen bleibt häufig verborgen (z. B. Eheprobleme, sexuelle Schwierigkeiten der Eltern). Nun stellt man die Ursachen der Problematik fest durch ↗Anamnese aller biografischen Daten, ↗Exploration der bisherigen Erziehung unter Berücksichtigung von Familien- und Wohnverhältnissen, Erfragen von aktuellen Anlässen (vor allem bei Schulschwierigkeiten). Auch das Entwicklungsniveau kann z. B. durch psychodiagnostische ↗Tests,↗Spiele, Zeichnungen festgestellt werden.

Anschließend kommt es zu einer Beratung der Eltern oder der ganzen Familie. Oftmals gibt es auch besondere therapeutische Angebote für Kinder und Jugendliche (z. B. Werkgruppen; Gruppen für Kinder, deren Eltern sich getrennt haben). Die größte Schwierigkeit der Erziehungsberater stellen die Erzieher selbst dar. Als Ursache für Erziehungsschwierigkeiten werden immer wieder mangelnde Gefühlsbeziehung des Erziehers zum Kind, übertriebene Sorge, Verwöhnung sowie übergroße Ansprüche festgestellt. Die Erzieher glauben jedoch, das Beste für ihr Kind zu tun, und sind wenig einsichtig. Sehr oft wäre eine Therapie der Erwachsenen und nicht der Kinder notwendig. In diesem Sinne reicht die Behandlung von der einfachen Beratung, über ↗Familien-, Eltern- und ↗Milieutherapie (Milieuwechsel) bis hin zu der eigentlichen Therapie der vorhandenen ↗Verhaltensstörung (z. B. ↗Verhaltenstherapie, Gruppentherapie, Spieltherapie, Leistungstraining, Sprachheilübungen, Heilgymnastik).

Es. Mit Es (Lustprinzip) bezeichnete Freud das Streben des Menschen nach Lust und nach Vermeiden von Schmerz. Es ist die Persönlichkeitsinstanz oder der Ort in der menschlichen Psyche, in dem unbewusste Wünsche, Triebe, Strebungen ihren Platz gefunden haben.

Esoterik, Geheimlehre, das Erklären und Verstehen des Menschen in seiner Körper-Seele-Geist-Einheit von „innen“ (esoteros) und nicht von „außen“ (exoteros), wie es die Naturwissenschaften tun. Als Teil des Universums kann das menschliche Leben mit Hilfe des analogen Denkens aus der Stellung der Planeten (Astrologie), aus den Eigenschaften der Elemente (Luft, Wasser, Erde, Feuer) und auf vielfältige andere Weise gedeutet und erschlossen werden. Das über Jahrtausende gesammelte Wissen wurde oft verschlüsselt und nur an Eingeweihte weitergegeben und wird deswegen auch Geheimlehre genannt.
Das Wort Esoterik ist mittlerweile ein Begriff für ein buntes Sammelsurium von exotischen Lehren, Materialien und Behandlungsmethoden. Viele selbsternannte Esoteriklehrer verdienen mit fragwürdigen Praktiken viel Geld, weil Menschen oft unglücklich sind, nach Warum-Erklärungen und Sinndeutungen, nach Deutungen der Zukunft, nach spirituellen Erfahrungen Sehnsucht haben. Zu den wichtigsten Fachgebieten oder Methoden der Esoterik gehören Astrologie, Ayurveda, Chakra-Lehren, Karma-Postulate, verschiedene Yoga-Schulen, Tai-Chi, Reiki, Schiatsu, Bachblüten, Schamanismus, Tantra u. a.

Essstörungen reichen von der Appetitstörung, bei der die Kinder nach dem Urteil der Eltern schlecht essen, über das Erbrechen nach einer meist erzwungenen Nahrungsaufnahme bis zur Magersucht (anorexia nervosa), bei der vor allem Mädchen oft so stark abmagern, daß Gefahr für das Leben besteht.
Beim Kind sind für Essstörungen häufig fehlende Zärtlichkeit sowie mangelndes Akzeptieren des Kindes im Elternhaus und eine starke Einengung seines natürlichen Bewegungsdranges die Ursache. Es fällt auf, dass schlechte Esser meist nur in Familien vorkommen, die eine übermäßige Betonung auf das Essen legen und das Kind oft bedrängen, mehr zu essen. Besonders überängstliche und überbesorgte Mütter neigen zu einem solchen Verhalten. Sie berücksichtigen nicht, dass ein Kind – solange es sich wohl fühlt – von alleine imstande ist, die Menge des Essens zu bestimmen. Ein betont langsames Essen ist ebenso wie das Erbrechen oft Ausdruck einer Opposition gegen die Eltern, die nicht offen geäußert werden kann. Bei derartigen Essstörungen sollte man das Verhalten des Kindes nicht beachten, um es durch eine Zuwendung nicht noch zu bestärken („Lernen).

Die *Magersucht* ist eine lebensbedrohende Störung, deren Häufigkeit in den letzten Jahrzehnten zugenommen hat. Betroffen sind vor allem junge Frauen und Mädchen in der ↗Pubertät, von denen nach Schätzungen zwischen 0,1 % und 4 % erkranken. 5 % der Betroffenen sterben an dieser Störung, die zur Zeit auf keine körperliche Krankheit zurückgeführt werden kann. Magersüchtige haben große Angst vor dem Zunehmen, und ihr Gewicht liegt mindestens 15 % unter dem normalerweise zu erwartenden Wert. Sie streben häufig danach, ihr Gewicht weiter zu reduzieren, indem sie Appetitzügler benutzen, eingenommene Nahrung wieder erbrechen, kalorienhaltige Lebensmittel vermeiden oder übertriebene körperliche Aktivitäten entwickeln. Dabei haben sie im Rahmen einer gestörten Körperwahrnehmung immer das Gefühl, zu dick zu sein, obwohl z. B. ihre Rippen und Hüftknochen hervortreten, das Gesicht ausgezehrt ist und die Gliedmaßen immer dünner werden. Magersüchtige sind fast immer mit dem Thema Essen befasst. Sie sammeln oft Rezepte, kochen für andere, obwohl sie selbst nichts zu sich nehmen wollen. Junge Frauen, die von Magersucht betroffen sind, werden häufig als gewissenhaft, ruhig, leistungsbereit und intelligent geschildert. Den meisten fehlt die Krankheitseinsicht. Die Erklärungen zur *Entstehung der Magersucht* sind vielfältig und wissenschaftlich meist wenig sicher. Vertreter der ↗Psychoanalyse sehen in der Nahrungsverweigerung eine Furcht vor zu starken sexuellen Impulsen oder einen Konflikt beim Versuch, sich von der Familie abzulösen und eine erwachsene Frau zu werden. Lerntheoretiker vermuten eine einseitige Orientierung der Betroffenen an dem Idealbild einer schlanken Frau. Physiologische Forschungen haben ergeben, dass bei Magersüchtigen ein Teil des Hypothalamus (↗Nervensystem) beeinträchtigt ist, der für die Kontrolle von Nahrungsaufnahme und sexueller Aktivität sowie für den Vorgang der Menstruation zuständig ist. Dabei weiß man aber heute noch nicht, ob dies die Ursache für die Anorexie ist oder ob es erst aufgrund von Gewichtsverlust, des Erlebens von Konflikten u. a. im Zusammenhang mit der Störung entstanden ist. In der Fachliteratur werden viele weitere Aspekte genannt, die bei der Entstehung der Magersucht eine Rolle spielen können: gestörte und krankmachende Beziehungen in der Familie, auslösende Ereignisse, wie Trennungs- und Verlusterlebnisse, Beginn der Pubertät, Anlageeinflüsse oder sozio-kulturelle Einflüsse. Es ist heutzutage nicht möglich, ein eindeutiges Modell zur Entstehung der Magersucht aufzuzeigen. Deshalb gibt es auch keinen überzeugenden therapeutischen Ansatz zur Minderung der Störung. Als Problem kommt hinzu, dass die Betroffenen ihre Magersucht meist gar nicht als Störung erleben und sich deshalb oft auch gegen eine Mitarbeit sträuben. Die Behandlung erfolgt in zwei Schritten. Zunächst muss für eine Gewichtszunahme gesorgt werden, wozu häufig ein Krankenhausaufenthalt notwendig ist. Hierbei sind verhaltenstherapeutische (↗Verhaltenstherapie) Programme hilfreich, bei denen die Klientin für eine schrittweise Zunahme jedes Mal positiv verstärkt wird. In einem zweiten Schritt muss dafür gesorgt werden, dass das erreichte Gewicht beibehalten wird. Hier können Ansätze der ↗Familientherapie hilfreich sein, die z. B. krankmachende Strukturen und Ver-

strickungen in einer Familie ansprechen und verändern (nach: G. Davison, J. Neale).
Auch von einer weiteren Essstörung, der *Bulimie*, sind vor allem junge Frauen betroffen. Sie nehmen periodisch große Mengen an Nahrung zu sich (Heisshungeranfälle), führen dann aber jedes Mal ein Erbrechen herbei. Im Unterschied zu Magersüchtigen sind sie kaum untergewichtig, aber genau wie diese haben sie eine unangemessene Angst, zu dick zu werden. Gegessen wird oft in aller Heimlichkeit. Der Wechsel von Essen und Erbrechen kann sich bis zur völligen Erschöpfung wiederholen. Die Betroffene ist oft nach dem Erbrechen deprimiert und schämt sich. Im Unterschied zur Magersüchtigen zeigt sie Krankheitseinsicht, was vielleicht mit den nicht zu übersehenden körperlichen Einschränkungen aufgrund des häufigen Erbrechens (z. B. wunde Kehle, geschwollene Speicheldrüsen, zerstörter Zahnschmelz) und der mangelhaften Ernährung (z. B. Darmschädigungen) zusammenhängt. Wie bei der Magersucht gibt es kein einheitliches Modell zur Erklärung der Bulimie. Auch hier werden sozio–kulturelle, soziale und anlagebedingte Einflüsse angeführt. Psychoanalytisch orientierte Forscher heben konflikthafte oder durch starke Einschränkungen gekennzeichnete Erfahrungen in der Kindheit hervor. Ausgelöst wird die Bulimie hingegen oft durch akute Belastungssituationen, wie z. B. Trennungen, Tod eines Angehörigen oder Partnerschaftsprobleme. Eine Bulimie verschwindet selten ohne fachliche Hilfe, oft ist eine stationäre Behandlung notwendig. Kognitiv verhaltensorientierte Therapien können helfen, die Überzeugungen der Kranken hinsichtlich ihres Aussehens und des erwünschten Gewichtes zu ändern, was schon einen nachhaltig lindernden Effekt auf die Fressanfälle hat. Weiterhin wurden Erfolge durch Reaktionsprävention erzielt, wobei der Bulimiker zwar die Nahrung zu sich nimmt, er aber gehindert wird, ein Erbrechen herbeizuführen (↗Verhaltenstherapie). Solch ein symptomorientiertes Vorgehen muss durch konfliktorientierte therapeutische Techniken ergänzt werden (z. B. ↗Gesprächspsychotherapie), die sich der hinter der Bulimie stehenden Problematik zuwenden. Unterstützend können Antidepressiva hilfreich sein.

Ethik und Psychologie. Die so genannte Wissenschaftsethik, wie z. B. die medizinische Ethik, die bei Themen wie Euthanasie, Organtransplantation, Arzt-Patient-Beziehung und vor allem bei der Gentechnologie eine wichtige Rolle spielt, wird inzwischen auch an psychologischen Instituten in Lehre und Forschung vertreten. Oft muss mit Hilfe ethischer Grundsätze entschieden werden, ob ein Forschungsvorhaben und die geplante Manipulations- und Beobachtungsmethode moralisch gerechtfertigt ist. Vielfach werden Frage der Ethik in der Psychologie vor allem bei der Anwendung psychologischer Erkenntnisse und Methoden diskutiert. Nach wiederholten problematischen Interventionen mancher Psychotherapeuten oder Ausbilder hat vor allem die Ethik der Psychotherapie und der Moralkodex praktizierender Psychologen an Gewicht gewonnen. Es ist unumstritten, dass Beratung und Therapie niemals die Würde des Menschen verletzen dürfen und dass Klienten oder Patienten immer in der Lage sein müssen, freiwillig mitzumachen oder aufzuhören.

Ethnozentrismus. Die Struktur, Normen und Werte der Eigengruppe (Wir-Gruppe) werden stark herausgestellt und überbewertet (Nationalismus), während Merkmale der Fremdgruppe entsprechend den Maßstäben der eigenen ↗Gruppe abgewertet werden. Menschen mit stark ausgeprägtem Ethnozentrismus lehnen Neuerungen ab (Konformismus), neigen zu ↗Vorurteilen, autoritären und dogmatischen Einstellungen und gehören daher zu den von Adorno und seinen Mitarbeitern beschriebenen ↗ autoritären Persönlichkeiten.

Etikettierung, Etikettierungstheorie, in der wissenschaftlichen Psychologie als ↗„labeling approach“ bekannt, nimmt an, dass die Entstehung des abweichenden Verhaltens durch die Reaktionsmuster der Mitmenschen, vor allem durch die Etikettierungen, die auf kleinere Regelverletzungen folgen, begünstigt wird.

Euphorie. Charakteristisch für den Zustand der Euphorie sind: eine der Situation unangemessene, übersteigerte Aktivität, Lebensdrang, äußerst gehobene Stimmung, höchstes Lebensgefühl, Wohlbefinden, Glückseligkeit. Euphorie kann sowohl temperamentsbedingt sein (hypomanisch) oder durch Rauschmittel (↗Drogenabhängigkeit, ↗Psychopharmaka) verursacht werden und ist charakteristisch für die manische Phase des ↗manisch-depressiven Irreseins.

Eustress, positiver Stress, Gegensatz von ↗Disstress. Herausforderungen, angenehme Erwartungen oder Vorwegnahmen wichtiger Ereignisse lösen körperliche Alarmreaktionen aus, die als positiver ↗Stress erlebt werden.

Eutonie, ein von Gerda Alexander entwickeltes Verfahren der ↗Körpertherapie, das beim Klienten aufgrund der sprachlichen Führung durch den Therapeuten ein „Sich-bewusst-werden“ des eigenen Körpers und ein aufmerksames Wahrnehmen der Vorgänge, die sich im Körper abspielen, erreicht. Es wird angenommen, dass sich durch die Aufmerksamkeit einzelne Spannungen im Körper lösen und dass die Erfahrung des Körpers einen „integrativen Anteil an Selbsterkenntnis“ leistet, die zur psychischen Gesundheit beiträgt.

Evaluation ist ein Schlüsselbegriff für alle Methoden und Maßnahmen, mit denen im Bereich psychosozialer und medizinischer Dienstleistungen, aber auch im Bildungs- und Verwaltungsbereich die Effizienz der Institution bei der Bewältigung der ihr gestellten Aufgaben ermittelt und gesichert bzw. permanent verbessert werden soll. In nicht profitorientierten Unternehmen geht es um Legitimation und die Sicherung knapper finanzieller Ressourcen.
Durch den Strukturwandel in Organisationen zu mehr Eigenverantwortung auf dezentraler Ebene werden klassische Formen hierarchisch-arbeitsteiliger Kontrolle (in der Regel externe oder von außen, z. B. von einer Schulaufsicht, durchgeführte) kontraproduktiv. Eigenverantwortung schließt Verantwortung für Qualität ein. Um diese Verantwortung wahrnehmen zu können, bedarf es geeigneter Instrumente und Methoden.

Es stellt sich hierbei die zentrale Frage: Wie können Daten und Informationen über das Produkt so rückgekoppelt werden, dass sie für das Qualitätshandeln der beteiligten „Produzenten" wirksam werden? Hierzu wurden mit Hilfe verschiedener Fragetechniken und Interviewverfahren (z. B. Gruppendiskussion) unter Berücksichtigung der Prozesse der „Organisationsentwicklung Checklisten, moderierte Workshops und Handlungsanleitungen entwickelt. Im Rahmen der Evaluation müssen der Ist-Zustand ermittelt, Ziele klar formuliert, Neuorganisation der Arbeit und Zeitmanagement eingeführt und angemessene Verfahren der Qualitätserhebung und -sicherung konzipiert werden.

Exhibitionismus. Die Sexualpsychologie versteht unter Exhibitionismus die Verhaltenstendenz von Menschen, vor allem von Männern, sich vor anderen ganz oder teilweise zu entblößen, um auf diese Wiese sexuelle Erregung oder Lust zu erreichen. Das Entblößen in der Öffentlichkeit, entweder um andere Menschen zu schockieren und/oder um eine sexuelle Stimulanz zu erhalten, ist gesellschaftlich nicht akzeptiert und meist auch strafbar.

Existenzielle Therapien. Sie gehen auf die philosophischen Schriften von Sartre, Kierkegaard und Heidegger zurück. Sie betonen, dass sich der Mensch seiner Angst stellen, Verantwortung übernehmen und sein Leben sinnhaft gestalten muss. Die bekanntesten Vertreter sind A. Maslow, L. Binswanger (↗Daseinsanalyse) und V. Frankl (Existenzanalyse, Logotherapie).
Viktor E. Frankl geht von der Erkenntnis aus, dass im Menschen ein Bedürfnis nach *Sinnfindung* angelegt ist. In der „Neurose sieht er das „Leiden am sinnlosen Leben". Die Neurose ist nach Frankl eine „sture Selbst-Zentriertheit", die auch durch den Geist (noogen) verursacht wird. Frankl strebt in der von ihm begründeten Logotherapie „Heilung durch Sinnfindung" und Heilung durch den Geist an. Die Mittel, die er dazu anwendet, sind zwei „Kunstgriffe": die *„paradoxe Intention"* und die *„Dereflexion"*. Da der Neurotiker in der Regel zu viel grübelt, nachdenkt, nach Erklärungen, Rechtfertigungen sucht, statt zu handeln, käme es in der Therapie nach Frankl darauf an, die Symptome zu ignorieren, sich nicht den Symptomen, sondern der Welt zuzuwenden, nicht zu grübeln, sondern zu handeln. Diesen Teil der Therapie nennt Frankl Dereflexion. Da sich die Patienten schon im Voraus vor den Symptomen ängstigen, wird dem Klienten „paradoxerweise" befohlen, Angst zu haben, schlaflose Nächte zu verbringen, zu stottern. Wenn sich der Patient vornimmt, Angst zu haben, hat er das Symptom seinem Willen unterworfen. Es verliert die Macht über ihn. Darin sieht Frankl die Wirkweise der paradoxen Intention, die inzwischen auch in der ↗Kommunikationstherapie praktiziert wird (aber mit anderer Begründung).

Exogene Faktoren werden in der ↗Entwicklungspsychologie alle Umwelteinflüsse auf die ↗Entwicklung genannt.

Experiment. Die systematische Beobachtung von veränderlichen Merkmalen *(Variablen)* unter planmäßig kontrollierten oder künstlich geschaffenen Bedingungen wird als Experiment oder Versuch bezeichnet. Während in natürlichen Situationen viele Variablen gleichzeitig auf Menschen oder Tiere einwirken, werden beim experimentellen Vorgehen möglichst alle Variablen, bis auf eine („univariate"-Experimente) oder mehrere („multivariate"-Experimente) *unabhängige Variablen,* die systematisch verändert (variiert) und eingesetzt werden, konstant gehalten. Solches Vorgehen ermöglicht die Feststellung, dass die beobachteten Änderungen von abhängigen Variablen durch das Einsetzen von unabhängigen Variablen verursacht wurden oder zumindest mit den unabhängigen Variablen in einem bestimmten Zusammenhang stehen.

Viele wichtige Erkenntnisse der Psychologie wurden durch genial konstruierte experimentelle Anordnungen gewonnen, wobei bei bestimmten Fragestellungen aus moralischen Gründen mit Tieren experimentiert wurde. Die so genannten klassischen Experimente der Psychologie sind: Der Nachweis von I. P. Pawlow, wie neutrale Reize die Signalwirkung angeborener Reize übernehmen, Experimente von Skinner zur Untersuchung der Wirkung positiver und negativer Verstärkung, das fragwürdige Experiment von Watson mit dem kleinen Albert, um die Auffassung von Freud zu widerlegen, Phobien seien Ausdruck innerpsychischer Konflikte, Wahrnehmungsexperimente von Asch und Sherif, um den Einfluss sozialer Faktoren, z. B. von Gruppendruck, auf die Wahrnehmung zu erforschen, die Experimente von Bandura u. a. über das Lernen am Modell, das Experiment von Milgram über Autorität und Gehorsam, die Experimente von Schachter und Singer zur kognitiven Theorie der Gefühle und sicher auch die sog. Hawthorne-Untersuchungen zur Auswirkung der Arbeitsplatzgestaltung auf die Leistung.

Technische Hilfsmittel und die Entwicklung der induktiven Statistik haben die Möglichkeiten der experimentellen Forschung stark erweitert. Der experimentelle Ablauf wird durch elektronische Instrumente gesteuert, die nicht nur das Einwirken von unabhängigen Variablen (z. B. verschiedene Reize) kontrollieren, sondern auch die Veränderungen von abhängigen Variablen präzise aufzeichnen und gelegentlich auch gleich auswerten. Um verallgemeinerungswürdige Ergebnisse zu erreichen, wird nicht mehr mit Einzelpersonen oder gar mit Selbstversuchen gearbeitet, sondern mit repräsentativen Stichproben („Methoden der Psychologie). Um sicher zu sein, dass die beobachteten Veränderungen der abhängigen Variable mit der systematisch eingesetzten unabhängigen zusammenhängen, wählen Wissenschaftler zwei Zufallsstichproben aus derselben Population und bilden eine *„Experimental-"* und eine „*"Kontroll-Gruppe"*. Typisches Beispiel:

Experimentelle Überprüfung der Auswirkung von Psychopharmaka auf Lernen:

Population	Gruppen	Vor-Test	Unabhg. V	Test	Auswirkung
Medizin-studenten	Exp. Gruppe	Lernen Aufgabe A	Psychophar-makon	Lernen Aufgabe B	Ergebnis
	Kontroll-gruppe	Lernen Aufgabe A	entfällt o. Placebo	Lernen Aufgabe B	Ergebnis

Diese Fragestellung kann durch ein entsprechendes Experiment eindeutig beantwortet werden. Im Vor-Test wurde der evtl. vorhandene Leistungsunterschied zwischen beiden Gruppen geprüft; nur die Experimental-Gruppe bekommt in der experimentellen Phase ein Psychopharmakon verabreicht, und die evtl. vorhandenen Leistungsunterschiede beim eigentlichen Test (Lernen der Aufgabe B) zwischen den Gruppen und der Vergleich zu den Ergebnissen des Vor-Tests geben Aufschluss über die Wirkung des Psychopharmakons. Alle wichtigen Bedingungen (z. B. Lernfähigkeit, Gedächtnis) werden während des Experiments konstant gehalten bis auf den systematischen Einsatz des Psychopharmakons in der Experimentalgruppe.
Bei dieser experimentellen Anordnung ist der Einwand berechtigt, dass der evtl. Leistungsanstieg nicht durch den chemischen Aufbau des Psychopharmakons, sondern durch dessen suggestive Wirkung verursacht wurde. Aus diesem Grund bekommen beide Gruppen gleich aussehende Tabletten verabreicht, mit der Instruktion, es handele sich um eine lernsteigernde Substanz, wobei die Kontroll-Gruppe ein chemisch unwirksames, harmloses ↗Placebo erhält.
Merkmale des experimentellen Vorgehens:
1. *Willkürlichkeit:* Ein Vorgang wird durch planvolles Handeln des Wissenschaftlers herbeigeführt.
2. *Wiederholbarkeit:* Die experimentelle Untersuchung kann wiederholt werden, um z. B. die Befunde zu überprüfen.
3. *Variierbarkeit:* Die unabhängige Variable kann unterschiedlich (variiert) eingesetzt werden. In „Plan-Experimenten" werden mehrere unabhängige Variablen kombiniert eingesetzt, damit sowohl deren Einzelwirkungen als auch die Wechselwirkungen erfasst werden können.
4. Nach dem Ziel der experimentellen Untersuchung werden unterschieden: *Erkundungs-Experiment* (pilot study), um zu gezielten Fragestellungen zu kommen, wenn in einem bestimmten Bereich wenig Erkenntnisse vorliegen; *Kontroll-Experiment,* wenn schon bekannte Ergebnisse überprüft werden; *Prüfungs-Experiment,* um eine Theorie (↗Methoden der Psychologie) oder Hypothese durch systematische Beobachtungen zu überprüfen.
Einige praktische Probleme. Die untersuchten und eingesetzten Variablen sind nicht immer eindeutig definierbar. Wie die Instruktion von Versuchspersonen (Vpn) aufgefasst wird, ist objektiv nicht kontrollierbar. Die Erwartungen des Versuchsleiters (Vl) können das Verhalten von Vpn beeinflussen (↗Rosenthal-Effekt). Um diese Fehlerquelle zu vermeiden, werden *Blind-* (Vpn werden nicht eingeweiht) und *Doppel-Blind-Versuche* (auch der Vl ist „uneingeweiht") durchgeführt. In unserem Beispiel würde es sich um einen Doppel-Blind-Versuch handeln, wenn der Vl nicht weiß, welche Gruppe Psychopharmaka und welche Placebo erhält, und die Vpn über das Ziel der Untersuchung nicht aufgeklärt werden. Als *Hawthorne-Effekt* wird die Tatsache bezeichnet, dass schon bloße Teilnahme an einem psychologischen Experiment die ↗Einstellungen und das Verhalten von Vpn ändert. Bei den beobachteten Veränderungen von abhängigen Variablen handelt es sich also vielfach um Pseudo-Effekte, die nicht durch die unabhängige Variable, sondern durch die künstlichen Bedingungen verursacht werden; sie werden experimentelle „"*Ar-*

tefakte" genannt. Weitere Schwierigkeiten und Einschränkungen des experimentellen Vorgehens ergeben sich aus moralischen und rechtlichen Bedenken, weil unerwünschte Auswirkungen entstehen könnten, und aus der Tatsache, dass künstliche Situationen nur annähernd an die natürlichen angeglichen werden können.

Exploration. 1. Exploration heißt soviel wie Erkundung. In diesem Sinn wird der Begriff für das Erkundungsverhalten eines Menschen verwendet, der die nähere Umgebung untersucht. Explorationsverhalten ist zielgerichtet und unterscheidet sich vom ↗Neugier-Verhalten. 2. Exploration ist eine Methode in der psychologischen ↗Diagnostik, um persönliche Probleme eines Menschen zu klären. Hierbei werden im Gespräch durch gezielte Fragen insbesondere die aktuellen Lebensumstände geklärt:
- die Gründe, warum der Klient gekommen ist;
- die materiellen Verhältnisse, in denen er lebt; Lebenslauf, „Anamnese;
- die familiären und sonstigen sozialen Beziehungen (Geschwister, Freunde, Arbeitskollegen);
- besondere Probleme bzw. psychische Störungen.

Diese Informationen sind wichtig, um in einer späteren Phase der diagnostischen Untersuchung gewonnene Testdaten richtig, d. h. der persönlichen Situation des Klienten angemessen, beurteilen und Maßnahmen treffen zu können, die auf die individuelle Situation des Betreffenden zugeschnitten sind. So muss der psychologische Berater bei der Aufstellung eines Lernprogramms für einen Schüler z. B. berücksichtigen, ob dieser ein Zimmer für sich hat, ob er ein Einzelgänger oder ein geselliger Mensch ist, der oft Besuch erhält und abgelenkt wird.

Extinktion, Löschung. Die aus der lernpsychologischen Forschung stammende Bezeichnung für die kontrollierte Aufhebung der Signalwirkung gelernter Reize durch die wiederholte Darbietung ohne den angeborenen Reiz bzw. für die Reduzierung der Auftrittswahrscheinlichkeit gelernter Verhaltensweisen über den konsequenten Entzug von Verstärkern. ↗Lernen

Extraversion *(Gegenbegriff: Introversion).* C. G. Jung (1921), zuerst Schüler und später Kritiker S. Freuds, postulierte zwei Persönlichkeitstypen, den Extravertierten und den Introvertierten, deren grundlegende Merkmale seiner Meinung nach angeboren sind. Der introvertierte Mensch grenzt sich nach Jung von seiner Umwelt ab und beschäftigt sich mehr mit sich und mit Objekten. Der extravertierte Mensch ist für seine Umgebung offen und zugänglich und sucht soziale Kontakte. Die faktorenanalytische (↗Faktorenanalyse) Persönlichkeitsforschung (↗Persönlichkeit) hat eine differenzierte Struktur dieser beiden Menschentypen aufgedeckt. Die Dimension Extraversion – Introversion ist bei H. J. Eyseneck zu einem zentralen Begriff seiner Persönlichkeitstheorie geworden. Introvertierten werden z. B. folgende Verhaltensbereitschaften zugeordnet:
Schnelles „Lernen von Furchtreaktionen, Neigung zu ↗Neurosen, Überangepasstheit an soziale ↗Normen (strenges ↗Gewissen); sie arbeiten gleichmäßig

und neigen stärker zu abstraktem Denken und Formsehen, sind intolerant gegenüber Schmerz.
Extravertierte bauen beim ↗Lernen schneller Hemmungen auf, d. h. sie brauchen erheblich länger als Introvertierte, ehe eine konditionierte Reaktion ausgebildet ist. Deshalb erwerben sie auch weniger Ängste. Sie arbeiten ungleichmäßig und bevorzugen abwechslungsreiche Arbeit, lieben anregende Gesellschaft und Farben, sind ungeeignet für Vigilanzaufgaben (Daueraufmerksamkeit; ↗Arbeitspsychologie).
Psychologisch lassen sich beide Typen durch unterschiedliche Aktivationsgrade (↗Aktivierung) bestimmter Teile des ↗Nervensystems beschreiben.

Fähigkeiten. Unter Fähigkeiten werden in der Psychologie all jene personzentrierten Bedingungen beschrieben, die zum Vollzug einer Tätigkeit bzw. für Leistungen in der Schule, im Beruf, beim Sport usw. notwendig sind. Es ist kaum möglich, eine Zahl von Einzelfähigkeiten, die die Leistung des Menschen ermöglichen, zu nennen. Normalerweise wird von einer Tätigkeit, in der eine bestimmte Fähigkeit zum Ausdruck kommt, wiederum auf eine andere komplexere ↗Begabung geschlossen. Zum Beispiel ist das Behalten eine Fähigkeit des ↗Gedächtnisses, verschiedene schulische Leistungen beruhen auf ↗Intelligenz. Einige andere, heute weniger häufig und oft auch in unterschiedlichem Sinn gebrauchte Bezeichnungen für Fähigkeiten sind ↗Begabung, Talent und (sehr selten) Vermögen. Die Fähigkeiten sind sowohl von angeborenen als auch von erworbenen Faktoren abhängig, die sich gegenseitig beeinflussen. Die Begriffe Fähigkeiten und Eigenschaften werden in der Beschreibung individueller Eigenarten oft synonym verwendet (↗Persönlichkeit).

Faktorenanalyse, rechnerisches Verfahren zur Bestimmung von Faktoren, die eine Vielzahl von Verhaltensmerkmalen beschreiben. ↗Statistik.

Fallstudie ist eine Methode innerhalb der ↗Diagnostik und Persönlichkeitsforschung (↗Persönlichkeit), um die Eigenart und ↗Entwicklung verschiedener Persönlichkeitsmerkmale oder eine ↗psychische Störung festzustellen. Es wird vor allem nach dem gesucht, was für diesen Menschen typisch ist (idiographische Methode), und das weniger herausgestellt, was er mit anderen gemeinsam hat (nomothetische Methode). Man beschränkt sich nicht nur auf die Verwendung von ↗Tests, sondern berücksichtigt ebenso Informationen aus dem persönlichen Gespräch, der ↗Anamnese und ↗Exploration. Fallstudien werden häufig in der ↗Klinischen Psychologie gemacht, um Ausgangsdaten für eine Erforschung des Therapieverlaufs bei einem Klienten zu gewinnen.

Familie. Die wichtigste Funktion der Familie ist die Pflege und Erziehung der Kinder. Auf die Bedeutung der Familie für die gesamte Persönlichkeitsentwicklung und für das Verhalten im Erwachsenenalter haben schon S. Freud und A. Adler hingewiesen. Nach Freud sind die Beziehungen zwischen Kind und Eltern (Mutter- oder Vaterbindung, ↗Ödipus- bzw. Kastrationskomplex, (↗Kastration)) ausschlaggebend, nach Adler der Machtkampf unter den Familienmitgliedern, vor allem Geschwistern (↗Familienkonstellation).
Das Erreichen der Erziehungsziele hängt von folgenden Faktoren ab:
1. *Familienatmosphäre.* Sie wird bestimmt durch: bewusste und unbewusste Wünsche der Familienmitglieder, unerfüllte Erwartungen an den Ehepartner und die Kinder, Klischee-Vorstellungen über die „Rollenstruktur (falsche Männlichkeits- und Weiblichkeitsideale; Kinder müssen brav, fleißig, gehorsam und dankbar sein), sozio-ökonomische Verhältnisse (Beruf des Vaters, Wohnung, evtl. Arbeitslosigkeit etc.) und durch religiöse Einstellungen. Auf die Erziehung und Entwicklung der Kinder wirken sich negativ aus:
eine gespannte Atmosphäre, viele Konflikte zwischen den Ehepartnern, Unsicherheit hinsichtlich der Erziehung, übertriebene Ansprüche an die Kinder,

F

Unzufriedenheit und fehlendes „Wir-Gefühl" (Geborgenheit, man ist gern zu Hause), bloßes Nebeneinander (Isolierung, Verlassenheit in Notsituationen), eine Sündenbockrolle eines Familienmitglieds, strenge geschlechtsspezifische Rollenerwartungen (↗Rolle).

2. *Familienkonstellation.* Die Entwicklung der Kinder wird hauptsächlich durch Unvollständigkeit (mutterlose bzw. vaterlose Familie) und durch den Machtkampf der Geschwister um bestimmte Personen beeinflusst.

a) Das Fehlen einer ↗Bezugsperson (meist die Mutter) kann sich besonders in den ersten Lebensjahren negativ auswirken. Wenn Bedürfnisse des Kindes nach Geborgenheit, emotionaler Wärme, Körperkontakt, Sicherheit durch eine Person, die für das Kind „da ist", nicht befriedigt werden, kommt es zu ↗Hospitalismus-Schäden (↗Bindungsverhalten). Auch der Stiefmutter gelingt es selten (Eifersucht, Rivalität), die leibliche Mutter zu ersetzen.

b) Fehlen des Vaters: Vorurteile gegenüber der unehelichen Mutter und dem unehelichen Kind, Berufstätigkeit der Mutter, Benachteiligung unter Gleichaltrigen, die mit ihrem Vater prahlen, und das Fehlen der Vater-Figur, an der der Junge das klischeehafte Männlichkeitsideal unserer Gesellschaft nachahmen könnte, beeinträchtigen die Entwicklung und Erziehung der Kinder.

c) Stellung in der *Geschwisterreihe.* Über die Auswirkungen der Stellung innerhalb der Geschwisterreihe wird in der Literatur sehr viel geschrieben. Manche Autoren glauben aufgrund der Geschwisterposition Prognosen über eine gute Ehe aufstellen zu können (z. B. W. Toman). Es wird z. B. behauptet, dass der ältere Bruder einer Schwester und die jüngere Schwester eines Bruders besonders gut zusammenpassen und sich ergänzen. Die Gültigkeit solcher Erkenntnisse muss bezweifelt werden, da sich neben der Geschwisterposition auch andere Faktoren, wie Altersabstand, Erziehungsstil, Wohnverhältnisse u. a. auf die ↗Entwicklung auswirken.

Einige, zum Teil empirisch belegte Ausnahmen:

(1) Einzelkind: gute Intelligenz, Sprachfähigkeit, körperliche Entwicklung, aber geringes Einfühlungsvermögen, wenig Kooperationsbereitschaft, Überheblichkeit und Egoismus; Kindergartenbesuch ist besonders wichtig.

(2) Älteste Kinder: Es besteht eine Ähnlichkeit zu Einzelkindern; jüngere Geschwister werden leicht als unnütze Rivalen erlebt, und es können Erziehungsschwierigkeiten auftreten (↗Einnässen, ↗Nägelkauen, ↗Aggressionen und ↗Depressionen).

(3) Zweitältestes Kind: Mütter sind beim zweiten Kind ruhiger, ausgeglichener, zeigen weniger Ängstlichkeit und Unsicherheit, was sich sehr positiv auswirkt. Die Konkurrenz zum älteren Kind kann zu organischen Krankheiten, Wehleidigkeit und Ruhelosigkeit führen. Die Benachteiligung gegenüber dem verwöhnten jüngeren Kind scheint keine Auswirkungen zu haben. Dem zweitältesten Kind werden vor allem gute soziale Eigenschaften zugeschrieben.

(4) Jüngstes Kind: Falls das jüngste Kind durch Eltern und Geschwister verwöhnt wird, kann dies leicht zu Unselbständigkeit, Mangel an Durchsetzungsvermögen, Versagen in schwierigen Situationen führen oder aber auch zu Ehrgeiz, Aggression gegenüber Schwächeren und zu übertriebenen Machtansprüchen.

Kinder suchen immer die Liebe der Mutter oder der Eltern. Je kürzer der Abstand zwischen den Geschwistern ist, um so stärker ist der Kampf (= Konkurrenz) um Geltung und Anerkennung. Kinder suchen sich solche Rollen, mit denen sie Geltung und Anerkennung erhoffen, und lassen sich diese durch das elterliche Verhalten bestätigen, ohne dass die Eltern dies merken. So wird ein Kind nicht eine Rolle übernehmen wollen, die von einem anderen Geschwisterkind schon besetzt ist. Es kommt nicht von ungefähr, dass zwei Geschwister sich oft genau entgegengesetzt entwickeln.

Familienkonstellation. Die von Walter Toman 1961 unter dem Buchtitel *Familienkonstellation* veröffentlichten Forschungen über Familienstrukturen und deren Auswirkungen auf die Entwicklung der Persönlichkeit, der sozialen Beziehungen und auf deren Störungen wurden international bekannt. Die Gültigkeit mancher Ergebnisse wird inzwischen bezweifelt, da sich auf die Entwicklung der Persönlichkeit nicht nur die Geschwisterkonstellation, sondern vor allem das Familienklima oder die Familienatmosphäre, eine Unvollständigkeit der ↗Familie oder z. B. die Arbeitslosigkeit des Vaters stark auswirken kann.
„Familienkonstellation“ ist seit der Einführung der systemischen „Familientherapie zu einem häufig gebrauchten Begriff geworden. Gemeint ist die Familienaufstellung, die Nachbildung von Beziehungsstrukturen und von Kommunikationsmustern in so genannten Familienskulpturen. Die Beziehungen der Familienmitglieder untereinander können durch räumliche Distanz (Nähe–Distanz), durch „Oben–Unten“ (Macht–Unterwerfung) und durch Gestik und Mimik (Qualität der Beziehung, konkreter Inhalt oder Thema der Beziehung, z. B. Aggression) ausgedrückt werden. Nach der Fertigstellung des „Problemgebildes“ können die Rollenspieler nach Lösungen suchen, wobei auch Rollenspiel oder ↗Psychodrama zur Anwendung kommen. Mit Hilfe des Mediums Familienkonstellation können Familien und Gruppenmitglieder die vielen Aspekte ihrer Beziehung umfassender und schneller darstellen und intensiver erleben, als dies mit Worten möglich wäre.
Virginia Satir entwickelte die Technik der „Familienrekonstruktion“, um den Klienten oder dem „Star“ der Familie zu ermöglichen, die eigene Familiengeschichte „neu zu schreiben“, die Entwicklung der Menschlichkeit der Eltern zu erleben (denn auch diese waren Kinder) und den Erwerb eigener Reaktionsmuster nachzuvollziehen.
Bekannt geworden sind auch die Familienaufstellungen von Bert Hellinger, der sich für die Familientraditionen, für die Entwicklung von Familienbeziehungen und Konflikten über Generationen hinweg interessiert. Er spricht von „Ordnungen in Systemen“, die sich in eine räumliche, eine zeitliche und eine energetische Perspektive unterteilen. Mit räumlicher Perspektive ist die „angemessene Einnahme des Platzes“ in der Familie gemeint. Übernehmen die Kinder die Verantwortung der Eltern, dann ist das anmaßend und nicht angemessen und führt zu Konflikten. Zeitlich haben spätere Ereignisse Vorrang vor früheren, das Gegenwartssystem hat Vorrang vor der Herkunftsfamilie, was von Familienmitgliedern auf Grund der Loyalität zur Herkunftsfamilie oft nicht zugelassen wird; es entsteht Gleichzeitigkeit und Konfusion. Aus dem

Blickwinkel der fließenden Energie gelingen die Familienbeziehungen dann gut, wenn ein Ausgleich von Geben und Nehmen erlebt wird. Wenn die „Verdienstkonten“ ausgeglichen sind, stellt sich ein Gefühl von Gerechtigkeit und Ebenbürtigkeit zwischen den Partnern ein. Eltern-Kind-Beziehungen werden als gelungen erlebt, wenn das Gefühl von „Annehmen und Angenommenwerden“ besteht. Unterbrochene Hinbewegungen, wie sie Bert Hellinger nennt, hinterlassen bei den Kindern ein Gefühl von Einsamkeit und Schwäche ·und bei den Eltern das Gefühl, nie wirklich ein Vater oder eine Mutter geworden zu sein.

Familientherapie. Hinter diesem Begriff verbergen sich viele verschiedene Therapierichtungen. Ihnen ist allen gemeinsam, dass der gestörte Mensch nicht allein behandelt wird, sondern im Kreise der Menschen, mit denen er im Alltag zusammenlebt (Familie, aber auch Teilfamilien oder Wohngemeinschaften). Der Familientherapie ähnlich ist die Paartherapie. In den fünfziger Jahren entwickelte sich aus der psychoanalytischen Kindertherapie die psychoanalytische Familientherapie, die in Deutschland vor allem von H. E. Richter und H. Stierlin vertreten wird. Kommunikationstheoretische Einflüsse kamen in den siebziger Jahren hinzu. Den stärksten Einfluss hatte dabei G. Bateson, der u. a. mit P. Watzlawick Kommunikationsstrukturen in der Familie aufdeckte, welche die Entstehung von ↗psychischen Störungen förderten (↗Double-Bind-Kommunikation). Aus diesen kommunikationsorientierten Ansätzen entwickelte sich die heute weit verbreitete systemische Familientherapie. Ein Grund für die Entstehung der Familientherapie war die Tatsache, dass Erfolge, die bei der Behandlung von Klienten in Einzeltherapien erreicht wurden, nicht von langer Dauer waren; zu Hause erlitten sie meist wieder Rückfälle. Außerdem waren Eltern, deren Kinder allein behandelt wurden, oft verunsichert, da sie nicht wussten, was in der Therapie geschehen war und die Kinder sich ihnen gegenüber verändert verhielten.
In der Familientherapie werden nicht einzelne „psychische Störungen oder Symptome behandelt, sondern die pathogenen (krankmachenden) Familienprozesse. Als Ziele der Familientherapie werden genannt: verbesserte Kommunikation, verbesserte Autonomie, Verringerung von Konflikten, Verbesserung der Einfühlung und der emotionalen Prozesse, Veränderung der Familien- und Beziehungsstruktur. Der Familientherapie geht oft eine „Familiendiagnose“, d. h. die Feststellung der emotionalen, sozialen und geistigen Verfassung der Familie, voran. Drei Aspekte sind in der Familiendiagnose besonders zu beachten: die Familienkonstellation (Beziehungsstrukturen, z. B. Geburtsreihe, Machtverhältnisse, Interessen- und Rollenkonflikte), die Familienatmosphäre (Wir-Gefühl, Auflösungsprozeß, gespannte, weinerliche, feindselige, distanzierte oder herzliche, freundliche, gelöste Stimmung) und die Familiennormierung (Erwartungen an das Familienleben, z. B. Außenkontakte, Erziehungsstil, Anschaffungs- und Verteilungsprobleme).
In der Vielzahl therapeutischer Konzepte lassen sich zwei große theoretische Richtungen erkennen:
– Die *Systemtheoretiker* gehen vom „System Familie“ aus. Hier werden Menschen als Teil eines Beziehungsgefüges verstanden, in dem jeder im Laufe

der Zeit seine individuelle Sichtweise der Realität erwirbt und eigene Regeln entwickelt. Die Personen interagieren so, dass das System sich erhält. Man kennt verschiedene Systeme, die besonders häufig Störungen hervorrufen, wie z. B. pathologische Dreiecksbeziehungen, in denen es die Eltern vermeiden, sich mit ihren Schwierigkeiten auseinanderzusetzen und ihre Kinder in ihre Streitigkeiten u. a. einbeziehen. Auch Störungen, die einzelne Mitglieder entwickeln, sind Teil des Systems und tragen zum Gleichgewicht bei. Der Therapeut versucht, die Personen miteinander ins Gespräch über ihre Situation zu bringen, so dass die verschiedenen „Realitäten" offenbar werden. Hilfreich sind dabei oft Rollenspiele (↗Psychodrama) oder das Erstellen von Familienskulpturen (pantomimische Darstellung von Familienbeziehungen und -haltungen). Der Therapeut teilt den Familienmitgliedern auch mit, wie er sie und ihr familiäres System wahrnimmt, wodurch er Reflexionsprozesse in der Familie unterstützt und ihre „Selbstheilungskräfte" aktivieren kann, so dass sie nach einiger Zeit (üblicherweise fünf bis zehn Sitzungen) auch ohne therapeutische Hilfe ihre Probleme lösen kann (nach: http://www.psychiatrie.de/therapie/familien.htm).

- Die *psychoanalytisch* ausgerichteten Familientherapeuten gehen davon aus, dass Erwartungen, Projektionen, Übertragungen über Generationen fortgeschrieben werden und das einzelne Familienmitglied beeinflussen.

Weitere familientherapeutische Konzepte stammen von Virgina Satir (Umwandlung des familiären Zwangsverhaltens in offene, kreative, frei gewählte Verhaltensmuster), von F. Perls (Gestaltfamilientherapie), von T. Gordon (Familienkonferenz) und von anderen klinisch tätigen Psychologen. Familientherapeuten erreichen bei Beziehungsproblemen gute Erfolge, insbesondere wenn der Vater mit einbezogen werden kann.

Farbenblindheit. Die Bezeichnung Farbenblindheit wurde inzwischen durch den genaueren Begriff *Farbenfehlsichtigkeit* ersetzt *(Achromatopsie)*. Es handelt sich um eine meist angeborene Störung der Farbensichtigkeit bei normalem Formsehen. Farbenblindheit kommt bei etwa 8 % der Männer und 0,4 % der Frauen vor.
Verschiedene Farbenfehlsichtigkeiten werden nach dem Ausfall des farbempfindlichen Stoffes für Rot, Grün und Blauviolett (Dreikomponententheorie der „Farbwahrnehmung) als Protanopie, Deuteranopie und Tritanopie bezeichnet, wenn die betreffenden Farben überhaupt nicht wahrgenommen werden, und Protanomalie, Deuteranomalie und Tritanomalie, wenn die entsprechenden Farben verändert bzw. nur schwach wahrgenommen werden.
Farbenblindheit spielt eine wichtige Rolle im Straßenverkehr und in verschiedenen Berufen. Leichte Anomalien werden meist zu spät erkannt. Farbenblindheit wird mit Hilfe der Farbtafeln nach Ishihara oder Stilling diagnostiziert.

Farbenwahrnehmung. 1. *Physiologische Vorgänge.* Dem subjektiven Erleben von Farben entsprechen auf der physikalischen Ebene (Reize) verschiedene Wellenlängen des Lichts (elektromagnetische Wellen), die von Gegenständen reflektiert (zurückgeworfen) werden. ↗Rezeptorzellen auf der Netzhaut des

Auges (Zapfen und Stäbchen) reagieren vor allem auf Lichtstrahlen von ca. 350–750 nm (Nanometer) Wellenlänge. Die physiologischen Prozesse, die bei Auftreffen eines Lichtreizes in den Rezeptorzellen und im ↗Nervensystem ablaufen, sind nicht restlos geklärt.
Nach der Dreifarbentheorie von H. Helmholtz und Th. Young sind auf der Netzhaut drei Arten von Lichtrezeptoren vorhanden, die besonders empfindlich sind für die Wellenlängen von Rot (650–750 nm), Grün (550–530 nm) und Blau (520–480 nm). Durch die Mischung der drei „Hauptfarben" können sämtliche Farbtöne dargestellt werden.
Die *Vierfarbentheorie* nach E. Hering nimmt ebenso drei farbempfindliche Sehsubstanzen an, die jedoch für vier Farben (Gegenfarben Rot–Grün und Gelb–Blau) und für den Gegensatz Schwarz-Weiß besonders empfindlich sind. Beide Theorien stützen sich u. a. auf Beobachtungen über Farbenfehlsichtigkeit und auf inzwischen isolierte Sehsubstanzen, wie Rhodopsin, Jodopsin, Cyanopsin und Porphyropsin sowie auf das Phänomen der Nachbilder, die in den jeweiligen Komplementärfarben erscheinen. Durch Abbau (Zersetzung, *Dissimilation*) der Sehsubstanzen entsteht das Farberlebnis Rot, Gelb und Weiß, durch Aufbau *(Assimilation)* erleben wir Grün, Blau und Schwarz.
In neuerer Zeit wurde festgestellt, dass bestimmte lichtempfindliche Nervenzellen auf der Netzhaut nur beim Einsetzen des Lichtreizes reagieren (On-Fasern), andere nur beim Aussetzen (Off-Fasern) und einige beim Ein- und Aussetzen (On-Off-Fasern). Diese Erkenntnis unterstützt die Theorie von E. Hering: On-Antworten sind für das Farberlebnis Rot, Gelb und Weiß verantwortlich (Zersetzung der Sehsubstanz beim Einsetzen eines Lichtreizes), Off-Antworten für Grün, Blau und Schwarz (Aufbau nach dem Aussetzen des Reizes).
2. *Psychologische Erkenntnisse.* Unabhängig von den noch ungeklärten physiologischen Vorgängen ist die Farbwahrnehmung für das Verhalten des Menschen von großer Bedeutung. Die psychologische Forschung interessiert sich für folgende Fragen:
Wie lassen sich unsere Farbeindrücke (insgesamt etwa 350 000) hinsichtlich des Farbtons, der Helligkeit und der Sättigung (Stärke, Lebendigkeit einer Farbe, Abhebung von Grau) sinnvoll einordnen? Wir wissen, dass durch Farben und deren Anordnung „Gefühle, Stimmung und Reaktionen des Menschen beeinflusst werden.
Entsprechend ihrem symbolischen Gehalt und der Fähigkeit, das Erleben und Verhalten des Menschen zu beeinflussen, werden Farben in der Raumgestaltung, im Verkehr, im Unterricht (↗Kommunikation), in der Werbung, zur Kennzeichnung von ↗Einstellungen (Parteien) usw. eingesetzt.
Welche Beziehung besteht zwischen sogenannten „Lieblingsfarben" und Charaktermerkmalen? Auf der Tatsache, dass bestimmte Farben von einzelnen Personen bevorzugt werden, beruhen verschiedene Farb- ↗Tests. Am bekanntesten sind die Farbpyramiden-Tests und der Lüscher-Test. Die Zuverlässigkeit von Farbtests ist allerdings sehr gering.

Farbsymbolik. Die Farbpsychologie untersucht mit Hilfe von Befragungen und auch durch den Einsatz verschiedener Experimente sowie durch die Ana-

lyse kultureller Hintergründe und des Sprachgebrauchs den vielfältigen Einsatz und die Bedeutungen der Farben und ihrer verschiedenen Wirkungen auf Gefühle, das Wohlbefinden und auch ihre heilende Wirkung. Bekannt geworden ist die so genannte Farbsymbolik, d. h. mehr oder weniger fundierte Hinweise zur Farbgestaltung von Räumen und zu den Farben, die zu bestimmten Charakteren „passen“ (Lieblingsfarben). Wer sich in der Farbsymbolik auskennt und über die Wirkung von Farben Bescheid weiß, kann Farben gezielt und Gewinn bringend einsetzen.
Gegenwärtig wird den einzelnen Farben folgender *symbolischer Gehalt* zugeschrieben:
- Rot: Aktivität, Erregung, Leidenschaft, Mut; Gefahr, stopp, verboten;
- Grün: Freude, Hoffnung, Gefühlsoffenheit; Rettung, Hilfe, Sicherheit;
- Blau: Treue, Gefühlskälte, Wahrheit, Sympathie; Information, Hinweis, Anordnung;
- Gelb: Beweglichkeit, Befreiung, Glaube; Vorsicht, Gefahr in der Nähe, gefährliche Stoffe;
- Schwarz: Macht, Gewalt, Tod;
- Silber: Schnelligkeit, Geld, der Mond;
- Weiß: Unschuld, das Gute, die Geister;
- Orange: Vergnügen, Buddhismus.

Fechnersches Gesetz (auch „Weber-Fechnersches Gesetz“ oder „psychophysische Maßformel“) beschreibt die Beziehung zwischen Reizintensität und ↗Empfindung. Wenn die Intensität des Reizes logarithmisch zunimmt, dann wächst die Stärke der subjektiven Empfindung linear: $E = k \log R$.

Feedback. Die Feedback-Technik (Rückmeldung) ist eine Gesprächsform, anderen mehr darüber zu sagen, wie ich sie sehe, was das Verhalten anderer bei mir auslöst bzw. zu lernen, wie andere mich sehen.
Feedback besteht aus zwei Komponenten, nämlich dem Feedback-Geben und dem Feedback-Nehmen. Das Ziel von Feedback ist es, dass die Beteiligten sich ihrer Verhaltensweisen bewusst werden, einschätzen lernen, wie ihr Verhalten auf andere wirkt, sehen, was sie bei anderen auslösen.
Feedback-Situationen sind immer problematisch, da niemand leichten Herzens akzeptiert, in seinem Selbstbild korrigiert zu werden. Daher ist es wichtig, dass Feedback-„Geber“ und -„Nehmer“ bestimmte Regeln einhalten, die dazu dienen sollen, dass ich einem Menschen sage, wie ich ihn sehe, ohne ihn dabei zu verletzen. Feedback sollte zielorientiert sein, d. h. (auch) die Frage beantworten, welche Möglichkeit es gibt, für die Zukunft aus diesen Fehlern zu lernen, und sollte also nur gegeben werden, wenn es hilfreich sein kann und wenn es gewünscht wird.
Um dies zu erreichen, soll die Rückmeldung nach folgenden Grundsätzen erfolgen:
- möglichst beschreibend, nicht wertend;
- konkret (auf begrenztes Verhalten bezogen), nicht allgemein (auf die ganze Person);
- angemessen und subjektiv formuliert („das ist mein Eindruck“):
- brauchbar, d. h. die Rückmeldung soll sich auf Verhaltensweisen beziehen, die der Empfänger ändern kann;

– erbeten, nicht aufgezwungen, Rückmeldung ist immer nur ein Angebot;
– rechtzeitig, d. h. die Rückmeldung soll so bald wie möglich erfolgen;
– klar und genau formuliert und sachlich richtig, d. h. sie soll sich auf konkrete Beobachtungen stützen. Besser als Kritik sind Verbesserungsvorschläge.

Beim Entgegennehmen des Feedbacks befindet sich der Empfänger in einer passiven Rolle: er hört zu, rechtfertigt und verteidigt sich nicht, darf nur Verständnisfragen stellen und bedankt sich für die Rückmeldung.

Fehler, logischer, ein Fehler der ↗Personwahrnehmung, der darin besteht, dass nicht nur die tatsächlich vorhandenen, sondern teilweise auch solche Merkmale eines Menschen gesehen werden, die normalerweise und allgemein menschlich zusammengehören.

Fehlleistung. S. Freud nahm an, dass unpassende Worte („Versprecher") bzw. das Vergessen bestimmter Worte durch verdrängte Wünsche hinsichtlich der Personen oder des Sachverhaltes, auf die sie gerichtet sind, verursacht werden. Beispiele: „Da sind einige Tatsachen zum ‚Vorschwein' (statt ‚Vorschein') gekommen ..." „Ich bin nicht ‚geneigt' (statt ‚geeignet'), die Verdienste meines Vorgängers zu würdigen!" „Unter den Anwesenden bemerkte man auch Seine Hoheit, den ‚Kornprinzen' (statt ‚Kronprinzen')." „Darauf bin ich bereit, jeden ‚Meineid' zu leisten" (Eid wäre ein Meineid).

Feldabhängigkeit ist die Bezeichnung für einen kognitiven Stil bzw. für eine Eigenart des ↗Denkens, die sich durch folgende Merkmale beschreiben lässt: Neigung zu Schwarz-Weiß-Urteilen, Rigidität, keine Ambiguitätstoleranz, Neigung zu Vorurteilen, starke Orientierung an Hinweisreizen der Umgebung, Neigung zu Flucht und Verleumdung bei Bedrohung. Feldunabhängige Menschen denken differenzierter, können Ambivalenzen ertragen, sind selbstkritisch, können zwischen Wahrnehmung und Meinung unterscheiden und lassen sich nicht so sehr durch Hinweise aus der Umgebung beeinflussen.

Feldstudie wird ein methodisches Vorgehen genannt, bei dem die Datenerhebung in der natürlichen Umgebung des Menschen vollzogen wird (z. B. Schulklasse, Fußballplatz, Fabrik, Familie), im Gegensatz zu einer künstlich hergestellten Versuchsanordnung etwa im Labor. ↗Methoden der Psychologie.

Feminität. Als typisch geltende „weibliche" Merkmale und Eigenarten, wie Gefühlsbetontheit, Intuition, Anpassung und Nachgiebigkeit, werden in dem Begriff „Feminität" zusammengefasst. Analog werden typisch „männliche" Eigenarten (Durchsetzungsvermögen, Aktivität) in dem Begriff der *„Maskulinität"* zusammengefasst.

Fetischismus. Die Sexualpsychologie versteht unter Fetischismus die Verhaltenstendenz von Menschen, sich durch Gegenstände stimulieren und erregen zu lassen. In manchen primitiven Kulturen werden bestimmte Gegenstände in religiösen Kulten verehrt und in der Naturheilkunde sozusagen als „Fetische" benutzt. Der französische Psychologe Alfred Binet hat mit dem Begriff Fetischismus

die sexuelle Fixierung mancher Menschen auf Objekte erklärt. Bestimmte Kleidungsstücke wie Stiefel, Handschuhe oder Pelzmäntel, heute vermehrt Kleidungsstücke aus Leder oder Gummi, können Objekte der Fixierung und damit Fetische sein. Nach Richard von Krafft-Ebing ist der Fetischismus eine krankhafte Erscheinung, die dazu führt, dass Sexualität ohne Fetisch nicht möglich ist oder zumindest als unbefriedigend erlebt wird.
Nimmt der Fetischismus einen zwanghaften Charakter an, handelt es sich um eine krankhafte Störung, die behandlungsbedürftig ist. In der Regel werden getragene Kleidungsstücke wie beispielsweise Schuhe, Socken, Büstenhalter, getragene Unterwäsche, manchmal auch Tiere oder Pflanzen zum Lustobjekt. In der Umgangssprache wird der Begriff Fetisch oft benutzt, um eine Abhängigkeit von Dingen, z. B. vom Geld oder von Autos, zu beschreiben.

Flexibilität, Bezeichnung für Anpassungsfähigkeit an neue Situationen. Menschen, die sich neuen Situationen schnell anpassen, nicht starr an bisher eingeübten Verhaltensweisen festhalten, neue Lösungsmöglichkeiten ausprobieren, um zum Erfolg zu kommen, werden als flexibel bezeichnet. Flexibilität ist somit eine allgemeine Fähigkeit, z. B. bei Denkvorgängen von einem Lösungsprinzip zum andern zu wechseln, wenn es die Aufgabenstellung erfordert, und ist eine wichtige Bedingung für ↗Kreativität (Gegensatz: ↗Rigidität).

Flooding (Reizüberflutung) ist eine Technik der ↗Verhaltenstherapie, die eine intensive Reizkonfrontation zur Behandlung von Ängsten und Zwängen einsetzt. Das Konfrontationsverfahren kann in drei Varianten durchgeführt werden:
- Habituationstraining: Die Klienten werden in vivo (im wirklichen Leben) in kleinen Schritten an die Angst auslösenden Situationen gewöhnt.
- Flooding: Die Klienten werden in vivo langanhaltend mit den am meisten Angst auslösenden Situationen konfrontiert. Da dabei starke Panik-Attacken zu bewältigen sind, wird ärztliche Kontrolle empfohlen.
- Implosion: Die Klienten werden in ihrer Vorstellung mit den am meisten Angst auslösenden Situationen konfrontiert.

Am wirksamsten ist das Flooding, gefolgt vom Habituationstraining und der Implosionstechnik. Durch Reizkonfrontation können auch Ängste und Zwänge aufgehoben werden, die mit anderen Methoden nur sehr schwer zu therapieren sind. Dazu gehören oft „Agoraphobien (Angst vor freien Plätzen) und verschiedene Formen von Zwängen (z. B. Händewaschzwang).

Flucht in die Krankheit ist ein neurotisches Verhalten (↗Neurose), das in Situationen auftritt, die nicht mehr übersehen oder bewältigt werden können. Die Flucht in die Krankheit stellt ein unbewusstes Ausweichen in einen Zustand dar, in dem man berechtigterweise untätig sein kann und Hilfe erwarten darf. Meist bliebt es nicht bei einer solchen Flucht, sondern es kommen Minderwertigkeitsgefühle und Resignation hinzu, da der Neurotiker nie Bestätigung aus einer selbst gewählten Situation erhält.

Forensische Psychologie *(gerichtliche Psychologie, Psychologie in der Rechtssprechung)* ist die Bezeichnung für die Anwendung psychologischer

Erkenntnisse auf Fragestellungen, die in der Praxis der Rechtsprechung anstehen.
In der geschichtlichen Entwicklung der Forensischen Psychologie spielte auch die sogenannte *Tatbestandsdiagnostik* eine wichtige Rolle. Es wurden verschiedene Methoden entwickelt zur Registrierung körperlicher Begleiterscheinungen („Hautwiderstand, Muskelaktivität, Atemfrequenz usw.), um verbale Äußerungen zu Sachverhalten auf deren Wahrheitsgehalt hin zu prüfen und den leugnenden Beschuldigten zu überführen (Lügendetektor). Tatbestandsdiagnostikmethoden sind in Deutschland als Beweismittel nicht zugelassen.
Das Hauptproblem der psychologischen Forschung im Bereich der Forensischen Psychologie ist das Herausfinden von eindeutigen Kriterien zur Beurteilung z. B. der *Glaubhaftigkeit, Schuldfähigkeit, Fahrtauglichkeit.* Es ist zu erwarten, dass sich in Zukunft der Schwerpunkt der psychologischen Begutachtung vom Vergeltungsstrafrecht auf das Täterstrafrecht verlegen wird, wobei individualkriminologische Beurteilung, Vorbeugung, Prognose und Anordnung der Maßnahmen zur ↗Resozialisierung die Hauptrolle spielen. Siehe nachfolgende Übersicht:

Übersicht über die Aufgaben der forensischen Psychologie

Sachverständigengutachten	*Fragestellung*	*Beispiel*	*Methode*
Beurteilung von Zeugenaussagen Zeugentüchtichkeit	Ist der Zeuge (Kinder, psychisch Kranke) aufgrund seiner psychischen Reife (Fähigkeiten) und seiner Charaktereigenschaften in der Lage, eine wahrheitsgemäße Aussage über wichtige Tatumstände zu geben?	Eine leicht psychisch gestörte Frau wirkt als einziger Zeuge; *Kinderaussagen* usw.	↗Persönlichkeits-↗Diagnostik, Beurteilung der psychischen Reife durch verschiedene Tests, ↗Exploration.
2. Glaubhaftigkeit	Ist die Schilderung des Taghergangs durch den Zeugen glaubhaft; konnte er im Zustand des Schocks die angegebenen Einzelheiten beobachten und im ↗Gedächtnis behalten?	Ein 8jähriger Junge schildert die Vergewaltigung seiner Schwester; Schilderung einer Tat, die bei Zeugen starke Schockerlebnisse bewirkte.	Beurteilung der Wahrnehmung, der Gedächtnisfähigkeit unter Berücksichtigung der jeweiligen Tatumstände.
Beurteilung der *Verantwortungsreife* Jugendlicher (14–18) und Heranwachsender (18–21 J.)	Konnte der Jugendliche zur Tatzeit das Unrecht und die Folgen seiner Tat einsehen? Ist der Heranwachsende aufgrund seiner „geistigen und sittlichen Reife“ noch als Jugendlicher zu bestrafen?	Kindesmisshandlung durch Jugendliche, Sittlichkeitsdelikte?	↗Persönlichkeits-↗Diagnostik, Prüfung der sozialen und sittlichen Reife durch ↗Exploration, ↗Tests usw.

Schuldfähigkeit (Zurechnungsfähigkeit, Verantwortungsfähigkeit)	Konnte der Täter aufgrund seiner geistig-seelischen Verfassung zur Zeit der Tat verantwortungsbewusst handeln oder wegen der psychischen Störung das Unrecht der Tat nicht einsehen?	Affekttäter, Straftaten unter Alkohol- oder Drogeneinfluss, Triebtäter, strafbare Handlungen Geistesgestörter	↗Persönlichkeits-↗Diagnostik, Analyse des Geisteszustandes zur Zeit der strafbaren Handlung
Begutachtung der Eignung zum Führen von Kfz *(Fahrtauglichkeit)*	Es wird geprüft, ob ältere Führerscheininhaber, die einen Unfall verursachten, oder sog. Unfäller aufgrund ihrer Fähigkeiten in der Lage sind, sich verkehrsangepasst zu verhalten.	Kraftfahrer, die immer wieder Unfälle verursachen, Berufskraftfahrer, die oft unter Alkohol fahren, ältere Personen	Prüfung der Reaktionsfähigkeit, Wahrnehmungsfähigkeit, Persönlichkeitsdiagnostik
Beratung bei Fragen aus dem *Familienrecht* (Sorgerecht, Verkehrsregelung)	Wem soll bei Ehescheidung oder bei straffällig gewordenen Eltern das Sorgerecht für die Kinder übertragen werden? Wie wird sich voraussichtlich eine bestimmte Verkehrsregelung auf die Erziehung und weitere Entwicklung der Kinder auswirken?	Geschiedene Eltern streiten vor Gericht um das Sorgerecht, der sorgeberechtigte Elternteil bestreitet das Verkehrsrecht des nicht sorgeberechtigten Elternteils.	Prüfung der Erziehungsfähigkeit, Untersuchung der Frage, wie sich die Verkehrsregelung auf die Erziehung und Entwicklung der Kinder auswirkt, welche psychischen Schädigungen zu erwarten sind

Fragebogen. Nach bestimmten methodischen Regeln zusammengestellte und vorgedruckte Fragen bzw. ↗Items, die meist nach vorgegebenen Antwortmöglichkeiten wie „ja", „nein" oder „unentschieden" zu beantworten sind, werden oft als ↗Tests eingesetzt. In der Markt- und ↗Meinungsforschung werden auch Fragen verwendet, die freie Antworten zulassen. Sie erheben aber nicht den Anspruch, ein ↗Test zu sein, da sie den Gütekriterien eines Tests nicht genügen. Fragebogen wurden ursprünglich zusammengestellt, um psychische Störungen bei Patienten in psychiatrischen Kliniken zu erkennen und voneinander abzugrenzen (z. B. der MMPI in den USA). Sie wurden weiterentwickelt und werden heute auch zur Messung der ↗Persönlichkeit im Normalbereich und bei speziellen Problemlagen eingesetzt.

Die meisten Fragebogen besitzen eine sogenannte Lügenskala, deren Feststellungen vom Einzelnen als unangenehm empfunden werden, die er aber im Allgemeinen bejahend beantworten muss (z. B. „Manchmal halte ich es nicht genau mit der Wahrheit" oder „Ab und zu verliere ich die Geduld"). Verneint der Befragte viele solcher Fragestellungen, um in einem „guten Licht" (soziale Erwünschtheit) zu erscheinen, ist der Fragebogen ungültig.

Im deutschen Sprachraum wird häufig das „Freiburger Persönlichkeits-Inventar“ (FPI) benutzt. Seine Skalen messen:

- Nervosität und „psychosomatische Störungen. Ein Item würde lauten: „Ich kann mich fast nie richtig entspannen.“
- Aggressivität. Ein Item würde lauten: „Manchmal könnte ich grundlos dreinschlagen.“
- Depressivität. Ein Item würde lauten: „Wenn ich manchmal morgens aufwache, bin ich schon richtig niedergeschlagen.“
- Erregbarkeit. Ein Item würde lauten: „Schon geringe Anlässe bringen mich schnell aus der Ruhe.“
- Gelassenheit. Ein Item würde lauten: „Wenn ich in ein Lokal gehe, setze ich mich meist an einen Tisch, an dem schon Leute sind.“
- Dominanzstreben. Ein Item würde lauten: „Ich glaube, meine Ansichten sind der Zeit voraus.“
- Gehemmtheit. Ein Item würde lauten: „Ich spreche nicht gern vor vielen Leuten.“
- Offenheit. Sie hat auch die Funktion einer Lügenskala. Ein Item würde lauten: „Manchmal gebe ich an und stelle mich in ein günstiges Licht.“
- Extraversion. Ein Item würde lauten: „Ich bleibe selten jemanden eine Antwort schuldig.“
- Emotionale Labilität. Ein Item würde lauten: „Keiner kann meine ständigen Befürchtungen so recht verstehen.“
- Männlichkeit–Weiblichkeit. Sie misst das, was in unserer Kultur bzw. von den Testautoren als typisch männlich oder weiblich angesehen wird. Ein Item würde lauten: „Wenn ich mir einmal etwas genau überlegt habe, setze ich es auch durch.“ Eine Bejahung wäre hier eine „männliche“ Antwort.

Freizeit. Die psychologischen Probleme der Freizeit rücken in den letzten Jahren im Zusammenhang mit Arbeitslosigkeit, frühzeitigem Ruhestand, Sport, Tourismus und neuen Medien immer mehr in den Vordergrund. Immer wieder wird die besondere Bedeutung der „zur freien Verfügung stehenden“ oder „verhaltensbedingten“ Zeit betont, die neben der Sicherung des Lebensunterhaltes, Schlaf, Körperpflege, Haushalt, Essen u. a. übrigbleibt.
Funktionen der Freizeit: Kaplan (1980) betont, dass Freizeit a) das Gefühl vermitteln muss, zu irgend etwas oder irgendwem dazuzugehören; b) dazu beitragen soll, ein Gefühl der eigenen Individualität zu entwickeln; c) zwischen den verschiedenen Aufgaben und Belastungen des Menschen (z. B. in der Arbeit, im Haushalt) vermitteln und einen Ausgleich herbeiführen; d) positive Erlebnisse ermöglichen und e) die schöpferischen Kräfte ansprechen soll. Grundsätzlich dient Freizeit der Erhaltung der körperlichen Gesundheit (z. B. durch Sport) und der Erhaltung des psychischen Wohlbefindens (z. B. Entspannung, Erleben von Kontakt, Sicherheit, Unabhängigkeit). Die Verwirklichung der Freizeitfunktionen wird erschwert durch Klischeevorstellungen (Stereotype) und durch die Kommerzialisierung der Freizeit (z. B. Konsumzwang in der Freizeitindustrie), die der individuellen Gestaltung wenig Raum lässt. So wundert es nicht, dass in den letzten Jahren ein neuer Bereich, die Freizeitberatung, entstanden ist, die Menschen über Freizeitmöglichkeiten in-

formiert, ihnen hilft, ihre Wünsche abzuklären oder sie auch therapeutisch berät, damit die Freizeit auch tatsächlich dem Wohl des Menschen dient.

Friedensforschung, Friedenspsychologie. Angesichts vieler Kriege und Konflikte, die täglich auf der Welt ausgetragen werden, gewinnt die Friedenspsychologie immer mehr an Bedeutung. Es werden die Entstehung von und Lösungsmöglichkeiten – vor allem auch Prävention – für nationale (z. B. das Problem Fremdenfeindlichkeit) und internationale Konflikte aufgezeigt. Friedenspsychologie untersucht in Zusammenarbeit mit Friedensforschung, Friedensbewegung und Friedenspolitik Gewaltursachen und -verhältnisse, thematisiert Wege und Möglichkeiten zur Konfliktlösung, zur Wahrung der Menschenrechte und zur Zukunftssicherung.
Die Ideologie vom „gerechten Krieg“ bildet den Hintergrund für die Versuche, Legitimation für die neue qualitative Interventionsrüstung nach dem Ende des Ost-West-Konfliktes in der Bevölkerung zu schaffen.
Obwohl durch die Genfer Konvention geächtet, kann die moderne Kriegsführung Menschenrechtsverletzungen nicht verhindern. Die Untersuchungen zur Medienberichterstattung haben gezeigt, dass sich Medien selten zum Anwalt der Menschenrechte machen.
Die Kriege in Bosnien und Kosovo haben weiterhin gezeigt, dass nicht nur einzelne Menschen, sondern ganze Völker traumatisiert werden. Aus diesem Grund wird von internationalen Organisationen die „schnelle Eingreiftruppe Seele“ verlangt. Psychologische Betreuung von traumatisierten Menschen ist zu einem wichtigen Thema geworden.
Eine wichtige Aufgabe der Entwicklungspsychologie und der Pädagogik ist die Förderung des zivilcouragierten und menschenrettenden (mutigen) Verhaltens. Voraussetzungen der Empathiefähigkeit sind empfangene Liebe und Bindung; mit geeigneten Methoden müssen aber auch Zivilcourage und „Awareness“, d. h. die Bereitschaft, das Unrecht zu sehen (ganzheitliche Werteerziehung im Hinblick auf Menschenrechte) gefördert werden.
Da zu befürchten ist, dass künftig Konflikte um knappe Umweltressourcen zunehmen, ist auch die Umwelterziehung ein Aspekt der Friedenspsychologie.
Der Preis für eine stabile Eigenidentität einzelner Bevölkerungsgruppen ist in der Regel die Abwertung anderer. Es gibt keine positive Selbsteinschätzung ohne die Mittel des Vergleichs und Konkurrenzkampfes mit anderen Gruppen. Folge sind ethnische Vorurteile und Fremdenhass.
Angesichts solcher psychologischer Erkenntnisse kann der Friede nicht als ein Zustand ohne Konflikte (ohne Kriege) definiert werden, sondern ist als aktives Bemühen – schon in der Erziehung – um Kooperation und Freundschaft innerhalb der Eigen-Gruppe und mit Außengruppen zu sehen. Hier wird die Bedeutung des internationalen Jugendaustausches nicht hoch genug eingeschätzt. Es wird ersichtlich, dass Gewaltanwendung und kriegerische Konflikte nicht aus bloßer Aggression oder aus Machtstreben erfolgen, sondern aus einer Gruppenatmosphäre des Misstrauens, der Angst und des Sich-bedroht-Fühlens.

Frigidität, Bezeichnung für psychisch bedingte geringe oder ganz fehlende Orgasmusfähigkeit bei der Frau (analog der männlichen Impotenz). ↗Sexualstörungen.

Frustration. Wollte man jede Versagung der Bedürfnisbefriedigung als Frustration bezeichnen, so gäbe es keine Gesellschaft, Kultur oder Gruppe, die nicht frustrierend ist, und keinen Menschen, der nicht schon oft frustriert war. In den letzten Jahren wurde in privaten und öffentlichen Diskussionen viel Missbrauch mit dem „Modebegriff" Frustration betrieben, sowohl hinsichtlich des Auftretens eines Frustrationszustandes als auch hinsichtlich der Folgen einer Frustration. Geht man davon aus, dass auf eine Versagung der Belohnung oder Bedürfnisbefriedigung ein Frustrationszustand folgt, der unweigerlich ↗Aggression (Frustrations-Aggressions-Hypothese), ↗Regression oder ↗Fixierung bewirkt, so gibt es nur noch wenige von der ↗Norm abweichende Verhaltenserscheinungen, die durch diesen Mechanismus nicht erklärt werden könnten.
Das Auftreten eines Frustrationszustandes, für den bestimmte körperliche Reaktionen, wie z. B. erhöhte Ausschüttung bestimmter „Hormone, erhöhter ↗Hautwiderstand, Muskelspannung, psychische Anspannung, Vermeidungsreaktionen (Furcht), charakteristisch sind, hängt sehr stark von der individuellen Fähigkeit ab, eine frustrierende Situation zu ertragen (Frustrationstoleranz). Als frustrierende Situation werden angesehen: länger andauerndes Versagen einer Bedürfnisbefriedigung, Versagen bei vorweggenommenem Erfolg, häufige als unangemessen empfundene Strafen und unlösbare Situationen, die auch ein stark motiviertes Individuum weder vermeiden noch lösen kann.
Ob auf den Frustrationszustand aggressives Verhalten, das Zurückfallen auf eine frühere Entwicklungsstufe (↗Regression) oder ein stereotypes, unangepasstes Verhalten (↗Fixierung) auftritt, hängt wiederum von der individuellen Lerngeschichte (↗Lernen) ab. Es spricht vieles dafür, dass Menschen in ausweglosen Situationen auf die Verhaltensweisen zurückgreifen, die sie am besten eingeübt haben und die sich in ihrer Lerngeschichte als die erfolgreichsten erwiesen haben.

Führungsstile. Lange Zeit standen Führungsstile und Führungsverhalten im Mittelpunkt der pädagogischen und betriebspsychologischen Überlegungen. Man glaubte nachweisen zu können, dass partnerschaftliche oder demokratische Führung der autoritären oder machtausübenden überlegen ist. Der von Lewin in den Ferienlagerexperimenten untersuchte Laissez-faire-Führungsstil (Gleichgültigkeit) ist nur noch vom historischen Interesse.
Die Probleme in den Betrieben, Schulen und anderen Institutionen, aber auch in Familien sind inzwischen so komplex geworden, dass sie über einfache Führungsinstrumente und über die Einteilung der Beteiligten in Führer und Geführte nicht mehr bewältigt werden können. Praktische Hilfen werden in neuen Formen der Beratung (z. B. „Supervision, ↗Coaching) und der Einbindung in die Verantwortung (z. B. ↗Organisationsentwicklung, ↗Moderation) gesehen.

Funktionsstörungen (psychophysische Störungen) beinhalten Krankheiten wie Bluthochdruck, Kopfschmerz, Magengeschwüre u. a., für deren Entstehung bzw. Verschlimmerung emotionale Einflüsse verantwortlich sind. Diese

Krankheiten werden schon seit langem als psychosomatisch (↗Psychosomatik) bezeichnet, weil in ihrer Entstehung deutlich wird, dass Körperliches und Seelisches eng miteinander verschränkt sind.

Furcht tritt im Gegensatz zu ↗Angst als eine intensive emotionale Reaktion auf, wenn eine objekt- oder subjektbezogene direkte Gefahr oder Bedrohung bemerkt wird. Sie ist mit einem Vermeidungsverhalten (Flucht, Ausweichen, Verstecken) gekoppelt.

G

Ganzheit, von F. Krüger in die Psychologie eingeführter Grundbegriff der Ganzheitspsychologie (Leipziger Schule; ↗Geschichte der Psychologie), dient als Bezeichnung für Erlebnisganzheiten, deren Komplexqualität nicht auf einzelne Elemente zurückgeführt werden kann (diffuse Erlebnisqualitäten sind ↗Gefühle, gegliederte werden zu ↗Gestalten), und für Strukturganzheiten als überdauernde Grundlagen für die Entstehung von Erlebnisganzheiten. Solche Grundlagen sind ↗Eigenschaften, ↗Fähigkeiten, Bedürfnisse und andere psychische Funktionen. Anstatt Strukturganzheit wird oft nur die Bezeichnung *Struktur* gebraucht.

Gaußsche Kurve (Glockenkurve, Normalverteilung), Bezeichnung für symmetrische, eingipflige und glockenförmige Verteilung von Häufigkeiten bestimmter biologischer und psychologischer Merkmale. ↗Statistik.

Geburtstrauma. Psychoanalytisch orientierte Psychologen sprechen von der Urangst des Menschen, die durch den Geburtsvorgang entsteht, wenn das Kind aus dem Zustand angenehmer ständiger Bedürfnisbefriedigung (Wärme, Ernährung und Sauerstoffversorgung durch den Kreislauf der Mutter, weiches Berührtwerden) in eine Situation überwechselt, in der es fast ständigen Mangel leidet (Kälte, Gepresstwerden, Atemnot, Hunger). Es wurde nie systematisch untersucht, inwiefern verschiedene Auswirkungen dieses Geburtstraumas (Trauma: Wunde, Beeinträchtigung) bei Kindern auftreten, die unter verschiedenen Bedingungen geboren wurden (schwere oder leichte Geburt, Kaiserschnitt). Außerdem spielt es eine Rolle, ob die Mutter das Kind freudig erwartet, sie in ihrer Ehe zufrieden ist usw., so dass man nicht von einem einheitlichen Geburtstrauma sprechen kann.

Gedächtnis (Mneme) ist die Fähigkeit eines Organismus, Informationen zu speichern *(↗Behalten)* und sie auf Abruf hin wieder verfügbar zu haben (Reproduktion, Erinnern, Wiedererkennen). ↗Vorstellungen, Phantasie und ↗Perseverationen werden nicht unmittelbar den Gedächtniserscheinungen zugeordnet, stehen aber mit ihnen in einer Wechselbeziehung.
Die Gedächtnisforschung unterscheidet speicherabhängige und inhaltsabhängige Gedächtnisformen. Beachtet man die Art des Speicherns, so ergibt sich ein Mehrspeichermodell: das *Ultrakurzzeit-*, *Kurzzeit-* und *Langzeitgedächtnis.* Eingehende Informationen müssen die ersten zwei Speicher durchlaufen, um im Langzeitgedächtnis dauerhaft behalten zu werden. Merkmale der einzelnen Speicher:
1. *Ultrakurzzeitgedächtnis* oder *Gegenwartsbewusstsein:* Nimmt viel auf, behält es aber nur kurz. Beispiele: Merken von Verkehrsschildern bei Autofahrt –Vergessen nach wenigen Sekunden; Nachzählen der Glockenschläge, nachdem die Uhr geschlagen hat. Dieser Speicher heißt oft auch sensorisches Gedächtnis (Register), denn er funktioniert ähnlich wie ein Nachbild, das auf der Netzhaut entsteht, wenn z. B. der Fernseher ausgeschaltet wurde.
2. *Kurzzeitgedächtnis:* Nimmt weniger auf (ca. sieben Einheiten wie z. B. Worte oder Zahlen), behält es etwas länger (bis zu 15 Sekunden). Beispiele: Wählen einer Telefonnummer, die nicht auswendig gelernt wurde; Erinnern

einiger Inhalte einer Nachrichtenmeldung. Das KZG wird auch primärer Speicher oder Arbeitsspeicher genannt, weil hier die erste Verarbeitung aufgenommener Informationen stattfindet und die Informationen zu so genannten Bündeln, Mustern oder chunks zusammengefügt und so für das Speichern im Langzeitgedächtnis vorbereitet werden.

3. *Langzeitgedächtnis:* Braucht i. d. R. sehr lange, um Inhalte aufzunehmen, behält sie aber praktisch lebenslang und besitzt eine sehr große Kapazität. Beispiele: Vokabeln der Muttersprache, Lieder.

Um das Zusammenwirken der Gedächtnisspeicher zu verdeutlichen, kann folgendes Modell gebraucht werden: Für das Ultrakurzzeitgedächtnis sind bestimmte Bereiche im Gehirn verantwortlich, die man anschaulich als die Eingangsstelle eines großen und gut durchorganisierten Betriebes darstellen könnte. Diese Eingangsstelle erreichen ständig neue Informationen, von denen nur einige weitergeleitet und andere abgewiesen werden. Sie werden kurzfristig auf ihre Bedeutung hin überprüft, und wenn sie wichtig sind, werden sie mit verschiedenen Organisationsstellen des Betriebes bekannt gemacht. Unwichtige Informationen werden nur kurzfristig behalten und von wichtigeren abgedrängt bzw. überdeckt. Beispiel: Intensive Erlebnisse, wie z. B. ein Unfallschock, können ein vollständiges Vergessen der kurz zuvor abgelaufenen Vorgänge bewirken. Die einzelnen Speicher unterscheiden sich nicht nur hinsichtlich der Schnelligkeit und der Art des Vergessens, sondern auch hinsichtlich der biochemischen Vorgänge, die für das Speichern von Informationen verantwortlich sind. Es ist inzwischen bekannt, dass das langfristige Behalten von Informationen durch Ausbildung bestimmter Muster der Desoxyribonucleinsäure (DNS) bewirkt wird. Die Veränderung der Molekularstruktur, die einer Codierung gleichkommt, wird erst erreicht, wenn die Informationen mehrere Male hintereinander dieselben Nervenzellgruppen (Abteilungen im Betrieb) durchlaufen und dadurch die zur Umwandlung der DNS notwendige Energie bereitgestellt wird. Je bekannter die Informationen sind, desto schneller wird eine Umwandlung der DNS erreicht, weil die neue Information an die schon vorhandenen Erfahrungen bzw. Gedächtnisinhalte angeknüpft werden kann. Die Kenntnisse der biochemischen Vorgänge im Nervensystem ermöglichen es, verschiedene Gedächtniserscheinungen zu erklären, z. B. das Vergessen bei Schockerlebnissen, das Lernen von sinnlosen Inhalten oder die Behinderung des Behaltens bei kurz aufeinander folgenden Informationen mittlerer Ähnlichkeit.

Inhaltsabhängige Speicherformen. Im *episodischen Gedächtnis* wird das gespeichert, was zu unserer ganz persönlichen Lebensgeschichte gehört. Zu jeder Erinnerung können wir die dazugehörige Zeit und den Ort angeben. Man nimmt an, dass Lebenslaufereignisse, persönliche Erlebnisse und deren räumliche und zeitliche Umstände in der rechten Gehirnhälfte und das Faktenwissen in der linken gespeichert werden (Hemisphärentheorie des Speicherns).

Das deklarative oder semantische Gedächtnis speichert Wissen, welche Ereignisse in einem bestimmten Jahr stattfanden oder aus welchen Bestandteilen etwas besteht (Faktenwissen). Faktenwissen besitzt man oder besitzt man nicht (Alles-oder-Nichts-Prinzip). Es handelt sich um ein bewusstes Gedächt-

G nis. Prozesswissen oder prozedurales Wissen, das Wissen, wie es geht, für das das prozedurale Gedächtnis zuständig ist, kann man zum Teil beherrschen. Wissen, wie man Fahrrad fährt, ist eine Abfolge von Muskelbewegungen und Rückmeldungen über die Lage der Körperteile. Wissen, wie man Klavier spielt oder Schreibmaschine schreibt, kann von unterschiedlicher Qualität sein. Prozedurales Wissen wird gelernt durch Übung, der Vorgang kann einem gezeigt oder erklärt werden. Das prozedurale Gedächtnis funktioniert teilweise unbewusst.

Gedächtnismodelle nehmen an, dass Informationen über die Bildung von Knoten und Verbindungen (Assoziationen) gespeichert werden. Die Netzwerke dürften hierarchisch aufgebaut sein, d. h. wichtigere oder abstraktere Informationen sind in der Hierarchie höher angeordnet. Es wurde auch erkannt, dass unser Wissen in Schemata oder Mustern organisiert ist. Wir haben ein „Schema", wie man Geburtstag feiert, wie ein Schultag abläuft, wie Lebensmittel eingekauft werden usw. Darüber hinaus besitzen wir ein Metagedächtnis oder Metawissen darüber, welche Anstrengungen das Speichern bestimmter Informationen beansprucht, wie eine Information am leichtesten einzuprägen ist und was man speichern muss, um die gespeicherten Informationen abrufen zu können. Wir legen uns eine Strategie zurecht, d. h. wir überlegen, mit welchen Gedächtnishilfen (Eselsbrücken) wir einen schwierigen Stoff behalten und reproduzieren können. Das Metagedächtnis hilft uns auch, Gedächtnishemmungen, d. h. blockierende Bedingungen beim Speichern von Informationen zu vermeiden. Gedächtnishemmungen können durch Ähnlichkeiten zwischen gelernten Informationen, durch starke Gefühle und durch vorauswirkende oder rückwirkende Überlagerung von Informationen („Interferenztheorie) bewirkt werden.

Lernen und Behalten. Individuelle Gedächtnisleistungen werden aus dem Zeitaufwand erschlossen, der benötigt wird, um eine bestimmte Anzahl von Informationen fehlerfrei zu reproduzieren. Es hat sich herausgestellt, dass das Lernen bzw. der Behaltenszuwachs nicht gleichmäßig (konstant), sondern in Schüben verläuft. Der Verlauf einer Lernkurve kann in der Regel in vier Abschnitte unterteilt werden; der Ausprägungsgrad der einzelnen Lernphase ist individuell und je nach Lernmaterial verschieden.

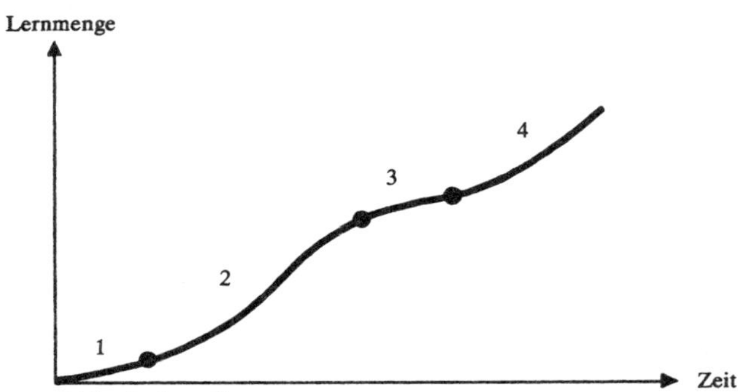

Ablauf eines Lernvorgangs

Je nach Art der Tätigkeit und Verfassung des Lernenden können mehrere erneute Anstiege vollzogen werden bis zu einer individuellen oberen Grenze (siehe Abb.).

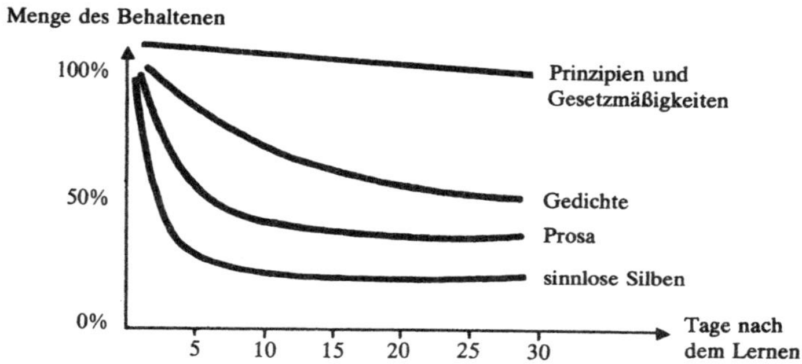

Der typische Verlauf der Vergessenskurve für sinnlose und sinnvolle Inhalte

Die Tatsache, dass sich Gefühle, Bedürfnisse und andere Bedingungen stark auf das Behalten bzw. Vergessen auswirken, zeigt, dass das Vergessen nicht als ein reines Verblassen von im Gehirn entstandenen Spuren angesehen werden kann. Gegenwärtig wird das Vergessen als ein aktiver psychischer Vorgang betrachtet, der von vielen individuellen Erlebnissen gesteuert und beeinflusst wird. Es kommt nun darauf an, die Bedingungen herauszufinden, die das Vergessen beschleunigen oder eine Veränderung (Modifikation) von Gedächtnisinhalten bewirken. Es scheint, dass die Gedächtnisinhalte nicht vergessen, d. h. ausgelöscht werden, sondern dass der Zugang zu ihnen „versperrt" wird. Leider sind die biochemischen Vorgänge des Abrufens von Informationen noch lange nicht vollständig erforscht. Die Tatsache, dass in den ↗Träumen Gedächtnisinhalte erscheinen können, an die man sich im Wachzustand nicht erinnern kann, und dass in der ↗Hypnose Informationen abgerufen werden können, die scheinbar längst vergessen worden sind, deutet darauf hin, dass das Vergessen keinen Prozess der Informationslöschung darstellt. Pointiert könnte man sagen, dass eigentlich nichts vergessen, sondern nur unterschiedlich gut wiedererinnert wird.
Seit dem Bekanntwerden von biochemischen Vorgängen im Nervensystem beim Speichern von Informationen rücken so genannte gedächtnisfördernde Psychopharmaka in den Mittelpunkt des Forschungsinteresses. Vor der Einnahme verschiedener „Gedächtnismittel" wird in den Ausführungen über ↗Psychopharmaka gewarnt. Neben den Gedächtnisstörungen, die auf Vergiftungen, Hirnverletzungen oder Altersabbauerscheinungen (↗Demenz) zurückzuführen sind, leiden Schüler und Studenten öfters unter psychisch bedingten Lernstörungen. Trotz intensiver Bemühungen und stundenlangen Einpaukens gelingt es ihnen nicht, auch nur die wichtigsten Informationen zu behalten. Als erfolgreich haben sich in solchen Fällen ↗Lerntechniken erwiesen.

Gedächtnishemmungen. In experimentellen Untersuchungen hat sich herausgestellt, dass sich bestimmte Aufnahmebedingungen ungünstig auf das Lernen

und Behalten von Inhalten auswirken können. Gedächtnishemmungen, die den Speichervorgang stören, treten auf: 1. Bei Stoffen mittlerer Ähnlichkeit, die hintereinander gelernt werden *(Ähnlichkeits- oder Ranschburgsche Hemmung)*. 2. Bei Lernvorgängen, die hintereinander ablaufen. Wenn der zuerst gelernte Stoff die Speicherung des später gelernten behindert, spricht man von einer *proaktiven* (vorauswirkenden) Hemmung, und wenn der später gelernte Stoff die Spuren des zuerst gelernten zerstört oder überlagert, von einer *retroaktiven* Hemmung (rückwirkende Hemmung). Ob eine pro- oder retroaktive Hemmung auftritt, hängt anscheinend von der Wichtigkeit des Stoffes ab. Die als bedeutend erlebten Inhalte überdecken die weniger bedeutenden. Um die gegenseitige Behinderung des Speicherns von Informationen zu vermeiden, müssen Pausen eingelegt werden. Wichtiger als die Länge der Pause ist die Art der Tätigkeit während der Pause. Eine angenehme, aber anregende (bedeutende) Unterhaltung während der Pause dürfte sich genauso, wenn nicht noch stärker störend auswirken, als wenn ohne Pause weiter gelernt wird. Es hat sich herausgestellt, dass der Schlaf das Behalten von Informationen fördert.
Die aufgeführten *Interferenzphänomene* (gegenseitige Behinderung) können durch die Erkenntnisse über die Bildung von Gedächtnisspuren, d. h. die Umstrukturierung der Molekularstruktur, gut erklärt werden.
Gefühle wie Angst oder Leistungsdruck, das Ausmaß der Leistungsmotivation und auch das körperliche Befinden (Müdigkeit, Abgespanntheit) beeinflussen die Gedächtnisleistung. Unerledigte Handlungen werden z. B. über kurze Zeitspannen besser behalten als erledigte *(Zeigarnik-Effekt)*. Es wird angenommen, dass sich das Engagement und somit die Gefühlsbeteiligung günstig auf die Gedächtnisleistung auswirken.

Gedankenstopp wird vor allem im Rahmen der ↗rational-emotiven Therapie eingeübt, damit sich aufdrängende, unerwünschte Gedanken, Emotionen und Handlungen durch autosuggestives „Stopp“ oder durch ähnliche „Befehle“ unterbrochen werden und an ihrer belastender Wirkung verlieren. Die Technik des Gedankenstoppens kann nur dann wirksam eingesetzt werden, wenn vorher die Entspannung, das positive Denken und die Autosuggestion eingeübt werden. Stopp-Befehle sind vor allem bei Erwartungsängsten, die durch Gedanken produziert werden, sinnvoll. Es hat sich als hilfreich erwiesen, die Befehle mit Gegenständen, Bewegungen oder Klängen zu koppeln, sozusagen zu visualisieren.

Gefühle *(Emotionen)*. Emotionen und Motivation zählen nach H. Rohracher zu den „psychischen Kräften“, d. h. es handelt sich um Energien, die uns antreiben, unser Verhalten aktivieren und steuern.
Emotionen oder Gefühle sind das Gegenteil von Gleichgültigkeit. Von Gefühlen sprechen wir, wenn wir aus dem Normalzustand herausgerissen sind, wenn uns ein angenehmes oder unangenehmes Erleben „widerfährt“ oder uns „überfällt“, ohne dass wir uns wehren können.
Komponenten und Arten der Gefühle. Es sind: (a) Subjektives Erleben (Freude, Glück, Trauer, Angst) des Erregt- und Berührtseins oder der Betroffenheit. Mit dem subjektiven Erleben eng verknüpft ist das Bewusstwer-

den (b) körperlicher Reaktionen oder physiologischer Veränderungen wie Herzklopfen, Schweißausbruch, schnellere Atmung, Muskelspannung. In den Alltagsäußerungen finden sich viele Hinweise auf körperliche Reaktionen, die mit Gefühlen zusammenhängen. Einige Beispiele: kochen vor Wut, strahlen vor Freude, zittern vor Aufregung, starr vor Angst, Herz rutscht in die Hose, heiß wie die Liebe, kalte Füße bekommen, blass vor Neid, große Augen machen.

Als dritte Komponente wird der „Ausdruck der Gefühle" genannt. Gefühle lösen Verhaltensweisen aus, die als Gesichtsausdruck (Mimik), Körperbewegungen (Gestik) und Stimme (Tonfall) beobachtet werden können. Die Erlebniskomponente lässt sich mit Hilfe des Merkmals oder der Pole Lust–Unlust, die körperlichen Veränderungen mit Erregung–Beruhigung und das Verhalten nach Spannung–Lösung näher beschreiben. Die Gefühlsintensität reicht von der milden, kaum bemerkbaren Form der Anmutung über den Affekt, der kurz und meist heftig auftritt, bis hin zur „blind machenden" mächtigen Leidenschaft.

Nach Traxel lassen sich Gefühle in die Dimensionen angenehm–unangenehm und Unterwerfung–Dominanz einordnen. Plutchik spricht von Grundemotionen, die aus vier gegensatzpaaren bestehen: 1. Freude–Traurigkeit, 2. Furcht–Wut, 3. Überraschung–Vorahnung und 4. Akzeptanz–Ekel. Aus diesen Grundemotionen lassen sich Mischformen ableiten: Das Gefühl Liebe beinhaltet Freude und Akzeptanz, das Gefühl Verachtung besteht aus Wut und Ekel, das Gefühl Enttäuschung aus Überraschung und Traurigkeit (Verlust) usw.

Als die zehn wichtigsten Gefühle werden von den Psychologen genannt (Rangreihe): Angst, Ärger, Ekel, Trauer, Freude, Überraschung, Wut, Liebe, Glück und Interesse. In der breiten Öffentlichkeit werden zusätzlich Hass, Aufregung, Sorge und Depression aufgeführt.

Entstehung und Funktion der Gefühle. Gefühle sind eng mit Reaktionen des autonomen Nervensystems verknüpft und entziehen sich zunächst der rationalen Kontrolle. Die Fähigkeit, in bestimmten Situationen gefühlsmäßig zu reagieren, ist angeboren (Gefühlserregbarkeit). Im Laufe der Entwicklung (individueller Werdegang oder Lerngeschichte) findet die Differenzierung der Auslöser (Situation), des subjektiven Erlebens und des Gefühlsausdrucks statt. Im Laufe der Biographie werden sog. „emotionale Schemata" aufgebaut, in denen eine Kopplung enthalten ist zwischen Zustandswahrnehmung, Situationswahrnehmung und Emotionsbenennung. Kognitionen (Gedanken, Informationen, Wahrnehmung) sind mit Gefühlen ganz eng verknüpft: Einerseits verleihen sie der Basisaktivierung die „Richtung" (angenehm–unangenehm), und die Gefühle beeinflussen dann ihrerseits das Denken und die Leistungsfähigkeit.

In der Fachliteratur wird von emotionaler Intelligenz oder von der Urteilskraft der Gefühle gesprochen. Ohne Gefühl gibt es kein lebenstüchtiges Denken und keine rationalen Entscheidungen, schreibt Carola Meier-Seethaler in ihrem Buch *Gefühl und Urteilskraft.* Neurophysiologische Untersuchungen belegen, dass alle Hirnteile eng miteinander vernetzt sind und liefern den Beweis, das „geistige" Aktivität durch Gefühle beeinflusst wird. Ohne gegenseitige emotionale Anteilnahme kann keine Gemeinschaft entstehen. Gefühle schützen uns vor Gefahren, Gefühle bilden die Grundlage für moralische Entscheidungen. Gefühle können die Gesundheit gefährden, aber auch heilsam wirken, denn ohne Einfühlung und Empathie ist therapeutische Einflussnahme kaum möglich.

Gehirnwäsche wird im Alltag gleichgesetzt mit extremer Beeinflussung des Bewusstseins, der Gedanken und der persönlichen Identität durch die Anwendung von physischer Gewalt oder von Psychopharmaka. Mit Gehirnwäsche wird in der Psychologie jede Form von Bewusstseinskontrolle und Bewusstseinsmanipulation bezeichnet, die in der Regel verdeckt, ohne Einwilligung der Betroffenen, erfolgt und zur Änderung von Überzeugungen, Gewohnheiten, Einstellungen und des Verhaltens führt. In vielen Sekten wird Gehirnwäsche durch kultische Handlungen, die einen hypnoseähnlichen Zustand erzeugen, praktiziert. Zum Einsatz kommen Indoktrinationen, persönliche Bekenntnisse, Aberkennungen der Existenz, Belehrungen im Namen Gottes, mystische Manipulation, „Love Bombing“ (z. B. Moonsekte) u. a. m. Psychotherapeutische Einflüsse können dagegen nicht als Manipulation und Gehirnwäsche angesehen werden, weil Entscheidungen der Klienten respektiert werden.

Gehörswahrnehmung. Die zentralnervöse Verarbeitung von Schallwellen (adäquate Reize), die über das Trommelfell und die drei Gehörknöchelchen des Mittelohrs zum Innenohr übertragen und gleichzeitig u. a. wegen Druckflächenunterschieden um das 22fache verstärkt werden, damit sie die Flüssigkeit in der Schnecke (Innenohr) in Bewegung setzen können, wodurch die ↗Rezeptoren (Sinneshaare) verborgen werden, vermittelt uns wichtige Informationen über die Vorgänge in der Umwelt. Mit dem akustischen Organ können Wellenfrequenzen von 16 (tiefe Töne) bis 15 000 und 20 000 Hz (höchste Töne) empfangen und in elektrische Impulse umgewandelt werden. Der verstärkende Apparat im Mittelohr ist besonders empfindlich für die Frequenzen von 80 bis 600 Hz. In diesem Frequenzbereich, der auch die menschliche Sprache umfasst, ist die Trennschärfe, d. h. die Differenzierung von Tonhöhen und Lautstärkenunterschieden, am größten.
Die Verarbeitungsprozesse von Schallwellen ermöglichen neben den subjektiven Erlebnissen der Tonhöhe und Lautstärke je nach Erfahrung, Gedächtnis, Aufmerksamkeit und Übung viele feine Differenzierungen und Urteile über die Umwelt wie die Einschätzung der Entfernung und Richtung der Schallquelle, das Erkennen von Personen an der Stimme, das Auseinanderhalten von mehreren gleichzeitig wirkenden Schallreizen. Weitere subjektive Wahrnehmungsinhalte sind Klang, Geräusch, Lärm und Klangfarbe, die weitgehend von der Zusammensetzung der Schallschwingungen abhängig sind.
Die Klänge (Konsonanzen und Dissonanzen; „Musikpsychologie), die Gefühlscharakter haben und als angenehm oder unangenehm empfunden werden, und die Sprache als Kommunikationsmittel sind zwei wichtige Möglichkeiten, das menschliche Verhalten über die Gehörswahrnehmung zu beeinflussen.

Gehorsam. Dieser Begriff ist in der Psychologie sehr eng verknüpft mit dem Begriff „Konformität" und seit Milgrams Experimenten mit dem Begriff Autorität. Während Konformität in der Regel definiert wird als eine Verhaltenstendenz bzw. Einstellung, sich an Normen, Standards usw. einer Bezugsgruppe zu orientieren, sowie als Nachgeben auf sozialen Druck und Anpassung an Gruppenurteile, wird von Milgram Gehorsam definiert als die Aktivitäten einer Person aus Unterwerfung gegenüber einer Autorität.
„Während also das gruppenkonforme Individuum darauf beharrt, dass seine Autonomie durch die Gruppe nicht verletzt oder vermindert worden sei, behauptet die gehorsame Versuchsperson, dass sie in der Frage, ob dem Opfer Schocks gegeben werden sollten, überhaupt keine Autorität besessen habe und ihre Aktionen ihr völlig aus der Hand genommen gewesen seien" (zitiert nach Milgram).
Die Ursache sieht Milgram in der Wirkung der Konformität als Reaktion auf einen unausgesprochenen Druck, welcher das Individuum veranlasst, sein Verhalten als freien Willensentscheid zu interpretieren, da kein Grund dafür gefunden werden kann, Gleichberechtigten nachgeben zu sollen. Beim Gehorsam beruft sich die Versuchsperson zur nachträglichen Erklärung ihres Verhaltens auf einen ausdrücklichen Befehl, die Situation wird nicht durch freie Willensentscheidung bestimmt. Explizite Androhung von Strafe, falls eine abweichende Auffassung geäußert wird, führt zur *Gehorsamskonformität*, die auf äußerer Kontrolle beruht.
In der Fachliteratur werden verschiedene Formen des Gehorsam unterschieden: Innerer Gehorsam besteht in gefühlsmäßiger und gedanklicher Übereinstimmung (aus Überzeugung) mit Verhaltensweisen, die in einer Organisation verlangt werden; beim kalkulierten Gehorsam wird genau der Gehorsam geleistet, für den man glaubt bezahlt oder belohnt zu werden (man verhält sich loyal, um Anerkennung zu bekommen); wenn man sich „fügt", weil man in einer Situation oder Lebenslage keine Alternative sieht, liegt resignativer Gehorsam vor; schließlich wird in der Fachliteratur noch der mechanische Gehorsam aufgeführt: man reagiert automatisch, unreflektiert auf bestimmte Symbole, Impulse oder technische Geräte (z. B. beim Autofahren).
Milgram stellt letztendlich fest, dass sowohl Gehorsam als auch Konformität mächtige Methoden der sozialen Beeinflussung darstellen. Ihre psychologischen Wirkungen sind jedoch verschieden.

Geisteskrankheiten, umgangssprachliche Bezeichnung für ↗Psychosen.

Geistige Behinderung. Als geistig behindert werden jene Menschen bezeichnet, deren ↗Entwicklung – vor allem im Leistungsbereich – äußerst starke Rückstände gegenüber der Altersgruppe aufweist und die einen IQ zwischen 20 und 60 haben. Ihr Abstraktionsvermögen ist sehr begrenzt, sie bleiben an das konkret-anschauliche Denken gebunden (↗Intelligenzentwicklung nach Piaget) und erreichen maximal ein Intelligenzalter von 8 Jahren. Sensibilität und soziale Verhaltensweisen (z. B. Unterstützen, Ermutigen) sind bei ihnen oft in stärkerem Maße als bei Nicht-Behinderten entwickelt, und die Leistungen Behinderter lassen sich – vor allem qualitativ – nicht exakt mit denen Nicht-Behinderter vergleichen. Synonym mit *geistiger Behinderung* werden manchmal noch die Begriffe *Imbezillität, Oligophrenie, Debilität* oder *Idiotie* (Bildungsunfähigkeit) verwendet. Diese sollten jedoch vermieden werden, da sie aus der älteren Psychiatrie stammen, nicht viel aussagen und insbesondere einen stark negativen Bedeutungsgehalt haben.

Ursachen. Eine geistige Behinderung beruht immer auf einer hirnorganischen Schädigung („Gehirn). Sie kann zurückgeführt werden auf:

1. Erbkrankheiten oder ↗Chromosomenverteilungsfehler (sog. Chromosomenaberrationen).

2. Erworbene Ursachen (z. B. Sauerstoffmangel während der Geburt). Unter dem zeitlichen Gesichtspunkt kann man unterscheiden:

a) vorgeburtliche Schädigungen (pränatal), z. B. ↗Chromosomenschädigung, Infektionen der Mutter (Röteln), Vergiftungen, Viruserkrankungen (Lues), Röntgenschäden;

b) Schädigungen im Zusammenhang mit der Geburt (perinatal), z. B. Hirnblutungen, Schädeldeformationen, Sauerstoffmangel aufgrund einer Strangulation durch die Nabelschnur;

c) nachgeburtliche Schädigungen (postnatal), z. B. frühkindliche Hirnschäden aufgrund von Hirnhautentzündung, Impfschäden und Stoffwechselerkrankungen oder Beeinträchtigung durch Verkehrsunfälle.

Geistige Behinderung wird nur zu einem geringen Prozentsatz vererbt. Oft führt das Zusammenspiel mehrerer Ursachengruppen zur Entstehung der Behinderung.

Erscheinungsbild. Häufig setzt man das typische Aussehen mongoloider Menschen (z. B. breite Nasenwurzel, Übergröße des Kopfes, Speichelfluss, Bewegungsunsicherheit) mit dem geistig Behinderter gleich. Diese zeigen aber keineswegs ein einheitliches Erscheinungsbild. Der Einfluss des familiären Lebens, die individuelle Körpergestalt, unterschiedliche erworbene Verhaltensmuster führen zu einer unverwechselbaren Persönlichkeit des einzelnen Behinderten.

Pädagogische Möglichkeiten. Das Schicksal geistig behinderter Menschen könnte wesentlich erleichtert werden, wenn die Hirnschädigung frühzeitig erkannt würde. Wenn das Kind z. B. mit 4 Monaten den Kopf nicht heben, mit 6 Monaten nicht frei sitzen kann oder beständig nur mit einer Hand greift, besteht der Verdacht auf eine Hirnschädigung. Bei Verdachtsmomenten sollte das Kind unbedingt von einem Facharzt gründlich untersucht werden. Die Einführung der Schulpflicht 1965 löste eine Sicht ab, die geistig Behinderte als „Pflegefall“ oder „unerziehbar“ ansah. Nach den „Empfehlungen für den Unterricht für geistig Behinderte (1980)“ sind Selbstverwirklichung und soziale Integration anzustrebende Erziehungsziele. Der geistig Behinderte lernt z. B.:

- sich mit anderen sprachlich und nichtsprachlich zu verständigen,
- mit anderen Beziehungen einzugehen und mit ihnen zusammenzuarbeiten,
- seine täglichen Bedürfnisse zu versorgen,
- Lebensfreude und Selbstvertrauen zu entwickeln,
- sich in wichtigen Bereichen des öffentlichen Lebens auszukennen,
- eine Arbeit bzw. Tätigkeit auszuüben,
- seine Freizeit sinnvoll zu gestalten,
- sich als Junge oder Mädchen, Mann oder Frau zu sehen und zu akzeptieren.

Nicht all diese Ziele werden von jedem geistig Behinderten erreicht, es sind viele Abstufungen möglich.
Die pädagogische Förderung muss sofort nach Erkennen der Behinderung einsetzen und erfolgt deshalb schon im Rahmen der Familie unter Mithilfe von Fachleuten (Hausfrühförderung). Eine Erziehung in Sonderkindergärten und -schulen schließt sich an. Trainingskurse in der Werkstatt für Behinderte bereiten auf die Arbeit hier oder in seltenen Fällen auf den öffentlichen Arbeitsmarkt vor. In der letzten Zeit wird häufig eine mit der Erziehung der Nicht-Behinderten integrierte Förderung geistig Behinderter gefordert. Dies würde ohne Zweifel zu einer größeren Akzeptanz der Behinderten beitragen, es müsste aber vor allem gesichert sein, dass die Erzieher auf das langsame Lerntempo und das rein anschauliche Denken Rücksicht nehmen sowie mit den z. T. auffallenden Verhaltensweisen umgehen können. Eine Integration des geistig Behinderten während der Schulzeit ist besonders wichtig, weil sie derzeit noch im Leben außerhalb von Schule oder Werkstatt oft alleine gelassen und ohne Anschluss sind.

Geltungsstreben. „Das Minderwertigkeitsgefühl beherrscht das Seelenleben und lässt sich leicht aus dem Gefühl der Unvollkommenheit, der Unvollendung und aus dem ununterbrochenen Streben der Menschen und der Menschheit verstehen“ (A. Adler). Auf Grund seiner Minderwertigkeitsgefühle strebt der Mensch danach, sich Geltung zu verschaffen. Manchmal kommt es dabei zu Übertreibungen, zu einer Kraft, die kompromisslos nach Macht und Anerkennung strebt und oft übers Ziel hinausschießt.

Gemeindepsychologie begreift psychosoziale Probleme als individuelle Lösungsversuche im Kontext der Widersprüche und Belastungen der alltäglichen Lebenswelt. Sie darf nicht als Anwendung psychologischer Erkenntnisse auf die Gemeinde verstanden werden (im Sinne einer angewandten Psychologie). Sie fragt vielmehr danach, welche Auswirkungen die sozioökonomischen und ökologischen Bedingungen einer Gemeinde für die in ihr lebenden Individuen haben. Gemeindepsychologie bemüht sich außerdem intensiv darum, herauszufinden, wie die psychosoziale Praxis Menschen dabei unterstützen kann, mit den Problemen ihres Alltags besser fertig zu werden und immer wiederkehrende Belastungen zu überwinden.
Die Geschichte der Gemeindepsychologie ist eng mit den Bewegungen zur Reform psychosozialer Dienste in den 60er und 70er Jahren verknüpft. Ähnlich wie die Sozialpädagogik mussten auch klinische Psychologen beobachten, dass die von ihnen durchgeführten Psychotherapien zu kurz greifen, wenn die Ursachen psychischer Probleme unberücksichtigt bleiben.
Die wichtigsten Ziele sind: Aufbau gemeindenaher Versorgungssysteme, Erprobung alternativer psychosozialer Behandlungsformen, das Bemühen die individuelle Probleme nicht isoliert von der Umwelt zu betrachten und zu verstehen, kritische Analyse bestehender Institutionen und Versorgungsstrukturen, Überwindung des mechanistischen Menschenbildes und des medizinischen Modells bei der Definition und Behandlung psychischer Störungen.

Gemeinschaft. Als Gemeinschaften bezeichnet man ↗Gruppen, bei denen eine besonders enge Bindung der Mitglieder untereinander besteht und emotional gefärbte Ziele gemeinsam angestrebt werden (z. B. Mitglieder einer Kirchengemeinde).

Gemüt, ungenaue – hauptsächlich in der älteren Psychologie und Psychiatrie (vgl. den Terminus „Gemütskrankheiten") verwendete – Bezeichnung für gefühlsmäßiges ↗Erleben (Gefühle, Stimmungen, Antrieb). In der Vergangenheit wurde Gemüt (vor allem in der geisteswissenschaftlich ausgerichteten Pädagogik) als das Insgesamt der Werthaltungen, als die Fähigkeit zu helfen, mitzufühlen, zärtlich und warmherzig zu sein, betrachtet. Diese Fähigkeit sollte vorrangig vor dem Verstand gebildet werden. Begriffe wie gemütsflach, gemütskalt, gemütsstumpf werden in der Psychologie wegen ihrer Ungenauigkeit und der in ihnen enthaltenen Wertung nicht mehr verwendet.

Generalisierung bezeichnet die Tatsache, dass die auf bestimmte Reize hin gelernten Reaktionen auch auf ähnliche Reize erfolgen können, generalisiert, übertragen, verallgemeinert werden (Reizgeneralisation). Dieser Effekt ist vor allem beim Übertragen der Wünsche und der ↗Angst auf ähnliche Objekte oder Personen zu beobachten. Die Generalisierung des Übungseffektes (Transfer) auf ähnliche Tätigkeiten scheint auf motorische Fähigkeiten begrenzt zu sein und ist inzwischen bei Tätigkeiten wie Rechnen, Lernen einer Sprache usw. stark umstritten.

Genetik (Vererbungsforschung). Sie untersucht, welche Merkmale durch Vererbung und welche auf andere Art und Weise entstanden sind. ↗Anlage-Umwelt-Problem.

Genitale Phase (auch ödipale oder (genauer) frühe genitale Phase). Nach Sigmund Freud begehrt das Kind im Alter von vier bis sechs Jahren den gegengeschlechtlichen Elternteil. Der gleichgeschlechtliche Elternteil wird zum Konkurrenten und zur Bedrohung. In der Psyche des Kindes tobt der Gefühlskonflikt zwischen Angst und Geborgenheit. Die Bewältigung der Angst erfolgt über die Identifikation mit dem gleichgeschlechtlichen Elternteil. Mit der Identifikation werden auch Vorstellungen, Erwartungen, Handlungsweisen des Elternteils übernommen. Auf diese Weise entwickelt sich nach Freud die Geschlechterrolle bzw. das Über-Ich, das die Kontrolle über die Beziehungen zum anderen Geschlecht übernimmt.

Genotypus. Der Genotypus bezeichnet die Gesamtheit aller Erbanlagen (↗Anlage) eines Individuums. Lebewesen mit gleichem Genotypus können sich aufgrund von Umwelteinflüssen innerhalb einer genetisch vorgeschriebenen Breite in ihrer Merkmalsausprägung unterscheiden. ↗Phänotypus.

Geriatrie. Die Gerontologie untersucht die vielschichtigen Probleme des Alterns. Sie lässt sich in eine medizinische Teildisziplin, die Geriatrie, und eine psychologische, die Gerontopsychologie, aufgliedern.

Angesichts ständig steigender Lebenserwartung gewinnen gerontologische Wissenschaften immer mehr an Bedeutung.
Aufgrund der Tatsache, dass nicht nur die Häufigkeit der Erkrankungen mit dem Alter zunimmt, sondern dass im Alter auch gleichzeitig mehrere Erkrankungen nebeneinander auftreten, sind Diagnostik und Therapie erschwert, es sind Prävention und fachgerechte Rehabilitation notwendig, um nach Möglichkeit eine lebenslängliche Pflegebedürftigkeit zu verhindern.

Gerontologie ist eine multidisziplinäre Wissenschaft, die sich mit dem Altwerden und Altsein befasst, wobei biologische, psychische, personale sowie soziale, kulturelle, philosophische und theologische Aspekte berücksichtigt werden.

Gerontopsychologie, auch Alterspsychologie, befasst sich mit den Veränderungen des Erlebens und Verhaltens, die mit dem biologischen Alterungsprozess im Zusammenhang stehen. Die These vom generellen Leistungsabbau im Alter wird heute nicht mehr akzeptiert. Die wichtigsten Aufgaben der Gerontopsychologie sind:
- systematische Erfassung und Beschreibung des Alternsprozesses, d. h. der mit dem Alter einhergehenden Veränderungen des Verhaltens und Erlebens
- Beschreibung der Bedingungen des Alterns
- Verarbeitung der Altersveränderungen durch das Individuum
- Maßnahmen zur Vermeidung unerwünschter Alterserscheinungen und Förderung des „erfolgreichen Alterns". „Alterspsychologie.

Geruchs- und Geschmackswahrnehmung. Geschmack- und Riechstoffe (chemische Reize) werden von Geschmacksknospen auf der Zunge und von Riechzellen im Gebiet des sog. Nasendachs in elektrische Impulse umgeformt, die subjektiv als Geruch- bzw. Geschmacksempfindungen erlebt werden. Geschmack und Geruch sind beim Menschen eng miteinander verbunden; bei Geruchsausfall werden die Speisen oder Getränke geschmacklos. Geruchs- und Geschmackserlebnisse können ebenso wie andere Sinnesempfindungen das Gefühl beeinflussen; auch die rasche Anpassung (↗Adaption) an verschiedene Gerüche ist psychologisch bedeutsam.

Geschichte der Psychologie. Wollte man die Geschichte der Psychologie vollständig darstellen, so müsste man mit der Schilderung des psychologischen Denkens in vorchristlichen Hochkulturen anfangen, die Abhandlung psychologischer Fragen durch griechische Philosophen verfolgen und selbstverständlich auch die Beiträge der Scholastiker (christliche Philosophen wie Albertus Magnus, Thomas von Aquin) mitberücksichtigen. Einen Einschnitt in der Geschichte der Psychologie bilden die Arbeiten des französischen Philosophen René Descartes, der als Sitz des Geistes oder der Seele das menschliche Gehirn annimmt (↗Nervensystem) und psychische Erscheinungen den Eigenschaften des ↗Bewusstseins zuschreibt; ebenso zu erwähnen sind die Gedanken der englischen Philosophen John Locke (1632–1704), David Hume (1711–1776), James und John Stuart Mill u. a., die psychische Prozesse auf ↗Erfahrung (Empiriker) und ↗Assoziationen (Verbindungen, Verknüpfun-

Überblick über die Entwicklung der modernen Psychologie

Ungefähre Zeitangabe	*Gegenstand der Forschung*	*Methode*	*Schulen und Vertreter*	*Bedeutung in der gegenwärtigen Psychologie*
1850 bis heute	Nervenaktivität, Reflexe, Beziehung zwischen Reiz und Empfindung (↗Psychophysik), ↗Sinne	Beobachtung, Messung, physikalisch-physiologische Methoden	H. v. Helmholtz, G.Th. Fechner, I.M. Setschenow, J.Müller u.a.	Gesetze: spez. Sinnesenergien, Weber-Fechnersches Gesetz, Psychophysik (↗Empfindung)
1879	Bewusstseinselemente, Elemente der ↗Empfindung und ↗Wahrnehmung, Völkerpsychologie	Introspektion (↗Selbstbeobachtung)	Elementenpsychologie, Leipziger Schule; W.Wundt, E.B. Tischener u.a.	Allgemeiner Einfluss auf Wahrnehmungspsychologie und ↗Sozialpsychologie
Seit 1880	↗Gedächtnis	Experimente mit sinnlosen Silben	H. Ebbinghaus	Gedächtnis bzw. Vergessenskurve
1896	↗Bewusstsein; Denken, Erinnern, Urteilen	Introspektion, Ausfrageexperimente	O. Külpe als Gründer der Würzburger Schule, K.Bühler, K.Marbe, N.Aach u.a.	Assoziationsgesetze des ↗Denkens
Kurz vor und nach 1900	Unbewusstes	↗Psychoanalyse (↗Seelenzergliederung↗), Traumdeutung	S. Freud, A.Adler, C.G. Jung u.a.	↗Tiefenpsychologie, psychoanalytische Therapie
	Reflextätigkeit, Lernen	Experimente mit Tieren	I. P.Pawlow, W.Bechterew, J.B. Watson	Grundregeln des ↗Lernens (klassische Konditionierung)
	Entwicklung, Charakter, individuelle Unterschiede, Fähigkeiten, erste Tests	Beobachten, Vergleich, Messen, Tests, Psychometrie	F. Galton, J.Mc. Catell, A.Binet, Th. Simon u.a.	↗Differentielle Psychologie, ↗Diagnostik, ↗Tests

Seit 1910	↗Verhalten (beobachtbares)	↗Beobachtung, ↗Experiment, Messen, Labyrinthversuche	J. B.Watson als Gründer des ↗Behaviorismus, C.B. Hull, E.C. Tolman, B.F. Skinner u.a.	↗Lernen, Erziehung, ↗Verhaltenstherapie, programmierter Unterricht, ↗Lehrmaschinen
Seit 1915	↗Wahrnehmen, Erleben, ↗Verhalten, ↗Bewusstsein	Von Selbstbeobachtung bis zu Experiment	Gestaltpsychologie bzw. Berliner Schule: K.Wertheimer, W.Köhler, K.Koffka; Ganzheitspsychologie bzw. Leipziger Schule: F.Krüger, F.Sander u.a.	Bewusstseinsprozesse sind mehr als Summe der Elemente. ↗Wahrnehmung, Gedächtnis, Denken, psychophysische Struktur
Nach 1920	Verhalten, Erleben, Bewusstsein und Unbewusstes von Mensch und Tier	Verfeinerte Techniken der Beobachtung, des Experimentierens und auch ↗Statistik	Weiterwirken der genannten Schulen; hinzu kommen Psychotechnik, Persönlichkeitspsychologie, Sozialpsychologie u.a.	Grundlagen der gegenwärtigen psychologischen Erkenntnisse
Seit 1970	Selbstverwirklichung, Sinnorientierung	Verstehen, Einfühlung	A. Maslow, C.Rogers, Ch. Bühler, R.Cohn u.a.	Entwicklung therapeutischer und pädagogischer Methoden
Seit 1970	Prozesse zwischen Reizaufnahme und Verhalten	Experimente, Entwicklung von Modellen, Computersimulation	M.G. Wessels, G.H. Bower u.a.	Grundlagen der Informationsverarbeitung (z.B. Begriffsbildung, Verstehen, Problemlösen)

gen einzelner Elemente nach bestimmten Gesetzen) zurückführen und daher als Vorläufer der späteren Assoziationspsychologie, der ↗Gestaltpsychologie und der Psychologie als Erfahrungswissenschaft genannt werden. Obwohl die philosophischen Beiträge zur Erklärung psychischer Erscheinungen nicht uninteressant sind, kann die „lange Vergangenheit" der Psychologie in diesem Artikel nicht dargestellt werden.

Mit der Gründung des ersten psychologischen Laboratoriums durch Wilhelm Wundt 1879 in Leipzig fängt die „kurze Geschichte" (E. G. Boring) der Psychologie an, die als Entwicklung der *modernen, experimentellen* Psychologie bezeichnet werden könnte. Charakteristisch für die Entwicklung der Psychologie als selbständige Wissenschaft (Trennung von der Philosophie) von 1879 bis etwa 1930 ist eine Vielzahl untereinander zerstrittener Schulen und große Fortschritte der Psychologie, die sie zweifellos der Anlehnung an die Naturwissenschaften und den Ergebnissen der psychologischen Forschung zu verdanken hat. Die Entwicklung vieler psychologischer Schulen und Theorien (↗Methoden der Psychologie) ist auf das Ringen der Wissenschaftler um die Bestimmung des *Gegenstandes* psychologischer Forschung und auf die Suche nach *methodischen* Zugängen zum Psychischen zurückzuführen. L. J. Pongratz schildert in seiner „Problemgeschichte der Psychologie" folgende Gegenstandsbestimmungen der Psychologie: Seelenwesen, Seelenleben, Bewusstsein, unbewusstes Erleben und Verhalten. Der Methodenstreit wird von Vertretern der Introspektion (↗Selbstbeobachtung), Fremdbeobachtung, Befragung, Assoziation, Beschreibung, Beobachtung und Messung sowie des experimentellen Vorgehens geführt (↗Methoden der Psychologie).

Für die Entwicklung der Psychologie nach 1920 sind kennzeichnend:

1. eine Fülle von psychologischen ↗Tests und deren Anwendung in der ↗Berufsberatung;
2. die Anwendung der psychologischen Erkenntnisse in der Arbeitswelt (↗Arbeitspsychologie, Psychotechnik, ↗Betriebspsychologie),
3. die Entwicklung von ↗Persönlichkeitsmodellen und die damit verbundene Erforschung der Bedürfnisse, ↗Gefühle, ↗Eigenschaften usw. und
4. das Aufkommen der ↗Sozialpsychologie, die in der gegenwärtigen Psychologie die beherrschende Stellung einnimmt; ferner
5. Entwicklung der ↗Humanistischen Psychologie, die zahlreiche Verfahren der ↗Psychotherapie hervorgebracht hat, sowie
6. das Entstehen der ↗kognitiven Psychologie, die den Behaviorismus weitergeführt hat.

Schon vor dem Zweiten Weltkrieg hat sich gezeigt, dass alle psychologischen Schulen, Theorien und auch Methoden etwas „Wahres" bzw. „Brauchbares" enthielten und einzelne Teilaspekte des Psychischen und des Verhaltens näher erklärten. Der Vorwurf, Psychologie sei keine bzw. eine höchst zweifelhafte Wissenschaft, weil es so viele unterschiedliche Ansichten, Theorien und Richtungen gab und noch gibt, ist unberechtigt. Der gegenwärtige Wissensstand und die enorme Verbreitung und Anerkennung der Psychologie in einer sehr kurzen Zeit sind zweifellos auf die Anstrengungen einzelner psychologischer Schulen zurückzuführen, deren Erkenntnisse vollständig oder nur teilweise noch heute gültig sind (siehe letzte Spalte der Übersicht: „Bedeutung in der gegenwärtigen Psychologie").

Geschlechtererziehung. Es ist nicht die Sexualerziehung, Geschlechtserziehung oder gar Sexualaufklärung gemeint. Es geht um psychologische und pädagogische Probleme, die sich aus der Tatsache ergeben, dass es Geschlechtsunterschiede gibt, dass nach wie vor ↗Geschlechterrollen existieren und unterhalb der formal „geschlechtsneutralen" Erziehung und Bildung ein „heimlicher Lehrplan" der Geschlechtererziehung wirksam ist. Welche Beziehungs- und Erziehungsmuster tragen weiterhin zur Stabilisierung der Geschlechterrollen bei? Die Forschung hat gezeigt, dass Mädchen weit weniger Aufmerksamkeit von Seiten der Lehrperson erfahren als Jungen. Lehrkräfte neigen oft dazu, die Interessen und Bedürfnisse von Jungen vorrangig zu berücksichtigen. Leistungen werden geschlechtsstereotypisch wahrgenommen und honoriert.
Sowohl Mädchen wie Jungen leben in komplexen Beziehungsgefügen, die nicht auf die primären und sekundären Sozialisationsinstanzen wie Familie und Schule zu reduzieren sind. Unstrittig ist, dass die Individuen nicht umhinkommen, sich mit ihrer Geschlechtlichkeit auseinander zu setzen. In der aktiven Auseinandersetzung mit ihrer Umwelt bilden sie eine eigene Geschlechtsidentität heraus, auch wenn diese sich jenseits gängiger Klischees darstellen kann (man denke an „zarte Jungs" und „harte Mädchen" als das Ziel mancher Jugendprojekte).
Professionell Erziehende nehmen in diesem Kontext eine bedeutende Rolle ein: Sie können Mädchen und Jungen in ihrer individuellen Selbstdefinition des Weiblichen oder Männlichen bestärken oder im Sinne einer „Initiation der Geschlechter in entgegengesetzte Welten" erziehen, wenn unreflektiert traditionelle Geschlechterbilder übernommen oder neue Feindbilder geschaffen werden. Die Erziehenden konstruieren Geschlechterverhältnisse, ob sie wollen oder nicht. Es wird beobachtet, dass die Geschlechterstereotypien durch moderne Entwicklungen wie die Einführung von Personalcomputern nicht überwunden, sondern eher verstärkt werden. Es gibt einen typisch männlichen und typisch weiblichen Umgang mit dem Internet, gemischte Gruppen neigen dazu, in Mädchen- und Jungengruppen zu zerfallen, wenn gemischte Gruppen an einem Projekt arbeiten, entwickeln sich Dominanz- und Unterordnungsverhältnisse nach dem Chef-Sekretärin-Modell.

Geschlechterrollen, oft auch ungenau Geschlechtsrollen genannt, werden spezifisch weibliche und männliche Verhaltensmuster genannt, die entsprechend den jeweiligen sozio-kulturellen Normen gelernt wurden und weniger durch die biologischen Geschlechtsunterschiede bedingt sind. Kritische Perioden, in denen der Aufbau von Geschlechterrollen durch die Erziehung oder andere Umwelteinflüsse stark beeinflusst wird, sind das ↗Kleinkindalter (von zwei bis sechs Jahren) und das ↗Jugendalter. Es wird angenommen, dass Kinder durch eine strenge Mutter und einen ängstlichen Vater „feminisiert" werden (Vorherrschen weiblicher Eigenschaften).
Es wäre zu bedenken, dass die Spannung, die durch typisch männliche und weibliche Verhaltensmuster zwischen den Geschlechtern herrscht, in vieler Hinsicht wichtig und sinnvoll ist und daher nur der Abbau sexueller Vorrechte des Mannes und die berufliche Gleichstellung der Frau gefordert werden sollten.

G

Geschwisterkonstellation wurde vor allem von Walter Toman zum Thema psychologischer Forschung gemacht. Es wird angenommen, dass die Position in der Geschwisterreihe sich stark auf die Entwicklung der Persönlichkeit auswirkt. Diese Thematik wird im Artikel ↗Familienkonstellation behandelt.

Gesichtswahrnehmung. Die visuelle, optische Wahrnehmung, einfach das Sehen genannt, ist für den Menschen eine der wichtigsten Informationsquellen über die Beschaffenheit und die Veränderungen der Umwelt. Das Auge als Sinnesorgan nimmt die von den Gegenständen zurückgeworfenen (reflektierten) Lichtstrahlen auf und vereinigt sie auf der ↗Netzhaut, wo die ↗Rezeptoren (Stäbchen und Zapfen) die Lichtenergie in elektrische Potentiale umwandeln. Die Augenmuskulatur, die für das Dehnen und Krümmen der Linse und für die Bewegung des Augapfels verantwortlich ist, sorgt für das „scharfe Sehen", d. h. für die Anpassung an verschiedene Entfernungen *(↗Akkommodation)* und für die *Konvergenz* beim beidäugigen Sehen, damit keine Doppelbilder entstehen. Die Pupille reguliert als Blende die Menge des einfallenden Lichtes. Die Erweiterung oder Verengung der Pupille ist der erste Schritt der ↗Adaptation (Hell-, Dunkelanpassung).
Trotz der Anpassung an die Entfernung und Helligkeit ist das menschliche Auge nicht mit einem Photoapparat und die Gesichtswahrnehmung nicht mit Fotos vergleichbar. Wir sehen nicht mit den Augen, sondern mit dem Gehirn („Nervensystem); Lichtreize werden nicht abgebildet, sondern verarbeitet. Die Verarbeitung beginnt schon auf der Netzhaut, wo Wechselwirkung zwischen Erregungs- und ↗Hemmungsprozessen wahrscheinlich für Hell-Dunkel-Kontraste (weiße Schrift auf einer dunkelgrünen Tafel) und die scharfe Abbildung von Figuren (Abheben vom Hintergrund) verantwortlich ist. Der Erste Schritt der Weiterverarbeitung erfolgt schon im Sehnerv, wo bestimmte Informationen durch bestimmte Nervenfasern weitergeleitet werden. Nach verschiedenen Umschaltungen gelangen die Informationen zur „Sehrinde", wo sie zu dem Abbild und zur bewussten Wahrnehmung der Außenwelt beitragen (↗Wahrnehmung). Die Verarbeitungsprozesse, bei denen Erfahrung, ↗Gedächtnis, ↗Aufmerksamkeit u. a. Faktoren eine wichtige Rolle spielen, bewirken einige interessante psychologische Erscheinungen, die alle hauptsächlich der besseren Orientierung in der Umwelt dienen.

1. Wahrnehmungskonstanzen: Trotz verschiedener Entfernung werden Objekte, Personen, Tiere, Figuren usw. subjektiv in ihrer „natürlichen" Größe (Größenkonstanz), die uns aus verschiedenen Erfahrungen bekannt ist, gesehen und nicht entsprechend der Größe des Abbildes auf der Netzhaut.
2. Figuren werden abgehoben vom Hintergrund gesehen, das Wahrnehmungsfeld wird nach ↗Gestalt-Gesetzen organisiert. ↗Figur-Grund-Effet, ↗Kontrastphänomen.
3. Beidäugiges Sehen, Erfahrung und Figur-Grund-Kontraste ermöglichen Tiefenwahrnehmung, Entfernungsschätzung und das dreidimensionale Sehen.
4. Erfahrung und Änderung des Bezugsrahmens (Hintergrund) spielen eine wichtige Rolle bei der Bewegungswahrnehmung und Geschwindigkeitseinschätzung, da bewegte Objekte fixiert und somit auf der Netzhaut als unbewegt abgebildete Gegenstände erscheinen.

5. Großes psychologisches Interesse fanden auch die unter ↗Wahrnehmungstäuschungen beschriebenen Erscheinungen, die ↗Farbwahrnehmung und die ↗Nachempfindungen.

Gesprächspsychotherapie (auch: nicht-direktive Therapie, klientenzentrierte Therapie) ist eine der klassischen Behandlungsmethoden der ↗Humanistischen Psychologie für psychisch beeinträchtigte Menschen. Sie wurde in den 40er Jahren in den USA von C. Rogers entwickelt und vom Ehepaar Tausch Mitte der 60er Jahre im deutschen Sprachraum eingeführt. Die Gesprächspsychotherapie, oft „GT" genannt, geht davon aus, dass die Persönlichkeit des Menschen durch seinen Wunsch nach *Selbstverwirklichung* (Selbstaktualisierung) bestimmt ist und dass er grundsätzlich die Fähigkeit besitzt sich selbst zu helfen; der Therapeut kann deshalb nur Begleiter sein, der hilft, die Kraft zur Selbstaktualisierung wiederzugewinnen.

Ein weiterer wesentlicher Baustein der Persönlichkeitstheorie von Rogers ist das *Selbstkonzept*. Es besteht aus dem *Realselbst* eines Menschen, das alles umfasst, was er an Möglichkeiten, Gefühlen und tatsächlichem Verhalten bei sich wahrnimmt und erlebt (z. B. ich beschäftige mich gerne alleine, bin ein mittelmäßiger Student). Davon wird das *Idealselbst* unterschieden, das dem Menschen anerzogen wurde und ihm mitteilt, wie er sein sollte (z. B. ich sollte gesellig, ein erfolgreicher Student sein). Das Auseinanderklaffen von Real- und Idealselbst führt dazu, dass Gefühle und Empfindungen, die nicht mit dem gelernten Selbstkonzept übereinstimmen, einem Angst machen, man schaut, dass man Situationen vermeidet, die Diskrepanzen hervorrufen, Erfahrungen, die man macht, sind verzerrt. Das alles schränkt die Selbstaktualisierung sehr ein und wird noch verstärkt, wenn das sog. *Fremdbild,* also die Erwartungen, die andere an den Menschen haben, ebenfalls dem Realselbst widerspricht.

Das *therapeutische Vorgehen* der Gesprächspsychotherapie versucht, die Wachstumskräfte des Menschen zum Tragen zu bringen und jenes emotionale Umfeld zu schaffen, das dem Klienten ermöglicht, zu spüren, was er eigentlich denkt, fühlt und will. Um das zu erreichen, lernen Gesprächspsychotherapeuten drei Haltungen (*Basismerkmale*) zu verwirklichen, die heute zu den Grundfertigkeiten eines jeden Menschen gehören, der in der Sozialarbeit tätig ist:

- *Echtheit.* Ein Therapeut ist in seiner Persönlichkeit stimmig; was er denkt, fühlt oder tut, wird nicht als widersprüchlich erlebt. Der Inhalt des Gesagten stimmt mit seiner Mimik, seiner Gestik, seinem Tonfall u. a. überein („Kommunikation). Er spielt nicht eine Rolle, zeigt keine „Fassade".
- *Akzeptanz.* Der Klient spürt vom Therapeuten menschliche Wärme und Wertschätzung, die nicht von einem bestimmten gewünschten Verhalten abhängt. Diese an keine Bedingungen geknüpfte Wertschätzung trägt dazu bei, dass der Klient Selbstvertrauen gewinnt und sich annehmen kann. Andrerseits bedeutet diese Akzeptanz nicht, dass der Therapeut inhaltlich alles billigt, was der Klient sagt oder tut (z. B. Gewalttätigkeit, Drogenkonsum).
- *Empathie.* Wenn der Therapeut den Klienten annehmen kann, kann er sich auch mehr und mehr in ihn hineinversetzen. Der Klient fühlt sich verstanden, wenn der Therapeut sensibel ist und die Erlebniswelt des Klienten nachzuvollziehen versucht. Ein Weg dahin geht über das „Verbalisieren emotionaler

Erlebnisinhalte" (↗aktives Zuhören). Dabei sollte auf keinen Fall das vom Klienten Gesagte „nachgeplappert" werden (was Anfänger gerne tun), vielmehr muss der Therapeut auf alle Mitteilungen, also auf Sprache, Sprechausdruck, Körperhaltung und aktuelle Verhaltensweisen achten und dann das von ihm Gespürte, das „zwischen den Worten Gehörte", dem Klienten mitteilen. So gelangt dieser schrittweise zu einem tieferen Verständnis seiner eigenen Person.

Die *Wirkung des therapeutischen Gesprächs* kann folgendermaßen beschrieben werden: In einer entspannten und warmen Atmosphäre, in der der Therapeut nicht urteilt und Ratschläge gibt, kann der Klient ehrlich sein, braucht keine Fassade aufrechtzuerhalten und kann sich trotz seiner „schlimmen" Seiten akzeptieren. Das Verbalisieren der Gefühle und Erlebnisse durch den Therapeuten lässt den Klienten neue Aspekte in seinem Erleben finden (*Selbstexploration*), er kann zudem von seinen Problemen sprechen, was eine entlastende Wirkung (↗Katharsis) hat. Das empathische Verhalten des Therapeuten regt den Klienten an, seine Probleme zu erkennen und sie zu formulieren. Sein Selbstbild, das stark durch das Idealselbst bestimmt war, wird wirklichkeitsnäher, und er gewinnt größere Unabhängigkeit von den Erwartungen anderer.

Gesprächspsychotherapie setzt beim Hilfesuchenden die Bereitschaft voraus, sich mit sich selber auseinanderzusetzen. Wie bei allen Psychotherapien kann ihm nicht gegen seinen Willen geholfen werden. Die Gesprächspsychotherapie stellte ursprünglich eine bedeutende Alternative zur psychoanalytischen Therapie dar, wird aber heute in ihrer ursprünglichen Form nur noch selten praktiziert, vielmehr haben sich weitere Linien, wie die „process-experiential therapy" und die „zielorientierte Gesprächspsychotherapie" herausgebildet. Besonders wirksam ist Gesprächspsychotherapie bei Klienten, die über Angst, Depressionen, psychosomatische Störungen oder Persönlichkeitsstörungen klagen. Vielen Therapeuten anderer Richtungen und Menschen, die im sozialen Bereich professionell arbeiten, sind die drei Grundhaltungen der Gesprächspsychotherapie (Echtheit, Akzeptanz, Empathie) zur unverzichtbaren Basis für ihre Arbeit geworden.

Gestalt. M. Wertheimer gilt zusammen mit W. Köhler und K. Koffka als Begründer der *Gestaltpsychologie* (Berliner Schule; ↗Geschichte der Psychologie), die das Konzept der Verbindung (Assoziation) von Elementen (W. Wundt) in der ↗Wahrnehmung kritisierten und den Schwerpunkt auf Organisationsprozesse und die gestalthafte Strukturierung der Wahrnehmung legten. Die Gestalt, d. h. die von ihrer Umgebung abgehobene Einheit oder Ganzheit, die „mehr ist als die Summe ihrer Teile", und die Gestaltqualität ist nicht in den einzelnen Teilen (Elementen) zu finden und bleibt erhalten, wenn alle Teile ausgetauscht werden (z. B. Noten einer Melodie), wenn nur die Beziehung zwischen den einzelnen Teilen, die *Struktur,* erhalten bleibt. Aufgrund der dynamischen Wechselwirkung zwischen den einzelnen Teilen und zwischen Reizmustern und inneren Prozessen (Hirnprozesse sind physiologische Gestalten) zeichnen sich die Wahrnehmung und auch andere psychische Prozesse, wie z. B. Denken, durch die Tendenz zur Ordnung, Organisation, Regelmäßigkeit und Einfachheit und durch die Neigung zu „guten Gestalten" (Prägnanztendenz) aus.

Die Entdeckung der Organisationsprinzipien führte zu der Auffassung, dass zwischen lokalen Sinnesreizen und erlebten Eindrücken keine direkte Zuord-

nung besteht (Widerlegen der Konstanzannahme) und dass zwischen subjektiven Erlebnissen und den dazugehörigen Hirnprozessen eine Gestaltgleichheit besteht (Annahme des Isomorphismus). Entsprechend dieser Auffassung erhofften die Gestaltpsychologen, durch die Erforschung der Organisationsgesetze nicht nur Wahrnehmung, Lernen, Denken u. a. psychische Prozesse zu erklären, sondern auch einen Einblick in die dazugehörigen Nervenprozesse zu gewinnen. Die an visuellen Reizmustern (Figuren) nachgewiesenen Organisationsprinzipien wurden *Gestaltgesetze* genannt: die gestalthafte Organisation erfolgt z. B. nach dem Gesetz der Nähe (räumliche Nachbarschaft), der Gleichheit oder Ähnlichkeit (gleiche Elemente werden zur Gestalt zusammengefasst), nach dem Gesetz der Geschlossenheit (Kontur) oder der Kontinuität.
Insgesamt lässt sich die Gestalttheorie auf folgende Grundsätze reduzieren:

1. Zwischen den Reizen und der Wahrnehmung besteht keine konstante Beziehung (Subjektivität der „Wahrnehmung).
2. Die Wahrnehmung und andere psychische Prozesse unterliegen einer spontanen Tendenz zur gestalthaften Organisation nach den Gestaltgesetzen.
3. Gestalten heben sich als gut umgrenzte, gegliederte und bedeutungsvolle Bereiche vom unstrukturierten Hintergrund ab (Figur-Grund-Differenzierung).
4. Unvollkommen wahrgenommene Reizmuster tendieren zur „Vervollkommnung" (Gerüchtebildung).
5. Leistungen des Denkens sind Umstrukturierungen nach den Organisationsprinzipien (Lösung = gute Gestalt; ↗Einsicht).
6. Gestalten werden als bedeutungsvoll erlebt, besitzen Aufforderungs- oder Vermeidungscharakter. Die Erkenntnisse der Gestaltpsychologie beherrschten lange Zeit die Praxis der Werbung und sind der erste eindeutige Nachweis der Subjektivität der Wahrnehmung, die so schnelle und angepasste Reaktionen ermöglichte.

Gestalttherapie, eine aus der ↗Humanistischen Psychologie kommende Therapie, die von Fritz Perls begründet wurde; sie ist seit den 50er Jahren in Amerika populär und hat auch in Deutschland viele Anhänger, z. B. H. G. Petzold, gefunden. Theoretische Grundlagen der Gestalttherapie bilden einige Grundannahmen der ↗Psychoanalyse, Erkenntnisse der ↗Gestaltpsychologie (Prägnanztendenz, Ganzheitlichkeit von Körper und Seele, Figur-Grund-Problem) und humanistisches Gedankengut (Selbstverwirklichung, Sinnorientierung, Ganzheitlichkeit).
Die Gestalttherapie geht von einem *Menschenbild* aus, das besonders die *Prozesshaftigkeit* im Verhalten hervorhebt. Es geht nicht um die Ursachen oder den Zweck von Verhalten, um Fähigkeiten oder Gesetzmäßigkeiten, sondern darum, „wie" etwas geschieht. Man spricht z. B. von „austauschen", „fließen" u. a. und beschreibt damit Prozesse der Selbstverwirklichung. Sie – und nicht z. B. die Selbsterhaltung – ist der grundlegende Prozess, den alle Organismen anstreben. Ein weiterer wesentlicher Prozess bei Menschen ist das *Erleben*: Der Organismus registriert in jedem Augenblick, was in ihm und um ihn herum geschieht. Dafür verfügt er über ein sensorisches und ein motorisches System. Über das Erleben erhält der Mensch Informationen, die sich im Organismus in Form von Gestalten

abbilden. Wichtig ist dabei die *Bewusstheit* des Erlebens. Die Bewusstheit hat jederzeit Zugang zum Erleben und ist die entscheidende Voraussetzung, um gesund zu leben. „Bewusstheit ist der Prozess einer wachen Aufmerksamkeit für das Erleben. Bewusstheit umfasst sowohl die Aufmerksamkeit für das Selbst, in Form von Bedürfnissen, als auch die Aufmerksamkeit gegenüber der Umwelt hinsichtlich der Mittel zur Erfüllung der Bedürfnisse. Bewusstheit wie auch Bewusstsein helfen dem Organismus, seine Bedürfnisse zu finden, indem sie seinen Austausch mit der Welt koordinieren" (Cochran und Holloway).

Ist der bewusste Zugang zum Erleben nur eingeschränkt möglich oder gar blockiert, bezeichnet die Gestalttherapie den Menschen als fehlangepasst. Er kann nur vermindert seine Möglichkeiten nutzen, um Probleme zu lösen. Die Blockaden des Bewusstseins können in vier Formen auftreten:

- Die *Retroflektion*, bei der der Mensch sich selbst bekämpft (z. B. Kratzen, Fingernägelkauen). Er wendet sich gegen seine Wünsche, Impulse oder Handlungen.
- Das *Unempfindlich-Werden* gegenüber Mitteilungen des Körpers und der Sinne, z. B. Gebrauch von Rauschmitteln, übertriebene Pflege von Gewohnheiten.
- Die *Introjektion* lässt den Menschen unbewusst fremde Überzeugungen und Motive übernehmen und als die eigenen erleben.
- Bei der „*Projektion* werden eigene Erwartungen und Gefühle nicht mehr bei sich, sondern bei anderen wahrgenommen.

All diese Mechanismen lassen den Menschen nicht mehr seine Bedürfnisse erkennen, er kann sich nicht mehr an ihnen in seinem Handeln orientieren, er hat einen wesentlichen Teil seiner Persönlichkeit nach außen abgetreten.

Der gestalttherapeutische Prozess will der Person ermöglichen, diese Blockaden zu überwinden. Dabei ist ein wesentlicher Aspekt die Konzentration auf das Hier und Jetzt, wobei die Körperempfindungen des Klienten im Mittelpunkt stehen, die den Kontakt mit der Außenwelt ermöglichen. Der Therapeut achtet darauf, vor allem die non-verbalen Mitteilungen des Klienten wahrzunehmen (z. B. Tonfall, Haltung, Bewegungen) und sie anzusprechen. Der Therapeut hilft so dem Klienten, sich seines Verhaltens bewusst zu werden, so dass er dafür im Verlauf der Therapie mehr und mehr Verantwortung übernehmen kann. Das Bewusstwerden der eigenen Verhaltensweisen ist häufig von Enttäuschung und Verletzungen begleitet; diese Frustrationen sind aber beabsichtigt, denn von ihnen ausgehend kann der Klient Kraft entwickeln, seine eigenen Möglichkeiten der Problembewältigung zu nutzen, er darf sich nicht auf die Hilfe des Therapeuten verlassen.

Mit gestalttherapeutischen Methoden wird eine Vielzahl von Störungen, wie z. B. Psychosen, Borderline-Störungen, narzisstische Störungen, Suchterkrankungen, aber auch psychosomatische Störungen, behandelt. In Untersuchungen zeigte sich, dass die Gestalttherapie grundsätzlich wirksam ist, man hat aber noch nicht herausgefunden, bei welchen Störungen sie besonders oder nicht geeignet ist.

Seine Lebensphilosophie fasste F. Perls mit poetischen Worten, die als „Gestaltgebet" bekannt sind, zusammen: „Ich tue das Meine, du tust das Deine. Ich bin nicht auf der Welt, um deinen Erwartungen gemäß zu leben. Und du bist nicht auf der Welt, um meinen Erwartungen gemäß zu leben. Du bist du, und ich bin ich. Und wenn wir einander zufällig finden, ist das schön. Wenn nicht, dann eben nicht."

Gestik. Zu den Mitteln der Körpersprache gehört neben Körperhaltung, Mimik, Physiognomie, Blickkontakt vor allem die Gestik. Mit unseren Händen untermalen und kommentieren wir im Gespräch unsere Worte – und zwar eindeutiger und wahrhaftiger, als die gesprochene Sprache es könnte. In der Kommunikation wird von analogen Botschaften gesprochen, die stärker seien als Worte. Gesten, wie z. B. kraftvolles Auftreten, verraten Selbstsicherheit; sich kratzen, an sich herumzupfen und andere nervöse Gesten enthüllen Anspannung und Unsicherheit, und das Vermeiden von Gesten deutet auf Depression, Schüchternheit und Angst.
Sind die Hände nach oben geöffnet, so symbolisieren sie Geben, Nehmen und Bitten; sind sie nach unten geöffnet, zeigen sie Zudecken, Beschwichtigen oder Herabmindern an.

Gewissen, ein verinnerlichtes System von Werten, Überzeugungen und Normen, welches uns in die Lage versetzt, unabhängig von äußeren Maßstäben zu sittlichen Fragen selbständig Stellung zu nehmen, das eigene und fremde Verhalten nach moralischen Maßstäben zu bewerten und bei Missachtung des Gewissens Schuldgefühle und Angst zu entwickeln. Handelt ein Mensch in Übereinstimmung mit verinnerlichten Geboten, Verboten und Strafen, so fühlt er sich wohl, man sagt, dass er ein ruhiges oder gutes Gewissen hat.
In der psychoanalytischen Theorie Sigmund Freuds wird das Gewissen weitgehend mit dem „Über-Ich gleichgesetzt. Das Kind lernt durch das erzieherische Verhalten der Eltern (Lob–Strafe, Gebote–Verbote, Vorbild), welche Verhaltensweisen in einer Gesellschaft erstrebenswert sind und welche gemieden werden sollen. Über Gebote, Lob und Anerkennung bildet sich vor allem das so genante Ideal-Ich oder Ich-Ideal aus; das Gewissen im engeren Sinne entsteht eher über Verbote und Strafen. Ist das Über-Ich ausgebildet, so empfindet das Kind Angst, wenn es eine Handlung ausführen will, die schon einmal bestraft wurde.

ÜBER-ICH DER ELTERN	
Ideal-Ich Beispiele: Höflichkeit gute Leistungen	Gewissen i. e. S. Beispiele: nicht Schlagen, nicht Lügen

↓ ↓

Ideal-Ich Beispiele: Ich will höflich sein Gute Leistungen sind wichtig	Gewissen i. e. S. Beispiele: Angst vor Schlagen, Schuldgefühle nach Lügen
ÜBER-ICH DES KINDES	

Anzustreben ist nach Freud ein angemessenes Über-Ich, also ein weder zu strenges noch zu lasches Gewissen. Ein zu strenges Gewissen schränkt das Verhalten der Menschen vor allem in Bezug auf die Befriedigung wichtiger Wünsche zu sehr ein. Zu nachlässiges Gewissen führt zu Konflikten mit der Umwelt, weil auch Verhaltensweisen gezeigt werden, die normalerweise unterbleiben sollten.

Glaubwürdigkeit. Richter müssen oft psychologisch begutachten lassen, ob sie bestimmten Zeugenaussagen, vor allem solchen von Kindern, Jugendlichen oder psychisch Kranken, Glauben schenken dürfen. In den Gutachten zur Beurteilung von Zeugenaussagen werden viele Erkenntnisse der Psychologie berücksichtigt. Betroffen sind Wahrnehmung, Gedächtnis, Gefühle, Motivation, die unbewussten Kräfte, Entwicklungsstand, Persönlichkeitseigenschaften usw. ↗Forensische Psychologie.

Graphologie, selten auch Schriftpsychologie genannt, ist ein Vorgehen, das die Beurteilung von Persönlichkeitsmerkmalen aus der Analyse der Handschrift anstrebt. Die Annahme, die Handschrift sei ↗Ausdruck der ↗Persönlichkeit, die daher aus verschiedenen Merkmalen der Schrift erschlossen werden kann, ist stark umstritten. Viele Untersuchungen ergaben, dass zwischen Merkmalen der Handschrift und der Persönlichkeit zwar Zusammenhänge bestehen, sie aber zu gering sind, um die Graphologie alleine als nützliche Methode in der Persönlichkeitsdiagnostik (↗Diagnostik) verwenden zu können. Das einzige Merkmal, das man mit großer Sicherheit aus der Handschrift bestimmen kann, ist das Geschlecht (in 60 % bis 75 % aller Fälle stimmt das Urteil des Graphologen). Die Gültigkeit graphologischer Aussagen wird manchmal überschätzt, da eine große Übereinstimmung bei der Beurteilung des Ausdruckgehaltes (↗Ausdruck) von Schriftmerkmalen herrscht, d. h. es sind sich viele Personen darin einig, ob eine Schrift z. B. zügig, spielerisch oder ruhig ist. Solche Urteile sagen aber noch nichts über die ↗Persönlichkeit des Schreibers aus, höchstens etwas über die Gleichförmigkeit der Wahrnehmung der Beobachter. Unabhängig von der aufgeführten Problematik wird die Graphologie – hauptsächlich wegen der Leichtigkeit, an Schriftproben heranzukommen – vor allem bei der Personalauslese bevorzugt angewandt. Erfolgreicher ist die Graphologie bei der Erstellung von Schriftexpertisen *(Schriftvergleiche),* in denen z. B. die Echtheit von Kaufverträgen, Testamenten und Unterschriften untersucht wird. Es werden Formähnlichkeit der Schriftzüge, das Schriftbild (z. B. teigig, scharf), der Schreibdruck, der Zeilenverlauf (steigend, fallend, wellig), der Verteilung der Schrift auf dem Blatt u. a. bei der als falsch verdächtigten Schrift (Tatschrift) und möglichst mehreren Originalen miteinander verglichen. Unauffällige Übereinstimmungen spielen bei der Beurteilung der Echtheit eine wichtigere Rolle als offensichtliche Ähnlichkeiten, wie sie vom Fälscher beabsichtigt sind, wenn er eine echte Unterschrift nachahmt oder sie abpaust.

Gruppe. „Gruppe“ bezeichnet eine Gesamtheit von Personen, die durch aufeinander bezogene ↗Interaktionen verbunden sind, sowie gemeinsame Ziele (Lösen einer Aufgabe, Erstellen einer Arbeit, Gestalten der Freizeit usw.) und

darauf ausgerichtete Normen haben. Eine Gruppe entwickelt eine spezifische Struktur, die das ↗Rollen-Verhalten der einzelnen Mitglieder aufeinander abstimmt. Durch die gemeinsame Zielsetzung wird die Gruppe zusammengehalten und lässt ein Gefühl der Solidarität, das sog. „Wir-Gefühl", entstehen.
Gruppenarten. Gruppen werden nach Größe in Groß- und Kleingruppen, nach Art der Entstehung in formelle (absichtlich organisierte) und informelle (spontan entstandene) Gruppen, nach der Zugehörigkeit in Eigen- und Fremdgruppen, nach der Funktion in Primär- und Sekundärgruppen klassifiziert. Jede der aufgeführten Gruppenarten weist eine eigene innere Dynamik auf (z. B. Art der Beeinflussung von Gruppenmitgliedern, „Kommunikation, Anpassung an Gruppennormen und Bestrafung bei Abweichungen usw.) und bestimmt in eigener Weise die Beziehung zu anderen Gruppenarten (Dynamik zwischen den Gruppen). *Formelle* Gruppen entstehen planmäßig, sind organisiert und haben in der Regel eine Satzung, die das Gruppenziel, die darauf ausgerichteten Rollen und Normen genau beschreibt, während *informelle* Gruppen sich spontan ergeben und stärker auf die Befriedigung der emotionalen Bedürfnisse ihrer Mitglieder ausgerichtet sind. Deshalb gibt es auch häufig innerhalb formeller Gruppen, die das Bedürfnis des Einzelnen nach persönlichen Kontakten nicht befriedigen können (z. B. Schulklasse, Büroabteilung; ↗Betriebspsychologie), informelle Zusammenschlüsse. Für eine *Kleingruppe* werden Zahlen von zwei bis 24 Mitgliedern genannt. Es ist günstig, sich an der Möglichkeit der Individuen zu orientieren, untereinander unmittelbar (face-to-face) zu interagieren. So sind für Diskussionsgruppen fünf bis acht Mitglieder optimal. *Großgruppen* sind z. B. Institutionen, Schulen, Betriebe, Parteien; ihnen fehlen die Merkmale der Kleingruppe. *Primärgruppen* beeinflussen stark die Entwicklung der ↗Persönlichkeit des Menschen (z. B. ↗Familie, Gruppe der Gleichaltrigen). In ihnen erlebt der Mensch seine ersten Beziehungen zu anderen, die seine ↗Einstellungen und seinen Bezug zur Welt entscheidend beeinflussen (↗Erziehung). Diese Gruppen sind auch in der Hinsicht primär, als sie zeitlich die ersten sind, in denen der Mensch lebt. Die einzelnen Klassifizierungen schließen einander nicht aus, so ist z. B. die Familie zugleich Klein-, Primär- und formelle Gruppe.
Eigengruppe (ingroup) ist die Gruppe, in der man selbst Gruppenmitglied ist. Das Zugehörigkeitsgefühl bewirkt, dass man sich von der *Fremdgruppe* (outgroup) abzusetzen versucht (↗Vorurteil). Meistens vermittelt die Gruppe, der man sich angehörig fühlt, die Maßstäbe des Verhaltens und die Einstellungen. Gewöhnlich geschieht dies auf dem Weg der ↗Identifikation des Individuums mit den Zielen einer Gruppe.
Funktion der Gruppe. Die Zugehörigkeit zu verschiedenen Gruppen ist für den Menschen lebensnotwendig. Sie vermittelt soziale und kulturelle Normen, Werte, Einstellungen und Verhaltensweisen, sie befriedigt die grundlegenden Bedürfnisse des Individuums nach Anerkennung, Zuwendung, Selbstverwirklichung und vermittelt ihm das Gefühl der Sicherheit und Nützlichkeit, sie gibt ihm Gelegenheit, Status und Macht zu erlangen, und hebt sein Selbstgefühl, sie ermöglicht es, dass Gruppenmitglieder ihre Ziele erreichen und gute Leistungen vollbringen. Das Gruppenmitglied wird andererseits gezwungen, sich den Zielen und Normen der Gruppe anzupassen (↗Konformität); dadurch

entsteht eine gewisse Stabilität der Gesellschaft, der Weltanschauung (↗Religionspsychologie) und der politischen Einstellung (Partei als Gruppe, Fraktionszwang).
Formelle Gruppen erfordern von einer bestimmten Mitgliederzahl an (mittlere und größere Betriebe) einen Organisationsplan (↗Betriebspsychologie), in dem folgende Faktoren berücksichtigt werden müssen: Bedürfnisse des Menschen nach Anerkennung, Selbstbestimmung, Verantwortung, Unabhängigkeit; Funktionsteilung (aus Rationalisierungsgründen u. a.), damit Kompetenzstreitigkeiten vermieden werden; Formen des Informationsaustausches, die sowohl eine vertikale (Chef – Untergebener) als auch horizontale (z. B. Arbeiter mit Arbeiter) Kommunikation ermöglichen; der Führungsstil, d. h. die Art der Beeinflussung durch Vorgesetzte; Formen der Leistungskontrolle, der Entlohnung und Anerkennung. In verschiedenen Untersuchungen wurde festgestellt, dass hohe Zufriedenheit der Mitarbeiter bzw. Gruppenmitglieder in Gruppen zu beobachten ist, in denen folgende Bedingungen verwirklicht wurden: Den Gruppenmitgliedern wird Vertrauen entgegengebracht, Schwierigkeiten werden gemeinsam mit dem Vorgesetzten beraten, die Bedeutung einer Aufgabe für den Funktionszusammenhang wird erklärt, Ziele werden sachlich begründet. Die Gruppenmitglieder können Einfluss auf die Gestaltung des Arbeitsplatzes und der Arbeitsmethoden nehmen, bestimmen ihren Arbeitsrhythmus selbst und arbeiten selbständig, sie haben die Möglichkeit, Kontakte mit Kollegen aufzunehmen, wodurch sie anerkannt und beachtet werden und sich verstanden fühlen. Hohe Unzufriedenheit ist vor allem in solchen Gruppen zu beobachten, die durch Drohung, Imponiergehabe, Berufung auf Statussymbole und Vorgesetzteneigenschaften, Tadel und unsachliche Kritik geführt werden. Die Beziehungen zwischen verschiedenen Gruppen wirken sich auch auf das Verhalten der Gruppenmitglieder in der eigenen Gruppe zueinander aus. Besteht die Gefahr, dass eine Gruppe auseinander fällt, kann durch den Wettbewerb mit fremden Gruppen der Zusammenhalt von Gruppenmitgliedern gesteigert werden. Auch Konflikte, Spannungen und Streitigkeiten in einer Gruppe können durch den „gemeinsamen Gegner“ beseitigt werden. Befindet sich eine Gruppe im Wettbewerb mit einer anderen Gruppe, so werden individuelle Wünsche zurückgestellt, um das gemeinsame Ziel zu erreichen; die Zustimmung zu den Gruppenzielen wächst, abweichende Meinungen werden in der Gruppe nicht geduldet. Eventuelle Misserfolge werden dem „böswilligen“ Verhalten der fremden Gruppe zugeschrieben. Solche Sündenbock-Mechanismen führen dazu, dass Fremdgruppen als feindselig erlebt und mit Vorurteilen belegt werden.
Entstehung von Gruppen. Räumliche Nähe ist eine grundlegende Bedingung, um soziale Kontakte entstehen zu lassen und ein Kennenlernen zu ermöglichen. Personen, die in ihren Werten, Vorstellungen, Normen und Persönlichkeitseigenschaften übereinstimmen, finden sich bevorzugt zu Gruppen zusammen, weil sie ihre eigenen Standpunkte durch Zustimmung anderer bestätigt haben wollen (Freundschaften, Sportvereine, Spielgruppen von Kindern, Ehe). Man beobachtet jedoch auch eine Gruppenbildung von Individuen mit gegensätzlichen Merkmalen. So mag eine Person mit stark ausgeprägtem Bedürfnis nach ↗Dominanz Kontakt mit einem Partner aufnehmen, bei dem das

Bedürfnis nach Unterordnung vorherrscht; die Partner ergänzen sich und befriedigen ihre Bedürfnisse gegenseitig. Eine weitere Bedingung, die sehr stark gruppenbildend wirkt, ist das gemeinsame Erleben einer ↗Frustration. Personen, die sich in gleichen bedrohlichen Situationen erleben, schließen sich meist zu Gruppen zusammen, um ein Gefühl der Sicherheit zu erfahren.

Gruppenpsychotherapien. Die Aufforderung von J.L. Moreno: „Heilung durch die Begegnung" führte zum verstärkten Einsatz von Gruppen zu therapeutischen Zwecken. Seit den 50er Jahren sind viele verschiedene Gruppenverfahren entwickelt worden. Die Tatsache, dass viele psychische Störungen aus der gestörten Wahrnehmung und Kommunikation in Gruppen resultieren, spielte dabei ebenso eine Rolle wie die Chance, das in den Gruppen vorhandene Veränderungspotenzial zugunsten der Behandlung von psychischen Problemen zu nutzen.

Nach ihrem theoretischen Hintergrund lassen sich die verschiedenen gruppentherapeutischen Methoden der analytischen („Psychoanalyse), der verhaltenstherapeutischen (↗Verhaltenstherapie) und der klientenzentrierten (↗Gesprächspsychotherapie) Gruppenarbeit zuordnen. Hinzu kommen noch verschiedene Trainingsgruppen, z. B. Sensitivity-Training, das auf die Verbesserung ↗sozialer Wahrnehmung abzielt, Encounter-Gruppen, die eine Verbesserung sozialer Beziehungen durch intensive Selbsterfahrung anstreben, Gestaltgruppen (↗Gestalttherapie), ↗Psychodrama-Gruppen, ↗TZI-Gruppen u. a. Die analytischen Gruppentherapien nutzen die Gruppe als Medium, um ↗Projektionen, Übertragungsphänomene, Widerstände und Abwehr, bedingt durch unbewusste Konflikte, bewusst zu machen. Die Zielsetzung solcher Gruppen besteht in einer Neustrukturierung der Es-Ich-Über-Ich-Dynamik (↗Psychoanalyse). Dies geschieht über die Konfrontation (Rückmeldung), über die Klärung statt Vermeidung und Abwehr, über Deutung von Übertragungen und Gegenübertragungen sowie über das „Durcharbeiten" von Widerständen mit Hilfe therapeutischer Interventionen (z. B. Anregung zur Aufnahme einer Beziehung, kreative Überwindung der Abwehr).

Verhaltenstherapeutisch orientierte Gruppentherapeuten, z. B. Lazarus und Lieberman sehen die Gruppe als soziales Erfahrungsfeld (wie im Alltag), in dem der Patient sein Verhalten sozusagen „lebensecht" – aber unter geschützten Bedingungen – verändern, üben kann. Dabei tritt der Therapeut als Experte zurück, und die Gruppenmitglieder übernehmen einen größeren Anteil an der Zielfindung, an der Kontrolle des Verhaltens (z. B. über die ↗Verstärkung), an der Auswahl geeigneter Übungsmethoden und an der Durchführung von Übungen (z. B. zur Selbstbehauptung).

Klientenzentrierte Gruppentherapeuten handeln nach der Überzeugung, dass die Menschen zur Selbstverwirklichung, Selbstfindung und Eigenverantwortlichkeit fähig sind, wenn sie soziale Situationen vorfinden, die sie entsprechend herausfordern. Solche herausfordernden Elemente sind: Konzentration auf das Hier-und-Jetzt-Prinzip, Ermutigung zu Offenheit, Ehrlichkeit, zu zwischenmenschlicher Konfrontation, die anfängliche „Nicht-Struktur" (der Therapeut hält sich zu Beginn zurück und fördert den Prozess der Gruppenentwicklung), die Aufforderung zum Ausleben negativer Gefühle u. a. m.

G

Selbsthilfegruppen lassen sich oft keiner bestimmten theoretischen Richtung zuordnen. Sie befassen sich mit einem speziellen Problem, das alle teilen (z. B. Alkoholabhängigkeit, Leben mit psychotischen Angehörigen), und in ihnen sind alle Mitglieder funktionell gleich, es besteht keine formale, fachliche Führung.

Zusammenfassend lässt sich sagen, dass trotz des Schadens, den manche Gruppentherapeuten angerichtet haben, wenn sie Patienten mit mangelnden zwischenmenschlichen Fertigkeiten zu schonungsloser Offenheit und Selbstenthüllung („Seelen-Striptease") oder zu intensiven Körperkontakten drängten, die Therapie in Gruppen ein ausbaufähiges und ausbaubedürftiges Gebiet der klinischen Psychologie ist. Das Potenzial und die Qualitäten einer Gruppe, wie z. B. Vertrauen und Offenheit, Möglichkeiten Rückmeldungen zu empfangen und zu geben, Erhalten von Unterstützung, Modelllernen, Teilen gemeinsamen Leidens. Rekapitulation belastender Ereignisse können bei umsichtiger Führung effektiv zur Beseitigung von psychischen Störungen eingesetzt werden.

Haftpsychose. Bei längerem Aufenthalt unter den die Bewegungs- und Entscheidungsfreiheit sehr einschränkenden Bedingungen (↗Deprivation), wie sie in einer Haft üblich sind, entwickelt der Mensch anormale Verhaltensweisen, die sein Überfordertsein durch diese Reizarmut anzeigen. Diese abnormen Haftreaktionen sind z. B. ↗Depression, ↗Angst, Wahnvorstellungen (↗Wahn), unschuldig zu sein oder begnadigt zu werden. Mit der unwillkürlich auftretenden Haftpsychose dürfen nicht die Simulationspsychosen verwechselt werden, die vorgetäuschte psychische Störungen darstellen.

Halluzination, lebhafte Wahrnehmung nicht vorhandener Reize oder Objekte. ↗Wahrnehmungstäuschungen.

Halluzinogene, Drogen wie z. B. LSD und Meskalin, die schon in geringer Dosierung Halluzinationen und andere psychotische Symptome (↗Psychosen) hervorrufen.

Halo-Effekt (Hof-Effekt). Darunter versteht man eine subjektiv verfälschte Wahrnehmung in der Beurteilung von Menschen (↗Ausdruck) und Objekten; man orientiert sich an einem vermeintlich zentralen Merkmal und stimmt andere Persönlichkeitszüge darauf ab.

Haltung. 1. Umgangssprachliche Bezeichnung für ein körperliches Erscheinungsbild eines Menschen (z. B. aufrechter Gang), das oft als Hinweis auf den psychischen Zustand bewertet wird (↗Ausdruck). 2. In der Psychologie wird der Begriff Haltung oder auch Werthaltung synonym für ↗Einstellung verwendet.

Handlung. Neben dem Erleben und Verhalten wird in den letzten Jahrzehnten auch das Handeln als Gegenstand psychologischer Forschung und psychologischer Theorien genannt. Das Erleben wird als „psychischer Akt", als ein Akt des Bewusstseins, als innere Erfahrung und als Abbild der Wirklichkeit im Bewusstsein definiert. Das Verhalten wird gesehen als in der Regel beobachtbare Reaktion auf einen Reiz (Reiz-Reaktion), und mit dem Begriff Handlung bzw. Handeln werden alle intentionalen, zielgerichteten, bewusst (willentlich) gewählten (Entscheidungen) und eingesetzten Aktivitäten eines Menschen zusammengefasst. Nach W. Herzog ist der Mensch ein „aktives Wesen, das sich zielgerichtet und absichtlich verhält, das sich Alternativen überlegt, seine Ziele wählen und sich entscheiden kann. Eine Handlung, die so zustande kommt, ist begründbar und (damit) rational." Schon die ↗humanistische Psychologie, die ↗kognitive Psychologie und die kritische Psychologie geben dem Menschen die Verantwortung für sein Handeln zurück. Danach wird das menschliche Verhalten nicht nur durch Ursachen („weil") bestimmt, sondern auch durch Motive, Ziele, Absichten („damit", „um zu") geleitet. Die Handlungen der Menschen kann man „verstehen", wenn man die Entscheidung für das Ausführen oder Unterlassen einer Handlung nachvollziehen kann. Der Nachvollzug geschieht über die Ermittlung der Ziele, Absichten, Motive und der subjektiven Erwartungen bezüglich der Handlungsergebnisse

sowie über die Ermittlung der subjektiven Bewertung von Handlungsfolgen. „Erwartung", „Bewertung", „Entscheidung" sind rationale Akte, sind Bestandteile der menschlichen Kognition und werden über die Sprache und andere Symbole sowohl zum Gegenstand der ↗Kommunikation und zum Gegenstand der Forschung.
Von der Handlungsforschung und von den Handlungsmodellen verspricht man sich die Aufhebung der Trennung zwischen Theorie und Praxis, zwischen der „reinen" Forschung und der Anwendung. Methodisch gesehen lässt sich das menschliche Handeln nicht nach dem Modell der experimentellen Psychologie erforschen. Die Wissenschaftler sind keine neutralen Beobachter, sondern Mitglieder eines „Handlungssystems" (z. B. Schule, Familie, Betrieb) und damit „teilnehmende Beobachter", sind Lehrer und Lernende, engagieren sich im sozialen System und werden direkt praktisch wirksam. Handlungsforschungsprojekte sind stark vom Aufklärungsanspruch geleitet (z. B. Gemeinwesenarbeit in der Sozialpädagogik, Modellversuche im schulischen Bereich, „Organisationsentwicklung in Institutionen).

Häufigkeitsverteilungen. Bei Messungen einer Eigenschaft (z. B. Gewicht, Größe, Intelligenz) an sehr vielen Personen treten durchschnittliche Werte sehr häufig und extreme Ausprägungen des gemessenen Merkmals sehr selten auf. Es wird angenommen, dass sich Merkmale, deren Ausprägung von sehr vielen Bedingungen abhängt, wenn sie an einer sehr großen Stichprobe (z. B. 1000 Menschen) gemessen werden, hinsichtlich ihrer Häufigkeit „normal" verteilen. Die Normalverteilung oder Gaußsche Kurve (auch Glockenkurve genannt) ist symmetrisch und eingipflig, sie kann aber verschieden „steil" oder „breit" sein. Mit Hilfe des Mittelwerts und der Standardabweichung kann man angeben, wie viel Prozent der Messwerte sich in bestimmten Bereichen der Normalverteilung befinden. Häufigkeitsverteilungen können graphisch mit Hilfe von Kurven oder Säulendiagrammen dargestellt werden. ↗Statistik.

Hautgalvanische Reaktion, kurzfristige Senkung des Hautwiderstandes. ↗Hautreaktion.

Hautreaktion. Die Änderung des Widerstandes gegenüber dem Fließen von elektrischem Strom durch die Haut infolge von Reizung, Erregung, Schweißausbruch usw. wird Hautreaktion genannt. Die kurzfristige Senkung des Hautwiderstandes bzw. Schwankungen des Hautpotentials zwischen verschiedenen Punkten an der Hautoberfläche werden auch *hautgalvanische* (HGR) oder *psychogalvanische Reaktion* (PGR) genannt. Aufgrund der gemessenen Hautpotential- und Widerstandsänderungen Aussagen über den psychischen Zustand (Denken, Anstrengung, Gefühle) der betreffenden Person zu machen ist sehr fragwürdig, da eine Widerstandsänderung bei verschiedenen Personen aus unterschiedlichen Gründen zustande kommen kann.

Hautwiderstand. Psychische Vorgänge, z. B. Gefühle, bewirken in der Regel eine Änderung des Hautwiderstandes. Man sprich von psychogalvanischer ↗Hautreaktion.

Hawthorne-Effekt wird in jedem Lehrbuch über psychologische Methoden erläutert. Die Erkenntnis lautet: Menschen ändern in sozialpsychologischen Experimenten bereits durch die Teilnahme am Experiment ihr Verhalten. Weil diese Erkenntnis in den 30er Jahren in den Hawthorne-Werken gewonnen wurde, wird sie Hawthorn-Effekt genannt.

Hellsehen als eine parapsychologische Erscheinung ist gegeben, wenn Ereignisse wahrgenommen werden, von denen niemand Kenntnis hat. ↗Parapsychologie.

Hemmung, allgemein: Unterdrückung, Verhinderung, Beeinträchtigung eines Bedürfnisses oder Verhaltens. Der Begriff Hemmung *(Inhibition)* spielt in der Lernpsychologie eine wichtige Rolle. Je nach der Eigenart des ↗Nervensystems (↗Extraversion) würden nach I. P. Pawlow (Überlastungshemmung) und nach C. L. Hull (reaktive Hemmung) während des Lernprozesses (↗Lernen) Hemmungen auftreten, die den Organismus vor Überbelastungen schützen. Um sich angepasst zu verhalten, muss der Mensch Hemmungen ausbilden, die der Reaktionsunterdrückung auf bestimmte Reize dienen (gelernte Hemmungen). Neben den „inneren Hemmungen", die durch Bedürfnisse, Gefühle (wie Angst), Ermüdung oder Medikamente verursacht werden, sind auch neuropsychologische Hemmungen bekannt, die z. B. in der „Gesichtswahrnehmung der Kontrastbildung dienen oder die Koordination zwischen einzelnen Muskeln steuern.
Als „gehemmt" i. S. zu stark ausgeprägter Hemmungsmechanismen werden passive, ängstliche, schüchterne oder kontaktschwache (soziale Hemmung) Menschen bezeichnet. Das gehemmte Verhalten kann durch viele verschiedene Bedingungen verursacht werden: überstrenge oder überbehütende Erziehung, mangelndes Selbstbewusstsein, häufige Strafen u. a.

Hermaphroditismus. Bezeichnung für Intersexualität (Zwischengeschlecht), wobei echtes Zwittertum (H. verus), bei dem beide Keimdrüsengeschlechter (Hoden und Eierstöcke) vorhanden sind, vom Scheinzwittertum (Pseudohermaphroditismus) unterschieden wird, bei dem das Keimdrüsengeschlecht nur männlich oder weiblich ist, die äußeren Geschlechtsorgane jedoch zwittrig, unvollständig ausgebildet oder dem anderen Geschlecht zugehörig erscheinen. Ursachen: ↗Hormonstörungen oder Vererbung.
Psychologische Probleme ergeben sich, wenn Hermaphroditismus zu spät diagnostiziert wird und sich in der Pubertät äußere Geschlechtsmerkmale entwickeln, die mit der anerzogenen „Geschlechtsrolle nicht übereinstimmen. Hermaphroditismus ist zu unterscheiden von ↗Transsexualismus und von der künstlichen Geschlechtsumwandlung, die durch chirurgische Eingriffe und Hormonbehandlung vorgenommen wird.

Hermeneutik wird als die „Kunst des Auslegens von Texten" oder auch als „Lehre vom Verstehen" definiert. Wolfgang Klafki gliedert die „Kunst des Interpretierens oder Auslegens", also die hermeneutische Vorgehensweise, in folgende Schritte oder Prinzipien:

Da Personen, Situationen, Gegebenheiten und auch bereits vorhandene Meinungen und Theorien (Texte) mit Hilfe des Vorverständnisses analysiert werden, ist eine Prüfung bzw. Hinterfragung oder Reflexion des Vorverständnisses notwendig. Vertreter der Hermeneutik nehmen an, dass jeder Realität ein Sinn, eine Bedeutung oder Intention innewohnt. So gesehen werden alle psychologischen Sachverhalte von Menschen mit einer Zielsetzung hervorgebracht oder mit einem bestimmten Interesse verfolgt. Durch konkrete Beobachtungen, durch Berücksichtigung eigener Erfahrungen sowie durch Einfühlung und Berücksichtigung gemeinsamer (auch historischer) Erfahrungen kann man, so meinen die Vertreter der Hermeneutik, Sinnzusammenhänge erschließen.
Das Ziel der Hermeneutik ist: Das Verstehen einer Quelle oder eines Textes muss nachprüfbar sein. Das gilt auch für das „Verstehen“ des Verhaltens und Handelns unserer Mitmenschen. Das Einfühlen, das Sichhineinversetzen in den Anderen nennt Hermann Nohl die „hermeneutische Grundregel“, und W. Dilthey umschreibt sie mit dem Satz: „Das Verstehen ist ein Wiederfinden des Ich im Du“. Und er ergänzt: „Die Natur erklären wir, das Seelenleben verstehen wir.“ Aber der Rückgriff auf eigene Erfahrungen ist problematisch, denn meine Empfindungen und Erfahrungen können grundverschieden von denen der Mitmenschen sein. So stellt Wolfgang Brezinka heraus, dass es sich bei hermeneutischen Auslegungen und Deutungen des Daseins um Glaubensentscheidungen und nicht um wissenschaftliche Erkenntnisse handelt.
Wenn ein Kind weint, weil es geschlagen wurde, so kann ich das Weinen des Kindes mit Hilfe der Ursache (Schläge) erklären. Wenn ich mich aber in die innere Situation des Kindes einfühle, mich in die Lage des weinenden Kindes versetze, die Gedanken, Absichten, Ziele und Wünsche des Kindes zu erspüren versuche, dann bin ich dabei, auf Grund einer äußeren Erscheinung ein Inneres zu erfassen. Bin ich wirklich in der Lage, das Kind richtig zu „verstehen“?

Heterogen (Gegensatz: homogen). Die Bestimmungswörter „hetero …“ (ungleich, verschieden, fremd) und „homo …“ (gleichartig, einheitlich) werden in der Psychologie vielfach in zusammengesetzten Begriffen gebraucht, um die Gleich- oder Fremdartigkeit verschiedener Merkmale zu kennzeichnen.
Beispiele: heterogen – aus verschiedenen Bedingungen entstanden (heterogene Entwicklung; heterogene Varianz) oder aus verschiedenen Komponenten zusammengesetzt; heterosexuell – anders- bzw. gegengeschlechtlich; Heterostereotyp – klischeehafte Vorstellung über fremde Personen.
Homogen – aus gleichen Bedingungen entstanden, gleicher Population entnommen („Statistik); ein Test ist z. B. homogen, wenn er nur eine Dimension misst; homosexuell – gleichgeschlechtlich.

Heterostereotyp. Unter dem Begriff Heterostereotyp wird die vereinfachende, schwer zu ändernde Klischeevorstellung über Eigenschaften einer Außengruppe oder ihrer Mitglieder (↗Gruppe) im Sinne eines ↗Vorurteils verstanden (Beispiel: die trägen Schüler). *Autostereotyp* ist der Begriff einer entsprechenden Klischeevorstellung über Eigenschaften der Eigengruppe oder ihrer Mitglieder (Beispiele: geplagte Lehrer, fleißige Deutsche). Klischeevorstellungen von der eigenen Gruppe wie von Fremdgruppen führen zu ↗Konflikten.

Hilflosigkeit, gelernte. Diese Form der Hilflosigkeitentsteht, wenn Menschen lernen, dass sie keinen Einfluss auf das Auftreten aversiver Reize ausüben können, wenn sie feststellen müssen, dass sie mit ihrem Verhalten aversive Reize weder kontrollieren noch vermeiden können. Solche Erfahrungen führen zur Ausbildung einer Hilflosigkeitserwartung, zu einer Vorwegnahme der Hilf- und Ausweglosigkeit. Bei dieser Erwartungshaltung handelt es sich um eine Langzeitorientierung, um ein motivationales Defizit verbunden mit einer Reduktion des spontanen Verhaltens. Wenn sich Menschen nicht mehr aktiv mit einem Problem beschäftigen, so wird die Wahrscheinlichkeit des Erfolges geringer. Sie lernen, dass ihr Handeln sinnlos ist.
In den 70er Jahren glaubte Seligman, dass sich die gelernte Hilflosigkeit mit „Kausalattribuierung erklären lässt. Es werden keine konkreten Ursachen für das Auftreten negativer Ereignisse gesucht (globale Attribuierung), der fehlende Erfolg eigener Bemühungen wird durch eigenes Versagen (internal) attribuiert. Diese Art der Attribuierung kann zu Ängsten, Magengeschwüren, Appetitverlust und Depressionen führen.

Hirnhemisphären (Gehirnhemisphären). In den letzten Jahrzehnten konnten mit Hilfe verschiedener Messmethoden umfangreiche Erkenntnisse über die Anatomie und die Funktionen des Gehirns und seiner beiden Hälften gewonnen werden. Für die unterschiedlichen psychologischen Funktionen der linken und der rechten Hemisphäre konnten auch morphologische und anatomische Unterschiede gefunden werden.
Bei Rechtshändern findet man z. B. in der linken Hemisphäre eine höhere Variabilität der Faserdicke und mehr langsam leitende Axone als in der rechten Hälfte. Mit der langsamen Leitungsgeschwindigkeit könnte man erklären, warum solche Funktionen, die mehr Zeit beanspruchen, in der linken Gehirnhälfte angesiedelt sind (Willenshandlungen, Konzentration, grammatische Strukturen, analytisches Denken).
Man glaubt, eindeutig beweisen zu können, das die linke Gehirnhälfte für begriffliches und analytisches Denken, für die lineare Verarbeitung von Informationen, für das Rechnen, für logische Vorgänge, für die Herstellung von Ursache-Wirkungs-Zusammenhängen zuständig ist. Die rechte Gehirnhälfte denkt eher ganzheitlich, verarbeitet viele Informationen gleichzeitig, verbindet, denkt in Bildern, ist phantasievoll, kreativ, intuitiv, musikalisch, emotional, liebt das Risiko, denkt analog und in Symbolen.
Weiterhin soll die rechte Hemisphäre im Erkennen von Gesichtern der linken weit überlegen und für die Sprachmelodie zuständig sein. Sie scheint auch für die Wahrnehmung und das Äußern negativer Gefühle, wie Trauer, Ekel und Angst, besonders „geeignet“ zu sein. Positive Gefühle sind eher verknüpft mit einer verstärkten Aktivität der linken Gehirnhälfte. Beschädigungen der linken Hemisphäre enthemmen die rechte und können vermehrt emotionale Katastrophenreaktionen auslösen, Beschädigungen oder Verletzungen der rechten bewirken eher Euphorie. Das verwundert, denn die Gehirnrinde ist

weitgehend „gefühllos“. Man nimmt an, dass positive Reize, z. B. Verstärkungen, auf Sprachäußerungen folgen und in der linke Gehirnhälfte verarbeitet werden. So würde dann die linke Gehirnhälfte „lernen“, für positive Gefühlsqualitäten zuständig zu sein. Man stellte weiterhin fest, dass bei Menschen mit ausgeprägter Musikalität eine Vergrößerung der rechten Hirnhemisphäre zu beobachten ist.
Für fast alle psychiatrischen Störungen mit negativen Gefühlen (Depression, Phobie, Panikstörung) wurde eine rechts-frontale Überaktivierung des Gehirns gefunden.
Interessant ist auch, dass bei frühkindlichem Autismus und bei Schizophrenie massive Abweichungen von normalen Aktivierungsmustern bei sprachlichen, motorischen und emotionalen Aufgaben in der Hemisphärenbalance zu finden sind. Störungen der Hemisphärenbalance scheinen bei vielen psychischen Erkrankungen eine wichtige Rolle zu spielen.

Histrionische Persönlichkeitsstörung. Es handelt sich nach dem ICD-10 um eine ↗Persönlichkeitsstörung, die gekennzeichnet ist durch oberflächliche, oft theatralisch überzogen ausgedrückte Gefühle, ↗Egozentrik, Genusssucht, Mangel an Rücksicht und ein dauerndes Verlangen nach Anerkennung und Aufmerksamkeit. Sind die Merkmale weniger extrem ausgeprägt und nicht im Bereich der Störungen angesiedelt, sprechen Vertreter der Psychoanalyse bei einem solchen Menschen von der *hysterischen Persönlichkeit* (↗Hysterie).

Hof-Effekt, auch ↗Halo-Effekt, ein häufiger Fehler der ↗Personwahrnehmung. Menschen neigen dazu, sich an einem markanten Merkmal zu orientieren und andere Eigenschaften dazu nach dem Muster eines stimmigen Ganzen (Hof) zu organisieren. So wird ein Bild des anderen Menschen konstruiert.

Homöostase, Bezeichnung für alle Prozesse, die der Gleichgewichtsregulation oder der Konstanthaltung bestimmter organischer Größen (z. B. Blutzuckerspiegel, Sauerstoff, Körpertemperatur) dienen. Die Homöostase ist beim Menschen mehr als die automatische Aufrechterhaltung des physiologischen Gleichgewichts analog zum Regelkreissystem in der Technik (Rückmeldung über die Abweichung des Ist-Wertes vom Soll-Wert), weil der Organismus in der Lage ist, sein inneres Milieu entsprechend den physischen und sozialen Umweltgegebenheiten neu zu organisieren, d. h. neue Soll-Werte als Norm (Orientierung für andere Funktionen) aufzustellen. ↗Leib-Seele-Problem.

Homosexualität. Sexuelle Anziehung und Ausrichtung sexueller Aktivität auf Personen eigenen Geschlechts wird in westlichen Gesellschaften weitgehend moralisch und sozial abgelehnt, in verschiedenen Stammeskulturen akzeptiert. Nach dem ↗Kinsey-Report und auch nach verschiedenen deutschen Untersuchungen pflegen ca. 4 % der Männer ausschließlich homosexuelle Kontakte, in der Pubertät und im ↗Jugendalter hatten ca. 37 % mindestens eine homosexuelle Beziehung. Auch die *lesbische* Liebe unter Frauen ist weit verbreitet, wird jedoch stillschweigend toleriert und weniger diskriminiert als männliche Homosexualität.

Psychologische Probleme Homosexueller ergeben sich aus der gesellschaftlichen Ablehnung ihrer Neigung zum gleichen Geschlecht, aus der Angst vor Entdeckung und vor sozialer „Diskriminierung, aus den ↗Vorurteilen gegenüber Homosexuellen (weich, triebhaft, schwach, Versager, Schwein usw.) und aus mangelnder Gelegenheit, Kontakte zu Gleichgesinnten aufzunehmen. Nach moderner Auffassung ist Homosexualität eine normale Variante der Sexualität, beruht auf Erfahrungen (gelernt) und sollte von der Gesellschaft toleriert werden. In der ↗Psychotherapie werden nur bei nicht ausgeprägter Homosexualität Umpolungsversuche zum Gegengeschlecht unternommen und häufiger das fehlende Selbstwertgefühl und die Akzeptierung der eigenen ↗Rolle vermittelt.

Hony-Phänomen. In nicht geometrischen Räumen mit schiefen Wänden (Amesscher Raum) werden Gegenstände und Personen wegen des ungewöhnlichen Rahmens verzerrt wahrgenommen. In einem solchen Raum wird die eigene Ehefrau oder Freundin von Männern normal und der Raum wird verzerrt wahrgenommen. Es handelt sich um ein Hony-Phänomen.

Hormone. Neben dem ↗Nervensystem verfügt der Mensch über ein zweites System, das die Funktionen einzelner Organsysteme koordiniert und einen tiefgreifenden Einfluss auf psychische Prozesse ausübt: das System der Hormone.

Hormone sind Substanzen, die in den innersekretorischen „Drüsen (glandotrope Hormone) im Gewebe oder in bestimmten Zellen des ZNS oder VNS (*neuronale* Hormone wie Acetylcholin und Noradrenalin) gebildet werden. Zwischen einzelnen Hormonen und Hormon-Systemen besteht eine enge Wechselwirkung, die sich unter anderem auch in Form von Regelkreisen oder Rückkoppelungssystemen vollzieht. Die Wechselwirkung zwischen dem ↗Nervensystem (vor allem VNS) und den Hormonen ist nur z. T. aufgeklärt. Fest steht, dass die Hormonproduktion in der ↗Hypophyse (s. Abb.) unter anderem auch durch den Hypothalamus (↗Nervensystem) gesteuert wird und dass andererseits das Nervensystem über afferente Nerven Informationen über die Tätigkeit einzelner Drüsen und über den Hormonhaushalt empfängt.

Hormone, die in den Nervenzellen gebildet werden (neuronale Hormone). An die Erforschung der Wirkungsweise von Neurohormonen werden von der Medizin, Psychiatrie, Psychologie und Pharmakologie zahlreiche Erwartungen geknüpft. Es sind inzwischen gut belegte Theorien aufgestellt worden, wonach verschiedene Geisteskrankheiten (↗Psychosen wie ↗Schizophrenie, ↗Depression) und andere ↗psychische Störungen auf einen Überschuss oder Mangel bestimmter Neurohormone zurückzuführen sind. Zu den *Neurohormonen* werden Acetylcholin (Überträgersubstanz) mit *cholinerger* (erregender) Wirkung, Katecholamine, Adrenalin und Noradrenalin (*adrenerge* Wirkung als Überträgersubstanz im ZNS und VNS; ↗Nervensystem) und biogene Amine gezählt.

Zu den *biogenen Aminen* zählen Serotonin (Regulation der Stimmungslage), Histamin (als Folge der Überproduktion werden Müdigkeit, Übelkeit, Schmerz angenommen), Tryptamin und Tyramin (die bei ↗Depression und

Rauschzuständen eine Rolle spielen) und Dopamin als Zwischensubstanz bei der Bildung von Noradrenalin.
Neurohormone entwickeln ihre Wirkung an den Synapsen (Schaltstellen im ↗Nervensystem). Ihre Wirkung lässt sich durch Medikamente (↗Psychopharmaka) beeinflussen.
Wenn die Wirkung der Hormone und Neurohormone auch noch nicht vollständig geklärt ist, so steht doch fest, dass Störungen im Hormonsystem zu schwerwiegenden Verhaltensänderungen führen und Ursache für verschiedene körperliche und psychische Krankheiten sind. Die Wirkung der körpereigenen (im Körper gebildeten Hormone) kann durch die Hormonzufuhr von außen (Spritzen oder Medikamente) nur zum Teil ersetzt werden, da die meisten von außen zugeführten Hormone die *Blut-Hirn-Schranke* (ein System, das den Übergang der im Blut befindlichen Stoffe ins Gehirn regelt) nicht passieren. Es kommt auf die richtige Ernährung an, wobei Vitamin B und hochwertige tierische Eiweiße besonders wichtig sind. Bei ↗Psychosen (vor allem im höheren Alter), Nervenentzündungen, Krämpfen (bei Kindern) wurde Vitamin-B_6-Mangel beobachtet. Es liegt nahe, dass viele schwere ↗psychische Störungen und Geisteskrankheiten auf Stoffwechselstörungen zurückzuführen sind.

1. Übersicht über die wichtigsten hormonproduzierenden Drüsen und deren Hormone

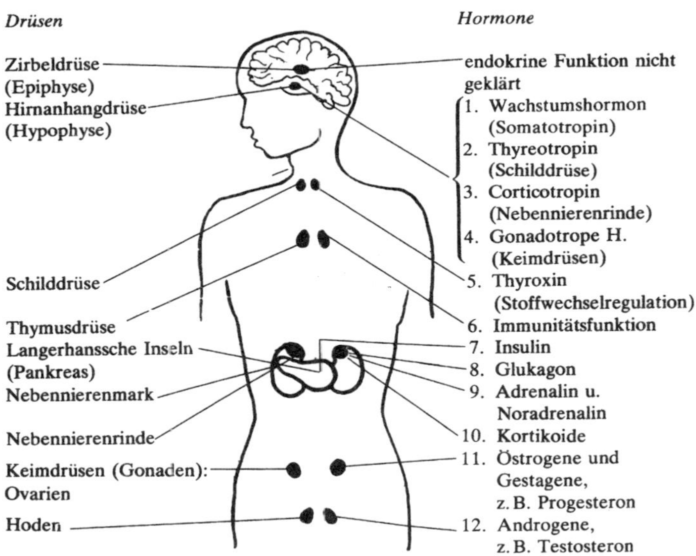

II. Übersicht über die Wirkung einzelner Hormone

Hormon	*Wichtigste Funktion*	*Psychische Wirkungen und krankhafte Veränderungen*
1. Somatotropin	Steuerung des Wachstums zusammen mit Thyroxin und Insulin	Steigerung der Aktivität, Zwergwuchs bei Mangel, Riesenwuchs bei Überproduktion
2. Thyreotropin	Wachstum der Schilddrüse und Anregung der Ausschüttung von Schilddrüsenhormonen	Bei angeborener oder früh erworbener Unterfunktion entsteht Kretimismus, bei Überproduktion ↗Basedowsche Krankheit, nervöse Erregbarkeit.
3. Corticotropin (ACTH)	Regulierung der Nebennierenrinde	Folgen wie bei Nebennierenrindenhormonen (Kortikoide)
4. Gonadotrope Hormone	Anregung und Steuerung der Bildung von Keimdrüsenhormonen	Bei Unterfunktion kommt es zur Amenorrhoe (Ausbleiben der Monatsblutung der Frau) und zum Ausbleiben der Spermienbildung beim Mann.
5. Thyroxin	Stoffwechselregulation, Regulation des Grundumsatzes	Wie bei Thyreotropin (2)
6. Nicht geklärt ????		
7. Insulin	Senkung des Blutzuckerspiegels, Beeinflussung des Wachstums	Zuckerkrankheit bei Unterproduktion; Müdigkeit, Hunger, Schwindel, Leistungsrückgang.
8. Glukagon	Erhöhung des Blutzuckerspiegels	Herabsetzung von Hunger
9. Adrenalin u. Noradrenalin	Überträgersubstanz im vegetativen ↗Nervensystem (Sympathikus)	Aktivierung
10. Kortikoide	Regulieren Mineral- und Kohlenhydratstoffwechsel und das Wachstum der Mädchen in der ↗Pubertät	Bei Mangel an Kortison entsteht Muskelschwäche, Schlaflosigkeit, Impotenz und Müdigkeit bei Stress; bei Überproduktion Fettsucht, Durst, Ausblieben der Monatsblutung, Interesselosigkeit.
11. Östrogene	Reifung der Geschlechtsmerkmale der Frau, Zyklussteuerung, Schwangerschaft	Zyklusstörungen, Progesteron bewirkt gewisse Müdigkeit, Beeinträchtigung der Leistung
12. Androgene	Wachstum der primären und sekundären Geschlechtsmerkmale	Bei Mangel verspätete Pubertät, Hypogonadismus

Hospitalismus. Unter Hospitalismus werden alle psychischen und körperlichen ↗Symptome verstanden, die bei Kindern entstehen, wenn sie in den ersten 18 Lebensmonaten in einem krankenhausähnlichen Milieu ohne Kontakt mit der Mutter oder einer sie ersetzenden Bezugsperson aufwuchsen. Kennzeichnend für eine solche Umwelt ist eine zwar einwandfreie materielle und hygienische Versorgung des Kindes, es fehlt jedoch eine längere affektiv-emotionale Beziehung des Erziehers zum Kind. R. Spitz spricht deshalb auch von einer Gefühlsmangelkrankheit (↗Deprivation). Hospitalismus äußert sich in Symptomen wie Weinerlichkeit, ↗Apathie, Ersatzbefriedigungen, wie z. B. ↗Jaktationen (Schaukelbewegungen des Kopfes, aber auch des ganzen Körpers), Daumenlutschen und Nägelbeißen; weiterhin werden ↗Retardationen der körperlichen (Stehen, Laufen) und geistigen Entwicklung (Sprechen, Denken, Wahrnehmen) sowie eine erhöhte Anfälligkeit für Krankheiten beobachtet. Nach R. Spitz trifft man bei hospitalisierten Kindern eine erhöhte Sterblichkeitsziffer an. Die Symptome des Hospitalismus können irreversibel, d. h. nicht mehr rückgängig zu machen sein. Familiärer Hospitalismus entsteht auch in einer beeinträchtigten Erzieher-Kind-Beziehung (eventuell Berufstätigkeit der Eltern, Aufenthalt im Tageshort, längere Krankheit der Mutter).

Humanistische Psychologie. Sie stellt neben der ↗Psychoanalyse und dem ↗Behaviorismus die dritte Hauptrichtung in der Psychologie dar. Ihre Vertreter orientieren sich an wachstumsorientierten Grundkräften des Menschen und sind meist beratend oder therapeutisch tätig. Es sind u. a. C. Rogers, Ch. Bühler und A. Maslow zu nennen, die es Anfang der 70er Jahre leid waren, den Menschen „als größere weiße Ratte oder langsameren Computer“ (Burgental) zu betrachten, und auch das biologistisch-mechanistische Denken der Psychoanalyse ablehnten. Die humanistische Psychologie stellt keine völlig neue Richtung dar. Ihre philosophischen Wurzeln finden sich im Existentialismus von Heidegger und Sartre, aber auch im Humanismus der italienischen Renaissance. Psychologische Väter der humanistischen Psychologie sind u. a. S. Freud, A. Adler, O. Rank und C. G. Jung. Typisch für alle Vertreter der humanistischen Psychologie ist die Orientierung an einem *Menschenbild,* das nicht Triebbestimmtheit und Reizabhängigkeit ins Zentrum stellt, sondern menschliche Freiheit und das Streben nach Selbstverwirklichung. Nur wenige Ansätze wurden im Sinne einer Theorie explizit formuliert (am ehesten sind noch C. Rogers oder R. Cohn zu nennen), alle haben jedoch einige gemeinsame Grundannahmen (nach Völker, 1980):

- Streben nach *Autonomie.* Jeder Mensch strebt von der totalen Abhängigkeit des Neugeborenen weg zu persönlicher Freiheit und Unabhängigkeit. Diese kann jedoch nur erfahren werden, wenn gleichermaßen die soziale Interdependenz, die notwendige Einbettung in die Gemeinschaft erlebt wird.
- Streben nach *Selbstverwirklichung.* Wenn Defizitbedürfnisse befriedigt sind, können Wachstumsbedürfnisse wirksam werden („Motivation). In diesem Prozess können dann die persönlichen Fähigkeiten und Möglichkeiten zutage treten. Die Befriedigung von Wachstumsbedürfnissen wird als Bereicherung und Selbstverwirklichung erlebt.
- *Ziel- und Sinnorientierung.* Der Ablauf des menschlichen Lebens ereignet

sich nicht zufällig, sondern ist zielgerichtet. Der Mensch strebt nach einem erfüllten und sinnvollen Dasein, vorausgesetzt, seine elementaren körperlichen Bedürfnisse und jene nach Sicherheit, Zuwendung und Anerkennung (Defizitbedürfnisse) werden angemessen befriedigt. Der Verlust der Sinnorientierung ist eine häufige Ursache für das Entstehen von psychischen Störungen. Von dieser Gegebenheit geht die ↗Logotherapie (Logos, griech. = Sinn) V. E. Frankls aus.

- *Ganzheit.* Von der Gestaltpsychologie (↗Gestalt) hat die humanistische Psychologie die Idee der Ganzheit übernommen und betont, dass der Mensch mit seinen psychischen Prozessen (z. B. Wahrnehmen, Denken, Fühlen) und körperlichen Vorgängen eine Einheit bildet. Wird sie zerstört, indem z. B. bestimmte Gedanken nicht mehr zur Kenntnis genommen werden, entstehen psychische und körperliche Störungen.

Zahlreiche Vertreter der humanistischen Psychologie sind durch eigene *Therapiemethoden* bekannt geworden. Ein älterer Ansatz ist z. B. die ↗Logotherapie von V. Frankl, die als eigentliche Dimension des Menschseins das Geistige ansieht. Aufgrund der ganzheitlichen Sicht des Menschen gewannen die körperorientierten Therapien (z. B. ↗Bioenergetik, ↗Primärtherapie) an Bedeutung, die meistens auf die Orgontherapie von W. Reich zurückgehen. Neuere Therapieformen betonen besonders das einfühlende Verstehen (z. B. C. Rogers: ↗Gesprächspsychotherapie), das die verschüttete Fähigkeit des Menschen, selbst zu entscheiden und Verantwortung zu übernehmen, wieder fördern soll. Einige Psychologen wie z. B. F. Perls (↗Gestalttherapie) und J. R. Moreno (↗Psychodrama) wurden aufgrund der von ihnen vertretenen Ideen posthum der humanistischen Psychologie zugerechnet. R. C. Cohn hat mit der von ihr entwickelten Methode der ↗themenzentrierten Interaktion vor allem im Bereich der Pädagogik für eine Bereicherung gesorgt.
Die humanistische Psychologie steht oft im Zentrum der *Kritik.* Ihre Gegner stellen sie häufig in die Nähe von philosophischen und religiösen Lehren und stellen fest, dass ihre kritischen Anmerkungen gegenüber Psychoanalyse und Behaviorismus nicht mehr gültig sind, da sich in diesen Richtungen während der letzten Jahre viel geändert hat. So haben z. B. in der Lernpsychologie kognitive Prozesse an Bedeutung gewonnen (↗kognitive Psychologie), und in der Psychoanalyse steht die Icherweiterung an zentraler Stelle. Festzuhalten ist, dass die humanistische Psychologie für die Entwicklung zahlreicher heute verwendeter, verlässlicher Therapieverfahren (z. B. ↗Gesprächspsychotherapie, ↗Gestalttherapie, ↗Logotherapie) verantwortlich ist. Außerdem hat sie Fragestellungen thematisiert, welche die Menschen bewegen, und hat so auch zu einer Verlebendigung von Pädagogik und Experimentalpsychologie beigetragen.

Humor. Die heilende Wirkung des Humors ist schon lange bekannt. Seitdem Paul Watzlawick aufgezeigt hat, wie sich Menschen unglücklich machen, und seine Erkenntnisse auch in der Psychotherapie mit Erfolg einsetzen konnte, wird Humor in der Psychologie ernst genommen. Nach Watzlawick können die Menschen nicht mehr spontan eine sie unglücklich machende Handlung fortsetzen, wenn man sie humorvoll auffordert, sie sollen sich ernsthaft Ge-

H

danken darüber machen, wie sie ihr Problem verschlechtern könnten. Galgenhumor, d. h. Heiterkeit, wenn eine Situation schon aussichtslos ist, und schwarzer Humor zur Abwehr ängstigender oder deprimierender Themen sind aber zur Behandlung psychischer Probleme ungeeignet. Beobachtungen zeigen, dass depressive Störungen durch Witze eher verstärkt werden, weil die depressiven Patienten nicht verstehen, was an einem Witz lustig sein soll und „ihnen das Lachen erst recht vergeht".

Hyperästhesie ist die Überempfindlichkeit der ↗Sinne, insbesondere des Tastsinnes, die auf einer Erkrankung des ↗Nervensystems beruht.

Hypermnesie. Hervorragende Fähigkeit ungeklärter Ursache, bestimmte Inhalte im ↗Gedächtnis zu speichern und zu reproduzieren. Die Hypermnesie ist unabhängig von der ↗Intelligenz; zahlreiche debile „Zählkünstler" sind z. B. in der Lage, aus dem Stegreif den Wochentag eines mehrere Jahre zurückliegenden Datums zu nennen oder eine für den normalen Menschen unübersehbar scheinende Reihe von Zahlen zu behalten.

Hypnose (griechisch: Hypnos = Schlaf). Im Zustand der Hypnose ist das ↗Bewusstsein eingeengt, und Außenweltreize könne nur noch über den Kontakt mit dem Hypnotiseur aufgenommen werden. Es besteht eine große Ähnlichkeit zur *Trance,* die z. B. in der ↗Meditation erreicht wird. Alle körperlichen ↗Funktionen sind bei der Hypnose eingeschränkt tätig, bis auf das aufmerksame Registrieren der Stimme des Hypnotiseurs. Hypnotische Trance unterscheidet sich auch kaum von jenem Bewusstseinszustand eines Menschen, der in eine intensive Aktivität, wie z. B. Musizieren, Langlaufen, versunken ist. Man spricht hier von Alltagstrancen. Die lange Zeit vorherrschende Annahme, bei der Hypnose handele es sich um einen schlafähnlichen Zustand, wurde aufgrund physiologischer Messungen (↗EEG, Sauerstoffverbrauch, Muskelspannungen u. a.) während des Schlafes und der Hypnose widerlegt. Vor allem die Vorgänge im Zentral-↗Nervensystem (EEG) sprechen dafür, dass es sich bei der Hypnose eher um einen Wachzustand handelt. Sie wird durch den Kontakt *(Rapport)* mit einem Hypnotiseur erreicht, der in der *direkten Hypnose* durch *↗Suggestionen* („Einreden") den Klienten bestimmte Erfahrungen erleben oder Verhaltensweisen vollziehen lässt. Bei der *indirekten Hypnose* hat der Klient die Möglichkeit, die Inhalte selbst zu bestimmen, die er erleben oder vollziehen möchte. Stets beginnt eine Hypnose mit monoton, einschläfernd vorgetragenen Suggestionen, die dazu führen, dass der Klient sich entspannt fühlt. Dabei ist die Aufmerksamkeit auf den Hypnotiseur gerichtet, der ihm dann suggeriert, müde zu sein und die Augen zu schließen (Beispiel: „"... Ihre Augen werden müde, ganz müde und fallen von selbst zu ... Sie sind in einem erquickenden Schlaf, hören aber noch meine Stimme ..."). Schrittweise wird die Hypnose immer tiefer. Eine sehr intensive Stufe ist erreicht, wenn der Klient z. B. nicht mehr in der Lage ist, Suggestionen zu folgen, die ihn auffordern, die Augen zu öffnen oder die Hand zu heben, obwohl er es will. Das Aufwecken geschieht ähnlich wie beim autogenen Training (↗Entspannungstechniken), indem alle Suggestionen einzeln zurückgenommen werden (Beispiel: „"... die Arme werden ganz leicht ... der Kopf ist frei und leicht" bis „machen Sie die Augen wieder auf").

Hypnotisierbarkeit ist ein stabiles Persönlichkeitsmerkmal, wird nicht durch die Situation beeinflusst und ist nicht trainierbar. Sie ist u. a. gekennzeichnet durch die Fähigkeit zur Absorption („Sich-Gefangen-Nehmen-Lassen") und eine Toleranz für verzerrte Wahrnehmungen. Hypnotisierbarkeit darf nicht verwechselt werden mit Leichtgläubigkeit, Konformitätsbereitschaft o. ä. Es handelt sich um eine besondere kognitive Fähigkeit, über die nicht alle Menschen verfügen, die bei Kindern stärker ausgeprägt ist und die ihren Höhepunkt mit dem Ende des ↗Jugendalters erreicht. Es gibt Hinweise auf Anlageeinflüsse bei der Hypnotisierbarkeit. Drogen oder sensorische ↗Deprivation können sie etwas erhöhen, machen einen für Suggestionen unempfänglichen Menschen jedoch nicht grundsätzlich hypnotisierbar.

Beeinflussungsmöglichkeiten durch Hypnose.

- Erreichen von Schmerzunempfindlichkeit z. B. bei Operationen.
- Steigerung des Erinnerungsvermögens. Es treten Erinnerungen an Kindheitserlebnisse oder besonders beeindruckende emotionale Vorgänge auf. Dies kann bis zu einem Zurückversetzen (↗Regression) in die frühe Kindheit gehen, so dass sogar manchmal Reflexe gezeigt werden, die nur beim Neugeborenen zu finden sind (Babinskyreflex). Erinnerte Konflikte können zum Ausgang einer weiteren therapeutischen Arbeit gemacht werden.
- Während der Hypnose kann dem Klienten ein Auftrag erteilt werden, der nach dem Erwachen ausgeführt wird *(posthypnotische Suggestion),* wie z. B. „Wenn Sie morgen früh aufstehen, beginnen Sie sofort mit der Arbeit". Die Aufträge des Hypnotiseurs werden jedoch nicht hemmungslos erfüllt, posthypnotische Verbrechen können wissenschaftlich nicht nachgewiesen werden.
- Im Leistungssport können leistungshemmende Ängste abgebaut und Reserven mobilisiert werden. Ebenso kann es zu eine besseren Konzentration kommen (weniger Ablenkung durch störende Gedanken oder Zuschauer), Verletzungsanfälligkeit kann verringert und der Heilungsprozess bei bestimmten Verletzungen beschleunigt werden.

Hypnose ist sicher das älteste bekannte psychotherapeutische Verfahren. Sigmund Freud arbeitete ursprünglich mit ihr und entwickelte dann die ↗Psychoanalyse. Einige ihrer Anhänger entwickelten in Amerika die *Hypnoanalyse* zur Aufdeckung frühkindlicher ↗Traumata. Nach Freud geriet die Hypnose in den deutschsprachigen Ländern immer mehr in Vergessenheit oder wurde z. T. abgelehnt, da man glaubte, sie würde grundsätzlich den neurotischen Konflikt unberücksichtigt lassen und nur das Symptom „weghypnotisieren". Erst in den 70er Jahren wurde sie wieder häufiger auch im Rahmen von ↗Verhaltenstherapie und ↗kognitiven Therapien zur Behandlung von psychosomatischen Störungen (↗Psychosomatik; z. B. Asthma, nervöse Magenbeschwerden) und Suchtkrankheiten eingesetzt. Weitere Anwendungsgebiete sind die Schmerztherapie, die Behandlung von ↗Angststörungen, ↗Schlafstörungen, ↗Essstörungen oder die Raucherentwöhnung.

Hypochondrie, neurotische Verhaltensweise, die in einer krankhaften Überbesorgtheit und -ängstlichkeit um die eigene körperliche Gesundheit besteht

(Hypochonder). Das entscheidende Merkmal der Hypochondrie sind anhaltende Ängste vor einer körperlichen Erkrankung oder die Überzeugung, körperlich schwer krank zu sein. Bei der nicht wahnhaften Hypochondrie werden in gesteigerter Aufmerksamkeit die leiblichen Regungen ängstlich-sorgenvoll beobachtet und überbewertet. Bei der wahnhaften Hypochondrie wird aus der Befürchtung, an Krebs, an Syphilis, an einer Herzkrankheit zu leiden, die Gewißheit, echt krank zu sein. Unproblematische körperliche Symptome werden völlig fehlinterpretiert. Etwas Kopfweh wird z. B. als Hirntumor interpretiert und eine gewisse Müdigkeit als AIDS. Versicherungen der Ärzte, dass keine körperlichen Erkrankungen vorliegen, können solche Personen nicht beeinflussen. In solchen Fällen ist professionelle psychotherapeutische Hilfe gefragt.

Hypomanie bezeichnet den geringen Ausprägungsgrad der ↗Manie, in dem der Patient sehr beweglich, unternehmungslustig und voller durchaus guter Einfälle ist. Durch seinen übersteigerten Aktivitätsdrang kann jedoch der betreffende Mensch in Konflikte mit seiner Umgebung geraten.

Hypophyse, wichtigste innersekretorische ↗Drüse, auch Hirnanhangdrüse genannt, die in enger Wechselwirkung mit dem ↗Nervensystem steht und deren ↗Hormone die Tätigkeit verschiedener anderer Drüsen steuert.

Hypothese. Theoretisch wohlbegründete, naheliegende, aber unbewiesene Erklärung eines Phänomens. In der Psychologie werden vor jeder Untersuchung einer Erscheinung Arbeitshypothesen gebildet (mögliche Antworten auf die Fragestellung), deren Richtigkeit dann experimentell (↗Experiment) überprüft wird. Durch die Ergebnisse werden Hypothesen entweder *verifiziert* (bestätigt) oder *falsifiziert* (verworfen). Die Hypothesen dienen sowohl der logischen Gliederung einer komplexen Situation (Klassifikation von Variablen) als auch der Festlegung und Entdeckung von Forschungsaufgaben. ↗Methoden der Psychologie.

Hysterie. Eine ↗psychische Störung, die man zu den klassischen ↗Neurosen zählt. Beim Hysteriker zeigen sich unbewältigte psychische ↗Konflikte in körperlichen Symptomen (*Konversionsreaktionen*) und als *Dissoziationsvorgänge* (Abspaltungsprozesse) in Form von Störungen des Bewusstseins. So treten z. B. ein Verlust der Erinnerung an die Vergangenheit, Trancezustände, Wahnvorstellungen oder ein Verlust der eigenen Identität auf. Körperlich ist der Hysteriker oft von Beeinträchtigungen wie Lähmungen, Affektausbrüchen (verbunden mit Wein- und Schreikrämpfen), Sinnesstörungen (Blindheit, Taubheit u. a.) oder Ticks betroffen. Diese Einschränkungen stehen meist in einem engen, sinnvollen Zusammenhang mit dem persönlichen Konflikt. So kann eine Lähmung der Arme im Zusammenhang mit dem uneingestandenen Wunsch, den kranken Vater nicht zu pflegen, auftreten.
Erscheinungen der *Massenhysterie* (eine große Menschenmenge zeigt körperliche Symptome ohne entsprechende organische Ursachen) gehen nicht auf unbewusste Konflikte zurück. Hier liegen vielmehr meist Übertragungspro-

zesse (Nachahmung, Suggestion) innerhalb der Gruppe vor. *Konversionshysterie* beschreibt jenen Vorgang, der auftritt, wenn Menschen unter starken Belastungen (z. B. im Gefecht, bei einer Entführung) körperliche Symptome entwickeln, die aber keine organische Ursache haben.

Die ↗Psychoanalyse sieht die Ursache der Hysterie in einer tiefen Orientierungslosigkeit des betroffenen Menschen. Eine chaotische, widersprüchliche Erziehung, aber auch mangelnde Identifikationsmöglichkeiten in der Familie haben wesentlich dazu beigetragen, dass der Hysteriker keine stabile eigene Identität gefunden hat. Hilfen bieten vor allem psychodynamische Verfahren, wie z. B. die ↗Psychoanalyse, die ↗Gesprächspsychotherapie oder die ↗Gestalttherapie.
Die *hysterische Persönlichkeit* ist im Normalbereich anzusiedeln und dadurch gekennzeichnet, dass sie in einem Konflikt steht zwischen einer Angst, sich zu sehr festzulegen, und dem Wunsch nach Halt (nach F. Riemann). Sie ist immer aktiv, auf der Suche nach neuen Einfällen, wichtig ist, dass sie immer im Mittelpunkt steht. Oft beeindruckt eine solche Persönlichkeit durch ihre Aufgeschlossenheit, ihre Lebhaftigkeit und ihren Optimismus.

I

Ich *(Ego, Selbst, Selbstkonzept).* In der philosophisch orientierten Psychologie wurde das Ich-Bewusstsein als das wesentlichste Erlebnis einer menschlichen Person eingestuft. Ebenso sehen die Schichtenlehren (↗Persönlichkeit) im Ich den Kern der Persönlichkeit. Das Ich wurde als die psychische Wesenheit beschrieben, die in der Lage ist, um sich selbst zu wissen. „Ich weiß, was ich tue, erlebe, denke, leiste; ich bin mir meiner Leistungen bewusst; ich kann mich von anderen abgrenzen." Eigentlich handelt es sich hier um das Erkennen des eigenen Selbst. Das „Ich" ist die Personebene, auf der Selbsterkenntnis stattfindet.
Nach S. Freud ist das Ich die psychische „Instanz", die die Dynamik zwischen den aus dem Es hervordrängenden Wünschen und den vom Über-Ich ausgehenden Triebregulierungen bewerkstelligen muss. Das Ich sorgt für die Befriedigung der Wünsche, indem es sie an die Realität anpasst (Realitätsprinzip) und ist somit eine Organisationsstelle menschlichen Erlebens und Handelns. Je nach den Fähigkeiten dieser Organisationsstelle wird von der *„Ich-Stärke"* (in etwa Durchsetzungsvermögen, aktive Gestaltung der Umwelt, damit die Bedürfnisse des Es befriedigt werden, aber auch kompromisslose Zurückweisung der Wünsche, wenn sie das Erreichen gesteckter Ziele behindern) bzw. von der *„Ich-Schwäche"* gesprochen. In der neueren Persönlichkeitsforschung wird der Begriff „Ich" durch den des *„Selbst"* verdrängt, mit dem vorwiegend Einstellungen zur eigenen Person bezeichnet werden, die einem ständigen Wandel unterworfen und von der Erziehung, vom Verhalten aller Mitmenschen, mit denen man Kontakt aufnimmt, von „Gruppen, denen man angehört, abhängig sind. Das eigene Selbst wird im Verhalten anderer – wie in einem Spiegel – beobachtet und erlebt. Neben diesem *„Spiegel-Selbst"* kann der Mensch nach G. W. Allport sein körperliches Selbst (proprium) erleben, z. B. im Schmerz. Es ist wichtig, dass man sich – zeitlich gesehen – als mit sich selbst identisch erlebt. Verlust der Selbst-Identität, z. B. infolge einer ↗Entfremdung, führt zu schwerwiegenden psychischen Störungen, wie ↗Depressionen, Selbstmordgefahr, Apathie u. a. Das Ich- bzw. Selbst-Erleben ist auffällig bei verschiedenen Formen von Geisteskrankheiten (↗Psychosen). Bei der ↗Schizophrenie kann die in räumlicher und zeitlicher Hinsicht erlebte Selbstidentität stark beeinträchtigt oder gänzlich aufgehoben sein. Der Kranke erlebt sich nacheinander oder auch gleichzeitig in verschiedenen Personen, d. h. er ist überzeugt, jemand anderer zu sein, dessen ↗Rolle er zu spielen hat. Ich-Identität, Selbsterkenntnis und -bewusstsein vermitteln dem Individuum das Selbstwertgefühl, das bei ↗Neurosen gestört ist. Die ↗Gesprächstherapie versucht, die bei Neurotikern auffallende Diskrepanz zwischen der Art, wie sich das Individuum selbst sieht (Realselbst) und wie es idealerweise sein möchte (Idealselbst), zu vermindern. Das „Reflektieren" der Gefühle, Anteilnahme und verständnisvolle Haltung des Therapeuten sollen dem Klienten helfen, über sich selbst ein neues Verständnis zu entwickeln und die eigene Person so, wie sie erlebt wird, zu akzeptieren. Im Alltag kann das menschliche Streben nach *Selbstverwirklichung* sich in vielen Formen äußern. Neben der Aufmachung der äußeren Erscheinung (Kleidung, Frisur, Schminke usw.), dem Besitz von Statussymbolen, wie größeres Auto, Eigenheim usw., dienen das Erzählen über individuelle sensationelle Erlebnisse und das direkte oder indirekte Verweisen auf eigene Leistungen dazu, ein

Selbstkonzept zu entwickeln, das vor dem eigenen Urteil, das sich nach sozialen ↗Normen und kulturellen Werten richtet, bestehen kann und von den anderen akzeptiert wird. Den Einfluss sozialer und kultureller Faktoren auf die Bildung des Selbstbildes haben vor allem Soziologen nachgewiesen. Mittelschichtangehörige legen Wert darauf, sich selbst als treu, strebsam, pünktlich, zuverlässig und ehrlich einstufen zu können; einfache Industriearbeiter betonen dagegen ihre robuste Männlichkeit, ihre starke Bindung an einen kleinen Kreis von „Kameraden" und betrachten sich als Fundament des Staates. Die verhaltenssteuernde Wirkung des Selbstkonzeptes kann vor allem in der Erziehung und schulischen Weiterbildung beobachtet werden.

Identifikation, Gleichsetzung, seelische Bindung, Nachahmung. Freud nahm an, dass sich Kinder durch einen unbewussten Vorgang so mit ihren Eltern gleichsetzen, dass sie ihre Eigenschaften übernehmen. Solche Gleichsetzung kann auch als Abwehr unbewusster Ängste erfolgen. Die Psychoanalyse hebt die Identifikation mit dem Aggressor hervor, bei der sich das Individuum die Eigenschaften des Angreifers zu eigen macht, um die Angst reduzieren zu können. Die Identifikation mit einer sympathischen, erfolgreichen Person wird von Lerntheoretikern als Selbstverstärkung gedeutet. Ich finde es schön, so zu sein, wie der sympathische, erfolgreiche andere.

Ideologie, Bezeichnung für ein System von Überzeugungen, Zielvorstellungen und Wünschen einer Person oder einer Gruppe (z. B. Partei), die oft Anspruch auf Wahrheit erheben und zur Erklärung komplexer Zusammenhänge herangezogen werden. Eine akzeptierte (vor allem links- oder rechtsextreme) Ideologie kann das individuelle oder das Verhalten einer ganzen Gesellschaft stark beeinflussen. Ideologische Beeinflussung äußert sich in ↗Einstellungen, in der Wahl von Gruppenbeziehungen, von Erziehungszielen und in der Haltung gegenüber Fremdgruppen.

Ideomotorik, genauer ideomotorisches Gesetz oder Carpenter-Effekt wird die Erscheinung genannt, dass eine intensive Vorstellung oder Beobachtung einer Bewegung diese Bewegung automatisch auslöst oder hervorbringt. Mit diesem Gesetz bzw. der allgemeinen Tendenz, dass Vorstellungen in Bewegungen übergehen, wird der enge Zusammenhang zwischen Geist und Körper verdeutlicht.

Image, Imago. Das Bild, die Vorstellungen und Erwartungen, die mit einer Person, einem Gegenstand, heute auch mit einem Produkt oder einer Firma verknüpft sind. Für die Imagepflege der Industriebetriebe ist heute eine Zertifizierung nach bestimmten Umwelt- und Qualitätsnormen unerlässlich. Imago nannte C. G. Jung solche Urbilder, innere Bilder, die unser Verhalten stark beeinflussen. Die größte Bedeutung haben Vater- und Mutter-Imago. In der ↗Psychoanalyse versteht man unter Imago das von der Wirklichkeit abweichende Bild des Therapeuten beim Klienten. Im Prozess der ↗Übertragung wird der Therapeut idealisiert oder abgewertet (Beispiel: Im Therapeuten wird der Vater gesehen).

I

Imagination wird oft übersetzt als Einbildungskraft, Phantasie und anschauliches Vorstellungsvermögen. Die Fähigkeit des „inneren Probehandelns" in einem tranceähnlichen Zustand ist eine der wesentlichen Fertigkeiten des Menschen. Therapeutische Imagination ist Arbeit mit der Vorstellungskraft, mit Symbolen, mit Metaphern und Geschichten sowie mit positiven verbalen Suggestionen in einem tranceähnlichen Zustand. Voraussetzung für die Wirksamkeit der Imagination ist tiefe Entspannung, ein Schwebezustand im Alpha-Bereich der Gehirnwellen. Es wird angenommen, dass wir im Wachzustand zu angespannt und zu kritisch sind und daher auch zu analytisch vorgehen, um Problemlösungen zu finden.
Während der Imaginationstherapie wird immer neben den Bildern und inneren Vorstellungen auch mit den dazugehörigen Gefühlen gearbeitet.

Imitation, Nachahmung von Verhaltensweisen, die bei einem Modell (Lernen am Modell) beobachtet werden. ↗Lernen.

Impotenz ist eine sehr häufige Störung des Sexuallebens. Ca 10 % der Männer leiden an der „erektilen Dysfunktion". Impotenz besteht in fehlender Gliedversteifung trotz sexueller Stimulation. Es kann auch eine gewisse Versteifung entstehen, die aber ungenügend stark ist und beim Versuch des Beischlafs wieder zurückgeht.
Betroffen sind Patienten jeden Lebensalters, mit steigendem Alter tritt die Störung häufiger auf. Von Impotenz spricht man, wenn eine mangelhafte Erektion bei 75 Prozent der Beischlafversuche über einen Zeitraum von drei Monaten auftritt. Nur relativ selten liegen rein organische oder rein psychische Ursachen vor, am häufigsten wirken körperliche und seelische Faktoren zusammen. Wenn einige Male eine unzureichende Erektion auftritt, dann setzen sich viele Männer unter Erfolgsdruck. Angst vor erneutem Versagen führt zum erneuten Auftreten der Sexualstörung. Wichtig ist, sich im Klaren zu sein, dass gelegentliche Erektionsschwächen kein Grund sind, an der eigenen Männlichkeit zu zweifeln.
Sowohl organisch bedingte Impotenz als auch die eher durch psychische Faktoren verursachte lassen sich gut behandeln. In bestimmten Fällen kann auch die Einnahme des durchblutungsfördernden Mittels Viagra hilfreich sein. Eine gute Partnerschaft ist in vielen Fällen noch immer das beste Mittel gegen die Impotenz.

Impulsive Handlung, umfassende Bezeichnung für spontane, unüberlegte, unwillkürliche, aufgrund einer emotionalen Erregung durchgeführte Handlung. (Impuls = spontaner Antrieb, Wunsch). Impulsivität und Impulskontrolle sind Themen der Psychologie psychischer Störungen. Es wird unterschieden zwischen dem Impulsantrieb und der (fehlenden) Impulskontrolle im Sinne einer Hemmung des Verhaltens. Als impulsive Störungen werden gesehen: Kleptomanie (Stehlsucht), Trichotillomanie (Haareausreißen), Pyromanie (krankhaftes Zündeln), ↗Bulimie und manche Süchte.

Individualpsychologie. Begründer dieser ↗tiefenpsychologischen Richtung ist Alfred Adler, der 1870 in Wien geboren wurde, dort um die Jahrhundert-

wende als Arzt tätig war und mit S. Freud (↗Psychoanalyse) zusammenarbeitete. Wie dieser, musste Adler – er war Jude – während des 3. Reichs ins Exil gehen. Er starb 1937 auf einer Vortragsreise in Aberdeen.
Persönlichkeitsmodell. Von Anfang an stimmte Adler in vielen Punkten nicht mit Freud überein. Im Gegensatz zur Psychoanalyse geht die Individualpsychologie davon aus, dass das menschliche Leben zielgerichtet ist. Diese *finale* Betrachtungsweise berücksichtigt zwar auch die Ursachen, die zu einem bestimmten Verhalten oder Erleben geführt haben *(kausale* Sicht der Psychoanalyse), wichtiger ist jedoch die Frage, was der Mensch aus seinen Erfahrungen macht, welche Ziele er entwickelt. Das Ergebnis ist immer ein einmaliger, einzigartiger *Lebensstil* (daher der Begriff Individualpsychologie), der sich vor allem in der frühen Kindheit entwickelt. Adler betont das Prinzip der Einheit der Persönlichkeit, das es nicht zulässt, menschliche Funktionen und Kräfte wie Denken, Fühlen, Handeln, Bewusstes und Unbewusstes isoliert zu betrachten. Am Anfang der menschlichen Entwicklung steht das *„Minderwertigkeitsgefühl,* das jenen Zustand beschreibt, den das Kind erlebt, wenn es sich nach der Geburt zwangsläufig als unzulänglich und unterlegen erlebt, weil es über die meisten Fähigkeiten zur Bewältigung des Lebens noch nicht verfügt. Dieses Erleben kann sich aufgrund bestimmter Erfahrungen zu einem hoffnungsvollen Gefühl des „Noch-Nicht-Könnens“ oder zu einem hoffnungslosen (neurotischen) Gefühl des grundsätzlichen „Nicht-Könnens“ entwickeln. Der Mensch trachtet stets danach, dieses Minderwertigkeitsgefühl mit Hilfe der ↗*Kompensation* zu reduzieren. Sie kann grundsätzlich in zwei Richtungen erfolgen. Einmal wird dem angeborenen, auf Entfaltung durch Erziehung angewiesenen *Gemeinschaftsgefühl* (Bewusstsein der Zusammengehörigkeit, Kooperation, Engagement für das gemeinsame Wohl) Raum gegeben, ein anderes Mal entwickeln sich in neurotischer Weise gemeinschaftsschädliche, egoistische Verhaltensweisen.
Neurosenlehre. Der Mensch, dessen Gemeinschaftsgefühl sich nicht entfaltet hat, kann nur unzulänglich auf die Realität eingehen. Trotz der Kompensation bleibt das Minderwertigkeitsgefühl übermächtig. In der Folge baut der neurotisch-kranke Mensch eine *private Logik* auf, die ihm z. B. suggeriert, überlegen und mächtig zu sein, und ihn vor Wahrnehmungen schützt, die sein Minderwertigkeitsgefühl ansprechen. Da sein geringes Selbstwertgefühl ihm wenig Sicherheit verschafft, muss er *Sicherungen* entwickeln, die ihn vor den Anforderungen der Außenwelt schützen. Diese Vorgänge sind weitgehend unbewusst und entsprechen ungefähr den ↗Abwehrmechanismen in der Psychoanalyse. Sicherung kann erreicht werden (s. auch H. Hobmair, 1989) durch aggressives Streben nach ↗Macht (z. B. Entwertung des nicht erreichten Zieles, Überbewertung der eigenen Leistung, Herabsetzung oder Ausschalten des Anderen, Schuldzuweisungen, Selbstvorwürfe) oder regressive Verhaltensweisen (z. B. Rückzug, Konstruktion von Hindernissen, wie Ausreden, Müdigkeit, Kopfweh u. a.).
Mehr als die Therapie hat die Pädagogik vom individualpsychologischen Ansatz profitiert. Adler gründete Erziehungs- und Berufsberatungsstellen und machte soziale Arbeit in weiten Kreisen populär. Weder Strenge noch Zärtlichkeit, sondern einzig *Ermutigung* versetzt den Menschen in die Lage, seine

Hauptaufgaben im Leben (Einfügen in den eigenen Lebenskreis, in den Lebensberuf und eine zufriedenstellende erotische Beziehung zu Partnern) zu lösen. So sind in der Erziehung Zuneigung, Warmherzigkeit, Wertschätzung und Verständnis besonders wichtig, wobei Erzogener und Erzieher in einem gleichwertigen, partnerschaftlichen Verhältnis zueinander stehen. Lob und Belohnung treten in den Hintergrund – sie sind zu sehr von der Wertung des Erziehers abhängig – zugunsten des *Arrangierens von Erfolgserlebnissen.* Strafen sind nur als sinnvolle Folge der verbotenen Handlung zulässig.

Individualtherapie. Die Therapiemethode der ↗Individualpsychologie (A. Adler) ist zu unterscheiden von der Individualtherapie, die von K. I. Leonhard entwickelt wurde und zu den Konfrontationsverfahren der ↗Verhaltenstherapie zählt. Das Verfahren wird auch Individualtherapie genannt, weil es aus zwei Teilen besteht: Aus der Lebenslaufanalyse und aus der „Stopp-Intervention" des Therapeuten. Der Klient wird nachhaltig und suggestiv angehalten, negative Gedanken unterbrechen zu lernen und durch angenehme zu ersetzen. Die Individualtherapie von A. Adler wird zur *„therapeutischen Erziehungslehre"* gerechnet. Sie besteht aus dem Aufdecken des neurotischen Lebensplans und aus der erzieherischen Arbeit mit dem Klienten. Der Therapeut macht ihm seine „Lebenspläne" verstehbar und zeigt, dass sie verändert werden sollen und können. Der Therapeut bemüht sich um Ermutigung, Wohlwollen, Nachsicht, Güte, Offenheit, Anstrengungsbereitschaft und Gerechtigkeitssinn. Damit ist er ein Vorbild für den Klienten.

Individuation hat C. G. Jung den Prozess der Ich-Findung, die Reise zur Entdeckung des Selbst, das dem Bewusstsein sehr weit entrückt ist, genannt.

Individuum. In der Psychologie wird der Begriff Individuum für die menschliche Einzelperson verwendet, wobei die Betonung auf „individuellen" (auf die betreffende Person bezogen) Merkmalen, Eigenarten, Fähigkeiten liegt. In diesem Sinne spricht man vom individuellen Verhalten, von einer individuellen Leistungsfähigkeit oder von Individuen, die sich nicht nach den sozialen ↗Normen richten.

Industriepsychologie, zusammenfassende Bezeichnung für die ↗Arbeits- und ↗Betriebspsychologie.

Infantilismus beschreibt den Körperbau und/oder die Persönlichkeitsausprägung eines Erwachsenen, die ganz oder teilweise auf kindlichem Niveau stehen geblieben sind (↗Retardation).

Informationspsychologie. Mit Informationspsychologie werden alle Versuche bezeichnet, psychische Vorgänge mit Hilfe kybernetischer und informationstheoretischer Modelle darzustellen.
Klärung der wichtigsten Begriffe:
1. *Kybernetik.* Eine von N. Wiener begründete wissenschaftliche Disziplin, die mit Hilfe mathematischer Modelle (Informationstheorie, Regelungstheorie,

Automatentheorie) die „Struktur (Anordnung und Wechselwirkung von Einzelfunktionen, z. B. im Organismus) und die Regelungsvorgänge komplexer, hochorganisierter Systeme zu erklären versucht. Der Mensch wird oft, weil er Informationen aufnimmt und verarbeitet und sich unter Einwirkungen verändert, als „offenes System" bezeichnet.
2. *Informationstheorie.* Die von C. E. Shannon entwickelte Teiltheorie der Kybernetik beschriebt mit Hilfe mathematischer Modelle und statistischer Begriffe die Informationsaufnahme und den Informationsaustausch zwischen einem Sender und einem Empfänger über einen bestimmten Kanal (z. B. Telefonleitung, Nervenfaser, ↗Rezeptoren usw.). Grundbegriffe der Informationstheorie sind *Information,* die als Maßeinheit für die übertragbare Informations- oder Nachrichtenmenge verwendet wird, und die *Kanalkapazität,* als maximale Informationsmenge, die pro Zeiteinheit (z. B. eine Sekunde) über einen bestimmten Kanal übertragen werden kann. Die Informationseinheit – 1 bit – ist die Informationsmenge, die wir benötigen, um z. B. an einer Weggabelung den richtigen von zwei Wegen wählen zu können. Um aus dem Alphabet einen bestimmten Buchstaben unmissverständlich zu erkennen, benötigen wir zwischen 4 und 5 bit Informationsmenge. In der Informationstheorie wird mit bit immer die Ungewissheit bzw. der Neuigkeits- oder Überraschungswert eines Zeichens, z. B. eines Wortes, angegeben. Je höher die bit-Zahl, desto größer der Neuigkeitswert. Aus der Anzahl möglicher Alternativen bzw. aus der Auftretenswahrscheinlichkeit (Häufigkeit der Verwendung) eines Ereignisses können die Maßgrößen für die Information berechnet werden. Von praktischer Bedeutung ist die Informationstheorie bei der Beschreibung von Kodierungsvorgängen (Verschlüsselungsvorgängen). Eine Nachricht ist optimal kodiert, wenn nur die unbedingt notwendige Anzahl von Zeichen bzw. Informationseinheiten verwendet wird. In der ↗Kommunikation werden Nachrichten weitschweifig kodiert; es werden überflüssige Informationen verwendet. Der Informationsüberschuss wird als *Redundanz* bezeichnet. Sender (z. B. Menschen), die sich „umständlich" ausdrücken, lange reden und wenig aussagen, kodieren „redundant". Durch die Redundanz wird eine höhere Störungssicherheit von Nachrichten erreicht (im Sinne des Sprichworts: „Doppelt genäht hält besser"). Mit Hilfe der Kybernetik, die als „Steuerungstheorie" komplizierte und hierarchisch organisierte Regelkreise beschreibt, und mit Hilfe der Informationstheorie, die die Informationsverarbeitung analysiert und beschreibt, werden in der Psychologie Modelle entwickelt, um z. B. die Gesetze des Informationsaustausches zwischen Organismus und Umgebung (↗Wahrnehmung), ↗Lernen, ↗Denken und vor allem die ↗Kommunikation zu beschreiben.
Vielfach werden sog. „lernende Automaten" entwickelt, mit deren Hilfe psychische Vorgänge simuliert, d. h. künstlich nachvollzogen werden, um die Gesetzmäßigkeiten und Leistungseigenarten psychischer Vorgänge zu erforschen. Praktische Auswirkungen haben Simulatoren auf die Gestaltung des programmierten Unterrichts.

Informelle Gruppen. In Organisationen verschiedener Art bilden sich immer dann, wenn die persönlichen Bedürfnisse nicht mit den betrieblichen übereinstimmen, informelle Gruppen. Sie bilden sich spontan und sind stärker auf die Befriedigung persönlicher Bedürfnisse ihrer Mitglieder ausgerichtet.

Inhaltsanalyse oder ↗Content-Analyse ist eine sozialpsychologische Methode zur systematischen (meist quantitativen) Auswertung und Beschreibung von Kommunikationsinhalten schriftlicher Art.

Inhaltsaspekt. Die pragmatische Theorie der Kommunikation von Paul Watzlawick unterscheidet zwischen einem Inhaltsaspekt (Thema, Sachinhalt, Sachfrage, Sachmitteilung) und einem Beziehungsaspekt (das Verhältnis, die Beziehung zwischen den Kommunikationspartnern) der Kommunikation.

Input. Als Input werden alle Reize, Informationen oder Energien bezeichnet, die von außen in ein System bzw. einen Organismus aufgenommen werden. Input wird im System verarbeitet und führt meist zu einem Output (Reaktion).

Instinkt, Bezeichnung für die im Laufe der Stammesgeschichte erworbenen und artspezifisch angeborenen Handlungs- oder Verhaltenstendenzen, die der Anpassung und dem zweckgerichteten Verhalten bei Tieren dienen. Das Instinktverhalten wird aufgegliedert in die Appetenzphase, für die ein durch innere Energie ausgelöstes, zielorientiertes, suchendes Verhalten charakteristisch ist, und in die Endhandlung, die durch Schlüsselreize ausgelöst wird. ↗Verhaltensforschung.

Instrumentales Konditionieren. Von B. F. Skinner eingeführte Bezeichnung für das Lernen von Verhaltensweisen, bei dem die Art der ↗Bekräftigung darüber entscheidet, ob eine Reaktion in Zukunft häufiger oder seltener auftritt. ↗Lernen.

Integrative Therapien. Eine Folge der großen Zahl der ↗psychotherapeutischen Ansätze sind Kombinationen verschiedener Verfahren, die von den einzelnen Vertretern recht pragmatisch entwickelt werden. Entscheidend ist, ob die „Neuschaffung" Erfolg in der Behandlung psychischer Störungen hat.

Intellekt bedeutet soviel wie Denkvermögen, Erkenntnis- und Einsichtsfähigkeit, Vernunft und Verstand.

Intelligenz. Die Intelligenz ist eine in unserem Kulturkreis besonders hoch eingeschätzte Fähigkeit, die nur sehr ungenau definiert und von anderen Fähigkeiten wie z. B. Denken, Gedächtnis, Sprachverständnis abgegrenzt werden kann. Fast 100 Jahre alt ist folgende Definition: „Intelligenz ist eine der personalen Bedingungen für das Überwinden von Schwierigkeiten in neuartigen Situationen." Intelligenz wird als die Fähigkeit zu denken, zu schlussfolgern, zu erkennen, zu beurteilen, Probleme zu lösen und eine Situation schnell zu erfassen, näher beschrieben.
Es gibt so viele Definitionen von Intelligenz, wie Forscher, die sich mit ihr beschäftigen. Klar ist: Intelligenz ist nicht dasselbe wie Klugheit oder Wissen. Ist

die Intelligenz eine allgemeine Denkfähigkeit oder umfasst sie mehr oder weniger viele spezielle Fähigkeiten? Es ist bekannt, dass viele weltbekannte Wissenschaftler oder Forscher Probleme in der Schule hatten oder nur auf einem Gebiet hoch begabt waren.
Da sich die Intelligenz nicht direkt beobachten lässt, wird sie von ihren Auswirkungen her definiert. Manche Psychologen sagen einfach: Intelligenz ist das, was der Intelligenztest misst. Diese operationale Definition ist für die wissenschaftliche Forschung brauchbar, sagt aber jemandem, der noch nie einen Intelligenztest gesehen hat, sehr wenig. Die Definition besagt, dass derjenige, der verschiedene Aufgaben aller Schwierigkeitsgrade löst, intelligent sei bzw. eine Fähigkeit besitzt, die es ihm ermöglicht, die in einem Intelligenztest zusammengestellten Aufgaben zu meistern. Die Testaufgaben sind dabei als Modell für reale Problemsituationen gedacht und erfassen, ob jemand die Möglichkeit hat, sich intelligent zu verhalten, jedoch nicht, dass ein Proband mit einem überdurchschnittlich hohem Intelligenzwert sich auch in Alltagssituationen, z. B. in der Schule oder im Beruf, „intelligent" oder erfolgreich verhalten muss.
Aus der Geschichte der Intelligenzforschung. Das erste Testsystem zur Feststellung bzw. Messung der Intelligenz wurde von A. Binet und T. Simon bereits im Jahre 1905 entwickelt. Sie haben für jede Alterstufe in der Kindheit eine bestimmte Anzahl von Aufgaben aus dem schulischen und häuslichen Bereich zusammengestellt, die erfahrungsgemäß die für die jeweilige Altersstufe „typischen" Probleme darstellten. Mit solchen Tastsystemen wollten die Autoren Aufschluss über die individuelle (Intelligenz-)Entwicklung gewinnen. Sie wollten vor allem zwischen milieubedingter und angeborener Entwicklungsverzögerung unterscheiden. Ein Kind, das neben den Aufgaben der eigenen Alterstufe auch Aufgaben der nächsthöheren löst, hat sich intellektuell rascher entwickelt als die Mehrzahl seiner Altersgenossen.
Große Fortschritte machte die Intelligenzforschung mit Hilfe der Faktorenanalyse („Statistik), die es den Wissenschaftlern ermöglicht, die zahlreichen isoliert nebeneinander stehenden Testleistungen auf ihre gegenseitige Abhängigkeit hin zu untersuchen und zu sog. Faktoren zusammenzufassen. C. Spermann stellte auf diese Weise schon 1927 eine „Zwei-Faktoren-Theorie" der Intelligenz auf, die aber nach dem heutigen Stand der Forschung nur noch eingeschränkt gültig ist. Er meinte, dass allen Intelligenzleistungen ein gemeinsamer Faktor (g-Faktor) zu Grunde liegt und dass die erreichte Leistung in verschiedenen Problembereichen von je einem spezifischen (s-Faktor) beeinflusst wird. Ein g-Faktor wurde von Jäger im Jahre 1984 bestätigt. Er stellte fest, dass die Aufgaben aller Intelligenztests zumindest in geringem Maße miteinander korrelieren. Die einzelne Testleistung wird aber nicht nur von einem Spezialfaktor, sondern eher von ziemlich umfangreichen Hauptfaktoren beeinflusst, die jeweils für mehrere Aufgabenarten zuständig sind.
L. L. Thurstone postulierte 1938 sieben „Primärfaktoren" der Intelligenz, die den gesamten Bereich der Intelligenz abdecken sollen. Die sieben Primärfähigkeiten („primary mental abilities") sind: Sprachbeherrschung (Verbalvermögen), Rechenfähigkeit, Wahrnehmungs- oder Auffassungsgeschwindigkeit, räumliches Vorstellungsvermögen, schlussfolgerndes oder logisches Denken, Gedächtnis und Wortflüssigkeit. Es stellte sich heraus, dass auch zwi-

schen diesen Primärfaktoren Korrelationen (Abhängigkeiten) bestehen. Dies könnte darauf hindeuten, dass es einen gemeinsamen Faktor gibt, der an allen Leistungen beteiligt ist, oder dass es in Wirklichkeit viel mehr Faktoren gibt, für die wiederum spezifische Aufgabenreihen zusammengestellt werden müssten, um sie isoliert messen zu können.

Diese Tatsache spricht für das umfassende Modell von J. P. Guilford, der alle Intelligenzleistungen auf zwei grundlegende Wirkungsweisen der Intelligenz, nämlich auf das Speichern von Erfahrungen (↗Gedächtnis) und auf die Denkfähigkeit, die das bisher Gelernte zum Herausfinden einer einzig richtigen Lösung (konvergentes Denken) oder zum Produzieren neuer Lösungsmöglichkeiten (divergentes Denken) einsetzt. Die Erkenntnisse bzw. Lösungen werden durch das bewertende Denken (= Urteilsfunktion) auf ihre Brauchbarkeit und Richtigkeit hin überprüft.

Eine oder mehrere Intelligenzen? In Anbetracht der vielen Intelligenzfaktoren und -modelle ist die Forderung von A. O. Jäger berechtigt, dass das Individuum genauer erfasst bzw. beschrieben wäre, ginge man von mehreren Intelligenzen aus. Demnach sollten die Menschen nicht hinsichtlich einer Intelligenz, sondern hinsichtlich unterschiedlicher Fähigkeiten beurteilt werden.

Diese Meinung hat sich zunächst nicht durchgesetzt. Als das von Goleman verfasste Buch *Emotionale Intelligenz* Bestseller wurde, folgten Werke über Erfolgs-Intelligenz, Beziehungs-Intelligenz und soziale Intelligenz. H. Gardner spricht von sieben Intelligenzen. Es sind: logisch-mathematische Intelligenz, linguistische Intelligenz, räumliche (visuelle) Intelligenz, körperlich-kinästhetische Intelligenz, musikalische Intelligenz, intrapersonale (Selbstbild-) Intelligenz und interpersonale (soziale) Intelligenz.

Angesichts solcher Vorstellungen ist es angebracht festzuhalten, was die Intelligenz nicht ist. Intelligenz ist nicht Lebenserfolg. Intelligenz ist nicht Kreativität. Intelligenz ist weder Motivation noch Konzentration oder Fleiß.

Intelligenzentwicklung. Wie für viele Entwicklungsverläufe typisch, ist auch bei der Intelligenz in frühen Lebensjahren ein steiler Anstieg und ab etwa dem neunten Lebensjahr eine allmähliche Verflachung der Entwicklungskurve zu beobachten (s. Abb.).

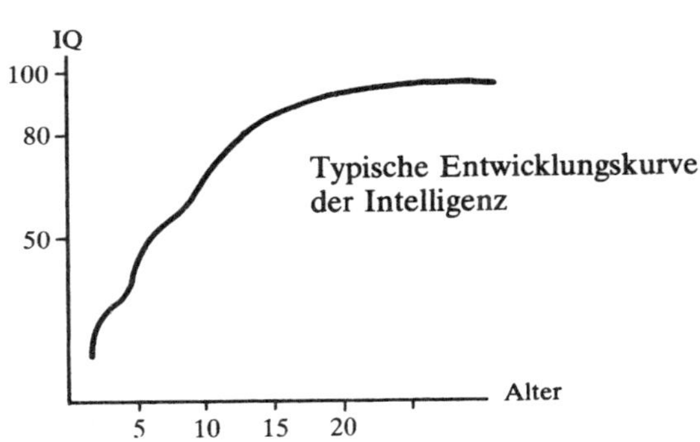

Im Alter von zwei bis neun Jahren entwickelt sich die Intelligenz am schnellsten. Bloom glaubt nachweisen zu können, dass schon im Alter von vier Jahren die endgültige Ausprägung der Intelligenz (im Alter von 18 Jahren) zu 50 % festgelegt ist. Das würde bedeuten, dass man schon im Kleinkindalter die Intelligenzhöhe im Erwachsenenalter relativ genau prognostizieren könnte. Die Behauptung, die Entwicklung der Intelligenz sei im Alter von 18 Jahren abgeschlossen, ist ebenso unseriös wie die Behauptung, dass nach dem 50. Lebensjahr ein Abbau der Intelligenz beginne. Es hängt von der Art der Tätigkeit und von der Aktivität ab, ob schon mit dem 20. Lebensjahr die Entwicklung der Intelligenz zum Stillstand kommt oder ob nach dem 50. Lebensjahr ein weiterer Anstieg der Intelligenz auftritt.

Die Frage nach der Vererbung der Intelligenz, die lange Jahre weltanschaulich und ideologisch gefärbt diskutiert wurde, spielt heute keine entscheidende Rolle mehr. Es ist klar, dass Anlage und Umwelt in Wechselwirkung stehen und zu 100 % aufeinander angewiesen sind. Vernachlässigung in den ersten Lebensjahren, anregungsarme Umwelt, wenig Möglichkeit zum selbständigen Experimentieren und Neugierigsein, Beeinträchtigung der Sprachentwicklung und sicher auch traumatische Erlebnisse, die die Entwicklung der Gefühle stören, wirken sich negativ auf die Entwicklung der Intelligenz aus.

Die Entwicklung der Intelligenz (des Denkens) nach Piaget. Die so genannte konstruktivistische Theorie der Intelligenzentwicklung von Jean Piaget ist nach wie vor interessant, aufschlussreich und praktisch bedeutsam. Zunächst gilt es die Begriffe Assimilation, Akkommodation und Gleichgewicht zu erläutern.

Im Zustand der Assimilation gleicht das Kind die Umweltgegebenheiten an seine jeweilige Stufe des Denkens an. Es richtet sich nicht nach den Qualitäten des Gegenstandes, sondern die Dinge werden seinem Denkschema angepasst (ein sechs Monate altes Kind greift nach dem Bauklotz in genau derselben Weise wie nach einer Blume). Hier kommt eine egozentrische oder konstruktivistische Haltung zum Ausdruck: Das Kind konstruiert die Welt nach seinen inneren Bedingungen.

Wird das Kind (aus welchen Gründen auch immer) mit dem Ergebnis seiner Assimilation unzufrieden, setzt der zweite Prozess, die Akkommodation ein. Die Denkform wird entsprechend dem Entwicklungsstand und den Erfordernissen des Problems abgeändert und führt zu einer höheren, anspruchsvolleren Auseinandersetzung mit der Umwelt (das Kind fasst die Blume vorsichtiger an).

Beide Vorgänge, die Einverleibung der Umwelt und die Änderung der Denkschemata treiben die Denkentwicklung des Kindes stufenweise voran.

Die Gründe für die Entstehung des Ungleichgewichts sieht Piaget in der Reifung, im Sammeln eigener Erfahrungen und in der Informationsübermittlung durch Erzieher.

Piaget befasste sich mit der Entwicklung und der Funktion sowie dem Anpassungswert des Wissens. Welches Wissen braucht der Mensch, um sich effektiv mit der Umwelt auseinander zu setzen? Wie gelingt die Anpassung an die Erfordernisse der Umwelt? Er kam zu der Erkenntnis, dass sich Erwachsene und Kinder hinsichtlich der Denkfunktion nicht unterscheiden. Sowohl das Den-

ken der Kinder als auch das der Erwachsenen dient der Anpassung. Kinder denken aber anders als Erwachsene.
Um die Entfaltung des menschlichen Erkennens und Beurteilens zu erforschen, hat Piaget die

- Entwicklung des Zahlen- und Mengenbegriffs, die
- Entwicklung des logischen Denkens, die
- Entwicklung des kausalen Denkens und die
- Entwicklung des moralischen Urteils

beobachtet. Aus Gesprächen und Demonstrationsversuchen mit Kindern verschiedenen Alters hat Piaget altersspezifische Formen des Denkens und Erkennens erschlossen und innere Strukturen als Denkwerkzeuge, mit denen das Kind die Welt konstruiert, ermittelt.
Nach der Art der auf einzelnen Altersstufen vorherrschenden inneren Strukturen hat Piaget die Denkentwicklung eingeteilt in

- das Stadium der sensumotorischen Intelligenz (0–2. Lebensjahr, Wahrnehmung wird mit Motorik verknüpft, zunächst wendet das Kind die mitgebrachten Reflexe an, vor allem das Saugschema; weitere Schemata sind Greifen, Interesse an den Wirkungen eigener Handlungen, Zweck-Mittel-Verhalten, z. B. Suchen nach verschwundenen Gegenständen, Beginn des Probehandelns und des Symbolspiels),
- das Stadium der konkreten Denkoperationen (das Denken ist an Wahrnehmungen und Handlungen gebunden; das anschauliche Denken ist „eingleisig", d. h. das Kind kann die Operation nicht in der Vorstellung „rückwärts" ablaufen lassen; es entwickelt sich der Begriff der Invarianz, d. h. Gegenstände bleiben trotz Veränderungen erhalten) und in
- das Stadium des formalen Denkens. Erst 12- bis 13-jährige Kinder können mit abstrakten Größen wie Zeit, Raum, Volumen und Begriffen wie Freiheit, Verantwortung oder Gerechtigkeit umgehen.

Piaget glaubt an das Streben des Menschen, nach neuen, über den jeweils erreichten Erkenntnisstand hinausgehenden Einsichten. Die Eigenschaften und Strukturen, die ein Kind an einem Objekt oder Gegenstand wahrnimmt, werden nach Piaget nicht vom Gegenstand abgelesen, sondern an ihn herangetragen. Man kann erst etwas erkennen, wenn man über das dazugehörige Schema verfügt. Wir können nur das wahrnehmen und erkennen, wofür wir über geeignete Begriffe verfügen; so kann z. B. das Kind ein Verhalten der Erwachsenen erst dann nachahmen, wenn es über Vorstellungen von diesem Verhalten verfügt. Interessant ist auch Piagets Vorstellung über das Verhältnis zwischen der emotionalen und der kognitiven Entwicklung. Piaget vertritt die Auffassung, *„dass die Affektivität die Rolle einer Energiequelle spielt, von der zwar das Funktionieren, nicht aber die Struktur der Intelligenz abhängen, so wie der Kraftstoff den Motor antreibt und damit bewirkt, dass das Automobil fährt, nicht aber die Konstruktion der Maschine ändert (...) Somit könnte man sagen, dass die Energetik des Verhaltens der Affektivität entspringt, während die Strukturen aus kognitiven Funktionen hervorgehen. Diese Unterscheidung zwischen Struktur und Energetik zeigt sehr deutlich, dass wir Intelligenz und Affektivität als in ihrer Art verschieden ansehen müssen, auch wenn sie im konkreten Verhalten stets untrennbar sind."*

Intelligenzquotient (IQ) wird als Maß für die intellektuelle Leistungsfähigkeit eines Menschen verwendet, die auf „Intelligenz zurückgeführt und mit Intelligenztests gemessen wird. In der Mehrzahl der heute üblichen ↗Intelligenztests wird der IQ mit Hilfe von Standardskalen (↗Statistik) errechnet, die aus großen Stichproben für bestimmte Altersstufen gewonnen wurden. Die Standardskalen besitzen einen Mittelwert von 100 und eine Standardabweichung von 15. Unter Berücksichtigung dieser Bestimmungsmerkmale liegt die durchschnittlich gemessene intellektuelle Leistungsfähigkeit zwischen 85 und 115 IQ-Punkten.

Intelligenztests. Die Intelligenztests wurden zuerst hauptsächlich mit einer pädagogischen Zielsetzung entwickelt. Es ging darum, die Leistungsmöglichkeiten eines Kindes festzustellen, um die Erziehung und Bildung (Schule) der individuellen Eigenart anzupassen. Gegenwärtig sind die Intelligenztests die am besten entwickelten Testverfahren und werden in allen Bereichen des öffentlichen und auch privaten Lebens (viele betrachten es für wichtig zu wissen, welchen Intelligenzquotienten sie haben) eingesetzt.
In den in Deutschland gebräuchlichen Intelligenztests (Intelligenz-Struktur-Test = IST; Hamburger-Wechsler-Intelligenz-Test für Kinder = HAWIK und für Erwachsene = HAWIE; Leistungs-Prüfsystem = LPS und Prüfsystem für Schul- und Berufsberatung = PSB sowie Binet-Simon-Kramer-Test) nimmt die „Sprache eine Schlüsselposition ein. Ausnahme: CFT = „culture free"-Test.
Alle Intelligenztests sind so konstruiert, dass einzelne Intelligenzfaktoren, z. B. Sprachverständnis, logisches Denken, Raumvorstellung, Wahrnehmungsgeschwindigkeit, Rechenfähigkeit, Gedächtnis durch eine Reihe von Aufgaben verschiedener Schwierigkeitsgrade gemessen werden. Je mehr Aufgaben in einer bestimmten Zeit gelöst werden, desto höher ist die Ausprägung des betreffenden Intelligenzfaktors. Auf diese Weise wird nicht nur der Gesamtintelligenzquotient festgestellt, der angibt, welchen Rangplatz der Proband innerhalb der Vergleichsgruppe (Alter, Bildung, Beruf usw.) einnimmt, sondern auch ein Intelligenzprofil, das einzelne Stärken und Schwächen der Intelligenz erkennen lässt.

Interaktion. a) Der Begriff wird am häufigsten als „soziale Interaktion" gebraucht und beschreibt damit die wechselseitige Steuerung des Verhaltens, wenn Menschen miteinander zu tun haben. Eine Steuerung geschieht durch Beeinflussung und Kontrolle der Reize sowie der Verhaltenskonsequenzen, die der andere erlebt (↗Lernen). Soziale Interaktion kann von sozialer ↗Kommunikation kaum getrennt werden, da bei jeder sozialen Interaktion dem Anderen Informationen mitgeteilt werden und eine soziale Kommunikation nur aufgrund einer sozialen Interaktion ablaufen kann. Deshalb werden beide Begriffe in der neueren Literatur synonym (gleichbedeutend) verwendet.
b) In der „Statistik, genauer der statistischen Varianzanalyse, bezeichnet Interaktion die Abhängigkeit einer Größe von zusammen vorkommenden Veränderungen zweier oder mehrerer anderer Größen. Beispielsweise sieht Lewin das Verhalten des Menschen in Abhängigkeit von seiner Persönlichkeit und der Umwelt, V = f(P,U).
c) Manchmal ersetzt der Begriff der Interaktion als Synonym den der Wechselwirkung.

d) In der ↗Persönlichkeitsforschung wird bei der Frage, ob Eigenschaften über Zeit und Situationen hinweg stabil sind, von einigen Psychologen („Interaktionisten") die Meinung vertreten, dass zwischen Mensch und Situation Interaktionen stattfinden und man besser diese erforschen sollte, als dass man stabile Eigenschaften des Menschen annimmt.

Interesse. Mit dem Begriff Interesse werden die Vorlieben für bestimmte Handlungen, Objekte oder Erlebnisse bezeichnet. Interessenrichtungen werden aus dem Verhalten erschlossen oder durch ↗Fragebogen erfasst und lassen nur unzureichend objektive Aussagen über Persönlichkeitseigenschaften (↗Persönlichkeit), insbesondere über die ↗Intelligenz, zu.

Interferenz, Interferenztheorie. In der Psychologie spricht man von Interferenz, wenn sich psychische Prozesse gegenseitig überlagern und stören. Die Interferenztheorie des Vergessens geht von der Annahme aus, dass beim Speichern von Informationen ↗Gedächtnishemmungen auftreten können. Zwei hintereinander gelernte Inhalte können sich gegenseitig daran hindern, gespeichert zu werden. Die Neigung der Menschen, sich von widersprüchlichen Informationen stören zu lassen, ist individuell unterschiedlich stark ausgeprägt. Die Interferenzneigung wurde durch die Reaktionsverzögerung gemessen. Zeigt man z.B. Versuchspersonen rot gedruckte Pik-Karten oder das Wort „grün" mit roter Farbe geschrieben (Elemente des Stroop-Interferenztests), so dauert es unterschiedlich lange, bis die Personen die richtige Antwort geben. Interferenzneigung ist stark konzentrationsabhängig.

Interindividuell bedeutet soviel wie „zwischen verschiedenen Individuen"; Bestimmungswort für Unterschiede zwischen mehreren Individuen (Beispiel: interindividuelle Unterschiede im Längenwachstum. *Intraindividuell* meint „innerhalb eines Individuums" (Beispiel: der intraindividuelle Unterschied zwischen intellektueller und körperlicher Entwicklung).

Internet und Psychologie oder Psychologie im Internet. Das Internet ist zu einer unerschöpflichen Informationsquelle geworden. Das gilt in besonderem Maße für die Psychologie. Angesichts der im Internet angebotenen oder vorhandenen, in der Regel gut verständlich verfassten und kompetenten Beiträge dürften in naher Zukunft Wörterbücher wie das vorliegende überflüssig werden. Da ein Buch immer noch leichter zugänglich ist und das Nachschlagen unter bestimmten Umständen schneller erfolgen kann als im Internet, dürften Bücher nicht ganz „aus der Mode kommen".
Die allgemeinste Adresse für psychologische Information ist einfach „Psychologie.de". Mit Hilfe bekannter Suchmaschinen wie „Altavista", „Yahoo", „Infoseck", „Fireball" kommt man sehr schnell zur gewünschten Information. Es sind auch leicht Artikel zu finden, mit denen die Internetuser gute Tipps bekommen, wie sie zu der gewünschten Information kommen können.
Im Internet werden nicht nur Informationen, sondern auch Tests, Befragungen und Software zum Download angeboten.
Eine unerschöpfliche Quelle an Informationen und Hinweise für Hilfesu-

chende enthalten die vielen Adressen der Berufsverbände, der beratenden Einrichtungen und Kliniken sowie der einzelnen praktizierenden Berater und Psychotherapeuten. Unter dem Titel „Gesundheit & Psychologie im Internet" werden viele Abhandlungen zur Diagnose, Prävention und Therapie körperlicher und psychischer Krankheiten angeboten. Die psychologische Beratung im Internet ist und wird laufend noch besser ausgebaut.

Intervenierende Variable, Bezeichnung für eine nicht direkt beobachtbare, sondern aus ihrer Wirkung erschlossene Variable. ↗Methoden der Psychologie.

Interventionen. In der Psychologie werden verschiedene Arten von „Eingriffen", „Beeinflussungsmaßnahmen", „Vermittlungen" und des „Sich-Einmischens" unterschieden. Intervenieren bedeutet in die Quere kommen, dazwischentreten, unterbrechen, stören, hindern. Viele Situationen, z. B. Störungen in einer Schulklasse, Krisen in der Ehe, Entwicklungsstörungen, psychische Störungen, Stress und Belastung, Konflikte in einer Gruppe usw. erfordern, dass seitens der Lehrer, Gruppenleiter, Psychotherapeuten und Beratungspersonen „interveniert" wird.
Die Definition von Intervention nach Amelang und Zielinski lautet: „Interventionen sind Maßnahmen, die aus den verschiedensten Gründen eingeleitet werden. Sie setzen an diagnostischen Feststellungen an, mit dem Ziel, Veränderungen auf organisatorischer oder individueller Ebene herbeizuführen. Im angloamerikanischen Raum ist dafür der Terminus „treatment", also Behandlung, gebräuchlich. Die intendierten Effekte sind erwartungsgemäß dann besonders positiv, wenn die Passung zwischen Diagnose und Intervention in optimaler Weise ausfällt."
Je nach Auslösesituation des Beratungswunsches und momentaner emotionaler Betroffenheit sind entlastende, Feedback-gebende, trainierende, aufbauende, die individuellen Ressourcen aufdeckende, Selbsterfahrung provozierende, enthemmende, motivierende, eher sachliche oder auch gefühlsbetonte Interventionen notwendig. Hauptcharakteristika von Interventionen sind – und damit unterscheiden sie sich von der allgemeinen Interaktion und Kommunikation – dass sie
- mit dem Anspruch der Hilfe zur Selbsthilfe erfolgen
- wissenschaftlich abgesichert und damit Erfolg versprechend sind
- im Hier und Jetzt ihren Grund und ihre Wirkung haben
- sich in der Regel in eine psychotherapeutische Methode oder ein Beratungskonzept einordnen lassen
- mehr oder weniger erwünscht sind und von dem Betroffenen akzeptiert werden
- durch eine Art Vertrag zwischen dem Intervenierendem und dem „Intervenierten" geregelt sind.

Interventionsforschung befasst sich mit der Angemessenheit und Wirksamkeit verschiedener Interventionsmethoden (Psychotherapien, Beratungen, Gruppenleitung, sozialpädagogische Praxis) und stellt ihre Erkenntnisse in so genannten Interventionstheorien der Praxis zur Verfügung.

I

Interview wird als mündliche, persönliche ↗Befragung und als Instrument der Datenerhebung vor allem in der ↗Meinungsforschung, Personalauslese (Einstellungsinterview), ↗Marktpsychologie und in der ↗Klinischen Psychologie eingesetzt; hier wird auch die Bezeichnung ↗Exploration gebraucht. Mündliche (persönliche) Befragung stellt einen Kommunikations- und Interaktionsprozess zwischen dem Befragten (dem Interviewten) und dem Befragen (Interviewer) dar, wobei die Sprache als Medium dient. Um Fehler bei der Datenerhebung zu vermeiden und eine hohe Zuverlässigkeit und Gültigkeit der Daten zu erreichen, muss die Interviewforschung folgende Aspekte näher untersuchen: 1. die Art des Kommunikationsprozesses (Interview-Formen), 2. die Rolle des Interviewers, 3. die der Interviewten oder Befragten, 4. das Kommunikationsmittel (die Sprache).

1. Es werden folgende *Interviewformen* unterschieden:

a) *Psychoanalytisches* Interview wird in der psychoanalytischen Therapie praktiziert („Psychoanalyse), wobei der „Patient" dem Therapeuten durch „freie ↗Assoziation" seine biographischen Daten liefert.

b) *Tiefen*-Interview (auch offenes, unstrukturiertes oder intensives Interview genannt) verläuft als freies Gespräch, bei dem sich der Interviewer eines Leitfadens bedient, in dem die wichtigsten Fragen oder Themen festgehalten sind (↗Exploration).

c) Beim *halbstandardisierten* (halbstrukturierten) Interview sind die Fragen und das Verhalten des Interviewers festgelegt.

d) Das *standardisierte* (strukturierte) Interview liefert vergleichbare Daten, weil die Fragen, die Reihenfolge der Fragen, die Antwortmöglichkeiten (Wahlantworten; der Befragte kann zwischen vorgegebenen Antwortmöglichkeiten wählen) und das Verhalten des Interviewers genau festgelegt sind.

2. *Sprachlicher Aspekt.* Missverständliche Fragen führen oft zu falschen Angaben. Beim Erstellen des Interview-Leitfadens und bei der Frageformulierung ist besonders darauf zu achten, dass alle Befragten die Bedeutung von gestellten Fragen gleich erfassen (Bedeutungsäquivalenz); die Sprache muss sich nach dem Bildungsniveau und dem vorausgesetzten Wissen der Befragten richten. Für Interviews über persönliche Angelegenheiten und Tatbestände, über die erfahrungsgemäß falsche oder nur sozial erwünschte Antworten gegeben werden, empfehlen sich indirekte Fragen, die das Ziel der Befragung verschleiern.

3. *Die Befragten.* Eine systematische Untersuchung des Verhaltens von Befragten fehlt noch. Es wird angenommen, dass meistens eine positive, aber neutral-unverbindliche Einstellung zum Interview besteht (Scheuch), wobei der „Auftraggeber-Effekt" eine Rolle spielt, d. h. der Befragte richtet seine Antworten nach seiner persönlichen Meinung über den jeweiligen Auftraggeber der Untersuchung. Die Bereitwilligkeit des Befragten, richtige Antworten zu geben, ist sicher von seiner Schicht- und Gruppenzugehörigkeit, von seiner Stellung und seinem Bildungsniveau, von Stimmungen, der Situation und seinem Ausdrucksvermögen abhängig. Wird sein Wissen überschätzt, so neigt der Befragte zu unsachgemäßen, falschen Antworten. Auch Antworten wie „Keine Meinung" können Anhaltspunkte über die Wirkung der gestellten Frage liefern.

4. *Die Interviewer* und „richtiges" Interviewerverhalten. Weil die Interviewer durch ihr Verhalten die Interviewergebnisse stark beeinflussen und verfälschen können, werden während der „Interviewer-Schulung" bestimmte Verhaltensregeln eingeübt. Aber auch durch solche Schulung können die Fehler, die Befrager verursachen, nicht ganz behoben werden. Fehlerquellen sind: ↗Vorurteile und Überzeugungen der Interviewer selbst beeinflussen die Antworten von Befragten, oder die Antworten werden entsprechend der eigenen Meinung verzerrt wahrgenommen. Alter, Aussehen und Geschlecht des Interviewers können ebenso zu veränderten Angaben führen. Eine weitere methodische Fehlerquelle ergibt sich aus der Auswahl der ↗Stichprobe.

Introspektion, Selbstbeobachtung. Das Beobachten innerer Vorgänge wie Denken und Fühlen war in der älteren Psychologie die bevorzugte Forschungsmethode. Der Introspektion wird mangelnde Objektivität, fehlende Nachprüfbarkeit und die Störbarkeit psychischer Prozesse, wenn sie zum Gegenstand der Aufmerksamkeit werden, vorgeworfen.

Introversion. Nach innen gewandt, weg von Außenwelt. Nach C. G. Jung grenzt sich der introvertierte Mensch von seiner Umwelt ab und beschäftigt sich mehr mit sich. H. J. Eysenck ordnete der Introversion folgende Eigenschaften zu: schnelles Lernen von Furchtreaktionen (Vermeidungslernen), Neigung zu Neurosen, Überangepasstheit an soziale Normen, Intoleranz gegenüber Schmerz, Neigung zum abstrakten Denken und Formsehen.

Inzest. Der Begriff taucht meist im Zusammenhang mit dem Inzesttabu auf, das den Geschlechtsverkehr zwischen Blutsverwandten untersagt, so z. B. zwischen Vater und Tochter, Mutter und Sohn, Bruder und Schwester, jedoch häufig auch zwischen den entfernteren Verwandten (z. B. Onkel und Nichte). Das Inzesttabu soll u. a. die Verteilung der Rollen innerhalb der Familie sichern, denn wenn z. B. ein Kind aus der Vater-Tochter-Verbindung entstehen würde, wäre der Vater gleichzeitig Vater und Gatte der Tochter sowie Vater und Großvater des Kindes, was vielleicht noch nicht zu so starken Konflikten führen würde wie die geschlechtliche Rivalität zwischen der Frau und der Tochter. Weiterhin soll das Inzesttabu für eine Erweiterung der menschlichen Beziehungen sorgen und den manchmal schädlichen biologischen Folgen eines Inzests bei den Nachkommen vorbeugen, die auftreten, wenn rezessive, d. h. allein nicht auftretende Erbmerkmale sich kombinieren und es zu einem Auftreten z. B. von Taubheit kommt.

IQ, Intelligenzquotient. Der gemessene individuelle Intelligenzwert ist unter der Bezeichnung Intelligenzquotient (IQ) bekannt. Bei der Intelligenzmessung wird der an mehreren Hundert Personen ermittelte Durchschnittswert der jeweiligen Alters- und Berufs- oder Bildungsgruppe als Maßstab oder Vergleichswert der individuellen Intelligenzhöhe (Intelligenzquotient, IQ) zugrunde gelegt. Die Intelligenztests sind in der Regel so konstruiert bzw. geeicht, dass der Durchschnitts-IQ den Wert von 100 Punkten beträgt und die Standardabweichung 15 IQ-Punkte.

I

Ist-Wert, Bezeichnung für einen in einem Regelkreis oder der ↗Homöostase tatsächlich vorhandenen Wert, der z. B. von dem vorgegebenen Soll-Wert abweicht.

Item. Aus dem Englischen übernommene Bezeichnung für eine einzelne Testaufgabe oder Feststellung, die mit richtig – falsch, stimmt – stimmt nicht, ja – nein usw. beantwortet werden kann. Beispiel: Frauen sind intelligenter als Männer. Ja – nein. Für ein Item können auch mehrere Antworten vorgegeben sein, von denen die richtige Antwort angekreuzt werden muss. So konstruierte Items werden *„multiple choice“* oder *„Mehrfach-Wahl-Aufgaben“* genannt. Bei der Zusammenstellung mehrerer Items oder Testaufgaben werden neben der Reliabilität (↗Statistik) auch ein Schwierigkeits-, Trennschärfe- und Homogenitätsindex berechnet. Der *Schwierigkeitsindex* drückt den Prozentsatz der Probanten aus, die eine Aufgabe lösen oder ein Item mit Ja oder Nein beantworten. *Trennschärfe* bedeutet, wie gut ein Item in der Lage ist, zwischen Individuen mit verschiedener Ausprägung eines Merkmals zu unterschieden. Eine Aufgabe ist nicht trennscharf, wenn sie auch von solchen Personen gelöst wird, die die Fähigkeit, die gemessen wird, nur in geringer Ausprägung besitzen, oder wenn eine Feststellung von allen Personen mit Ja beantwortet wird. Mit *Homogenitätsindex* wird angegeben, in welchem Maße die zusammengestellten Items nur eine Dimension oder ein Persönlichkeitsmerkmal, z. B. konservative ↗Einstellung, messen.

Jaktationen sind rhythmische Schaukelbewegungen des Körpers oder des Kopfes (iactatio capitis), die meist bei Kindern beobachtet werden, die zu wenig Zuwendung von ihren Erziehern bekommen (↗Hospitalismus). Als Verhaltensstörungen stellen sie Ersatzbefriedigungen dar, denn beim Hin- und Herwiegen erlebt das Kind angenehme Gefühle, die seine Vereinsamung und Isolierung reduzieren.

Ja-Sage-Tendenz beschreibt die allgemein verbreitete Neigung, in ↗Fragebögen, unabhängig von ihrem Inhalt, lieber mit „ja", „stimmt" oder „richtig" zu antworten als mit dem für den Probanten wahrscheinlich zutreffenderen Gegenteil. Diese Antworttendenz kann zu einer Verfälschung des Ergebnisses bzw. der Datenerhebung führen. Zur Ja-Sage-Tendenz oder *Akquieszenz* neigen besonders ↗autoritäre Persönlichkeiten, ängstliche Menschen und konservative Personen, die der Meinung sind, sich dadurch ins bessere Licht rücken zu können (sozial erwünschtes Verhalten). Die Ja-Sage-Tendenz kann auch als Ausdruck der ↗Konformität gewertet werden.

Jugendalter. Das Jugendalter wird beschrieben durch wichtige biologische (körperliche) Veränderungen, die als Sexualreifung, Längenwachstum und Gestaltwandel zusammengefasst werden. Neben biologischen sind aber vor allem die Veränderungen im emotionalen und sozialen Bereich von entscheidender Bedeutung. Die entwicklungspsychologisch bedeutsamen Veränderungen werden oft mit den Begriffen Vorpubertät, Pubertät und Adoleszenz zusammengefasst.
Entwicklungsaufgaben. In der Phase des Jugendalters müssen folgende Entwicklungsaufgaben bewältigt werden:

- Akzeptieren der eigenen körperlichen Erscheinung und effektive Nutzung des Körpers
- Neue und reifere Beziehungen zu Altersgenossen beiderlei Geschlechts
- Übernahme der männlichen oder weiblichen Geschlechtsrolle
- Emotionale Unabhängigkeit von den Eltern und von anderen Erwachsenen
- Vorbereitung auf eine berufliche Karriere
- Vorbereitung auf Ehe und Familienleben
- Sozial verantwortliches Verhalten
- Entwicklung einer Ideologie (Werte und ein ethisches System, das als Leitfaden für das Verhalten dient).

Entwicklung von Gefühlen und der Intelligenz. Die Veränderungen des Aussehens und die hormonellen Umstellungen führen auch zu einer kritischen Einstellung zum eigenen Körper und Aussehen. Das Äußere wird sehr wichtig. In der Regel muss es Markenkleidung sein. Das Gefühlsleben ist sehr labil. Die in der Kindheit gelernte Gefühlskontrolle geht z. T. wieder verloren. Unerwartete, überraschende und nicht zu steuernde Gefühlsschwankungen treten immer häufiger auf. In der „Sturm-und-Drang-Zeit" wird tiefe Niedergeschlagenheit oft von übertriebener Ausgelassenheit abgelöst. Nach Widmer „ergibt sich das Bild des Flegelalters mit Maßlosigkeiten, Übertreibungen, mit unvermittelter Ablehnung oder Apathie, mit Ansprechbarkeit im Wechsel mit Unansprechbarkeit". Der Jugendliche sieht, dass er nicht mehr zu den Kindern gehört, aber auch noch nicht mit den Erwachsenen mithalten kann.

Im Jugendalter erreicht die Intelligenz ihren Höhepunkt. Der Jugendliche kann formal oder abstrakt denken. Neben der intensiven Beschäftigung mit dem PC (Computerspiele sind immer noch in) tritt im Denken der finale Aspekt deutlicher hervor. Es wird nicht nur gefragt, warum etwas geschieht, sondern auch, was geschehen wird, wenn z. B. die Umweltressourcen verbraucht werden. Es kommt zum Reflektieren über sich selbst und über die eigene Zukunft.

Der Jugendliche in der Gesellschaft. „Jugendliche haben heute zwar bessere Bildungs- und Vorbereitungs-Chancen als frühere Generationen und damit also bessere Bedingungen für ihre Jugendphase. Sie stehen jedoch vor größeren Problemen als früher, ihre Qualifikationen beruflich umzusetzen und ihre Zukunft zu gestalten. Ihre Chancen für das Erwachsenwerden sind schlechter geworden“ (Zitat nach der 12. Shell-Studie zum Jugendalter, 1997).

Sehr deutlich geht aus der Studie hervor, dass Jungsein heute nicht mehr die unbeschwerte Zeit des Lernens, Ausprobierens und Sich-Vorbereitens auf den Ernst des Lebens, nämlich die Berufstätigkeit, ist. „Wenn die Arbeitsgesellschaft zum Problem wird, dann muss auch die Jugendphase als Phase der biografischen Vorbereitung auf diese Gesellschaft zum Problem werden“, lautet die Aussage der Autoren.

Die Übergangszeit vom Kind zum Erwachsenen ist sehr lang geworden. Die Jugendlichen sind einerseits an Spiel und Spaß interessiert (Fun-Zeit), andererseits sind ihnen trübe Zukunftsaussichten bewusst. In der zitierten Shell-Studie nannte fast jeder zweite Befragte – ob männlich oder weiblich, in Ost- oder Westdeutschland – auf die offen gestellte Frage nach den „Hauptproblemen der Jugendlichen heute“ das Thema Arbeitslosigkeit. Nur noch rund ein Drittel der Jugendlichen blickt „eher zuversichtlich“ in die Zukunft.

Die Jugend heute ist nicht politisch uninteressiert, wie vielfach behauptet wird. Aber das Engagement muss Spaß machen. Spaß bedeutet aber nicht einfach selbstbezogenes Vergnügen, sondern die Freude am Erleben der eigenen Wirksamkeit, die Freude daran, etwas bewegen zu können – ob in der Partei, der Gewerkschaft, der Kirche oder der Feuerwehr. Erfolgserlebnisse machen Laune und stimulieren zu weiterem Engagement. Oft geht das Engagement für die Gemeinschaft aus einem privaten Hobby hervor.

Jugendliche entwickeln heute keine festen Subkulturen mehr, im raschen Wechsel werden verschiedene Stilrichtungen ausprobiert.

Ablösung von der Familie. Die familiäre Situation des Jugendlichen ist durch ein Gegenüberstehen von Bindung und Lösung bestimmt. Einerseits nimmt er eine Protesthaltung ein (z. B. kein Rechtfertigung mehr, wenn man fortbleibt), andererseits ist die Familie gleichzeitig, wenn auch oft nicht bewusst wahrgenommen, der Platz, an dem man sich zu Hause fühlt und den man nicht verlieren will. Viele Jugendliche wünschen sich, dass sich die Eltern Zeit für Gespräche mit ihnen nehmen. Diese Bindung und der gleichzeitige Wunsch, sich abzugrenzen, verstärkt oft Unsicherheiten und kann auch Schuldgefühle zur Folge haben. Die Vorstellungen vom freien Leben sind nicht selten mit den Gedanken verbunden, nie mehr für Prüfungen lernen zu müssen. Auch die Eltern können ihre „Kinder“ manchmal nicht mehr verstehen. Einerseits wollen sie erwachsen sein, andererseits aber nicht die Verantwortung z. B. für schulische Erfolge übernehmen.

Erziehung im Jugendalter. In dieser Phase sollten die Eltern auf Autorität verzichten, unempfindlich gegen Attacken sein, aber wenn erforderlich wieder Mitgefühl und Unterstützung anbieten. Die Krisen des Jugendalters können nur mit emotionaler Unterstützung der Eltern und sozialer Unterstützung durch verschiedene Angebote der Jugendarbeit bewältigt werden.
Grundsätzlich gilt: Je enger das Verhältnis zwischen Kind und Eltern war, desto stürmischer wird wahrscheinlich der Trennungskampf verlaufen.
Die „Kinder" werden oft bockiger, rücksichtsloser, grausamer, zerstörerischer, schmutziger, unmoralischer, schon, um sich abzulösen, um zu zeigen, dass sie nicht so sind wie die Eltern bzw. dass sie nicht so sein wollen. Wenn man sich durch solches Verhalten provoziert fühlt und glaubt reagieren zu müssen, so muss einem klar sein, dass man dadurch manchmal das bekämpfte Verhalten bestärkt. Außerdem besteht die Gefahr, dass man die Autorität mit Kleinigkeiten verspielt und dann bei Schulversagen oder ersten Kontakte mit Drogen als Gesprächspartner nicht mehr ernst genommen wird.
Mädchen brauchen ihren Streit mit den Müttern. Die Untersuchungen konnten zeigen, dass ein Streit mit den Eltern von 15 Minuten Dauer bei Mädchen alle anderthalb Tage vorkommt, während die Jungen in vier Tagen nur sechs Minuten lang streiten.
Zweifelsfrei steigt im Jugendalter die Konfliktbereitschaft, so dass eher konfliktarme Entwicklungen Anlass zur Sorge geben. Es ist die Aufgabe der Eltern, ein Arbeitsklima des Miteinander zu erhalten; daher müssen sie genau überlegen, welchen Kampf sie gewinnen müssen, bevor sie einen beginnen. Problematisch wird die Situation für die Jugendlichen, wenn sie wegen einer unsicheren Beziehung der Eltern untereinander keine Beziehungskonflikte wagen dürfen. Elterliche Scheinheiligkeit wird durchschaut und angeprangert. Die Entwicklung eigener moralischer Werte ist nun das Thema und äußerst bedeutsam. Der Jugendliche will – im besten Falle – alles besser machen. Seine Beziehung wird nicht durch Trennung, Untreue etc. ruiniert; sein Berufsleben wird keine Vetternwirtschaft kennen und so fort. Hier können Erwachsene den Jugendlichen auch als Lehrmeister ansehen und ihn nicht nur belächeln.
Häufig kommt es zur Somatisierung von bewussten oder unbewussten psychischen Problemen. Dies äußert sich vielfältig und auch mit mehrfachem Symptomenwechsel. Beispiele sind Spannungskopfschmerzen, Magenbeschwerden, undefinierbare Bauchschmerzen, Rückenschmerzen, diffuse Unterleibsschmerzen. Verdeckte Aggressionen und evtl. Neigung zu Depressionen, aber auch gewisse Omnipotenzgefühle bewirken oft einen irrationalen Mut zum Risiko: Mitfahren mit einem alkoholisierten Fahrer, Alkohol am Steuer, gewalttätige Auseinandersetzungen, Mitführen einer Waffe, Alkohol-, Tabak- und Drogenkonsum, ungeschützter Geschlechtsverkehr. Sowohl in der komplexen gesellschaftlichen als auch in der innerpsychischen Situation wird die Ursache für Jugenddelinquenz (und Jugendbanden) gesehen, die sich in Diebstählen, Zechprellereien, Gewaltakten, in Führergefolgschaft, strenger Hierarchie und unbedingter Solidarität äußert.
Zum Schluss noch ein Zitat aus unbekannter Quelle:
„Jugend ist kein Lebensabschnitt – sie ist eine Geisteshaltung,
sie ist die Beschaffenheit der Willenskraft,

eine Eigenschaft der Phantasie,
die Kraft der Gefühle,
der Sieg des Mutes über die Ängstlichkeit und
der Abenteuerlust über die Bequemlichkeit.
Niemand wird alt, nur weil er eine bestimmte Anzahl von Jahren gelebt hat."

Jugendgerichtshilfe ist eine Einrichtung des Jugendamtes mit der Aufgabe, beschuldigte Jugendliche vor Gericht zu vertreten. Jugendgerichtshelfer ermitteln die Ursachen der Straftat (Ermittlungshilfe), erstellen ein Persönlichkeitsbild unter Berücksichtigung der Umweltbedingungen und berichten dem Jugendrichter über das zu erwartende künftige Verhalten und die sozialpädagogischen und fürsorgerischen Maßnahmen. Wegen der Überlastung der Sozialarbeiter, wegen unzureichender Ausbildung und nicht zuletzt wegen der Ablehnung und der ↗Vorurteile beschuldigter Jugendlicher und deren Angehörigen amtlichen Helfern gegenüber wird diese Aufgabe nur unzureichend wahrgenommen.

Jugendkriminalität. In den 70er und 80er Jahren rückte der Anstieg der Kriminalität von Kindern, Jugendlichen und Heranwachsenden in den Blickpukt psychologischer Betrachtungen. Es galt, Ursachen, Bedingungen und Folgen der Jugendkriminalität zu erforschen. Es wurden verschiedene ↗Devianztheorien entwickelt. Die gefundenen Ursachen und Bedingungen lassen sich zu drei Gruppen zusammenfassen:
1. Gründe, die mit dem Wandel der Gesellschaft, mit dem Wertewandel, mit dem Verlust von Orientierungen zusammenhängen;
2. die für das Jugendalter charakteristischen Probleme wie Angst, Unsicherheit, Risikobereitschaft, Mutproben, Gruppenzwang, Abenteuer- und Erlebnisdrang, Neugier, Leichtsinn, Übermut, Ausgelassenheit, Rauflust, Rebellion, Bedürfnis nach Anerkennung. Hinzu kommen Anlehnungsbedürftigkeit, naiv-vertrauensseliges Verhalten, Hilflosigkeit (zumeist verborgen hinter Trotz oder Arroganz), Mangel an Pflicht- und Verantwortungsgefühl, Neigung zu Stimmungswechseln aus nichtigem Anlass (Impulsivität), typisch jugendliche (phasenspezifische) Unausgeglichenheit und Widersprüchlichkeit, starke Labilität in den mitmenschlichen Beziehungen, besondere Neigung zu neurotischen Fehlreaktionen und Fehlhaltungen.
3. Erziehungsprobleme wie gestörte oder zerstörte Familien, Ehekonflikte und Ehescheidung, unzureichende Wohnverhältnisse, Arbeitslosigkeit und deren Auswirkungen auf das Familienleben, Erziehungsfehler wie Inkonsequenz, zu strenge oder zu nachlässige Erziehung, Einfluss der Medien. Jugendliche, die in ihrer Kindheit oder aber auch als Jugendliche von ihren Eltern massiv geschlagen oder misshandelt wurden, werden erheblich häufiger selber gewalttätig als nicht geschlagene junge Menschen. Solche Jugendliche suchen häufig Anschluss in Gewalt befürwortenden Jugendgruppen.
Das Risiko der Entstehung von Jugendgewalt erhöht sich drastisch, wenn mindestens zwei der folgenden drei Faktoren zusammentreffen:
a. die Erfahrung innerfamiliärer Gewalt,
b. gravierende soziale Benachteiligung der Familie,

c. schlechte Zukunftschancen des Jugendlichen selbst aufgrund eines niedrigen Bildungsniveaus.

Im letzten Jahrzehnt haben sich einige besondere Problemfelder herausgestellt. Da sind zunächst ausländische Jugendliche der zweiten Generation, die kulturell entwurzelt sind, weil sie sich weder dem ursprünglichen noch dem Einwanderungsland zugehörig fühlen. Dem stehen ausländerfeindliche Gesinnungen deutscher Jugendlicher oder entsprechender Gruppierungen gegenüber. Es entsteht eine Lebensgrundhaltung nach dem Motto „No Future“. Auf einer solchen Grundstimmung und Hoffnungslosigkeit (evtl. Sinn-Losigkeit) finden politisch extreme Meinungsführer ein fruchtbares Betätigungsfeld. Neben Gruppendelikten kommt es auch zu Drogen- und vor allem Alkoholkonsum.

In vielen Wohngebieten kommt wegen der Anonymität fehlende soziale Kontrolle hinzu. Eine andere Ursache ist sehr häufig Langeweile, da es manchen Jugendlichen an sinnvollen Freizeitbeschäftigungen fehlt. Man versucht dies z.B. durch den Bau von Jugendhäusern zu kompensieren. Fehlen solche Einrichtungen, ist zumeist, gerade in Problemvierteln, ein hoher Grad an Jugendkriminalität festzustellen. Auch der Zwang zum Konsum wird häufig als Ursache der Jugendkriminalität gesehen. Man spricht von der Wohlstandskriminalität.

Die Komplexität der aufgeführten Ursachen und Bedingungen der Jugendkriminalität erfordert große Anstrengungen im Bereich der Prävention. Es sind Familien, Schulen und verschiedene Formen der Jugendhilfe und Jugendarbeit gefragt. Entscheidend dürften Stärkung des Selbstwertgefühls, Förderung emotionaler und sozialer Kompetenzen, Abbau der Vorurteile (vor allem gegenüber Ausländern) und vor allem auch die Bekämpfung der Jugendarbeitslosigkeit sein.

K

Kastration. Operatives Entfernen der Hoden beim Mann wird gelegentlich als therapeutische Maßnahme bei Sexualtriebtätern erfolgreich angewandt. Der von S. Freud stammende Begriff der Kastrationsangst (Kastrationskomplex) bezeichnet die Angst des Jungen vor dem „mächtigen" Vater, er könnte ihm sein Geschlechtsorgan abschneiden, weil er die Mutter begehrt (↗Ödipuskomplex; ↗Psychoanalyse), oder die Angst, die entsteht, wenn Eltern beim Spielen des Jungen mit den Geschlechtsteilen drohen, sie abzuschneiden.

Katathymes Bilderleben *(Symboldrama)* beschreibt ein psychotherapeutisches Vorgehen, das mit Hilfe standardisierter Motive beim Klienten Vorstellungen bzw. Phantasien auslöst und bearbeitet. H. Leuner entwickelte diese Technik in den 50er Jahren und geht in seinem *Persönlichkeitsmodell* im Wesentlichen von den Annahmen der ↗Psychoanalyse aus (z. B. unbewusste Triebe und Konflikte, ↗Abwehrmechanismen, Techniken der Traumarbeit wie Verdichtung, Verschiebung und Symbolisierung, ↗Übertragung und Gegenübertragung).
Therapeutisches Vorgehen: Zu Beginn der Therapiesitzung wird mit Hilfe einer beliebigen „Entspannungstechnik der Klient in einen Ruhezustand versetzt und dann aufgefordert, sich eines der Motive vorzustellen und über seine Erlebnisse dabei zu berichten. Der Therapeut fragt nach, gibt Anregungen für weitere Vorstellungen, lässt den Klienten in seiner Phantasie bestimmte Handlungen ausführen oder teilt dem Klienten die während des Zuhörens bei ihm entstandenen Bilder und Phantasien mit. Bei den Motiven werden, ihren Möglichkeiten entsprechend, unterschiedlich intensive psychische Prozesse auszulösen, Grund-, Mittel- und Oberstufe unterschieden.
Motive der Grundstufe:
Die Wiese: Einleitung der therapeutischen Arbeit. Stark neurotisch beeinträchtigte Menschen projizieren aber schon hier ihre Probleme (z. B. ist das Gras verbrannt, die Wiese sauer).
Der Bach: Man folgt seinem Lauf, begegnet Hindernissen, trifft auf einen See oder findet die Quelle, aus der er entspringt.
Der Berg: Er steht als Symbol für den Leistungsbereich, für Autoritäts- und Rivalitätsprobleme.
Das Haus: Dies ist das verschlüsselte Bild für die eigene Person. Es wird von außen beschrieben, die Zimmer werden genauer angeschaut usw. Nach Leuner sollen sich hierbei Hinweise auf Partnerbeziehungen und Abhängigkeiten von wichtigen Personen (z. B. Eltern, Großeltern) ergeben.
Der Waldrand: Der Wald ist das Symbol für das ↗Unbewusste. Man schaut in den Wald hinein, sieht Tiere und Menschengestalten …, man begegnet seinen Wünschen und Ängsten.
In Mittel- und Oberstufe kommen noch eine Reihe von Motiven hinzu: Begegnung mit wichtigen Personen wie Vater, Mutter u. a., die Höhle, das Sumpfloch u. a.
Die Aufforderungen des Therapeuten, imaginativ zu handeln, richten sich nach bestimmten *Prinzipien.* Auf der Grundstufe wird oft ein Versöhnen (Annäherung an die Angst), ein Nähren oder Anreichern (Besänftigen feind-

lich erlebter Gestalten), ein Sich-Anvertrauen (Prinzip des inneren Schrittmachers) oder Konfrontation (den Bedrohungen standhalten) vorgeschlagen.

Katatonie ist eine besondere Form der ↗Schizophrenie, bei der motorische Symptome vorherrschen, wie Katalepsie (der Kranke verbleibt wie eine Puppe in jeder ihm zugefügten Stellung), Starrheit des gesamten Körpers, Negativismus (der Kranke tut beständig das Gegenteil dessen, was ihm gesagt wird), Echolalie (ständiges Wiederholen des Gehörten) oder eine Verselbständigung von Bewegungen (z. B. wird der Fuß immerfort in derselben Weise gehoben).

Katharsis, die Annahme, dass unterdrückte Gefühle und Wünsche (z. B. Wut auf die Mutter) ihre störende Wirkung verlieren, wenn sie frei geäußert und abreagiert werden dürfen. Ein verschüchtertes, gehemmtes Kind reagiert z. B. im Laufe des ↗Spiels seine unterdrückten Wünsche, die Mutter zu schädigen, ab, indem die ältere weibliche Puppe immer in der Ecke sitzen muss und nicht mitspielen darf (↗Projektion). K. Lorenz nimmt an, dass ↗Aggressionen gegenüber Menschen durch „Holzhacken" oder durch das Anschauen eines Fußballspiels abreagiert werden können; diese These ist sehr umstritten.

Kausalattribuierung. Menschen neigen dazu, Ereignisse, z. B. beobachtete Verhaltensweisen von Mitmenschen oder eigene Erfolge oder Misserfolge, mit Hilfe von Ursachen zu erklären. Diesen Prozess der „Ursachenzuschreibung" zu beobachteten Verhaltensweisen nennt man ↗Attribuierung. Das Erleben, Verhalten und Handeln wird entweder über eine interne Urasche erklärt, in dem einer bestimmten Person oder sich selbst eine bestimmte Eigenschaft oder Fähigkeit zugeschrieben wird, oder über eine externe Ursache, indem die Bedingungen des aufgetretenen Ereignisses in den äußeren Umständen gesehen werden. Es wurde herausgefunden, dass Menschen dazu neigen, Erfolge eher durch interne und Misserfolge eher durch externe Ursachen zu erklären.

Kausalität, Ursächlichkeit, Folgezusammenhang von Ursache und Wirkung (kausal = ursächlich). Geht einem bestimmten Verhalten immer ein bestimmtes Ereignis voraus, so nimmt man an, dass das vorausgehende Ereignis Ursache ist für das nachfolgende Verhalten. Den zeitlichen Zusammenhang als kausal zu deuten, ist bei lebenden Organismen eine sehr fragwürdige Denkweise.

Da das Erleben, Verhalten und Handeln von sehr vielen Bedingungen abhängig sind, helfen sich Psychologen in ihren Theorien durch so genannte multikausale Deutungen (mehrere Ursachen). Monokausales Erklären (eine Ursache) wäre nur in einem mechanistischen Modell des Menschen möglich. Solche Modelle werden abgelehnt und eher durch das „Systemdenken ersetzt. Der Zusammenhang Leib–Seele–Geist ist so komplex und undurchschaubar, dass die Psychologen in ihren Auffassungen zur Entstehung bestimmter Ereignisse zu Modellen der Wechselwirkung greifen müssen. In vielen Fällen lässt sich nicht eindeutig bestimmten, ob ein körperlicher Vorgang die Ursache oder die Folge psychischer Prozesse ist. Daher kann man nur festhalten, dass zwischen zwei Vorgängen, Ereignissen oder Sachverhalten eine enge Beziehung im Sinne einer Wechselwirkung besteht. Das ist z. B. beim Zusammenwirken von Anlage und Umwelt der Fall, bei manchen Kommunikationsvorgängen, wenn man überlegt, ob eine Botschaft eher Ursache oder die Folge einer Kommunikationsstörung ist, bei vielen gefühlsmäßigen Reaktionen, weil dabei sowohl körperliche als auch kognitive Vorgänge beteiligt sind.

Kinästhesie. In der Neurophysiologie wird mit dem Begriff Kinästhesie die Wahrnehmung der Reize aus dem Körperinneren, der Reize, die aus dem Bewegungs-, Stellungs- und Kraftsinn resultieren, bezeichnet. Sportwissenschaftler verwenden das Wort Kinästhesie für solche Bewegungen, die ohne visuelle oder akustische Wahrnehmung ablaufen. Es wird deutlich, dass viele Informationen aus dem kinästhetischen System sehr eng mit dem Gleichgewichtssinn, mit dem Tastsinn und mit Informationen aus dem Muskelsystem verknüpft sind. Die beachtlichen Leistungen des kinästhetischen Systems können wir nachweisen, wenn wir mit geschlossenen Augen zielgerichtete Bewegungen vollführen und diese fast immer präzise gelingen. Der Mensch ist mehr oder weniger unbewusst in der Lage, die Bewegungen zu „berechnen" und auch die Kraft genau zu dosieren, die für das Ausführen bestimmter Bewegungen angemessen ist. Es wird angenommen, dass kinästhetische Informationen bewusstseinsfähig, aber nicht bewusstseinspflichtig sind.
Nach dem Neurophysiologen Antonio Damasio werden die Funktionen des somato-sensorischen Systems unterteilt in:
- die Wahrnehmung des inneren Milieus; gemeint ist die Wahrnehmung der Darm-, Herz- und Atemmuskulatur (die sehr eng mit Gefühlen verknüpft ist);
- in die Muskel-Skelett-Wahrnehmung (propriozeptiv) und
- in die Wahrnehmung verschiedener Berührungen (Haptik, exterozeptive Reize).

Insgesamt geht es also um Tastsinn, Eingeweide-Wahrnehmung, Bewegungswahrnehmung, Gravitationswahrnehmung, Zeit-Wahrnehmung, außersinnliche Wahrnehmung und um die Wahrnehmung der Lust-Gefühle.
Diese Fähigkeit des kinästhetischen Systems kann z. B. in der Schulung der Wahrnehmung bei blinden oder taubstummen Kindern genutzt werden. Das „NLP betont, dass so genannte Hoch-, Schwere-, Schwindel- und Tiefgefühle, sowie Gefühle der Einengung, der Erschöpfung und Müdigkeit oder Rhythmus-, Balance- und gemischte Gefühle eng mit der Kinästhetik zusammenhängen.

Kindchenschema, Bezeichnung aus der ↗Verhaltensforschung für jene Reize (z. B. pausbackiges, rundes Gesicht), die Pflegeverhalten (z. B. Zärtlichkeit) auslösen.

Kinderpsychotherapie. Seit dem Inkrafttreten des Psychotherapeutengesetzes am 1. 1. 1999 ist das Berufsbild der Kinder- und Jugendlichenpsychotherapeuten offiziell anerkannt. Diese gesetzliche Veränderung fällt zusammen mit einer rasanten Entwicklungen der Kinderpsychotherapie.

Etwa eine Million Kinder und Jugendliche, d.h. ca. 5 % aller Kinder und Jugendlichen in Deutschland, sind psychisch oder psychosomatisch krank und behandlungsbedürftig. Sie leiden unter Ängsten, Zwängen, Depressionen, Schlaf- und Kopfschmerzen, Wahrnehmungsmängeln, Einnässen und Einkoten, Lern- und Konzentrationsstörungen, schweren Entwicklungsstörungen, Störungen des Sozialverhaltens, Aufmerksamkeitsstörungen, hyperkinetischen Störungen, Essstörungen und Suchterkrankungen und auch an manisch-depressiven und schizophrenen „Psychosen.

Die Psychotherapie solcher Kinder und Jugendlichen muss entwicklungsfördernde Maßnahmen einsetzen und die Lösung traumatischer Konflikte anstreben. In der Regel sind im Rahmen der Kinder- und Jugendpsychotherapie therapeutische Einzelmaßnahmen oder auch ein Bündel von Maßnahmen erforderlich, von funktioneller Entwicklungstherapie, Einzel- oder Gruppenpsychotherapie, Familientherapie, kontinuierlicher Beratung des familiären und erweiterten sozialen Umfeldes, Pharmakotherapie bis zu Veranlassung und Einbeziehung von Maßnahmen der Jugend- und Sozialhilfe. Je nach Notwendigkeit werden im Einverständnis mit dem Kind, dem Jugendlichen und den Eltern an der Behandlungsplanung auch Erzieher, Lehrer, Jugendhelfer, Sozialhelfer und sonstige Funktionsträger der psychosozialen Versorgung beteiligt.

Fachärzte für Kinder- und Jugendpsychiatrie und -psychotherapie haben ein breit gefächertes Instrumentarium, um psychische Störungen bei Kindern und Jugendlichen zu erkennen und die Differentialdiagnose zwischen Unregelmäßigkeiten in der Entwicklung oder vorübergehenden Verhaltensstörungen und Störungen mit Krankheitswert zu stellen. Dazu werden verschiedene Entwicklungslinien des Kindes oder Jugendlichen, z.B. in der körperlichen Entwicklung, der intellektuellen Entwicklung, der seelischen und psychosozialen Entwicklung zueinander in Beziehung gesetzt und auf ihre Stimmigkeit untersucht.

Nach einer genauen Diagnose der Entwicklung des Sozialverhaltens und der familiären Beziehungen, einer eingehenden medizinischen Untersuchung sowie der Analyse der Ätiologie der jeweils zu behandelnden Störung werden entwicklungsfördernde Hilfen im kognitiven, psychomotorischen, emotionalen und psychosozialen Bereich zum Einsatz kommen. Es sind:

- Elternberatung und Familienberatung bzw. Familientherapie
- tiefenpsychologische/analytische Psychotherapie und Verhaltenstherapie
- sozialpsychiatrische Maßnahmen mit einem Team aus Heilpädagogen, Sozialpädagogen u.a.
- medikamentöse Behandlung.

Zu den psychotherapeutischen Aufgaben gehören: die Erstellung von individuellen Therapieplänen, die Beratung der Bezugspersonen, Intervention bei psychosozialen Krisen, heilpädagogische und soziotherapeutische Maßnahmen, psychotherapeutische Maßnahmen, entwicklungstherapeutische Maßnahmen (z.B. Ergotherapie, Logopädie).

In der Kinderpsychotherapie ist schnelle Hilfe gefragt, es sind Nebenwirkun-

gen (z. B. schulische Probleme) zu vermeiden, Beziehungsprobleme (z. B. zwischen Jugendlichen und Eltern) zu klären und gegebenenfalls auch die Lebensumstände zu ändern. Die eingesetzten Maßnahmen müssen sich am Entwicklungsstand des Klienten orientieren.
Kinderpsychotherapie ist ein vielschichtiger, weit komplexerer Prozess als die Erwachsenentherapie. Die Therapeuten müssen die Erwartungen, Einstellungen und Lebenssituationen von vielen Beteiligten, von Eltern, Kindern, Lehrern, Sozialpädagogen, Erziehern usw. beachten und in den Prozess einbeziehen. Im direkten Kontakt mit den Therapeuten stehen in der Regel die Eltern und Kinder, die ihre Sichtweisen, Gewohnheiten und Lebensgeschichten mitbringen.
In der ersten Phase des therapeutischen Prozesses stehen Motivations- und Beziehungsaufbau im Vordergrund. Wenn die Beteiligten nicht zur Mitarbeit motiviert werden können, bleiben alle Bemühungen in der Regel ohne Erfolg.

Kindheits-Ich enthält nach Erich Berne alle Erfahrungen und vor allem Gefühle, die das Kind in den ersten fünf Lebensjahren erlebte oder machte. Nach dieser Vorstellung sind im Kindheits-Ich auch solche Verhaltensweisen gespeichert, mit denen Kinder in den ersten Lebensjahren die Liebe und Aufmerksamkeit der Eltern „erzwingen" konnten. Solche Eigenschaften können sich im Erwachsenenalter als unangemessen und hinderlich herausstellen. ↗Transaktionsanalyse.

Kinesiologie. a) Wissenschaft von der Bewegung des Menschen. In der Sportwissenschaft meint der Begriff die Erforschung mechanischer und anatomischer Einflüsse auf Bewegungsabläufe.
b) In der Alternativmedizin (Gegenbewegung zur naturwissenschaftlichen Medizin) ist die Kinesiologie ein von dem amerikanischen Chiropraktiker G. Goodhard in den sechziger Jahren entwickeltes Verfahren, das eine Synthese von Chiropraktik (Behandlung von Beschwerden durch Einrenken), traditioneller chinesischer Medizin, Akupressur, Ernährungs- und Bewegungslehre darstellt und die Selbstheilungskräfte des Körpers anregen soll. Dabei werden mit Muskeltests Informationen über physiologische Vorgänge und Funktionen gewonnen, die genutzt werden, um Interventionsmöglichkeiten zu finden, die bei organischen Fehlfunktionen, Blockaden bei der schulischen Arbeit oder im musischen Bereich, Allergien, Ernährungsmängeln oder „psychosomatischen Erkrankungen helfen sollen. Im pädagogischen Bereich ist die *Edu-Kinesthetik* bekannt, eine Sammlung von Verfahren, die den Umstand nutzen, dass unsere beiden Hirnhälften (↗Hirnhemisphäre) unterschiedliche Aufgaben erfüllen und z. B. in Leistungssituationen ihr Zusammenwirken sehr effektiv ist. Um dies zu erreichen, versucht man durch unterschiedliche Überkreuzbewegungen (z. B. rechtes Bein und linken Arm, dann linkes Bein und rechten Arm zusammenbringen) die beiden Gehirnhälften zu „zentrieren".
Wie viele Verfahren der alternativen Medizin kann die Kinesiologie die Befindlichkeit des Betroffenen verbessern, empirische Belege der Wirksamkeit fehlen jedoch.

K

Klassifikation. Ordnen von Merkmalen oder Elementen hinsichtlich einer gemeinsamen Eigenschaft. Die gröbste Klassifizierung ist z. B. die Einteilung des Verhaltens in emotionale (gefühlsmäßige) und ↗kognitive Reaktionen. Die Klassifizierung ist wegen der großen Variabilität psychischer Vorgänge sehr wichtig, aber auch problematisch, da es schwer ist, festzustellen, welchen Prozessen oder Merkmalen eine gemeinsame Eigenschaft zugrunde liegt.
Im Bereich der Klinischen Psychologie sind zwei Klassifikationssysteme zur Einordnung psychischer Störungen gebräuchlich, das „Diagnostische und Statistische Manual Psychischer Störungen" der amerikanischen psychiatrischen Vereinigung (DSM) und das diagnostische System der Weltgesundheitsorganisation (ICD = international classification of diseases). Auf sie wird unter dem Stichwort „psychische Störungen eingegangen.

Kleinkindalter. Nach dem 1. Lebensjahr, d. h. mit dem Ende des Säuglingsalters, beginnt für das „Kleinkind" der „Ernst des Lebens". Während das Baby im ersten Lebensjahr nur „Macht" ausübt, keine Pflichten, sondern nur Rechte besitzt, muss es bereits im zweiten Lebensjahr viele Aufgaben bewältigen.
Zunächst muss das Kleinkind beginnen, die Sprache zu lernen. Im Umgang mit Eltern und Geschwistern lernt es, sauber zu werden („Reinlichkeitserziehung) und sich bestimmte aus der Sicht der Eltern unerlässliche Gewohnheiten, wie z. B. Hilfsbereitschaft, Aufräumen und Essmanieren, anzueignen. Es muss sich an elterliche Vorstellungen von Gut und Böse (Übernahme von Wertvorstellungen) anpassen und „gewissenhaft" reagieren. Im Trotzalter, mit ungefähr drei Jahren, will es plötzlich selbständig werden. Das ist gar nicht so einfach, denn zwischen „ich will es allein" aber „ich kann es noch nicht sehr gut" besteht ein so großer Unterschied, dass alle Beteiligten viel Geduld haben müssen. Das trotzende Kind verhält sich oft unverständlich und der Wirklichkeit nur wenig angepasst, was sich in verstocktem Schweigen, Schimpfen, Strampeln und Um-sich-Schlagen äußern kann.
Werden diese Bestrebungen falsch verstanden oder ungeduldig unterdrückt und evtl. bestraft, entwickelt das Kind je nach Veranlagung eine Neigung zum schnell resignierenden, passiven, gehemmten Menschen oder zum aggressiven, immerwährenden Neinsager. Mit vier bis fünf Jahren wird das Kind mit Erwartungen konfrontiert, die sich auf seine Geschlechtsrolle beziehen. Ob es die Kinder angesichts von Geschlechtsrollen nicht mehr so eindeutig formuliert sind wie früher, heute schwerer oder leichter haben, sei dahingestellt. Jedenfalls müssen die Kinder mit der Trennung von der Mutter, um den Kindergarten zu besuchen und die Auseinandersetzung mit einer Gruppe Gleichaltriger zu bewältigen, fertig werden.
Im Kleinkindalter ist das Spiel die wichtigste Form der Auseinandersetzung mit der Umwelt und die liebste Beschäftigung der Kinder. Das Kind „spielt" nicht, es arbeitet wie die Erwachsenen, es nimmt die „Quasi-Realität" sehr ernst. Angesichts der beliebten Computerspiele und des Fernsehens ist es besonders wichtig, dafür zu sorgen, dass die Kinder genügend Material und Be-

K

wegungsfreiheit haben, damit sie beim Nachahmen von Personen, beim Gestalten, Malen, Schneiden und Kleben wertvolle Erfahrungen sammeln können.

Zusammenfassung psychologischer und pädagogischer Probleme im Kleinkindalter:

1. Eine misslungene Reinlichkeitserziehung kann die gesamte spätere Entwicklung des Kindes negativ beeinflussen.
2. Das wichtigste für das Kind ist eine positive, entspannte Familienatmosphäre und die Möglichkeit, sich mit der realen Welt auseinander zu setzen.
3. Die Sprache, Wahrnehmung, Motorik und vor allem die Intelligenz und das Denken können sich nur optimal entwickeln, wenn das Kind die Möglichkeit hat, sich aktiv (im ↗Spiel) mit der Welt auseinander zu setzen.
4. Im Trotzalter (Autonomiealter) lernt das Kind, sich durchzusetzen, wenn die Erzieher die kindlichen Autonomiebestrebungen nicht unterdrücken, ihm Entscheidungsfreiheit gewähren und Orientierungshilfen geben.
5. Eine zu frühe Verfestigung von Geschlechterrollen ist zu vermeiden; die Ausbildung des Gewissens nicht durch Bestrafung unerwünschter sondern durch Bekräftigung erwünschter Verhaltensweisen fördern; bei der Sexualerziehung auf gutes Familienklima achten, jede Drohung, Angst und Strafe vermeiden.
6. Viele Verhaltensweisen werden im Umgang mit Gleichaltrigen gelernt; Besuch des Kindergartens und Spiel mit Gleichaltrigen ermöglichen.

Kleptomanie ist das zwanghafte (↗Neurose) Stehlen von Dingen, die oft nur von geringem Wert sind. Der Diebstahl stellt nach Ansicht der ↗Psychoanalyse eine Ersatzbefriedigung für unterdrückte Wünsche dar. Sie nimmt an, dass die gestohlenen Objekte einen Symbolwert haben und auf das Verdrängte hindeuten. Jedoch sind diese symbolhaften Diebstähle sehr selten (z. B. stiehlt eine sexuell enttäuschte alte Jungfer Unterwäsche für Männer). Andere sehen die Kleptomanie als eine versteckte Form des Sich-Widersetzen gegen die Gesellschaft an oder stellen das angenehm erregete Gefühl beim Stehlen als Motiv für die Diebstähle heraus.

Klinische Psychologie. Sie beschäftigt sich nach Bastine (1998) mit ↗psychischen Störungen, mit psychologischen Aspekten körperlicher Störungen oder Krankheiten sowie mit psychischen Krisen. Ein klinischer Psychologe ist also z. B. mit Ängsten oder Zwängen konfrontiert, arbeitet mit Krebs- oder Aidskranken oder hilft bei der Überwindung akuter Belastungssituationen, wie sie z. B. im Zusammenhang mit einer Scheidung oder dem Erleben von Misshandlung vorkommen. Die klinische Psychologie ist eine Teildisziplin der Psychologie und im Grunde eine spezielle Form der ↗Angewandten Psychologie. Die umfassende Bezeichnung klinische Psychologie beinhaltet keineswegs nur die Anwendung psychologischer Erkenntnisse in Kliniken (z. B. psychosomatische, neurologische, psychiatrische Kliniken), ein klinischer Psychologe kann z. B. auch eine eigene Praxis betreiben, in Schulen, im Strafvollzug, in der Rehabilitation, in Heimen oder Beratungsstellen tätig sein.

Auf der anderen Seite erforschen klinische Psychologen z.B. an Universitäten mit wissenschaftlichen Methoden die Gesetzmäßigkeiten gestörten Erlebens und Verhaltens und entwickeln neue Behandlungs- und Vorbeugungsmöglichkeiten.

Die Anfänge der Klinischen Psychologie sind vor allem psychoanalytisch und tiefenpsychologisch geprägt. Heute spielen die tiefenpsychologischen Annahmen, z.B. über das Unbewusste („Tiefenpsychologie), und die psychoanalytische Therapietechnik (↗Psychoanalyse) in der klinisch-psychologischen Forschung und Praxis nur noch eine geringe Rolle. Am ehesten kann man den Gegenstand der Klinischen Psychologie darstellen, wenn man zwischen ihren Forschungsaufgaben und ihren praktischen Funktionen trennt.

Wesentliche Forschungsaufgaben der klinischen Psychologie:

- Die *Symptomatologie* beschreibt die Erscheinungsformen psychischer Störungen (↗Symptome). Hier wird man auch mit dem Problem der ↗Norm bzw. Normalität konfrontiert.
- Die *Pathogenese* hat die Entwicklung psychischer Störungen zum Gegenstand, bei der *Prognose* werden Aussagen zum weiteren Verlauf einer Störung formuliert.
- Die *Ätiologie* beschäftigt sich mit den Ursachen psychischer Störungen, wie organische (z.B. Anlageeinflüsse), psychische (z.B. Schockerlebnisse, Überforderung) oder sozio-kulturelle (z.B. Leistungsdruck, ↗Entfremdung).
- Bei der *Klassifikation* beschäftigen sich Wissenschaftler mit der Ordnung und Einteilung und bei der *Epidemiologie* mit der Beschreibung der Verbreitung psychischer Störungen.

Funktionen der klinischen Psychologie in der Praxis:

- Im Rahmen der *Diagnostik* versucht man mit zahlreichen psychologischen Testverfahren und mit Hilfe der Erkenntnisse über die menschliche ↗Persönlichkeit die Ausprägung, die Ursachen und die Form psychischer Störungen festzustellen.
- Die klinisch-psychologische *Intervention* umfasst die *Prävention* (Maßnahmen zur Verhinderung der Entstehung psychischer Störungen), die *Therapie* (Behandlung vorhandener psychischer Störungen) und die *Rehabilitation* (soziale und berufliche Wiedereingliederung ehemals psychisch gestörter Menschen).

Kognition, kognitiv. Erkenntnis, Wissen, erkenntnismäßig. Bezeichnung für alle psychischen Vorgänge, die etwas mit Erkennen und Wissen zu tun haben. Zur Kognition – Gegenbegriff zu Emotion – gehören: Wahrnehmung, Informationsverarbeitung, Denken, Intelligenz, Sprache, Kreativität, Verstehen, Urteilen, Bewerten, Vorstellungen und Gedächtnis.

Kognitive Komponente. Alle mit einer sozialen Einstellung verknüpften Wahrnehmungen, Urteile, Meinungen, Überzeugungen, Wissen, Argumente und andere Leistungen des Verstandes und des Denkens bezeichnet man als kognitive Komponente der betreffenden Einstellung.

Kognitive Therapien. Einige Verhaltenstherapeuten, wie z. B. A. Beck, A. Ellis (↗rational-emotive Therapie), F. H. Kanfer haben den von ihnen ursprünglich praktizierten lerntheoretischen Ansatz erweitert und die von den Klienten zum Problem geäußerten Kognitionen zum wesentlichen Ansatzpunkt ihres therapeutischen Vorgehens gemacht. Es geht um die Aufdeckung und Änderung falschen Denkens, übertriebener negativer Erwartungen oder falscher Selbsteinschätzung. Ein typisches Beispiel für eine solche problemschaffende Kognition ist nach Ellis die Gedankenkette: „Ich muss von allen geliebt und gemocht werden, wenn dies nicht der Fall ist, ist das schrecklich." So eine Vorstellung treibt einen leicht in Depressivität und lässt zahlreiche Ängste entstehen. Ellis hinterfragt in seiner rational-emotiven Therapie solche Gedanken und bearbeitet sie mit dem Klienten. Die Kombination von kognitiven und verhaltensbezogenen (↗Verhaltenstherapie) Techniken hat sich als sehr erfolgreich erwiesen bei einer Reihe von Störungen, bei denen es vor allem um konkrete Verhaltensänderungen geht (↗Angststörungen,↗Depressionen). Deshalb ist es nicht verwunderlich, dass die gesetzlichen Krankenkassen solche Therapien bezahlen (siehe ↗Psychotherapie).

Kollusion. Der Ehetherapeut Jürg Willi hat das uneingestandene und weitgehend unbewusste Zusammenspiel von Partnern aufgrund eines gleichartigen und unbewältigten Grundkonfliktes Kollusion genannt.
Dieser Grundkonflikt wird in verschiedenen Rollen ausgetragen, die gegenteilig wirken, obwohl es sich um einen gleichgearteten Konflikt handelt. Beide erleben ihn von der jeweils anderen Seite und handeln entsprechend. So kreist z. B. die *orale Kollusion* um die Thematik des Umsorgt- und Betreutwerdens. In einer solchen Beziehung übernimmt ein Partner die Rolle des Pfleglings , der genießt und keine Gegenleistung bringen muss, der andere lebt in der Rolle der Mutter, möchte gebraucht und anerkannt werden, orientiert sich einzig an den Bedürfnissen des Partners. Beide steigern in der Beziehung ihr Selbstwertgefühl, der eine durch die Zuwendung, die er bekommt, der andere durch die Selbstlosigkeit, mit der er Hilfe gewährt. Bei der Suche nach der Lösung des Konflikts betreibt der eine Partner progressive und der andere regressive Selbstheilungsversuche. Beide glauben durch ihren Partner von ihrem Grundkonflikt befreit zu werden. Daher kommt es durch das regressive und progressive Abwehrverhalten zu einer starken Anziehung und Bindung zwischen den Partnern. Nach längerem Zusammensein scheitert dieser sogenannte kollusive Selbstheilungsversuch dadurch, dass das Verdrängte bei beiden Partnern wiederkehrt. Die Anteile, die man auf den Partner verlegt hatte und dort evtl. bekämpft hatte, kommen im eigenen Selbst wieder hoch.
Jürg Willis Kollusionskonzept behandelt Schwierigkeiten, in die Paare kommen können, die sich für eine dauerhafte Bindung entscheiden, weil die Partner dabei nach einer eigene Position zwischen Verschmelzung und rigider Abgrenzung suchen müssen. Eine totale Symbiose führt sehr stark zur Abgrenzung von der Außenwelt. Das extreme Gegenteil wäre, wenn sich die Partner aus Angst vor Selbstverlust streng gegeneinander abgrenzen und sich

vor zu großer Intimität fürchten. Jürg Willi meint, für eine gesunde Paarbeziehung seien wichtig:

- Die Beziehung muss von anderen Partnerbeziehungen klar unterschieden sein.
- Das Paar muss klar gegen außen abgegrenzt sein, d. h. beide müssen sich als Paar fühlen und füreinander eigenen Raum und eigene Zeit beanspruchen.
- Innerhalb des Paares müssen klare Grenzen gezogen werden, d. h. die Partner müssen ihre Eigenarten behalten und die gegenseitigen Grenzen auch respektieren.
- Die Grenzen nach innen und nach außen müssen für die Partner selber, aber auch für Außenstehende sichtbar sein; sie dürfen aber nicht starr sein.

Kommunikation. Unter Kommunikation versteht man üblicherweise den Austausch bzw. die Weitergabe von Informationen. Kommunikation ist mehr, als diese nüchterne Definition besagt: Sie dient der Befriedigung wichtiger Bedürfnisse, wird zum Mittel der Selbstdarstellung, hilft bei der Lösung von Konflikten, bedeutet gegenseitige Beeinflussung und ist das wichtigste Mittel, um sich selbst zu verwirklichen. Soziale Kommunikation geschieht zwangsläufig, wenn zwei oder mehrere Personen zusammenkommen, und sie ist von dem Begriff der sozialen ↗*Interaktion* kaum zu trennen, da Menschen, die miteinander kommunizieren, sich stets auch beeinflussen. Wenn ich mit jemandem rede, bringe ich ihn z. B. mit lautem oder leisem Sprechen, durch Anschauen oder Gestik dazu, dass er sich mir zuwendet. In der älteren Psychologie wurden die Begriffe Kommunikation und Interaktion säuberlich voneinander getrennt, heutzutage werden sie synonym verwendet.
Modellvorstellungen. Bis zu Beginn der 60er Jahre war das von der Technik übernommene Sender-Empfänger-Modell die einzige theoretische Vorstellung, mit deren Hilfe man Kommunikationsprozesse analysieren konnte. Watzlawick und andere Angehörige der Palo-Alto-Gruppe haben dann Regeln formuliert, die Kommunikation pragmatisch beschreiben sollen; sie waren von ihm nicht als Theorie konzipiert, als was sie heute oft angesehen werden. Diese Regeln, Axiome genannt, waren Ende der sechziger Jahre fundamental neu und stellten einen sehr produktiven Ansatz zum Verständnis von Kommunikation dar. Watzlawick ist Vertreter des Konstruktivismus, einer Betrachtungsweise, die hervorhebt, dass von uns Wahrgenommenes und damit auch sprachlich Gefasstes nicht die Realität wiedergibt, sondern eine individuelle, im Kopf entstandene Konstruktion darstellt. So beschreibt Watzlawick in seinem Buch „Anleitung zum Unglücklichsein“, wie Menschen sich ihre eigene Wirklichkeit im Kopf schaffen und sich, wenn diese Konstruktionen nicht mehr passen, unglücklich machen, d. h. es kommt zu Depression, Verzweiflung und anderen Störungen.
Das Sender-Empfänger-Modell. Der Sender verschlüsselt (kodiert) seine Absicht, Gedanken, Gefühle u. a. mit Hilfe bestimmter Zeichen (z. B. Wörter), die er nach bestimmten Regeln (z. B. Grammatik) miteinander verknüpft. Ein *Kode* besteht also aus Zeichen und Regeln. Die Sendestelle (z. B. Sprechwerkzeuge) leitet die Signale über einen Kanal, das sind bei der sprachlichen Kommunikation die Schallwellen, dem Empfänger zu. Die

wahrgenommene Botschaft muss vom Empfänger entschlüsselt werden, damit die vom Sender beabsichtigte Mitteilung verstanden werden kann. Jedoch kann der Empfänger das nur, wenn er über einen mit dem Sender gemeinsamen Zeichenvorrat („Sprache, Semantik) und über die Kenntnis der Verknüpfungsregeln verfügt; der Kode des Senders muss mit dem des Empfängers übereinstimmen. Das gilt auch, wenn wir nicht über Sprache oder Schrift *(digitale* Zeichen), sondern nonverbal mit Hilfe von Gestik, Mimik, Pantomimik (↗Ausdruck) oder über Blick- und Hautkontakt *(analoge* Zeichen) miteinander kommunizieren. Da der individuelle Kode sich während der Erziehung aufgrund von Lernvorgängen (↗Lernen) entwickelt, gibt es kaum Menschen, deren Zeichenvorrat identisch ist. Ein vollständiges Verstehen einer Mitteilung ist deshalb grundsätzlich nicht möglich, da die Erfahrungen der Kommunikationsteilnehmer jeweils unterschiedlich sind (Beispiel: Der Vater spricht mit seinem Sohn über Toleranz und Rücksichtnahme; beide verstehen darunter etwas Verschiedenes). In der sozialen Kommunikation ruft jede Mitteilung beim Empfänger eine Reaktion hervor, die dem Sender mitteilt, ob und wie die Nachricht angekommen ist. Es findet eine Rückmeldung (feed-back) statt. Auf diese Weise wechseln in einem Kommunikationsablauf die Rollen ständig. Wie besonders Watzlawick u. a. betonen, bleibt das Kommunikationssystem durch die Rückmeldung als Regelkreis aufrechterhalten; deshalb ist in einer Kommunikation (z. B. Streit) oft kein Anfang mehr zu finden.

Axiome zur Kommunikation. Watzlawick hat mit anderen Mitarbeitern des Mental Research Institutes in PaloAlto (Kalifornien), einer der ersten Einrichtungen, an denen die Psychotherapie ganzer Familien praktiziert wurde, Annahmen zur Kommunikation formuliert. Sie sind einfach und selbstverständlich, haben sich aber als sehr nützlich für Therapie und Kommunikationsverbesserung im Alltag erwiesen.

1. Axiom: In Gegenwart von anderen ist alles Verhalten kommunikativ („Man kann nicht nicht kommunizieren“). Selbst ein Mensch, der mir stumm gegenübersitzt und auf den Boden schaut, teilt mit, dass er müde ist oder nicht gestört werden möchte. Der *Wunsch, nicht kommunizieren zu wollen,* ist menschlich sehr verständlich, führt aber, wenn ich ihn in einer sozialen Situation zu realisieren versuche, immer zu Problemen (z. B. betontes Schweigen). Störungen, wie z. B. Kopfschmerzen, stellen für den Einzelnen oft eine Notlösung dar, durch deren Hilfe er sich nicht mehr mit den anderen auseinander setzen muss. Auch das Bemühen des anderen, eine *Kommunikation ungeschehen* zu *machen,* lässt zumindest Ärger entstehen (z. B. „war nicht so wichtig“, „habe nichts gesagt“).

2. Axiom: Jede Kommunikation hat einen Inhalts- und einen Beziehungsaspekt. Der Inhaltsaspekt stellt den rein sachlichen Gehalt der Mitteilung dar, der Beziehungsaspekt beschreibt die emotionale Beziehung zwischen den Kommunikationspartnern. Es gibt Kommunikationen, in denen der eine oder der andere Aspekt das größere Gewicht hat, unmöglich sind aber Kommunikationen, in denen nur der eine oder nur der andere Aspekt vorkommt. Wenn beispielsweise eine Frau A auf das Halsband einer Frau B hinweist und fragt: „Sind das echte Perlen?“, so ist der Inhalt ihrer Frage eine Bitte um Information über die Perlen. Aber gleichzeitig gibt sie, und das kann sie nicht vermeiden, ihrer Kommunikationspartnerin eine Beschreibung ihrer gegenseitigen Beziehung. Die Art, wie sie fragt (z. B. Ton und Stärke der Stimme, Mimik und Kopfhaltung) signalisiert Freundschaft, Neid oder Konkurrenz. Probleme entstehen vor allem dann, wenn zwischen den Partnern *keine klare oder eine negative Beziehung* besteht und diese sich dann bestimmend auf den Inhalt der Mitteilung auswirkt. Auf der Inhaltsebene ergibt sich zwischen den Kommunizierenden entweder Übereinstimmung oder Widerspruch; auf der Beziehungsebene gibt es zwischen ihnen Verständnis oder Missverstehen. Es ist also für Kommunikationspartner möglich, über ein Objekt verschiedener Meinung zu sein, als Menschen aber einander zu verstehen, und inhaltlich einer Meinung zu sein, menschlich sich aber misszuverstehen bzw. sich abzulehnen. Nur selten tritt der Idealfall auf, dass Partner sich über Inhalts- und Beziehungsaspekt ihrer Kommunikation einig sind. Uneinigkeit im Beziehungsaspekt wird auch deutlich, wenn manche Eltern über die Schulprobleme ihres Kindes kommunizieren und vom Inhalt her sich einig sind, dabei aber – da sie so vom Kind in Anspruch genommen sind – den Beziehungsaspekt vernachlässigen. Wenn das Kind nun in der Schule besser wird und das Einverständnis auf der Inhaltsstufe wegfällt, wird die Beziehung der Eltern zueinander äußerst belastet. P. Watzlawick u. a. erinnern daran, dass viele Ehen erst dann zerbrechen, wenn äußere Schwierigkeiten (z. B. der Hausbau) überwunden sind. Besonders schwierig ist das Zusammenleben, wenn ein *Beziehungskonflikt* im *Inhalt von Mitteilungen* ausgetragen wird (z. B. ist A von B enttäuscht; A spricht das nicht an, diskutiert aber oft lange mit B sehr spitzfindig und aggressiv). Versuche, den *Beziehungsaspekt aus der Kommunikation herauszuhalten*, führen i. d. R. zu noch mehr Problemen (z. B. A zu B: „Jetzt rede ich mit dir nur noch über die sachlichen Notwendigkeiten in unserem Haushalt." Oder ein Lehrer: „Wir machen nun nur noch Physik.")

3. Axiom: Im Fluss kommunikativer Vorgänge ist das Verhalten des Einzelnen gleichzeitig Reiz und Verstärkung für das Verhalten als auch Reaktion auf das Verhalten des anderen. Das wird besonders deutlich, wenn man Auseinandersetzungen unter Kindern beobachtet (z. B. beim Spiel mit Autos):

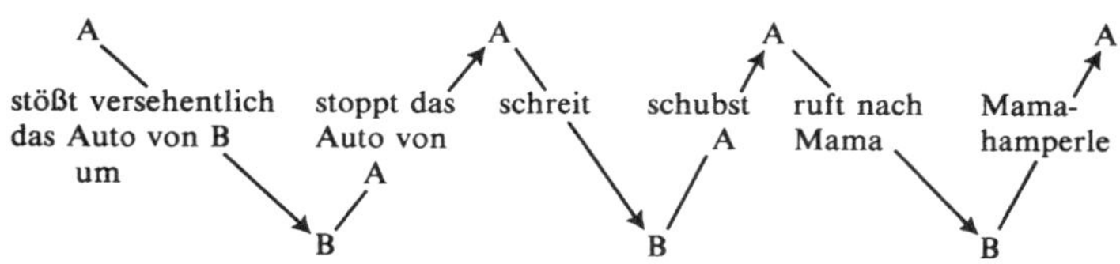

B reagiert hierbei auf das Verhalten von A, ist aber gleichzeitig der Reiz für ein erneutes Verhalten von A und verstärkt durch sein Reagieren das zuvor auftretende Verhalten von A. Gleiches kann man vom Verhalten von A sagen. Probleme treten vor allem auf, wenn Beobachter den Ablauf der Vorgänge in der Kommunikation eindeutig gliedern (sie nehmen eine *Interpunktion* vor) und z. B. das Verhalten des einen lediglich als Reaktion auf das Verhalten des anderen ansehen. Tun dies beide Partner in verschiedener Weise, entsteht ein *Teufelskreis,* wie er in manchen Ehestreitigkeiten zu beobachten ist: A: Warum gehst du so viel in die Wirtschaft? B: Weil du zu Hause nur nörgelst. A: Ich muss auch so viel meckern, weil du immer in die Kneipe gehst. Im Alltag ist auch die *selbsterfüllende Prophezeiung* als Störung anzutreffen. Es wird von einer Person eine Feststellung getroffen, die nicht der Wahrheit entsprechen muss (z. B. Schüler A ist faul), und verhält sich dann ungewollt so, dass das prophezeite Verhalten eintreffen muss (z. B. erhält der Schüler A schwierige Hausaufgaben und wird öfter angesprochen).

4. Axiom: Menschliche Kommunikation kann mit Hilfe von digitalen (z. B. Sprache) oder analogen (z. B. Mimik) Zeichen erfolgen. Beide werden in der sozialen Kommunikation gleichzeitig gesendet, deshalb ist es wichtig, dass sie übereinstimmen. So muss ein Berater „echt" sein (↗Gesprächspsychotherapie), d. h. das, was er sagt und was er empfindet, muss übereinstimmen, Sprache, Mimik und Tonfall dürfen einander nicht widersprechen. Probleme entstehen auch, wenn eine Kodierungsform überwiegt: Digitale Zeichen können schlecht Emotionales mitteilen, analoge Zeichen sind wenig geeignet für die Übermittlung sachlicher Informationen.

5. Axiom: Zwischenmenschliche Kommunikation kann symmetrisch und/oder komplementär sein. Eine Beziehung kann durch Gleichheit (z. B. gleicher Ausbildungsstand, gleich viel sozialer Einfluss) oder durch Unterschiedlichkeit gekennzeichnet sein. So ist z. B. die Kommunikation zwischen zwei Lehrern symmetrisch, beide haben ungefähr gleiche Gesprächsanteile (wird aber auch durch ihre individuelle Persönlichkeit beeinflusst) und ähnliche Möglichkeiten sich zu artikulieren, zwischen Mutter und Kind herrscht eine komplementäre Kommunikation. Probleme entstehen, wenn die Symmetrie von einem Partner verletzt wird und der andere immer wieder „nachziehen" muss oder Komplementarität starr aufrecht erhalten wird, obwohl Symmetrie angezeigt ist (z. B. wenn Eltern nicht registrieren, dass ihr Kind erwachsen geworden ist).

Günstige Möglichkeiten der Kommunikation. Bei der Klärung von Streitigkeiten und Konflikten haben sich einige Vorgehensweisen bewährt:

- Grundsätzlich förderlich ist *Metakommunikation.* Hier spricht man über die abgelaufene Kommunikation, insbesondere über die Beziehung, die hierbei deutlich geworden ist. Dazu gehört einiger Mut, aber auch Diskretion und Feingefühl, denn metakommunizieren heißt, sich ein Stück öffnen und von sich sprechen.
- Bei der Verbesserung von Kommunikation muss nicht nur die eigene, sondern auch die Angst des Partners reduziert werden. Bei *Ich-Botschaften* spreche ich deshalb, anstatt dem anderen etwas vorzuwerfen, von meinem Erleben (z. B. statt „du bist unausstehlich": „ich habe das Gefühl, überhaupt nicht fertig zu werden, wenn ich deine Sachen immer wegräumen muss").
- Beim *aktiven Zuhören* versucht man, die hinter den Worten des anderen sich verbergenden Empfindungen und Bedürfnisse zu verbalisieren. Wenn dies ehrlich geschieht, fühlt der Partner sich verstanden, und oft bemerkt er erst jetzt, wie es ihm eigentlich geht.

Jede Kommunikation (z. B. Gespräch) braucht *günstige Rahmenbedingungen.* Häufig sind ganz einfache Gegebenheiten wichtig, um die Beziehung, in der ein Gespräch stattfindet, günstig zu gestalten. So sollte z. B. genügend Zeit zur Verfügung stehen, man den anderen ausreden lassen, Blickkontakt zu ihm halten (aber nicht ständig) und eine zugewandte Haltung haben.

Kommunikationstherapien haben sich im Wesentlichen mit dem Aufkommen der sozialpsychologischen Forschung in den 20er Jahren entwickelt. Eine bedeutende Rolle spielen sie in ↗Gruppen- und ↗Familientherapien. Die bekanntesten Ansätze sind die Kommunikationstherapie von Watzlawick, ↗Transaktionsanalyse und das ↗Psychodrama.

Kompensation. Der Mensch benötigt, um sich wohlzufühlen, unbedingt Anerkennung und Geltung. Deshalb neigt er nach A. Adler (↗Individualpsychologie) dazu, seine vermeintlichen und wirklich vorhandenen Schwächen, die er als „Minderwertigkeitsgefühle“ erlebt, durch vermehrte Aktivität auf Gebieten, die ihm mehr entsprechen, auszugleichen (zu kompensieren), um sich Anerkennung zu verschaffen. So kann ein wenig hübsches Mädchen zum Ausgleich sehr viel Schlagfertigkeit und Witz entwickeln, ein schmächtiger, schwächlicher Junge in der Schule hervorragende Leistungen bringen. Adler sieht die Gefahr der Kompensation in der einseitigen und übertriebenen (neurotischen) Ausrichtung des Menschen auf Erlangung von Geltung und Anerkennung, die sich in rücksichtslosem und sozial störendem Verhalten äußern kann.

Komplex, von C. G. Jung (↗Analytische Psychologie) geprägter, nur ungenau definierter Begriff für verdrängte Vorstellungen, Gedanken und Erlebnisse (↗Verdrängung), die Energie besitzen und damit, vom Individuum nicht bemerkt, sein Verhalten beeinflussen (↗Neurosen). So stellen z. B. ↗Vorurteile häufig eine Entladungsmöglichkeit verdrängter aggressiver Wünsche dar (↗autoritäre Persönlichkeit).

Konative Komponente. Alle mit einer sozialen Einstellung verknüpften Verhaltensweisen, Handlungen, Absichten, Vorhaben und Handlungsbereitschaften oder -ziele bezeichnet man als konative Komponente der betreffenden Einstellung.

Konditionierung, von Anhängern des ↗Behaviorismus geprägte Bezeichnung für das Ausbilden von bedingten Reflexen (↗Lernen) nach der Methode von I. P. Pawlow. Inzwischen wird mit dem Begriff Konditionieren jede Art des Lernens bezeichnet, die zur Ausbildung von bestimmten Reiz-Reaktions-Verbindungen führt. Verschiedene Formen des Konditionierens werden unter ↗Lernen erklärt.

Konflikte. Allgemein versteht man unter einem Konflikt das Zusammentreffen gegensätzlicher Interessen, die nicht miteinander vereinbart werden können.

a) In der „Psychoanalyse werden Auseinandersetzungen zwischen den Triebwünschen des Es und dem hemmenden Über-Ich, die das Ich austragen muss, Konflikte genannt. Die Forderungen von Es und Über-Ich können wegen der notwendigen Anpassung an die Wirklichkeit nicht immer miteinander vereinbart werden. Eine Lösung der Konflikte gelingt „ich-starken" Personen (↗Ich) durch sozial akzeptiertes Ausagieren der ↗Triebe und „ich-schwachen" durch Zurückweisung (↗Abwehrmechanismen), was in manchen Fällen zur Ausbildung von ↗Neurosen führt.
b) Andere Ansätze orientieren sich stärker am Handeln des Menschen. Lewin unterscheidet dabei *Zielkonflikte* (es bestehen zwei oder mehr gleich attraktive Möglichkeiten, wobei eine gewählt werden muss) und Vermeidungskonflikte (bei mehreren Übeln muss man sich für eines entscheiden). Eine Mischform stellt der *Annäherungs-Vermeidungs- Konflikt dar:* Ein Objekt ist mit gleicher Intensität zugleich abstoßend und anziehend (z. B. eine Prüfung führt zum erstrebten Beruf, erzeugt aber auch Angst).
Bei der Erzeugung von experimentellen ↗Neurosen wurden bei Hunden gezielt Konflikte herbeigeführt, indem z. B. zwei Reize mit einer gegensätzlichen Signalwirkung (Beispiel: Ein Kreis bedeutet „Fressen", eine Ellipse „Nicht-Fressen") einander so ähnlich gemacht wurden, dass sie nicht mehr zu unterscheiden waren und das Versuchstier unsicher wurde, was zu tun sei. In solchen Konfliktsituationen zeigt ein Hund neurotische Verhaltensweisen, wie Winseln, Beißen, Unruhe usw. Das Auftreten solcher unangepasster Verhaltungsweisen wurde als Hinweis ausgelegt, dass starke Konflikte zur Ausbildung von ↗Neurosen führen. Bekannt ist, dass bei Menschen, die über längere Zeit Konfliktspannungen ausgesetzt sind (↗Stress), negative Folgen, wie ↗Aggressionen, ↗Kriminalität, ↗Neurosen und auch organische Erkrankungen (↗Psychosomatik) auftreten.
Pädagogischer Aspekt. Da Verzicht auf Befriedigung und somit Konflikte unvermeidbar sind, führt das Erziehungsverhalten zu Konflikten beim Kind. Während früher die Ansicht vertreten wurde, viele Entbehrungen, Verzichtleistungen und somit Konflikte würden zur Festigung der ↗Persönlichkeit beitragen, war die beherrschende Ansicht der späten 60er Jahre, dass Verzichtleistungen im Kindesalter vermieden werden müssen, weil Konflikte gestörte, ängstliche, neurotische Persönlichkeiten zur Folge hätten. Beide Auffassungen sind falsch. Konfliktsituationen können in der Erziehung nicht vermieden werden, jedoch müssen sie überwindbar sein, d. h., das Kind muss lernen, Konflikte zu ertragen und sie zu lösen. Bei einer extrem verwöhnenden Erziehung werden die Konflikte vermieden, aber gleichzeitig auch keine Verhaltensweisen gelernt, die zur Lösung späterer unvermeidbarer Konflikte beitragen. Bei zu strenger Erziehung werden sehr viele Konflikte hervorgerufen, aber gleichzeitig den Kindern jede Möglichkeit verwehrt, Verhaltensweisen zu lernen, die zur Lösung von Konflikten notwendig sind.

Konformität, Bezeichnung für Verhaltensweisen und Einstellungen, die sich eng an den Normen einer ↗Gruppe orientieren. Die ↗autoritäre Persönlichkeit zeigt meist eine auffallende Konformität mit mächtigen Personen und

Gruppen. Von der Konformität sind zu unterscheiden das Nachahmen (↗Lernen) von Verhaltensweisen sowie das gezwungene Sich-Richten nach einem anderen, der Macht besitzt (Konformitätsdruck). Ängstliche Menschen neigen eher zur Konformität als selbstbewusste und kreative.

Konsistenztheorie wird die von Rosenberg experimentell nachgewiesene Stimmigkeit bzw. das Gleichgewicht zwischen der kognitiven, affektiven und konativen Komponente der ↗Einstellung genannt. Rosenberg konnte nachweisen, dass Versuchspersonen sowohl die kognitive als auch die konative Komponente ihrer Einstellung geändert haben, wenn es gelungen ist, ihre affektive Komponente zu ändern.

Konsonanz, Übereinstimmung, harmonischer Zusammenklang. Von kognitiver Konsonanz spricht man, wenn verschiedene Meinungen übereinstimmen, sich gegenseitig ergänzen, übereinstimmend sind.
Leon Festinger hat bei der Suche nach Gründen für die Entstehung und Änderung sozialer Einstellungen die Theorie der *kognitiven Dissonanz* formuliert. Nach seiner Auffassung entstehen im Menschen in Bezug auf alles, was ihm begegnet, kognitive Elemente, die sich widersprechen oder übereinstimmen können. Tritt ein Widerspruch zwischen kognitiven Elemente auf, so strebt der Mensch danach, die Dissonanz zu reduzieren. Die Reduktion der Dissonanz und das Erreichen der Konsonanz kann nach Festinger auf verschiedenen Wegen erfolgen: Der Mensch kann bestehende Elemente so ändern, dass mehr Übereinstimmung entsteht, er kann neue hinzunehmen, um mehr Konsonanz zu erreichen, er kann das Verhalten im Sinne der Dissonanz erzeugenden Elemente ändern, wodurch wiederum Konsonanz erreicht wird.

Konstanz, allg.: Begriff für Merkmale, die länger gleich (konstant) bleiben, z. B. ein ↗Persönlichkeitsmerkmal. Konstanzerscheinungen (Größen-, Farbkonstanz) treten in der ↗Gesichtswahrnehmung auf. Trotz objektiver Veränderung der Beleuchtung und der Entfernung behalten die Objekte in der Wahrnehmung ihre Größe und Farbe. ↗Wahrnehmungstäuschungen.

Konstitution (Verfassung), zusammenfassende Bezeichnung für körperliche und psychische Merkmale (z. B. asthenischer Körperbau, Ängstlichkeit).

Konsumverhalten wird bestimmt durch die Verteilung des zur Verfügung stehenden Einkommens auf die verschiedenen Arten des Verbrauchs. Je höher das Einkommen ist, desto geringer sind die Ausgaben für Lebensmittel gemessen am Gesamteinkommen. In so genannten Konsumgesellschaften werden der Status und der Erfolg am Konsumverhalten gemessen, d. h. am Verbrauch von Waren. Die Wünsche der Verbraucher werden durch Werbung angeheizt, mit dem Konsum soll persönliches Ansehen gesteigert werden. Der mehr oder weniger sanfte Druck, der durch die Werbung oder durch die Mitmenschen auf die Verbraucher ausgeübt wird, bestimmte Dinge zu kaufen, die die Verbraucher nicht brauchen, nennt man Konsumzwang.

K

Kontaktstörungen äußern sich in zahlreichen Lebensbereichen des Menschen (Beruf, Schule, Universität, Freizeit usw.) als Schüchternheit, Gehemmtheit, Erleben von Einsamkeit und Isolation und führen zu Lebensanschauungen wie: „Jeder ist sich selbst der Nächste", „Leben heißt einsam sein".
Viele Menschen trauen sich nicht, Kontakte mit anderen aufzunehmen, weil sie aufgrund ihrer Kindheitserfahrungen (meist eine sehr strenge oder wechselhafte „Warm-Kalt-Erziehung") Angst vor neuen Situationen haben, kein Vertrauen zu unbekannten Personen entwickelt haben und ständig bemüht sind, sich zu verteidigen und sich keine Blöße zu geben. Mit einer solchen Haltung ist oft auch die Ansicht verbunden, man müsse, um mit anderen in Kontakt zu kommen, etwas Besonderes bieten; daher treten Kontaktgestörte oft ausgesprochen männlich-kraftmeierisch oder neckisch und kratzbürstig auf. Man verkennt, dass es eine Selbstverständlichkeit ist, mit anderen zusammen zu sein. Um aus einer Isolation herauszukommen, sollte man prüfen, in welchen Bereichen man bevorzugt mit anderen Kontakt haben möchte (Arbeit, Sport, künstlerische oder handwerkliche Freizeitinteressen, politische Arbeit, Sexualität u. a.), und dann die Möglichkeiten aussuchen, die größte Chancen beinhalten, jemanden kennen zu lernen. Hinderlich für eine Kontaktaufnahme sind zu hohe Ansprüche und Erwartungen an den Partner (überragende Intelligenz, hervorragendes Aussehen, Charme usw.), die nur wenige erfüllen und die bevorzugt entstehen, wenn man sehr zurückgezogen lebt. Schwer unter ihrer Einsamkeit leidende, psychisch gestörte Menschen können in der Regel nicht von alleine ihre Isolation überwinden. Sie haben die Möglichkeit durch verschiedene psychotherapeutische Techniken, befriedigende Kommunikationstechniken und Kontaktmöglichkeiten zu erlernen („Kommunikationstherapie, ↗Gesprächspsychotherapie, ↗Verhaltenstherapie) und ihre Hemmungen abzulegen.

Kontemplation. Um die Verbindung zur „spirituellen Kraftquelle" zu bekommen, brauchen wir, wie verschiedene Vertreter der Transpersonalen Psychologie sagen, einen spirituellen Lehrer, einen Vermittler, der die in Emotionen und Gewohnheiten gebundene Energie für Kreativität, neue Verhaltensweisen, Liebe und als Lebenskraft frei macht. Es gibt aber auch eine Energie, welche ungebunden ist, frei fließt. Diese dient uns als Lebenskraft, macht uns kreativ, stärkt unsere Abwehr. Es wird angenommen, dass viele Probleme und Situationen auf einem spirituellen Problem basieren. Es gelingt nicht oder nur teilweise geschützt zu sein, auf unser Leben Einfluss zu nehmen, sich und andere zu lieben, zu verzeihen, zu vertrauen, sich und andere zu akzeptieren, gewünscht zu sein, sich ganz zu fühlen.
Die Möglichkeit besteht in so genannten spirituellen Übungen. Eine solche Übung ist Kontemplation. Man setzt sich entspannt hin, schließt die Augen und konzentriert sich auf ein Thema, einen Menschen, ein Symbol. Die Kontemplation hat nicht das Ziel der inneren Leere wie die Meditation, sondern sucht eine intensive Begegnung mit dem Inneren, mit einem Meister, mit dem Rauschen des Meeres, mit einem „Tempel der Weisheit".

Kontiguität. Verschiedene Lerntheoretiker (z. B. E. R. Guthrie) nehmen an, dass räumliches oder zeitliches Zusammentreffen von Erlebnissen, Reizen und Reaktionen eine Voraussetzung für das ↗Lernen ist.

Kontrastphänomene. Die Leistung der ↗Gesichtswahrnehmung wird durch Kontrasterscheinungen verbessert; benachbarte Objekte oder Flächen unterschiedlicher Helligkeit oder Farbe beeinflussen sich gegenseitig zugunsten einer Verstärkung des Unterschieds. ↗Wahrnehmungstäuschungen.

Kontrollgruppe wird in ↗Experimenten eine Gruppe genannt, die gleichen Bedingungen ausgesetzt wird wie die Experimentalgruppe, bis auf das eine gezielt eingesetzte Merkmal (unabhängige Variable), dessen Auswirkungen herausgefunden werden sollen. Man will mit Hilfe von Kontrollgruppen nachweisen, dass der beobachtete Unterschied zwischen den beiden Versuchspersonengruppen tatsächlich durch die experimentelle Manipulation (Einsatz der unabhängigen Variable) bewirkt wurde.

Konvergenz, Konvergenztheorie. Mit Konvergenz wird die unwillkürliche Drehung der Sehachsen beider Augen bezeichnet. Diese Drehung oder Bewegung im Sinne einer „Zueinanderneigung“ ist notwendig, damit Doppelbilder vermieden werden. Die Konvergenzbewegung der Augen ist eine wichtige Voraussetzung für das Schätzen von Entfernungen.
Die Auffassung von W. Stern, die Entwicklung sei eine „Konvergenz zwischen inneren Angelegenheiten und äußeren Entwicklungsbedingungen“, wird heute als Konvergenztheorie bezeichnet.

Konversionsstörungen. Man bezeichnet damit jene Störungen, die früher unter dem Begriff ↗Hysterie dargestellt wurden. Es handelt sich hierbei um körperliche Beeinträchtigungen, bei denen kein organischer Befund festzustellen ist und die alleine auf unbewältigte psychische Probleme zurückgehen.

Konzentration, gezielter, bewusster, disziplinierter und kontrollierter Einsatz mentaler Aktivität zur Lösung bestimmter Aufgaben. Ein Mensch, der sich gut konzentrieren kann, lässt sich weder durch äußere noch durch innere Reize ablenken, ist aufmerksam, wach und zielstrebig bei der Bewältigung einer Aufgabe. In der Psychologie wurden mehrere Konzentrations- und Aufmerksamkeitstests entwickelt, mit deren Hilfe man die von Mensch zu Mensch unterschiedlich stark ausgeprägte Konzentrationsfähigkeit zuverlässig erfassen oder messen zu können glaubte.

Kopfschmerzen. Rund 4 % der Bevölkerung leidet fast täglich unter Kopfschmerzen. Bei der *Migräne* wird der Schmerz plötzlich und zumeist einseitig und pochend erlebt. Der *Cluster-Kopfschmerz* tritt in Form von kurzen, heftigen, oft stechenden Anfällen auf. Er kommt seltener vor, und von ihm sind fast nur Männer betroffen. Am häufigsten sind *Spannungskopfschmerzen*, die wiederkehrend oder chronisch auftreten. Dieser Schmerz wird beidseitig erlebt, beginnt langsam und steigert sich in seiner Intensität. Kopfschmerzen können mit einer organischen Beeinträchtigung verbunden sein, die z. B. auf Veränderungen des Hormonspiegels, falsche Ernährung, Alkohol oder die Einnahme von Verhütungsmitteln zurückzuführen ist. Das Erleben von ↗Stress kann physiologische Veränderungen bewirken, die wiederum als Ursache für Kopfschmerzen anzusehen sind. Die meisten Menschen helfen sich bei Kopfschmerzen selbst, sie entspannen sich oder nehmen handelsübliche Medikamente. Bei einer unvorsichtigen Verwendung von Schmerzmitteln kann aber der so genannte *Schmerzmittelkopfschmerz* entstehen (das Medikament hat die Krankheit paradoxerweise „erzeugt"). Psychologisch orientierte Therapeuten setzen vor allem verhaltenstherapeutische Techniken der ↗Verhaltenstherapie zur Behandlung von Kopfschmerz ein. Beim *Biofeedback* lernt der Klient, seine körperlichen Prozesse zu beeinflussen, die als Ursache für den Schmerz angesehen werden. Zahlreiche Möglichkeiten der systematischen ↗*Entspannung* verbessern den Allgemeinzustand des Körpers. *Stressbewältigungstraining* reduziert Belastungen. In der Regel wird eng mit dem Arzt zusammengearbeitet, der versucht, dem Klienten durch das Verschreiben von *Medikamenten*, wie Analgetika oder Triptane, Erleichterung zu verschaffen. Ungefähr der Hälfte der Betroffenen kann geholfen werden, d. h. ihr Leiden wird geringer, aber sie sind nicht unbedingt beschwerdefrei.

Körperbautypen. E. Kretschmer (↗Typologie) wurde in seiner psychiatrischen Klinik immer wieder mit der Erfahrung konfrontiert, dass bei verschiedenen endogenen ↗Psychosen bestimmte Körperbauformen unterschiedlich häufig vertreten sind. Aufgrund dieser Beobachtungen glaubte er, dass Menschen mit einem bestimmten Körperbau entweder zu der „Schizothymie", „Zyklothymie" oder zu einem „viskösen" Charaktertyp neigen und diese Tendenz vom Körperbau abhängig ist.
Merkmale von Körperbautypen:

1. *Pykniker:* breites Gesicht, dicker Hals, weiche Muskulatur, Fettansatz; als *zyklothymer* Typ ist er gutmütig, weich, wenig zielstrebig, gesellig, anpassungsfähig.
2. *Leptosomer* Körperbau: hagere Gestalt, schlank, langer Hals, flacher Brustkorb, schmale Hände; als *schizothymer* Typ weist er folgende Verhaltensmerkmale auf: sensibel, nervös, zielstrebig, nüchtern, verschlossen, abstrakter Denker.
3. *Athletiker:* kräftige Gestalt, breite Schultern, kräftige Brust; als *visköser* Charaktertyp ist er gleichmütig gelassen, widerstandsfähig, jedoch auch schwer umstellfähig.

Die Körperbau- bzw. Konstitutionstypologien von Kretschmer zeigten bei W. Sheldons empirischen Nachprüfungen viele Ungereimtheiten. Zwischen den Merkmalen des Körperbaus und den konstanten Verhaltensbereitschaften konnten nur sehr geringe Abhängigkeiten festgestellt werden, die keinen individuellen Vorhersagewert besitzen.

Körpertherapien. Diese psychotherapeutischen Ansätze nutzen die bekannte Erfahrung, dass Psychisches über den Körper beinflusst werden kann. Bekannte Verfahren sind z. B. ↗Entspannungstechniken, ↗Meditation, ↗Bioenergetik, ↗Rolfing, Akupunktur, Tanztherapie oder Massage.

Korrelation, Bezeichnung für den Zusammenhang zwischen Körpergröße und Gewicht, zwischen ↗Intelligenz und Schulnoten, zwischen der Intelligenz der Eltern und der ihrer Kinder oder zwischen anderen Merkmalen; sie sagt nichts über einen Ursache-Wirkungs-Zusammenhang aus. ↗Statistik.

Kreativität oder *schöpferisches Denken* (auch *divergentes Denken* nach J. P. Guilford) ist die Fähigkeit, originelle neue Lösungen und ungewöhnliche, aber sinnvolle Ideen in verschiedenen Lebensbereichen, wie z. B. in der Technik, in Verwaltung und Haushalt, im Theater, in der Literatur oder in der Kunst zu produzieren.
Kreative Leistungen sind keine Zufallsprodukte, sondern beruhen auf Erfahrungen, zuvor gelernten Informationen und vor allem auf der Fähigkeit, Probleme zu erkennen. Kreative Menschen denken „unlogisch", sind getrieben von einem manchmal von Mitmenschen als störend eingestuften Erfindergeist, sind nicht auf der Suche nach einer „richtigen" Lösung, wie dies beim „konvergenten Denken der Fall ist, sondern haben von Anfang an das Gefühl, dass verschiedene Lösungen möglich sind. Es sind Menschen, die sich immer „etwas einfallen lassen". Sie zeichnen sich durch die Fähigkeit aus, verschiedene, auf den ersten Blick nicht zueinander passende Zusammenhänge zu verbinden und in der Zeit des Probierens und Versuchens, in der keine offensichtlichen Fortschritte gemacht werden, nicht aufzugeben (Frustrationstoleranz). Oft fällt ihnen dann eine nützliche, sinnvolle, brauchbare Lösung ein oder eine Lösung, deren praktischer Nutzen nicht direkt erkennbar ist, die aber so plausibel, so logisch, so neuartig ist, dass man ihr den kreativen Anspruch nicht aberkennen kann.
Typische Persönlichkeitsmerkmale kreativer Menschen sind:
- offene Haltung gegenüber der Umwelt, ↗Feldunabhängigkeit als kognitiver Stil, Fähigkeit zur realitätsgerechten Einschätzung der Situation und der Objekte;
- Vorliebe für unstrukturierte, mehrdeutige Situationen; im Sinne der ↗Ambiguitätstoleranz fühlen sich kreative Menschen in mehrdeutigen Situationen nicht unwohl;
- Interesse in erster Linie am Problem bzw. an der Aufgabe und erst zweitrangig am beruflichen Fortkommen oder an der Erlangung sozialer Anerkennung;
- Fähigkeit, sich von Konventionen frei zu machen und Gruppendruck auszuhalten.
- Kreative Schüler fallen in der Schule oft unangenehm auf, sind für die Lehrer unbequem, vertreten ungewöhnliche Einsichten, die in der Regel nicht mit der Meinung der Lehrer übereinstimmen, und ihr Verhalten wird oft als störend beurteilt.

Kreativität ist keine (nur) angeborene Begabung. Die Förderung der Kreativität ist zu einem der wichtigsten Erziehungsziele geworden. Über sehr verschiedene Programme zur Förderung der Kreativität, sei es in der Familie oder in der Schule, kann man sich leicht im Internet informieren. An dieser Stelle seien einige Möglichkeiten aufgeführt:

- Die angeborene Neugier des Kindes darf keineswegs eingeschränkt werden, im Gegenteil, es sollte die Möglichkeit haben, die eigenen Ideen zu verfolgen und zu produzieren. Es braucht Gelegenheit, Spielzeuge ohne Kritik zerlegen zu können, Werkzeuge auszuprobieren, ohne dass es gegängelt wird.
- Man sollte den Willen des Kindes respektieren, das unkonventionelle Verhalten ernst nehmen und zulassen, das Kind für originelle Einfälle loben.
- Man sollte keine Erziehung zum Brav-Sein praktizieren. Auffallendes, aufgabenorientiertes, oft als aggressiv oder aufbegehrend empfundenes Verhalten sollte man tolerieren und zeigen, dass es dem Kind erlaubt ist, seinen Weg zu suchen und zu gehen.
- Die Erzieher sollten vermeiden, ständig die so genannten kulturellen „Selbstverständlichkeiten“ zu betonen und vom Kind die Leistungen zu erwarten, die nach dem Erwachsenenmaßstab „richtig“ sind.
- Die Kreativität kann in der Schule in jedem Unterrichtsfach, nicht nur im Fach Kunsterziehung (wie oft angenommen wird), gefördert werden.

Rudolf B. Wohlgemuth sieht viele Möglichkeiten, die Kreativität im Unterricht zu fördern, und formuliert seine Erkenntnisse als direkte Aufforderungen an die Lehrer.

- Schaffen Sie einen „fehlerfreundlichen“ Unterricht.
- Verbinden Sie theoretische Überlegungen mit alltäglichen bzw. berufspraktischen Problemstellungen.
- Schaffen Sie bewertungsfreie Zeiten, Räume und Lernprozesse.
- Würdigen Sie auch die kleinsten kreativen Einfälle Ihrer Schülerinnen und Schüler.
- In einigen Arbeitsphasen wirkt sich eine „dezente“ Musikuntermalung positiv auf das Arbeitsverhalten der Schüler/innen aus.
- Stellen Sie möglichst viele Aufgaben/Probleme, für die es mehrere Lösungswege bzw. Lösungen gibt.
- Erläutern Sie Ihren Schülerinnen und Schülern, dass bei kreativen Prozessen das Gefühl von Unsicherheit zum Lernen gehört.
- Thematisieren Sie mit Ihren Schülerinnen und Schülern eigene und im Unterricht auftretende „Kreativitätskiller“ bzw. Kreativitätsblockaden.
- Stellen Sie öfters Aufgaben, die sich mit einfachen Kreativitätstechniken lösen lassen.
- Zeigen Sie den Schülerinnen und Schülern die Grenzen des linearen Denkens auf.
- Beginnen Sie mit kleinen Schritten.
- Eine Triebkraft für Kreativität ist der Humor.
- Erläutern Sie Ihren Schülerinnen und Schülern, warum manchmal der Weg wichtiger/bedeutsamer ist als das Ziel.

Kretinismus (Hypothyreose). Der Kretinismus ist eine angeborene Form der extremsten Ausprägung einer ↗geistigen Behinderung, die einhergeht mit Taubheit oder Schwerhörigkeit und auf eine mangelhafte bzw. fehlende Tätigkeit der Schilddrüse zurückgeht (↗Hormone). Durch diese Unterfunktion entstehen Stoffwechselstörungen, die sich auf die Entwicklung der Knochen und das gesamte Körperwachstum auswirken (Zwergwuchs). Kretinismus ist nicht dem „hypophysären" Zwergwuchs gleichzusetzen, für den Kleinwuchs (100–140 cm im Erwachsenenalter) bei normaler oder überdurchschnittlicher Intelligenz charakteristisch ist.

Kriminalität. Eine eindeutige Definition der Kriminalität ist nicht möglich, da nicht jedes von der Norm abweichende und von der Gesellschaft missbilligte Verhalten kriminell ist. Kriminalität (Devianz) wird als das gegen das Strafrecht eines Landes verstoßende Verhalten definiert. Nach dieser Definition kann es vorkommen, dass ein heute kriminelles Verhalten in naher Zukunft nicht mehr kriminell ist, da das Strafrecht von Land zu Land verschieden ist und einem ständigen Wandel unterliegt.
Aus der Erkenntnis, dass normabweichendes Verhalten viel zur Dynamik und zum Wandel der Moral beiträgt, hat der Soziologe E. Durkheim die Kriminalität als die „Vorwegnahme der künftigen Moral" bezeichnet. Da es jedoch viele kriminelle Handlungen gibt, die nichts zum Wandel der Moral beitragen, hat diese Aussage nur beschränkte Gültigkeit. Natürlich liegen solchen Handlungen, die heute noch als kriminell gelten, aber im Grunde genommen überholte Normen in Frage stellen, andere Ursachen und andere psychische Prozesse zu Grunde als Taten, die gegen das Naturrecht (z. B. Recht auf Leben, auf Freiheit) verstoßen.
Theorien über die Entstehung kriminellen Verhaltens. So genannte *kriminobiologische* Schulen nehmen an, die Kriminalität (vor allem von Berufsverbrechern) sei anlagebedingt. Für diese Annahme konnten durch Familienforschung zwar Generationen übergreifende kriminelle Traditionen gefunden werden, die aber auch durch Lernen und andere Prozesse und nicht nur durch die Vererbung erklärt werden konnten. So gilt die Annahme als widerlegt.
Die Psychoanalyse sieht die Ursachen der Kriminalität in frühen Beeinträchtigungen der psychischen Entwicklung. Es werden zwei Erklärungsansätze unterschieden: einerseits spricht man von der *neurotisch* bedingten, andererseits von der durch *Verwahrlosung* bedingten Kriminalität.
Vom Standpunkt der Psychoanalyse erscheint der Mensch als ein von Natur aus antisoziales Wesen, geradezu als geborener Verbrecher, dem moralische Hemmungen erst ansozialisiert werden müssen. Die beiden bereits angesprochenen Ansätze befassen sich mit unterschiedlichen Ausprägungen der Entstehung des Über-Ich. Der erste geht auf die Ausbildung eines zu starken Über-Ichs, der Zweite auf die Folgen eines zu schwachen Über-Ichs ein. Die Prämisse beider Ansätze geht zurück auf Aichhorn, der postulierte, es müsse unterschieden werden zwischen den Entstehungsbedingungen der Kriminalität, nämlich der Charakterstruktur, und dem Anlass dissozialen Verhaltens. Kriminelles Verhalten wird also definiert als Symptom einer Charakterfehlentwicklung. Unterschieden wird zwischen der Neurosenstruktur und der Verwahrlosungsstruktur.
Eine der psychoanalytischen Erklärungen für Kriminalität führt diese auf eine Neurosenstruktur des Täters zurück. Der neurotische Delinquent rea-

giert auf seine Tat mit Schuldgefühlen. Brandt rechnet zu diesen neurotischen Zustandsbildern den Selbstunsicheren, der nur deshalb, um vor sich und anderen Anerkennung zu finden, eine antisoziale Handlung begeht, aber auch den in seinem Besitzstreben gehemmten Jugendlichen, der nicht zu bitten oder zu fordern wagt und so seine Wünsche auf unerlaubte Weise befriedigt oder auch den Brandstifter, der sich gegen seinen Arbeitgeber nicht zu wehren wagt und, statt sich an das Arbeitsgericht zu wenden, den Betrieb anzündet. Die Neurosenstruktur entsteht aus psychoanalytischer Sicht durch Ausbildung eines überstrengen Gewissens. Dieses entstehe dann, wenn das Kind keine stabilen Erfahrungen mit seiner sozialen Umwelt sammeln könne. Ein Kind, das einmal mit Zuneigung überfüttert und ein anderes Mal willkürlich abgestraft werde, sei nicht in der Lage, auf sofortige Bedürfnisbefriedigung zu verzichten. Gleichzeitig kann es zur Ausbildung eines überstrengen Über-Ich kommen, das die Triebwünsche des Es rigoros unterdrückt. Diese finden bei „günstiger" Gelegenheit auf „kriminelle" Weise den Weg zur Befriedigung.

Für die Ausbildung einer Verwahrlosungsstruktur werden vor allem zwei Faktoren genannt. Der erste ist das Fehlen oder der Mangel an ausreichenden und echten affektiven Objektbeziehungen im frühesten Kindesalter. Folge sei dann eine Ich-Schwäche und eine existentielle Unsicherheit, die alle späteren positiven Identifikationen und den Erwerb von Liebesfähigkeit erschwert. Ein zweiter Faktor der Entstehung einer Verwahrlosungsstruktur besteht darin, dass das Kind von klein auf extremen Verwöhnungen ausgesetzt ist oder ständig zwischen mehreren Liebesobjekten steht und vom einen zum anderen ausweichen kann.

Die psychoanalytischen Theorien sind umstritten. Kritisiert wird insbesondere die weitgehende Individualisierung delinquenten Verhaltens unter Ausblendung sozialstruktureller Dimensionen.

Die Grundannahme lerntheoretischer Ansätze lautet, dass kulturspezifisch abweichendes Verhalten nach den gleichen Prinzipien erworben und verlernt wird wie andere Verhaltensweisen auch. Verantwortlich für Delinquenz ist aus lerntheoretischer Sicht in erster Linie ein defizitärer Erziehungsstil, der sich durch unzureichende Mittel der Verhaltenssanktionierung (gestörte Belohnungs- und Bestrafungsbalance), eine Inkonsistenz der Sanktionierung und eine unzureichender Intensität der Verhaltenskontrolle (Vernachlässigung) auszeichnet.

Operante Konditionierung meint: Eine Person wird wahrscheinlich dann antisoziales Verhalten zeigen, wenn sie in der Vergangenheit häufig dafür positiv bekräftigt worden ist und aversive Konsequenzen die Reaktionsweisen nicht unterdrückt haben, wenn z. B. Delikte unentdeckt geblieben oder Sanktionen zu inkonsequent oder zu spät erfolgt sind.

Ein früher lerntheoretischer Ansatz geht zurück auf Sutherland, der die Theorie der differentiellen Kontakte entwarf, deren Grundannahme darin besteht, dass eine Person dann delinquent wird, wenn die Einstellungen, die Gesetzesverletzungen begünstigen, diejenigen Einstellungen überwiegen, die Gesetzesverletzungen negativ bewerten. Diese Einstellungen sind aber nicht angeboren, sondern werden in Lernprozessen angeeignet. Für Sutherland wird kriminelles Verhalten vor allem in kleinen intimen Gruppen erlernt. Dabei sei weniger der Kontakt mit Kriminellen entscheidend als der mit kriminellen Verhaltensmustern.

Nach der Theorie der differentiellen Verstärkung wird kriminelles Verhalten nicht allgemein in intimen sozialen Gruppen erlernt, sondern gerade in solchen, die die Hauptquellen der Verstärkungen für das Individuum abgeben.

Das Hauptaugenmerk lerntheoretischer Theorien richtet sich nicht nur auf die Erfahrung direkter Bekräftigungen, sondern auch auf das Beobachtungslernen als Prinzip der Verhaltensübernahme. Dies umfasst zunächst Aufmerksamkeitsprozesse, die abhängig sind von der Attraktivität der Modellperson sowie der Auffälligkeit und dem vermuteten funktionalen Wert des beobachteten Verhaltens. Darüber hinaus sind aber auch motivationale Prozesse von Bedeutung, etwa die Abhängigkeit der Person vom angenommenen funktionalen Wert des Verhaltens und von der Macht des Modells. Als wesentliche Sozialisationsfelder für das Beobachtungslernen betrachtet A. Bandura die Familie, Peer-Groups und die Massenmedien.

Für die Aufrechterhaltung und Festigung aggressiven Verhaltens spielen direkte Bekräftigungen und Bestrafungen durch die soziale Umwelt eine Rolle, außerdem auch die bei anderen beobachteten Folgen aggressiven Verhaltens. Typische positive Verstärker sind der materielle Zugewinn bei Eigentumsdelinquenz, Statusgewinn bei Bandendelinquenz und Schmerzreaktionen des Opfers bei manchen Sexualdelikten.

Mit den Ansätzen des „Labeling approach ist eine relativ neue Richtung der Erklärung delinquenten Verhaltens eingeschlagen worden. Obgleich durchaus unterschiedliche Betrachtungen unter der Bezeichnung „Labeling approach“ subsumiert werden, ist allen gemeinsam, dass sie nicht ätiologisch orientiert sind. Sie suchen nicht nach Ursachen, die vor dem Auftreten des delinquenten Verhaltens liegen, sondern betrachten Abweichung als Zuschreibungsprozess. Die Stigmatisierung einer Person mit der Eigenschaft „kriminell“ kann nicht ohne schwerwiegende Folgen bleiben.

Als Urvater des Labeling approach gilt Tannenbaum, der als die entscheidende Ursache für das Auftreten delinquenten Verhaltens die sozialen Reaktionen der Umwelt ansah: Delinquentes Verhalten ist nicht im Einzelnen angelegt und dort erklärbar, sondern es wird vielmehr durch Umweltreaktionen provoziert.

Lemert, der den Ansatz von Tannenbaum als erster wieder aufgriff, prägte die Begriffe der primären und sekundären Devianz. Im Rahmen des Labeling approach ist die sekundäre Devianz von größerer Bedeutung. Sekundäre Devianz beruht, im Gegensatz zu primärer, auf einer in der Folge eines bestimmten Verhaltens vorgenommenen Rollenzuschreibung durch die soziale Umwelt. Es kann sein, dass die Definition der Umwelt, jemand sei kriminell, dazu führt, dass sich die Person selbst als „kriminell“ einstuft. Primäre Devianz hingegen hält Lemert für durchaus durch die älteren ätiologischen Theorien für erklärbar.

Nach der Etikettierung sind es die harten Reaktionen der Umwelt, die Abstempelung und Stigmatisierung, die zur Verfestigung der kriminellen Iden-

K

tität führen. Der Etikettierte verhält sich demnach im Sinne der „self-fulfilling-prophecy“ letztlich gemäß den Erwartungen, von denen er annimmt, dass die soziale Umwelt sie ohnehin an ihn hat. Der Etikettierte unterliegt somit einem im Zuge des Prozesses stärker werdenden Rollendruck, der dazu beiträgt, dass er sich mehr und mehr selber so definiert, wie die anderen ihn definieren. Eine nicht zu unterschätzende Rolle bei der Verfestigung der Kriminalität spielt die ↗Diskriminierung und Behandlung von Vorbestraften und Gefangenen und die Unzulänglichkeiten der praktischen Umsetzung gesetzgeberischer Intentionen. R. König spricht von einer „iatrogenen Delinquenz“, die sich aus der „Behandlung“ der Jugendlichen und Erwachsenen ergibt, weil die an und für sich richtigen Gesetze schlecht und unzureichend verwaltet bzw. angewandt werden. Damit werden Probleme der Exekutive, der Ämter, der Kriminal- und Polizeibeamten angesprochen, die bei der Auslegung der Gesetze eigenen Bedürfnissen, Klischeevorstellungen (über die Person eines Verbrechers), Wertorientierungen und Ideologien unterliegen.

Kriminalpsychologie untersucht die Ursachen der ↗Kriminalität, fragt nach typischen Persönlichkeitsfaktoren der Verbrechter, befasst sich mit der Vorhersage von Kriminalität und Rückfallkriminalität, erwägt mögliche psychische Schäden der Opfer (vor allem bei Sexualdelikten und nach Entführungen) und beschäftigt sich darüber hinaus mit den Möglichkeiten der Vorbeugung und Bekämpfung der Kriminalität und zum Teil auch mit der Gefangenenbetreuung (↗Resozialisierung).

Kritisches Lebensereignis. Der Begriff beschreibt Einschnitte im menschlichen Lebenslauf, in denen der Mensch sehr belastet (↗Stress) und zu Umorientierung, Veränderungen oder Bewältigung herausgefordert ist. Obwohl es interindividuell große Unterschiede gibt, kann man sagen, dass z. B. Scheidung oder Tod des Partners schwerwiegende kritische Lebensereignisse darstellen, weniger einschränkend werden in der Regel z. B. der Auszug der Kinder, Berufswechsel oder Schwangerschaft erlebt.

Kunstpsychologie ist ein Teilgebiet der Psychologie, dessen Aufgabe die psychologische Analyse von Sachverhalten ist, die dem Bereich der Kunst zugeordnet werden, z. B. Erleben und Verhalten des Künstlers, des Interpreten und des Kunstbetrachters. Es gibt in der Kunstpsychologie wahrnehmungspsychologische und psychoanalytische Ansätze. Kunstpsychologie kann wichtige Beiträge zur „Psychologie des Kunstwerks“ und auch zum Verstehen der Persönlichkeit des Künstlers liefern.
Die psychoanalytische Kunstpsychologie basiert auf tiefenpsychologischen Grundlagen. Bei der Analyse eines Kunstwerkes (z. B. Dürers „Melancholia“) ist eine Zusammenführung verschiedener psychologischer und kunsthistorischer Verfahren notwendig, um einen tiefenpsychologischen Zugang zum Werk zu erlangen. Hierbei geht es um ein „Sinn-Verstehen“ der unbewussten Bedeutung von Kunst. Dieser unbewusste Inhalt gibt dann bei genauer Analyse Aufschlüsse über mögliche Persönlichkeitsaspekte des Künstlers und über die psychologisch-gesellschaftliche Situation seiner Zeit. Dürers „Melan-

cholia I“ deutet darauf hin, dass der Mensch im Zeitalter Dürers sich zunehmend seines Selbst bewusst wurde. Autonomiebestrebungen und das Ringen um die Bewusstwerdung der eigenen Individualität mit ihren Leidensaspekten, im Spannungsverhältnis zwischen Religion, Philosophie und Welt, gelangen im Dürer-Stich zum Ausdruck.
Die Gestaltpsychologen stellten heraus, dass es in der menschlichen Natur, in der Natur überhaupt, typische Zusammenhänge gibt, in denen das Ganze auf einer Wechselbeziehung zwischen seinen Teilen beruht und mehr als die Summe von Teilen ist. Die Gestalttheorie besagt nämlich auch, dass die gegebene Welt durch die Wahrnehmung nicht einfach als zufällige Ansammlung von Sinnesdaten auf den Verstand trifft, sondern als Ganzes vom Verstand strukturiert wird. Die Wahrnehmung selbst schafft Ordnung. Das betrifft auch die Kunst. Schafft der Künstler mit seinem Werk eine neue Ordnung und Gestalt, oder ist die Ordnung das Werk des Betrachters? Beides ist möglich.
Künstlerische Werke besitzen einen Kommunikationswert und können das Erleben und Verhalten der Menschen beeinflussen. Neben den bildenden Künsten gehören zu diesem Bereich auch literarische (↗Literaturpsychologie) und musikalische Werke (↗Musikpsychologie).
Obwohl es hauptsächlich von Lesern, Hörern und Betrachtern abhängt, was sie beim „Genießen“ eines Kunstwerks erleben, fühlen oder denken, so gibt es doch einige allgemeingültige Themen, die in der Kunstpsychologie von Interesse sind.
1. Symbolischer Gehalt von Farbe, Linien, Formen, der Töne, Wortfolgen und Materialien, mit denen eine bestimmte Aussage gemacht werden soll. Mit welchen Mitteln und auf welche Art und Weise lassen sich Gefühle, Bedürfnisse, soziale Einstellungen und tiefes menschliches Empfinden ausdrücken?
2. Wer ist eine „Künstlerpersönlichkeit“? Es wurden verschiedene Theorien über die künstlerische Begabung, besondere Beobachtungsgabe, bildhaftes Denken, starkes Gefühlsleben und unbewusste Kräfte der Künstler aufgestellt. Besondere Beachtung wurde auch den Produkten psychisch kranker Menschen (z. B. Schizophrener oder Wahnkranker) und derer unter Drogeneinfluss geschenkt.
3. Erforschung des ästhetischen Erlebens beim Publikum und der Verhaltensbeeinflussung durch die Kunst. Hier handelt es sich um die „Geschmacksfrage“ (was wahre Kunst ist, bestimmen die so genannten Kunstkenner und die Reichen, was Unvermögenden und Ungebildeten gefällt, wird als „Kitsch“ bezeichnet), um das Verhalten der Kunstbetrachter (Befriedigung des Bedürfnisses nach Anerkennung, Prestigedenken), um Erklärungen, warum ein bestimmter Kunststil gerade „in“ ist (z. B. Nostalgiewelle) und um die kommunikative Wirkung der Kunst (welche Botschaft enthält das Kunstwerk, wie kommt es an, welche Gefühle löst es aus, welche Selbsterkenntnis des Betrachters wird angeregt).
4. Schließlich ist die Entwicklung künstlerischer Fähigkeiten und die Funktion der Kunsterziehung ein Thema der Kunstpsychologie.

Kurztherapien sind wissenschaftlich anerkannte psychotherapeutische Verfahren (z. B. ↗Gesprächspsychotherapie, ↗Psychoanalyse oder ↗Verhaltenstherapie), die erheblich weniger Zeit als üblich in Anspruch nehmen, um angemessene Hilfe zu leisten (mit bis zu 20 Kontakten ist dennoch zu rechnen). Ausschlaggebend für die Entwicklung solcher Verfahren waren die Unzufriedenheit mit den teilweise Jahre dauernden klassischen Therapien (besonders der Psychoanalyse), ihre hohen Kosten und die immer offensichtlicher werdende Notwendigkeit, Menschen in akuten Krisensituationen (z. B. Erleben eines Unglücks, Tod eines Angehörigen) möglichst schnell Hilfe zu leisten.

Schon lange gibt es eine analytische Kurztherapie, die *Fokaltherapie*, in der der Therapeut die Passivität des Deutens aufgibt und direkt nach zentralen Punkten des Problems fragt. Oft beschränkt man sich auf die Behandlung nur einiger Störungsbereiche (z. B. das Verhältnis zum Ehemann, Schwierigkeiten im Beruf) und legt die maximale Anzahl von Therapiestunden von vornherein fest.

Ähnlich, methodisch aber auf ihre Weise, geht die *„zielorientierte Gesprächspsychotherapie“* vor, wenn sie sich auf die Bearbeitung von Zielen, Werten, Einstellungen oder Motiven konzentriert, die eng mit dem Problem verbunden sind. Der Therapeut gibt dabei seine spiegelnde, Emotionen verbalisierende Haltung weitgehend auf, interveniert stattdessen und weist z. B. den Klienten auf Möglichkeiten der Problembewältigung hin.

Verhaltenstherapeutische Verfahren sind aufgrund ihres symptomorientierten Vorgehens schon immer zeitlich weniger umfangreich gewesen als andere psychotherapeutische Verfahren und werden gerne eingesetzt (z. B. „Selbstinstruktionstraining), wenn eine zeitliche Beschränkung erwünscht und sinnvoll ist.

Skepsis ist bei Verfahren angebracht, die keinen wissenschaftlichen Hintergrund haben, sich gerne als unkonventionell bezeichnen und z. B. versprechen, in weniger als fünf Sitzungen ernste seelische Probleme lösen zu können. Sie sind häufig das Geld nicht wert, das man für sie ausgeben muss, da die Kassen die Kosten nicht übernehmen.

Kurzzeitgedächtnis übernimmt im Mehrspeichermodell des ↗Gedächtnisses die Funktion einer die ankommenden Informationen verarbeitenden Zwischeninstanz, die man als Lieferant für das Langzeitgedächtnis verstehen kann. Im Kurzzeitgedächtnis wird eine „überschaubare“ Anzahl von Informationen für ca. 20 Sekunden behalten, mit dem bisherigen Wissen verglichen und für die Speicherung im Langzeitgedächtnis zu sinnvollen Einheiten organisiert.

Kybernetik. Die Kybernetik als Wissenschaft wurde 1948 von Norbert Wiener begründet, um mit Hilfe mathematischer Modelle die Struktur und Wechselwirkung zwischen einzelnen Elementen eines Systems, z. B. eines lebendigen Organismus, und die dazugehörigen Regelungssysteme zu beschreiben und zu erklären. Am Beispiel der Steuerung einer Heizung kann man die wichtigen Schlüsselbegriffe der Kybernetik erläutern. Es sind der Soll-Wert (eingestellter Temperaturwert), der Ist-Wert (die tatsächlich gemessene und an den Regler gemeldete Temperatur), der Regler (eine elektronische Schaltung), das

Stellglied (ein mechanischer Schieber), die Regelgröße (Temperatur der Heizung) und der Messfühler (ein Raumthermometer). Die Regelung der Temperatur ist ein Kommunikationsprozess. Die Kybernetik versucht sehr verschieden aussehende Vorgänge (im mechanischen, technischen, medizinischen, pädagogischen, psychologischen Bereich) nach denselben Prinzipien zu erklären. Man hat sich erhofft, mit Hilfe der Kybernetik die Vorgänge in dem komplexen und hochorganisierten „System Mensch" besser zu verstehen.

Die Abbildung konkreter Vorgänge in einem Organismus oder in einer Erziehungssituation mit Hilfe kybernetischer Schlüsselbegriffe ist ein mathematischer Vorgang, d.h. die Vorgänge werden auf einer recht abstrakten Ebene dargestellt. Daher kann man sagen, dass, von der Methode her gesehen, die Kybernetik als das Eindringen mathematischer Werkzeuge in Wissenschaftsgebiete, in denen sie bisher als nicht praktikabel erschienen, z.B. in Physiologie, Psychologie und Soziologie, verstanden werden kann.

L

Labeling-Perspektive, bekannt auch als *Etikettierungstheorie abweichenden Verhaltens,* macht darauf aufmerksam (Perspektive = Problemsicht, keine Theorie), dass die bisherigen Theorien zur Entstehung abweichenden Verhaltens (↗psychische Störungen, ↗Normen) die Bedeutung gesellschaftlicher Reaktionsmuster zu wenig beachtet haben. Im Alltag gibt es eine Vielzahl möglicher Regelverletzungen (= primäre Abweichung), die unterschiedlich verursacht sein können (z. B. durch Krankheit oder Alkohol). Die Reaktionsmuster der Mitmenschen, sowohl der Experten als auch der Laien, gelten nun als ↗Etikettierung und führen vor allem dann, wenn sie vom Betroffenen angenommen werden, zu einer „abweichenden Karriere" und zur Ausbildung der „sekundären Devianz". Die Etikettierung definiert den Betroffenen neu, weist ihm eine neue Rolle und einen sozialen Status zu, die der Betroffene nur über die Ausbildung eines dauerhaft abweichenden Verhaltens bewältigen kann.
Die Labeling-Perspektive stellt deutlich heraus, dass die Entwicklung psychischer Störungen als Interaktionsprozess aufzufassen ist und durch gesellschaftliche Reaktionsmuster begünstigt und/oder verstärkt wird.

Labilität (labil), Persönlichkeitsmerkmal im Sinne der Gefühlslabilität (↗Gefühle) und ↗Ich-Schwäche.

Längsschnittuntersuchung, systematische ↗Beobachtung eines oder mehrerer Merkmale, z. B. der Entwicklung der ↗Intelligenz an vielen Personen über längere Zeiträume, z. B. über 20 Jahre. ↗Methoden der Psychologie.

Lebendiges Lernen wird ein von Ruth C. Cohn entwickeltes, ganzheitliches Konzept für Gruppenarbeit genannt, in dem der Körper und die kognitiven und emotionalen Funktionen des Menschen gleichermaßen angesprochen werden (↗Themenzentrierte Interaktion).

Lebensstil. Die ↗Individualpsychologie nimmt an, dass der Mensch ausgehend von Kindheitserfahrungen im Laufe der Zeit einen unbewussten Lebensstil entwickelt, auf dessen Grundlage er handelt. Wichtig ist dabei die Sicherung der Befriedigung von Bedürfnissen nach Überlegenheit und Vergeltung, nach Rechtfertigung und Beachtung.

Legasthenie, bezeichnet Störungen und Schwierigkeiten beim Erlernen des Lesens und Schreibens bei Schülern, die normal bis überdurchschnittlich intelligent sind und familiär und schulisch angemessen gefördert werden. Es handelt sich dabei um eine anhaltende schwere Wahrnehmungs- und Aufmerksamkeitsstörung. Charakteristische *Merkmale* der Legasthenie auf verschiedenen Altersstufen:

Alter	*Klasse*	*Charakteristische Merkmale*
6–9	1–2	*Unspezifische Frühphase.* Unfähigkeit, dem Lautzeichen den richtigen Laut zuzuordnen. Verwechslung von ähnlichen Buchstaben und von „harten" und „weichen" Lauten. Lesen der Buchstaben in falscher Reihenfolge (am – ma; ei – ie). Beim Rechtschreiben zeigt sich Vertauschung von Buchstaben (d–b; g–p), Auslassen von Buchstaben beim Diktat, Verwechslung von „harten" und „weichen" Konsonanten.

Alter	*Klasse*	*Charakteristische Merkmale*
8–13	2–6	*Spezifische Hauptphase.* Lesen: Erfindungen von Buchstaben, Auslassungen von meist kurzen Wörtern, Zusätze (Wörter werden frei erfunden). Pausen (Satzzeichen) werden kaum gemacht, langsames Lesetempo, Reste der Frühphase. Rechtschreiben: Verwechslungen von Zwielauten (au – eu; eu – ö; ei – eu), insgesamt erheblich mehr Fehler als bei „normalen“ Kindern.
12–15	ab 6	*Unspezifische Restsymptomatik.* Völliges Verschwinden der Legasthenie wird selten erreicht. Es bleiben: beim Lesen keine Rücksicht auf Betonung oder Pausen, viele Fehler in der Groß- und Kleinschreibung.

Eine ähnliche Störung ist im Umgang mit Zahlen als *Rechenstörung* (Dyokalkulie) bekannt, bei der das Kind z. B. Zahlen nicht wiedererkennen, Zahlen nicht im Kopf addieren, Objekte nicht zählen oder einer Reihe mathematischer Schritte nicht folgen kann. Manche Eltern erklären die schlechten Leistungen ihrer Kinder in der Schule gerne mit „Legasthenie“ oder „Rechenstörungen“, sie müssen aber bedenken, dass z. B. nur ca. 4 % der Menschen von Legasthenie betroffen sind und dass diese Lernstörungen *immer* mit mindestens normaler Intelligenz verbunden sind.
Die *Ursachen* für Legasthenie sind vielfältig, aber im Grunde nicht geklärt. Es werden physiologische Einflüsse angeführt (genetischer Einfluss, minimale Hirnschäden, ungenügende Reifung des Zentralnervensystems) und psychologisch-kulturelle Ursachen genannt (rabiate Umstellung von Linkshändern auf das Schreiben mit der rechten Hand, Lesenlernen mit „Ganzwortmethode“, Konzentrationsstörungen).
Behandlung. Wenn erste Anzeichen einer Legasthenie auftauchen, sollte das Kind durch einen Kinder- und Jugendpsychiater medizinisch sowie von fachkundigen Lehrkräften (Beratungslehrer, Schulpsychologe) pädagogisch-psychologisch untersucht werden (z. B. Diktate, Lese- und Schreibproben, Intelligenztest). Wird Legasthenie attestiert, soll das Kind in der Schule eine besondere Förderung erhalten (innere Differenzierung des Unterrichts, Einrichtung von Kleingruppen). Immer mehr entwickeln sich auch außerschulische Fördereinrichtungen, die, wenn sie schulbegleitend arbeiten, oft große Erfolge haben. Legasthenie ist fast immer mit Konzentrationsstörungen, langsamem Arbeitstempo, schneller Ermüdung, ↗Angst und ↗Depressionen verbunden. Ein Lese- und Schreibtraining allein ist daher wertlos. Legasthenische Kinder brauchen Erfolgserlebnisse, Verständnis, emotionale Zuwendung, ein abwechslungsreiches Angebot an Übungsmethoden. Das haben Schulen sich mittlerweile zu Herzen genommen. So sind z. B. in Bayern und auch in vielen anderen Bundesländern legasthenische Schüler von schriftlichen Leistungen befreit, die ausschließlich der Feststellung von Rechtschreibleistungen dienen, sie erhalten bei Klassenarbeiten einen Zeitzuschlag, Lesen und Rechtschreiben können unbenotet bleiben, die Rechtschreibnote darf in vielen Fächern nicht in die Endnote einfließen, vor allem darf sie nicht ausschlaggebend für eine Nichtversetzung sein.

Leib-Seele-Problem. Das viel diskutierte Verhältnis zwischem dem Physischen (Leib, Körper, Organismus = Materie) und dem Psychischen (Seele,

Geist, Bewusstsein) wurde und wird noch immer als philosophische Frage nach dem *Wesen des Psychischen* aufgefasst.
Im Laufe der „Geschichte der Psychologie und Philosophie wurden folgende Spekulationen über das Leib-Seele-Problem angestellt:

- *Psychophysischer Parallelismus* (Geist und Körper sind zwei voneinander unabhängige Gegebenheiten), Identitäts- und Zwei-Seiten-Theorie (Geist und Körper sind zwei Äußerungsformen der gleichen Substanz; Einheit in der Substanz, Zweiheit in der Funktion).
- *Psychophysischer Dualismus* oder Wechselwirkungstheorie (physisches und psychisches Geschehen beeinflussen sich wechselseitig). Die Wechselwirkungstheorie erklärt zwar den Funktionszusammenhang, jedoch nur einseitig den Kausalzusammenhang: körperliche Vorgänge, vor allen Nerventätigkeit (↗Nervensystem, ↗Hormone) *bewirken* psychisches Geschehen, sind also Ursache des Psychischen, das die körperlichen Vorgänge rückwirkend beeinflussen kann, jedoch nicht *verursachen,* weil dann die psychischen Prozesse zumindest kurzfristig unabhängig vom Nervensystem entstehen müssten.
- In neueren Theorien wird das Gehirn als das Werkzeug für psychische Prozesse betont *(Werkzeughypothese),* werden Gehirnvorgänge als die unerlässliche Ursache des bewussten Erlebens angenommen; zusätzlich wird jedoch noch eine weitere Naturkraft postuliert, die solche Nervenprozesse in Gang setzt.

Die hier aufgeführten Hypothesen und Spekulationen über das Leib-Seele-Problem sind nicht uninteressant, jedoch für eine Psychologie, die als Wissenschaft versucht, das menschliche Verhalten zu erklären und vorauszusagen und deshalb auf Spekulationen verzichten muss, derzeit noch nicht lösbar.
Nach dem gegenwärtigen Stand der Erkenntnisse sind das Körperliche und Psychische aufs Engste miteinander verbunden; wenn das Nervensystem funktionsunfähig ist, gibt es keine psychischen Prozesse mehr, kein Erleben, kein Verhalten, kein ↗Bewusstsein. Das Ursache-Wirkung-Denken, die Suche nach eindeutigen Kausalzusammenhängen wurde in der Psychologie – wie auch in anderen Naturwissenschaften – zugunsten der Annahme eines *integralen Zusammenhanges* zwischen Körper und Psyche aufgegeben. Leib und Seele ergänzen, vervollständigen sich, sind untrennbar, ergeben zusammen ein *selbstregulierendes System,* das nicht nur nach einem Regelkreisprinzip funktioniert, sondern als „offenes System" ständig neuen Anpassungen unterliegt (↗Lernen). Die Aufgabe der Psychologie ist es, nicht nur die psychischen Vorgänge oder Zustände und die dazugehörigen neurophysiologischen Grundlagen zu beschreiben, zu analysieren und zu erklären, sondern auch die Anpassungsmechanismen des selbstregulierenden Systems und die Möglichkeiten der Systemänderung, z. B. durch ↗Psychotherapie.

Leistung ist, psychologisch gesehen, die Bezeichnung für den beobachtbaren Einsatz der dem Menschen zur Verfügung stehenden Fähigkeiten und Kräfte. Die Leistung kann aufgefasst werden als eine Funktion der Fähigkeiten, der Situation und der ↗Leistungsmotivation. Die Leistung ist das Resultat einer geistigen oder körperlichen Tätigkeit und abhängig von der individuellen

Ausprägung einzelner ↗Fähigkeiten. Gesellschaftliche ↗Normen regeln, was als Leistung gilt. Die betriebliche Leistung, d. h. Leistung in Organisationen oder einer ↗Gruppe, wird zusätzlich zu den persönlichen Fähigkeiten auch durch das Verhalten des Vorgesetzten, den Informationsaustausch, das Betriebsklima usw. stark beeinflusst. Hierzu siehe ↗Gruppe und ↗Betriebspsychologie.
In der Psychologie werden große Anstrengungen unternommen, um die individuellen Leistungen bzw. die individuelle Leistungsfähigkeit objektiv zu bestimmen. In verschiedenen Leistungstests (performance tests) ist Leistung gleich Anzahl der in einer bestimmten Zeit richtig gelösten Aufgaben.

Leistungsmotivation wird nach H. Heckhausen definiert als „das Bestreben, die eigene Tüchtigkeit in allen jenen Tätigkeiten zu steigern oder möglichst hoch zu halten, in denen man einen Gütemaßstab für verbindlich hält und deren Ausführung daher gelingen oder misslingen kann". Das individuelle Leistungsverhalten bestimmen das „*"Anspruchsniveau*" (Anspruch auf eine bestimmte Leistungsgüte) und die Erwartungshaltung, die als *„Hoffnung auf Erfolg"* (erfolgsmotiviert) oder als *„Furcht vor Misserfolg"* (misserfolgsmotiviert) beschrieben wird. Diese Faktoren werden als relativ überdauernde Persönlichkeitsmerkmale betrachtet, die weitgehend von früheren Erfahrungen (↗Lernen) abhängig sind. Heckhausen konnte nachweisen, dass bereits Kinder im Alter von drei Jahren bei ihren Spielen miteinander wetteifern und sich Fünfjährige durch Erfolg bzw. Misserfolg beeinflussen lassen. Menschen, die Erfolg bzw. das Erreichen des Zieles erwarten, setzen ihre Fähigkeiten entsprechend realistische Ziele und wählen Aufgaben mittlerer Schwierigkeit; Misserfolgsorientierte, die Angst haben zu versagen, wählen entweder zu schwere oder zu leichte Aufgaben und geben – sobald Schwierigkeiten auftreten – leicht auf. Von pädagogischer und arbeitspsychologischer Bedeutung sind auch Erkenntnisse, die mit dem Begriff „*"Attribuierung*" zusammengefasst werden. Es ist wichtig, ob ein Schüler oder ein Arbeiter den erzielten Leistungen/Erfolgen bzw. Misserfolgen interne oder externe Ursachen zuschreibt. Es ist z. B. bekannt, dass „Erfolgsmotivierte" die Ursache für die erzielten Leistungen eher in den eigenen Fähigkeiten sehen (interne Ursache) und „Misserfolgsmotivierte" das Versagen auf äußere Bedingungen („Pech gehabt") zurückführen (externe Ursache). Ein solcher Mensch fühlt sich oft vom Pech verfolgt, was Pessimismus und Selbstunsicherheit wiederum stärken kann.
Worauf es bei Leistungsmotivation in Gruppen ankommt, wird deutlich, wenn man sich ein Mannschaftsspiel näher anschaut (nach K. Hank, in: http://www.beratung-therapie.de) :
- Die Spieler haben ein klares, eindeutiges Ziel vor Augen und können es nur gemeinsam erreichen.
- Die Regeln sind klar und jedem bekannt.
- Das Ziel, das erreicht werden soll, stellt eine Herausforderung dar, und man weiß, dass es erreicht werden kann.
- Jeder Spieler bekommt fortlaufend eine Rückmeldung (Feed-back) über sein Verhalten.

- Bei dem Spiel wird eine breite Palette von Fähigkeiten und Sinnen angesprochen.
- Nicht nur das Ziel, sondern auch Spaß und Freude sind im Spiel wichtig und werden erlebt.

Förderung von Leistungsmotivation

- Es ist sehr bedenklich, die Kinder oder Schüler nicht sachbezogen (*intrinsisch*), sondern personbezogen (*extrinsisch*), durch die Androhung einer Strafe, durch das Versprechen der Anerkennung oder Zustimmung zu motivieren.
- Es ist wichtig, Menschen mit Aufgaben zu konfrontieren, die sie als „mittelschwer" und lösbar erleben, man muss sie unterstützen, damit sie zum Erfolg kommen, und die vollbrachte Leistung anerkennen.
- Bei Arbeit in Gruppen ist entscheidend, dass die Beteiligten sich mit den Zielen identifizieren können. Das geschieht am besten, wenn man sie an deren Entwicklung und Festlegung beteiligt.
- Das Klima, in dem gearbeitet wird, ist für das Wohlbefinden wichtig (es geht hier z. B. um „Kleinigkeiten" wie ansprechende Räumlichkeiten, Getränke, Möglichkeiten des Gesprächs), was sich wiederum auf die Freude an der Arbeit auswirkt.
- Der Leiter einer Gruppe sorgt dafür, dass die Beteiligten Aufgaben lösen, die vielfältig sind, ihre Fähigkeiten ansprechen, und dass sich nicht die Angst entwickelt, dass andere besser sind als man selbst.

Leistungsstörungen. Sammelbegriff für dauerhafte Einschränkungen der Leistungsfähigkeit insbesondere bei Kindern und Jugendlichen, wie sie z. B. bei „Legasthenie, ↗Lernstörungen, dem ↗Aufmerksamkeits-Defizit-Syndrom (ADS), bei Wahrnehmungs- und Konzentrationsstörungen vorkommen. Die Ursachen solcher Störungen gehen auf vielfältige Einflüsse zurück, die zusammenwirken. Je nach Beeinträchtigung stehen neurologische Probleme (z. B. bei ADS) oder ungünstige Erziehungseinflüsse und Lebensverhältnisse im Vordergrund. Eine Behandlung muss auf die wesentlichen Ursachen des jeweiligen Problems eingehen, d. h. physiologische Prozesse müssen eventuell durch Medikamente beeinflusst werden und das Kind muss genügend Zuwendung, Sicherheit und Beachtung erleben, bevor man beginnt, einzelne Symptome zu reduzieren (z. B. durch Einsatz ↗verhaltenstherapeutischer Verfahren, ↗Entspannungstechniken, Änderung der Arbeitsumgebung).

Leptosom. Hagerer, schlanker Mensch ↗Körperbautypen.

Lernbehinderung (Debilität) ist ein Intelligenzmangel, der Personen zugeschrieben wird, die einen Intelligenzquotienten von 50–70 besitzen. Sie muss von der ↗geistigen Behinderung (Imbezillität) und Idiotie unterschieden werden, die von einem IQ von 20–49 bzw. 0–19 reichen. Die genannten IQ-Werte sind sehr vorsichtige, eher nach unten orientierte Angaben, in der Auslesepraxis für Sonderschulen werden z. B. 10–20 Punkte höhere Grenzen angesetzt. Der genaue Grad des IQ ist bei den verschiedenen Formen des Intelligenzmangels von untergeordneter Bedeutung, da es im Moment kaum

↗Intelligenztests gibt, die im unteren Bereich die Intelligenz zuverlässig messen können. Die Einteilung der intellektuellen Behinderung nach dem IQ ist deshalb von geringem Wert; besser wäre eine Klassifizierung, die sich nach den Ursachen der Behinderung richtet und Hinweise auf die pädagogischen Möglichkeiten enthält.
In diesem Sinne werden oft Lernbehinderungen, die infolge organischer Mängel, Krankheiten und körperlicher Schäden (z. B. Störungen der Sinnesorgane) entstehen, von den *Lernstörungen* unterschieden, die als Milieuschäden und als Folge von Erziehungsfehlern auftreten können.
Ursachen. Als Grund für eine Lernbehinderung nimmt man Anlagemängel an, wenn ein organisch gesundes Kind, das in einem günstigen Milieu aufwächst, intellektuelle Leistungsschwierigkeiten zeigt. Kinder mit einer durchschnittlichen Begabung können eine Lernbehinderung entwickeln, wenn sie in einem gestörten Milieu groß werden. Man spricht dann auch von „Pseudodebilität. Dies ist z. B. bei einer vernachlässigenden Erziehung der Fall, die ähnliche Auswirkungen zeigen kann, wie sie beim ↗Hospitalismus beobachtet werden. Die Vernachlässigung kann zurückzuführen sein auf ein Desinteresse der Eltern am Kind, aber vor allem auch auf wirtschaftliche Überforderung der Eltern (geringes Einkommen des Vaters, Berufstätigkeit der Mutter, zahlreiche Kinder, wenig Wohnraum).
Pädagogische Möglichkeiten. Erste Hinweise auf eine Lernbehinderung können ein sehr spätes Einsetzen der Sauberkeit und der Sprachentwicklung sein. Ein eindeutiges Erkennen ist jedoch erst in der Schule möglich, da dort ein intensiver Leistungsvergleich mit anderen stattfindet. Eine speziell auf den Lernbehinderten abgestimmte Erziehung findet hauptsächlich in Sonderschulen (L) statt. In größeren Städten gibt es auch Sonderschulkindergärten. In beiden Institutionen sollte ein enger Kontakt mit normal entwickelten Kindern möglich sein, damit die Behinderten nicht isoliert werden und ↗Minderwertigkeitsgefühle entwickeln. Nach dem erfolgreichen Besuch der Sonderschule ist das Kind in der Lage, Leistungen zu erbringen, die mit denen in der 6. Klasse der Hauptschule vergleichbar sind.

Lernen. Die Anpassung einer Lebewesenart an die Umweltbedingungen erfolgt durch die Evolution, wobei die für das Überleben wichtigen Informationen über die Vererbung von Generation zu Generation weitergegeben werden. Die Anpassung der Individuen erfolgt viel schneller durch Lernen. Lernen wird als Änderung des Verhaltens infolge von Erfahrung definiert. Zur Anpassung gehört, dass Tiere und Menschen lernen, was einzelne Reize bedeuten oder signalisieren und dass sie lernen, welche Konsequenzen auf ihr Verhalten folgen. Die Evolution hat bei Tier und Mensch das Lernen so organisiert, dass Änderungen des Verhaltens zum eigenen Vorteil herbeigeführt werden. Die systematische Untersuchung, wie das Lernen abläuft, unter welchen Bedingungen welche Lernprozesse, die selbst nicht beobachtbar sind, stattfinden, wurde von Pawlow mit seinen bekannten Versuchen mit Hunden initiiert. Die Erkenntnisse, die lange Zeit vorwiegend durch Tierexperimente gewonnen wurden, scheinen auch für Menschen zu gelten. Erst Jahrzehnte später konnte Alfred Bandura die Psychologiewelt davon überzeugen, dass beim Menschen die kognitiven Prozesse eine bedeutende Rolle spielen.

In der Umgangssprache wird unter dem Begriff Lernen hauptsächlich das „schulische Lernen“ verstanden, d.h. der Erwerb von Kenntnissen und Fertigkeiten, wie Schreiben und Lesen, das Auswendiglernen von Gedichten, das Erlernen einer Fremdsprache usw. Das schulische Lernen hängt weitgehend von der Fähigkeit unseres Gehirns ab, Informationen zu speichern, und wird unter „Gedächtnis abgehandelt.
In der Psychologie wird mit dem Begriff Lernen jede Verhaltensänderung bezeichnet, die nicht durch Reifung, sondern durch ↗Erfahrung bewirkt wird und länger andauert. Weitgehend vom Lernen abhängig sind auch verschiedene Bedingungen und Voraussetzungen des Verhaltens, wie die Entwicklung von Fähigkeiten (z.B. die Entwicklung der ↗Intelligenz), die Ausprägung von Bedürfnissen (z.B. das Streben nach überdurchschnittlich guten Leistungen), das Wachsen der Bereitschaft, Gefühle zu erleben und zu zeigen, sowie die Übernahme solcher ↗Einstellungen, die in einer Gruppe oder Kultur dominierend sind. Mit dem Erwerb der genannten Persönlichkeitsmerkmale werden Voraussetzungen und Bedingungen des Verhaltens in verschiedenen Situationen „gelernt“ oder verinnerlicht. Die ↗Verhaltenstherapie geht davon aus, dass auch psychische Störungen (↗Neurosen) Folge von Lernprozessen sind. Trotz der enormen Fortschritte ist die Lernpsychologie noch immer nicht in der Lage, schlüssig zu erklären, wie im Einzelfall bestimmte Verhaltensänderungen zustande gekommen sind. Im Laufe seiner ↗Entwicklung unterliegt ein Individuum so vielen unkontrollierbaren Umwelteinflüssen, die Lernprozesse bewirken, die sich gegenseitig behindern, unterstützen oder ergänzen, dass die Folge des Lernens kaum vorausgesagt werden kann. Verhaltensänderungen werden nicht nur durch Lernen, sondern auch durch Reifung (↗Entwicklung), Krankheiten (z.B. durch Überproduktion bestimmter ↗Hormone), Verletzungen und kurzfristig durch Ermüdung bewirkt. Weiterhin spielen ↗Anlage, Schockerlebnisse und Erziehung eine wichtige Rolle. Auch wenn wir annehmen, dass es keinen ↗Aggressionstrieb gibt, sind wir nicht in der Lage, das Lernen aggressiver Verhaltensweisen zu verhindern. In diesem Sinne bleiben die Ausführungen von B.F. Skinner (in den Werken *Futurum Zwei,* und *Jenseits von Freiheit und Würde)* über die restlose Steuerung des Menschen mit Hilfe lerntheoretischer Erkenntnisse eine Utopie.
Signallernen oder Klassisches Konditionieren. Der russische Physiologe und Nobelpreisträger Iwan Petrowitsch Pawlow (1849–1936) studierte die Verdauung bei Hunden und beobachtete, dass der Speichelfluss nicht nur durch Futter, sondern auch durch den Fressnapf oder durch die Schritte der Pfleger ausgelöst wird. In kontrollierten Experimenten fand er heraus, dass der angeborene Reflex oder die unkonditionierte Reaktion (UCR = Speichelfluss) auch durch solche Reize ausgelöst wird, die ursprünglich keine Signalwirkung besaßen und daher neutrale Reize genannt werden, z.B. ein Glockenton. Durch mehrmaliges gemeinsames Auftreten mit Futter (UCS oder angeborener Reiz) übernehmen solche neutralen Reize die Signalwirkung angeborener Reize und werden zu bedingten oder konditionierten Reizen (CS). Im Gehirn der Hunde fand eine Verknüpfung oder Assoziation zwischen den Reizen „Futter“ und „Glockenton“ statt. Es zeigte sich, dass auch Reize, die mit dem konditionierten ähnlich sind, zu Auslösern werden. Diesen Vorgang

nennt man Reizgeneralisierung. Findet Lernen durch Verknüpfen von angeborenen und neutralen Reizen statt, so spricht man von Klassischer Konditionierung.
Bedingter Reflex oder *Reaktion* (CR) werden alle Reaktionen genannt, die auf bedingte Reize folgen. Beispiele für das Lernen von Verhaltensweisen nach dem Prinzip des klassischen Konditionierens: Die Befriedigung der Bedürfnisse des Säuglings durch Füttern, Beruhigen, Stillen wird mit der Zeit mit dem ursprünglich neutralen Reiz „Mutter" verknüpft. Allein das Erscheinen der Mutter oder einer anderen Pflegeperson, das Hochheben des Säuglings, die Stimme, bestimmte Vorbereitungen zum Stillen usw. werden nun angenehm erlebt und lösen dieselben Reaktionen aus (Gefühl der Sicherheit, Entspannung, Saugreflex) wie ursprünglich der unbedingte Reiz, das Berühren des Mundes durch Schnuller oder Mutterbrust. Werden einem Kind vom Arzt im weißen Kittel Schmerzen zugefügt (Blutabnahme, Spritze, Zahnbehandlung), so kann später der ursprünglich neutrale weiße Kittel heftige Angstreaktionen auslösen. Auf ähnliche Art kann man sich auch das Erlernen der Bedeutung sprachlicher Signale (Wörter) vorstellen. Sagen die Eltern immer wieder „heiß", wenn sich das Kind dem Fernseher nähert oder ihn anfasst, so zeigt später das Kind auf den Fernseher und sagt „heiß".
Die Bedeutung sprachlicher Zeichen, die so gelernt wird, steuert unser Verhalten und unsere Handlungen. Weil sprachliche Zeichen das Verhalten aktivieren, wurden sie von Pawlow als „Signale zweiter Ordnung" bezeichnet (↗Sprache).
Der Lernprozess kann auch durch die Beobachtung von Reaktionen anderer Personen ausgelöst werden (Imitation). Beobachtet ein kleines Kind, wie ein anderes Kind durch den Arzt im weißen Kittel Schmerzen und Angst erleidet, so kann auch beim Beobachter die Verknüpfung zwischen Angst und weißem Kittel entstehen.
Tritt eine gelernter (bedingter) Reiz und die dazugehörige bedingte Reaktion öfter auf, ohne dass eine Bedürfnisbefriedigung folgt, so wird die Wirkung des Reizes wieder gelöscht. *Extinktion* oder *Löschung* eines bedingten Reizes findet statt, wenn der bedingte Reiz konsequent ohne den unbedingten Reiz auftritt. Der bedingte Reiz verliert seine verhaltensaktivierende Wirkung, er wird wieder zum neutralen Reiz. Tritt der bedingte Reiz eine Zeit lang nicht auf, so erholt sich in dieser Zeit, d. h. in der Phase des Nichtauftretens, die Signalwirkung des bedingten Reizes. Dieser Vorgang wird *Spontanerholung* genannt. Die Wirkung solcher bedingter Reize, die Angst auslösen, wird durch ihr Auftreten ohne unbedingte Reize nicht gelöscht. Um die Wirkung angstauslösender Reize zu löschen, z. B. einen Menschen von der Angst vor Spinnen zu befreien, bedarf es besonderer Anstrengungen, die als ↗systematisches Desensibilisieren oder als ↗Verhaltenstherapie bekannt sind.
Bereits E. L. Thorndike (1874–1949) vertrat die Auffassung, dass der Mensch solche Verhaltensweisen öfter zeigt, die erfolgreich sind (Gesetz des Effekts, Lernen am Erfolg). B. F. Skinner (1904–1990) untersuchte mit Hilfe der „Skinner-Box", wie sich Konsequenzen, die dem Verhalten folgen, auf das Lernen auswirken. Mit Hilfe vieler Experimente an Ratten, Tauben und sogar an eigenen Kindern konnte er zeigen, dass positive Konsequenzen zur Erhöhung

der Auftrittswahrscheinlichkeit der vorausgegangenen Reaktion führen. Alle Reize, die fähig sind, ein Verhalten zu ändern, nannte er Verstärker. Er spricht von positiver Verstärkung, wenn die Reaktionshäufigkeit durch positive, angenehm wirkende, Lust bringende Reize erhöht wird und von negativer Verstärkung, wenn ein Verhalten deswegen häufiger auftritt, weil es die Entfernung, Aufhebung unangenehm bzw. schmerzhaft wirkender Reize bewirkt hat.

Verstärkung kann in unterschiedlicher Weise geschehen: Entweder als kontinuierliche Verstärkung (jede Reaktion wird verstärkt), als Quotenverstärkung (z. B. jede Dritte) oder als Intervallverstärkung (nach bestimmten Zeitabschnitten). Es werden unterschieden: primäre (angeborene), sekundäre (gelernte), materielle (wie Geld und Spielsachen) und soziale Verstärker, z. B. Lob, Ermutigung, Lächeln. Weil eine Aktivität oder eine Reaktion (operant) Voraussetzung des Lernens ist, sprach Skinner von operantem Konditionieren. Mit der Bezeichnung instrumentelles Konditionieren wird hervorgehoben, dass Lernen dann stattfindet, wenn ein Verhalten zum Instrument für Erfolg wird.

Bei der Klassischen Konditionierung handelt es sich um Reiz- oder Signallernen. Das bereits vorhandene Verhalten, eine angeborene Reaktion oder Reflex, wird durch neue Reize oder Situationen ausgelöst. Operantes Konditionieren führt dazu, dass ein Verhalten häufiger gezeigt wird. Beide Lernarten ergänzen sich, wenn ein Verhalten durch gelernte Reize ausgelöst und danach durch positive oder negative Verstärker stabilisiert wird.

Konditionierte oder bedingte Reize verlieren ihre Signalwirkung, wenn sie konsequent und wiederholt ohne den angeborenen Reiz auftreten. Ein Verhalten wird seltener gezeigt, wenn die positiven Folgen konsequent wegbleiben. In beiden Fällen spricht man von Löschung oder Extinktion.

Strafe ist in der Regel entweder ein angeborener (z. B. Schläge) oder gelernter (Worte, Zeichen, Räume) Reiz mit Angst auslösender Wirkung. Nach Skinner führt Strafe nicht dazu, dass ein Verhalten seltener gezeigt, sondern bestenfalls dazu, dass das Verhalten zeitweise unterdrückt wird. Kann die Wirkung der Strafe verringert oder aufgehoben werden, so wird die Reaktion, mit der man diesen Erfolg erzielt, negativ verstärkt und tritt häufiger auf.

Bei der Entwicklung von Angstreaktionen sind oft beide Lernarten beteiligt. Durch plötzliches Bellen oder Beißen (angeborener Angstauslöser) wird ein Hund (zunächst neutraler Reiz) zum gelernten Reiz für Angst. Durch Schutzmaßnahmen (im Haus bleiben, Umweg) oder durch Flucht kann man die Begegnung mit einem Hund und damit das Auftreten der Angst vermeiden. Flucht- oder Vermeidungsverhalten wird negativ verstärkt. Die Angst wird stabilisiert. Diesen Vorgang nannte O. H. Mowrer „Zwei-Faktoren-Theorie" des Lernens.

Die Bedeutung des Verstärkungslernens. Das erwünschte Verhalten kann erst bekräftigt werden, wenn es ausgeführt wird. Eltern, Lehrer, Sozialpädagogen und auch Psychologen sind oft hilflos, wenn sie ein Kind mit Lernstörungen oder aggressivem, störenden Verhalten (Faulheit) dazu bewegen müssen, die ersten erwünschten Reaktionen zu zeigen, die dann bekräftigt werden können. „Moralpredigten", Drohungen, Bestrafungen und Zwänge (z. B. Hausaufgaben unter Zwang bei gleichzeitigem Spielverbot) sind zwar nicht immer, aber meistens wirkungslos, weil sie weder die Lernmotivation erhöhen noch das Kind zur Ausführung der erwünschten Reaktionen lenken. Dieses Problem ist noch wenig systematisch erforscht worden. Einige Möglichkeiten: Verhaltensanalyse und Abbau früher gelernter Reaktionen (Gewohnheiten), Gestaltung der Umwelt (die Umgebung wird so verändert, dass nur noch erwünschte Reaktionen möglich sind), Förderung der Nachahmung, Erhöhung der Motivation, sprachliche Anweisungen, stufenweise Annäherung an richtige Verhaltensmuster, indem schon Ansätze der erwünschten Reaktion und Teile des Verhaltensmusters (Nahziele) bekräftigt werden (sukzessive Approximation). Die praktische Bedeutung des Bekräftigungslernens kann nicht hoch genug angesetzt werden. Der Großteil menschlicher Verhaltensweisen, Einstellungen, Gefühle und Bedürfnisse wird nach dem Prinzip des Lernens am Erfolg übernommen. Nicht nur in der Familie und Schule, sondern auch in allen anderen Gruppen (z. B. Gleichaltrigengruppen) werden alle Verhaltensweisen, die angepasst, sozial erwünscht sind, bekräftigt. Auf diese Art und Weise wird das soziale Verhalten gelernt und kulturelle Werte und Normen übernommen. Während in der Kindheit die Bekräftigung, die Belohnung, der Erfolg von der äußeren Kontrolle, von den Erziehern abhängt, wirkt das Verhalten später selbst verstärkend, da erfolgreiche Reaktionen das Bedürfnis nach Selbstwertschätzung, nach Kompetenz und Nützlichkeit befriedigen. Wir sind zufrieden, wenn wir als erfolgreiche, aktive, fähige Menschen angesehen werden und uns selbst so einschätzen. Selbsterziehung, Selbstbestätigung ist jedoch nicht nur bei erwünschten Verhaltensweisen, sondern auch bei abweichendem, kriminellem Verhalten wirksam. Auch kriminelle Handlungen bringen zunächst den gewünschten Erfolg und werden beibehalten, weil kein Alternativverhalten gelernt wurde. Das Ausbrechen aus solchen „selbstregulierenden Systemen“ (Teufelskreis) ist sehr schwierig, und es kommt darauf an, sie durch ausreichende Vermittlung der Erfolgserlebnisse und sozialer Anerkennung gar nicht aufkommen zu lassen.

Die Bedeutung von Vorbildern, das Lernen am Modell. Schon seit der Antike wird in Abhandlungen zur Erziehungspraxis betont, dass man in der Erziehung von Kindern über das Vorbildverhalten am meisten erreichen kann. Nachdem in den 60er Jahren nach der Verbreitung des Fernsehens die Diskussion um die Wirkung von Gewaltdarstellungen in Filmen auf die Kinder entbrannt ist, wollte Bandura mit seinen Mitarbeitern mit Hilfe groß angelegter Experimente mit Kindergartenkindern herausfinden, unter welchen Bedingungen das Vorbildverhalten nachgeahmt wird. Bandura konnte nachweisen, dass Kindergartenkinder, die aggressives Verhalten beobachtet haben, anschließend im Spiel mehr Aggression zeigen als vorher.

Im Einzelnen stellte er fest: Reale (Erzieher, Eltern, Lehrer, Gleichaltrige), filmische (Stars, Comic-Figuren, Märchenfiguren, Politiker) und auch symbolische (z. B. Gebrauchsanweisungen, Instruktion, Kochrezepte) Modelle führen zu Verhaltensänderungen. Bevorzugt nachgeahmt werden solche Modelle, die glaubwürdig und kompetent sind, soziale Macht besitzen, dem Beobachter ähnlich und attraktiv sind (gleichaltrig, schön, erfolgreich). Beobachter, die unsicher, unselbständig, frustriert und emotional erregt sind, neigen eher zur Nachahmung als sichere Personen. Besteht zwischen dem Modell und dem Beobachter eine enge Beziehung und ist die Situation neuartig, so wirkt sich dies positiv aus. Bandura nimmt an, dass die aufgeführten Bedingungen die Aufmerksamkeit des Beobachters wecken und ein optimales Erregungsniveau für das Behalten des Gesehenen herbeiführen.

Motivationsprozesse. Jeder Mensch weiß, dass nicht alle beobachteten und im Gedächtnis gespeicherten Verhaltensweisen gezeigt werden. Menschen sind motiviert, ihre Vorstellungen, erhaltene Instruktionen und beobachtete Verhaltensweisen umzusetzen, wenn sie Fähigkeiten dazu besitzen und für ihr Verhalten direkt verstärkt werden, wenn sie beobachten, wie ein Modell positive Konsequenzen erhält (stellvertretende Verstärkung) oder der Lernende sich selbst verstärkt (Eigenlob, Selbstverstärkung).

Kognitive Wende. Nach 1980 hat Bandura das Lernen am Modell in die sozialkognitive Theorie umbenannt, um herauszustellen, dass soziale Beziehungen, z. B. die Mutter-Kind-Interaktion, und bestimmte kognitive Erwartungshaltungen für das Erlernen und Zeigen bestimmter Verhaltensweisen von entscheidender Bedeutung sind. Bandura meint, dass die Bewertung und Beurteilung einer Situation und der Folgen eines Verhaltens wichtiger sind als reale Gegebenheiten und Konsequenzen. Diese Sichtweise wird kognitive Wende genannt.

Bandura unterscheidet zwischen Kompetenzerwartung, die sich als subjektive Überzeugung von der eigenen Tüchtigkeit definieren lässt, und Ergebniserwartung, mit der er die subjektive Überzeugung über den Ausgang einer Situation, über die Folgen einer Aktivität bezeichnet. Die Kompetenzerwartung ist hoch, wenn man überzeugt ist, eine Aktivität gut zu beherrschen, etwas gut zu können und niedrig, wenn diese Selbsteinschätzung fehlt. Ist man überzeugt, dass man positive Ergebnisse erzielen wird, z. B. eine gute Note schreiben, dann spricht Bandura von Erfolgserwartung. Glaubt man, dass man versagen wird, dann ist eine Misserfolgserwartung vorhanden.

Die Entwicklung von Erwartungen. Erwartungshaltungen sind in der Regel stabile Persönlichkeitsmerkmale. Hohe Kompetenzerwartung wird nach Bandura erworben durch Übung, direkte Erfahrung, durch die Beobachtung, dass andere etwas gut können (=stellvertretende Erfahrung) und durch Überredung durch sich selbst (Autosuggestion) oder durch andere (Fremdsuggestion). Erfolgserwartung entwickelt sich durch häufige direkte externe Verstärkung (Lob, Anerkennung, Ermutigung), durch stellvertretende Verstärkung (erfolgreiche Modelle), durch Selbstverstärkung und auch durch die Instruktion, dass man erfolgreich sein wird. Niedrige Kompetenzerwartung ist oft verknüpft mit niedrigem Selbstwertgefühl, Ängstlichkeit und Depression und führt oft zur Überschätzung der Schwierigkeit einer Aufgabe. Hohe Kompetenzerwartung beflügelt zur richtigen Einschätzung von Problemen und ist oft mit einem gesunden Selbstwertgefühl verknüpft. Menschen mit niedriger Ergebniserwartung (Misserfolgserwartung) neigen zu Aggression und Protest, wenn ihre Kompetenzerwartung hoch ist, und zu Hoffnungslosigkeit und Resignation, wenn auch ihre Kompetenzerwartung niedrig ist.

Selbststeuerung und Selbstwirksamkeit. Bandura ist überzeugt, dass der Mensch durch sein Denken Einfluss auf das eigene Verhalten nehmen kann.

Als „leistungsbesessenes Wesen“ neigt der Mensch dazu, sich in solchen Bereichen, die ihm persönlich wichtig sind, Gütemaßstäbe oder Leistungsniveaus zu setzen. Da der Mensch zur Selbstbeobachtung, Selbstbewertung und Selbstverstärkung fähig ist, vergleicht er laufend den Gütemaßstab mit der Realität. Stellt er fest, dass er mehr erreicht hat als er gewollt oder erwartet hatte, so folgt Selbstlob, stellt er fest, dass er schlechter abgeschnitten hatte als beabsichtigt, so folgt Selbstkritik. In schwierigen oder wichtigen Situationen überlegt der Mensch vor der Ausführung der Tätigkeit, z. B. vor einer Prüfung, wie gut er ist (Kompetenzerwartung) und welches Ergebnis er wahrscheinlich erzielen wird (Ergebniserwartung). Diese Vorwegnahme der Selbstbewertung führt dazu, dass auch Selbstkritik oder Selbstlob bereits vor der Handlung wirksam werden. Man spricht von antizipierter Selbstverstärkung oder -bestrafung. Über diese Antizipierung steuert der Mensch sein Handeln.

Lernstörungen. Wenn gut oder durchschnittlich intelligente Schüler in der Schule versagen, liegen Lernstörungen vor. Neben dem Versagen in der Schule zeigen sich oft folgende Symptome: Schuleschwänzen, Unaufmerksamkeit, Konzentrationsstörungen, schnelle Ermüdung, Schlafstörungen, Appetitlosigkeit, Ohrenschmerzen, Kopfweh. Wenn unterdurchschnittlich intelligente Schüler erhebliche Beeinträchtigungen beim schulischen Lernen erleben, spricht man von *Lernbehinderung*.
Ursachen von Lernstörungen können sein: übermäßiger Ehrgeiz der Eltern, ungerechtfertigte Kritik, Drohungen, häufiger Tadel und Strafen, zynische Bemerkungen, Zwang, schlechte Wohnverhältnisse und zum Teil auch vorpubertäre Probleme („Jugendalter). Auf der schulischen Seite sind zu nennen Überforderung, autokratischer Führungsstil des Lehrers, ↗Prüfungsangst, Außenseiterposition in der Klasse, mangelnde fachliche und pädagogische Kenntnisse der Lehrer.
Umgang mit Lernstörungen. So genannte „Moralpredigten“, der Rat, sich endlich einen „Schwung“ zu geben, sind nicht nur erfolglos, sondern verstärken sogar die Probleme und die Angst der Schüler. Das Versprechen von „Belohnungen“ bei guten Noten ist ebenso wertlos. In den meisten Fällen ist eine Schulberatung bzw. ↗Erziehungsberatung notwendig. Eine effektive Hilfe ist nur möglich, wenn die Ursachen der Lernstörung beseitigt werden, wozu Lehrer und Eltern wesentlich beitragen können. Wichtig ist grundsätzlich, das Kind zu akzeptieren, schon bei geringen Leistungen anzuerkennen und zu unterstützen. Dazu müssen aber die Eltern ihr Anspruchsniveau herabsetzen.

Lese- und Rechtschreibschwäche. Bezeichnet Störungen und Schwierigkeiten beim Erlernen des Lesens und Schreibens. ↗Legasthenie.

Libido. Mit Libido bezeichnete S. Freud die dem Geschlechtstrieb innewohnende Energie (↗Psychoanalyse). Freud betrachtet die Libido als wesentlichen Grundantrieb im menschlichen Leben, erst später fügte er den ↗Todestrieb hinzu, der aggressives, zerstörendes Verhalten erklären soll. C. G. Jung sieht vom sexuellen Inhalt ab und betrachtet die Libido als psychische Energie überhaupt.

Literaturpsychologie. Die Literaturpsychologie umfasst drei verschiedene Fragenkomplexe:
1. Auswertung literarischer Werke nach ihrer psychologischen Aussage, d. h. unter der Frage, inwiefern es sich bei literarischen Werken um psychologisch sachverständige Darstellung individueller oder sozialer Probleme handelt. Es ist sicher, dass viele Schriftsteller über beträchtliche psychologische Kenntnisse verfügen und dass ihre Verhaltensanalyse, ihre Beschreibung menschlicher Konflikte, Gefühle, Motive wie auch von psychologischen Störungen und deren Ursachen den Erkenntnissen der modernen Psychologie standhält. Literarische Werke haben viel zur Dynamik und zum Wandel des moralischen Bewusstseins beigetragen, indem sie auf eine eindringliche und bestechende Art die Verlogenheit der „Moral, die Wirkung von ↗Diskriminierung und ↗Vorurteilen, die psychologischen Mechanismen der Unterdrückung u. a. aufgezeigt haben.
2. Erforschung der literarischen ↗Begabung, der Schriftstellerpersönlichkeit, seiner Motive und der Eigenarten seines sprachlichen Ausdrucks und Denkstils. Die Erkenntnisse und Annahmen in diesem Bereich gehen weit auseinander: Es werden ebenso pauschale Weisheiten verbreitet, denen man entnehmen kann, dass Dichter über eine lebhafte Phantasie, gute Beobachtungsgabe, großen Sprachschatz, überdurchschnittliche ↗Intelligenz usw. verfügen, wie auch tiefenpsychologische Deutungen (↗Psychoanalyse), nach denen der literarische Inhalt in frühen Kindheitserfahrungen, sexuellen Nöten und unbewussten Antrieben seinen Ursprung hat.
3. Auswirkung der Literatur. Während über Wirkung verschiedener „Comic"-Heftchen und anderer Kinder- und Jugendliteratur die ersten Untersuchungen durchgeführt wurden und deren erzieherische Bedeutung herausgestellt wurde (Beeinflussung der Intelligenzentwicklung, Steigerung des sprachlichen Ausdrucks, Übernahme sozialer Rollen und Normen u. a.), gibt es kaum gesicherte Erkenntnisse über das Konsumverhalten von Erwachsenen (Bevorzugung bestimmter literarischer Werke) und über die Wirkung der Literatur auf das Verhalten.

Lokalisation psychischer Funktionen. Die Auffassung, bestimmte Bereiche der Hirnrinde (↗Nervensystem) seien für bestimmte psychische Funktionen, wie z. B. Sprechen, Hören, Schreiben, ↗Gedächtnis, verantwortlich und könnten „lokalisiert" werden, wurde durch die hirnpsychologische Forschung nur zum Teil bestätigt. Für bestimmte Funktionen sind neben begrenzten Bereichen der Hirnrinde, die sozusagen die „Hauptverantwortung" tragen und deren Ausfall (Verletzungen) zu bestimmten psychischen Störungen führt, viele weitere Teilsysteme des Gehirns bzw. Nervensystems verantwortlich.

Löschung (oder *Extinktion)* bezeichnet in den Konditionierungstheorien den Vorgang des „Vergessens" einer gelernten Reaktion (↗Lernen).

LSD, eine Droge, die zur Gruppe der Halluzinogene gehört und psychose-ähnliche Zustände herbeiführen kann (↗Drogenabhängigkeit).

Luftfahrtpsychologie, ein Zweig der ↗Verkehrspsychologie, wirkt vornehmlich bei der Auslese und Ausbildung des Flugpersonals und der Entwicklung geeigneter Instrumente und Flughilfen mit und untersucht ganz allgemein psychologische Probleme des menschlichen Verhaltens beim Fliegen.

Lust. Während der Begriff Lust in der Alltagssprache häufig als Bezeichnung für Bedürfnisse oder Verlangen nach etwas dient (Lust haben, etwas zu tun, zu essen, zu trinken, auf Vergnügen, Feiern usw.), ist seine Bedeutung in der Psychologie streng auf die angenehme Erregung (↗Gefühle) bei Befriedigung eines Bedürfnisses – vor allem sexueller Bedürfnisse – begrenzt (Lustgefühl). Das Streben nach Bedürfnisbefriedigung nennt S. Freud das *Lustprinzip* und die Anstrengung oder Leistung, die in der Realität vollbracht werden muss, um zu der Befriedigung der Wünsche zu gelangen, das *Realitätsprinzip.* Es scheint, dass körperliche Erregung (↗Orgasmus) und damit verbundene Lust für den Menschen und seine Selbstverwirklichung (↗Motivation) relativ bedeutungslos ist, wenn sie ohne vorausgehende Leistung, Anstrengung, Werbung um den Partner usw. erreicht wurde.

Lustprinzip. Im ↗psychoanalytischen Persönlichkeitsmodell möchte das Es des Menschen die unbedingte, sofortige Befriedigung der in ihm enthaltenen Triebe, Wünsche und Bedürfnisse: Das Es funktioniert nach dem Lustprinzip.

M

Macht, Machtstreben. Macht kann in Beziehungen zwischen Personen als die Fähigkeit angesehen werden, das Verhalten des Partners zu beeinflussen. Die Beeinflussung von Menschen ist nach der ↗Lerntheorie dann möglich, wenn eine Person über Belohnungen für erwünschtes und über Bestrafungen für unerwünschtes Verhalten verfügt. Nach der Austauschtheorie des sozialen Verhaltens gewinnt eine Person Macht über den Partner, wenn die Person A belohnen und/oder bestrafen kann, Person B aber keine attraktiven Alternativen hat. In solchen Fällen wird sich die Person B solange den Wünschen der Person A unterordnen, bis der Ausgleich vollzogen ist.
In der psychologischen Literatur werden folgende Arten von Machtbeziehungen näher beschrieben:

- Macht durch Belohnung oder Bestrafung;
- Macht durch Legitimation (eine Person kann aufgrund ihrer Position oder der geltenden Normen Befehle erteilen);
- Macht durch Identifikation (eine Person sieht die andere als Vorbild oder Bezugsperson an);
- Macht durch Sachkenntnis, durch Information;
- Macht durch situative Kontrolle (eine Person kann über die Gestaltung räumlicher, zeitlicher und sozialer Bedingungen das Verhalten der anderen steuern).

M. Mulder hat in der „Theorie der Machtdistanzreduktion“ die Behauptung aufgestellt und begründet, dass Menschen gerne Macht ausüben, dadurch Befriedigung erleben und dass sie um so mehr danach streben, die Machtdistanz zu verringern, je geringer der Abstand zwischen Machtinhabern ist. Einfach ausgedrückt: Wer sich am Ende einer Hierarchieleiter befindet, der strebt kaum nach höheren Positionen.
Weitere interessante Erkenntnisse der Forschung sind:
Wahrgenommene Machtgleichheit führt zu angenehmen sozialen Beziehungen und zur Bereitschaft zur Kooperation. Überlegene Partner zeigen eher die Bereitschaft zum Machtverzicht, die unterlegenen streben nach Machtzuwachs. Macht besitzt eine korrumpierende Wirkung, weil Machtinhaber häufig zu der Überzeugung gelangen, sie seien anderen Menschen in ihren Fähigkeiten und Fertigkeiten überlegen. Diese korrumpierende Wirkung zeigt sich auf der anderen Seite darin, dass sich unterlegene oder abhängige Personen bei positiven Ereignissen selbst als Urheber sehen, bei negativen Ereignissen wird aber dem Machtinhaber die Ursache zugeschrieben (Machtattribution).
Machtstreben oder das „Streben nach einem Überwertigkeitsgefühl“ entsteht nach A. Adler infolge einer strengen, entmutigenden Erziehung und aus der Erfahrung der Machtlosigkeit. In der „Individualpsychologie nimmt das Machtstreben die Stelle eines wichtigen Antriebes des menschlichen Verhaltens ein und dient insbesondere der ↗Kompensation des verstärkten Minderwertigkeitsgefühls.

Magersucht (anorexia nervosa), lebensbedrohende Störung im Essverhalten, deren Ursachen vielfältig sind, aber bisher kaum systematisch untersucht wurden (↗Essstörungen).

Magisches Denken beschreibt die Tendenz von Kindern, die Umwelt als belebt anzusehen und Zusammenhänge in ihr auf „magische", d. h. irrationale, emotionale Art zu erklären (↗Intelligenzentwicklung nach Piaget).

Manie ist ein emotionaler Zustand, der durch gehobene Stimmung, Hyperaktivität, Geschwätzigkeit und Überschätzung der eigenen Fähigkeiten gekennzeichnet ist. Man hat viele Ideen, schläft wenig, entwickelt großartige Pläne, erschöpft sich aber in ziellosen Aktivitäten. Das Verhalten von Manikern wird oft als penetrant und lästig empfunden, da sie nicht auf andere eingehen können, sich selbst überschätzen und blindlings ihren Eingebungen folgen. Jeder Versuch, sie auf ihr Verhalten anzusprechen, wird empört und oft wütend abgewehrt, es besteht keine Krankheitseinsicht. Im Allgemeinen wird die Manie als eine Phase der ↗manisch-depressiven Störung (bipolare Störung) angesehen, in der die depressive Phase (↗Depression) die manische Phase periodisch ablöst.

Manipulation beschreibt die Steuerung und Beeinflussung des Menschen auf wirtschaftliche, politische, wissenschaftliche oder soziale Ziele hin, die weder seinem Interesse noch seinen Fähigkeiten entsprechen. Häufig wird jede Beeinflussung von Menschen Manipulation (z. B. auch Erziehung oder ein bestimmter Führungsstil) genannt. Es ist sinnvoll, Manipulation, die gegen den Willen des Beeinflussten und oft zu seinem Nachteil geschieht und als Propaganda, Gehirnwäsche oder Suggestion (teilweise auch Werbung) bekannt ist, von der allgemeinen ↗Interaktion zu unterscheiden.
Günstige Bedingungen für Manipulation sind Angst, Unsicherheit, Instabilität, Arbeitslosigkeit, Orientierungslosigkeit und Not. Systemveränderer, Sekten und auch Politiker suggerieren als erstes den Menschen, die sie für ihre Ziele gewinnen wollen, dass sie sich in Not (seelischer oder geistiger oder auch finanzieller und körperlicher) befinden, um dann ihre Beeinflussungsbotschaften oder Propagandamittel an den Mann zu bringen. Typische Propagandamittel sind: Appell an Gefühle, Übertreibung der Vorteile und Verniedlichung der Nachteile, Verunglimpfung der Gegenseite, bewusstes In-Kauf-Nehmen von Missverständnissen, einseitige Darstellung und Übergehen anderer Meinungen, Drohungen, gezielter Einsatz suggestiver Bilder und a. m.
Besondere Formen der Manipulation sind ↗Gehirnwäsche, der Entzug sämtlicher Reize (sensorische ↗Deprivation), wie es z. B. in Einzelhaft oder ständiger Dunkelheit möglich ist, der Einsatz von ↗Psychopharmaka (Manipulation unter Einsatz von Drogen) und auch Genmanipulation (künstliche Veränderung genetischer Information). Diese Formen der Manipulation verstoßen gegen die Würde des Menschen, sind in der Regel gesetzlich verboten und müssen aus ethischen Gründen verurteilt oder bekämpft werden.
Oft wird den Medien vorgeworfen, dass sie ihre Macht zur Manipulation missbrauchen. Mediale Manipulationsmittel können sein: die Kunst des Weglassens, und Kürzens, die Kameraführung, die Wahl der Hintergrundmusik, die Bestimmung von „Tagesthemen", die Titelgebung, die Etikettierung, die Ausklammerung, die Bildauswahl usw.
Eine gewisse manipulative Beeinflussung ist auch durch die Art der Argumentation, mit Hilfe der Stimme und durch so genannte Kommunikations-

tricks möglich. Als solche sind zu nennen: Erzeugen von Zeitdruck, schlechtes Gewissen einreden, Fragen nicht beantworten, Schwarz-Weiß-Malerei, Emotionen aufschaukeln, persönlich werden, Einsatz von anscheinend präziser Statistiken oder von Analogiefallen, Appellieren an Ehre und populäre Gefühle und Einsatz emotional besetzter Begriffe.

Manisch-depressive Störung (bipolare Störung), eine ↗Psychose, bei der kurz andauernde manische Phasen (↗Manie) und länger dauernde depressive Phasen (↗Depression) periodisch abwechseln.

Marihuana ist eine Droge und wird geraucht, als Tee getrunken oder in Backwaren gegessen. Sie wird aus den Blättern und Blütenspitzen des Hanfes gewonnen; trocknet man das Harz, entsteht das stärkere *Haschisch*. Marihuana wurde früher wie manch andere Droge zur Behandlung von Krankheiten (z. B. Gicht, Rheuma, Depression) eingesetzt. ↗Drogenabhängigkeit.

Marktpsychologie. Seit der Ablösung der Bedarfswirtschaft durch die Überflussgesellschaft mussten die Sozialökonomen ihre Vorstellung revidieren, dass Angebot und Nachfrage nach rein rational-ökonomischen Prinzipien zu Stande kommen. Man stellte fest, dass das Konsumverhalten nicht allein rationales, sondern vielmehr auch irrationales Handeln darstellt und dass Kauf oder Nicht-Kauf von verschiedenen psychologischen und sozialen Faktoren abhängen (B. Spiegel). Die einzelnen Teilbereiche des „Marketing" (Marktforschung, Produktforschung, Absatzplanung, Werbung, Publicrelations und Verkauf) machten sich psychologische Erkenntnisse zunutze. Marktpsychologie befasst sich somit mit den psychologischen Problemen und Fragen des Marketing, wobei die Werbepsychologie mit ihrer Aufgabe zu informieren und zu motivieren noch immer den größten Umfang einnimmt.
Aufgaben der Marktpsychologie. Nachdem sich herausgestellt hat, dass das „Problem der totalen Sättigung" in einer Wohlstandsgesellschaft nicht auftritt, weil an die Stelle der befriedigten elementaren Bedürfnisse sofort andere „höhere" Bedürfnisse treten, mussten die Marktforscher und die Unternehmungsplaner umdenken. Die Konsumgüter (Gebrauchsgüter, Verbrauchsgüter und Dienstleistungen) dienen nicht mehr der bloßen Lebenserhaltung, sondern auch der Kommunikation und Interaktion sowie der Befriedigung vieler sekundärer (gelernter) Bedürfnisse. Daraus ergaben sich für die Marktpsychologie folgende Aufgabenbereiche:
1. Erforschung und Berücksichtigung psychologischer Faktoren bei der Produktherstellung. Bei der Produktherstellung müssen Ergebnisse von Umfragen berücksichtigt werden etwa hinsichtlich der Qualität (man will keine Schuhe, die 30 Jahre halten), der Kombination von einzelnen Funktionsmerkmalen (leichte Bedienung, Design, Aussehen, Bequemlichkeit usw.), der Aussage von Verpackungen (gelb verpackte Waschmittel werden als „zu scharf" beurteilt, blau als „zu schwach"), des Preises (Produkte mittlerer Preisklasse werden bevorzugt).
2. Erforschung des Konsumverhaltens und der Möglichkeiten, Änderungen herbeizuführen. Der Begriff Konsumverhalten wird neuerdings ersetzt durch den Begriff „Konsumentscheidung", denn der Verbraucher steht in der Regel vor

mehreren Alternativen und muss sich entscheiden. Vielfach wird in der Forschung nicht mehr vom Verbraucherverhalten, sondern vom Handeln der Käufer gesprochen und dieses nach dem Modell der Handlungstheorien analysiert. Die Nachfrage ist sowohl eine Funktion des Einkommens als auch der Gefühle, Bedürfnisse, Vorstellungen, wie etwa über den eigenen sozialen Rangplatz, und des Gruppendrucks, sowie Ausdruck überlieferter Klischeevorstellungen im Konsumverhalten, geschlechtsspezifischer Rollendifferenzierung (Einkaufsdomäne der Frau bzw. des Mannes) und der Einstellungen und Erwartungen hinsichtlich der ökonomischen Zukunft, die einen Verbraucheroptimismus bzw. -pessimismus bewirken (psychologische Mechanismen der Konjunkturbeeinflussung). Die Marktpsychologie versucht in diesem Bereich Prognosen über das zu erwartende Konsumverhalten, über die Änderung von Erwartungen und über die Entstehung neuer Bedürfnisse aufzustellen.
Einige exemplarisch ausgewählte Ergebnisse aus diesem Bereich der Forschung: Das Konsumverhalten hängt stark von der persönlichen Biographie ab, das von Jugendlichen ist stark von Klischeevorstellungen ihrer Eltern abhängig und je nach Marke, Produkt oder Produktgruppe unterschiedlich (kein allgemeines Teenager-Konsumverhalten). Bei der Ablösung vom Elternhaus wird das Konsumverhalten von den Mitgliedschafts- und Bezugsgruppen stark beeinflusst („Gruppe). Beim Kauf von technischen Gebrauchsartikeln orientiert sich das Konsumverhalten an folgenden typisch männlichen und typisch weiblichen Stereotypen:

typisch männlich	*typisch weiblich*
Betonung der Rationalität und technischer Interessen, stark, energisch, aktiv, selbständig, kämpferisch	Betonung der Emotionalität und sozialer Interessen, passiv, hingebungsvoll, zurückhaltend, anlehnungsbedürftig

Die geschlechtsspezifischen Unterschiede zeigen sich auch bei der Entwicklung des Kaufverhaltens. Während Männer starkes Interesse für Neuanschaffungen zeigen, entwickeln sie wenig Initiative für die Beschaffung von Informationen, und Frauen verhalten sich umgekehrt. Männer orientieren sich hauptsächlich an der Werbung und dominanten Meinungsbildern und Frauen am Aussehen, an der Form und Handlichkeit.
3. Produkt-Untersuchungen. Gemeint ist die Erforschung derjenigen Faktoren, die Anziehungskraft, Aufforderungscharakter und Image eines Produktes und der Herstellungsfirma ausmachen. Unter *Image* werden Erwartungen, Gefühle und Vorstellungen verstanden, die mit einem Produkt bzw. mit einer Produktmarke oder Firma assoziiert sind. Es kommt darauf an, dass die Image-Faktoren entsprechend den persönlichen Erwartungen des Käufers und seinen Bedürfnissen erlebt werden. Das Image des Produkts und des Geschäfts, in dem das Produkt verkauft wird, müssen übereinstimmen. An Kaufhäuser werden andere Erwartungen und Vorstellungen geknüpft als an Spezialgeschäfte.
Methoden der Marktpsychologie. Es kommen hauptsächlich Methoden der Meinungsforschung zur Anwendung (Umfragen, Interviews, Fragebögen, Einstellungsskalen), spezielle Methoden für die Image-Untersuchungen (↗Po-

M

laritätenprofil), der Motivforschung (↗projektive Tests, Persönlichkeitsfragebögen, Untersuchungen über die Persönlichkeitsmerkmale und das tatsächliche Verhalten von Verbrauchern) und Techniken der Überprüfung von Werbewirksamkeit (Befragung der Leserschaft von Anzeigen, Darbietung von Werbespots unter kontrollierten Bedingungen, Umfragen über Markenartikel-Gebrauch, Analyse von Coupon-Rücksendungen und von Verkaufssteigerungen).

Masochismus, Lustgewinn durch Erleiden von Schmerzen und Qualen. ↗Perversionen.

Masse. Massenerscheinungen wie wilde Streiks, Sportveranstaltungen, Studentendemonstrationen und Revolten, haben den Begriff der Massen, der lange Zeit durch die Gruppenforschung beiseite gedrängt war, wieder mehr in das Gesichtsfeld der ↗Sozialpsychologie gerückt. Hauptmerkmale einer Masse sind:

- Abbau von sozialer Kontrolle, da die Menschen nur vorübergehend zusammen sind und keine engen face-to-face-Beziehungen wie in einer „Gruppe bestehen;
- unorganisiertes Verhalten, da keine festen Rollen bestehen, die das Verhalten der einzelnen Leute aufeinander bestimmen;
- Entwicklung von Aktivität. Häufig sind ↗Aggressionen (Lynchjustiz, Aufruhr), Aneignung (Plündern), Flucht bei Bedrohung und freudige Ausgelassenheit (Gesänge im Fußballstadion, Fasching) zu beobachten.

Es ist noch nicht endgültig geklärt, warum in der Masse manchmal Verhaltensweisen gezeigt werden, die ein Individuum für sich allein oder in einer Gruppe nicht vollziehen würde (Lynchjustiz). Man versucht, dies mit unbewussten (↗Tiefenpsychologie) aggressiven Kräften zu erklären, die in der anonymen Massensituation nicht mehr kontrolliert werden. Der fehlende Kontakt mit den anderen Menschen in der Masse lässt beim einzelnen ein irreales Bild bzw. eine Illusion von der Macht der versammelten Leute entstehen, die noch gesteigert wird durch ein Erregtsein, das entsteht, wenn eine große Anhäufung von Menschen beisammen ist. Dieses mit dem Wir-Gefühl einer Gruppe vergleichbare Zusammengehörigkeitsgefühl der Masse ist ebenso intensiv wie flüchtig; so ist es z. B. nicht mehr vorhanden, wenn 100 000 Menschen vom Fußballspiel nach Hause gehen. Der Demokratie wurde manchmal vorgeworfen, dass sie eine Massengesellschaft sei. Das trifft aber keineswegs zu, denn Massenphänomene treten zwar immer wieder auf, das Leben des einzelnen Menschen wird jedoch wesentlich bestimmt durch überschaubare ↗Gruppen (Familie, Freundeskreis, Arbeitsteam u. a.).

Massenkommunikation. Unter Massenkommunikation werden jene Formen der ↗Kommunikation über Massenkommunikationsmittel und -medien verstanden, die die breite Öffentlichkeit ansprechen. Die wichtigsten Merkmale der Massenkommunikation sind: räumliche und zeitliche Trennung zwischen Sender und Empfänger, einseitiger Fluss von ausgesandten Mitteilungen und fehlende Rückmeldung. Medien der Massenkommunikation sind Rundfunk,

Fernsehen, Film, Zeitungen, Zeitschriften, Bücher, Schallplatten, Ton- und Fernsehkassetten sowie Plakate und Wandzeitungen.

Merkmale und Probleme der Massenkommunikation. Der Sender wählt nach bestimmten Kriterien den Stoff aus und gestaltet ihn zu der beabsichtigten Aussage, die dem Empfänger über ein Medium vermittelt wird. Das Verhalten des Senders (vorzugsweise die Stoffauswahl und Gestaltung) wird beeinflusst von seinen Persönlichkeitseigenschaften und denen seiner Mitarbeiter, durch die Zugehörigkeit zu bestimmten Gruppen, den Umfang und die Art seiner sozialen Beziehungen und von den Einwirkungen der Öffentlichkeit auf ihn. Die Mitarbeiter müssen sich wesentlich nach den Zielen des Kommunikationsträgers ausrichten. Berichte über brisante Themen werden z. B. vom Intendanten manchmal kurz vor der Sendung zurückgezogen. Ferner unterliegt der Sender häufig dem Zwang früherer Aussagen, nach denen er sich in der neuen Mitteilung richten muss, zum anderen muss er auf die technischen Anforderungen und dramaturgischen Besonderheiten des Mediums Rücksicht nehmen. Die Auswahl und die Wirkung von Mitteilungen werden auf der Empfängerseite bestimmt von seinen Persönlichkeitseigenschaften („Intelligenz, emotionale Unsicherheit, ↗Einstellung) sowie dem Umfang und der Art seiner sozialen Beziehungen, z. B. durch die Zugehörigkeit zu bestimmten ↗Gruppen. Um den Empfänger besser beeinflussen zu können, bedienen sich die Kommunikationsträger häufig der „Meinungsführer" (opinion-leader, ↗Werbepsychologie), die der Öffentlichkeit bekannt sind, hohes Ansehen besitzen, als Fachkräfte anerkannt werden und Einfluss haben (z. B. bekannte Fußballspieler als Fußballkommentator, angesehene Professoren kommentieren Wirtschaftsprobleme, Filmschauspieler beeindrucken die Zuhörer durch ihre Beliebtheit usw.).

Beziehung zwischen Sender und Empfänger. Der Sender wendet sich in der Massenkommunikation an eine große Zahl von Empfängern, die ihm unbekannt sind. Um die daraus entstehende Unsicherheit zu reduzieren, entwickelt er ein eigenes Bild (meist eine Klischeevorstellung) vom Empfänger, das sich häufig von der Realität stark unterscheidet. In jüngerer Zeit werden in stärkerem Maße Meinungsumfragen, ↗Interviews eingesetzt, um Daten über die Empfänger einzuholen (Bildung, Einstellung zum Träger, Freizeitverhalten, Intelligenzniveau, Sprachvermögen, Bedürfnisse, Zustimmung oder Ablehnung einer bestimmten Aussage usw.). Ebenso entwickelt der Empfänger ein Bild aufgrund seiner Erfahrung bezüglich des Massenmediums (Einstellung) und des Senders. Er erwartet z. B. vom ZDF-Programm mehr Unterhaltung, vom ARD-Programm mehr politische Information, vom Spiegel Details, von der Quick mehr spannende Geschichten oder von der „Bild"-Zeitung einfache Sprache und von der Frankfurter Allgemeinen mehr sachliche Informationen. Die Einstellung zum Sender ist weiterhin von den ↗Interessen und Bedürfnissen des Empfängers bestimmt (der an Weiterbildung Interessierte richtet seine Aufmerksamkeit auf die dritten Fernsehprogramme). Eine Rückkoppelung zwischen Sender und Empfänger ist bei der Massenkommunikation nicht vorgesehen, jedoch sind spontane Rückmeldungen möglich (Anrufe, Leser- und Hörerbriefe). Siehe die nachfolgende Zusammenstellung.

Zur Wirkung der Massenkommunikation. Lange Zeit schrieb man den Massenmedien die Möglichkeit zu, uneingeschränkt das Publikum zu manipulie-

ren. Man betrachtete den Empfänger als „tabula rasa" (unbeschriebenes Blatt), der in jeder Hinsicht beeinflussbar sei. Neuere Ergebnisse weisen darauf hin, dass die Massenmedien kaum wesentliche Änderungen der vorhandenen Meinungen und Einstellungen oder des Verhaltens herbeizuführen vermögen. Ihre Wirkung beschränkt sich vorzugsweise auf die Bekräftigung bestehender Verhaltensmuster und Wertsysteme; je nach der bestehenden Verhaltensbereitschaft werden auch Informationen ausgewählt, so bevorzugen z. B. Strafgefangene Kriminalfilme mit aggressiven Inhalten, Intellektuelle progressive Zeitungen, Arbeiter die „Bild"-Zeitung usw. Das Publikum der Massenkommunikation diskutiert die aufgenommenen Informationen mit seinen Partnern in der Familie, in Schule, Betrieb usw., die in stärkerem Maße als die Massenkommunikation in der Lage sind, seine ↗Einstellungen und Verhaltensweisen zu beeinflussen. Die Wirkung der Massenkommunikation kommt also auf einem Umweg zur Geltung (Zwei-Wege-Kommunikation).
An Einzelergebnissen ist festzuhalten: Die erwünschte Wirkung der Massenkommunikation tritt vorzugsweise ein, wenn beim Empfänger keine feste Einstellung vorliegt oder wenn er aufgrund von persönlicher Unsicherheit oder aufgrund des Gefühls der Unterlegenheit für einen Einstellungswandel geeignet ist. Je größer das Interesse des Empfängers an einem bestimmten Objekt, um so lieber setzt er sich einer Propagierung dieses Objektes aus (Parteiangehörige nehmen stärker die Aussagen der eigenen Partei auf). Informationskampagnen, die einzelne Bevölkerungsgruppen über ein bestimmtes Thema aufklären sollen, erreichen diese kaum – weil das Interesse fehlt –, sondern nur die, welche schon Bescheid wissen. Hat eine Person in einer umstrittenen Frage eine Entscheidung getroffen, so wählt sie solches Informationsmaterial aus, das ihren Entschluss unterstützt. Sie versucht, das kognitive Gleichgewicht beizubehalten (Theorie der kognitiven Dissonanz, ↗Einstellungen). Mit zunehmender Distanz zwischen der eigenen Einstellung und der durch Massenkommunikation getroffenen Aussage wird diese immer stärker als propagandistisch und unfair eingestuft, und die eigene Einstellung verhärtet sich (Bumerang-Effekt). Massenkommunikationsmittel sind eher in der Lage, in kurzer Zeit dem Publikum die Wichtigkeit eines Themas aufzuzeigen, als die Meinung der Leute zu verändern. Wenn alle Massenmedien ausführlich über ein Thema berichten, erwecken sie den Eindruck der Wichtigkeit und rufen öffentliche und private Diskussionen hervor (z. B. über bestimmte „kriminelle Gruppen", über die Unterdrückung Intellektueller in kommunistischen Ländern), die eher eine Meinungsänderung herbeiführen. Ein erhöhtes Aufnehmen von Mitteilungen der Massenkommunikationsmittel in Krisenzeiten verstärkt die Meinungsbildung innerhalb einer Gruppe derart, dass immer mehr Mitglieder sich der schon bestehenden Gruppenmeinung anschließen. Da dies auch in anderen Gruppen geschieht, wird eine Polarisierung der Meinungen erreicht.
Je höher die Bildung eines Individuums, um so wahrscheinlicher wird es von der Massenkommunikation angesprochen und eignet sich dadurch mehr Wissen an. Eine Ausnahme sind lediglich fernsehende Kinder, die zweifelsohne beim Fernsehen hinzulernen, jedoch dadurch von anderen, wichtigeren Informationsquellen ferngehalten werden (z. B. Büchern, Spielkameraden). – Weitere Erkenntnisse werden im Artikel über ↗Einstellung dargelegt.

Modell der Massenkommunikation unter Berücksichtigung psychologischer, soziologischer u.a. Faktoren, die die Objektivität und Wirkung des Informationsaustausches beeinflussen.

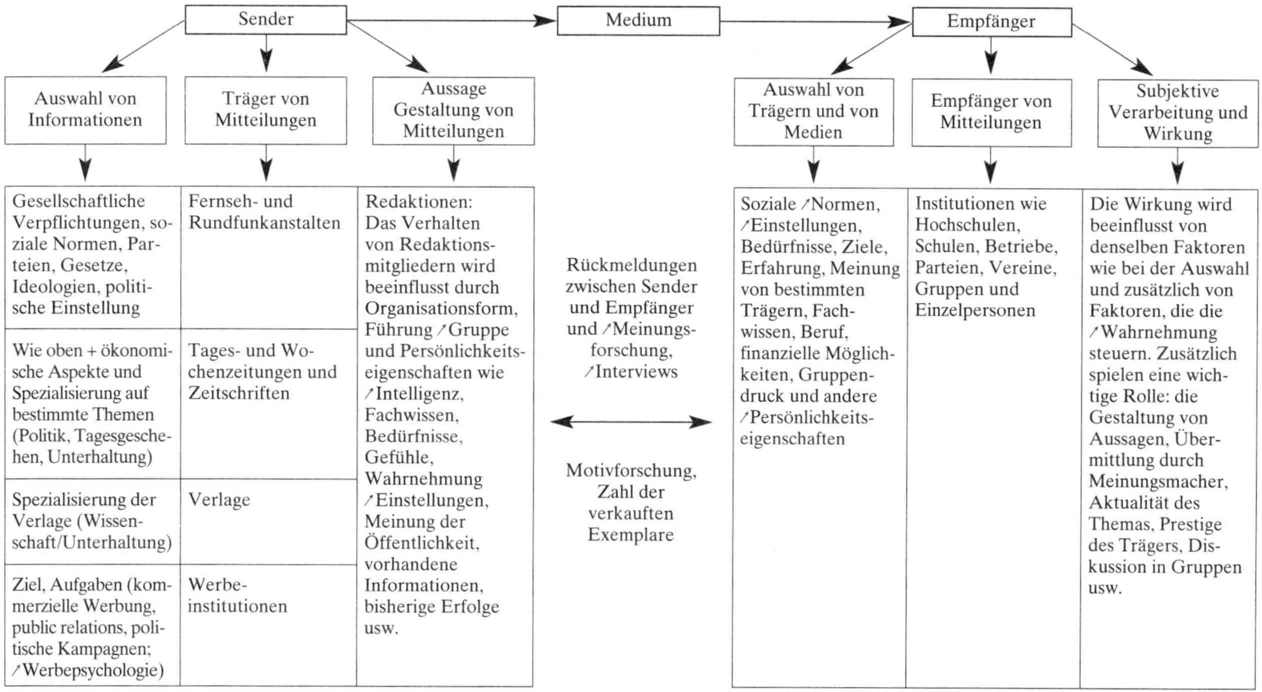

M

Masturbation. Geschlechtliche Selbstbefriedigung oder Befriedigung eines anderen durch manuelle Stimulation der Geschlechtsorgane. ↗Onanie.

Median, in der Mitte einer Rangordnung liegender Wert. ↗Statistik.

Mediation. Oft sind Paare, die sich trennen wollen, durch die damit zusammenhängenden Probleme (z. B. finanzielle Ansprüche, Altersversorgung, Sorgerecht für die Kinder) überfordert, so dass sie es in manchen Fällen sogar vorziehen zusammenzubleiben, obwohl sie sich auseinander gelebt haben. In der Mediation versucht man alle bei einer Scheidung anstehenden Fragen einvernehmlich durch die Hilfe eines Vermittlers (Mediator) zu regeln. Es handelt sich hier um in Gesprächsführung und Konfliktmanagement besonders ausgebildete Rechtsanwälte oder Diplompsychologen, die durch ihre Tätigkeit dazu beitragen, dass man ohne langwierige Gerichtsprozesse und hohe Scheidungskosten in Frieden auseinander geht. Adressen von Mediatoren bekommt man über die Bundesarbeitsgemeinschaft für Familienmediation e. V. oder den Berufsverband Deutscher Psychologinnen und Psychologen (BDP) e. V.

Meditation gilt als Sammelbezeichnung für eine Reihe von Methoden zur Erlangung von Erkenntnissen, Erlebnissen und Erfahrungen, die alle Selbstversenkung, Bewusstseinserweiterung und eine gewisse Distanzierung von der Außenwelt zum Ziel haben. Der Meditierende versucht durch verschiedene Übungen und Techniken wie Konzentration, Intuition, Bildbetrachtung, Kontemplation (willensmäßige Hinwendung zu Gott oder zum Jenseits, mystische Vertiefung), Yoga, Bewegungsritualien, aktive Imagination (Weg des inneren Selbstgesprächs und des Herstellens intensiver innerer Bilder; ↗katathymes Bilderleben), durch intensives Atmen oder durch die Bewusstwerdung des eigenen Körpers (↗Eutonie) zu einem tieferen Erleben zu gelangen, die Grenzen der Wahrnehmung und der Vorstellung zu erweitern, eine vertiefte Selbsterfahrung zu erzielen.
Bei der Meditation handelt es sich um ein in allen Kulturen und zu allen Zeiten verbreitetes Phänomen. In den 80er Jahren ist die Diskussion um die Meditation aus verschiedenen Gründen wiederbelebt worden. Einerseits beobachten wir eine allgemeine Abkehr von der materialistisch ausgerichteten, streng rationalen Lebensweise, andererseits führen wissenschaftliche Erkenntnisse z. B. über die Bedeutung der rechten Gehirnhälfte (Zentrum des räumlich-visuellen-ganzheitlichen Denkens und Erlebens; „Hirnhemisphäre) oder über die Bedeutung der Körperarbeit (Atmung, Massage, Yoga-Übungen, ↗Bio-Energetik) für die psychische Gesundheit dazu, dass sich immer mehr Menschen für das Erleben verschiedener meditativer Techniken interessieren.
Die Bewertung der Meditation als eine Methode der ↗Psychotherapie und der Erkenntnisgewinnung fällt nicht leicht. Die Meditation wird teilweise euphorisch gepriesen und teilweise scharf kritisiert. R. Ornstein vertritt die Auffassung, dass nur durch eine Synthese von allgemein bekannten naturwissenschaftlichen Methoden der Erkenntnisgewinnung mit den esoterischen und mystischen die Grenzen der Erfahrung überschritten werden können. Esote-

rik gilt dabei als Sammelbegriff für alle Methoden der Erkenntnisgewinnung, die die Welt und ihre Erscheinungsformen nicht „von außen her“, sondern von „innen her“ (Esoterik), durch Eindringen in das verborgene Innere, durch die Verschmelzung mit den Dingen in der Welt erfahren wollen. Es wird angenommen, dass durch beständige Übungen in Konzentration, Körperhaltung und „Wendung nach innen“ die Wahrnehmung der Menschen so geschult werden kann, dass sie zu einer „unmittelbaren“ Erkenntnisgewinnung fähig ist. Solche Fähigkeiten sollen z. B. Goethe, R. Steiner, J. Böhme, A. Gowinda, der Dalai Lama u. a. entwickelt haben.
In der psychologischen Forschung konnten experimentell in etwa die gleichen Erlebnisse und Erfahrungen hervorgerufen werden, wie sie von erfahrenen Meditationspraktikern geschildert werden. Kritiker der Meditation meinen, dass es sich hier um modische Trends, um paradoxe Gedankenmuster, um eine neue Variante des Psychobooms handelt. Skepsis ist sicherlich dort angebracht, wo für viel Geld in sehr kurzer Zeit umfassende „Heilung“ und „Erweiterung“ des Bewusstseins versprochen wird.

Meinungsforschung. Die Meinungsforschung ist eher eine Teildisziplin der empirischen Sozialforschung als der Psychologie. Da der Gegenstand der Forschung nur zu einem geringen Teil Meinungen sind und zu einem größeren Teil soziologische Fakten (z. B. Geschlecht, Bildung, Einkommen, Gruppen- und Schichtzugehörigkeit), Handlungsweisen usw. suchen Wissenschaftler nach besseren Bezeichnungen, wobei sich *Demoskopie* und *Umfrageforschung* schon weitgehend durchgesetzt haben. Sie beinhalten auch, das, was man als *Demographie* bezeichnet, nämlich die Beschreibung der Struktur einer Bevölkerung oder einzelner Gruppen nach Geschlecht, Einkommen, Alter und anderen Merkmalen.
Umfragen („Befragung) über ↗Einstellungen, Meinungen, Stimmungen, Wirkungen von Werbe- und Wahlkampagnen usw. an einer relativ kleinen, aber statisch repräsentativen ↗Stichprobe (↗Statistik, ↗Methoden der Psychologie) haben sich seit 1936 weltweit durchgesetzt, als G. Gallup mit einigen tausend Interviews eine weit bessere Wahlprognose erstellte als die Zeitschrift „Literary Digest“ mit 10 Millionen Stimmzetteln. An der Richtigkeit von Wahlprognosen und den Abweichungen von amtlichen Wahlergebnissen wird auch heute noch die Zuverlässigkeit und Gültigkeit des methodischen Vorgehens bei der Meinungsforschung gemessen, und es werden immer bessere Konzepte entwickelt. Neben der Auswahl einer repräsentativen Stichprobe sind die Erstellung des Fragebogens (Standardisierung des mündlichen oder schriftlichen ↗Interviews), die Kontrolle der Befragungssituation, die Auswahl der Interviewer und die Mitarbeit der Befragten die wichtigsten Probleme der Umfrageforschung. Den Markt- und Meinungsforschungsinstituten werden von privaten und öffentlichen Auftraggebern verschiedene Aufgaben übertragen, die mit verschiedenen Untersuchungsmodellen bearbeitet werden: 1. Einmalige *Repräsentativumfragen,* z. B. über das Ansehen eines Politikers oder über die Meinung zu aktuellen Fragen. 2. Wiederholung gleicher Umfragen in bestimmten zeitlichen Abständen als *Trendbeobachtung* (Entwicklungstendenz), z. B. über den Abwärts- oder Aufwärtstrend der Popularität einer Regierung

M

oder der Arbeitslosenquote. 3. In der Marktforschung und auch in der ↗Werbepsychologie werden „Mehr-Stufen-Umfragen" durchgeführt; die ersten Erhebungsdaten führen zur Verbesserung des Messinstruments. 4. Die Untersuchungen der sogenannten „Fluktuation", d. h. des sozialen Wandels in Bezug auf eine Variable, z. B. die Änderung der Vorliebe für eine bestimmte Zigarettenmarke, für einen Wahlkandidaten, ein Fernsehprogramm, eine Zeitschrift, ein Hobby usw., erfordern sogenannte *Panel-Untersuchungen:* in verschiedenen Zeitabständen werden dieselben Personen über die gleichen Variablen befragt. Durch die Panel-Untersuchungen wird nicht nur festgestellt, dass einige Personen ihre Meinung geändert haben, wie bei Trendbeobachtungen, sondern auch die Einflussfaktoren, die die Änderung bewirkt haben.
Panel-Untersuchungen stellen zweifelsohne die feinste Methode der Analyse von sozialem Wandel dar und sind weit bedeutender als die Repräsentativumfragen und Trendbeobachtungen der „öffentlichen Meinung". Obwohl es nicht möglich ist, wird von manchen Forschern die Ansicht vertreten, dass Meinungsumfragen die parlamentarische Demokratie gefährden oder (nach W. Hennis) als Einführung des Plebiszits (Volksabstimmung) durch die Hintertür zu werten sind. Als besonders bedenklich erscheint es, wenn ideologisch festgelegte Institute durch geschickte Auswahl der Befragten bestimmte Umfrageergebnisse liefern, um so die öffentliche Meinung zu manipulieren.

Melancholiker, Temperamentstyp nach Hippokrates, für den eine Neigung zur Schwermut und zu schwärmerischem Grübeln über Vergangenes charakteristisch ist und das Verhalten bestimmt. ↗Typologie.

Menschenführung. Vorgesetzte müssen in Organisationen ihre Mitarbeiter führen und anleiten können. Sie sind in der Lage, den Einsatz der Beschäftigten effizient zu gestalten und können aufgrund von Erkenntnissen der ↗Arbeits- und Motivationspsychologie soziale Konflikte bewältigen. Siehe auch: ↗Betriebspsychologie, ↗Kommunikation, ↗Organisationspsychologie.

Metakommunikation. Bedeutet soviel wie „Kommunikation über Kommunikation" und ist eine grundlegende Möglichkeit, die Kommunikation zu verbessern. Man spricht dabei besonders den Beziehungsaspekt und die analogen Zeichen einer ↗Kommunikation an.

Methoden der Psychologie. Verschiedene Wissenschaften wenden unterschiedliche Methoden an, um gültige und nützliche Erkenntnisse zu gewinnen, weil die Methoden auf den Untersuchungsgegenstand abgestimmt sein müssen. Methoden sind Instrumente der Erkenntnisgewinnung, und man kann sagen, dass jede wissenschaftliche Erkenntnis nur so gut sein kann, wie die Methode, mit der sie gewonnen wurde.
Als Wissenschaftler geraten Psychologen bereits bei der Bestimmung des Forschungsgegenstandes in Schwierigkeiten. Das Erleben und Verhalten sind sehr komplex und nur teilweise der Beobachtung zugänglich.
Das offen gezeigte und beobachtbare Verhalten (z. B. Aufgaben lösen, essen, auf Fragen antworten, einen Hebel drücken, ein Musikinstrument spielen) so-

wie das nur der Selbstbeobachtung (Introspektion) oder dem Bewusstsein zugängliche Erleben (z. B. Gedanken, Gefühle, Wünsche, Vorstellungen, Bedürfnisse) ist mit körperlichen Vorgängen untrennbar verknüpft und auch von vielen anderen Bedingungen abhängig. Gegenstand der Psychologie ist also der Mensch als ganzheitliches Wesen mit unterschiedlichen Komponenten, der Mensch als Leib-Seele-Geist-Einheit in der Auseinandersetzung mit der Umwelt und mit sich selbst. Wenn nicht alle Vorgänge im Menschen der Beobachtung zugänglich sind, dann kann sich die Psychologie nicht allein auf erfahrungs- oder naturwissenschaftliche Methoden des Beobachtens, Zählens und Messens verlassen. Sie muss auch auf so genannte geisteswissenschaftliche Methoden zurückgreifen.
Die anerkannten geisteswissenschaftlichen Methoden sind ↗Phänomenologie und ↗Hermeneutik. Zu den geisteswissenschaftlichen Methoden werden auch die Logik, die sich mit den Regeln des Schlussfolgerns, des Ziehens von gültigen Schlüssen aus bereits vorhandenen Erkenntnissen oder Aussagen befasst, und die Dialektik gezählt. Die Dialektik stützt ihre Vorgehensweise auf die Annahme, dass die in der Welt vorhandenen Widersprüche und Gegensätze nach Auflösung drängen. Die Erkenntnisgewinnung ist durch das Aufdecken und Auflösen von Widersprüchen und Gegensätzen möglich. Durch Setzen von Thesen, die durch Antithesen verneint werden, sucht man nach der Synthese und kommt so der Erkenntnis immer näher.
Bereits zu Beginn des 20. Jahrhunderts und vor allem in den 60er und 70er Jahren waren Psychologen sehr darum bemüht, die Psychologie als Naturwissenschaft zu etablieren. Ebenso wie andere Naturwissenschaften ist die Psychologie auf Beobachtungen im Labor, d. h. auf präzise Untersuchungen verschiedener Zusammenhänge unter künstlich hergestellten und kontrollierten Bedingungen angewiesen.
Feldforschung, d. h. Beobachtung von Ereignissen in der natürlichen Umwelt hat gegenüber dem Experiment den Vorteil, dass reales und nicht ein künstlich hergestelltes Geschehen beobachtet wird. Das Zustandekommen realer Ereignisse wird allerdings in der Regel durch so viele Faktoren bedingt, dass man oft nicht entscheiden kann, durch welchen Faktor ein Ereignis am stärksten beeinflusst wird.
Beim Experiment wird nur ein Merkmal oder Faktor (unabhängige Variable genannt) geändert, alle anderen Faktoren werden konstant gehalten. So kann man herausfinden, wie sich die „unabhängige Variable“ (die vom Forscher kontrollierte und gezielt eingesetzte Größe) auf die beobachtete oder gemessene „abhängige Variable“ auswirkt. Verschiedene Merkmale, Eigenschaften oder Größen der Menschen werden in den Untersuchungen unter natürlichen Bedingungen und vor allem in Experimenten „Variablen“ genannt.
Oft wird gesagt, dass die experimentelle Methode Rückschlüsse auf kausale Zusammenhänge erlaubt, weil im Experiment die systematische Kontrolle der auf die Versuchspersonen (wird in der Literatur in der Regel mit Vpn abgekürzt) einwirkenden Bedingungen möglich ist. Diesem Vorteil psychologischer Experimente stehen einige Probleme gegenüber: Man kann nicht ausschließen, dass sich Menschen unter künstlich hergestellten Bedingungen anders verhalten als unter natürlichen.

Die Übertragung der im Labor gewonnenen Ergebnisse auf natürliche Rahmenbedingungen ist daher nur mit Einschränkungen möglich.

Durch das Experiment stellt man Zusammenhänge zwischen Merkmalen, Ereignissen oder Vorgängen fest. Man weiß aber nicht, auf welche Art und Weise die beobachteten oder errechneten Zusammenhänge zustande kommen. Daher werden die gewonnenen Ergebnisse in der Regel mit Hilfe einer Theorie interpretiert und begründet.

Das Gewinnen wissenschaftlicher Erkenntnisse beginnt mit einer möglichst klar formulierten Fragestellung. Die Anregungen für das Durchführen wissenschaftlicher Untersuchungen ergeben sich aus den bereits vorhandenen Theorien, die auf ungeklärte Zusammenhänge hinweisen, und aus den Problemen, die bei der Anwendung wissenschaftlicher Erkenntnisse auftreten (Theorie-Praxis-Problem), oder auch aus den Alltagserlebnissen. Oft werden Wissenschaftler durch die Wirtschaft, den Staat oder private Institutionen mit der Erforschung bestimmter Fragestellungen beauftragt.

Die pädagogische Psychologie interessiert sich z. B. für die Frage: Welcher Zusammenhang besteht zwischen Intelligenz und schulischen Leistungen? In der Verkehrspsychologie spielt die Untersuchung des Zusammenhangs zwischen Alkoholkonsum und Verkehrstüchtigkeit eine wichtige Rolle: Wie wirkt sich Alkoholkonsum auf die Reaktionszeit aus? Die Persönlichkeitspsychologie interessiert sich unter anderem für die geschlechtsspezifischen Unterschiede: Sind Jungen aggressiver als Mädchen? Eine lernpsychologische Fragestellung lautet: Wie wirken sich positive Konsequenzen eines Verhaltens auf die Wiederholung des gezeigten Verhaltens aus?

Wissenschaftliche Untersuchungen müssen wiederholbar und überprüfbar (man sagt auch „objektiv") sein. Daher wird von den Forschern gefordert, dass sie bei der Datenerhebung, Auswertung, Darstellung und Interpretation die Kriterien wissenschaftlichen Arbeitens beachten. Dazu gehören: eindeutige Definition zentraler Begriffe, Vermeidung von Fehlern bei der Beobachtung und Messung (Datenerhebung) sowie bei der Auswertung und Darstellung.

Die in der Fragestellung und in den Annahmen über zu erwartende Zusammenhänge (Hypothesen, Arbeitshypothesen) verwendeten Begriffe müssen eindeutig definiert sein. Bei nicht direkt messbaren Sachverhalten und Merkmalen wie z. B. Ängstlichkeit, Hunger, Intelligenz sind so genannte operationale Definitionen notwendig. Was ein Forscher unter Ängstlichkeit, Hunger oder Intelligenz versteht, kann er über die Angabe der „Operation", durch die Beschreibung des verwendeten „Messinstruments" oder durch die Angabe der „Herstellung" des beobachteten Merkmals mitteilen.

Beispiele: „Hungrige" Ratten haben 24 Stunden keine Nahrung bekommen. Oder: Den Hunger der Ratten kann man über den unmittelbar vorausgehenden Gewichtsverlust definieren. Bei 15 % Gewichtsverlust ist Hunger vorhanden. Die Intelligenz ist das, was der anerkannte Test IST (Intelligenz-Struktur-Test) misst. Wenn Versuchspersonen im Angstfragebogen einen Wert über 30 Punkte erreichen, dann werden sie der „ängstlichen" Gruppe zugeteilt.

Bei der Durchführung der Beobachtung sind Beobachtungsfehler zu vermeiden. Um fehlerfreie Beobachtungen zu erreichen, werden in der Psychologie verschiedene Aufzeichnungsgeräte eingesetzt. Verbesserungen der Aufzeichnun-

gen sind auch über entsprechendes Training der Beobachter und mit Hilfe von Strichlisten, in denen die zu beobachtenden Merkmale bereits aufgelistet sind, zu erreichen. In der Methodenlehre setzt man sich sehr kritisch mit verschiedenen Beobachtungsarten und typischen (systematischen oder zufälligen) Fehlerquellen auseinander. Die Selbstbeobachtung oder Introspektion wurde lange Zeit als unwissenschaftlich, subjektiv und als nicht überprüfbar abgelehnt.
Die Methoden der psychologischen Forschung rechtfertigen zwar die Feststellung, dass die Psychologie als eine empirische Wissenschaft das Verhalten und Erleben der Menschen erforscht. In den 80er Jahren hat sich aber immer mehr die Erkenntnis durchgesetzt, dass die empirischen Methoden durch geisteswissenschaftliche ergänzt werden müssen. Es wird nicht mehr nur die rein erfahrungswissenschaftliche Psychologie, sondern auch die geisteswissenschaftliche akzeptiert. Eine dieser Methoden ist die ↗Hermeneutik, die als die „Kunst des Auslegens von Texten" oder auch als „Lehre vom Verstehen" definiert wird. Die ↗„Phänomenologie" als Methode zur Gewinnung von Erkenntnissen ist bestrebt, das Allgemeine, das Eigentliche, das Charakteristische oder das „Wesen" einer Erscheinung (Phänomen) zu entdecken. Daher wird sie auch als „Wesensschau" bezeichnet.

Milgram-Experimente zum Obrigkeitsgehorsam und zum Austeilen von Elektroschocks auf Befehl, die in den 60er und 70er Jahren durchgeführt wurden, sind berühmt geworden, weil sie zu schockierenden Erkenntnissen führten. Der Versuchsleiter gab den Versuchspersonen, die einen Querschnitt der Bevölkerung darstellten, den Befehl, Teilnehmer eines Lernversuchs bei Fehlern mit Elektroschocks zu bestrafen. Die meisten Personen gehorchten der Autorität des Wissenschaftlers und teilten „gefährliche" bis „tödliche" Elektroschocks trotz „Schmerzreaktionen" angeblicher Opfer aus. Nach den Versuchen waren die Versuchspersonen ausnahmslos sehr erregt und einige nahezu gebrochene Menschen, sie hatten nicht erkannt, das alles „nur ein Versuch" war.
Milgram selbst fasste die Ergebnisse seiner Forschung mit folgenden Sätzen zusammen: „Derselbe Mensch, der aus innerster Überzeugung Diebstahl, Tötung und Körperverletzung verabscheut, wird sich vielleicht doch in Akte des Raubens, Tötens und Folterns verstricken, und zwar ohne nennenswerten inneren Widerstand, sofern eine Autorität ihm den Befehl dazu gibt. Ein Verhalten, das bei einem Menschen, der aus eigener Verantwortung handelt, undenkbar ist, wird vielleicht ohne die geringste Hemmung praktiziert, wenn ein Befehl es verlangt." („politische Psychologie). Zu ergänzen ist, dass Ungehorsam und Widerstand zwar selten waren, aber eher bei Personen auftraten, die enge religiöse Bindungen hatten und deren Bildungsniveau höher war. Auf die Frage, ob die Ergebnisse der Untersuchungen generalisierbar sind, machen Kritiker auf folgende Punkte aufmerksam:
- Die Versuchspersonen wurden bezahlt, was eine gewisse Vorauswahl bedeutet.
- Die Menschen der sechziger Jahre wurden allgemein strenger und autoritärer erzogen als spätere Generationen.
- Die Yale-Universität genoss ein großes Ansehen, was nicht ausschließt, dass sich die Versuchspersonen anderen Autoritäten eher widersetzen würden.

Milieutherapie. Wird ein Einfluss auf den Klienten über gezielte Veränderungen seiner Umwelt, über die Beseitigung von schädigenden Einflüssen aus ihr oder durch eine für den Klienten völlig neue Gestaltung der Umwelt angestrebt, so spricht man von Milieutherapie („Behandlung durch die Umwelt"). Zu den Milieutherapien werden z. B. Reisetherapien, stationäre Behandlung mit Arbeits- und Beschäftigungstherapie, Heimverschickung und -unterbringung, Selbsthilfegruppen und Veränderungen in der Freizeitgestaltung gezählt. Eine besondere Bedeutung gewann die Milieutherapie am Anfang der 60er Jahre bei der Behandlung psychiatrischer Patienten, als man begann, therapeutische Wohngemeinschaften einzurichten, in denen die Patienten selbständiger als zuvor leben konnten.

Mimik. Ausdruckserscheinungen des Gesichtes. ↗Ausdruck.

Minderwertigkeitsgefühl. Nach A. Adler ist ein infolge vieler Entmutigungen entstandenes verstärktes Gefühl der Minderwertigkeit die Grundlage einer jeden Neurosenbildung (↗Neurosen). Der Mensch glaubt und ist fest überzeugt, in bestimmten Lebensbereichen anderen gegenüber unterlegen zu sein, und versucht, seine Minderwertigkeit zu überwinden und auszugleichen, indem er sich in anderen Bereichen übermäßig Geltung verschafft (↗Kompensation). Ein körperlich schwacher Junge wird z. B. ein scharfsinniger Denker. Dieses übertriebene Reagieren auf die erlebte Minderwertigkeit betrachtet Adler als neurotisches Verhalten. Unter ständigem Druck des Gefühls, weniger wertvoll als andere zu sein, können sich die Fähigkeiten nicht frei entfalten.
Typische Situationen, in denen verstärkte Minderwertigkeitsgefühle entstehen können, sind:

1. Die Kindheit, wenn die Eltern dem Kind zu oft das Gefühl vermitteln, noch zu klein, schwach, hilfsbedürftig zu sein. Das ist besonders in einer verwöhnenden und überbehütenden Erziehung der Fall. Ein Kind hält sich von allein nie für geringwertig, es wird dies lediglich dann tun, wenn es keine Gelegenheit hat, sich zu bestätigen, oder verunsichert wird, z. B. bei zu strenger Erziehung.
2. Der eigene Körper, an dem eine wirklich vorhandene oder eingebildete Organminderwertigkeit festgestellt wird. So kann ein junges Mädchen erleben, dass es einem Schönheitsideal nicht entspricht, weil es sich für zu dick, kurzsichtig oder schmächtig hält.
3. Die materielle Situation, die sich u. a. darin äußert, dass sich jemand ein Auto, einen Urlaub oder ein Eigenheim nicht leisten kann. Sie wirkt sich besonders auf die Selbstsicherheit eines Menschen aus, da in unserer Gesellschaft häufig Vermögen und Besitz mit persönlichem Erfolg gleichgesetzt werden.
4. Die Stellung in der Geschwisterreihe. Adler meint, dass es z. B. ein Einzelkind schwer hat, Anerkennung und Selbstbewusstsein zu finden; es muss sich ständig mit Erwachsenen auseinandersetzen. Häufig erlebt es sich bei der Geburt eines zweiten Kindes zurückgesetzt oder benachteiligt, eine möglicherweise daraus entstehende Verhaltensstörung ist die ↗Enuresis. ↗Familie.
5. Situationen, die den Menschen in starkem Maße deprimieren, wie der Tod eines Angehörigen, das Ende einer Freundschaft, das Misslingen einer Prüfung

u. a. Unter dem Begriff *Minderwertigkeitskomplex* versteht man die Gesamtheit der verschiedenen Minderwertigkeitsgefühle, die ein Mensch entwickelt.

Mittelwert bezeichnet den Durchschnitt oder das arithmetische Mittel einer Reihe von Zahlen. ↗Statistik.

Mnemotechniken, häufige Bezeichnung für Lerntechniken (↗Gedächtnis), durch die die Behaltensleistung des Gedächtnisses erhöht werden soll. Sogenannte „Gedächtniskünstler" haben eigene, erlernbare Mnemotechniken.

Moderation. Die Grundidee der Moderationsmethode ist, dass sich Gruppen Wissen aktiv aneignen und ihre Probleme selbst lösen lernen. Die Besonderheit besteht darin, dass die Erfahrungen aller Gruppenmitglieder genutzt werden. „Moderation ist ein Handwerk und zugleich eine Kunst zur Verbesserung menschlicher Kommunikation. Sie ist ein Schritt, für sich selbst Verantwortung zu übernehmen und zu lernen, mit der eigenen Energie sinnvoll umzugehen. Ferner hilft sie, mit sich selbst und mit anderen in Kontakt zu kommen" (Nissen & Iden, 1995, S. 19).
Vor rund 30 Jahren, nach den Protestbewegungen, wurden Forderungen nach mehr Beteiligung an Entscheidungsprozessen, nach mehr Orientierung an den Wünschen und Bedürfnissen der Betroffenen laut. Es fehlte an Methoden, um Bedürfnisse, Wünsche, Ziele, Vorstellungen, Erfahrungen adäquat zu erfassen und Betroffene an Umsetzungsprozessen zu beteiligen. Unternehmungsberatungsteams, vor allem das ComTeam in Gmund am Tegernsee, haben daraufhin die Moderationsmethode entwickelt und führen noch heute Moderatoren-Trainings durch.
Mit der Moderationsmethode können Gespräche in Gruppen effektiver gestaltet werden. Zum einen kommen moderierte Diskussionen rascher zu klaren Ergebnissen als herkömmliche Ausspracheformen. Zum anderen werden die Teilnehmer aktiv in den Gruppenprozess einbezogen, indem alle Meinungen berücksichtigt und zu einer gemeinsam getragenen Problemlösung geführt werden. Ziel der Moderation ist, einer Gruppe den Meinungs- und Willensbildungsprozess zu ermöglichen und das Erlernen eines sinnvollen Gebrauchs der Freiheit zu fördern. Der Moderator ist nur methodischer Helfer, er greift inhaltlich nicht ein und stellt seine eigenen Meinungen und Wertungen zurück. Entscheidend dabei ist eine wertschätzende und die Entscheidungsfreiheit fördernde Haltung des Moderators, der durch seine offene, fragende Haltung kooperativ auf andere Menschen zugeht und Methoden des aktiven Lernens einsetzt. Mit Wertschätzung ist gemeint, dass der Moderator die Teilnehmer als achtenswerte, gleichberechtigte und vollwertige Personen betrachtet. Dazu gehören Höflichkeit, Takt und Wohlwollen, auch Ermutigung und Umkehrbarkeit im Sprachgebrauch.
Der Moderator leitet die Veranstaltung methodisch, aber nicht inhaltlich. Er lässt die Gruppe ihre Ideen entwickeln und akzeptiert die Meinung anderer. Er stellt offene Fragen, damit die Wünsche, Bedürfnisse, Ziele, Antworten der Gruppe sichtbar werden. Neben verbalen Äußerungen beachtet er auch nonverbale Signale (Mimik, Gestik, Haltung) und schlägt geeignete Maßnahmen vor, um Störungen oder Unbehagen sichtbar zu machen (z. B. Blitzlicht).

Während des Prozesses lässt er sich nicht auf eine Methodendiskussion ein, denn das ist häufig eine Problemvermeidungsstrategie.

Moderation im Team hat wesentliche Vorteile: Für die Planung und den Ablauf sind zwei Personen verantwortlich; während der Moderation unterstützt einer die Kommunikation , der andere ist für handwerkliche Arbeit zuständig (schreiben, Karten anpinnen usw.); ist einem Teilnehmer ein Moderator unsympathisch, so kann er sich an dem anderen orientieren; hat sich ein Moderator in einer schwierigen Situation festgefahren, kann der andere helfend eingreifen. Es gilt: Eine Lehrerkonferenz wird im Team geplant und moderiert; den Unterricht wird der Lehrer allein planen und moderieren. Werden Störungen in der Schulklasse bearbeitet, so sind zwei Moderatoren sinnvoll.

Die Visualisierung ist ein unverzichtbarer Bestandteil der Moderationsmethode, ohne sie wäre diese Methode nicht wirksam. Als Wahrnehmungskanal während der Kommunikation dient vorwiegend das Ohr. Die Konzentration und Aufmerksamkeit wird jedoch durch die optische Gestaltung erheblich gesteigert. Durch das Sehen mit den Augen wird auch die Merkfähigkeit erheblich verbessert. Durch die Visualisierung lassen sich Äußerungen der Teilnehmer ordnen und festhalten und werden für die Gruppe sichtbar. Durch die Visualisierung kommt der Kommunikations- und Interaktionsprozess in der Gruppe schnell in Gang und führt zu fruchtbaren und lebendigen Aussprachen. Schwierige Sachverhalte lassen sich durch optische Unterstützung leichter erklären. Ergebnisse lassen sich sofort festhalten und erhalten erhöhte Verbindlichkeit. Jeder Teilnehmer kann seinen Beitrag wiederfinden (wichtige Reflexionshilfe) und kann nachvollziehen, wie die Ergebnisse entstanden sind. Dadurch wird die Identifikation mit dem Ergebnis gefördert.

Bei der Arbeit mit Gruppen, in Workshops und in Konferenzen werden folgende Visualisierungshilfen eingesetzt: Kartenabfrage, Konfliktpfeile, Klebepunkte für Bewertungen, Wolken, Plakate.

In der Regel lässt sich der Moderationsprozess in folgende Phasen untergliedern: *Kennenlernen* – falls notwendig (Kennenlernspiele, Einstiegsmethoden); *Anwärmen* – evtl. durch Körperarbeit (Stimmungsbarometer, Zufriedenheitsbarometer, Austausch über Erwartungen, Punktfrage, Graffiti zu Satzanfängen); *Erheben von Themen/Problemen* (Zuruf, Kartenfrage: Welche Probleme verbinden Sie mit dem Thema?); *Bewerten von Themen/Problemen* (Bewertungsvorgang soll anonym erfolgen, d. h. alle Teilnehmer benutzen gleiche Farbe und haben gleiche Anzahl von Punkten, Gruppenbildung); *Bearbeiten von Themen/Problemen; Vereinbaren von Tätigkeiten oder Maßnahmen* (Tätigkeitskatalog) und *Abschluss* (Ergebnis, Reflexion des Prozesses, Ausdruck der derzeitigen Befindlichkeit).

Die Umsetzung und das Erstellen des Protokolls, das Festhalten der Ergebnisse erfolgt in der Regel im Anschluss an die Moderation.

In der Arbeits- und Berufswelt hat man schon längst erkannt, dass die Förderung kommunikativer, sozialer und praktischer Eigenschaften immer bedeutender wird. Nach W. Klafki und anderen Bildungswissenschaftlern und Bildungspolitikern müssen auch in der Schule neue Erziehungs- und Bildungsziele gesetzt werden. Der Erwerb sozialer Kompetenz ist wichtiger geworden als das Anhäufen von Wissen. Dieser Entwicklung wird die Moderationsmethode gerecht. Mit der Moderation werden Bedingungen geschaffen, die

- jeden Menschen als selbständiges und wertvolles Wesen begreifen
- es ermöglichen, in Beziehung und Kontakt mit anderen zu treten
- Freiräume zur Verfügung stellen, die Nutzung dieser Freiräume anregen und die Achtung der Freiräume anderer fördern
- die Mitbestimmung der Lernenden beim Gestalten von Lernprozessen ermöglichen
- die unterschiedlichen Interessen und Fähigkeiten bejahen
- Entscheidungen und Verantwortung abverlangen
- Flexibilität fördern, kreative Problemlösungen ermöglichen und das Selbstbewusstsein stärken.

Wird die Moderationsmethode eingesetzt, so sind die Lehrer immer wieder überrascht, wie viel Problemlösungskompetenz und Wissen sowie Kreativität in einer Gruppe steckt und wie dankbar die Teilnehmer für das ihnen entgegengebrachte Vertrauen sein können. Merksatz: Vertraue auf die positiven Kräfte der Gruppe – auch in Konfliktsituationen und auch dann, wenn alles „schief geht"!

Mongolismus. Veraltete, heute als diskriminierend erachtete Bezeichnung für das ↗Down-Syndrom, eine ↗geistigen Behinderung mittleren bis schweren Grades.

Moral, allgemeine und abstrakte Bezeichnung für ein komplexes System von Regeln, sittlichen Normen, Werten (ethische Werte), die aus dem konkreten beobachtbaren Verhalten der Menschen untereinander (soziales Verhalten) erschlossen werden können. Aus Übereinstimmung mit oder Abweichung von diesen erschlossenen Regeln wird beurteilt, ob ein bestimmtes Verhalten moralisch ist oder nicht. Obwohl bestimmte Regeln das menschliche Zusammenleben erst ermöglichen und in gewissem Sinne allgemeingültig sind, sollte man die M. nicht, wie es manche tun, als ein starres, unabänderliches Wertesystem begreifen und bei Veränderungen von der „Krise der Moral" sprechen.
In verschiedenen psychologischen Untersuchungen wurde nachgewiesen, dass nicht die „moralischen" Regeln als solche gelernt werden, sondern das Verhalten nach bestimmten Regeln. Die Bereitschaft, solches Verhalten auszuführen, wird als moralische Haltung, „Einstellung oder auch Werthaltung bezeichnet. Durch das ↗Lernen bestimmter Verhaltensweisen, Einstellungen, Gefühle werden auch die Regeln des Verhaltens „verinnerlicht", was zur Entstehung des ↗Gewissens oder Über-Ich (S. Freud) führt. J. Piaget hat nachgewiesen, dass Kinder nicht wissen, was bestimmte moralische Regeln bedeuten, und sich nach einer sog. *heteronomen* (fremdbestimmten) Moral richten. Andere Autoren (H. Hartshorne und M. A. Mas, H. J. Eysenck) konnten nachweisen, dass das moralische Wissen, die Kenntnisse moralischer Regeln so gut wie keinen Einfluss auf das moralische Verhalten haben. Von besonderem Interesse für die psychologische Forschung war die Entwicklung des moralischen Urteils bzw. des moralischen Verhaltens. J. Piaget hat herausgefunden, dass sich die Entwicklung des moralischen Urteils in drei einander ablösenden Sta-

dien vollzieht. Im Vorschulalter entwickelt das Kind die sog. „heteronome“ (fremdbestimmte) Moral und übernimmt Auffassungen von Erwachsenen über „richtig“, „falsch“, „gut“ und „böse“. Vom 8. bis zum 12. Lebensjahr ist das Kind zu eigenen, unabhängigen, „autonomen“ moralischen Urteilen fähig, die allerdings einfacher Art sind (Gerechtigkeit ist gleiche Behandlung aller, Bestrafung berücksichtigt keine mildernden Umstände). Nach dem 12. Lebensjahr erreicht die moralische Entwicklung die höchste Stufe, die als „persönliche autonome“ Moral mit differenzierenden Prinzipien bezeichnet wird. Das Kind vermag je nach Besonderheit der Bedingungen einer Handlung seine Urteile zu differenzieren.
Noch bekannter als Piagets Stadien der moralischen Entwicklung sind sechs Typen des moralischen Urteils nach L. Kohlberg. Orientierung nach Strafe und Gehorsam (Typ 1) und den naiven instrumentellen Hedonismus (Typ 2) ordnet Kohlberg der vormoralischen Ebene zu. Die „Moral der konventionellen Rollenkonformität“ umfasst nach Kohlberg die „Moral des braven Kindes“ (Typ 3), d. h. das moralische Verhalten dient der Herstellung und Aufrechterhaltung guter Beziehungen (vor allem zu den Eltern), und die „Autoritätsmoral“ (Typ 4), d. h. das Kind richtet sich nach den Autoritäten, um Kritik und Schuldgefühlen zu entgehen.
Die „Moral als Folge sozialer Konventionen“ (Typ 5) und die „Moral aus Gewissensgrundsätzen“ (Typ 6) ordnet Kohlberg der „Moral der selbstakzeptierten Grundsätze“ zu. Im ersten Fall verhält sich das Kind normenkonform, weil Normen respektiert werden müssen und dem Allgemeinwohl dienen, im zweiten Fall, damit es sich nicht selbst verurteilen muss.
Das gelernte moralische Verhalten ist nicht nur von Kultur zu Kultur, sondern auch von Situation zu Situation verschieden. Es ist eine grobe Verallgemeinerung und Vereinfachung, von einem „grundehrlichen“, „treuen“, „herzlosen“ usw. Menschen zu sprechen.

Morphium. Suchterzeugendes Schmerz- und Beruhigungsmittel. ↗Drogenabhängigkeit.

Motilität. In der ↗Bioenergetik beschreibt man damit die Fähigkeit des Körpers, Erregungen zu leiten, Impulse und Schwingungen aufzunehmen.

Motivation. Die psychologische Motivationsforschung versucht zu klären, was den Menschen dazu bewegt, etwas Bestimmtes zu tun. Wie bringt man einen Schüler dazu, mehr zu lernen? Warum ist ein Kind von zu Hause weggelaufen? Aus welchem Grund hat der Angeklagte einen Menschen umgebracht? Dies alles sind Fragen, die in den Bereich der Motivationspsychologie gehören. Die grundlegende Aufgabe der Motivationspsychologie liegt also darin, die beobachtete Variabilität des Verhaltens zu erklären, d. h. die Unterschiede in den Reaktionen verschiedener Leute in gleichen Situationen. Man weiß oft nicht, warum eine Person etwas Bestimmtes tut, z. B., warum ein Mann hart und lange arbeitet, um sozusagen „vorwärts zu kommen“, und ein anderer sich mit dem unbedingt Notwendigen begnügt. Es wird vereinfacht gesagt, der eine sei „ehrgeizig“ (leistungsmotiviert) und der andere „bequem“. Diese Erklärung ist zwar einleuchtend, aber sehr wahrscheinlich falsch. Wir wussten nichts über die Ursache des beobachteten Verhaltens und haben es einfach durch angenommenen Ehrgeiz erklärt. Das bedeutet, dass die menschliche Motivation nicht beobachtbar ist, sondern als eine so genannte intervenierende Variable (↗Methoden der Psychologie) aus dem beobachteten Verhalten erschlossen wird. So kann man den Durst eines Menschen nicht beobachten und messen, man könnte jedoch aus der Menge und der Schnelligkeit des Trinkens auf seinen Durst schließen.

Begriffsklärung. Für die das menschliche Verhalten aktivierenden und steuernden Kräfte werden oft Begriffe wie Motivation, Trieb, Bedürfnis und Motiv synonym verwendet. In der Beschreibung verschiedener psychischer Erscheinungen, z. B. „Neurose, Erziehung, Verhalten in der Gruppe, werden die aufgeführten Begriffe jedoch selten gleichbedeutend gebraucht. Eine Unterscheidung scheint daher notwendig:

1. *Motivation:* umfassende Bezeichnung für eine angenommene Antriebsfunktion bzw. für eine intervenierende Variable, die zur Erklärung der Verhaltensvariabilität herangezogen wird.
2. *Trieb:* Eng begrenzte Bezeichnung für angeborene biologische Zustände.
3. *Bedürfnis:* Bezeichnung für individuell unterschiedlich stark ausgeprägte Erwartungen hinsichtlich Erfolg, Anerkennung, Zuwendung, Macht usw. (psychologische oder soziale Bedürfnisse), aber auch das Streben nach Nahrung, Schlaf usw. (physiologische Bedürfnisse). Die unterschiedliche Ausprägung der Bedürfnisse geht größtenteils auf Erfahrung bzw. Lernen zurück.
4. *Motiv:* eng begrenzte Bezeichnung für die aus den Trieben und Bedürfnissen hervortretenden Einzelzustände (Wünsche), die individuelle Handlungen aktivieren und auf ein konkretes Ziel hin steuern. Ein Motiv wird für die Erklärung einer einzelnen Verhaltensweise herangezogen (Tatmotiv, innerer Beweggrund), ein Bedürfnis für die Beständigkeit des Verhaltens in verschiedenen Situationen. Die wichtigsten Beweggründe des menschlichen Verhaltens könnten die sozialen Motive sein. Menschen suchen nach Erfolg und meiden Misserfolge. Sie werden von Anschlussmotiven (Affiliation), von Macht- und Kontrollmotiven, aber auch vom Altruismus und von Aggressionen angetrieben.

Menschliche Motivation wird durch drei wesentliche Merkmale charakterisiert: 1. *Aktivierung* und *Stärke:* Motivation setzt Verhaltensweisen in Gang, ist also Ursache für verschiedene Aktivitäten von Organismen; 2. *Steuerung, Richtungs-* und *Ziel-Orientierung:* Motivation steuert die Aktivitäten und Handlungen auf ein bestimmtes Ziel hin; 3. *Bedeutungsumfang, Beharrlichkeit:* Motivation kann nur kurzfristig wirksam sein, wie z. B. Hunger zu einem bestimmten Zeitpunkt, oder das Verhalten dauerhaft beeinflussen, wie z. B. das Streben nach Dominanz, ein ausgeprägtes Minderwertigkeitsgefühl oder das Bedürfnis nach Anerkennung.

Die Entstehung der Motivation. Die Entstehung der Motivation wird durch zwei umfassende Theorien erklärt:

1. Die *biologischen* Theorien erklären die Motivation als angeborene biologische Mechanismen, die der Aufrechterhaltung des physiologischen Gleichgewichts im Organismus dienen. Es handelt sich um Theorien, die vom Zustand des Mangels oder Defizits ausgehen und sich am Prinzip der Homöostase ori-

entieren. Es wird angenommen, dass jeder Organismus große Anstrengungen unternimmt, um sein inneres Milieu konstant zu halten. Dieser Vorgang, auch Homöostase genannt, verläuft automatisch nach dem Prinzip der Regelkreis-Systeme. Ein Zuwenig oder Zuviel an bestimmten Stoffen führt zu Aktivitäten, um den Mangel bzw. Überschuss wieder auszugleichen. Diese physiologischen oder biologischen Bedürfnisse werden primäre oder biogene (d. h. biologisch bedingte) Triebe genannt.

In der motivationspsychologischen Literatur werden Trieb- und/oder Homöostasetheorien stark kritisiert. Da der Organismus von Natur aus auf Aktivität ausgerichtet ist und das Gehirn (z. B. das aufsteigende retikuläre aktivierende System) ständig aktiv ist, hätten die Begriffe Trieb und Aktivierung aus Mangel keinen motivationalen Erklärungswert. Außerdem könnten diese Theorien die Aktivität des Menschen erklären, nicht aber die Richtung und Zielgerichtetheit des Verhaltens.

2. Die *allgemein psychologischen Theorien* der Motivation wollen nicht nur die Aktivität schlechthin, sondern insbesondere die *Richtung* und *Intensität* des Verhaltens erklären. Sie untersuchen die motivierende Wirkung verschiedener Situationen *(Anreiz-* oder *Incentive-Lehren),* die aktivierende Rolle z. B. der *Information,* die aktivierende Wirkung von *Frustration* und Stress sowie die Bedeutung der *Ich-Beteiligung* (ego-involvement), von der sicherlich verhaltenssteuernde Tendenzen ausgehen. Mit Ich-Beteiligung wird einerseits das Engagement einer Person bei bestimmten Objekten und Ereignissen beschrieben (Sachinteresse, intrinsische Motivation) und andererseits die Gefühle, die mit Rolle, Status und Ansehen der eigenen Person verknüpft sind und durch bestimmte Situationen ausgelöst werden.

Weiterhin gehen diese Theorien davon aus, dass soziale (interpersonale) und innerpsychische (intrapersonale, z. B. zwischen Es und Über-Ich; ↗Psychoanalyse) *Konflikte* verhaltenssteuernde Wirkung haben. Um die Änderung der Intensität des Verhaltens und der Richtung erklären zu können, sind auch verschiedene *Motivformen* bzw. *-arten* näher erforscht worden. Das Verhalten wird sich ändern, wenn sich die Motivform ändert, wenn z. B. aus Liebe Leidenschaft wird, aus Wunsch Begehren, aus Neigung Drang, aus Bedürfnis Sucht.

Zu den spezifisch psychologischen Theorien werden auch *humanistisch* orientierte Motivationstheorien gerechnet. Hier wird davon ausgegangen, dass das menschliche Verhalten und Handeln auf das Wachstum ausgerichtet ist, sich an der Verwirklichung von Sinnwerten orientiert und neben den Grund- und Wachstumsbedürfnissen insbesondere von dem Bedürfnis nach Selbstverwirklichung gesteuert wird (A. H. Maslow, Carl Rogers).

3. Die allgemeine Anerkennung der Bedeutung kognitiver Prozesse (Denken, Bewerten, Entscheiden, zielgerichtetes Handeln, Urteilen) für das Verhalten führte dazu, dass in der neueren Forschung so genannte *kognitivistische Motivationstheorien* tonangebend sind. Den Ausgangspunkt der Überlegungen bildet die Einsicht, dass das Verhalten und Handeln nicht einfach Reaktionen auf objektive Ereignisse, sondern als Folge der kognitiven Verarbeitung zu verstehen und zu analysieren sind. Dabei darf man nicht annehmen, dass sich die Steuerung des menschlichen Verhaltens allein durch kognitive Prozesse erklären lässt (z. B. Gedanken steuern unsere Gefühle). Es ist von ei-

ner Interaktion zwischen äußeren und inneren Bedingungen des motivierten Handelns auszugehen. Dabei sind ↗Attribuierung (Ursachenzuschreibung als kognitiver Prozess) und Erwartung (ebenso ein kognitiver Prozess) genauso von Bedeutung wie Mangelzustände organischer bzw. psychischer Art oder Wachstumsbedürfnisse.

Einige Entwicklungsmodelle der Motivation. 1. Allgemeines Triebmodell. Biologische Triebe führen zur Spannung, die eine Reaktion in Gang setzt. Führt die Reaktion zur Reduktion der Triebspannung, wird die Erwartung (Bedürfnis) aufgebaut, dass diese oder eine ähnliche Reaktion erneut zur Triebreduktion bzw. Befriedigung (Erfolg) führen wird.

2. Vertreter der ↗Tiefenpsychologie und ↗Psychoanalyse gehen von wenigen Grundtrieben aus (S. Freud vom Sexual- und Aggressions- bzw. Selbsterhaltungstrieb, A. Adler postuliert ein Machtstreben) und nehmen an, dass diese Triebe zu Objekt- und Personbindungen in der frühen Kindheit führen, bei denen eine Befriedigung gesucht wird, und später autonome Motive bzw. Bedürfnisse durch die Identifikation, durch das Suchen nach eigener Identität und durch das Bestreben, das Lebensziel zu verwirklichen, entstehen.

3. A. Maslow geht von einer angeborenen Bedürfnishierarchie aus. Erst wenn die Bedürfnisse der unteren Stufe befriedigt sind, werden Bedürfnisse der nächsthöheren Stufe entwickelt. Es sind:

a) die physiologischen Bedürfnisse,
b) das Bedürfnis nach Sicherheit,
c) das Bedürfnis nach mitmenschlicher Zuwendung,
d) das Bedürfnis nach Anerkennung,
e) das Bedürfnis nach Selbstverwirklichung.

Defizitbedürfnisse treten aufgrund eines Mangels auf (z. B. Mangel an Nahrung, Zuwendung) und verschwinden, wenn sie ausreichend befriedigt werden. Im Gegensatz hierzu steht das Bedürfnis nach Selbstverwirklichung, bei dem nie ein „Sättigungswert" erreicht und stets weitergestrebt wird.

Bedeutung der Motivation. In der Entwicklung eines Menschen sind von Anfang an die primären Triebe vorhanden, die der direkten Lebenserhaltung dienen. Gleichzeitig treten Bedürfnisse nach Sicherheit und liebevoller Zuwendung auf, die indirekt der Lebenserhaltung dienen und unbedingt befriedigt werden müssen. Kinder, die schon im 1. Lebensjahr in einer Atmosphäre der Unsicherheit und Vernachlässigung aufwachsen, entwickeln kein Vertrauen in ihre Umwelt und neigen zu psychischen Störungen (Hospitalismus, Psychopathie, Neurose). Neben der weitgehend angeborenen Vitalität hängt es hauptsächlich von den Erfahrungen im Kindes- und Jugendalter ab, welche Bedürfnisse besonders stark ausgeprägt werden und das Verhalten des Menschen bestimmen. So hängt z. B. die Leistungsmotivation weitgehend vom Erziehungsstil ab. Weiterhin hängt es von den Umwelteinflüssen ab, ob viele wichtige Wünsche verdrängt und abgewehrt werden (↗Verdrängung, ↗Abwehrmechanismen) und die Entwicklung psychischer Störungen und neurotischer Verhaltensweisen begünstigen.

Motorik ist eine umfassende Bezeichnung für alle Bewegungen des Organismus. Man spricht von der *Senso-* (bzw. *Sensu-)Motorik,* wenn der Gesichtspunkt der

Steuerung und Kontrolle hervorgehoben werden soll. Die Kontrolle erfolgt über visuelle, taktile und auditive Reize (↗Sinn, ↗Gleichgewichtssinn, ↗Kinästhesie). Nach einiger ↗Übung erfolgt die Kontrolle nur noch kinästhetisch, d. h. die Person steuert z. B. beim Autofahren nur noch über die Wahrnehmung der eigenen Bewegungen automatisch ihren Ablauf und wirft höchstens noch einen flüchtigen Blick auf die Stellung des Schalthebels. Die Erforschung der Motorik hat Bedeutung für die Psychologie (z. B. Berufsberatung), den Sport (Entwicklung von Trainingsmethoden), die Musik (erforderliche Fähigkeiten beim Erlernen eines Instruments), die Industrie (Einrichtung von den Menschen angepassten Arbeitsplätzen, ↗Arbeitspsychologie) und für den militärischen Bereich (z. B. Piloten- und Panzerfahrerausbildung). J. P. Guilford konnte eine Reihe von motorischen Abläufen auf faktorenanalytischem Wege (↗Statistik) zusammenstellen. Einige von ihnen, wie z. B. Körperstärke und Reaktionszeit, haben für den menschlichen Organismus eher eine generelle Bedeutung, d. h. sie sind bei sämtlichen Körperteilen und dem Körper selbst gleichmäßig stark ausgeprägt, weshalb man annimmt, dass sie stärker von Erbfaktoren abhängig sind als jene Faktoren, die jeweils für bestimmte Körperregionen mehr als für andere zutreffen (z. B. die Fingerstärke des Pianisten, die Armstärke des Waldarbeiters) und durch Übung entwickelt werden können.
Es gibt noch keine komplette Übersicht über die verschiedenen motorischen Vorgänge beim Menschen. Bis heute wurden u. a. folgende gefunden:

- Allgemeine Körperstärke. Sie beinhaltet die Bein-, Schulter-, Rücken- und Handgelenkstärke.
- Gliederstärke. Sie beinhaltet die Bewegungen bei Kniebeugen, Klimmzügen, Liegestützen und beim Tauklettern.
- Allgemeines Reaktionsvermögen. Es stellt vor allem die Reaktionsfähigkeit auf Licht- und Lautsignale dar. Man vermutet, dass noch speziellere Fähigkeiten bei besonderen Reaktions- und Konzentrationsleistungen, wie Starten, Kurzstreckenlauf oder Stabhochsprung, vorhanden sind.
- Koordination des Ablaufs von verschiedenen Muskelgruppen. Sie findet z. B. statt beim Hürdenlauf, Rudern, Seilspringen und der Steuerung von Flugzeugen, wenn Arm- und Beinbewegungen eingesetzt werden müssen.
- Fingergeschicklichkeit. Sie beinhaltet den Umgang mit kleinen Gegenständen (z. B. Einzelteile einer Uhr).

Im Begriff „*Psychomotorik*“ kommt die enge Verknüpfung zwischen psychischen und motorischen Vorgängen zum Ausdruck. Der russische Psychologe A. R. Luria hat den ersten Versuch unternommen, durch die Messung feinster motorischer Reaktionen psychische Vorgänge und Persönlichkeitsmerkmale zu beurteilen. Die Äußerung des psychischen Geschehens in motorischen Vorgängen („Graphologie) ist besonders deutlich bei Angst- und Schreckreaktionen zu beobachten. So wird ein Teil der Unfälle in der Industrie und im Straßenverkehr auf Angst- und Schreckreaktionen zurückgeführt. Auch das ↗Stottern, ↗Tics, Zittern (Tremor) und Haltungsstörungen stellen psychomotorische Besonderheiten dar. Weitere psychomotorische Erscheinungen, die auf Erkrankungen des ↗Nervensystems zurückgehen, sind: Krämpfe, Muskelzuckungen (z. B. bei ↗Epilepsie), Hyperkinese (Bewegungsüberschuss) und Hypokinese (Bewegungsarmut), die bei ↗Psychosen auftreten können.

Musikpsychologie. Als Begründer der Musikpsychologie gilt Carl Stumpf (1848–1936), der in seinem zweibändigen Hauptwerk *„Tonpsychologie"* hauptsächlich die Beziehungen zwischen der Wahrnehmung einzelner Töne und dem subjektiven Erleben beschrieben hat. Die Musikpsychologie befasst sich als wissenschaftliche Teildisziplin der Psychologie mit den Zusammenhängen zwischen den musikalischen Reizen (Melodie, Klänge verschiedener Instrumente, Rhythmus, Orchesterstück usw.) und dem menschlichen Verhalten und Erleben (z. B. Beeinflussung der ↗Gefühle durch musikalische Reize). Bis in die Gegenwart begrenzte sich die musikpsychologische Forschung auf folgende Gegenstandsbereiche:

1. Beziehungen zwischen dem subjektiven Erleben und physikalischen Eigenschaften der „Musikreize": Für die Tonhöhe ist die Schwingungsfrequenz verantwortlich. Lautstärke hängt ab von der Intensität der Schwingungen, die Klangfarbe wird auf die Zusammensetzung verschiedener Teilschwingungen zurückgeführt („Gehörswahrnehmung).
2. Beziehungen zwischen subjektivem Erleben und den Tonverbindungen: Welche Tonverbindungen werden als „konsonant" und welche als „dissonant" erlebt? Gegenwärtig wird die Theorie vertreten, dass es von den Erfahrungen, vom Lernen, d. h. von der jeweiligen Kultur abhängt, welche Tonverbindungen man als konsonant und welche als dissonant empfindet.
3. Das Problem der musikalischen Fähigkeiten: absolutes Gehör (die Fähigkeit, verschiedene Tonhöhen ohne Vergleichsmaßstäbe zu unterscheiden), das selten vorkommt und früher auf Erbfaktoren (C. E. Seashore), gegenwärtig jedoch auf Lernen und Erfahrung zurückgeführt wird; auch für das musikalische Gedächtnis (die Fähigkeit, sich an eine Melodie zu erinnern) und für die musikalische Begabung wurde früher angenommen, dass sie erbbedingt sei, gegenwärtig werden Umweltfaktoren stärker betont.
4. Auch interessiert sich die Musikpsychologie stärker für die Probleme der Verhaltensbeeinflussung durch die Musik (Musiktherapie, ↗Psychotherapie):
a) Die Abhängigkeit zwischen verschiedenen Merkmalen der Musik und den ↗Gefühlen. Musik in Dur wird eher als fröhlich, in Moll eher als traurig erlebt; eine ähnliche Beziehung wurde auch für Rhythmus und Tempo festgestellt.
b) Musik als Kommunikationsmittel: Was wird durch verschiedene Musikstücke mitgeteilt (z. B. Jazz als Protest der Schwarzen gegen Weiße)?
c) Musik am Arbeitsplatz: Obwohl die Musik in vielen Betrieben eingesetzt wird, konnte bisher keine eindeutige Beziehung zwischen der Musik und Leistungssteigerung festgestellt werden.
d) Musik in der Therapie (Musiktherapie) und in der Erziehung (Schule).

Musiktherapie. Der Einsatz von Musik zu therapeutischen Zwecken hat sich vor allem im Bereich der Heil- und Sonderpädagogik, bei Behandlung von Kommunikationsstörungen (↗Autismus), bei der Rehabilitation Suchtkranker oder hirngeschädigter Patienten bewährt. Im Rahmen musiktherapeutischer Selbsterfahrung hilft sie aber auch bei persönlichen Problemen, wie Kontaktstörungen, oder bei der Auseinandersetzung mit krisenhaften Erfahrungen (z. B. Trennung, Todesfall). Wie Decker-Voigt darstellt, will Einzelmusiktherapie ausgehend von Improvisationen Zugang zum Unbewussten des

Klienten gewinnen und sein Lebenskonzept erkunden. Hinzu kommen das Hören von Musik (meist der eigenen Improvisationen) und das Sprechen darüber. So versucht man Schädigungen aufzudecken, Konflikte zu verstehen und ungenutzte Kräfte des Klienten zu fördern. Musiktherapie wird auch häufig in Verbindung mit anderen Therapieformen (z. B. ↗Gesprächspsychotherapie) angewendet.

Muskelpanzerung. In der ↗Bioenergetik beschreibt man damit die Gesamtheit aller Muskelverspannungen, die den Menschen vor schmerzhaften Gefühlen schützen.

Mutismus ist gekennzeichnet durch „Stumm-Bleiben" des Kindes, obwohl die Sprechorgane und die entsprechenden Zentren im Gehirn (↗Nervensystem) funktionsfähig sind. Diese Störung tritt oft bei sehr sensiblen Kindern auf, wenn ihre grundlegenden Bedürfnisse nach Zuwendung und emotionaler Sicherheit (↗Hospitalismus) vernachlässigt werden. Mutismus ist kein absichtliches Trotzen oder Nicht-Wollen, vielmehr bleibt dem Kind selbst unbewusst, warum es nicht sprechen kann. Man unterscheidet den totalen Mutismus, bei dem das Kind mit niemandem sprechen kann, und den selektiven Mutismus, bei dem nur bestimmten Personen gegenüber (z. B. Eltern, Krankenschwester) eine sprachliche Kontaktaufnahme nicht möglich ist. Im Gegensatz zum Mutismus ist der ↗Autismus eine der ↗Schizophrenie nahestehende ↗Psychose und schränkt das Kind in all seinen Möglichkeiten, Kontakt aufzunehmen, ein (z. B. Steifheit des Körpers, wenn es auf den Arm genommen wird, sowie eine teilnahmslose Gestik und Mimik; ↗Ausdruck). Mutismus ist in den meisten Fällen durch verschiedene Formen der ↗Psychotherapie zu heilen. Bei Milieuverhältnissen, in denen dem Kind nicht vermehrte Zuwendung entgegengebracht und sein mangelndes Vertauen deshalb nicht beseitigt werden kann (besonders bei totalem Mutismus), ist eine Aufnahme des Kindes zur stationären psychotherapeutischen Behandlung in einem Krankenhaus bzw. Kinderheim oder die Vermittlung von Pflegeeltern angebracht. In einer Einzeltherapie hat das Kind während des Spiels (↗Kinderpsychotherapie) die Möglichkeit, seine Probleme darzustellen und sich so zu entlasten (↗Katharsis). Mit verschiedenen Techniken der ↗Verhaltenstherapie kann dann ähnlich wie bei der Behandlung des ↗Autismus das Sprechen erlernt werden.

Mutterinstinkt. Es handelt sich um eine weit verbreitete Meinung, dass Frauen aufgrund eines ↗Instinktes danach streben, Kinder zu gebären, oder zumindest, dass ihr Pflegeverhalten den eigenen Kindern gegenüber instinktmäßig abläuft. Erkenntnisse über das Mutterverhalten in verschiedenen Kulturen und über das ↗Lernen von Bedürfnissen sowie immer wieder beobachtete Kindesmisshandlungen, Ablehnung der Kinder und auch die Familienplanung legen den Schluss nahe, dass es keinen Mutterinstinkt gibt und die „Mutterliebe" ebenso wie die Liebe des Seemanns zum Meer erlernt ist.

Nachahmungslernen. Lernen aufgrund der Beobachtung eines Modells. ↗Lernen.

N

Nachempfindung, *Nachbilder.* Nach dem Aufhören der Einwirkung visueller Reize entsteht oft ein negatives, der Helligkeit entgegengesetztes oder gegenfarbiges (rot – grün) Nachbild bzw. Nachempfindung.

Nägelkauen. Ein auffälliges Verhalten, das sich manchmal zu einer ↗Verhaltensstörung entwickelt. Die ↗Psychoanalyse sieht in diesem Verhalten eine Abfuhr von aggressiver Energie, wobei eine enge Verbindung zu einschränkenden Erfahrungen des Menschen in der analen Phase hergestellt wird. Anhänger des operanten Konditionierens (↗Lernen) heben hervor, dass Nägelkauen Angst, Spannungen u. a. reduziert und dadurch das problematische Verhalten negativ verstärkt wird, d. h. das Nägelkauen wird immer häufiger.

Naive Verhaltenstheorie, auch Laien-, Alltags-, Populärpsychologie oder *Common-Sense-Psychologie* genannt, befasst sich mit Hilfe wissenschaftlicher Methoden mit der Erforschung des psychologischen Alltagswissens und mit den alltagspsychologischen Erklärungen des Erlebens und Verhaltens. Die Common-Sense-Psychologie geht davon aus, dass der Mensch sich selbst und seine Mitmenschen zu verstehen versucht und dabei naiv-psychologisches Wissen über ↗Motivation, ↗Persönlichkeit und andere Bedingungen des Erlebens und Verhaltens sammelt. Die stärksten Impulse hat die Erforschung der Common-Sense-Psychologie in Amerika von F. Heider und in Deutschland von U. Laucken erhalten.
Laucken teilt das gesamte naiv-psychologische Wissen in „Aktkonstrukta" oder „Prozesskonstrukta" und in „Dispositionskonstrukta" ein. Aktkonstrukta sind z. B. Prozesse des Abwägens, Denkens, Planens; Dispositionskonstrukta (z. B. intelligent, konzentriert) bestehen im Zuschreiben von überdauernden Verhaltensbereitschaften zu der Person, deren Verhalten erklärt werden soll.
Nach F. Heider organisieren Menschen ihr alltagspsychologisches Wissen zu kognitiven Einheiten, und zwar so, dass stimmige ausbalancierte Konzepte entstehen (Balancetheorie). Das gilt insbesondere für das Wissen über zwischenmenschliche Beziehungen. Heider hat weiterhin herausgefunden, dass Menschen bestrebt sind, Ereignisse in ihrem sozialen Umfeld zu „erklären", d. h. Ursachen zu finden. Die Zuordnung einer Ursache zu einem sozialen Ereignis nennt man „Attributionsprozess". Alltagspsychologen erklären das Verhalten, Erleben und Handeln entweder über eine „interne" Ursache, indem sie dem Handelnden eine bestimmte Eigenschaft oder Fähigkeit zuschreiben oder über „externe" Ursachen, d. h. über Umweltkräfte und Umwelteinflüsse. Ob eine Person ein Verhalten durch interne oder externe Ursachen über Eigenschaften der Person oder über situative Bedingungen erklärt, hängt von den Informationen ab, die der Beobachter hat. Die Art der Erklärung beeinflusst das Verhalten des Beobachters. Es hat sich gezeigt, dass Menschen dazu neigen, Erfolge eher durch interne Ursachen zu erklären und Misserfolge eher über situative Bedingungen (↗Leistungsmotivation).

N

Narzissmus. Der Begriff wird abgeleitet vom Namen des schönen Jünglings Narziss in einer griechischen Sage, der maßlos in sein Bild verliebt war. Im Alltag bezeichnet man mit dem Begriff das Selbstbild eines Menschen, der sich in auffallendem Maße als bewundernswert und einzigartig einschätzt. Die ↗Psychoanalyse nimmt frühe Kindheitserfahrungen, insbesondere Eltern, die dem Kind zu wenig Bestätigung gaben, als Ursachen für die Entwicklung einer solchen Persönlichkeit an. Das DSM-IV, ein Klassifikationssystem für ↗psychische Störungen, spricht von der narzisstischen ↗Persönlichkeitsstörung, wenn der Betreffende mindestens fünf der folgenden Kriterien erfüllt:

- hat ein grandioses Gefühl der eigenen Wichtigkeit (erwartet z. B., ohne entsprechende Leistungen als überlegen anerkannt zu werden);
- entwickelt intensive Fantasien grenzenlosen Erfolgs, von Macht, Schönheit oder idealer Liebe;
- glaubt, besonders einzigartig zu sein, und nur von besonderen Personen oder Institutionen verstanden zu werden oder nur mit diesen verkehren zu können;
- verlangt nach übermäßiger Bewunderung;
- möchte bevorzugt behandelt werden, erwartet unbedingtes Eingehen auf die eigenen Wünsche;
- nutzt andere aus, um eigene Ziele zu erreichen;
- zeigt einen Mangel an „Empathie, ist nicht willens, die Bedürfnisse und Gefühle anderer zu erkennen;
- ist häufig neidisch auf andere oder glaubt, andere seien neidisch auf ihn;
- ist arrogant und überheblich.

Negative Verstärkung. Ist beim operanten ↗Lernen der Prozess, der dazu führt, dass ein Verhalten häufiger gezeigt wird, weil durch dieses unangenehme Konsequenzen verringert, umgangen oder beendet werden.

Neo-Psychoanalyse. Die Weiterentwicklung der von S. Freud erarbeiteten ↗Psychoanalyse verdanken wir H. Schultz-Hencke, der auch als Begründer der Neo-Psychoanalyse gilt, K. Horney, E. Fromm, M. Mahler und H. S. Sullivan. A. Adler und C.-G. Jung haben eigene Schulen, die ↗Individualpsychologie und die ↗Analytische Psychologie, ins Leben gerufen. Die genannten Neo-Psychoanalytiker unterscheiden sich von Freud in folgenden Punkten:

- weitgehende Ablehnung der Triebtheorie (Sexualtrieb und Aggressionstrieb)
- geringe Neigung zur genetischen Theorie der Libidoentwicklung
- Betonung der rolle der Umwelteinflüsse für die Entstehung von „psychischen Störungen
- weit gehende Vernachlässigung der Instanzenlehre
- Reduktion der Rolle der Sexualität
- Betonung der Bedeutung von Ich-Funktionen und des ↗Selbstkonzeptes
- Einsatz psychoanalytischer Therapien bei ↗psychotischen Störungen.

H. Schultz-Hencke hat versucht, die Gedanken A. Adlers und C. G. Jungs in seine Theorie einzubauen. Er sieht die ↗Neurose als Folge einer Antriebshemmung, die vor allem dann entsteht, wenn die Entwicklung der Triebe

durch Erziehungsfehler gestört wird. Schultz-Hencke unterscheidet sechs verschiedene Formen des Antriebserlebens: „intentionale Antriebe“ (Neugier, Orientierungsverhalten, Streben nach emotionaler Zuwendung); „oral-kaptatives Haben-Wollen“ (Erkundung der Gegenstände, gefühlsmäßige Hinwendung zur Welt); „anal-retentive Antriebe“ (Behaltenwollen); „aggressive, geltungsstrebige Antriebe“ (Zupacken, Selbstbehauptung, Bedürfnisse nach bewegungsmäßiger Entladung); „uretrales Machtgefühl“ (entspricht in etwa der ödipalen Phase von Freud); „liebendes-sexuelles“ Bedürfnis nach Zärtlichkeit, Liebe und Sexualität. Die sechs Antriebe nach Schultz-Hencke ergeben drei Strebungen: Besitzstreben, Geltungsstreben, Liebesstreben.
Karen Horney hat nach einer gründlichen lehranalytischen und therapeutischen Ausbildung bei mehreren bekannten Psychoanalytikern 1931 mit einer sanften Kritik der Psychoanalyse begonnen. Sie lehnt den Penisneid und auch den ↗Ödipuskomplex weitgehend ab, sieht die Neurose als eine milieubedingte Krankheit, die folgende Symptome aufweist: gestörte Beziehung des Individuums zur Umwelt und zu sich selbst (unrealistische Erwartungen, Bequemlichkeit), Diskrepanz zwischen Potenzial und Leistung einer Person (Riesenansprüche), emotionale Konflikte (zwischen Wettbewerb und Demut, Erfolg und Liebe u. a.) und fehlende Anpassung an kulturspezifische Erwartungsmuster. Als Hauptmerkmal der Neurose beschreibt Homey das neurotische Bedürfnis nach Liebe, das nicht der Wertschätzung des anderen entspringt, sondern einem selbstsüchtigen Streben nach Verringerung eigener Angst. So kann die Neurose zu Störungen der Sexualität führen, ist aber ihrerseits in ihrer Entstehung nicht durch die Sexualentwicklung determiniert. In der Therapie legte Horney mehr Gewicht auf das Erleben und Verhalten im Hier und Jetzt als auf die Aufarbeitung unbewusster Konflikte aus der frühen Kindheit.
H. S. Sullivan lehnt die ↗Libidotheorie von Freud ab, stellt die ↗Angst als Ursache für Entwicklungsstillstand heraus, aus dem sich ↗Neurosen und ↗Psychosen entwickeln können. Der Neurotiker erlebt sich und die Welt überwiegend aus einer für das Kleinkind typischen Sicht. Neurosen sind demnach Störungen im zwischenmenschlichen und emotionalen Bereich. Nach Sullivan soll der Psychotherapeut Entwicklungshilfe, Erziehungshilfe und Hilfe zur Selbsterkenntnis leisten.
Aus der frühen Generation der Neo-Analytiker sei an dieser Stelle – wegen seiner Bekanntheit – noch *E. Fromm* genannt. Er meint, dass sich der Mensch weitgehend von den biologischen Trieben befreit hat, sich aber auf den Abweg des „Mehr-haben-Wollens“ und „Noch-mehr-haben-Müssens“ an Stelle des wahrhaften Lebens verirren kann. Die Neurose ist ein Ausdruck des Scheiterns auf dem Weg zur persönlichen Reife. Durch Regression, Masochismus, Sadismus, Zerstörungslust und Konformismus kann der Mensch die Befreiung vom Triebleben wieder verlieren und den Weg zur Reife verfehlen. Seelisch gesund ist ein Mensch, wenn er im Bereich des Gefühls durch seine Liebe, im Bereich des Denkens durch seine kritische und fantasiereiche Vernunft und im Bereich des Handelns durch seine schöpferische Arbeit und Kunst die Welt erfassen kann.
Margaret Mahler nutzte den psychoanalytischen Ansatz zur Therapie von psychotischen Störungen im Kindesalter. Sie sah vor allem die ↗Schizophrenie

mit der typischen Spaltung des Ich und dem Rückzug von der Realität als Folge einer gestörten Mutter-Kind-Beziehung an.
Die Psychoanalyse hatte unzählige Anhänger, Nachfolger und auch Kritiker. Hier konnten nur die Anfänge der Weiterentwicklung der Psychoanalyse beschrieben werden.
Anna Freud, die Tochter S. Freuds, wird als direkte Nachfolgerin von Freud auch zu den Neo-Analytikern gezählt. Mit ihrem Werk *Das Ich und die Abwehrmechanismen* hat sie die Instanzenlehre ihres Vaters weiterentwickelt und erstmals die Mittel und Mechanismen, mit denen das Ich Peinliches und Angstauslösendes bewältigt, beschrieben (↗Abwehrmechanismen). Viele Themenbereiche der Psychologie (z. B. Gruppendynamik, Kommunikation, Entwicklung) wie auch viele Therapieformen (↗Familientherapie, ↗Gestalttherapie, ↗Psychodrama, ↗Transaktionsanalyse) kommen ohne psychoanalytisches Gedankengut nicht aus. Sie wurden von den Anhängern der Psychoanalyse selbständig entwickelt und z. B. *analytische Familientherapie* (H. E. Richter) oder *analytische Gruppendynamik* genannt.

Nervensystem. 1. Die Aufnahme von Informationen aus der Umwelt und aus dem Inneren des Körpers und deren Beantwortung, alle psychischen und körperlichen Leistungen des Menschen, eigentlich sein gesamtes Erleben und Verhalten hängt von der Gesamtheit aller Nervenzellen und Nervenleitungen ab. Diese Teile des Organismus werden als Nervensystem (NS) bezeichnet.
Bau und Funktionsweise des NS sind dank der enormen Vergrößerungsmöglichkeit durch Elektronenmikroskope weitgehend erforscht worden. Die etwa 15 Milliarden Nervenzellen allein im Gehirn bieten außerordentlich viele Schaltmöglichkeiten, weil jede Nervenzelle über synaptische (Synapse) Kontakte mit Tausenden anderer Nervenzellen Verbindung aufnehmen kann. Der bekannte englische Neurophysiologe Young hat das menschliche Gehirn mit einem Büro verglichen, das etwa 15 Milliarden Angestellte beschäftigt. Über etwa 10 Millionen Telefondrähte (500 000 km Leitungen) werden in dieses Büro Nachrichten aus der Außenwelt vermittelt, die in verschiedenen Abteilungen verarbeitet, koordiniert und pünktlich beantwortet werden. Das *Gehirn* (Betriebsleitung, Aufsichtsrat) wird häufig auch mit einem Computer verglichen, das zum Teil durch die „Anlage und zu einem größeren Teil durch das ↗Lernen programmiert wurde und nun dafür sorgt, dass sich der Mensch den Anforderungen der Umwelt oder Gesellschaft entsprechend verhält.
I. Das Nervensystem wird vom *Aufbau* her (1) und nach seinen *Funktionen* (2) gegliedert in:

(1) Nervensystem

Zentrum	Peripherie
Zentralnervensystem (ZNS): Gehirn und Rückenmark.	*Peripheres Nervensystem:* Alle afferenten (sensorischen) Nervenfasern (leiten Impulse von der Peripherie zum Zentrum) und efferenten (effektorischen, motorischen) Nerven (vom Zentrum zur Peripherie).

(2) Nervensystem

Zentrales und peripheres
Animalisches Nervensystem

a) *Sensorisches* System:
Reizaufnahme und -verarbeitung (Empfindung, Wahrnehmung).

b) *Motorisches System:*
Steuerung der Willkürmotorik (Bewegung), Reizbeantwortung.

c) An *höheren psychischen Funktionen* (z. B. Sprache, Denken) sind beide Systeme beteiligt.

Zentrales und peripheres *vegetatives* (VNS) oder *autonomes* (ANS) *Nervensystem*

a) Alle motorischen und sensorischen Fasern, die nicht zu quergestreiften Muskeln ziehen (Unwillkürmotorik).

b) Steuerung aller inneren Organe (Herz, Atmung, Darm usw.).

c) Steuerung körperlicher Veränderungen, die organische Grundlage für ↗Gefühle und ↗Triebe darstellen.

Anatomisch (1) und funktionell (2) wird das Nervensystem gegliedert in:

Animalisches Nervensystem:

Großhirn mit Hirnrinde, Zwischenhirn mit seinen Abschnitten (Thalamus, Hypothalamus und Hypophyse), Kleinhirn (Cerebellum), Mittelhirn mit formatio reticularis, Nachhirn (medulla oblongata) und Rückenmark (siehe folgende Abb.).

Vegetatives Nervensystem:

Zentrale vegetative Zentren im Thalamus, Hypothalamus und Hypophyse, vegetative Reflexzentren (z. B. für Husten) im Nachhirn und Rückenmark und die Teilsysteme: Sympathicus und Parasympathicus.

II. Entstehung, Weiterleitung und Übertragung von Erregung und Verschlüsselung (Kodierung) von Informationen. Nervenzellen (Neuronen) sind selbständige Bauelemente des Organismus, die für die Aufnahme (↗Rezeptorzellen wandeln mechanische, chemische u. a. Reizenergien in elektrische Potentiale, Impulse um), Weiterleitung (Nervenfasern, Leitungsbahnen, Nervenfortsätze = Neuriten und Dendriten) und für die Verarbeitung von Informationen verantwortlich sind.

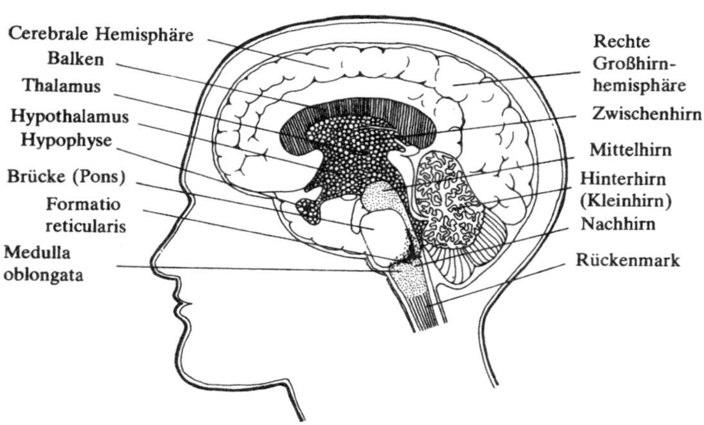

1. *Erregungsentstehung und -weiterleitung.* Die Nervenzelle ist im Ruhezustand (keine Reizeinwirkung) elektrisch negativ geladen (die elektrische Ladung, auch *Ruhepotential* genannt, beträgt gegenüber dem Zelläußeren etwa –60mV). Dieses Ruhepotential ist eine Folge der spezifischen Durchlässigkeit der Zellmembran für verschiedene Ionen (elektrisch negativ oder positiv geladene Teilchen). So werden im Zellinneren hauptsächlich negativ geladene Kalium-Ionen (K^-) gefunden und außerhalb der Membran positiv geladene Natrium-Ionen (Na^+). Wird die Nervenzelle gereizt, so ändert sich die Durchlässigkeit der Membran (Permeabilität), Na-Ionen strömen nach innen und K-Ionen nach außen. Ist der Reiz stark genug (d. h. wird die Schwelle überschritten; ↗Empfindung), so kommt es zur Ausbildung eines *Aktionspotentials* (etwa +30mV), das über die ganze Länge der Nervenfaser weitergeleitet wird. Die Konzentrationsverschiebungen von Ionen werden dann durch eine sogenannte Natrium-Kalium-Pumpe wieder rückgängig gemacht, es wird wieder das Ruhepotential hergestellt. Wenn man berücksichtigt, dass der gesamte Prozess der Erregungsentstehung etwa 1msec dauert, können in einer Nervenzelle pro Sekunde bis zu 800 „Impulse" (800 Aktionspotentiale) entstehen und weitergeleitet werden. In den dicken Nervenfasern werden die Aktionspotentiale mit einer Geschwindigkeit von 100 bis 120 Metern in der Sekunde weitergeleitet, in den dünnen bis zu 3 Meter pro Sekunde.

2. *Übertragung der Erregung.* Die elektrischen Impulse werden von einer Nervenzelle auf die andere über sogenannte *Synapsen* (Schaltstellen) auf chemischem Wege über bestimmte Überträgersubstanzen (Transmitterstoffe; ↗Hormone) übertragen. Eine Nervenzelle kann über synaptische Kontakte mit Hunderten anderer Nervenzellen Verbindung aufnehmen. Entscheidend dabei ist, dass je nach Art der Transmittersubstanz (Neurohormone; ↗Hormone) eine Nervenzelle über Synapsen sowohl erregt (es entstehen Aktionspotentiale, die weitergeleitet werden) als auch gehemmt werden kann (das Entstehen von Aktionspotentialen wird verhindert). Die Nervenzelle selbst arbeitet dabei gewissermaßen als eine mikroskopisch kleine Rechenmaschine. Sie addiert erregende und hemmende synaptische Potentiale sowohl zeitlich (zeitliche Summation: wie viele Impulse über dieselbe Synapse hintereinander eintreffen) als auch räumlich (örtliche Summation: alle Erregungen oder Hemmungen, die über verschiedene Synapsen auf dieselbe Nervenzelle ankommen).

III. *Funktionen einzelner Bereiche des Zentralnervensystems.* Die psychischen und physischen Leistungen des Menschen sind direkt von den Leistungen und der Funktionsweise des Nervensystems abhängig. Obwohl an den Leistungen immer das gesamte Nervensystem beteiligt ist, konnte doch festgestellt werden, dass bestimmte Formationen (Teilbereiche oder Teilsysteme) des Nervensystems einen spezifischen Beitrag für die Aufrechterhaltung menschlicher Aktivität leisten, wenn auch keine dieser Formationen für irgendeine komplexe Form des Verhaltens allein verantwortlich ist. Die Zuordnung einzelner Aktivitäten zu bestimmten Hirnregionen erfolgte aufgrund vieler Beobachtungen über Ausfälle und psychische Störungen bei Verletzungen des Gehirns, des Rückenmarks oder anderer Teile des Nervensystems, durch Ausschaltungsexperimente (bei Tieren werden bestimmte Hirnzentren durch Operationen oder Pharmaka zerstört), durch Reizexperimente (mit Hilfe feinster Elektroden werden bestimmte Hirnzentren gereizt) und nicht zuletzt durch die Ableitung elektrischer Gehirnaktivität (↗EEG).

1. Die Funktion der *Hirnrinde* (Kortex): Steuerung der Willkürmotorik, Zentrum für ↗Empfindungen und ↗Wahrnehmung, ↗Gedächtnis, ↗Sprache, Strategie einer Handlung u. a. (siehe Abb.); sensorische und motorische Projektions- und Assoziationsfelder.

2. Der *Thalamus* im Zwischenhirn ist eine wichtige Schaltstation für alle sensorischen Eingänge wie auch für Willkürbewegungen. Zwischen Thalamus und Hirnrinde besteht eine wechselseitige Beeinflussung.

3. Die sensorischen Impulse gelangen aber auch über die *Formatio reticularis* im Mittelhirn zur Hirnrinde. Die Formatio reticularis (auch Retikuläres aktivierendes System – RAS – oder Aufsteigendes retikuläres aktivierendes System –ARAS – genannt) stellt eine Schaltzentrale dar, die Verbindungen (wechselseitige Beeinflussung) mit Hirnrinde, allen sensorischen Bahnen (Leitungen), mit Thalamus und Hypothalamus sowie mit dem Kleinhirn unterhält. Je nachdem, welche Informationen aus der Umwelt die Formatio reticularis über sensorische Bahnen aus dem Thalamus oder Kleinhirn empfängt, setzt sie die Hirnrinde in einen mehr oder weniger ausgeprägten Erregungs- oder ↗Aktivationszustand. Sie erhält dann sofort Rückmeldungen aus der Hirnrinde. Die Formatio reticularis reguliert den Wach- und Schlafzustand des Menschen. Als Schaltzentrale besorgt die Formatio reticularis eine erste Verarbeitung von Informationen und hat durch ihre Verbindung zum Kleinhirn auch Einfluss auf die Tonusverteilung der Muskulatur (Muskelspannung).

4. Das *Kleinhirn* (Cerebellum) ist mitverantwortlich für die Kontrolle der unwillkürlichen Muskeltätigkeit, sorgt für die Erhaltung des Gleichgewichts, reguliert den Muskeltonus und hat eine wichtige Funktion bei der zeitlichen Koordination von Bewegungen.

5. Das *Nachhirn* (Medulla oblongata) enthält wichtige Reflexzentren (z. B. Husten, Schlucken, Erbrechen, Niesen) und vegetative Zentren (Atemzentrum, Herztätigkeit, Speicheldrüsen, Magen, Leber, Nebenniere, Niere, Dünndarm) und ist Durchgangs- und Schaltstelle aller zwischen Gehirn und Rückenmark verlaufenden Bahnen.

6. Das *Rückenmark* dient als Steuerorgan der Reflextätigkeit und ist von auf- und absteigenden Bahnen durchzogen, die jedes Segment, das effektorische (motorische) Nerven vorne und sensorische Nerven hinten enthält, mit dem Gehirn verbinden. Weiterhin liegen im Rückenmark einige vegetative Reflexzentren (Dickdarm, Blase, Geschlechtsorgane).

IV. Das *vegetative* oder *autonome Nervensystem* schließlich versorgt die inneren Organe (glatte Muskulatur), das Herz und die Drüsen. Weil das VNS vielfach mit dem animalischen Nervensystem verschaltet ist, können Umweltreize oder Impulse aus der Hirnrinde auch vegetative Reaktionen hervorrufen (↗Entspannungstechniken).

Das *periphere* vegetative System besteht aus dem *Sympathikus,* dessen effektorische Nerven erregend bzw. fördernd wirken (z. B. auf Sekretion, Verdauung), und dem *Parasympathikus,* dessen System sich hemmend, drosselnd auswirkt. Beide Systeme wirken also antagonistisch (entgegengesetzt): Der

N

Sympathikus steigert die Aktivität, der Parasympathikus ist auf Entspannung, Erholung ausgerichtet.

Im *zentralen vegetativen* Nervensystem, das die Funktionen des peripheren vegetativen Nervensystems steuert, nimmt der Hypothalamus (im Zwischenhirn) eine besonders wichtige Stellung ein. Durch zahlreiche Schaltsysteme empfängt der Hypothalamus Impulse von der Hirnrinde und von der Formatio reticularis und sendet Rückmeldungen. Der Hypothalamus regelt die Funktion des Sympathikus und Parasympathikus, kontrolliert den Wärme- und Wasserhaushalt, beeinflusst direkt die ↗Hypophyse (↗Hormone), wodurch eine Verbindung zwischen Nerventätigkeit und Hormonsteuerung zustande kommt (↗Hormone), und ist verantwortlich für vegetative Erregungsprozesse, die eine organische Grundlage für Trieb- und Gefühlsleben darstellen (↗Gefühle, ↗Triebe).

Die Erforschung des Nervensystems und vor allem des Gehirns hat sich lange Zeit auf die Lokalisation psychischer Funktionen konzentriert. In den letzten 20 Jahren fasziniert eine neue Entdeckung die Wissenschaftler. Seit der getrennten Untersuchung beider Hirnhälften wissen wir, dass die linke Hirnhälfte „nicht versteht, was die rechte fühlt, und die rechte nicht sagen kann, was die linke denkt". Man stellte fest, dass sich die Funktionsweise der linken Hirnhälfte mit Begriffen wie z. B. intelligent, rational, logisch, analytisch, deduktiv, objektiv, linear, gerichtet, konvergent, digital beschreiben lässt. Die rechte Hirnhälfte arbeitet eher intuitiv, sinnlich, analog, divergent, imaginativ, subjektiv, zeitlos, kreativ, nicht linear und einfühlend. Es wird gesagt, dass in der westlichen Kulturwelt die linke Hirnhälfte mit nüchternem Denken und in der fernöstlichen Welt die rechte Hirnhälfte mit dem einfühlenden, ganzheitlichen Problemlösen überwiegt. Das Zusammenspiel zwischen den beiden Hirnhälften steht zur Zeit im Mittelpunkt des psychologischen und physiologischen Interesses (↗Hirnhemisphären).

Neugier. Bei Menschen und bei Tieren werden Aktivitäten beobachtet, die sinnlos, d. h. mit keinem konkreten Ziel oder zu einem bestimmten Zweck erscheinen und als Explorations-, Erkundungs- oder als Neugierverhalten bezeichnet werden. Es wird angenommen, dass dem „Reizhunger" und dem „" Wissensdurst" ein angeborener Neugier- bzw. Explorationstrieb zugrunde liegt, weil das Verhalten zur Befriedigung keines der sonst bekannten Bedürfnisse dient. Neugier und Exploration sind mit die stärksten Motive im menschlichen Leben. Das Erkundungsverhalten, das der Orientierung in der Umwelt und der Sicherheit dient, darf mit dem „zwecklosen" Neugierverhalten nicht verwechselt werden. Es ist möglich, dass das Neugierverhalten mit dem ↗Nervensystem, das ständig „beschäftigt" werden will, zusammenhängt. Experimente mit sozialer ↗Deprivation haben erwiesen, dass psychische Störungen auftreten, wenn Menschen über längere Zeit soziale Reize entzogen werden. Als Reize, die besonders geeignet sind, Neugierverhalten auszulösen, werden von D. E. Berlyne aufgeführt: intensive Farben und Kontraste, Bewegung, isoliert stehende Wörter (z. B. auf einer Zeitungsseite), Informationen mit sensationellem Neuigkeits- und Überraschungseffekt und Reize, die aktuelle Bedürfnisse ansprechen (Nahrung bei Hunger, sexuelle Reize).

Neurolinguistisches Programmieren (NLP). Nach Joseph O'Connor und John Seymour („Neurolinguistisches Programmieren: Gelungene Kommunikation und persönliche Entfaltung“) ist NLP (allgemein verwendete Abkürzung) „die Kunst und Wissenschaft von persönlicher Vervollkommnung, von erfolgreicher Kommunikation und Höchstleistungen, die entstand, als untersucht wurde, wie Spitzenleute in unterschiedlichen Bereichen ihre außergewöhnlichen Ergebnisse erzielen. Diese Kommunikationsfertigkeiten kann jedermann lernen, um die eigene Wirksamkeit, persönlich wie beruflich, zu verbessern.“

NLP basiert auf der Einstellung, dass Menschen faszinierend sind und ist überzeugt vom Modellieren (Nachahmen, Übernehmen, Trainieren) von Fertigkeiten. NLP wurde durch Richard Bandler und John Grinder in den 60er Jahren durch intensive Beobachtung und Analyse des Verhaltens und der Fertigkeiten besonders erfolgreicher Therapeuten entwickelt.

Modellieren bedeutet, das Handeln hervorragender Leute – beim NLP waren es Fritz Perls (Gestalttherapeut), Virginia Satir (Familientherapeutin) und Milton Erickson (Hypnotherapeut) – genau zu ergründen, Muster zu erfassen und so zu einem anwendbaren und erlernbaren Modell zu kommen. So wird ein Modell für effektive Kommunikation, für persönliche Veränderung, für beschleunigtes Lernen und für Freude am Leben gewonnen. Beeinflusst wurde ihre Arbeit sehr stark durch den Anthropologen, Biologen und Kybernetiker Gregory Bateson, der seine Erkenntnisse zur Kommunikation und Systemtheorie in der Doppelbindungstheorie der Schizophrenie zusammenfasste.

Die Bezeichnung „Neurolinguistisches Programmieren“ umfasst die Bestandteile „neuro“, d. h. die Tatsache, dass alles Verhalten sich aus unseren neurologischen Prozessen des Sehens, Hörens, Riechens, Schmeckens, Berührens und Empfindens ableitet. Körper und Geist bilden eine untrennbare Einheit. Mit „linguistisch“ wird herausgestellt, dass wir die Sprache benutzen, um unsere Gedanken und unser Verhalten zu ordnen und um mit anderen zu kommunizieren. „Programmieren“ beschreibt die Tatsache, dass wir verschiedene Wege wählen können, um unsere Gedanken und Handlungen so zu organisieren, dass sie gewünschte Ergebnisse erzielen.

NLP beruht auf folgenden grundlegenden Erkenntnissen: Jeder Mensch lebt in seiner Welt, die auf seine Sinneseindrücken und individuellen Lebenserfahrungen gegründet ist; wir handeln auf der Basis dessen, was wir wahrnehmen. Aber: Wir nehmen die Welt nicht so wahr, wie sie ist, sondern so wie es unsere Filter erlauben. Unsere Filter, z. B. Einstellungen, Interessen, Werte, Glaubenssätze, die Kultur und vor allem unsere Sprache und insbesondere unsere einzigartigen Erfahrungen lassen die Welt verarmen, machen sie vorhersagbar und langweilig. Genau dieselbe Welt kann reich und aufregend sein. Wir haben viele nützliche und notwendige Filter. Es gibt immer ein Innen (Erfahrungen, innere Bilder, Klänge, Gefühle …) und Außen (Gesichter, Worte, Gegenstände, Vorgänge …). Jeder Mensch verbindet mit dem jeweils wahrgenommenen Außen ein anderes Innen und gewinnt so eine eigene Realität. Alle Generalisierungen über Menschen sind Lügen. Menschen wollen ihre Landkarte über die Welt den anderen aufzwingen als die einzig richtige. Das ist der Grund für Konflikte, Missverständnisse, Misserfolge und Probleme.

NLP hat folgende Basisfilter herausgefunden, die uns erfolgreicher machen:

1. Orientierung auf Ziele statt Probleme, d. h. herausfinden: „Was will ich und welche Fähigkeiten habe ich, um das Ziel zu erreichen“ und nicht: „Warum habe ich dieses Problem? Wer ist daran schuld?“ Wenn man so fragt, wird man sich nachher schlechter fühlen als vorher; solche Fragen führen in keiner Weise zur Lösung des Problems.
2. Es ist besser „Wie“ statt „Was“ zu fragen: Wie-Fragen bringen Einsicht in die Struktur des Problems, Was- und Warum-Fragen bringen Rechtfertigungen und Gründe ohne etwas zu verändern.
3. Es gibt kein Versagen, sondern nur Ergebnisse, deshalb sollen wir nach Feedback statt nach Versagen suchen. Feedback hält das Ziel im Blick, Versagen die Fehler; mit Ergebnissen können wir lernen, mit Fragen nach Versagen beschreiben wir Fehler und nicht die Ergebnisse.
4. Es ist wichtig, sich mit Möglichkeiten zu beschäftigen statt mit Notwendigkeiten. Schauen wir danach, was wir tun können, welche Wahlmöglichkeiten wir haben, statt nach Begrenzungen zu suchen. NLP hilft, sich die Einstellung von Neugier und Faszination anzueignen, statt Vermutungen anzustellen. Es hat keinen Sinn, sich Sorgen zu machen, dass man dumm dasteht, wenn man fragt. Man muss daran glauben, dass die angestrebten Ziele auch zu erreichen sind.
5. Menschen nehmen bewusst nur einen kleinen Teil der Informationen wahr (sieben plus oder minus zwei), die aus der inneren Welt der Gedanken oder aus der äußeren Welt stammen. Das Unbewusste nimmt mehr wahr und enthält alles, was gelernt wurde, alle früheren Erfahrungen. Den größten Teil dessen, was Menschen am besten tun, tun sie unbewusst (unbewusste Kompetenz z. B. beim Autofahren).
6. Für erfolgreiche Kommunikation sind nach NLP Rapport oder Empathie absolut notwendig. Rapport kann man aufbauen durch Körperhaltung, durch Angleichen der Stimme, der Tonart, durch Augenkontakt, durch Teilnehmen am „Tanz“ des anderen. NLP spricht von Mitgehen (pacing) und Führen (leading). Der Rapport, der Aufbau einer Brücke zu einer anderen Person, ist Vorraussetzung für das Führen, um das Verhalten des anderen zu beeinflussen und zu ändern. Einen Rapport herstellen bedeutet auch, dass gewürdigt wird, was die andere Person sagt. Man muss nicht damit übereinstimmen, nur das Wörtchen „aber“ darf man nicht benutzen. „Aber“ zerstört, setzt das Gesagte herab, besser ist „und“, das etwas hinzufügt, erweitert.

Worte haben große Macht, weil sie mit frühkindlichen Erfahrungen verknüpft sind. Menschen, die am Rapport interessiert sind, achten bei einem Vergleich auf Gemeinsamkeiten, auf Ähnlichkeiten, Menschen, die „mismatchen“, achten bei einem Vergleich auf die Unterschiede.

Kommunikation beginnt mit der Wahrnehmung. Daher ist ein wichtiges Ziel der NLP das Training der Sinne. Kommunikation beginnt mit unseren Gedanken. Gedanken sind nach NLP eine innere Welt, ein inneres Repräsentationssystem. Es ist wichtig zu erkennen, ob eine Person in Bildern (visuell), Klängen (auditiv) oder Gefühlen (kinästhetisch) denkt. Je mehr ein Mensch in seiner inneren Welt aufgeht, desto weniger kann er auf die Außenwelt achten.

Es ist faszinierend, anderen zuzuhören und herauszufinden, welche Art der sinnesbasierten Sprache sie vorziehen.

Manchmal sind sich Menschen der Bilder nicht bewusst, die ihr Unbewusstes erzeugt. Wenn das Unbewusste schmerzliche Bilder erzeugt, können diese als psychosomatische Krankheiten an die Oberfläche kommen.

NLP unterscheidet zwischen Führungssystem (die Modalität, mit der ich an die innere Welt herankomme) und Repräsentationssystem (die Art und Weise, mit der ich die innere Welt konstruiere).

Geist und Körper sind eng miteinander verbunden, unsere Gedanken beeinflussen unsere Physiologie und umgekehrt. Wenn sich unser emotionaler Zustand verändert, verändert sich scheinbar auch die Welt da draußen. Der emotionalen Zustände sind wir uns eher bewusst als unserer Physiologie (Körperhaltung, Gesten, Atmung). Der Versuch, Emotionen zu beeinflussen, ohne den Körper zu ändern, ist nutzlos.

Den emotionalen Zustand kann man verändern, wenn man den Körperzustand verändert (z. B. dadurch, dass man hüpft, aus dem Fenster schaut, sich bewegt, schneller atmet ...). Wenn man sich kraftlos, schwach, schlecht fühlt, kann man über Körperbewegungen den Zustand verändern. NLP nennt folgende Möglichkeiten: *Evokation*, ein Prozess, mit dem man jemanden in einem bestimmten Zustand geleitet (z. B. durch Worte, Stimmlage, Gesichtsausdruck ...). *Kalibrieren* bedeutet im NLP, den Ausdruck des Partners richtig deuten lernen, zu erkennen, in welchem Zustand sich der andere befindet. Wir verlassen uns viel zu oft auf Worte der Mitmenschen und zu wenig auf unsere Augen.

Ankern. Emotionen haben starken Einfluss auf unser Leben, Denken und Lernen. Ein Stimulus, der mit einem bestimmten emotionalen Zustand verbunden ist und ihn auslösen kann, wird im NLP Anker genannt. Eine rote Ampel bedeutet „stopp“, ein Kopfnicken bedeutet „ja“. Anker sind weit verbreitet. Wir nehmen sie kaum wahr. Sie entstehen durch Wiederholung (Verknüpfungen, Assoziationen). Der wirksamste Weg, das Verhalten von anderen zu verändern, geht über das Nutzen ressourcenreicher Zustände, über das Setzen von Ankern. Wenn der Mensch sich verändert, verändert sich seine Umwelt.

Ankern von Ressourcen erfolgt über zwei Schritte. Erstens sucht man nach einer Situation, die man verändern möchte, in der man sich anders verhalten möchte. Danach wählt man durch Erinnerung an verschiedene emotionale Zustände, den aus, den man in der Situation zur Verfügung haben möchten (z. B. Mut, Ausdauer, Geduld, Kreativität, Humor ...). Wenn man keine Ressource findet, kann man überlegen, welche Ressourcen andere erfolgreiche Leute in der Situation zur Verfügung haben. Wenn man die Situation klar im Kopf hat, kann man einen Anker wählen (z. B. Faust, zwei Finger zusammendrücken, einen Körperteil berühren = kinästhetischer Anker; ein Wort oder einen Satz wählen = auditiver Anker; ein Symbol, ein Bild = visueller Anker). Ankern gibt uns die Möglichkeit, unsere emotionale Freiheit zu steigern, sich von der Tyrannei negativer Erlebnisse aus der Vergangenheit zu befreien und dieser Tyrannei durch Erwartungen und Phantasien über die Zukunft zu entfliehen. Die Vergangenheit existiert nur als Erinnerung in der Gegenwart; das, was tatsächlich passiert ist, können wir nicht verändern, aber dessen Bedeutung auf das gegenwärtige Verhalten können wir verändern. Nicht das, was

tatsächlich passiert, ist schlimm, sondern die Erinnerung, die Vorstellung, was passieren könnte und die Vorstellung, wie schlimm es sein wird, beeinflusst uns negativ (nach Buddha).
Den Schritt in die Zukunft kann man nach NLP vorbereiten durch *Future Pacing,* d. h. sich in der Vorstellung in die Situation begeben und im Voraus erleben, wie man sich in der Situation fühlen möchte, durch mentales Durchspielen, durch den sich der Körper auf die Situation vorbereitet. Durch starke Erfolgsbilder erhöht man die Wahrscheinlichkeit des Erfolgs.
Der *Generator für neues Verhalten* ist eine weitere wirkungsvolle Technik, die man für persönliches und berufliches Fortkommen nutzen kann. Man kann für ein neues Verhalten so lange den Regisseur spielen, bis das neue Verhalten die eigenen Werte und die persönliche Integrität repräsentiert (bis es vor allem gefühlsmäßig stimmt).
NLP unterscheidet verschiedene Ebenen des Lernens und Kommunizierens. John Grinder stellte fest, dass wir mindestens drei Positionen einnehmen müssen, wenn wir eine Situation, einen Vorgang einigermaßen genau erfassen wollen. Er nannte sie die erste, die zweite und die dritte Wahrnehmungsposition. Erste Position: „Wie wirkt das auf mich?“ Zweite Position: „“ Wie wird es Ihnen wohl erscheinen?“ (Blickwinkel des anderen würdigen). Dritte Position: Wie würde dies für jemanden aussehen, der nicht beteiligt ist?“ (objektive Sichtweise, Position des neutralen Beobachters).
Durch diese drei Positionen kann man ein einfaches Gleichgewicht erreichen zwischen bewussten und unbewussten Prozessen. Weisheit entsteht aus dem Gleichgewicht, und es gibt kein Gleichgewicht, wenn es nicht unterschiedliche Kräfte gibt, die ins Gleichgewicht zu bringen sind.
Wörter sind nach NLP nicht nur Mittel der Kommunikation, sondern auch Anker für Sinneserfahrung; aber Erfahrung ist nicht die Realität. Die Sprache ist zwei Schritte von der Realität entfernt. Über die wahre Bedeutung eines Wortes zu streiten ist ähnlich, als wollte man darüber streiten, dass eine Speisekarte besser schmeckt als eine andere, weil man die Speisen bevorzugt, die darauf stehen.
NLP hat eine nützliche Karte davon, wie Sprache funktioniert. Sie ist als Meta-Modell bekannt. Bandler und Grinder unterscheiden Tiefenstruktur (das, was wir meinen) und Oberflächenstruktur (das, was wir sagen). Das *Meta-Modell* entwickelte eine Reihe von Fragen, um Tilgungen, Verzerrungen und Verallgemeinerungen zu entwirren. NLP wird daher auch oft definiert als die Methode, richtig zu fragen.
Wenn Verben in Substantive verwandelt werden, sprechen Linguisten von Nominalisierung. Mit einem Verb wird in der Regel eine fortlaufende Handlung beschrieben (z. B. erziehen), wird es nominalisiert (Erziehung), geht vieles verloren (Wer erzieht wen, wann, auf welche Art und Weise?). Modaloperatoren der Möglichkeit („kann nicht“) und der Notwendigkeit („darf nicht“, „sollte nicht“) sind weitere Beispiele. Fritz Perls pflegte den Patienten zu sagen: „Sagen Sie nicht, ich kann nicht, sondern sagen Sie, ich will nicht.“ oder: „Was würde passieren, wenn Sie es täten?“ oder: „Was hält Sie davon ab?“
Das *Milton-Modell* (modelliert nach Milton Erickson) ist das Spiegelbild des Meta-Modells. Mit dem Meta-Modell holt man Tilgungen und Verallgemei-

nerungen hervor. Mit dem Milton-Modell konstruiert man Sätze voller Tilgungen, Verzerrungen und Generalisierungen (Orakel), und die Details müssen vom Zuhörer eingesetzt werden – um an das Unbewusste heranzukommen. Man gibt dem Zuhörer den Rahmen und lässt ihn selbst das Bild suchen, man gibt ihm den Kontext und lässt ihn den Inhalt einsetzen. Mit dem Milton-Modell wird der Zugang zum Unbewussten und seinen Ressourcen gesucht.

NLP hat auch wichtige Erkenntnisse zur Verbesserung des Unterrichts zusammengetragen. Die interessante Entdeckung, dass Menschen in ihrem Leben die Sinneskanäle (visuell, auditiv, kinästhetisch, olfaktorisch und gustatorisch = VAKOG) unterschiedlich ausgeprägt haben und dass daher erfolgreiches Lernen vom Einsatz des dominanten Sinneskanals abhängt, hat wichtige Konsequenzen für die Unterrichtsgestaltung.

Wenn von zwei Schülern der eine das kinästhetische System bevorzugt benutzt und der andere das auditive, dann nehmen diese beiden Schüler den Unterricht des Lehrers völlig unterschiedlich wahr und speichern verschiedene Informationen, so als lebten sie in zwei verschiedenen Welten. Diese beiden Schüler unterscheiden sich auch in ihrer Art zu sprechen. Der „kinästhetische“ Schüler unterstützt seine Worte mit Bewegungen im ganzen Körper, spricht mal leise, mal laut und benutzt viele Wörter aus der Gefühlssprache (fühlen, spüren, weich, hart, glatt, unheimlich, fremd). Der „auditive“ Schüler spricht melodisch und rhythmisch, nickt mit dem Kopf und benutzt Wörter aus der Tonsprache (leise, laut, hören, singen, harmonisch, stimmig).

NLP-Praktiker haben weiterhin herausgefunden, dass Menschen, die das gleiche Sinnessystem ausdifferenziert haben, schnell eine gute Beziehung zueinander finden und sich leicht verständigen können. Es steht auch fest, dass Lehrer in der Unterrichtsdarbietung das Sinnessystem benutzen, das sie am stärksten ausgeprägt haben. Ein Schüler mit einem anderen Sinnessystem kann so einen Lehrer evtl. nicht ausstehen und dem Unterricht nicht folgen.

Aus den geschilderten Erkenntnissen über dominante Sinnessysteme ergibt sich folgende Schlussfolgerung: Durch die Darbietung des Stoffes müssen alle Sinne angesprochen werden, damit alle Schüler in gleicher Weise erreicht werden. Übersichten, Graphiken, Tabellen kommen bei visuell orientierten Schülern gut an, Sprechszenen, Vorträge, Hörspiele bei auditiv orientierten und Pantomimen, symbolische Bewegungsabläufe, Rollenspiele bei kinästhetisch orientierten Schülern. Wird der Stoff den Schülern in „ihrem Sinnessystem“ angeboten, so finden die Informationen innere Zustimmung, sind interessant, die Aufgaben motivierend und anregend; den Lehrer finden die Schüler sympathisch. Zwischen Schülern und Lehrern, die das gleiche Sinnessystem benutzen, entsteht sehr schnell eine gute Beziehung. Wird den Schülern der Unterrichtsstoff in ihrem Sinneskanal dargeboten, so werden sie dort abgeholt, wo sie stehen. Visuell orientierte Schüler arbeiten gerne mit Graphiken, Übersichten, Zeichnungen, Tabellen; auditiv orientierte mit Sprache, mit Klängen, Hörspielen und Vorträgen; kinästhetisch orientierte Schüler bevorzugen Pantomime, Rollenspiele und symbolische Bewegungsabläufe.

Es sei vermerkt, dass besonders kreative Schüler das kinästhetische Sinnessystem benutzen und häufig in der Schule scheitern, weil sie durch ihr „Bewegungsverhalten“ stören und durch den in der Regel visuell dargebotenen Stoff

nicht erreicht werden. Ihre schlechten Leistungen und Noten werden auf mangelnde Intelligenz zurückgeführt.
Die Erkenntnis vom bevorzugten Sinnessystem ist praktisch leicht verwertbar, weil es neurologische Indikatoren für den gerade benutzten Sinneskanal gibt. An unbewussten Augenbewegungen und der Körperhaltung kann man z. B. erkennen, ob die Schüler eine Information im visuellen, auditiven oder kinästhetischen Speicher suchen. Die Lehrer können durch ihre Körperhaltung die Schüler beim Erinnern (Repräsentieren, Denken) stören oder unterstützen. Wenn ein Schüler auf seine Visualisierung angewiesen ist, der Lehrer aber in der Klasse hin und her geht, so werden innere Bilder des Schülers durch die Bewegungen des Lehrers nachhaltig gestört. Wenn ein Schüler im visuellen Speicher die abgefragten Informationen sucht, dann richtet er seinen Blick nach oben. Wird er nun vom Lehrer mit der bekannten Bemerkung: „Da oben steht das nicht!“ gestört, dann kann er sich nicht mehr erinnern. Die Aktivierung des auditiven Speichers erfordert rhythmische Körper- und Kopfbewegungen.

Neuropsychologie ist eine Teildisziplin der Psychologie, die als eine interdisziplinäre Wissenschaft Fragen nach den Zusammenhängen zwischen den biologischen Funktionen des Gehirns einerseits und dem Verhalten und Erleben andererseits, vor allem auf den Gebieten Wahrnehmung, Motorik, Aufmerksamkeit, Lernen, Gedächtnis, Sprache und Denken, Emotionen (vor allem Depression) und auch den Zusammenhang zum sozialen Verhalten untersucht. Neuropsychologen sind vor allem im klinischen Bereich (Diagnose und Behandlung), in der Gerichtspsychologie und in der pharmazeutischen Industrie tätig. Die Interessen der Neuropsychologen werden von der 1986 gegründeten Gesellschaft für Neuropsychologie (GNP) vertreten.
Im Gegensatz zu Neurologie, die sich als ärztliche Wissenschaft mit den Nerven und den Erkrankungen des Nervensystems beschäftigt, also eher die körperliche Seite beachtet, ist die Neuropsychologie mehr an psychischen und geistigen Funktionen im Zusammenhang mit dem Nervensystem interessiert.
Durch Schlaganfälle, unfallbedingte Hirnverletzungen, Tumorerkrankungen, durch Stoffwechselerkrankungen, Vergiftungen oder Infektionen kommt es oft zu Hirnschädigungen mit neuropsychologischen Störungen. In der Regel sind die Bereiche der Wahrnehmung, der Orientierung, des Denkens, der Aufmerksamkeit und des Gedächtnisses, aber auch die Sprache, die Emotionen, die Motivation und das soziale Verhalten betroffen. Nach einer genauen Diagnose folgt eine so genannte neuropsychologische Therapie, die oft zum Ziel hat, dass die Patienten zu Experten für ihre Krankheit ausgebildet werden, dass sie ihre Stärken und Schwächen genau kennen und so persönliche, familiäre sowie berufliche Probleme so gering wie möglich gehalten werden. Um diese Ziele zu erreichen, wenden klinische Neuropsychologen neben dem Einsatz von „Psychopharmaka die Verfahren und Methoden aus dem gesamten Bereich der Klinischen Psychologie, der klassischen Psychotherapie und der Familientherapie an.

Neurose. Der Begriff Neurose ist sehr eng mit der psychoanalytischen Theorie verbunden. Er bezeichnete ursprünglich die vier von Freud dargestellten klas-

sischen Formen des gestörten Erlebens und Verhaltens: Phobie, Zwangsneurose (↗Angststörungen), ↗Hysterie und ↗Depression. Eine Neurose ist hier immer der Ausdruck einer ineffektiven Angstbewältigung, ist erworben und hat keine unmittelbare organische Ursache als Grundlage. Es entwickelten sich erhebliche Zweifel, ob neurotische Zustände immer auf Angst beruhen, außerdem stellte man fest, dass Klienten mit einer bestimmten Neurose häufig kaum übereinstimmende Symptome zeigten. Deshalb wandte man sich vor allem in der Forschung und der klinischen Praxis vom Begriff der Neurose ab und entwickelte eine eigenständige, neue Systematik ↗psychischer Störungen.
Andrerseits ist der Begriff der Neurose in den Alltag eingegangen, und einige klinisch tätige Fachleute verwenden ihn auch heute noch. Sie wollen damit hervorheben, dass ein Betroffener sich mit seinen auffallenden Verhaltensweisen nur graduell vom „Normalen" unterscheidet, kein organisches Problem vorliegt, kein Verlust an Realitätsorientierung gegeben ist und dieses Verhalten trotz aller Probleme, die entstehen, der Angstminderung dient.

Neurotizismus, Disposition zu Neurosen, auch neurotische Tendenz oder emotionale Labilität genannt, wurde von H. J. Eysenck als eine erbbedingte Neurosebereitschaft beschrieben. Neurotizismus ist nicht der einzige Faktor, der die Ausbildung einer ↗Neurose begünstigt. Es müssen auch die Umweltbelastungen, denen das Individuum ausgesetzt ist, berücksichtigt werden. So kann es geschehen, dass jemand mit hohem Neurotizismuswert kein neurotisches Verhalten erkennen lässt, weil ihn die Anforderungen der Umwelt nicht übermäßig belasten. Andererseits kann ein emotional durchaus stabiler Mensch bei länger andauernder Belastung sich zum Neurotiker entwickeln.
Obwohl die Anlagebedingtheit des Neurotizismus stark betont wird, sprechen viele Tatsachen dafür, dass die beobachtete organismische Überempfindlichkeit zum Teil eine Folge von Lernprozessen ist, d. h. von der Erziehung in frühen Lebensjahren abhängt.

Nicht-direktive Therapie, eine von C. Rogers entwickelte Therapieform, bei der der Therapeut kaum Lenkung ausübt, vielmehr vor allem Gedankengänge und Gefühle des Klienten reflektiert und transparent macht. Die Therapie will die beim Klienten vorhandenen Selbstheilungskräfte aktivieren, so dass er eigene Lösungen für sich entwickeln kann. ↗Gesprächspsychotherapie.

Nonverbale Kommunikation, nichtsprachlicher Informationsaustausch z. B. mittels ↗Ausdruck, Zeichnungen, Musik, Tanz o. a. ↗Kommunikation.

Noradrenalin, in den Nebennieren gebildetes ↗Hormon, das im Wesentlichen die Aufgabe hat, den Blutkreislauf in Gang zu halten und für die Übermittlung von Nervenimpulsen zu sorgen.

Normalverteilung, Bezeichnung für eine Verteilung von Merkmalen, deren häufigste Messwerte im Bereich des Mittelwertes zu finden sind. Links und rechts vom Mittelwert nehmen die Messwerte in symmetrischer Form ab. ↗Gaußsche Kurve, ↗Statistik.

N

Normen und Normalität. Normen, also Vorstellungen darüber, wann der Mensch „krank" und „behandlungsbedürftig" oder „gesund" und „arbeitsfähig" ist, spielen in der Psychologie eine wichtige Rolle (mit ihrer Hilfe wird z. B. entschieden, ob jemand als „abnorm" beurteilt und in eine psychiatrische Klinik eingewiesen wird). Normen konnten bisher jedoch nicht eindeutig definiert bzw. festgelegt werden. Während körperliche Krankheiten nie als persönliches Versagen angesehen wurden, sind bei gestörten Menschen (↗Persönlichkeitsstörungen, ↗psychische Störungen) die Mitmenschen allzu gerne bereit, die Betroffenen für ihr Versagen verantwortlich zu machen. „Du bist selbst schuld, faul, willenlos!" „Du bist dumm, willst du dich denn für verrückt erklären lassen!" „Reiß dich zusammen, und zeige den Leuten, dass du es kannst!"
Es gibt unterschiedliche Vorstellungen über das, was normal ist:
Die *statistische Norm* sagt, dass normal ist, was die meisten anderen machen und als normal akzeptieren. Das durchschnittliche Verhalten ist also richtig, was sich aber aus folgenden Gründen als fragwürdig erwiesen hat:

- Das Durchschnittsverhalten unterliegt schnellem Wandel. „Homosexualität, Heiratsabsichten katholischer Priester, rauchende Frauen in der Öffentlichkeit, Wehrdienstverweigerung, selbstbewusstes Auftreten von Kindern und Jugendlichen sind Verhaltensweisen, die vor nicht langer Zeit als „anormal" angesehen wurden.
- Das Durchschnittsverhalten ist von Kultur zu Kultur und je nach sozialer Schicht unterschiedlich. Nachweislich gibt es keine psychotische Erkrankung, die in allen Kulturen als solche angesehen wird. Unterschichtangehörige werden vornehmlich von anderen als psychotisch eingestuft und in psychiatrische Kliniken eingewiesen, für Angehörige anderer Schichten ist es „normal", sich freiwillig in psychotherapeutische Behandlung zu begeben. Bei den Zuni-Indianern wurden Personen, die Aktivität und Initiative entwickeln, als Hexen oder Zauberer am Daumen aufgehängt.
- Das Durchschnittsverhalten kann nicht immer als normal gelten. Wenn sich die meisten Menschen einer Gruppe dazu entschließen würden, ↗Drogen einzunehmen, könnte man dieses Verhalten kaum als normal bezeichnen und mitmachen. Mit welchem Recht wurde früher das gesundheitsschädliche Rauchen als normal bezeichnet?
- Meistens wird nur das von der statistischen Norm nach „unten" abweichende Verhalten als abnorm bezeichnet und nicht auch Abweichung nach „oben". Ein Schüler, der zu wenig leistet, ist „leistung- und verhaltensgestört", derjenige, der zu viel leistet (Abweichung vom Durchschnitt nach oben) ist normal. Kinder mit einem ↗IQ unter 70 werden als „minderbegabt" und „geistig behindert" bezeichnet und Kinder mit einem IQ von 135, obwohl die Abweichung von 100 größer ist, als normal angesehen.

Idealnorm. Bei der Klassifizierung oder Diagnostizierung des Verhaltens nach „abweichend" und „normal" spielt häufig auch die sog. Idealnorm eine bedeutende Rolle. Das Verhalten wird entsprechend den vorherrschenden Wertvorstellungen, Idealen und Zielsetzungen der Bezugsgruppe als normal oder abweichend eingestuft. Dieses Vorgehen ist problematisch, weil die Idealnormen ideologieanfällig sind (z. B. NS-Zeit) und Menschen aus anderen Kulturkreisen dadurch leicht zu Außenseitern abgestempelt werden.

Funktionale Norm. Sie sagt, dass eine optimale Funktionsfähigkeit bei einem Organismus der normale Zustand ist. Geht man z. B. davon aus, dass einzelne Verhaltensweisen des Menschen im Dienste eines Bedürfnisses stehen oder die Bewältigung einer Aufgabe zum Ziel haben, so wird man einen Menschen als „anormal" bezeichnen, der diese Tätigkeiten nicht mehr oder nur eingeschränkt vollziehen kann.

Normalität ist nichts Festes. Ideale und statistische Norm wechseln, wenn ein Mensch sein Umfeld ändert, wenn er z. B. umzieht und eine neue Schule besucht. Ein in einem Kulturkreis völlig unakzeptables Verhalten wird in einem anderen hoch geschätzt. Daher ist die Frage wichtig, wer eigentlich entscheidet, wann ein anderer Mensch auffällig („verrückt") ist und auf welchem sozialen und kulturellen Hintergrund dies geschieht. Im Grunde kann jeder für sich entscheiden, ob er normal ist. Gerät er aber mit wichtigen Erwartungen (z. B. Gesetze, Schulordnungen) häufig in Konflikt oder schränkt er andere sehr ein (z. B. bei der ↗Psychopathie), treffen andere (z. B. Lehrer, Polizisten, Eltern, Psychologen) die Entscheidung. Leider sind diese Personen sich nicht immer im Klaren darüber, dass sie aufgrund von Werten und Regeln einer bestimmten Gesellschaft urteilen, die manchmal fragwürdig sind. R. D. Laing greift die mit einer Diagnostik verbundene Etikettierung von Menschen an und provoziert mit seiner Feststellung, dass ↗Schizophrenie keine Geisteskrankheit ist, sondern eine angemessene Reaktion auf eine verrückte Welt. Diagnostische Bezeichnungen sind nach seiner Ansicht nur Zwangsjacken, die eine angemessene Kommunikation mit dem Betroffenen verhindern.

Das Problem der ↗Etikettierung (auch Labeling oder Stigmatisierung) wurde von verschiedenen Forschern aufgegriffen. Die Zuschreibung der Begriffe „auffällig", „nicht normal" oder „gestört" weist den Menschen automatisch einen Platz außerhalb des „Normalen" zu. Aber auch gut gemeinte Ratschläge, Tipps u. a., die z. B. von Angehörigen oder Lehrern Menschen, die auffallen, gegeben werden, zeigen die typischen Merkmale einer Etikettierung:

- Ein bestimmtes Verhalten oder Merkmal (z. B. nicht ehelich, vorbestraft, psychotisch) wird von Mitmenschen als abweichend bezeichnet und hervorgehoben.
- Dieses Verhalten wird moralisch abgewertet und als schädlich, zumindest unerwünscht betrachtet.
- Der so abgewertete Mensch wird für sein Verhalten verantwortlich gemacht und wird das Etikett meist nicht mehr los.

Je mächtiger und einflussreicher Menschen sind, die eine Etikettierung vornehmen (z. B. Elternbeiräte, Psychologen, Psychiater), umso nachhaltiger ist die Wirkung der Etikettierung.

O

Objektbesetzung, Objektfixierung ist nach S. Freud dann gegeben, wenn bei Menschen infolge wiederholter Befriedigung bestimmter Triebwünsche viel libidinöse (↗Libido) Energie an ein bestimmtes Objekt (auch Person) gebunden oder fixiert ist. Diese Energie fehlt dann für andere Aktivitäten, und es kann zu einem unangepassten Verhalten kommen.

Objektivität, allgemein: Sachlichkeit; die Tendenz bzw. ein Persönlichkeitsmerkmal, die Wirklichkeit „sachlich" und nicht überempfindlich und subjektiv zu beurteilen. ↗Tests sind dann „objektiv", wenn das Ergebnis während der Durchführung, Auswertung und Interpretation vom Testleiter nicht beeinflusst werden kann bzw. wenn mehrere Auswerter zu übereinstimmenden Ergebnissen kommen. ↗Methoden der Psychologie.

Ödipale Phase, aus Sicht der Psychoanalyse letzter Entwicklungsabschnitt des Kindes vor der Schulzeit, der für die Ausbildung der Geschlechtsrolle und die Entwicklung des Über-Ichs von besonderer Wichtigkeit ist. ↗Psychoanalyse.

Ödipuskomplex entsteht nach S. Freud dann, wenn der Sohn in der phallisch-ödipalen Phase der Entwicklung seine Mutter besonders mag und begehrt, dem Vater aber letztlich nachgeben muss. Bewältigt der Sohn die Reaktionen des Vaters, die als Strafen erlebt werden (Kastrationsangst), nicht, kann der Junge in dieser Phase fixiert werden (↗Abwehrmechanismen), was später möglicherweise zu Problemen führt. C. G. Jung spricht vom Elektrakomplex und beschreibt damit die Situation aus der Sicht des Mädchens.

Ökologische Psychologie, älterer Begriff für ↗Umweltpsychologie.

Okkultismus, ältere Bezeichnung für die vorwissenschaftliche Beschäftigung mit parapsychologischen Erscheinungen oder den „geheimnisvollen" Kräften der Natur und des Menschen. ↗Parapsychologie.

Onanie, synonym *Masturbation* (sexuelle Selbstbefriedigung). Die Onanie ist im ↗Jugendalter weit verbreitet (etwa 97 % der Jugendlichen), auch im Erwachsenenalter noch üblich und wird zu einem psychologischen Problem aufgrund falschen Erzieher-Verhaltens, das Schuldgefühle, Onanieskrupel und -ängste fördert.

Ontogenese, Individualentwicklung – in Abhebung zur Stammesentwicklung (↗Phylogenese).

Operational. Definitionen, Begriffe oder Theorien sind oftmals so gefasst, dass sie die Handlungen, Vorgehensweisen oder Methoden beinhalten, mit denen man die betreffenden Vorgänge und Sachverhalte beobachten kann. Solche Begriffe (usw.) nennt man operational. ↗Methoden der Psychologie

Opium, aus Mohn gewonnenes Narkotikum. ↗Drogenabhängigkeit.

Orale Phase, aus psychoanalytischer Sicht erste Phase der Entwicklung des Kindes, in der Urvertrauen und andere grundlegende emotionale Erlebnisweisen (z. B. Annehmen, Genießen) erworben werden. ↗Psychoanalyse.

Organisationsentwicklung (OE) ist ein geplanter, gelenkter und systematischer Prozess zur Veränderung der Kultur, der Systeme und des Verhaltens einer Organisation. Sein Ziel ist es, die Effizienz der Organisation bei der Lösung ihrer Probleme und der Erreichung ihrer Ziele zu verbessern. In diesem Prozess werden die Betroffenen zu Beteiligten gemacht. Die OE konzentriert sich nicht nur auf das Ziel als solches, sondern beschäftigt sich ebenso intensiv mit dem Weg, der dahin führt.

Organisationsentwicklung ist ein ganzheitlicher Ansatz, der sich z. B. von der Ausschließlichkeit des „Psychologisierens", von Beziehungsklärungen, gruppendynamischen Übungen und Managementtrainings distanziert. Er geht davon aus, dass jede Innovation in der Organisation die Vernetzung zwischen dem sozialen System (Menschen mit ihren Bedürfnissen, Rollen, Fähigkeiten), dem technischen System (Maschinen, technische Abläufe), dem ökonomischen System (Kapital, Bedarf, Preise, Rentabilität) und dem Leistungs-System (Produkt-Markt-Beziehung, Produkt und Nachfrage, Dienstleistungen, Marketing) berücksichtigen und ganzheitlich denken muss. Eine weitere Grundannahme ist, dass in jeder Organisation viele kreative Kräfte und Kapazitäten brachliegen. Sie können ohne eine ausgeklügelte Motivationsstrategie und Manipulation von außen aktiviert werden.

Durch die OE soll nicht nur die Produktivität, sondern auch die Lebensqualität und Problemlösungsfähigkeit innerhalb einer Organisation erhöht werden. Durch Prozesse der OE, an denen alle mitwirken, sollen Erfahrungen und Fähigkeiten der Mitarbeiter für einen geplanten langfristigen Wandel und die Wettbewerbsfähigkeit genutzt werden.

Ziele der OE sind: Nutzung des Problemlösungspotentials der Mitarbeiter, Berücksichtigung ihrer persönlichen und beruflichen Entwicklungsmöglichkeiten, Verbesserung der Rahmenbedingungen der Arbeit und Steigerung der Leistungsfähigkeit der Organisation. Man spricht von einer „lernenden Organisation".

Der Verlauf der OE. Prozesse der OE verlaufen prinzipiell in fünf Schritten. Es sind: Aktivierung, Motivierung der Mitglieder und Erläuterung der zur Lösung anstehenden Probleme; Analyse der Ist-Situation (zu ermitteln sind Stärken und Schwächen) unter genauer Bestimmung von Ursachen und Hintergründen; Erarbeitung konkreter Ziele und Maßnahmen; Umsetzung der vereinbarten Maßnahmen, Arbeit in Projektgruppen; Auswertung, Ergebniskontrolle und Erfolgssicherung. Will man die Funktionsweise eines Unternehmens verstehen, kann man nicht von den Aufgaben, die dort erledigt werden, ausgehen. Der Dreh- und Angelpunkt sind vielmehr die Ziele, welche mit der Erledigung dieser Aufgaben verfolgt werden.

Grundsätze der OE. Während der Innovationsarbeit wird großer Wert auf „positive" Prozesse gelegt: Gesammelte Informationen werden allen zugänglich gemacht. Interessen, Ziele und Wünsche der Beteiligten werden offen verhandelt. Gefühle, Beziehungen und Verhaltensweisen sind nur dann Gegen-

stand der Diskussion, wenn dies für die Erarbeitung von Lösungen unverzichtbar ist. Das Selbstbild der Mitarbeiter wird akzeptiert.
Alle Maßnahmen der OE gehen von dem diagnostizierten Ist-Zustand aus und sind als Hilfe zur Selbsthilfe zu verstehen, denn nur so sind dauerhafte Problemlösungen und Konfliktregulierungen möglich. Zur Selbsthilfe gehört auch die Mitwirkung aller Beteiligten und die Festlegung regelmäßiger Treffen mit dem Ziel, Zwischenbilanz zu ziehen und evtl. Korrekturen vorzunehmen.
Die recht anspruchsvollen Prozesse der OE können nur von einem Team geplant und moderiert werden. Der Einsatz von Beratern, die sozusagen als „Prozessspezialisten“ moderierend eingreifen, Alternativen aufzeigen, Methoden zur Datenerhebung und Auswertung vorschlagen, für die Sicherung der Arbeitsergebnisse sorgen und auf die Transparenz der Prozesse achten, ist dringend angeraten.
Ziele der Organisationsentwicklung sind:
- das interne Problemlösungs- und Steuerungspotential zu verstärken,
- die Qualität des Arbeitslebens durch die Verbesserung der Rahmenbedingungen der Arbeit zu steigern,
- die persönlich-beruflichen Entwicklungsmöglichkeiten der Mitarbeiter zu berücksichtigen und
- die Leistungsfähigkeit der Organisation zu steigern.

Corporate Identity-Konzept. Gerhard Regenthal schreibt im Vorwort zu seinem Buch *Identität & Image:* „Das Verhalten der Menschen wird durch ihre Emotionen bestimmt. Die Menschen entscheiden sich nicht nach dem, wie es ist, sondern nach dem, wie sie meinen, dass es sei.“ In seinem Buch setzt sich Regenthal mit „Managementstrategien zur Verbesserung der Innen- und Außenwirkungen von Unternehmen“ auseinander. Seiner Meinung nach können angesichts des hohen Entwicklungsstandes der Wirtschaft Spitzenleistungen nur durch „Identität und Image“ und nicht mehr durch „harte Führungsstrategien“ erreicht werden.
Das kann als Höhepunkt der Organisationsentwicklung eingestuft werden. Eine Unternehmensidentität, die durch alle Mitarbeiter einer Organisation entwickelt wird, stärkt das „Wir-Gefühl“, schafft eine Grundlage für Erwartungen, Bedürfnisse und Werte Einzelner, ermöglicht Identifikation nach innen und Abgrenzung nach außen und sichert langfristige Erfolge. Die meisten großen Unternehmen und auch öffentliche Einrichtungen haben inzwischen eine eigene Firmenphilosophie, für alle Beteiligten verbindliche „Leitbilder“ oder Formen der Selbstdarstellung entwickelt.

Organisationspsychologie. Soziale Gebilde oder Systeme, in denen durch die rationelle Koordination von Aktivitäten einer Anzahl von Menschen, durch die Arbeits- und Funktionsteilung sowie durch die Bereitstellung bestimmter Mittel (Technologien, Kapital) Ziele und Zwecke angestrebt werden, die sich häufig von den individuellen unterscheiden, werden Organisationen genannt. Betriebe, Schulen, Krankenhäuser, Stadtverwaltungen, Regierungen u. a. sind soziale Gebilde bzw. Organisationen.
Der Bedarf an optimal strukturierten und funktionierenden Organisationen

infolge des technischen Fortschritts führte in den 60er Jahren dazu, dass sich aus der allgemeinen „Betriebspsychologie eine selbständige Disziplin der Psychologie, die Organisationspsychologie, herausgegliedert hat. Der Erfolg einer Organisation hängt insbesondere vom flexiblen und aufgabenorientierten Zusammenspiel aller Mitarbeiterinnen und Mitarbeiter ab. Das zentrale Interesse der Organisationspsychologie gilt der Frage, wie individuelle Motive und Bedürfnisse mit den Zielen der Organisation in Einklang gebracht werden können. Zu diesem Zweck untersucht die Organisationspsychologie Zusammenhänge zwischen Arbeitszufriedenheit, Arbeitsklima, Stress, Arbeitsplatzwechsel, Führungsstil, Motivationen der Mitarbeiter, Fähigkeiten von Personen und den Strukturen der Organisation. Erkenntnisse der Organisationspsychologie finden unter anderem Berücksichtigung bei Personaleinstellung (Gewinnung, Auslese), Personaltraining und Weiterbildung, bei der Bildung von Arbeitsgruppen (Gruppengröße, Kommunikation, Konfliktlösung), bei der Verbesserung der Führung, bei der Gestaltung von Arbeitszufriedenheit und bei der Lösung von Fragen der Motivierung von Mitarbeitern.
In den beiden letzten Jahrzehnten hat sich gezeigt, dass die von der Human-Relations-Bewegung, die eine Humanisierung der Arbeit, Arbeitszufriedenheit und insbesondere positive Beziehungen zwischen Organisationsmitgliedern anstrebte, entwickelten Organisationsprinzipien, Managementtechniken sowie Empfehlungen zur Menschenführung die Probleme innerhalb der Organisationen nicht mehr lösen können. Pflichten und Vorschriften werden immer zahlreicher, formaljuristische Zwänge ausgeklügelter, der technologische Wandel immer schneller, der Leistungsdruck höher. Das sind einige Gründe, die dazu führen, dass Führungskräfte zunehmend ratloser werden und mit Führungsunwilligkeit oder Verunsicherung reagieren. Als ein erfolgversprechender Weg aus dem Dilemma wird die *Organisationsentwicklung* (OE) angeboten.

Organminderwertigkeit. Der eigene Körper oder Teile davon werden als minderwertig erlebt. ↗Minderwertigkeitsgefühl.

Orgasmus, Höhepunkt der körperlichen Erregung nach einer sexuellen Stimulation (Reizung), die sich in unwillkürlichen Muskelzuckungen, erhöhter Herzschlag- und Atemfrequenz und erhöhtem Blutdruck äußert und von angenehmen Empfindungen bzw. Gefühlen (↗Lust) begleitet wird. Obwohl der Ablauf körperlicher Reaktionen und Nervenprozesse willkürlich nicht gesteuert werden kann, hängt deren Auftreten, wie die sexuelle Erregbarkeit überhaupt, sehr stark von Lernprozessen ab. Negativ wirken sich Angst, Scham- und Schuldgefühle, Ermüdung und psychische Spannungen aus. Obwohl Frauen in der Regel den Orgasmus intensiver erleben als Männer und nach einem Orgasmus im Gegensatz zum Mann häufig weitere Orgasmen erreichen können, gibt es anders als bei den Männern, sehr viele Frauen, die einen Orgasmus selten oder überhaupt nicht erreichen.

Orientierung, allgemein: sich in Raum und Zeit zurechtfinden; den richtigen Weg finden; rechts – links, oben – unten unterscheiden. Verlust der Orientierungsfähigkeit tritt insbesondere bei Verletzungen des Gehirns auf.

Orientierungsreaktion bzw. *-reflex:* Neue Umweltreize in gewohnter Umgebung rufen eine „Was-ist-das-denn-Reaktion“ hervor. Es handelt sich um eine reflexartige Zuwendung der „Aufmerksamkeit auf neue Reize, die wieder erlischt, wenn man sich an den Reiz gewöhnt hat, und die nicht als Neugierverhalten gedeutet werden darf. Die Orientierungsreaktion, die sich als Erhöhung der Muskelspannung, Bewegung zum Reiz, Pupillenerweiterung, erhöhte ↗EEG-Aktivität, Herzschlagbeschleunigung, tiefere Atmung und Erweiterung der Kopfblutgefäße äußert, tritt auch bei sich widersprechenden und sehr bedeutenden Reizen auf. Die Aktivierung des gesamten Organismus wird als Voraussetzung für das ↗Lernen angesehen; bei geistig behinderten Kindern z. B. (↗geistige Behinderung) lösen nur relativ wenig Reize Orientierungsreaktionen hervor.

Östrogene, Hormone, die im Wesentlichen die Entwicklung der sekundären Geschlechtsmerkmale, den Menstruationszyklus, den Eisprung und die Schwangerschaft beeinflussen. ↗Hormone.

P

Paarbeziehungen, enge Beziehung zwischen zwei Menschen, in der ein hohes Maß an Intimität, Vertrauen und Sicherheit erfahren werden kann. Psychoanalytisch orientierte Psychologen, wie Eva Jaeggi, Walter Toman oder Jürg Willi (↗Kollusion), sehen als wesentliche Voraussetzung für eine gute Paarbeziehung positive Erfahrungen in der frühen Kindheit an, die es ermöglichten, Bindung zu erleben und gleichzeitig autonom zu sein.
Jaeggi hebt hervor, dass diese beiden Grundthemen eine Beziehung bestimmen: der Wunsch nach engem Zusammensein und Gemeinsamkeit (*Symbiose*) sowie die Erfahrungen aus der Pubertät, als es um das Erringen eigener *Identität und Selbständigkeit* ging. In den ersten Jahren einer Beziehung sind die Partner sich meist einig, dass man füreinander bestimmt ist. Erotik macht diese Symbiose anfangs sehr angenehm, später wird sie vor allem durch Überzeugungen, wie die vom „gemeinsamen Altwerden" oder des „Wertes einer gemeinsamen Geschichte", aufrecht erhalten. Dennoch schwindet die Symbiose mehr und mehr. So wird z. B. offenbar, dass man erotisch einander weniger anzieht, die Frau in der Berufstätigkeit einen Sinn findet oder der Partner erst richtig aufblüht, wenn er mit anderen zusammen ist. Hier läge der Gedanke nahe, sich zu trennen. Tatsächlich ist man aber noch verbunden z. B. über das gemeinsame Geschäft, Haus oder Kinder, zudem ist der kindliche Wunsch nach Zusammengehörigkeit und Gemeinsamkeit noch stark wirksam. Dabei wird die andere Seite einer engen Beziehung immer deutlicher: Man fühlt sich eingeengt, in seinen Entfaltungsmöglichkeiten beschnitten, und will seine Autonomie sichern. Machtkämpfe, z. B. in Form von Verletzungen, ewigem Klagen, Vorwürfen, sind die Folge. Diese Auseinandersetzung ähnelt dem Machtkampf, der zwischen den Eltern und dem Jugendlichen stattfand, als man seine Identität suchte, sich Hilfe gewünscht, aber auch gleichzeitig als Bevormundung abgelehnt hat. Viele alt gewordene Paare stehen in diesem Konflikt zwischen Symbiose und Selbständigkeit: „Keiner der Partner will verlassen werden, keiner kann den anderen verlassen" (nach E. Jaeggi, *Familienbande,* 1986). „Eheberatung

Pädagogische Psychologie. Nach der Definition von A. Fischer hat sie „die wissenschaftliche Erforschung der psychischen Seite der Erziehung zur Aufgabe". Unter Einfluss der angloamerikanischen Entwicklung wird die Pädagogische Psychologie auch bei uns immer stärker auf die wissenschaftliche Erklärung des schulischen Lernens reduziert (daher oft auch Schulpsychologie genannt). Diese Entwicklung ist sehr bedauerlich, da das schulische Lernen nur einen geringen Anteil an der Erziehung ausmacht und die außerschulischen Erziehungseinflüsse weit wichtiger sind. Einen guten Überblick über die Erkenntnisse der Pädagogischen Psychologie im Bereich des schulischen Lernens bietet das von K. Ingenkamp und E. Parey herausgegebene *Handbuch der Unterrichtsforschung,* (3 Bände).
Da als Gegenstand der Pädagogischen Psychologie „der unter Erziehungseinwirkung stehende Mensch" (H. Roth) bezeichnet wird und die Psychologie sich ganz allgemein mit menschlichem Verhalten und Erleben befasst, ist es leicht erklärbar, dass Erkenntnisse aus anderen Teildisziplinen der Psychologie („Entwicklungspsychologie, Lernpsychologie, ↗Sozialpsychologie, ↗Klinische

Unterschied zwischen Pädagogik und Pädagogischer Psychologie und deren Aufgaben

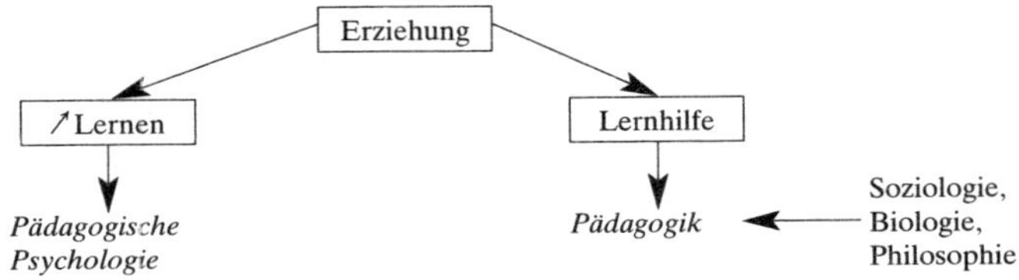

Untersucht folgende Probleme und liefert Erkenntnisse und Erklärungen für:

1. Gesetzmäßigkeiten des „Lernens von Verhaltensweisen, Bedürfnissen, Gefühlen usw.	→	Erziehungsverhalten in Familie, Kindergarten, Schule, Heimen usw. und deren Folgen.
2. ↗ Anlage-Umwelt-Problem ↗ Begabung, Störungen der Anlage z. B. ↗ geistige Behinderung.	→	Förderung von Fähigkeiten; Intensive Lernhilfen, heilpädagogische Behandlungsmaßnahmen.
3. Behalten und Vergessen (↗ Gedächtnis), ↗ Übung, Lernen von Sprachen, ↗ Aufmerksamkeit, ↗ Konzentration, Lernmotivation und Lernstörungen usw.	→	Aufbereitung und Darbietung von Informationen durch den Lehrer, Unterrichtsgestaltung, Didaktik verschiedener Fächer, „programmiertes Lernen usw.
4. Entwicklungspsychologische Fragestellungen: ↗ Entwicklung der ↗ Intelligenz, der ↗ Gefühle, Bedürfnisse, der ↗ Motorik, Bedeutung der Mutter-Kind-Beziehung (↗ Hospitalismus), Entwicklung des ↗ Gewissens usw.	→	Verhalten der Erzieher auf verschiedenen Altersstufen, Wichtigkeit der Gefühlszuwendung in der frühen Kindheit, Aufstellen von Lernzielen und Lehrplänen im Kindergarten und in der Schule usw.
5. Untersuchung von individueller Leistungsfähigkeit und Charaktereigenschaften (↗ Differentielle Psychologie, ↗ Diagnostik), Leistungsmotivation usw.	→	Prognose von Schulleistungen (Schul- und Berufsberatung), Berücksichtigung individueller Voraussetzungen in der Erziehung, Objektivierung der Leistungsmessung und der Notengebung usw.
6. Sozialpsychologische Fragestellungen: Auswirkung von Gruppenstrukturen und sozialen Beziehungen zwischen Schülern untereinander und zwischen Lehrern und Schülern, Erlernen von ↗ Rollen, ↗ Einstellungen usw.	→	Organisation von Gruppen und Gruppenführung (Führungsstile), Gruppenarbeit, Kooperation, Bilden einer Klassengemeinschaft usw.
7. Klinische Psychologie: Ursachen von Verhaltensstörungen, ↗ Neurosen, ↗ Lernstörungen, ↗ Psychopathien, Aufzeigen verschiedener Therapietechniken.	→	Anwendung in der ↗ Erziehungsberatung, Heilpädagogik, in der Prophylaxe (um Störungen zu vermeiden) usw.

Psychologie, ↗ Differentielle Psychologie usw.) als Grundlage der pädagogisch-psychologischen Forschung dienen. Die Pädagogische Psychologie als selbständige Teildisziplin hat ihre Berechtigung, weil die Übertragung der Erkenntnisse aus einem Bereich in einen anderen ohne wissenschaftliche Überprüfung nicht möglich ist.

Päderastie, auch *Pädophilie* genannt, beschreibt das sexuelle Angezogen-Werden und den geschlechtlichen Verkehr von Erwachsenen mit Kindern. Päderastie geht häufig zurück auf Unsicherheit und Angst gegenüber einem erwachsenen Sexualpartner. Der sexuelle Umgang mit Kindern war nicht immer strafbar. In Griechenland stellte er z. B. im Altertum eine gesellschaftlich anerkannte Beziehung dar, bei der den älteren Partner nicht nur sexuelle Gefühle mit dem jüngeren verbanden; er sorgte vielmehr für eine angemessene Ausbildung und für sein körperliches Wohlergehen. Die Päderastie ist, wenn sie von Angehörigen des gleichen Geschlechts ausgeübt wird, eine Form der ↗Homosexualität.

Pantomimik, Ausdruckserscheinungen des gesamten Körpers. ↗Ausdruck.

Paradigma ist die Bezeichnung für den begrifflichen Rahmen, innerhalb dessen ein Wissenschaftler arbeitet. Das Paradigma teilt mit, welche Begriffe legitimerweise verwendet werden dürfen und welche nicht, um Daten zu sammeln und zu interpretieren. Mit dem Paradigma gibt der Wissenschaftler an, welche Fakten er sehen will und welche nicht. Daher könnte Paradigma auch mit dem Begriff „Betrachtungsweise" ersetzt werden. Statt von Paradigma sprechen manche Autoren lieber von Modellen, andere von Theorien. Werden bestimmte Theorien als Rahmenkonzepte für die Forschung oder als Annahmelieferanten für Interpretationen bestimmter Erscheinungen und bestimmter Methoden, z. B. in der Therapie, verwendet, so spricht man in der Regel von dem der jeweiligen Theorie verpflichteten Paradigma, z. B. vom lerntheoretischen Paradigma.

Paradoxe Intervention, Vorgehen vor allem bei ↗Angststörungen, bei denen der Klient im Rahmen einer Psychotherapie aufgefordert wird, die angstauslösenden Reize nicht nur zuzulassen, sondern sogar aufzusuchen.

Paradoxe Kommunikation. Als besondere Form einer Kommunikationsstörung können *Paradoxien* angesehen werden. Eine Paradoxie ist eine folgerichtig aus Prämissen hergeleitete Schlussfolgerung, die jedoch vom Empfänger als Widerspruch erlebt wird. Im Bereich der sprachlichen Kommunikation sind die paradoxen Definitionen von Interesse, die auf wenig ins Auge fallenden Widersprüchlichkeiten der Sprachstruktur beruhen. P. Watzlawick u. a. bringen in diesem Zusammenhang das Beispiel eines Mannes, der von sich behauptet, dass er immer lüge. Eine größere Bedeutung haben die pragmatischen Paradoxien, die widersprüchliche Handlungsaufforderungen darstellen und den Empfänger in eine unlösbare Situation bringen können (z. B. sei einmal lustig, lach doch einmal, sei nicht so verkrampft). Es sind alles Aufforderungen zu einem Verhalten, das nur spontan, also nicht aufgrund der geäußerten Mitteilung, entstehen kann. Paradoxe Kommunikationen tauchen im menschlichen Verhalten recht häufig auf, werden jedoch in der Regel eher als belustigend empfunden. Eine besondere Bedeutung gewinnen sie jedoch, wenn der Empfänger es sich nicht erlauben kann, auf sie nicht zu reagieren oder den Widerspruch aufzuzeigen. Das ist bei einer engen, emotionalen Beziehung des Empfängers zum Sender der Fall (Familie, Ehe, Freundschaft) und kann zu ↗psychischen Störungen führen.

Parameter sind die statistischen Kennwerte einer Population, wie z. B. Mittelwert (μ) und Streuung (ó). ↗Statistik.

Paranoia, alte Bezeichnung für eine Form der ↗Schizophrenie, die vor allem durch Wahnideen und Halluzinationen gekennzeichnet ist.

Paranoid. Dieser Begriff bezeichnet nach dem ICD-10 (↗psychische Störungen) Menschen, die an einer ↗Persönlichkeitsstörung leiden, die dadurch gekennzeichnet ist, dass sie übertrieben empfindlich gegenüber Zurückweisung sind, Kränkungen nachtragen und misstrauisch sind. Sie neigen dazu, freundliche oder neutrale Handlungen anderer als feindlich oder verächtlich zu missdeuten und entwickeln oft unberechtigte Verdächtigungen hinsichtlich der Treue ihres Sexualpartners. Manche dieser Personen neigen zu einem überhöhten Selbstwertgefühl.

Parapsychologie. In den 60er Jahren hat die breite Öffentlichkeit – vor allem über das Fernsehen – erfahren, dass es eine „Parapsychologie" gibt, die den Anspruch auf Wissenschaftlichkeit erhebt und sog. „paranormale" (para = neben), übersinnliche (unseren ↗Sinnen nicht zugängliche) und „unerklärbare" (nach dem gegenwärtigen Erkenntnisstand) Erscheinungen zu erforschen versucht.
Zu den paranormalen bzw. parapsychologischen Erscheinungen zählen:
1. *außersinnliche Wahrnehmung* (ASW), die Telepathie, Hellsehen und Präkognition umfasst, und
2. *Psychokinese* (PK), auch *Telekinese* genannt, zu der auch die recht umstrittene Materialisation gerechnet wird.
Bei der ASW handelt es sich um eine Aufnahme von Informationen, die mit den uns bekannten „Sinnen nicht möglich erscheint.
Die *Telepathie* wird definiert als „Übertragung seelischer Vorgänge – Empfindungen, Gefühle, Bilder, Gedanken – von einer Psyche auf eine andere ohne Vermittlung der uns bekannten Sinnesorgane" (H. Bender). Es handelt sich um Beeinflussung einer Person durch eine andere ohne die uns bekannten ↗Kommunikationsmittel. Der Begriff *Hellsehen* wird in der Parapsychologie für das Wahrnehmen solcher Ereignisse, von denen niemand Kenntnis hat, verwendet – selbstverständlich unter Ausschluss der Sinnesorgane. Wenn nun z. B. eine Mutter „sieht" oder erlebt, wie ihr Sohn tausend Kilometer weit weg mit dem Auto verunglückt, so kann es sich um *Telepathie* handeln, wobei telepathische Signale von ihrem Sohn oder von den anwesenden Zeugen gesendet werden.
Werden zukünftige Ereignisse vorausgesagt und kann diese Prophezeiung auf natürlichem Wege nicht erklärt werden, so handelt es sich um *Präkognition* (Vorauswissen des Zukünftigen). Der Parapsychologie sind Fälle bekannt, wo zukünftige Ereignisse über einen Zeitraum von mehr als 30 Jahren präzise vorausgesagt wurden.

Die *Psychokinese* bzw. *Telekinese* umfasst alle Erscheinungen der „Fernbewegung", der Bewegung von Gegenständen ohne Berührung und um die Neubildung von Materie = *(Materialisation)*. Zu dieser Gruppe der paranormalen Erscheinungen zählen auch Wunderheilungen, Annehmen der Körpergestalt (Reinkarnation), Poltergeist, Spuk, Zerspringen von Glas bei Tod eines nahen Verwandten, Stehenbleiben von Uhren und das Verbiegen von Metall.
Die größte Schwierigkeit der Parapsychologie: Wann handelt es sich um echte paranormale Erscheinungen, die auch kurz „Psi" genannt werden, und wann um Schwindel, Tricks, Irreführung?
Täuschung und Betrug können nur schwer ausgeschlossen werden, wenn Berichte über außergewöhnliche Erlebnisse sozusagen im nachhinein untersucht werden. Mit Hellsehen, Telepathie und Präkognition lassen sich auf Jahrmärkten ebenso gute Geschäfte machen wie durch spektakuläre Auftritte im Fernsehen. In solchen Fällen handelt es sich meist um Betrug. Gleichwohl haben die parapsychologischen Institute bisher eindeutig nachgewiesen, dass es Psi-Phänomene (Erscheinungen) gibt. Der Nachweis wurde durch Experimente in Laboratorien geführt, unter Bedingungen und Kontrollen, die jeden Betrug ausschließen.
Einige Beispiele: Spukerscheinungen bzw. Psychokinese in einer Anwaltskanzlei in Rosenheim, untersucht vom Leiter des Parapsychologischen Instituts in Freiburg i. Br., H. Bender; Versuche mit der Russin Kulagina, die Tassen, Gläser, Streichhölzer, Zigaretten u. a. Gegenstände ohne Berührung hin- und herbewegte, auch dann, wenn die Gegenstände durch eine Plastikhaube gegen elektromagnetische Strahlen abgeschirmt waren; Psychokinetische Photographien von Ted Serios, von mehreren Professoren und Instituten untersucht; Experimente mit dem Holländer G. Croiset, der sowohl hellseherische und telepathische wie auch präkognitive Fähigkeiten zeigte; Telepathie-Experimente über eine Entfernung von 1700 km (Leningrad–Sewastopol), durch russische Forscher 1959 durchgeführt.
Ergebnisse der bisherigen parapsychologischen Forschung:
1. Es besteht kein Zweifel, dass es paranormale Erscheinungen gibt, Erscheinungen, die mit den bisher bekannten Naturgesetzen nicht erklärt werden können.
2. Es wird angenommen, dass jeder Mensch über Psi-Kräfte verfügt, sie jedoch nicht mobilisieren kann, zumindest nicht unter normalen Umständen. Weiterhin wird angenommen, dass das Einsetzen von Psi-Fähigkeiten trainiert, gelernt werden kann.
3. Als Erklärung für die Psi-Phänomene wurde die Theorie von einer „Bioenergie" aufgestellt, die jede lebende Materie bzw. jedes Bioplasma besitzt und die inzwischen durch eine bestimmte Hochfrequenztechnik fotografiert werden konnte, jedoch nicht näher bekannt ist. Es handelt sich nicht um elektromagnetische Wellen. In der ↗Hypnose befragte Medien (Personen mit Psi-Fähigkeiten), wodurch sie denn die Erscheinungen hervorrufen, antworteten übereinstimmend: durch Vibrationen. Die Präkognition kann auf diese Weise nicht erklärt werden. Die Annahme einer Vorausbestimmung des Zukünftigen scheint zweifelhaft.
4. Die Annahme der „übernatürlichen" Kräfte wird ausgeschlossen. Bei erfolgreichen spiritistischen Sitzungen handelt es sich um hellseherische oder te-

lepathische Fähigkeiten des Mediums. Spukerscheinungen und Poltergeist werden nicht durch Verstorbene, sondern durch lebende Personen verursacht, in solchen Fällen handelt es sich um die Psychokinese. Der Teufels- und Hexenglaube beruht mit Sicherheit auf parapsychologischen Erscheinungen. Bei der Besessenheit und Teufelsaustreibung handelt es sich häufig um ↗Psychosen (Geisteskrankheiten).
5. Auch Tiere besitzen Psi-Fähigkeiten. Bekannt sind vor allem Fälle der Vorausahnung von Gefahren, wobei ↗Instinkte ausgeschlossen sind.
6. Personen, die Psi-Erscheinungen hervorrufen, unterliegen starken psychischen Spannungen und müssen sich während der Experimente auch körperlich sehr anstrengen, was sich im Ansteigen des Blutdrucks (bis 250 bei Kulagina) und in einer Gewichtsabnahme (mehrere Pfunde in wenigen Stunden) ausdrückt. Sie sind auch nur dann in der Lage, ihre Fähigkeiten einzusetzen, wenn sie sich in einer besonderen (affektgeladenen) gefühlsmäßigen Situation befinden. Die Fähigkeit kann plötzlich wieder verschwinden.

Parasympathikus, Bündel von Nervenfasern im autonomen ↗Nervensystem, das die inneren Organe des Menschen versorgt und einen beruhigenden Einfluss hat (z. B. Verlangsamung der Herztätigkeit, erhöhter Speichelfluss, Verengung der Pupillen).

Parkinsonsche Krankheit. Die durch einen Abbau des Gehirns verursachte Krankheit tritt meist zwischen dem 50. und 60. Lebensjahr auf und ist an Bewegungsarmut, Steifheit der Glieder, einer vorgebeugten Haltung und am Zittern der Extremitäten und des Kopfes zu erkennen. Von der Parkinsonschen Krankheit wird der *Parkinsonismus* unterschieden, der ähnliche Symptome aufweist, aber auf Gehirnentzündungen oder Vergiftungen zurückgeht oder Folge eines Erhängungsversuchs ist.

Pathologie, allgemeine Lehre von den Krankheiten. Sie beschäftigt sich mit ihren Ursachen (Ätiologie), ihrer Entstehung und Entwicklung (Pathogenese) und ihren verschiedenen Erscheinungsformen (↗Symptomen).

Pathologisch, krankhaft. Bezeichnung für den Krankheitsbefund einer ärztlichen Untersuchung.

Person. „Leiblich-seelisch-geistige Einheit" (Hehlmann), „unteilbare Substanz des vernünftigen Wesens" (Boethius) oder „unteilbare Einheit im menschlichen Sein" (W. Arnold) sind einige Beispiele für philosophisch-phänomenologische Definitionen der Person, die auf die operational orientierte Psychologie kaum Einfluss haben. In der modernen Psychologie wird der Begriff Person gleichbedeutend mit dem ↗Individuum oder mit dem Begriff ↗Persönlichkeit gebraucht.

Persona ist aus Sicht der ↗Analytischen Psychologie der konventionelle Teil der menschlichen Persönlichkeit, der sich an dem orientiert, was in einer Gesellschaft üblich und erwünscht ist.

Persönlichkeit. Als „Persönlichkeiten“ werden umgangssprachlich jene Personen bezeichnet, die einen nachhaltigen Eindruck hinterlassen oder eine auffallende Rolle spielen. In der Psychologie wird die Persönlichkeit als einzigartige Struktur von Denk-, Fühl-, Verhaltens- und Handlungsmustern eines Menschen angesehen. Sie stellt das Wesentliche der Person dar und weist stabile Merkmale auf, die aufgrund von Wechselwirkungen zwischen Umwelteinflüssen (z. B. Erziehung, Kultur) und den ↗Anlagen sich entwickeln, aber auch durch uns selbst beeinflusst werden können. Eine „Persönlichkeit“ ist nie fertig, sie verändert sich im Laufe des Lebens. Relativ konstante Merkmale der Persönlichkeit sind: Größe, Gewicht, Augenfarbe, Gang und andere *körperliche Merkmale*; ↗Intelligenz, Denkweisen, Leistungen und ihnen zugrunde liegende Fähigkeiten aus dem ↗*kognitiven Bereich*, ↗Gefühle und Bedürfnisse (↗Motivation) aus dem *emotionalen Bereich* und ↗Einstellungen, ↗Interessen, ↗Vorurteile u. a. aus dem *sozialen Bereich*. Man ist sich nicht einig, wie die Persönlichkeit von Menschen allgemein strukturiert ist. Die verschiedenen Theorien der Persönlichkeit betonen unterschiedliche Aspekte, wobei zwei grundlegend verschiedene Sichtweisen festzustellen sind:
Vertreter eines „intuitiven Verstehens“, wie z. B. S. Freud, Ph. Lersch u. a., versuchen die Persönlichkeit so zu erklären, dass sie hinter dem Verhalten des Menschen etwas „wirklich Vorhandenes“ annehmen und diese dahinterstehenden Kräfte in einem Modell anschaulich darstellen. Besonders bekannt sind so genannte *Schichtenmodelle,* die die Persönlichkeit als ein System von vertikal und manchmal auch horizontal angeordneten Schichten darstellen. Das erste Schichtenmodell stammt von Platon, der dem Kopf den Verstand, der Brust das „Gemüt (hier: Streben nach Ansehen, Ehre, Mut) und dem Unterleib die Begierde zuordnete.
Alle Schichtenmodelle grenzen Gefühle und Bedürfnisse (Vitalität, „Es“ bei Freud, Tiefenperson) stark vom Denken und Erkennen (Geist) ab. Diese Trennung ist inhaltlich keineswegs gerechtfertigt. Als Belege für die Richtigkeit ihrer Schichtenmodelle führen die Autoren häufig neurologische (hierarchischer Aufbau des ↗Nervensystems) und psychopathologische Befunde an: Beim ↗Alkoholismus kommt es z. B. zuerst zu einem Abbau „höherer Schichten“ (Wille, Denken), wodurch die tieferen Schichten ungehemmter zutage treten können. Ebenso werden ↗Trauminhalte als Beweis aufgeführt. Weil die ↗kognitive Kontrolle im ↗Schlaf ausgeschaltet ist, können nicht eingestandene Wünsche und unerlaubte Handlungen der „Tiefenperson“ ungehemmt hervortreten. Trotz dieser Belege sind alle Schichtenmodelle stark spekulativ, weltanschaulich bestimmt und objektiv nicht nachprüfbar.
Faktorielle Persönlichkeitspsychologie. Das faktorenanalytische Vorgehen (↗Statistik) zielt auf ein mathematisch und psychologisch sinnvolles Klassifizieren von Eigenschaften ab. Man geht von beobachtbaren Verhaltensweisen aus (nicht von komplexen hinter dem Verhalten angenommenen Dispositionen) und reduziert diese mehr und mehr, so dass ein hierarchisches Modell der Persönlichkeit entsteht. Dieser Ansatz war in der praktischen Arbeit (z. B. Personalauslese) sehr hilfreich, macht aber keine Aussagen über komplexere Zusammenhänge oder Vorgänge in der menschlichen Persönlichkeit.

4. Ebene des Typs (Fkt. 2. Ordnung)	3. Ebene der Eigenschaft (Faktor 1. Ordnung)	2. Ebene der habituellen Verhaltensweisen (Gewohnheiten)	1. Ebene der spez. Verhaltensweisen (z. B. Test-Reaktionen, Antworten in Persönlichkeitsfragebogen)
Extraversion	Zyklothymie	1) gesellig	lädt oft Leute zu sich ein; geht oft aus
		2) warmherzig	setzt sich für einen wohltätigen Zweck ein; ist an Problemen anderer interessiert
		3) unbeschwert	ist nicht lange traurig, wenn er von der Freundin versetzt wird; macht sich nicht viel Gedanken, wenn etwas mißlungen ist
	Dominanz	4) selbstbehauptend	fühlt sich durch selbstsichere Personen nicht beeinträchtigt; glaubt, seine Ansichten seien der Zeit voraus
		5) eigenständige Meinung	ist bei anderen als ideenreich bekannt; findet lieber selbst heraus, wie etwas zu machen ist
		6) unbefangen	setzt auch ungewöhnliche Lösungen durch; hat schon einmal ein Plakat heruntergerissen
	Beschwingtheit	7) gesprächig	bevorzugt Situationen, in denen man sich mit anderen unterhalten kann; andere sagen von ihm, er sei unterhaltsam
		8) heiter	hört lieber Schlager als ernste Musik; schildert sich als sorglos
		9) munter	unternimmt gerne verrückte Dinge; andere sagen von ihm, er sei begeisterungsfähig
	Vertrauen	10) tolerant	hält nur wenige Leute für eingebildet; qualifiziert andere nur selten als Spinner ab
		11) gelassen	es macht ihm wenig aus, wenn er sich einmal ungeschickt benimmt; er meint, daß nur wenige Dinge ihn wirklich aufregen
		12) vertrauensvoll	glaubt, daß niemand ihm etwas Böses will; glaubt, man sollte generell mehr Lob und Anerkennung gegenüber anderen äußern
	Gruppenbezogenheit	13) bevorzugt Teamwork	hat nur gute Einfälle, wenn er mit anderen zusammen ist; würde ein neues Projekt am liebsten nur mit anderen anfangen
		14) konventionell	meint, man solle seine Lebensführung mehr an dem ausrichten, was üblich ist; ärgert sich, wenn man ihn für unkonventionell hält
		15) stark anerkennungsbedürftig	läßt sich gerne von anderen wegen seiner Erfolge bewundern; möchte, daß man ihn häufig um Rat fragt

Die grundlegenden Daten einer faktorenanalytisch gewonnen Persönlichkeitsstruktur sind die spezifischen Handlungen des Menschen (Reaktionen auf ↗Tests, Verhalten in Alltagssituationen). Tauchen sie wieder in ähnlichen Situationen auf, spricht man von habituellem Verhalten (↗Gewohnheit). Aus

Die Darstellung von Persönlichkeitsfaktoren nach Cattel:

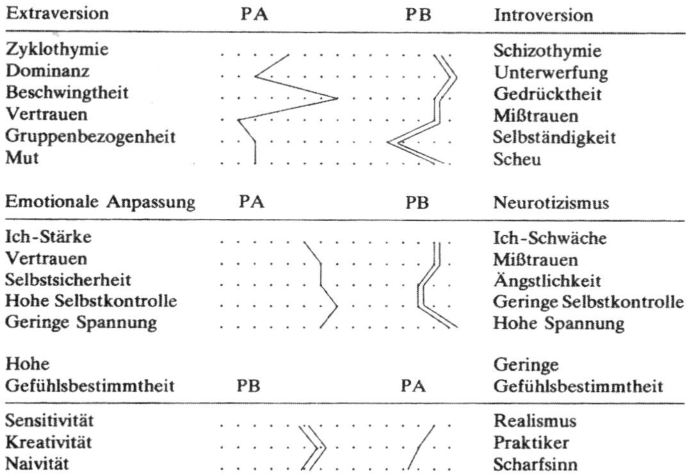

Weitere Faktoren sind:
Hohe Intelligenz – geistiges Defizit
Positive und negative Auswirkungen des Über-Ich (→Gewissen)
Politischer Radikalismus und Konservativismus

Die durchgezogene Linie (PA) zeigt, daß auch bei einer extravertierten Person nicht alle Faktoren Extremwerte aufweisen müssen. Dasselbe gilt auch für eine introvertierte Person (PB). Da die drei genannten Faktoren zweiter Ordnung voneinander unabhängig sind, sind extravertierte Menschen nicht zwangsläufig emotional angepaßt und stark gefühlsbestimmt.

ihrer gegenseitigen Abhängigkeit (Korrelation) werden verschiedene Eigenschaften erschlossen und mit einem mehr oder weniger treffenden Begriff bezeichnet. Im Alltagsleben werden auf ähnliche, aber intuitive Weise Eigenschaften gewonnen.
Vertreter des „faktorenanalytischen" Vorgehens (↗Statistik), wie R. B. Cattell, H. J. Eysenck u. a., beobachten und messen also zuerst eine Vielfalt von Verhaltensmerkmalen und versuchen dann durch statistische Analyse übergreifende Persönlichkeitsmerkmale (Faktoren) zu isolieren. Das beobachtete Verhalten wird mit Hilfe mathematischer Modelle immer mehr auf nur wenige „Dimensionen" zurückgeführt. Tauchen bestimmte Verhaltensweisen oder Handlungen in ähnlichen Situationen immer wieder auf, so wird angenommen, dass ihnen eine Verhaltensbereitschaft oder ↗Gewohnheit (habit strength) zugrunde liegt. Aus der statistisch bestimmten Abhängigkeit oder Verbundenheit zwischen mehreren Dimensionen wird auf eine nicht mehr beobachtbare Eigenschaft der Person geschlossen (Abb.).
Das wissenschaftliche Vorgehen ist hier dem „unwissenschaftlichen" (↗Methoden der Psychologie) im täglichen Leben ähnlich: Wird bei einer Person in verschiedenen Entscheidungssituationen ein umständliches, langsames, ängst-

liches und zögerndes Verhalten beobachtet, so wird auf die dem Verhalten zugrunde liegende „Eigenschaft“ – z. B. „Unentschlossenheit“ – geschlossen.
In der Psychologie werden mit dem Begriff Persönlichkeit alle individuellen Verhaltensbereitschaften *(Dispositionen)* beschrieben, die das beobachtete Verhalten ermöglichen bzw. steuern. Anlage und Umwelt wirken bei der Entwicklung der Persönlichkeit zusammen. Im Gegensatz zum ↗„Charakter“ ist der Begriff Persönlichkeit wertfrei
Dimensionen der Persönlichkeit. Zur Gewinnung von Persönlichkeitsdimensionen verwendet man zahlreiche Einzeldaten, die mit verschiedenen Techniken gewonnen werden: Beobachten des Verhaltens im Alltag, biografische Daten (↗Fallstudie), Fremdbeurteilungen, z. B. durch die Mutter, Gruppenmitglieder, Lehrer usw. und die mit ↗Fragebogen und ↗Tests erfassten Verhaltensmerkmale.
R. B. Cattell kam durch die Auswertung solcher Beobachtungsdaten auf 16 Grunddimensionen der Persönlichkeit. Da mehrere Persönlichkeitsfaktoren nicht unabhängig voneinander sind, wurden sie zu Persönlichkeitsfaktoren „zweiter Ordnung“ zusammengefasst. Es handelt sich um ↗Extraversion – Introversion (s. Abb. oben), emotionale Stabilität – ↗Neurotizismus und Gefühlsbestimmtheit.
Vertreter der ↗humanistischen Psychologie, wie C. Rogers, Ch. Bühler, S. Jourard und A. H. Maslow, betonen die *Selbstverwirklichung* als das wichtigste Lebensziel des Menschen und interpretieren die Persönlichkeit von dem Bestreben her, alle ihre Möglichkeiten zu entwickeln. Der Mensch wird nicht nur als Organismus betrachtet, der aufgrund seiner Dimensionen und wegen der Triebe tätig ist. Sie sind der Ansicht, dass der Mensch seine eigene Persönlichkeit „verstehen“ muss, was durch die von C. Rogers begründete ↗Gesprächspsychotherapie angestrebt wird.
Heutzutage ist der Begriff der Persönlichkeit in der Psychologie etwas in den Hintergrund getreten, und man beschäftigt sich mehr mit dem ↗*Selbstkonzept* des Menschen.

Persönlichkeitspsychologie (ältere Bezeichnung: „Charakterkunde“), psychologische Teildisziplin, die den Aufbau, die ↗Struktur (Beziehung zwischen einzelnen Merkmalen), die Eigenschaften, ↗Fähigkeiten und andere Eigenarten der ↗Persönlichkeit erforscht. Ihre Forschungsergebnisse dienen als Grundlage für die Beschreibung der Unterschiede zwischen verschiedenen Individuen, mit denen sich die ↗Differentielle Psychologie befasst.

Persönlichkeitsstörungen. Normalerweise ist eine ↗Persönlichkeit etwas Ganzes und Beständiges, so dass der Mensch in verschiedenen Situationen mit unterschiedlichen Menschen voraussehbar und seiner „Persönlichkeit“ entsprechend handelt. Gleichzeitig kann er sich aber an wechselnde Situationen anpassen und sinnvoll handeln. Bei Menschen mit Störungen in ihrer Persönlichkeit ist das nicht der Fall. Sie zeigen starre, unflexible Verhaltensmuster, die auffallend von den Erwartungen der Gesellschaft abweichen (↗Normen), dauerhaft sind und sehr komplex sein können. Eine Persönlichkeitsstörung schränkt den Betroffenen in seinem sozialen und beruflichen Leben ein, belastet ihn aber nicht immer emotional. Der Kontakt zur Realität bleibt im Gegensatz zu psychotischen Störungen (↗Psychose) erhalten. Leider haben Menschen mit einer Persönlichkeitsstörung oft keine Einsicht in ihre Problematik, sie halten sich für „normal", was oft zu gravierenden sozialen Problemen führt. Comer hat eine anschauliche Einteilung für Persönlichkeitsstörungen vorgeschlagen und spricht von Störungen, die gekennzeichnet sind durch

- *sonderbares, exzentrisches Verhalten* („paranoide, ↗schizoide und schizotypische (↗Schizophrenie) Persönlichkeitsstörungen),
- *dramatisches, emotionales oder unberechenbares Verhalten* (↗antisoziale, ↗Borderline-, ↗histrionische und narzisstische Persönlichkeitsstörungen (↗Narzissmus)),
- *Angst oder Furcht* (selbstunsichere, dependente, ↗zwanghafte Persönlichkeitsstörungen).

Die gängigen Diagnosekriterien für diese Störungen (ICD, DSM; ↗psychische Störungen) überschneiden sich, so dass es möglich ist, dass das Erscheinungsbild einer Person verschiedenen Störungen zugeordnet werden kann. Das ist auch ein Zeichen dafür, dass man noch sehr wenig von diesen Störungen weiß, wobei man noch die meisten Informationen über die ↗antisoziale Persönlichkeitsstörung hat.

Viele Merkmale der oben genannten Störungen wird man auch bei sich selbst, Freunden oder Angehörigen feststellen, wobei man berechtigterweise sicher ist, dass man nicht „gestört" ist. Es ist deshalb wichtig, daran zu denken, dass wirkliche Störungen durch zahlreiche extreme Merkmale bestimmt sind, und der Übergang vom Zustand der „Gesundheit" zur „Störung" fließend ist. So arbeiten viele Menschen gewissenhaft, ohne zwanghaft zu sein, andere sind scheu und haben wenige soziale Kontakte, ohne schizoid zu sein.

Über die therapeutischen Möglichkeiten bei Persönlichkeitsstörungen weiß man wenig. Das vor allem damit zu tun, dass die Bestimmung dieser Störungen noch sehr unsicher erfolgt und deshalb Therapieberichte oft nicht sinnvoll miteinander verglichen werden können. Andrerseits sind nur wenige Menschen mit einer Persönlichkeitsstörung bereit, sich freiwillig einer Therapie zu unterziehen. Sie sind z. B. zu misstrauisch, können menschlichen, d. h. auch therapeutischen Kontakt nicht aushalten oder ziehen einen beträchtlichen Gewinn aus ihrem „Anderssein". Personen, die dennoch eine ↗Psychotherapie beginnen, erhalten am ehesten noch Hilfe durch tiefenpsychologische und verhaltenstherapeutische Vorgehensweisen. Den deutlichsten Erfolg erreicht man bei Klienten mit einer zwanghaften Persönlichkeitsstörung, bei anderen Arten von Persönlichkeitsstörungen sind diese Techniken nur gelegentlich erfolgreich.

Personenwahrnehmung ↗Ausdruck.

Perversionen, mehr oder weniger zwanghaftes Verhalten bzw. Aktivitäten, die zur sexuellen Erregung und zu Lustgefühlen führen, sich jedoch stark von der gesellschaftlichen Sexualnorm abheben.

Die häufigsten Formen des sogenannten „perversen Verhaltens":

1. *Sadomasochismus.* Der Begriff wurde 1907 von Kraft-Ebbing für *Sadismus*

(sexuelle Befriedigung wird durch Schmerzzufügung, Erniedrigung und Misshandlung des Partners erreicht) und *Masochismus* eingeführt, bei dem das Erleiden und Erdulden von Schmerz und Qual Lustgewinn bringen.
2. *Fetischismus.* Sexuelle Erregung und Befriedigung werden durch Betrachten verschiedener Kleidungsstücke, wie Strümpfe, Büstenhalter, Slips, oder Körperteile außerhalb der Genitalregion, wie Beine, Brust, Haare, erreicht.
3. *Exhibitionismus.* Das Entblößen bzw. Zur-Schau-Stellen der Genitalien vor anderen Personen führt zur sexuellen Erregung, wobei die Abwehrreaktionen der unfreiwilligen Zuschauer besonders erregend wirken.
4. *Voyeurismus* („Schaulust"). Als Voyeure werden Personen bezeichnet, die durch vorwiegend heimliches Beobachten von sexuellen Objekten, nackten Frauen oder des Geschlechtsverkehrs zur sexuellen Befriedigung gelangen.
5. *Sodomie.* Nach Kinsey haben ca. 8 % der Männer und ca. 3,6 % der Frauen irgendwann Sodomie, d. h. die sexuelle Betätigung mit Tieren betrieben. Bis zum jüngsten Wandel sexueller Normen wurden auch „Homosexualität und ↗Onanie als Perversionen bezeichnet.

PGR, Abkürzung für „psychogalvanische Reaktion" , welche die Änderung des Hautwiderstandes bei Wahrnehmungsvorgängen beschreibt. ↗Hautreaktion.

Phänomenologie. a) Philosophische Bewegung des 20. Jahrhunderts, die sich mit der Entstehung und den Inhalten des Bewusstseins beschäftigte. Einer ihrer bedeutendsten Vertreter, Edmund Husserl, untersuchte z. B. psychische Funktionen wie das Erinnern, das Wünschen und die Wahrnehmung. Er beeinflusste mit seiner Methode zahlreiche Wissenschaften, so z. B. auch Psychologie und Soziologie. Weitere bekannte Vertreter der Phänomenologie sind Martin Heidegger und Jean-Paul Sartre. b) Beschreibung der Inhalte eines Wissenschaftsbereiches.

Phänotypus ist ein Begriff für die Gesamtheit aller tatsächlich ausgebildeten Merkmale eines Individuums. Der Phänotypus resultiert aus dem ↗Genotypus und den mit ihm in Wechselwirkung stehenden Umwelteinflüssen (↗Anlage-Umwelt-Problem).

Phantasie, Bezeichnung für ↗Vorstellungen, in denen die bisherigen Erfahrungen (Gedächtnisinhalte) neu kombiniert werden. Sie müssen der Wirklichkeit nicht unbedingt entsprechen. Phantasievorstellungen hängen von aktuellen Bedürfnissen und ↗Gefühlen ab und werden oft dem Wunschdenken gleichgesetzt.

Phantasiereisen. Durch verbale Anleitung werden Kinder und auch Erwachsene dazu angeregt, die eigene innere Bilderwelt zu entwickeln, sich auf eine innere Reise zu begeben, um ein bestimmtes Thema, z. B. die eigene Kraftquelle finden, sich von einem weisen Mann beraten zu lassen, sich ein Geschenk mit symbolischen Wert abholen, sich einfach zu entspannen, etwas zu erleben oder zu bearbeiten. Verbale Anleitungen regen Kreativität und Phantasie an, sensibilisieren die emotionale und soziale Wahrnehmung, führen zu

unbewussten (evtl. unverarbeiteten) Erlebnisinhalten; Phantasiereisen haben insofern oft auch eine therapeutische Zielsetzung.
Die Durchführung erfolgt meist in drei Schritten: Als Erstes sind eine Entspannungsübung, Atemübung oder Körperarbeit für das Sich-Einlassen auf eine Geschichte und für das Produzieren von Phantasien unerlässlich. Als zweiter Schritt folgt die Anregung von Vorstellungsbildern durch das Vorgeben von Ideen, die verschiedene Sinne ansprechen und auch einen Erholungszustand herbeiführen. Da sich Menschen während der Phantasiereise in einem veränderten Bewusstseinszustand befinden, ist ein „Zurückholen“ in die Realität notwendig. Die Teilnehmer werden aufgefordert, sich von den Bildern oder von phantasierten Personen zu verabschieden, sich zu recken und zu strecken und durch „eine Tür“ wieder in den Raum zurückzukehren, in dem sie sich befinden.
An einem Beispiel werden die Themen und die Anleitung zu Phantasiereisen veranschaulicht: „Im Garten“. Anleitung: Du bist in einem schönen Garten. Du siehst allerlei Bäume, Büsche, Blumen und Pflanzen. Die Blumen auf dem Rasen bilden schöne Muster. Auf einem kleinen Teich schaukeln die Seerosen. Schmetterlinge und Bienen sonnen sich auf den Blüten. Das Wasser ist klar. Man kann bis auf den Grund schauen. Steine in vielen Farben und Formen liegen dort. Am Rand des Teichs wiegen sich Schilfhalme sanft hin und her. Dein Atem geht genauso sanft und gleichmäßig, wie Schilfhalme wiegt er hin und her. Dein Atem geschieht ganz ruhig und gleichmäßig. Du hörst Vogelgesang und Bienengesumm. Eine Libelle schwirrt mit ihren Flügeln im Sonnenlicht. Schau dir alles in Ruhe an. Verweile mit deinen Augen. Du fühlst eine tiefe Ruhe in dir …
Weitere Themen der Phantasiereisen sind: „Deine Quelle finden“, „Dein Freund in dir“, „Die Reise zum weisen Mann“, „Du bist wie ein Baum“ u. a. m. Viele Anregungen findet man in den Büchern von Else Müller (*Du spürst unter Deinen Füßen das Gras, Auf der Silberlichtstraße des Mondes*) und in dem Übungsbuch zur Gestalttherapie *Die Kunst der Wahrnehmung* von John O. Stevens.

Pharmakopsychologie, Teilbereich der Psychologie, der sich mit den psychophysiologischen Auswirkungen pharmakologischer Substanzen beschäftigt. ↗Psychopharmaka.

Phlegmatiker ist einer der vier Temperamentstypen des Hippokrates (↗Typologie), der als beständig, schwerfällig und nur schwer aus der Ruhe zu bringen beschrieben wird.

Phobie, ↗Angststörung, die dadurch gekennzeichnet ist, dass bei einem Menschen eine übertriebene, dem Objekt völlig unangemessene Angst vorherrscht, die das Leben des Betroffenen extrem einschränkt.

Phylogenese. Im Unterschied zu der Individualentwicklung (Ontogenese, d. h. die Entwicklung eines Individuums von der Keimzelle bis zum Tode) wird die Stammesentwicklung Phylogenese genannt.

P

Physiologie erforscht und beschreibt Lebensvorgänge in den Organismen (Pflanzen, Tiere, Menschen). Die vegetative Physiologie umfasst Stoffwechsel und Fortpflanzung (Atmung, Ernährung, Verdauung, Blut, Herz, Wasserhaushalt u. a.), die *animalische* beschreibt das Funktionieren von Muskeln, des ↗Nervensystems und der Sinnesorgane. Die *physiologische Psychologie* untersucht die Zusammenhänge zwischen physiologischen und psychischen Vorgängen (↗Leib-Seele-Problem). Der Ausdruck Physiologische Psychologie gilt heute als Oberbegriff für folgende Disziplinen: Physiologische Psychologie im engeren Sinn, Psychophysiologie, Neuropsychologie und Psychopharmakologie. Physiologische Psychologie im engeren Sinn untersucht mit Hilfe von Tierexperimenten und an hirnverletzten Menschen die Zusammenhänge zwischen Gehirn und Verhalten, insbesondere Leistungen des Gehirns beim ↗Lernen und ↗Gedächtnis (biochemische Gedächtnismodelle) oder den Zusammenhang zwischen dem aufsteigenden retikulären aktivierenden System und der Aufmerksamkeit sowie ↗der Vigilanz. Weitere Themenschwerpunkte sind: Schlaf-Wach-Regulation, Aktivierung, Emotionen und Motivation.
Die *Psychophysiologie* versucht über psychische Einflüsse (z. B. Testaufgaben, Belastungen) bei Versuchspersonen physiologische Messwerte zu provozieren und abzuleiten. Es werden vorwiegend Reaktionen des autonomen Nervensystems, z. B. „PGR, EKG und auch EEG abgeleitet. Hauptprobleme und Anwendungsgebiete der Forschung sind ↗Stress, psychosomatische Störungen und Biofeedback (Rückmeldung über Reaktionen des Körpers) als eine Möglichkeit zur Unterstützung der ↗Verhaltenstherapie.
Die *Neuropsychologie* untersucht Funktionsausfälle, wie sie bei Schlaganfällen oder Hirnverletzungen vorkommen, um Erkenntnisse über organische Grundlagen im Zentralnervensystem für psychische Prozesse wie Denken, Fühlen, Merken, Lernen und Wahrnehmen zu finden. Eine Zeit lang war ein wesentlicher Forschungsgegenstand die Erforschung der Dominanz der ↗Hirnhemisphären.
Die *Psychopharmakologie* beschäftigt sich mit chemischer Einwirkung jeglicher Art (Pharmaka, Hormone, Drogen) auf psychische Funktionen (↗Psychopharmaka).

Placebo, Bezeichnung für „Leerpräparate“, „Scheinpräparate“, die in Form, Geschmack und Geruch bestimmten Arzneimitteln bzw. ↗Psychopharmaka gleichen, jedoch wirkungslos sind. Ein Placebo wird Versuchspersonen der Kontrollgruppe (↗Experiment) verabreicht, um die tatsächliche Wirkung von bestimmten Arzneimitteln zu untersuchen, da die Verabreichung von ↗Psychopharmaka immer auch eingebildete (suggerierte) Veränderungen hervorruft.

Polaritätsprofil, von P. Hofstätter und als *semantisches Differential* von C. E. Osgood entwickelte Methode zur Beurteilung des subjektiven Bedeutungsgehalts von Begriffen, Vorstellungen, Gegenständen und auch von Personen. Versuchspersonen (Vpn) wird eine Reihe von adjektivischen Gegensatzpaaren (z. B. weich–hart, schwach–stark, passiv–aktiv, freundlich–unfreundlich, angenehm–unangenehm vorgelegt mit der Aufforderung, die „Bedeutung“ eines Begriffes (z. B. Liebe) oder einer Person (z. B. Lehrer, Mutter) mit den vorgegebenen Gegensätzen (Polaritäten) auf einer siebenstufigen Skala (weich 3210123 hart) zu beurteilen. Wird die 0 angekreuzt, dann meint die Vp, dass z. B. „weiblich“ weder weich noch hart ist. Verbindet man die angekreuzten Stufen miteinander, so erhält man ein Profil für den beurteilten Begriff. Für verschiedene Gefühle entstehen auf diese Weise unterschiedliche Profile, zwischen denen ein „Ähnlichkeitsmaß“ berechnet werden kann. Aus einer Reihe von Untersuchungen geht hervor, dass die „Bedeutungen“ hauptsächlich drei Dimensionen ergeben: die bewertende Dimension (gut–schlecht), Kraftdimension (stark–schwach) und Aktivitätsdimension (aktiv–passiv). Für Begriffe aus dem ↗Persönlichkeitsbereich ergeben sich folgende Faktoren: 1. positive Zuwendung nach außen, 2. negative Zuwendung nach außen und 3. Wendung nach innen.

Politische Psychologie ist eine relativ neue Teildisziplin der Psychologie und befasst sich mit dem Menschen als Träger politischer Prozesse, d. h. mit einem Zusammenhang zwischen psychischen, gesellschaftlichen und politischen Vorgängen.
Als Ausgangspunkt der politisch-psychologischen Forschung werden die Untersuchungen von Theodor W. Adorno und seinen Mitarbeitern an der Universität von Berkeley (USA) angeführt, die zum Ziel hatten, psychologische Ursachen des Antisemitismus und der Verfolgung von Minderheiten herauszufinden. Die Ergebnisse ihrer Untersuchungen sind unter dem Begriff ↗„autoritäre Persönlichkeit“ weltweit bekannt geworden. Sie stellten fest, dass Menschen, die die eigene Kultur und Nation höher bewerten als andere (Ethnozentrismus), auf die Erhaltung der bestehenden Ordnung bedacht und der Tradition verhaftet sind (Konservatismus) und ↗Aggression, Härte und Gehorsam betonen (Faschismus), besonders dazu neigen, Minderheiten als „Sündenböcke“ abzustempeln und sie zu verfolgen (Antisemitismus). Die Neigung der autoritären Persönlichkeit zu ↗Vorurteilen resultiert aus der geringen Differenzierungsfähigkeit (Schwarz-Weiß-Denken) und der Ich-Verteidigung (negative Eigenschaften werden anderen zugeschrieben – Sündenbockmechanismus), die ihrerseits eine Folge einer strengen Erziehung sind. Aggressionen richten sich aus Angst vor Strafe nicht gegen die strengen Eltern, sondern gegen Minderheiten. Die Untersuchungsergebnisse sind wegen methodischer Mängel stark umstritten und außerdem von geringem Wert, weil die Frage nach den Ursachen des Faschismus unbeantwortet bleibt und wir nicht wissen, welche psychologische Faktoren insgesamt zu dem politischen Geschehen in der Ära des Nationalsozialismus geführt haben.
Es ist den Wissenschaftlern bald klargeworden, dass die Untersuchung der Frage, welche Menschen eine autoritäre Führung unterstützen oder welche Eigenschaften jemanden zum „geborenen“ Führer erscheinen lassen, das komplexe politische Geschehen nicht erklärt. Der Fortschritt politisch-psychologischer Forschung gründet auf den sozialpsychologischen Erkenntnissen (↗Gruppe, ↗Sozialpsychologie, ↗Einstellung, ↗Rolle), die eher in der Lage sind, das Funktionieren komplizierter gesellschaftlicher Systeme zu erklären. Überblick über die bisherigen Erkenntnisse, die zum besseren Verständnis politischer Vorgänge beitragen:

1. Das Verhalten und die Politik einer ganzen Nation hängt sehr stark von den ↗Vorurteilen und stereotypen Meinungen über andere Nationen ab. Nationen mit einer anderen Gesellschaftsordnung werden als bedrohlich wahrgenommen und zu Feinden gemacht.
2. Die Mitglieder der eigenen Gruppe werden als besser beurteilt als die der anderen Gruppe oder Nation; sie sind die „schlechten". Die Bedrohung einer Gruppe von außen stärkt ihren Zusammenhalt und erleichtert das Erreichen von gesteckten Zielen. Gibt es keine Feindgruppe, so wird sie erfunden, wobei Minderheiten bevorzugt zu Feinden mit negativen Eigenschaften abgestempelt werden (Juden, Neger, Gastarbeiter), sie sind dumm, faul und gewalttätig.
3. Diese Mechanismen stabilisieren zwar die eigene Gesellschaftsordnung und die Politik, sind jedoch als ein selbstregulierendes System nach dem Prinzip eines „Teufelskreises" anzusehen. Weil die anderen uns gegenüber feindselig eingestellt sind, werden Grenzen dicht gemacht, meidet man Kontakte mit ihnen, wodurch ↗Vorurteile und stereotype Meinungen nicht ausgeräumt, sondern verstärkt werden. Vorurteile gegenüber den Minderheiten bestimmen das Verhalten der Mehrheit, welches die Minderheiten dazu zwingt, sich den Vorurteilen entsprechend zu verhalten. Dem angenommenen Feind gegenüber kann man sich nicht freundlich verhalten, er tut es ebenso; eine Annäherung ist nicht möglich. Die Vorurteile werden zu tatsächlichen Eigenschaften, die jedoch erst durch die ihnen aufgezwungenen Lebensbedingungen erzeugt werden. Für den hier aufgezeigten Mechanismus wurde der Ausdruck „Prophezeiung, die sich selbst erfüllt" (self fullfilling prophecy, ↗Kommunikation) geprägt. So kann das Bild, das eine Gruppe von der anderen aufgestellt hat oder das eine Gruppe von sich selbst hat, in Erfüllung gehen.
4. Diese Tatsachen können in der Politik verheerende Folgen haben. Der Konflikt zwischen zwei Nationen, der vielleicht durch ökonomische oder ideologische Konflikte verursacht war, setzt den psychologischen Mechanismus der Feindgruppen in Gang. Nicht nur der Führer, die Regierung oder die herrschende Schicht, sondern das gesamte Volk fühlen sich bedroht, was die Vorurteile gegenüber anderen verstärkt und die ↗Wahrnehmung des tatsächlichen, objektiven Konfliktes verfälscht. Der Konflikt wird rein psychologisch gesteigert und kann zum Krieg führen. Der Krieg wird nicht vom „Führer" oder von der Regierung gemacht, sondern vom gesamten Volk. Das Handeln des Volkes wird in solchen Situationen durch die „Macht des Gehorsams" und durch den Gruppendruck (↗Gruppe) begünstigt. S. Milgram hat in mehreren Untersuchungen von 1963 bis 1965 experimentell nachgewiesen (↗Milgram-Experiment), dass viele Probanden imstande sind, andere zu foltern, wenn sie eine Autoritätsperson dazu auffordert, wenn die gefolterte Person in der Rangordnung ihnen untergeben ist (z. B. Lehrer–Schüler) und wenn sie glauben, ihr Verhalten mit sozialen Normen rechtfertigen zu können („Es war für das Wohl des Volkes"). Weitere Beispiele sind das Verhalten der Amerikaner und Vietkong im Vietnamkrieg, der Portugiesen in Afrika, der Palästinenser und Israelis und die Terrorakte in Irland. Solches Verhalten durch einen angeborenen Aggressionstrieb (↗Aggression) erklären zu wollen ist eine unzulässige Simplifizierung.

Als ein weiteres Beispiel für den Teufelskreis gesellschaftlicher Prozesse lassen sich Wirtschaftskrisen aufführen. Durch objektiv gegebene ökonomische Faktoren bedingte Preissteigerung führt zu Angst vor Inflation, die durch bestimmte Gruppen und Massenmedien noch verstärkt wird. Die Angst selbst bedingt falsches Konsumverhalten, das Konsumverhalten weitere Preissteigerungen.

Die hier aufgezeigte Selbstregulierung politischer Systeme ist keine endgültige Klärung politischer Prozesse, sondern eine stark vereinfachte theoretische Darstellung des komplexen Geschehens. Nach ihr sind die Leistungen der Politiker vor allem darin zu sehen, mit geeigneten Maßnahmen derartige Entwicklungen zu durchbrechen, für verstärkte Kontakte zwischen den Gruppen und Nationen zu sorgen, die zum Abbau von Vorurteilen beitragen und „Verträge mit Leben ausfüllen". Es ist wichtiger, von Frieden, Annäherung und Freundschaft zu sprechen statt vom Krieg, Bedrohung und Feindschaft, wenn man den Mechanismus der „Prophezeiung, die sich selbst erfüllt", berücksichtigt.

Bisher wurde hauptsächlich der Beitrag der Psychologie zur *Friedensforschung* geschildert, der psychologische Mechanismus der Konfliktsteigerung zwischen Nationen und zwischen Mehrheit–Minderheit aufgezeigt, und weniger Erkenntnisse zur innenpolitischen Szene. Hier werden von der Psychologie Fragen der Chancengleichheit untersucht, die Ursachen der Entstehung von Gruppen, die gegen die bestehende Gesellschaftsordnung kämpfen, und Möglichkeiten der Abwehr sowie Eigenarten des politischen Verhaltens von Bürgern in einer bestimmten Gesellschaftsordnung. Kurze Zusammenfassung der Ergebnisse bisheriger Forschung:

1. Die Wirkung politischer Information im Wahlkampf oder durch Massenmedien ist sehr gering (↗Massenkommunikation); Aufklärungsbedürftige sind uninteressiert, Parteizugehörige richten es so ein, dass sie sich nur solchen Informationen aussetzen, die ihre Meinung bzw. politische ↗Einstellung bestärken.
2. Zwischen Schulbildung, schulischer Staatsbürgerkunde, politischem Unterricht und politischem Engagement, d. h. der Teilnahme an politischen Entscheidungen, besteht kaum ein Zusammenhang. Das bedeutet, durch die gegenwärtigen schulischen Einrichtungen wird der Demokratisierungsprozess nicht gefördert.
3. Chancengleichheit und Leistungsprinzip sind in westlichen Demokratien noch kaum verwirklicht. Solange es Gruppen gibt, die mehr Macht besitzen, als ihnen aufgrund ihrer Leistungsfähigkeit zukommt, handelt es sich um eine Wettbewerbsgesellschaft und nicht um eine Gesellschaft, die dem Leistungsprinzip folgt. Gegen das Leistungsprinzip werden von der Psychologie keine Einwände erhoben, wohl aber gegen eine Wettbewerbsgesellschaft, die die Menschen Leistungszwängen unterwirft und individuelle Leistungsfähigkeit und Begabungsunterschiede ungleich entlohnt und anerkennt.

Population. Man bezeichnet mit diesem Begriff die Gesamtheit aller Träger eines bestimmten Merkmals (z. B. „männlich"). Aus dieser Grundgesamtheit wird in der Regel eine ↗Stichprobe gezogen. ↗Methoden der Psychologie, ↗Statistik.

P

Pornographie. Bezeichnung für als anstößig empfundene Darstellungen des Sexualverhaltens in Literatur, Film, Fotografie, Internet oder Shows. Die Vorstellungen darüber, was pornographisch ist, sind einem ständigen Wechsel unterworfen. War in den fünfziger Jahren Nacktheit noch etwas Schamloses, wird sie in der heutigen Zeit in vielen Situationen schlicht akzeptiert. In der aktuellen Rechtsprechung gilt es als pornographisch, wenn die primären Geschlechtsmerkmale (Schamlippen, erigierter Penis) deutlich gezeigt werden. „Harte“ Pornographie ist durch die Verbindung von Sexualität mit Gewalttätigkeit oder durch die Darstellung sexuellen Missbrauchs (z. B. von Kindern, Tieren) gekennzeichnet. Es gibt keine eindeutigen Kriterien für die Unterscheidung der Pornographie von erotischer Kunst. Die angenommenen negativen Auswirkungen von Pornographie auf Kinder und Jugendliche konnten bisher nicht eindeutig nachgewiesen werden. Sie sind sehr wahrscheinlich auf Begleiterscheinungen, wie der Reiz des Verbotenen, falsche Reaktionen der Erwachsenen, Beeinflussung durch die Mitbetrachter u. a. zurückzuführen. Übereifrigkeit mancher Zensoren, aber auch das Engagement manch feministischer Publizistin haben eventuell dahin geführt, dass die Wirkmechanismen der Medien erst richtig in Gang kamen (↗Massenkommunikation).

Positives Denken. Die Bedeutung des positiven Denkens wird in der ↗Selbstwirksamkeitstheorie ebenso herausgestellt wie in manchen ↗Psychotherapien. Glaubenssätze sind Matrizen für künftiges Handeln. Positive Glaubenssätze geben uns Freiheit zum Handeln, negative Glaubenssätze schränken uns ein. Typischer einschränkender Glaubenssatz (in der Kindheit entstanden) lautet: „Ich kann nicht …“ Solche Glaubenssätze programmieren das Gehirn auf das Versagen hin. Der beste Weg herauszufinden, wozu wir fähig sind, ist, so zu tun, als könnten wir es. Solange wir glauben, dass etwas unmöglich ist, werden wir nie herausfinden, ob es möglich ist oder nicht.
Es ist wichtig, sich mit Möglichkeiten zu beschäftigen statt mit Notwendigkeiten. Es ist besser, danach zu suchen, was wir tun können und welche Wahlmöglichkeiten wir haben, statt Begrenzungen zu erwarten.
Aldous Huxley sagt: „Erfahrung ist nicht etwas, das Ihnen passiert; sie ist vielmehr das, was Sie damit tun, was Ihnen passiert.“ Um das Leben zu verbessern, müssen wir also die Qualität der Erfahrungen verbessern. Es kommt nicht so sehr auf das Außen an, sondern vor allem auf das Innen! Glück und Erfolg ist nicht etwas, was geschieht. Glück und Erfolg sind Erfahrungen, für die wir bereit sein müssen, die wir selbst bestimmen.
Jede Situation, jede Sache, jeder Mensch hat positive und negative Seiten. Wenn ich mein Blick, meine Gedanken auf negative Aspekte lenke, z. B. bei einer Prüfung, dann kann meine Arbeit nicht mehr gelingen. Wenn ich positive Aspekte denke und sehe, dann gehe ich mit Überzeugung und Konzentration heran, die Bewältigung der Aufgabe wird gelingen.
Positives Denken ist keine Suggestion, kein Betrug, keine Spinnerei. Positives Denken heißt die Realität sehen, beide Seiten der Realität, die positive und die negative und vor allem ohne Wertung. Ein positiv denkender Mensch nimmt die Situation ernst, *bewertet* sie aber nicht. Positives Denken ist also nicht die *rosarote* Brille, die alles Unangenehme und Problematische ausblen-

det, sie ist keine schwarze Brille (nach dem Motto: Lieber etwas negativer sehen, damit ich nicht enttäuscht bin), sie ist eine klare Brille, die Risiken und Chancen erkennt und sich auf das Beste einer Situation konzentriert.
Ein positiv denkender Mensch lebt in der Gegenwart. Er kennt seine Stärken und Schwächen, er weiß, dass er beides besitzt. Fehler akzeptiert er als Rückmeldungen, wertet diese aus und hakt sie ab, um sich der Bewältigung der aktuellen Probleme zuzuwenden. Der Weg zum positiven Denken umfasst folgende Schritte: vom Bewerten zum Ist-Zustand, von der Zukunft und Vergangenheit in die Gegenwart, vom Erleiden zum Sich-Herausgefordert-Fühlen, vom Passiv-Sein zum Aktiv-Werden. Es ist harte Arbeit, weil wir die Sperren überwinden müssen, die Eltern, Lehrer und andere in uns aufgebaut haben.
Ein positiv denkender Mensch ignoriert nicht die negativen Aspekte einer Situation, aber er überlegt, wie er die Probleme in den Griff bekommt, übersieht nicht seine Schwächen, aber er erkennt, dass nicht nur seine Stärken, sondern auch seine Schwächen für ihn arbeiten können, nimmt Fehler als Informationen und Rückmeldungen, sucht die positiven Aspekte einer Situation, setzt sich konkrete Ziele, deren Verwirklichung beweisbar ist, stellt sich klar vor, wie er sein Ziel erreicht, hält sein Selbstvertrauen durch positive Botschaften an sich selbst aufrecht, lebt in der Gegenwart und ist mit voller Aufmerksamkeit und Konzentration bei seinen Handlungen, übt das Erreichen seiner Ziele „im Kopf“.
Positives Denken bedeutet Orientierung auf Ziele statt auf Probleme (Wenn man sich fragt: „Warum habe ich dieses Problem?“, dann wird man sich hinterher schlechter fühlen. Solche Fragen führen nicht zur Lösung eines Problems.)
Das Erreichen der Ziele ist nicht nur von den hier aufgezählten Vorgehensweisen, sondern auch von der Zielformulierung abhängig. Wichtig sind positiv formulierte Ziele („Ich nehme mir Zeit“), konkrete Formulierungen (z. B. „Ich will mich nach der Note erkundigen“, statt „Ich will selbstsicher sein!“), Ziele, die in unserer Macht und nicht in der der Partner liegen (z. B. „Ich bin offen und entspannt!“ statt „Mein Partner soll entspannter werden!“). Es ist auch wichtig, bei der Zielformulierung die Nebenwirkungen zu beachten.
Positives Denken ist auch deswegen so wichtig, weil unser Gehirn zwischen Vorstellung und Wirklichkeit nicht unterscheiden kann. Das positive Denken empfiehlt, lieber einen kleinen Schritt gleich zu machen als einen großen nie. Dieser Schritt kann sein, Probleme als Herausforderung zu sehen und mentale Sperren zu überwinden, die innere Kommunikation zu verbessern und Zugang zu finden zu unseren unbewussten Kräften und Potentialen, eigenverantwortlich innere Bilder und Gefühle sowie Gedanken zu wählen, anstatt von Bildern, Gefühlen und Gedanken beherrscht zu werden.

Potenzstörungen, Schwierigkeit oder Unfähigkeit des Mannes eine Erektion zu erreichen. ↗Sexualstörungen.

Prädisposition, anlagebedingte Bereitschaft zur Entwicklung bestimmter Persönlichkeitsmerkmale. ↗Anlage, ↗Persönlichkeit.

Prägung ist nach K. Lorenz ein irreversibles (nicht der Löschung unterliegendes) ↗Lernen von *artfremden* Auslösern für angeborene *arteigene* Verhaltens-

P

muster in sogenannten „kritischen Phasen" (meist kurz nach der Geburt). Prägung wurde bei Fischen, Vögeln und bei einigen Säugetieren festgestellt. Prägung im strengen Sinne (gleicher Art wie bei Tieren) konnte beim Menschen bisher nicht beobachtet werden. Es wird jedoch angenommen, dass gewisse ↗„Fixierungen" und traumatische (Schock-)Erlebnisse in der frühesten Kindheit das Verhalten des Menschen erheblich beeinflussen können.

Prävention. Umfasst in der ↗klinischen Psychologie alle Maßnahmen, die das Entstehen ↗psychischer Störungen verhindern sollen. Bastine unterscheidet drei Bereiche der Prävention:
Fördern von Kompetenzen: So wurde z. B. mit Schizophrenen und Drogenabhängigen das Lösen alltäglicher Probleme geübt. Ein wichtiger Aspekt ist auch das Erlernen angemessenen Umgangs mit „Stress.
Entwicklungsförderung: Beratung werdender oder junger Mütter, Verbesserung des Mutter-Kind-Verhältnisses, Vermittlung anregenden Spielmaterials für Kinder u. a.
Förderung günstiger Umwelten: Verbesserung ehelicher und familiärer Beziehungen, Anregung und Begleitung von Selbsthilfegruppen, politische Einflussnahme über Gemeinwesenarbeit (Arbeit von Sozialarbeitern in „sozialen Brennpunkten").
Der Erfolg der verschiedenen Maßnahmen innerhalb der Prävention ist schwer messbar. Wie sollte man z. B. eine Erweiterung des Problembewusstseins als wesentlicher Bestandteil von psychischer Gesundheit messen? Grundsätzlich sind Präventionsmaßnahmen aber hilfreich und haben einen großen ökonomischen Nutzen. Trotzdem besteht, wenn es in der Gesellschaft „gut läuft", nur eine geringe Bereitschaft, für Prävention zu sorgen. Häufig lenkt erst das Aufkommen von Krisensituationen die Aufmerksamkeit dann wieder auf die Notwendigkeit von Prävention.

Primärtherapie. A. Janov, der dieses populär auch Urschreitherapie genannte Vorgehen entwickelte, arbeitete lange Jahre als Psychoanalytiker, bevor ihm Ende der 60er Jahre klar wurde, dass jedes ↗Trauma eine Schmerzensenergie *(Primärschmerz)* im Menschen zurücklässt, die wieder abgeführt werden muss, was z. B. durch Weinen oder Schreien geschieht. Da in der westlichen Gesellschaft die Menschen i. d. R. diese Schmerzen nicht abreagieren können, bleibt die Schmerzensenergie im Körper, verursacht Muskelspannungen oder auch, ↗somatische Schädigungen und macht die wirklichen Gefühle und Empfindungen unbewusst. Die einzige Methode, diesen Urschmerz und die damit verbundenen neurotischen Symptome zu beseitigen, sind nach Janov Gefühlsausbrüche der sog. Urerlebnisse (nach Hemming, 1982). Diese Überlegungen orientieren sich stark an der Auffassung der frühen ↗Psychoanalyse, die annahm, der Neurotiker leide an Reminiszenzen. Gemeint waren angstvolle, bedrängende Erlebnisse in der Kindheit, die weiterexistieren und sich im neurotischen Symptom äußern.
Methodisches Vorgehen: Der Klient legt sich zu Boden und erzählt von seiner Kindheit. Sobald schmerzliche Erinnerungen auftauchen, wird er aufgefordert, sich in sie zu versenken. Dabei kann es zu *Primärerfahrungen* (Primals) kom-

men, in denen er unter massiven und sehr intensiven körperlichen Reaktionen den Schmerz der Kindheit erstmals vollständig erlebt. Das kann eine Stunde und länger dauern; es folgt ein Gefühl der Ruhe, die Wahrnehmung ist klar geworden, der Atem geht tiefer und freier. Die Therapie verläuft in zwei Schritten. In den ersten zwei bis drei Wochen trifft der Klient den Therapeuten 10- bis 15-mal, solange er will. Nach diesem Abschnitt beginnt die Arbeit in der Gruppe, in welcher der Klient anfangs an sich allein arbeitet, am Ende der Sitzung sich aber alle über ihre Erfahrungen unterhalten. Die Therapie ist beendet, wenn der Klient alleine Zugang zu seinen Primärerfahrungen finden kann. Die therapeutische Wirksamkeit dieser Methode ist wie bei vielen psychotherapeutischen Verfahren nicht näher untersucht. Sicher ist, dass sie vielen schon geholfen hat, sie also kein esoterischer Schwindel ist. In Deutschland ist jedoch die Zahl der qualifiziert ausgebildeten Therapeuten sehr klein, so dass bei dieser den Körper und die Psyche sehr belastenden Therapie die Gefahr groß ist, an nicht fachgerechte Hilfe zu geraten.

Proband (Abk. Pb). Individuen, mit denen ein ↗Test oder eine Untersuchung durchgeführt wird, werden in der Psychologie Probanden (Pbn) genannt.

Problemlösen, Bezeichnung für das Bewältigen neuartiger Situationen. Mit Hilfe der ↗Selbstbeobachtung versuchte die Psychologie, einzelne Schritte des Problemlöseverfahrens, z. B. bei Denksportaufgaben, herauszufinden und die Bedingungen festzustellen, unter denen der Einfall des „richtigen“ Lösungsweges stattfindet. Viele Probleme lassen sich nicht mit bereits erprobten Lösungstechniken angehen; daher ist es oft notwendig, den eingeübten Weg aufzugeben und die gemachten Erfahrungen zur Bewältigung des Problems neu einzusetzen (↗Denken).

Produktives Denken, Synonym für schöpferisches oder divergentes Denken, was einen wesentlichen Teil der ↗Kreativität ausmacht.

Prognose. Die Psychologie erforscht Gesetzmäßigkeiten des Verhaltens, um zukünftiges Verhalten vorhersagen zu können. Der Prognose geht meist eine intensive Untersuchung der ↗Persönlichkeit (↗Diagnostik) und des bisherigen Verhaltens (biographische Daten; ↗Exploration) voraus. Prognosen spielen eine wichtige Rolle in der ↗Beratung (z. B. Voraussage des künftigen schulischen oder beruflichen Erfolgs), in der ↗Klinischen Psychologie (Voraussage des Verlaufs einer ↗psychischen Störung und des Behandlungserfolges), in der ↗Forensischen Psychologie (z. B. Voraussage des künftigen Verkehrsverhaltens) und im Bereich der ↗Kriminalität (Rückfallprognose).

Projektion. Eigenschaften der eigenen Person, die man aber bei sich nicht wahrhaben will, werden anderen Personen oder Gruppen unbewusst zugeschrieben und dort bekämpft. ↗Abwehrmechanismus

Projektive Tests. Der Vorteil projektiver Verfahren gegenüber ↗Fragebogen liegt in ihrer Nicht-Durchschaubarkeit. Ein argwöhnischer Proband kann nur vermuten, dass er durch seine Antwort auf grau schattierte und farbige Kleckstafeln (beim Rorschach-Test) oder auf Bilder (z. B. beim Thematischen Apperzeptions-Test, auch TAT genannt) etwas von seiner Persönlichkeit preisgibt; er weiß jedoch nicht, welche Antworten für ihn von Vorteil und welche von Nachteil sein könnten. Daher kann er sich nicht betont „sozial erwünscht“ verhalten. Projektive Tests sind in der psychologischen ↗Diagnostik sehr umstritten, da ihre Zuverlässigkeit, vor allem aber die Objektivität bei der Auswertung der Antworten im Vergleich z. B. zu ↗Intelligenztests nicht sehr hoch ist. Projektive Tests bauen auf der Annahme auf, dass ein Mensch, wenn er unstrukturierte, mehrdeutige Vorlagen zur Interpretation erhält, seine persönlichen Gedanken, ↗Gefühle und ↗Einstellungen in sie hinein überträgt (projiziert, ↗Projektion). Einige Psychologen setzen diese Tests nur ein, um die Arbeitsatmosphäre aufzulockern und sich einen ersten Eindruck zu verschaffen. Auf diese Weise wird vor allem der Baum-Test häufig angewendet, bei dem der Proband einen Baum zeichnen muss und die Art des Zeichnens und das Dargestellte symbolhaft auf Persönlichkeitsmerkmale hinweisen sollen. Dieser Ansatz mutet sehr naiv an, seine testtheoretische Grundlagen (Reliabilitäät, Validität, Objektivität) sind mangelhaft, und er wird von der wissenschaftlich orientierten Psychologie mit Skepsis betrachtet. Ein bekanntes und durch Untersuchungen gut abgesichertes – aber auch umstrittenes – Verfahren ist der Rorschach-Test, der Aussagen auch über Intelligenz- und Leistungsverhalten, den emotionalen und sozialen Bereich ermöglicht. Dem Probanden werden zehn Kleckstafeln vorgelegt mit der Frage: „Was könnte das sein?“ Bei der Auswertung eines Rohrschach-Tests werden z. B. folgende Merkmale der Antworten beachtet:

- Form (Deckung des Umrisses vom Klecks mit dem in der Antwort dargestellten Objekt). Die Form kann Hinweise geben auf: willentliche Kontrolle, Beobachtungsschärfe u. a.
- Farbe (Grad der Beeinflussung der Deutung durch die Farbigkeit des Kelckses; z. B. ein blauer Bär). Die Farbe gibt Hinweise auf die allgemeine Gefühlshäufigkeit, spontanes, affektives oder kontrolliertes Erleben u. a.
- Bewegungen, die in den Klecksen wahrgenommen werden (z. B. tanzende Menschen). Sie geben Hinweise zur Phantasie, Kreativität, zum Triebleben u. a.
- Ganz- oder Detailantworten (der Klecks wird in seiner Ganzheit oder im Detail in der Antwort berücksichtigt). Sie geben z. B. Hinweise auf die Art des Denkens (abstraktes oder mehr praktisches Denken) u. a.

Diese Hinweise sollen nicht die Auswertung eines Rorschach-Testes erklären, sondern lediglich verdeutlichen, welche Kriterien unter anderem zur Auswertung herangezogen werden. Die Bilder des Thematischen Apperzeptions-Testes (TAT) werden von Probanden durch „spannende Geschichten“ beschrieben. In die Bilderbeschreibungen, die Informationen über das Vorgefallene, das aktuelle Geschehen, über die Beziehungen der Menschen enthalten, projiziert der Proband Bedürfnisse, „Einstellungen, Wertungen und ↗Interessen. Es ist jedoch bei der Auswertung schwierig, die Bedeutung der angesprochenen Themen für die getestete Person abzuschätzen. So kann es sein, dass sie am Tag zuvor gerade einen spannenden Kriminalfilm gesehen hat und sie deshalb in der Testsituation sehr aggressive Geschichten erzählt und vom Psychologen falsch eingeschätzt wird. Deshalb sollte der TAT ebenso wie andere projektive Tests nur in Kombination mit Verfahren von guter Zuverlässigkeit und Gültigkeit verwendet werden.

Propaganda, intensive Werbung für politische Ideen oder weltanschauliche Meinungen. ↗Werbepsychologie.

Prophetie, Vermittlung einer warnenden oder allgemein auf Künftiges hinweisenden Botschaft durch eine Autorität (den Propheten) an Gläubige. Am bekanntesten sind die Prophezeiungen des französischen Arztes Nostradamus, der Mitte des 16. Jahrhunderts Visionen über zukünftige Katastrophen und Heimsuchungen veröffentlichte, die ihren Höhepunkt im Weltuntergang im Jahr 3797 finden sollen. Prophetische Botschaften spielen heute z. B. im Bereich der Sekten eine große Rolle. Nüchterne, nicht-gläubige Betrachter sehen Prophezeiungen und ihre Wirkungen als Phänomene an, die das Unterbewusstsein ansprechen, und bei denen ↗Halluzinationen, ↗Suggestionen und Wunschdenken einen wichtigen Einfluss haben.

Prophezeiung, selbsterfüllende. Selbsterfüllende Prophezeiungen sind nach Watzlawick (↗Kommunikation) Behauptungen, die man über andere trifft und die oft nicht der Wahrheit entsprechen, aber geeignet sind, ein Verhalten bei dem anderen hervorzurufen oder zu fördern, das dieser Behauptung entspricht. Beispiele solcher Prophezeiungen sind Aussagen wie „du taugst zu nichts", „du bist faul", aber auch positive Aussagen wie z. B. „ich finde dich attraktiv".

Prophylaxe. Man versteht darunter Maßnahmen, die Krankheiten und psychische Störungen verhindern sollen (Vorsorge, ↗Psychohygiene). ↗Klinische Psychologie.

Propriozeptoren. Nervenzellen, die Informationen über die Veränderungen innerhalb des Körpers aufnehmen und weiterleiten (wichtig für Gleichgewicht, Lage des Körpers, Muskelspannung), werden Propriozeptoren genannt. ↗Sinne, ↗Kinästhesie.

Prüfungsangst. Vor dem Abitur, Staatsexamen, der Gesellen- oder Meisterprüfung oder der Fahrprüfung ↗Angst zu haben, ist eine normale (d. h. meist anzutreffende) Reaktion des Prüflings, da vom Erfolg oder Misserfolg die Gestaltung weiteren Lebens abhängen kann. Häufig werden jedoch übergroße Ängste beobachtet, die das Verhalten in der Prüfung stark einschränken. Nach Mandler und Sarason (1952) ist in solchen Situationen der Antrieb generell erhöht, was bei wenig Ängstlichen zu einer vermehrten Entwicklung von Lösungsstrategien führt, während beim Hochängstlichen verstärkt Minderwertigkeitsgefühle und Misserfolgsphantasien auftreten.
Prüfungsängste haben in vielen Fällen ihren Ursprung in der Kindheit. Sarason u. a. (1960, 1971) betonen, dass kleine Kinder noch nicht über ein stabiles

und differenziertes Selbstbild verfügen. Wenn sie nun eine auffallend einschränkende und strenge Erziehung erleben, haben sie wenig Möglichkeiten, ihre Fähigkeiten zu erproben, und sie gelangen schnell zu einer Unterschätzung z. B. ihrer Kraft, Geschicklichkeit oder Sprachfertigkeit. Daraus kann sich eine Haltung entwickeln, die den Erwachsenen vor prüfungsartigen Situationen zurückschrecken lässt. Die Untersuchungen zur Prüfungsangst beim Erwachsenen haben festgestellt, dass zwei Faktoren im Wesentlichen die Angst bestimmen: Der *Emotionalitätsfaktor* (emotionality) beschreibt die bei jeder ungewissen Situation vorkommende Aufregung, der Faktor *besorgte Betroffenheit* (worry) hingegen bezieht sich auf das Denken an ein mögliches Versagen, das mangelnde Selbstvertrauen und die Misserfolgsphantasien.
Der *Abbau von Prüfungsängsten* geschieht somit auf zwei Wegen. Der wesentliche Schritt bezieht sich auf den zweiten Faktor, wenn man Einstellungen des Klienten zu sich und zur Prüfungssituation zu verändern sucht. Hierbei ist es wichtig, das Anspruchsniveau (↗Leistungsmotivation) an das eigene Leistungsvermögen anzupassen (meist muss man es mindern) und die Erwartungen hinsichtlich der bei einem Misserfolg erwarteten unangenehmen Konsequenzen zu ändern. Das geschieht in einer Beratung z. B. über das Aussprechen (Bewusstmachen) störender, entmutigender Gedanken. Sie werden mit Hilfe des Beraters auf ihre Stichhaltigkeit überprüft und, da sie meist übertrieben sind, ersetzt durch Vorstellungen, die den tatsächlichen Gegebenheiten entsprechen. Wenn so eine neue, sachliche Haltung zur Prüfungssituation entstanden ist, wird mit Hilfe der systematischen Desensibilisierung (↗Verhaltenstherapie) und ähnlicher Verfahren (↗Entspannungstechniken) die Aufregung eingedämmt.
Da jede unbekannte Situation Angst bereitet, sollten der Prüfungsablauf und vor allem ihr Inhalt rechtzeitig bekannt sein, so dass man sich ein Bild machen kann und die Prüfung durchsichtig wird. Eine Minderung der Angst findet auch statt, wenn man mit Kollegen eine Prüfung einmal durchspielt (Rollenspiel, ↗Psychodrama) und die Fragen innerhalb einer bestimmten Zeit zu beantworten versucht, wobei ebenso das Formulieren der eigenen Kenntnisse geübt wird. Die Prüfungsvorbereitungen müssen rechtzeitig begonnen, angemessene Pausen eingelegt (Lerntechniken, ↗Gedächtnis) und verschiedene ↗Entspannungstechniken genutzt werden.

Psychagogik. Bezeichnung für das pädagogische und therapeutische Vorgehen bei sozial- und lerngestörten Kindern, die z. B. Konzentrationsstörungen oder auffallendes Sexualverhalten zeigen. Psychagogik kann mit der Anwendung der Psychotherapie bei Kindern gleichgesetzt werden (↗Kinderpsychotherapie).

Psychiatrie, Fachgebiet der Medizin, das sich mit der Erforschung, Prävention und nichtoperativen Behandlung ↗psychischer Störungen (z. B. ↗Psychosen, ↗Persönlichkeitsstörungen) beschäftigt. Mit Psychiatern arbeiten klinische Psychologen (↗Klinische Psychologie) zusammen, sie haben aber keine medizinische Ausbildung und dürfen deshalb z. B. keine Medikamente verschreiben. Die *Kinder- und Jugendpsychiatrie* wird heute als eigenständiges Fachgebiet angesehen, während *Sozialpsychiatrie* (untersucht soziale Bedingungen von psychischen Störungen), *Gerontopsychiatrie* (Gegenstand sind psychische Störungen im Alter) und *forensische Psychiatrie* (befasst sich mit gerichtsbezogenen Fragestellungen, wie z. B. der Beurteilung der Schuldfähigkeit) als Teilgebiete der Psychiatrie angesehen werden.

Lange Zeit konzentrierte sich die Psychiatrie auf die körperlichen, biologischen Ursachen von psychischen Störungen, die bis vor kurzem noch Geisteskrankheiten genannt wurden. Man behandelte die Patienten bis Anfang der fünfziger Jahre mit Hilfe von nicht sehr wirksamen Medikamenten und anderen körperlichen Verfahren, wie z. B. dem Elektroschock („Schocktherapie). Ein deutlicher Umschwung fand in den sechziger Jahren statt, als man wirksame Mittel zur Behandlung psychotischer Störungen fand, und eine Kritik einsetzte (Antipsychiatrie), die sich u. a. gegen inhumane Zwangsmaßnahmen (z. B. Ruhigstellung von Patienten) wandte und eine neue, freiere Form des Zusammenarbeitens von Ärzten, Pflegern und Patienten forderte (Behandlung auch außerhalb geschlossener Anstalten, ↗Milieutherapie). Eine extreme Sicht der Antipsychiatrie besagte, dass ↗psychische Störungen keine anormale Befindlichkeit (↗Normen) seien, sondern als eine gleichwertige Lebensweise angesehen werden müssten.

Die Psychiatrie hat heute die Möglichkeit, eine Reihe von psychischen Störungen mit Medikamenten wirkungsvoll zu lindern. Neuroleptika (↗Psychopharmaka) setzt man zur Behandlung von ↗Schizophrenien ein und, da sie dämpfend wirken, manchmal auch zur Therapie von ↗manisch-depressiven Störungen. Hier wirkt auch Lithiumcarbonat, das den jeweiligen extremen Stimmungsauslenkungen die „Spitzen" nimmt. Antidepressiva sind bei schweren ↗Depressionen hilfreich, Tranquilizer verringern Angstzustände. Da bei all diesen Medikamenten, insbesondere wenn sie unkontrolliert eingenommen werden, häufig problematische Nebenwirkungen auftreten, ist eine enge Zusammenarbeit des Patienten mit dem Arzt notwendig. Bei schweren ↗psychischen Störungen ergänzen verschiedene psychotherapeutische Techniken die medikamentöse Behandlung, bei leichteren Störungen haben sie einen zentralen Stellenwert. Zum Einsatz kommen vor allem ↗psychodynamische und verhaltenstherapeutische Verfahren (↗Verhaltenstherapie) sowie ↗kognitive Therapien. Im Rahmen von ↗Psychohygiene und Rehabilitation werden Patienten durch Einübung lebenspraktischer Fertigkeiten und durch die Schaffung günstiger Lebensbedingungen an die Arbeit und das Zusammenleben außerhalb geschlossener Kliniken gewöhnt.

Psychisch, umfassende Bezeichnung für Erscheinungen, wie Verhalten, Handlungen, Erleben, Gefühle, Denken, sowie für Störungen, von denen man annimmt, dass sie nicht wesentlich aufgrund organischer Einflüsse entstanden sind.

Psychische Störungen. Man denkt im Alltag spontan an eine psychische Störung, wenn das Verhalten und Erleben einer Person einem ungewöhnlich, bizarr oder extrem vorkommt, mit anderen Worten: Es fällt auf (↗Normalität). Um den Begriff der psychischen Störung fachlich einwandfrei zu verwenden, müssen aber andere *Merkmale* zu dem oben genannten „Abweichen von der Normalität" noch hinzukommen:

- Die betroffene Person leidet, d. h. sie zeigt z. B. Angst oder Anspannung.
- Ihr Verhalten ist nicht vernünftig, irrational., d. h. Außenstehende oder der Betroffene verstehen das Verhalten nicht (z. B. bei einer „Zwangsstörung).
- Häufig wird durch gestörtes Verhalten auch der Beobachter verängstigt, er fühlt sich bedroht oder bedrängt.
- Gestörtes Verhalten beeinträchtigt die Bewältigung des Alltags (z. B. im Beruf, in der Freizeit).

Keines dieser Merkmale kann für sich alleine das Vorhandensein einer psychischen Störung bestimmen. Auch müssen nicht immer alle Merkmale vorhanden sein. So leiden z. B. Maniker (↗Manie) nicht, sie genießen vielmehr oft ihre Euphorie und erleben sie nicht als Problem. Auch ist es fachlich sehr schwer zu bestimmen, welches Verhalten und Erleben eine psychische Störung ist. Denn bei einer psychischen Störung handelt es sich nicht um einen Zustand, der sich grundsätzlich vom „Normalen" unterscheidet, vielmehr besteht ein fließender Übergang zum „Gesunden". Die Ausprägung einer Störung ist dadurch bestimmt ist, in welchem Maße die obigen Merkmale auftreten. Früher führte man psychische Störungen auf das Wirken von Dämonen und Geistern zurück, erst gegen Ende des 18. Jahrhunderts begann man psychisch Kranke zu behandeln und nicht zu bestrafen. Heutzutage wird ein deutlicher Anstieg von psychischen Störungen beobachtet, wobei man aber nicht weiß, ob das die Folge der Umstände modernen Lebens oder auf immer besser werdende diagnostische Möglichkeiten zurückzuführen ist.

Klassifikation psychischer Störungen. Zu Beginn einer therapeutischen Behandlung, zur Klärung juristischer Fragen oder für Forschungszwecke ist es notwendig, psychische Störungen zu klassifizieren, d. h. Störungen aufgrund von Symptomen zu definieren (Taxonomie) und ähnliche Störungen zu Klassen zusammenzufassen (Klassifikation). Es gab bis vor kurzem kein allgemein gültiges System zur Ordnung psychischer Störungen, jedes Land hatte eine etwas andere Systematik. Vor allem zur besseren Abstimmung internationaler Forschung und Therapie entwickelten sich zwei ähnliche Systeme: Das „Diagnostische und Statistische Manual Psychischer Störungen" der amerikanischen psychiatrischen Vereinigung (DSM) und das diagnostische System der Weltgesundheitsorganisation (ICD = international classification of diseases). Sie teilen Störungen nicht mehr nach ursächlichen Faktoren (also „organisch bedingt" oder „erworben" bzw. „Neurose" oder „Psychose") ein, sondern beschreiben und gruppieren sie nach ihren Erscheinungs- und Verlaufsformen.

Das *ICD-10* führt als diagnostische Kategorien im einzelnen auf:

- organische und psychische Störungen, verursacht durch Verletzungen des Gehirns und psychotrope Substanzen (Drogen; ↗Drogenabhängigkeit)
- schizophrene und wahnhafte Störungen (↗Schizophrenie)
- affektive Störungen, wie z. B. ↗Manie, ↗Depression, ↗manische – Depression
- Angststörungen, wie z. B. ↗Phobie, ↗Zwang oder das posttraumatische ↗Belastungssyndrom
- Verhaltensauffälligkeiten mit körperlichen Störungen, wie z. B. ↗Essstörungen, ↗Schlafstörungen, ↗Sexualstörungen
- ↗Persönlichkeits- und ↗Verhaltensstörungen. Die Betroffenen zeigen starre, sich wiederholende Verhaltensmuster und unterscheiden sich dabei

in ihrem Wahrnehmen, Denken, Handeln und Fühlen sowie in ihren sozialen Beziehungen stark von anderen Menschen, z. B. ↗Exhibitionismus, Stehlen, ↗antisoziales Verhalten, ↗Borderline-Persönlichkeit

- Intelligenzminderung, z. B. ↗geistige Behinderung
- Entwicklungsstörungen. Die hier beschriebenen Störungen beginnen in der Kindheit und sind eng mit der Ausbildung des Zentralnervensystems verbunden (↗Nervensystem). Es sind z. B. Störungen des Sprechens oder der ↗Motorik.
- Verhaltens- und emotionale Störungen in der Kindheit, wie z. B. Trennungsängste, ↗Ticks, ↗Stottern, ↗Einnässen, Befürchtungen und Sorgen ohne Anlass.

Die Einteilung ist für den Außenstehenden nicht unbedingt einleuchtend, z. B. überzeugt die Trennung von Angst- und affektiven Störungen nicht, jedoch hat sich die bei früheren Versionen des ICD eher schlechte ↗Reliabilität der Diagnosen mit der Einführung der ICD-10 deutlich verbessert, so dass dieses System für den Praktiker von großem Nutzen geworden ist.

Neurosen und Psychosen. Die alte, jedoch umstrittene Unterscheidung von ↗Neurosen und ↗Psychosen wird im DSM und ICD-10 nicht mehr fortgeführt. Störungen, die früher als Neurosen bezeichnet wurden, findet man nun z. B. bei den Angststörungen, bei Verhaltensauffälligkeiten oder bei Verhaltensstörungen. Deutlicher sind psychotische Störungen zu erkennen, sie sind überwiegend bei den schizophrenen, den affektiven und Persönlichkeitsstörungen zu finden.

Psychoanalyse. Sigmund Freud (1856–1939) hat mit der Schrift *Studien über Hysterie* 1895 den Begriff „Psychoanalyse" als Bezeichnung für einen psychotherapeutischen Ansatz, für ein Heilverfahren bei seelischen Störungen (↗Neurose) eingeführt. Freud hat den Begriff Psychoanalyse (wörtlich „Seelenzergliederung") auch als Bezeichnung für alle Methoden zur Untersuchung und Erforschung solcher psychischer Vorgänge benutzt, die mit anderen Vorgehensweisen nicht erreicht werden, da sie unbewusst ablaufen (↗Tiefenpsychologie). Schließlich werden mit dem Begriff Psychoanalyse alle Annahmen, Erkenntnisse und Meinungen zusammengefasst, die durch Falldarstellungen und durch die Auswertung therapeutischer Analysen über die gesunden und kranken Formen des psychischen Erlebens gewonnen werden konnten.

Die Psychoanalyse als psychologische Theorie betrachtet das psychische Leben und Verhalten vom dynamischen, ökonomischen und topischen Gesichtspunkt. Das Erleben und Verhalten lässt sich nach Freud als ein „Spiel der Kräfte", die sich fördern und hemmen, miteinander im Konflikt stehen oder sich miteinander verbinden (= der dynamische Aspekt), es lässt sich als ein „Energiehaushalt" (wie wird mit der Energie umgegangen, wie wird die Energie im psychischen Apparat umgesetzt? = der ökonomische Aspekt), und es lässt sich als eine räumliche und örtliche Ordnung (= der topische Aspekt) betrachten.

Die Psychoanalyse als Theorie des Erlebens und Verhaltens besteht aus drei gleichwertigen Teilen: der Persönlichkeitstheorie (Aufbau der Persönlichkeit, Instanzenmodell), der Triebtheorie (die Theorie der Triebe und der Libidoentwicklung) und der psychoanalytischen Neurosenlehre (Theorie der Entstehung von „Neurosen und der Unterscheidung verschiedener Formen von Neurosen).

P

Das Modell des Aufbaus der Persönlichkeit. Mit seinem topischen Modell versucht Freud zu veranschaulichen, zwischen welchen Teilen des psychischen Apparates Energien umgesetzt werden. Nach Freud sind dies drei Systeme: *„Unbewusst“, „Vorbewusst“* und *„Bewusst“.* Ab 1920 hat Freud die Systeme Unbewusst, Vorbewusst und Bewusst durch die „Instanzen“ „Es“, „Ich“ und „Über-Ich“ ergänzt bzw. modifiziert. Das Es repräsentiert die Triebseite der Persönlichkeit, ist unbewusst und strebt nach einer unmittelbaren und vollständigen Abfuhr der Triebenergie (= Lustprinzip). Diese unbewusst ablaufende, ohne die Einschaltung des Denkens und des Ichs gelungene Abfuhr der Triebenergie nennt Freud „Primärvorgang“. Im Sinne des „Realitätsprinzips“, unter Beachtung von Bedingungen und Anforderungen der Außenwelt, versucht das Ich mit Hilfe des Denkens und anderer Funktionen und Fähigkeiten die noch freie, d.h. durch den Primärvorgang nicht in Lust umgewandelte Triebenergie umzuwandeln und abzuführen. Diesen Prozess nennt Freud den „Sekundärvorgang“. Das Über-Ich besteht aus verinnerlichten Normen und Werten und hat die Funktion des „Richters“ und „Wächters“ übernommen. Es lässt sich aufgliedern in das „Moral-Ich“ (= in etwa das ↗Gewissen) und das „Ideal-Ich“ (= in etwa die Erwartungen an das Selbst, Idealvorstellungen, Ziele, Anspruchsniveau an das eigene Handeln). Das Über-Ich lässt sich dem Bewussten, Vorbewussten und Unbewussten zuordnen. Das Ich muss mit seinen Fähigkeiten und Funktionen zwischen Es (Triebansprüche, Wünsche, Luststreben) und Über-Ich vermitteln, Kompromisse finden oder für realitätsgerechte Triebabfuhr sorgen. Notfalls muss das Ich ↗Abwehrmechanismen einsetzen.

Die Theorie der Triebe. Von 1894 bis 1915 nahm Freud an, dass die Energie, die es umzuwandeln gilt, von den Selbsterhaltungstrieben (Ich-Triebe) und dem Sexualtrieb stammt. Von 1915 bis 1920 stellte Freud den Aggressionstrieb in den Vordergrund, danach sprach er von Lebens- (Sexual- und Ich-Triebe) und Todestrieben (Aggressionstriebe). Bekannter als die Ausführungen Freuds zur Unterscheidung verschiedener Triebe sind seine Annahmen zum Entwicklungsverlauf der „Libido“.

Freud hat auf die Rolle, die die Sexualentwicklung in der Kindheit für spätere ↗psychische Störungen und ↗Neurosen spielt, hingewiesen und betont, dass es keine asexuelle, „unschuldige“ Kindheit gibt, sondern dass Kinder schon von Geburt an sexuell getönte Lustempfindungen verspüren. Die Entwicklung der ↗Libido, d. h. der sexuellen Energie, wurde von Freud in mehrere Phasen aufgeteilt, die charakteristische Quellen der sexuellen Erregung und Lust aufweisen (↗Objektbesetzung) und bei Nichtbefriedigung zur ↗Fixierung verschiedener psychischer Störungen führen können.

Es ist sicher, dass z. B. die ödipale Situation (↗Ödipuskomplex) mit ihren Konflikten von Freud überschätzt oder auch falsch interpretiert wurde. Nicht nur die sexuelle Energie, sondern die Erziehung insgesamt ist für spätere Störungen verantwortlich zu machen. Wir wissen, dass gerade um das 5. Lebensjahr in unserer Gesellschaft darauf geachtet wird, dass die Kinder ihre geschlechtsspezifische Rolle übernehmen („Benimm dich wie ein Junge!“ „Ein Mädchen tut das nicht!“), was Freud als ↗Identifikationen mit dem gleichgeschlechtlichen Elternteil bezeichnete, die zur Überwindung der ödipalen Situation führen sollte.

Psychoanalytisches Schema der Libidoentwicklung

Alter	0–1;6	1;7–3;0	3;1–6;0	10; 0bzw. 12;0
Bezeichnung der Phase	*orale Phase*	*anale Phase*	*Phallisch-genitale Phase*	*puberal-genitale Phase*
Lustquelle	Reizung des Mundes, Saugen, Streicheln, zärtliches Berühren	Reizung des Afters, Stuhlgang, Spielen mit Ausscheidungsorganen	Reizung der Genitalien, „Doktor"-Spiele, Sich-nackt-zeigen und -sehen-Wollen	Sexualorgane: Anteil aller Phasen: Küssen, Streicheln, Sehen-Wollen usw.
Innerpsychische Konflikte	Fehlende Wärme und Zuneigung nach der Geborgenheit im Mutterleib; Angst und Streben nach Sicherheit; Urmisstrauen gegen Urvertrauen	Strenge ↗Reinlichkeitserziehung führt zu Hass gegen die Mutter und gerät in Konflikt mit der Liebe zur Mutter (Erfahrung aus der oralen Phase); Hass-Liebe-Ambivalenz	↗Ödipuskomplex: das Kind begehrt in erotischer Weise das gegengeschlechtliche Elternteil: Angst vor Kastration beim Jungen	Verbote seitens der Eltern, ↗Onanie
Mögliche psychische Störungen im Erwachsenenalter	↗Schizophrenie, Angst, ↗Depression. Süchte	↗Perversionen, ↗Wahn, ↗Tics, ↗Stottern, ↗Neurosen	Hysterie, ↗Homosexualität, ↗Perversionen	Unfähigkeit zu Partnerbeziehungen (↗Sexualstörungen)

Die Neurosenlehre. Die Ausführungen zur Entstehung von Neurosen haben bis heute kaum an Aktualität und Erklärungskraft eingebüßt. An der Entstehung von ↗Neurosen sind das Es, das Ich und das Über-Ich beteiligt. Es handelt sich um die misslungene Bewältigung der Konflikte zwischen Es und Über-Ich bzw. zwischen Natur und Kultur (↗Neurose).

Psychoanalyse als therapeutische Methode. Die Psychoanalyse wird von den Krankenkassen als Methode zur Behandlung psychischer Krankheiten akzeptiert und anerkannt. Die Effektivität der Psychoanalyse wird insbesondere deswegen, weil die Behandlung im Einzelfall sehr lange dauern kann (80 Sitzungen), stark bezweifelt. Daher wird diese therapeutische Technik nur kurz dargestellt. Die Psychoanalyse versucht, die verdrängten Inhalte (Komplexe) freizulegen und dem Menschen bewusstzumachen. Der Klient verhält sich wie in einem gewöhnlichen Gespräch, er wird aufgefordert, sich in seinen Vorstellungen gehen zu lassen und störende Gedanken sowie scheinbar nicht dazugehörende Einfälle auf keinen Fall zurückzuweisen, sondern sie mitzuteilen, damit die neurotischen Störungen möglichst uneingeschränkt auftauchen und abreagiert (↗Katharsis) werden können. Das Verhalten des Klienten wird häufig mit dem Begriff „freies Assoziieren" (↗Assoziation) bezeichnet. Der Therapeut deutet die vom Klienten geäußerten Gedanken, ↗Träume und frei assoziierten Vorstellungen. Er macht durch seine Interpretationen unverstandene Zusammenhänge deutlich und bespricht mit dem Klienten seine Widerstände, d. h. sein Unwohlsein und Sich-Sperren beim Offenlegen der Problematik. Häufig überträgt der Klient unkritisch und unangemessen frühere

P

Erfahrungen auf die Therapiesituation (Übertragung); er äußert z. B. Misstrauen und allgemeine Abneigung gegenüber dem Therapeuten, weil dieser ihn unbewusst an seinen Vater erinnert. Ebenso gibt es positive Übertragungen (z. B. Verehrung, Zuneigung). Aufgabe des Therapeuten ist es, solche Übertragungen mit dem Klienten zu analysieren und aufzuklären. Eine Psychoanalyse ist meist bei langdauernden, schweren ↗Neurosen angebracht, denen z. B. schwere Konflikte mit den Eltern aus dem Kindesalter zugrunde liegen, die der Klient verdrängt hat (↗Verdrängung).

Psychodiagnostik, ein Bereich der Psychologie und Psychiatrie, der sich mit dem Erkennen, Beschreiben und Interpretieren von Persönlichkeitsmerkmalen beschäftigt. Als Methoden finden z. B. Anamnese, Beobachtung und Tests Verwendung. ↗Diagnostik.

Psychodrama. Es handelt sich um eine Form psychotherapeutischen Vorgehens (↗Psychotherapie), die in die Gruppentherapie eingereiht wird und bei der die Klienten ihre Probleme und Konflikte in einem Schauspiel darstellen. Lange bevor J. R. Moreno 1914 das Psychodrama konzipierte, wusste man von der erleichternden und spannungslösenden Wirkung des Abreagierens von Gefühlen, wie z. B. Ärger, Traurigkeit, Verzweiflung im ↗Spiel. Moreno griff u. a. diese Erkenntnis auf und entwickelte das Therapiespiel zu einer psychotherapeutischen Technik, die das spontane, soziale Handeln des Menschen in den Vordergrund stellt und ihn nicht in Passivität belässt, wie das z. B. in einer ↗Psychoanalyse geschieht, wenn der Therapeut die ↗Assoziationen des Klienten deutet. Das Psychodrama ist im Vorgehen nicht festgelegt und ermöglicht auch den Einsatz verhaltenstherapeutischer (↗Verhaltenstherapie), tiefenpsychologischer (↗Psychoanalyse, ↗Analytischer Psychologie, ↗Individualpsychologie) und körperorientierter (↗Bioenergetik, ↗Rolfing) Methoden. Das typische Merkmal des Psychodramas ist das Umsetzen von Konflikten und problematischen Situationen in Handlungsszenen, die durchgespielt und verändert werden, so dass der Spieler zu neuen Einsichten und Handlungsmöglichkeiten gelangt.
Der Ablauf des Psychodramas orientiert sich an Freuds Gedanken, dass „traumatische Erlebnisse erinnert, wiederholt und durchgearbeitet werden müssen, damit der Klient gesunden kann. – In der *Initialphase* („Erinnerung“) grenzt der Leiter in Zusammenarbeit mit dem Protagonisten, das ist der Klient, das Problem ein und lässt die Verhaltensweisen bzw. Persönlichkeitszüge der am Spiel beteiligten Personen näher beschreiben. Die Spielsituation wird umrissen, eventuell werden Requisiten bereitgelegt. In dieser Phase sorgt der Leiter u. a. durch sog. Warm-Up-Übungen (z. B. Körperreise; Blitzlicht; Identifikation mit einem Gegenstand, Kleidungsstück, Körperteil) für eine Atmosphäre, in der der Einzelne zu seinen persönlichen Problemen vordringen kann, sich traut, sie zu äußern, und Vorschläge für Spielsituationen macht.
In der folgenden *Aktionsphase* („Wiederholung“) werden die beschriebenen Szenen in einer zusammenhängenden Handlung gespielt, wobei scheinbar vergessene Situationen wieder auftauchen und noch einmal erlebt werden. Das Geschehen kann so intensiv und dicht werden, dass dem Protagonisten die

Vergangenheit wie wirkliche Gegenwart erscheint. Als Techniken werden z. B. eingesetzt:

- D*as Doppeln.* Der Leiter, sein Co-Therapeut oder ein erfahrenes Gruppenmitglied stehen als *Hilfs-Ich* oder *Alter-Ego* hinter dem Protagonisten, fühlen sich in ihn ein und sprechen für ihn, wenn er z. B. Empfindungen und Gefühle verspürt, die er im Moment nicht zu artikulieren vermag.
- Das *Spiegeln.* Ein Gruppenmitglied ahmt den Protagonisten in einem Spielabschnitt möglichst genau oder auch überzeichnet nach. Es kommt zur tieferen Selbsterkenntnis, ein Hilfs-Ich kann dabei stützend zur Seite stehen.
- Weitere Techniken sind das *Beiseitereden,* der *innere Monolog,* der *Rollentausch* (der Mann spielt die Rolle der Ehefrau, der Professor den Studenten usw.), das Spielen von *Märchen, Träumen* oder ein lebendiges ↗*Soziogramm,* bei dem die Gruppenmitglieder sich im Raum so zueinander stellen und verteilen, wie es der gegenseitigen Sympathie oder Antipathie entspricht.

In der *Integrationsphase* („Durcharbeiten") haben die Spieler die Möglichkeit mitzuteilen, wie es ihnen in ihren Rollen ergangen ist, die Zuschauer berichten den Spielern, insbesondere dem Protagonisten, welche Erlebnisse und Empfindungen sie während des Spiels hatten, an was es sie vielleicht in ihrem eigenen Leben erinnert hat. Durch dieses *Sharing* gewinnt der Protagonist eine erweiterte Sicht des Problems.

Das Psychodrama wird bei der Behandlung von ↗Neurosen, in Erziehung, Rehabilitation und Sozialarbeit eingesetzt. Es beschränkt sich nicht auf die Behebung bzw. Minderung von Störungen, sondern strebt wie alle humanistischen Ansätze (↗humanistische Psychologie) eine generelle Förderung der körperlichen, emotionalen, sozialen und ↗kognitiven Fähigkeiten des Menschen an. Im Bereich von Schule und Ausbildung können mit dem Psychodrama Kenntnisse und Einsichten spielerisch erarbeitet werden. Man lernt z. B. die Schwierigkeiten erkennen, die fremde oder ungewohnte ↗Rollen enthalten, wenn man sie selbst einmal spielt (z. B. Vorgesetzter, Lehrer, Hausfrau). Oft setzen andere Therapietechniken (z. B. ↗Verhaltenstherapie, ↗Gesprächspsychotherapie) das Rollenspiel ein, um den Klienten zu einem intensiven Erleben zu führen.

Das Psychodrama darf nicht als blinder und vordergründiger Aktionismus verstanden werden. Diese Technik bringt bei der Behandlung von psychischen Störungen nur Gewinn, wenn der Therapeut sein Vorgehen auf die jeweiligen Klienten abstimmt und auf eine geduldige, schrittweise und exakte Durcharbeitung der Konflikte achtet. Das Psychodrama ist kein einfaches Rollenspiel; damit es zu einer „gesteigerten Realität" durch das Spiel kommt (Moreno), muss das „Drama" in allen Einzelheiten sorgfältig vorbereitet werden.

Psychodynamisch, Bezeichnung für alle Theorien, die annehmen, dass das Verhalten einer Person durch psychische Kräfte bestimmt wird, derer die Person sich nicht bewusst ist. ↗Analytische Psychologie, ↗Inidividualpsychologie, ↗Neopsychoanalyse ↗Psychoanalyse.

Psychogen, bedeutet soviel wie „psychischen Ursprungs" und kennzeichnet meist ↗psychische Störungen, die ohne organische Einflussnahme entstanden sind.

Psychohygiene. Während körperliche Hygiene, Vorbeugung und Schutz der Gesundheit selbstverständlich sind, wird die psychische Hygiene (Psychohygiene genannt) nahezu sträflich vernachlässigt. Trotz Statistiken, die besagen, dass etwa 40 Prozent der Schulkinder psychisch gestört sind, dass bis zu 60 Prozent organischer Krankheiten auf psychische Ursachen zurückzuführen sind und dass ein Großteil der Bevölkerung unter Konflikten, Stress und unter anderen Begleiterscheinungen der hoch industrialisierten Gesellschaft leidet, werden kaum wirkungsvolle Maßnahmen im Sinne der Psychohygiene ergriffen.

Es bedarf keiner düsteren Prognosen der Zukunftsforscher und Kulturkritiker, um auf die Gefahren der künstlichen Umwelt für die psychische Gesundheit hinzuweisen. Hervorzuheben sind: Erziehung unter künstlichen Bedingungen, gestörte Familienbeziehungen, Leistungsanforderungen und auch Leistungszwang im sexuellen Bereich, Kontaktarmut und Isolierung, Angst, Unsicherheit und Konflikte zwischen den Generationen infolge schnellen sozio-kulturellen Wandels, Tablettenkonsum, Drogenabhängigkeit und Einnahme von Genussmitteln sowie andere Mängel und Begleiterscheinungen der Wohlstandsgesellschaft.

Die bisherigen Maßnahmen der UNESCO und UNICEF, der Sozialpsychiatrie (Nachbehandlung und Eingliederung Geisteskranker), der „Resozialisierung und sozialen Fürsorge sowie der ↗Beratung sind unzureichend. Gefordert werden:

1. Schaffung individueller Entfaltungsmöglichkeiten: mehr und bessere Erziehungseinrichtungen, Kindergartenerziehung für alle, Kinderspielplätze, kleinere Klassen in der Grundschule u. a.
2. Verbesserung sozialer Beziehungen: Beratung (Erziehungs- und Eheberatung), Gruppentrainings, mitarbeiterorientierte Führungsstile in Betrieben, Jugendarbeit, Abbau von Konflikten zwischen Generationen u. a.
3. Humanisierung des Arbeitsplatzes: Abbau von ↗Stress, kein ↗Mobbing (negative Auswirkungen sind auch bei Fließbandarbeit, Akkordarbeit, Lärm, Monotonie usw. zu erwarten; ↗Arbeitspsychologie), Bildungsurlaub, bessere berufliche Bildung u. a.
4. Allgemeine Vorbeugung und Verantwortung für Geschädigte: Freizeitgestaltung, Hilfen für die Alten, Gleichberechtigung der Frau, angemessene Gestaltung der Umwelt, Abbau der Vorurteile gegenüber Behinderten und psychisch Kranken, Resozialisierung, Geburtenkontrolle, Maßnahmen gegen Tablettenmissbrauch, Rauchen, Alkoholgenuss u. a.
5. Relativ gut ausgebaut sind *Eugenik* (Lehre von der erblichen Gesundheit), *Aufklärung* sowie *Schwangerschafts-* und *Mütterberatung*. Fast alle psychischen Störungen werden von Anlage- und Umweltgegebenheiten beeinflusst. Die Eugenik versucht, die Erbkomponente in den Griff zu bekommen, indem man den Partnern rechtzeitig rät, freiwillige Sterilisationen (Unfruchtbarmachung) vorzunehmen oder Schwangerschaftsunterbrechungen (z. B. bei Vergewaltigungen) durchzuführen. Solches Vorgehen könnte z. B. angebracht sein, um manche Formen von Minderbegabung oder von ↗Psychosen (z. B. ↗Schizophrenie, ↗manisch-depressives Irresein) zu verhindern.

Im Rahmen der Schwangerschafts- und Mütterberatung wird besonders auf

frühe organische Schädigungen des Fötus (ungeborenes Kind ab dem dritten Monat) durch Erkrankungen der Mutter oder Geburtsverletzungen sowie auf Säuglingserkrankungen oder eine falsche Ernährung und Betreuung des Neugeborenen geachtet. Damit will man das Entstehen von körperlichen Krankheiten, verschiedenen Formen der Psychose, von Verwahrlosung und ↗Neurosen unterbinden.
Aufklärung erfolgt über Massenmedien, wie Fernsehen und Illustrierte, durch die man Prinzipien der Psychohygiene weiten Bevölkerungskreisen zu vermitteln versucht (Kenntnisse über die Entwicklung des Kindes, seine Erziehung, Gesundheitsvorsorge u. a.). Der Nutzen eines solchen Vorgehens muss gering eingeschätzt werden, da vernünftiges Argumentieren bei eingeschliffenen Gewohnheiten und ↗Einstellungen wenig hilft.

Psychologie. Philipp Melanchthon (1497–1560) hat durch den Begriff Psychologie in seinen Vorlesungen das Wort „Seelenlehre" ersetzt. Nach R. Pauli ist Psychologie heute eine Wissenschaft „von den subjektiven Lebensvorgängen, die gesetzmäßig mit den objektiven verknüpft sind". Psychologie untersucht damit Vorgänge, die von ihrem Träger, dem Subjekt, erfahren werden; es handelt sich um das Erleben und Verhalten (Handeln), das mit körperlichen und anderen äußeren (aus der Umwelt stammenden) Erscheinungen eng verknüpft ist. Nach Pauli ist die Psychologie eine Erfahrungswissenschaft. Die meisten Psychologen behaupten von sich, Sozialwissenschaftler zu sein, die Erkenntnisse zum individuellen, sozialen, wirtschaftlichen, kulturellen Leben sammeln, in Theorien, Modellen und ↗Paradigmen ordnen und in verschiedenen Lebensbereichen anwenden. Als komplexe Wissenschaft wird die Psychologie in viele Teilgebiete (z. B. Wahrnehmungspsychologie, Denkpsychologie, Religionspsychologie, Lernpsychologie), in viele Teildisziplinen (z. B. ↗Angewandte Psychologie, ↗Klinische Psychologie, ↗Allgemeine Psychologie, ↗Sozialpsychologie, ↗Pädagogische Psychologie) aufgegliedert. Man sagt, dass die Psychologie eine lange Vergangenheit besitzt, weil sie bereits von den griechischen Philosophen mit großer Sachkenntnis betrieben wurde, aber nur eine kurze Geschichte, weil sie erst nach der Gründung des psychologischen Laboratoriums im Jahre 1879 in Leipzig als selbständige Wissenschaft anerkannt wurde. In der kurzen Geschichte der Psychologie sind verschiedene Richtungen und Schulen der Psychologie entstanden. Als klassische Richtungen der Psychologie, die eng mit dem Menschenbild verknüpft sind, gelten der ↗Behaviorismus oder die Verhaltenspsychologie, die Tiefenpsychologie und die Kognitive Psychologie. Manche Richtungen und Schulen der Psychologie wie z. B. hormische Psychologie, Verstehende Psychologie, Elementenpsychologie sind in Vergessenheit geraten, andere sind noch immer sehr aktuell wie z. B. Gestaltpsychologie, Humanistische Psychologie, Psychoanalyse, Individualpsychologie.

Psychologie des Alterns wird jene Teildisziplin der Psychologie genannt, die sich mit altersbedingten psychischen Veränderungen und Problemen befasst. Dieses Thema wird in diesem Wörterbuch unter dem Stichwort ↗*Alterspsychologie* ausführlich behandelt.

Psychologismus erhebt den Anspruch, dass sich alle menschlichen Sachverhalte auf die psychischen Vorgänge zurückführen lassen. Damit wird die Psychologie zu der bedeutendsten Wissenschaft. Konkret führt diese Auffassung dazu, dass viele Erscheinungen aus dem Alltag „psychologisiert" werden, d. h. sie werden mit psychologischen Begriffen beschrieben, durch psychologische Annahmen, Hypothesen und Theorien erklärt, und es wird angenommen, mit Hilfe der Psychologie und ↗Psychotherapie könnten alle Probleme des Alltags gelöst werden. Dabei werden viele Erschienungen auf Alltagspsychologie (↗Naive Verhaltenstheorie), auf Allgemeinverständliches, auf überholte Fachpsychologien (z. B. Instinktlehren), auf Personalisierungen (Politik als Charakterkunde) „reduziert", vereinfacht und verfälscht.

Psychometrie, Bezeichnung für alle quantitativen Verfahren in der Psychologie. ↗Methoden der Psychologie

Psychomotorik, Bezeichnung für alle motorischen Aspekte bei psychischen Abläufen. ↗Motorik.

Psychopathie. Dieser Begriff ist die ältere, aber immer noch geläufige Bezeichnung für Menschen mit einer *antisozialen ↗Persönlichkeitsstörung*, sie werden manchmal auch Soziopathen genannt. Sie zeichnen sich dadurch aus, dass sie fortlaufend antisoziales Verhalten zeigen, die Rechte und Gefühle anderer durchgängig missachten und verletzen. Sie selbst leiden in keiner Weise an ihrem Verhalten. Häufig spiegeln sie anderen Gefühle vor und setzen sie ein, um ihre Interessen durchzusetzen. Dabei sind sie meist gar nicht in der Lage, die für die anderen negativen Konsequenzen seines Verhaltens einzusehen oder den Sinn von grundlegenden moralischen Normen (z. B. Aufrichtigkeit, die Forderung, andere nicht zu verletzen, zu quälen, zu betrügen) zu erkennen, und übertreten deshalb oft auch Gesetze. Diese Störung ist neben der ↗Drogenabhängigkeit diejenige, die am meisten mit kriminellem Verhalten einhergeht. Comer berichtet, dass Menschen mit einer antisozialen Störung oft Betrügereien begehen, oft unfähig sind, in einer Arbeitsstelle zu bleiben und häufig fehlen. Oft gehen sie leichtsinnig mit Geld um, kommen ihren Verpflichtungen nicht nach. Sie sind impulsiv, handeln, ohne an die Folgen zu denken, als skrupellose, egozentrische Menschen denken sie wenig an ihre eigene Sicherheit, selbst nicht an die ihrer Kinder. Nach außen zeigt der psychopathische Mensch manchmal Reue oder verspricht, sich zu bessern, was jedoch nie von langer Dauer ist, da er sich nicht kontrollieren kann und in erster Linie an der Befriedigung seiner momentan auftretenden Bedürfnisse orientiert ist.
Über die *Ursachen* der Psychopathie besteht noch keine endgültige Klarheit. Man hat festgestellt, dass das ↗EEG-Bild bei Psychopathen von dem des normalen Menschen abweicht und viele niederfrequente Wellen aufweist, was möglicherweise auf Fehlen von Hemmungsprozessen hinweist. Auch ähnelt das EEG auffallend dem von Kindern, weshalb vermutet wird, dass Psychopathien etwas mit einer „Unreife" des Gehirns zu tun haben. Weiterhin hat man beobachtet, dass Psychopathen in viel größerem Maße als „normale" Menschen Erregungen des ↗Nervensystems (Erfahrungen, Erlebnisse, Beob-

achtungen, abwechslungsreiche Arbeit, intensive Farben, Töne u. a.) benötigen, um frisch, wach und handlungsbereit (↗Aktivation) zu sein. Damit wird die Neigung von Psychopathen erklärt, häufig sehr erregende und gefährliche Situationen aufzusuchen. In solchen Situationen fühlen sie sich wohl; sie werden in reizarmer Umgebung schneller als andere ungeduldig und ruhelos. Mehrfach gesichert ist die Annahme, dass psychopathisches Verhalten mit der Unfähigkeit zusammenhängt, Vermeidungsverhalten zu lernen, das einem angepassten Leben in der Gesellschaft dient (z. B. Rücksicht, Zurückhaltung, Verständnis für andere). Sie bilden Angstreaktionen weniger schnell und intensiv aus (↗Extraversion) als „normale" Menschen und entwickeln demzufolge auch kein oder nur ein geringes „schlechtes" ↗Gewissen, wenn sie sich gegen die Normen verhalten. Zudem weiß man, dass beim Psychopathen, falls er ein „Gewissen" ausgebildet hat, die vor dem Vollzug einer verbotenen Handlung (z. B. einen anderen quälen) auftretende Furcht (vor Strafe) weitaus geringer ist als bei einem normalen Menschen, der sich dadurch von der unerwünschten Handlung abhalten lässt. Genetische Untersuchungen, insbesondere bei Adoptivkindern, lassen einen Einfluss der ↗Anlage vermuten. Betrachtet man Familien von Psychopathen, fällt auf, dass häufig schon die Väter eine antisoziale Persönlichkeit entwickelt hatten und es vor allem versäumt wurde, die Kinder angemessen zu disziplinieren oder dies nur inkonsequent vorgenommen wurde. Eine vernachlässigende Erziehung, die es versäumt, durch geduldiges Wiederholen und Üben, z. B. durch konsequentes Belohnen erwünschter und Nichtbeachten unerwünschter Verhaltensweisen, dem zur Psychopathie neigenden Kind Grundregeln menschlichen Verhaltens zu vermitteln, begünstigt weiterhin das Auftreten einer Psychopathie. Gestörte Familienverhältnisse sind aber nicht nur an der Entstehung von Psychopathien mitbeteiligt, sondern generell für ↗psychische Störungen mitverantwortlich.
Veränderungen psychopathischen Verhaltens. Nur etwa ein Viertel der Menschen mit einer antisozialen Störung geht in eine Therapie, die meisten von ihnen auf Druck des Arbeitgebers oder aufgrund einer Anweisung des Gerichtes. Da dem Psychopathen seine Lebensweise gefällt und er gar nicht bereit ist, sein eingefahrenes, für ihn Gewinn bringendes Leben aufzugeben, hat jeglicher therapeutische Ansatz kaum Aussicht auf Erfolg. Hilfreich sein können manchmal Vorgehensweisen im Rahmen einer ↗kognitiven Therapie (zur Förderung moralischen, uneigennützigen Denkens), ↗Milieutherapie (stark strukturierte Umgebung soll Verantwortung für andere fördern) oder Überlebenstrainingsprogramme (Förderung des Engagements in der Gruppe, Verbesserung des Selbstwertgefühls).

Psychopathologie, ein wissenschaftlicher Bereich der Psychiatrie, der sich mit den verschiedenen Formen von ↗psychischen Störungen beschäftigt. Man möchte die einzelnen Störungen und Krankheiten klassifizieren und ihre typischen Symptome beschreiben. Das hat bis vor einiger Zeit dahin geführt, dass es in jedem Land eine psychopathologische Systematik gab, die sich von anderen mehr oder weniger unterschied. Um Einheitlichkeit zu erreichen, einigte man sich auf zwei Systeme zur Klassifizierung von psychischen Störungen: Das „Diagnostische und Statistische Manual Psychischer Störungen" der amerikanischen psychiatrischen Vereinigung (DSM) und das diagnostische System der Weltgesundheitsorganisation (ICD = international classification of diseases).

Psychopharmaka, Sammelbegriff für verschiedenartige natürliche und synthetische (künstlich hergestellte) Stoffe, die zentralnervös wirken (beeinflussen die Funktionen verschiedener Regionen des Zentralnervensystems) und zu Verhaltens- und Erlebensänderungen führen. Sie werden auch *psychotrope* Substanzen genannt, weil sie psychische Prozesse, wie Bedürfnisse, Gefühle, Lernaktivität, Wahrnehmung u. a. m., beeinflussen.
Die Weltgesundheitsorganisation hat sechs von den mehreren hundert Psychopharmaka, die sich im Handel befinden, in ihre Liste der unentbehrlichen Medikamente aufgenommen. Als Tranquilizer (Beruhigungsmittel) seien beispielsweise Diazepam (Valium) oder Lorazepam (Tavor) genannt; zur Behandlung von Psychosen aus dem schizophrenen Bereich und der Manie bedarf es eines hochpotenten und eines niederpotenten Neuroleptikums (Medikamente mit hemmender, dämpfender Wirkung), z.B. Haloperidol (Haldol) und Thioridazin (Melleril). Von den Antidepressiva wird ein trizyklisches Medikament benötigt, z. B. Amitriptylin (Saroten) und ein Serotonin-Wiederaufnahme-Hemmer, z. B. Fluoxetin (Fluktine). Ein Lithiumsalz, z. B. Hypnorex, wird zur Langzeitprophylaxe der manisch-depressiven Krankheit eingesetzt. Da die Qualität der Pharmakotherapie von Detailkenntnissen und reichen Erfahrungen mit den eingesetzten Mitteln abhängt, ist es sinnvoll, wenn sich die behandelnden Fachärzte auf den Einsatz weniger Medikamente beschränken und spezialisieren. Man muss wissen, dass es nicht für jede psychische Störung ein spezifisch wirksames Medikament gibt, sondern dass je nach Persönlichkeit des Patienten und nach genauer Diagnose der Symptome aus einer Wirkstoffgruppe ein bestimmtes Medikament ausgewählt und zur Erprobung eingesetzt werden muss.
Mit der Erforschung von Psychopharmaka beschäftigen sich viele Disziplinen:
1. Die *Pharmakopsychologie* erforscht die Wirkung von Pharmaka auf das Verhalten und Erleben.
2. Die *Psychopharmakologie* befasst sich mit den physiologischen (Lebensvorgänge im Organismus betreffend) und psychischen Wirkungen von Psychopharmaka.
3. Die *Pharmakologie* konzentriert sich hauptsächlich auf die Erforschung physiologischer Vorgänge.
4. Die *Pharmakopsychiatrie* befasst sich als Teilgebiet der Psychiatrie mit den Behandlungsmöglichkeiten von Neurosen (bzw. Verhaltensstörungen) und Psychosen (Geisteskrankheiten) durch Psychopharmaka.
5. Behandlung und Behebung von krankhaften Erscheinungen (Symptome) durch Psychopharmaka wird *Pharmakotherapie* genannt.
Obwohl die allgemeine Wirkung einzelner Psychopharmaka-Gruppen (siehe Übersicht) weitgehend bekannt ist, steht die Pharmakopsychologie noch vor vielen teilweise ungelösten Fragen:
1. Welche Beziehung besteht zwischen der Wirkung einzelner Psychopharmaka und Persönlichkeitsfaktoren? Es hat sich herausgestellt, dass dasselbe

Pharmakon bei verschiedenen Personen unterschiedliche Wirkungen hervorruft. So kann es vorkommen, dass bei einer Person nach der Einnahme von Tranquilizern die erwünschte Beruhigung vor der Prüfung (Herabsetzung der Prüfungsangst) eintritt, bei einer anderen Person jedoch unerwünschte Folgen, wie Nervosität, Fahrigkeit, Übelkeit und Schweißausbruch, Unkonzentriertheit oder sogar Schlaf herbeigeführt werden.
2. Welche Beziehung besteht zwischen der Wirkung von Psychopharmaka und den Situationsvariablen, wie z. B. Prüfung, Lernen, Müdigkeit, Stress, Verkehrsverhalten?
3. Welche psychischen und motorischen (Bewegung), kurzfristigen und langfristigen Nebenwirkungen treten bei Einnahme von Psychopharmaka auf? Über langfristige Nebenwirkungen von Psychopharmaka ist noch wenig bekannt. Von besonderer Bedeutung sind hier Nachwirkungen von Schlafmitteln, Sucht-Gefahren, evtl. Keimschädigung (Störung der Vererbung), bleibende extrapyramidal-motorische Schäden, wie Zittern, Krämpfe, fahrige Bewegungen, Hyper- und Hypokinese (Bewegungsüberschuss bzw. verminderte Bewegungsfähigkeit) u. a. m. Auch psychische Nebenwirkungen vieler Arzneimittel (Erkältungsmittel, Analgetika, Antibiotika) sind noch nicht genügend erforscht.
4. Da die Ursachen verschiedener„Psychosen und anderer psychischer Störungen noch weitgehend unbekannt sind, ist auch die Frage der Dosierung (wie viel und wie lange) noch nicht gelöst.
5. Über den Wirkungsmechanismus der Psychopharmaka gibt es schon zuverlässige Erkenntnisse. Es ist bekannt, welche Strukturen des Nervensystems durch Psychopharmaka beeinflusst werden und wie die Konzentration körpereigener Substanzen (Neurohormone; ↗Hormone) durch synthetische Substanzen verändert wird.
Angesichts der vielen Fragen ist es offensichtlich, dass mit Psychopharmaka Missbrauch getrieben werden kann. Von der Einnahme von Psychopharmaka, um z. B. besser lernen zu können, muss dringend abgeraten werden. Es gibt zwar Substanzen, die Gedächtnisleistungen steigern können, jedoch weiß man nie, welche Nebenwirkungen auftreten können, wann es zu einem totalen Zusammenbruch kommt und ob die gewünschte Wirkung wegen deren Abhängigkeit von den individuellen Eigenarten und der Situation auch eintreten wird.
Als Wirkstoffgruppen werden heute unterschieden:
- Schlafmittel oder Hypnotika
- Tranquilizer oder Beruhigungsmittel
- Antidepressiva und
- Neuroleptika.

1. *Neuroleptika* (Haloperidol und Thioridazin bzw. Melleril, Reserpin, Omca, Megaphen) haben bei höherer Dosierung antipsychotische Wirkung und werden bei der Behandlung von ↗Psychosen eingesetzt. Ihre Wirkung ist abhängig von den jeweiligen Persönlichkeitsmerkmalen, im Allgemeinen führen sie jedoch zur Verminderung starker Angstzustände, von ↗Wahnideen und ↗Halluzinationen. Häufig gehen Leistungsbeeinträchtigungen mit der Einnahme einher.

Übersicht über Psychopharmaka und deren Wirkungen

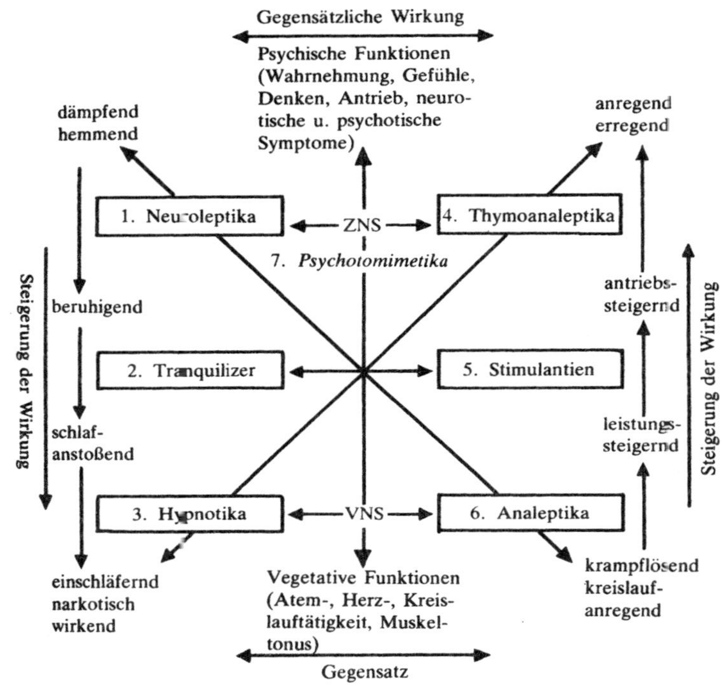

2. *Tranquilizer* (Beruhigungsmittel, auch Ataraktika, Relaxantien, Sedativa genannt), wie z. B. Diazepam (Valium) oder Lorazepam (Tavor), Librium, Miltaun, Meprobamat werden hauptsächlich in Belastungssituationen, bei neurotischen Störungen (↗Neurosen) und emotionalen Spannungen eingesetzt. Im Allgemeinen wirken Tranquilizer bei niedriger oder mittlerer Dosierung leistungssteigernd, wenn die einnehmenden Personen gefühlsmäßig labil oder erregt sind, und beruhigend, entspannend bei körperlicher und psychischer Beanspruchung sowie bei Stress (sedierende Wirkung).
3. *Hypnotika (Schlafmittel,* z. B. Veronal und barbituratfreie Schlafmittel wie Valamin, Doriden, Revonal, Mogadon) erzeugen Müdigkeit und Schlaf. Eine genaue Abgrenzung zu Sedativa und Tranquilizern ist nicht möglich. In ihrer Wirkung sind Schlafmittel nicht nur schlaferzwingend, sondern sie verkürzen auch die Traumdauer und führen zu einem Schlaf, der mit dem natürlichen Schlaf nicht identisch ist. Die Einnahme von Schlafmitteln ist mit vielen Gefahren verbunden: chronischer Missbrauch, Sucht, mangelndes Erholungsgefühl, Nervosität. Durch Alkohol wird ihre Wirkung verstärkt.
4. *Thymoanaleptika* (wegen ihrer Verwendung zur Therapie von Depressionen auch *Antidepressiva* genannt, z. B. Prozac, Tofranil, Nortrilen, Surmontril,

Niamid, Imipramin) haben stimmungsanhebende, antriebssteigernde, angstlösende Wirkung – meist erst nach längerer Einnahme. Stärker antriebssteigernd und schwächer stimmungshebend wirken auch so genannte MAO-Hemmer. Sie verringern den Monoamine-Abbau im Nervensystem und steigern dadurch die Bildung von entsprechenden Neurohormonen (↗Hormone).
5. *Stimulantien* (auch *Excitantia, Energetika, Psychotonika* genannt, wie z. B. Pervitin, Benzendrin, Tradon, Ritalin, Preludin, Captagon) wirken belebend, aktivierend, schlafaufschiebend, leistungssteigernd. Wegen ihrer schnellen und zeitlich begrenzten Wirkung werden sie bei akuten Leistungssteigerungen und bei ↗ Vigilanz-Aufgaben eingesetzt. Zu hohe Dosis oder chronische Einnahme führt zu Schlaflosigkeit, Zittrigkeit, Sucht und psychotischen Zuständen.
6. *Analeptika* (Koffein, Effortil, Cardiazol) haben atmungs- und kreislaufanregende Wirkung.
7. *Psychotomimetika* (Halluzinogene, Phantastika, psychedelische oder bewusstseinserweiternde Drogen, Psychodysleptika und Ecstasy) stellen eine besondere Gruppe von Psychopharmaka dar (s. Abb.), weil sie psychoseähnliche Zustände hervorrufen (↗Halluzinationen, Illusionen, ↗Euphorie, Angstzustände, Verlust der Kontrolle über die Gedanken, intensives Farbensehen u. a.) und somit zu den Rausch- bzw. Genussmitteln gehören. Am bekanntesten sind LSD, Meskalin und Psylocibin, die ähnliche Wirkungen hervorrufen, sich jedoch hinsichtlich der Wirkungsdauer voneinander unterscheiden.
Die Einführung der Psychopharmaka veränderte die Psychiatrie. Mögen die Psychopharmaka in mancher Hinsicht unvollkommen und wegen Nebenwirkungen problematisch sein, sie eröffnen vielfältige Einwirkungsmöglichkeiten auf krankhaftes menschliches Verhalten sowie Stimmungen und Gefühle. Aber: Ein Medikament kann die Probleme eines psychisch Kranken nicht lösen. Richtig angewandt und in Kombination mit Soziotherapie, Psychopharmakotherapie und Psychotherapie kann es ihm jedoch helfen.
Für die Verordnung und Einnahme von Psychopharmaka gelten folgende Richtlinien:
- Keine Selbstmedikation ohne eigene Erfahrung mit dem betreffenden Medikament.
- Jede Dauerbehandlung erfordert eine regelmäßige Einnahme.
- Alle neu aufgetretenen, verunsichernden und ängstigenden Beschwerden sollten möglichst bald mit dem Arzt besprochen werden.
- Kein Medikament abrupt absetzen.
- Vor jeder Medikamentenverordnung sollte eine sichere Diagnose stehen.
- Die Einnahme von Psychopharmaka erfordert enge Absprachen zwischen Arzt und Patient.
- Eine Aufklärung über Wirkung, Dosierung, Verlauf der Behandlung und Nebenwirkungen ist Bestandteil der Therapie;

Die Patienten müssen sich mit dem Medikament aktiv auseinandersetzen, sie dürfen nicht nur „behandelt“ werden.

Psychophysik. Mit dem Buch *Elemente der Psychophysik* hat G. T. Fechner 1860 den Grundstein für eine experimentelle Untersuchung des „Leib-Seele-Problems“ gelegt und die Möglichkeit gefunden, mit physikalischen Messmethoden

die Beziehung zwischen den objektiven äußeren Reizen und den subjektiven Reaktionen zu untersuchen. Da die Messung subjektiver Empfindungen unmöglich erschien, hat Fechner schon 1860 vorgeschlagen, die „eben merklichen Unterschiede“ (EMU bzw. JND = just notable differences) festzustellen, d. h. den notwendigen Reizstärkenzuwachs, damit die Reizerhöhung gerade wahrgenommen (bemerkt) wird. Die eben merklichen Unterschiede werden, bezogen auf den Reizunterschied, auch *Unterschiedsschwellen* und der Reizwert, der gerade wahrgenommen wird, *absolute Reizschwelle* genannt. Unterschwellig sind danach alle Reize, die unterhalb der absoluten Reizschwelle liegen.
Als grundlegendste Erkenntnis der Psychophysik ist das Weber-Fechnersche Gesetz in die Geschichte der Psychologie eingegangen. E. H. Weber und G. T. Fechner haben festgestellt, dass die subjektive Wirkung (E) jeder Reizänderung (dR) von der Ausgangsgröße des Reizes (R) abhängt. Anders ausgedrückt: Die Reizerhöhung (dR), die einen EMU hervorruft, steht in einem konstanten Verhältnis zu dem Ausgangsreiz (R):

$$\frac{dR}{R} = K \text{ (konstant)}$$

Abgesehen von Extremwerten gilt für alle Sinnesorgane die Beziehung $E = k \log R$: Die Empfindung wächst proportional mit dem Logarithmus des Reizes. S. S. Stevens konnte 1953 endgültig nachweisen, dass die subjektive Empfindung proportional zu der mit einem sinnes-spezifischen Exponenten potenzierten Reizgröße wächst. Der Exponent für Lautstärke beträgt z. B. 0,67, für Licht 0,33, für Geschmack 1,3 usw. Dieses „psychophysische Grundgesetz“ spielt bei der Bestimmung der Informationsleistung einzelner Sinne eine wichtige Rolle.
Der Gegenstand der Psychophysik, nämlich die Untersuchung der Beziehung zwischen Reizen und Empfindungen wurde inzwischen um das Problem der Adaptation (Adaptationsniveautheorie von H. Helson) sowie um die Untersuchung von Einwirkungen nicht sensorischer Art erweitert. Mit Hilfe der Experimente zur „Signal-Detektions-Theorie“ konnte messtechnisch nachgewiesen werden, dass subjektive Reaktionen auf objektive Reize nicht nur ein Problem der Sinnesorgane darstellen, sondern auch von kognitiven und motivationalen Faktoren abhängig sind.
Die Adaptationsniveautheorie hat das Konzept der Reizschwelle zum Problem der individuellen Adaptation gemacht. Es hat sich gezeigt, dass es von individuellen Erfahrungen abhängt, wie Reiz-Unterschiede subjektiv wahrgenommen werden. Individuelle Erfahrungen bestimmen, welcher Reiz zum „Anker-“ oder „Standardreiz“ gewählt wird.
Messmethoden und Ergebnisse der Psychophysik haben sich als hilfreich für die humane Gestaltung von Arbeitsplätzen erwiesen und werden sowohl in der Stressforschung als auch in der Arbeitspsychologie berücksichtigt.

Psychophysiologie, medizinisch-psychologische Forschungsrichtung, die versucht, Zusammenhänge zwischen Erleben und Verhalten einerseits und physiologischen Reaktionen andrerseits aufzudecken. ↗Physiologie.

Psychosen. Dieser Begriff ist ebenso wie jener der Neurose veraltet, wird aber, da er auch in den Alltag Eingang gefunden hat, oft noch verwendet. Man

bezeichnet mit „Psychose“ die ↗psychischen Störungen, die mit extremen Beeinträchtigungen der Wahrnehmung, des Denkens und der Emotionalität verbunden sind. Der Betroffene denkt und fühlt ganz anders als der „Normale“. Der Psychotiker entwickelt Wahnvorstellungen, Halluzinationen (z. B. Hören nicht vorhandener Stimmen), Wort-Neuschöpfungen oder zeigt bizarre, unpassende Gefühlsäußerungen, so dass man als Außenstehender sich auch nicht ansatzweise in den Kranken hineinversetzen kann. Der Begriff Psychose beinhaltet außerdem den Gedanken, dass die Störung einen organischen, oft genetischen Hintergrund hat. Einige psychotische Zustände werden durch organische Hirnschädigungen (z. B. durch Unfälle oder die Einnahme von Drogen) verursacht, bei anderen (z. B. ↗Schizophrenie, ↗manische Depression) geht die Störung auf eine Kombination unterschiedlicher Einflüsse zurück. Eine wichtige Rolle spielen dabei wiederum Veränderungen des Gehirns, Störungen der Reizleitung zum Gehirn (auf der Ebene der Neurotransmitter), individuelle Stresserlebnisse und Anlageeinflüsse.
Wir wissen heute, dass Störungen in der Regel aufgrund der Wechselwirkung verschiedener Faktoren entstehen, es also wenig sinnvoll ist, von organisch bedingten Störungen zu sprechen. Aus diesem Grund wird der Begriff der Psychose nur noch wenig verwendet.

Psychosomatik. Die Psychosomatik ist eine Teildisziplin der Medizin und Psychologie, die sich mit organischen Krankheiten befasst, die durch psychische und soziale Vorgänge verursacht oder zumindest mit beeinflusst werden. Man schätzt, dass 25–50 % aller Kranken, die den praktischen Arzt aufsuchen, an psychosomatischen Störungen leiden, die in enger Beziehung zu emotionalen Vorgängen (↗Gefühle, ↗Konflikt) stehen. Das Auftreten von Angst und Konflikten geht einher mit Veränderungen im autonomen ↗Nervensystem und der Drüsentätigkeit (↗Hormone), die unter normalen Umständen vorübergehender Natur sind. Steht der Mensch aber z. B. unter einer sehr intensiven oder lang dauernden Belastung (Überforderung im Beruf oder in der Schule, extreme Temperaturen, Kriegssituationen usw., ↗Stress), kann es zu dauernden körperlichen Störungen kommen. So treten bei Angstzuständen eine ständige Übersättigung der Magenschleimhaut, Blutdruckanstieg und Herzrhythmusstörungen auf. Es wird berichtet, dass derartige Reaktionen besonders in ausweglosen Situationen bis zum Tode führen können. Man spricht in diesem Zusammenhang auch von einer Notwehrreaktion des Körpers gegenüber dem Stress. Die häufigsten psychosomatischen Störungen (sie werden auch psychophysiologische Störungen oder ↗Funktionsstörungen genannt) sind:
- Magen- und Darmstörungen, z. B. Aerophagie (Luftschlucken), Erbrechen, Magengeschwüre, Bauchkrämpfe.
- Störungen im Herz- und Kreislaufsystem, z. B. Koronarsklerose („Managerkrankheit“), dauernde Blutdrucksteigerung. An der Entstehung dieser Krankheiten ist neben dem Dauerstress vor allem eine ungesunde Lebensweise (fettreiche Nahrung, Rauchen usw.) beteiligt.
- Hautstörungen, z. B. Ekzeme, vermehrter Handschweiß, Schuppenflechte. Sie treten besonders bei Störungen im emotionalen Bezug zu anderen Menschen auf („Kontaktstörungen).

P

– Atmungsstörungen, z. B. Asthma, Tuberkulose oder zu rasches, tiefes Atmen, das zum Empfinden von Atemnot führt.

Im Laufe der Forschungen kamen immer mehr Störungen hinzu. So weiß man heute, dass auch Arthritis (Entzündung der Gelenke), ein niedriger Blutzuckerspiegel, aber auch Viren- und Bakterieninfektionen psychophysischen Einflüssen unterliegen.

F. Alexander hat darauf hingewiesen, dass viele der oben aufgeführten Krankheiten nicht nur als bloße Reaktion des Körpers auf extrem ablaufende physiologische Prozesse anzusehen sind, sondern oft auf psychodynamisch erklärbare Konflikte (↗Psychoanalyse) zurückgeführt werden können. Selbstverständlich bildet nicht jeder Mensch in Stress-Situationen psychosomatische Störungen aus, vielmehr besteht bei manchen Menschen eine besondere Veranlagung, in belastenden Situationen stärker gefühlshaft, d. h. mit entsprechenden körperlichen Vorgängen zu reagieren. Ängstliche Personen (↗Angst) mit einer ausgeprägten Neigung zum ↗Neurotizismus sind stärker gefährdet als emotional stabile. Weiterhin spielt die bisherige Lebensgeschichte eine Rolle. Eine sehr verwöhnende oder stark einschränkende Erziehung macht einen manchmal unfähig, mit belastenden Situationen fertig zu werden. Psychosomatische Störungen treten besonders ausgeprägt bei Organen auf, die schon in irgendeiner Weise beeinträchtigt sind, z. B. durch eine vorhandene Infektion oder eine frühere Erkrankung. Man hat ferner beobachtet, dass Menschen, die ihr Gefühle nach außen zeigen, weniger häufig psychosomatisch erkranken als solche, bei denen Emotionen sich eher innerorganisch darstellen („Wut in sich hineinfressen“).

Die Psychosomatik stellt heute in der Medizin eine Richtung dar, die gegen einen Dualismus von Leib und Seele steht und alle – nicht nur die oben genannten – Krankheiten ganzheitlich als ein Ergebnis von Wechselwirkungen organischer und psychosozialer Einflüsse sieht.

Eine Therapie von psychosomatischen Störungen kann grundsätzlich auf zwei Wegen erfolgen, die sich ergänzen. Einmal ist dafür zu sorgen, dass der Klient Ruhe findet und den Stresssituation nicht länger ausgesetzt ist. Dadurch tritt oft schon eine erhebliche Verbesserung des Befindens ein. Die Entspannung kann unterstützt werden durch die ärztliche Verordnung von Beruhigungsmitteln oder die Anwendung von ↗Entspannungstechniken. Sie haben den Vorteil, dass der Klient sie sofort und in eigener Kontrolle wieder einsetzen kann, wenn er später neuen belastenden Bedingungen ausgesetzt ist. Verbunden mit dem Erlernen des autogenen Trainings wird häufig eine Desensibilisierung (↗Verhaltenstherapie) durchgeführt, welche die Angst des Klienten vor bestimmten Situationen verringert. Ein Selbstinstruktionstraining im Rahmen verschiedener ↗kognitiver Therapien trägt zur Befreiung von Gedanken bei, mit denen man sich immer wieder unter Druck setzt. Kann die psychosomatische Störung auf ungelöste Konflikte zurückgeführt werden, ist der Einsatz psychotherapeutischer Verfahren notwendig, mit deren Hilfe der Klient seine Probleme verarbeiten und lösen kann (z. B. ↗Gesprächspsychotherapie, ↗Gestalttherapie).

Psychotechnik. Diese Methode entstand zur Jahrhundertwende und untersuchte physiologische und psychologische Einflüsse auf die Leistung des Menschen. Ein weiterer Forschungsgegenstand war die Anpassung der Arbeitsbedingungen (z. B. Temperatur, Licht) und Arbeitsmittel an den Menschen. ↗ Arbeitspsychologie.

Psychotherapie. Von Psychotherapie spricht man, wenn
- zwischen zwei oder mehreren Personen ein Interaktions- und Kommunikationsprozess mit dem Ziel stattfindet, dem Klienten zu helfen, seine psychischen Probleme zu beseitigen, zu mindern und seine persönliche Weiterentwicklung zu fördern;
- eine klare Rollenteilung in Patient und Therapeut vorliegt und das Verhalten des Therapeuten aufgrund seiner Ausbildung bewusst geplant, systematisch und kontrolliert eingesetzt wird;
- die beabsichtigte Verhaltens- und Erlebnisänderung auf der Basis wissenschaftlich gesicherter Theorien erfolgt;
- die angewandten Methoden lehr- und lernbar sind.

Diese Definition grenzt „Psychotherapie" von den vielen meist unseriösen Angeboten von psychotherapeutischer Beratung, Lebenshilfe u. a. ab, die in der Öffentlichkeit und den Medien ihre Dienste anbieten und lediglich eine Qualifikation als Heilpraktiker besitzen. Erst seit der Einführung des Psychotherapeutengesetzes 1999 ist in Deutschland die Berufsbezeichnung „Psychotherapeut" geschützt, auf die der Klient achten sollte. Psychologen und Ärzte, deren Qualifikation staatlich anerkannt ist (Approbation) dürfen diese Bezeichnung führen. Auch Diplom- oder Sozialpädagogen können eine Approbation erlangen, wenn sie sich auf die Therapie von Kindern und Jugendlichen beschränken. Psychotherapie ist professionelle Hilfe. Sie wird erst dann beansprucht, wenn Freunde, Partner, Hausarzt und vielleicht auch ein Geistlicher ebensowenig mehr helfen können wie Selbst-Hilfe-Bücher, die zu Rate gezogen werden. Wie können Psychotherapeuten Menschen in einer sehr schwierigen Situation helfen? Wodurch wird z. B. „Angst vermindert, das Verhalten geändert, die Aktivität wieder gestärkt? Die Psychotherapieforschung sucht nach Antworten auf die Frage, bei welchen Patienten durch welche therapeutischen Methoden ein optimales Ergebnis erzielt werden kann. In der Literatur wird an erster Stelle die Effizienz einzelner Verfahren, an zweiter die Art einzelner Störungen und an dritter Stelle das Therapeutenverhalten und deren Ausbildung erörtert.

Solche Erörterungen und Untersuchungen kommen ohne den Rückgriff auf die wichtigsten psychologischen Theorien nicht aus. Die meisten Therapiekonzepte und -methoden lassen sich nach ihrem theoretischen Hintergrund drei Hauptrichtungen zuordnen.
- Die *tiefenpsychologisch orientierten* Therapien stützen sich auf das Gedankengut von Freud und auf das seiner Nachfolger – auch Kritiker – wie z. B. A. Adler und C. G. Jung. Die wichtigsten Therapiekonzepte mit dem genannten theoretischen Hintergrund sind: ↗ Psychoanalyse (S. Freud), ↗ Analytische Therapie (C. G. Jung), ↗ Individualtherapie (A. Adler), Ichanalyse (A. Freud), Neoanalyse (H. Schultz-Hencke), ↗ Psychodrama (J. L. Moreno) und ↗ Transaktionsanalyse (E. Berne).
- Die *„verhaltensorientierten Therapien"* greifen auf die Erkenntnisse über das ↗ Lernen (Lerntheorien) zurück. Zu ihnen zählen: Verhaltenstherapie

(H. J. Eysenck), Verhaltensanalyse (B. F. Skinner), systematische Desensibilisierung (J. Wolpe), rational-emotive Therapie (A. Ellis), kognitive Verhaltenstherapie (M. F. Mahoney) u. a. (↗Verhaltenstherapie).

- Psychotherapien, die von der *Ganzheit* des Menschen (Leib, Geist und Seele) ausgehen, besonderes Augenmerk auf das Erleben und die Gefühle des Klienten im Hier und Jetzt legen, die Bedeutung zwischenmenschlicher Beziehungen betonen und in der therapeutischen Arbeit berücksichtigen und die auf tiefenpsychologisches und humanistisches Gedankengut zurückgreifen, sind u. a.: ↗Gesprächspsychotherapie (C. Rogers), ↗Gestalttherapie (F. Perls), integrative Psychotherapie (H. Petzold), ↗Bioenergetik (A. Lowen), ↗Primärtherapie (A. Janov) und ↗Logotherapie (V. Frankl).
- Viele Therapietechniken werden einfach nach dem Medium bzw. Mittel benannt, mit dem Veränderungen des Erlebens und Verhaltens bewirkt werden, z. B. ↗Musiktherapie, ↗Spieltherapie, ↗Gruppentherapien und ↗Körpertherapien verschiedener Art, ↗Familientherapie, ↗Kommunikationstherapie und ↗Milieutherapie.

P. London meint, dass sich die meisten Psychotherapien in *„Einsichtstherapien" und „Verhaltenstherapien"* einteilen lassen. Die ersten gehen davon aus, dass eine Besserung bzw. Änderung des Verhaltens und Erlebens über die „Einsicht" in die unbewussten Motive und Konflikte zu erreichen ist, die zweiten setzen am ↗Symptom an, am Verhalten selbst, und versuchen es zu ändern. Sicherlich angespornt durch auffallende Erfolge mit erprobten Techniken, wie der ↗Verhaltenstherapie, der ↗Psychoanalyse, der ↗Gesprächspsychotherapie, den ↗Entspannungstechniken und der Gruppentherapie, werden häufig mit ungestümem Drang neue Ansätze entwickelt, denen es zum Teil an einer sicheren wissenschaftlichen Grundlage mangelt und die kaum in der Lage sind, das Therapiegeschehen zu kontrollieren. Die wichtige Frage, ob die wissenschaftlich anerkannten Therapien wirklich Menschen helfen, beantwortet Comer, indem er zweierlei feststellt: Die meisten Untersuchungen weisen darauf hin, dass Menschen mit Therapie sich in einer besseren Lebenssituation befinden als Menschen mit ähnlichen Problemen, aber ohne Therapie. Weiterhin unterscheiden sich die einzelnen Therapien nicht wesentlich in ihren Erfolgen, sind aber bei bestimmten Störungen unterschiedlich wirksam.
Die gesetzlichen Krankenkassen übernehmen leider nicht die Kosten für alle wissenschaftlich anerkannten und praktisch bewährten Verfahren. Sie bezahlen die Behandlung durch einen zugelassenen Therapeuten, wenn dieser eine psychoanalytische oder tiefenpsychologisch fundierte Therapie oder eine Verhaltenstherapie durchführt. Andere Verfahren, wie ↗Gesprächspsychotherapie, ↗Gestalttherapie, ↗Familientherapie werden nicht anerkannt, wenn sie in einer ambulanten Behandlung eingesetzt werden (bei stationärer Versorgung erfolgt eine Übernahme).

Pubertät ↗Jugendalter.

Pubertätsmagersucht (anorexia nervosa), lebensbedrohende Störung im Essverhalten, deren Ursachen vielfältig sind, aber bisher kaum systematisch untersucht wurden (↗Essstörungen).

Querschnittsuntersuchung, Untersuchung von Merkmalen in einer Altersgruppe. ↗Methoden der Psychologie.

Rangkorrelation, Maß für den Zusammenhang zwischen Ordinalvariablen. ↗Statistik.

Rational, Bezeichnung für gedachte, schlüssige, verstandesmäßige, vernünftige, kognitive Begründungen und Verhaltensweisen, im Gegensatz zu *emotionalen* (gefühlsmäßigen) und *irrationalen.*

Rational-emotive Therapie, ein Verfahren der ↗kognitiven Therapie, das Albert Ellis in den 50er Jahren entwickelte. Sein Ausgangsgedanke war dabei die schon von den Stoikern geäußerte Überzeugung, dass „die Menschen nicht durch die Dinge selbst verwirrt werden, sondern durch die Art, wie sie über sie denken". Ellis geht davon aus, dass der Mensch im Laufe seines Lebens, vor allem aber in der Kindheit, so genannte *„Glaubenssysteme"* (belief systems) entwickelt, die Gedanken, Annahmen und Fantasien enthalten und ihn im Alltag begleiten, oft sogar in Selbstgespräche Eingang finden. Es handelt sich dabei um irrationale Glaubenssätze, die ↗psychische Störungen (z. B. Ängste, ↗Depressionen) verursachen und aufrechterhalten können. Beispiel hierfür sind Gedanken wie „ich bin nur dann wertvoll, wenn ich tüchtig bin", „bestimmte Menschen sind absolut böse", „es ist besser Schwierigkeiten auszuweichen, als sich ihnen zu stellen", „meine Vergangenheit hat entscheidenden Einfluss auf mein jetziges Handeln", „für jedes menschliches Problem gibt es auch eine perfekte Lösung". Ein rational-emotiv arbeitender Therapeut kann verschiedene *Techniken* zur Änderung der Kognitionen einsetzen:

- *Disputation.* Irrationale, unangemessene Überzeugungen werden konfrontativ hinterfragt. Wenn der Klient z. B. glaubt, sein Leben wäre zerstört, wenn er die Fahrprüfung nicht besteht, muss er dies im Einzelnen ausführlich nachweisen (was ihm aber nicht möglich ist); stattdessen werden die tatsächlichen Konsequenzen festgestellt.
- Erstellung von *Protokollen*, in denen der Klient problematische Situationen analysieren lernt. Er soll z. B., wenn er Ausweglosigkeit erlebt, sich hinsetzen, die Situation notieren, in der dies vorkommt, und die Bewertungen aufschreiben, die ihm dabei durch den Kopf gehen. Er lernt so seine irrationalen Denkweisen kennen, und im Laufe der Therapie kann er sie hinterfragen.
- Durchführen von *rational-emotiven Imaginationen.* Der Klient stellt sich in der Therapie ein belastendes Ereignis vor und vergegenwärtigt sich die damit verbundenen negativen Vorstellungen (z. B. „ich kriege die Stelle nie, im Vorstellungsgespräch stelle ich mich immer dumm an"). Dann ersetzt er die negativen Vorstellungen durch vorher erarbeitete neue Gedanken (z. B. „man kann im Vorstellungsgespräch auch mal Fehler machen") und wiederholt diese immer wieder („mentales Üben").
- *Verhaltensübungen.* Nachdem der Klient gelernt hat, andere Vorstellungen zu entwickeln, sucht er mit Hilfe des Therapeuten Situationen aus, die ihn belasten, die er aber mit Hilfe seines neuen Denkens und Urteilens glaubt

aushalten zu können. Ihnen setzt er sich aus und registriert, dass keine „Katastrophe“ eintritt. Er wird in seinem neuen Verhalten verstärkt.

Rauschgifte (Drogen), Substanzen, die auf das Zentralnervensystem des Menschen einwirken, Bewusstseinsveränderungen hervorrufen und zu Abhängigkeit führen können. ↗Drogenabhängigkeit.

Reaching, Übung in der ↗Bioenergetik.

Reaktionen, umfassende Bezeichnung für Veränderungen im Organismus (physiologische Reaktionen), die auf Umweltveränderungen (Reize) oder als Begleiterscheinungen von ↗Gefühlen und Bedürfnissen auftreten, und für alle angeborenen und erlernten (↗Lernen) Aktivitäten oder Verhaltensweisen, die auf Reize erfolgen.
Individuen reagieren unterschiedlich stark und unterschiedlich schnell auf bestimmte Reize. Die Messung der Reaktionszeit, d. h. der Zeitspanne, die zwischen dem Einsetzen des Signals und dem Erfolgen der Reaktion vergeht (auch *Latenzzeit* genannt), wird oft bei testpsychologischen Untersuchungen für Berufseignung, aber auch für die klinische „Diagnostik verwendet.

Realitätsprinzip. Die Persönlichkeitsinstanz des Ich arbeitet nach diesem Prinzip. Das Ich versucht die Forderungen des Es mit den Ansprüchen des Über-Ich und den Möglichkeiten der Realität in Einklang zu bringen. ↗Lust, ↗Psychoanalyse.

Realselbst, Selbstbild einer Person aufgrund ihrer bei sich wahrgenommenen Fähigkeiten und Verhaltensweisen. ↗Gesprächspsychotherapie.

Redundanz, Bezeichnung für überflüssige, zusätzliche Informationen; sie fördern jedoch das Verständnis eines Textes, den Dialog oder Kommunikation überhaupt. ↗Informationspsychologie.

Regelkreis. Der Begriff beschreibt in der Kybernetik, einer Wissenschaft, die sich mit der Erklärung dynamischer Systeme beschäftigt, einen einfachen Zusammenhang, in dem eine Größe von einer anderen beeinflusst wird und wiederum auf diese zurückwirkt. Gerade im zwischenmenschlichen Bereich (z. B. bei ↗Kommunikation, ↗Interaktion) sind solche wechselseitigen Beeinflussungen häufig und man kommt bei Problemen nicht mit klassischem linearen Denken weiter, das nur Ursachen und keine wechselseitigen Abhängigkeiten kennt.

Regression, ein ↗Abwehrmechanismus, bei dem das Individuum in Verhaltensweisen zurückfällt, die auf einer früheren Entwicklungsstufe auftraten und längst überwunden waren. Kinder, die in den ersten Schuljahren überfordert werden, sprechen z. B. wieder eine babyhafte Sprache oder beginnen einzunässen (↗Enuresis). Eine Regression tritt besonders bei schweren ↗Frustrationen auf, wenn die entstandenen angstgetönten Spannungen nicht mehr reduziert werden können.

Reife. Sie umfasst einerseits die Vollendung der körperlichen ↗Entwicklung, die mit etwa 24 Jahren abgeschlossen ist, und andererseits eine den normativen Erwartungen entsprechende psychische Festigung, die dann eintritt, wenn das Individuum ein stabiles Selbstbild (↗Gesprächspsychotherapie) entwickeln konnte, das über existenziell bedeutsame Probleme Klarheit bringt. Es handelt sich um die Entscheidung über die Art des Zusammenlebens mit dem Partner, um die berufliche und politische Zielsetzung und um das Erkennen eigener Fähigkeiten und Schwächen, ohne sie zu überschätzen oder starke ↗Minderwertigkeitsgefühle zu zeigen. Statt des Begriffs „menschliche Reife" wird von psychologischer Seite häufig der Terminus „soziale Reife" verwendet. Im juristischen Sinne bedeutet „Reife" sowohl Verantwortlichkeit als auch Strafmündigkeit.

Reiz, umfassende Bezeichnung für Energien innerhalb oder außerhalb des Organismus, die über ↗Rezeptoren und das ↗Nervensystem psychische Vorgänge wie ↗Empfindung, ↗Wahrnehmung, ↗Gefühle, ↗Erleben usw. auslösen und mit Reaktionen des Organismus beantwortet werden. Reize (R) oder Stimuli (S), die auf den Organismus einwirken, jedoch wegen ihrer geringen Intensität nicht in der Lage sind, einen Rezeptor zu erregen, werden unterschwellig genannt (↗Empfindung). Ein *aversiver* Reiz, z. B. Strafe, löst Angst und Vermeidungsreaktionen aus; *bedingter (konditionierter)* und *unbedingter (unkonditionierter)* Reiz sowie *verstärkender* Reiz sind wichtige Begriffe für die Erklärung des ↗Lernens; *Reizentzug* ↗Deprivation; *Reiz-Reaktions-Modell* ↗Methoden der Psychologie; *Reizgeneralisation* ↗Generalisation; *diskriminierender* Reiz ↗Diskriminierung.

Reiz-Reaktions-Modell, einfaches Modell zum Zustandekommen von Verhalten, das hier lediglich in Abhängigkeit vom vorhergehenden Reiz gesehen wird. Es wird auch S-R-Modell (stimulus–response) genannt und ist die Grundlage für das klassische Konditionieren.↗Lernen, ↗Methoden der Psychologie

Reliabilität beschreibt die Zuverlässigkeit, d. h. die Genauigkeit psychologischer Messinstrumente (z. B. von ↗Tests). ↗Statistik.

Religionspsychologie untersucht psychologische Aspekte des Glaubens, der Religionen bzw. der Frömmigkeit allgemein und befasst sich nicht mit der theologischen Frage nach der Existenz und dem Wesen Gottes. Obwohl in der Geschichte der Psychologie schon viele bedeutende Philosophen und Wissenschaftler die psychologischen Probleme der Religiosität behandelt haben (Augustinus, Luther, W. Wundt, S. Freud, W. James, C. G. Jung, Würzburger Schule, J. Piaget, um nur einige zu nennen), nimmt die Religionspsychologie im Rahmen der Gesamtpsychologie noch heute eine relativ unbedeutende Stellung ein. Wichtige Impulse werden gegenwärtig von dem Theologen und Psychoanalytiker Eugen Drewermann gegeben.
Die Religionspsychologie beschäftigt sich vornehmlich mit der Frage nach dem Ursprung bzw. nach der Ursache der Religion bzw. des individuellen

Glaubens, nach der Funktion oder Bedeutung der Religion für das Verhalten des Menschen und ganzer Gesellschaften und mit den Arten des religiösen Erlebens.

1. *Ursprung* der Religion. Die Annahme, Religion sei eine Nachwirkung des Animismus (Vorstellung, dass alle Dinge beseelt seien) und des Unwissens, der Unkenntnis über die Vorgänge in der Umwelt (z. B. Ursache des Blitzes), wird gegenwärtig als falsch betrachtet. Die Fortschritte der Wissenschaften haben das Bedürfnis nach Religion nicht verringert – eher vergrößert. Auch die Vorstellung von Tiefenpsychologen (S. Freud, C. G. Jung), die Ursprünge der Religion seien eng mit dem Ödipuskomplex und mit den Archetypen verbunden, wird als zweifelhaft zurückgewiesen. Die meisten Vertreter findet die Deutung, wonach der Religion das elementare Sinn- und Sicherheitsbedürfnis zugrunde liegt, das durch ↗Angst, Versagung, Bedrohung erzeugt wird.

2. Die *Funktion* der Religion kommt ferner dem Bedürfnis nach Zugehörigkeit zu Gleichgesinnten entgegen. Die Religionen und Glaubensrichtungen stabilisieren die Gesellschaft und regeln die Beziehungen der Menschen untereinander, indem sie erwünschtes Verhalten belohnen oder Belohnung versprechen, unerwünschtes Verhalten bestrafen oder Strafe androhen und Gehorsam fordern. Trotz der zeitweise negativen Rolle der Religion in der Geschichte und auch in der gegenwärtigen Politik muss diese Funktion der Religion positiv bewertet werden. Die lebensnotwendige Sicherheit wird dem Menschen außer durch den Glauben selbst noch stärker durch Begleiterscheinungen der Religion, wie Gruppenzusammenhalt, Rituale, Zeremonien, Verehrung von Symbolen des Ewigen und Heiligen, und nicht zuletzt durch die Bedeutung des Eides, vermittelt. Negative Begleiterscheinungen dieser Sicherheitsvermittlung sind Konservativismus, Gruppenegoismus und Ächtung Andersgläubiger, Glaubenskriege und auch einseitige Erziehung.

3. Das religiöse *Erleben* bzw. der Glaube lässt sich als ↗Einstellung umschreiben, bei der die affektive Komponente (Gefühle) eine bestimmende Rolle spielt. Die Überzeugung bzw. Meinung (kognitive Komponente) erfolgt nicht aus dem Wissen, sondern aus dem Gefühlsleben. Die religiöse Haltung kann sich sowohl im Verhalten als auch im affektiven Erleben so weit steigern, dass sie Formen annimmt, die uns unter Fanatismus, Mystizismus, Askese, Märtyrertum, Ekstase (Verzückung, höchstes Lebensgefühl) bekannt sind. Die Beobachtung der Psychologen, dass das durch ↗Psychopharmaka und Drogen hervorgerufene Erleben dem gesteigerten religiösen Erleben gleicht oder ähnlich ist, erklärt zwar den Mechanismus und die organische Grundlage des religiösen Erlebens, nicht jedoch deren Ursache und Auswirkungen.

Die Zukunft der Religionspsychologie dürfte auf dem Gebiet der Pastoralpsychologie liegen, in der Anwendung psychologischer Erkenntnisse in der Seelsorge (↗Beratung).

Repräsentativ. Eine ↗Stichprobe ist repräsentativ, wenn sie alle Merkmalsträger im selben Verhältnis wie in der ↗Population enthält.

Resozialisierung. Bei der Wiedereingliederung von Vorbestraften in die Gesellschaft handelt es sich um eine Re-Sozialisierung, um ein Verlernen bisheriger Gewohnheiten und Neuerlernen sozialer Normen, d.h. um eine Erziehung unter erschwerten Bedingungen. Die Misserfolge der bisherigen Bemühungen um eine Um-Erziehung sind zurückzuführen auf folgende Faktoren:

1. Die Möglichkeiten einer Umerziehung sind durch gleichzeitige Bestrafung im Sinne der Gerechtigkeit, der Sühne und des Fernhaltens von der Gesellschaft stark begrenzt.
2. Das Erlernen sozialer Normen und Verhaltensweisen wird durch die bisherigen Erfahrungen, Gewohnheiten, „Eigenschaften und ↗Einstellungen stark behindert.
3. Diskriminierung von und ↗Vorurteile gegenüber Gefangenen bzw. Vorbestraften verstärken die bisherigen Einstellungen und machen die angebotenen Lernhilfen wirkungslos (Teufelskreis).
4. Die Verhältnisse in den Strafanstalten (Gruppendruck, Aggression, Beziehungen zwischen Personal und Häftlingen u. a.) stehen im Widerspruch zu einer notwendigen Erziehungsatmosphäre. Es werden eher Techniken der Missachtung der Gesetze und sozialer Normen als deren Befolgung gelernt.

Wegen der genannten Faktoren scheiterten bisher die meisten Bemühungen um eine Reform des Strafvollzugs und der Resozialisierung. Solange die erschwerenden Bedingungen der Umerziehung bestehen bleiben, wird es kaum Erfolge geben, selbst wenn folgende Reformvorschläge der Psychologen, Soziologen und Politiker auf breiterer Ebene verwirklicht würden:

1. Abbau der Diskriminierung und der Vorurteile bei der Ausbildung, am Arbeitsplatz und in der Strafanstalt.
2. Teilnahme der Gefangenen am gesellschaftlichen Leben: Strafanstalt der „offenen Tür", Wohngemeinschaften, die von Psychologen und Sozialpädagogen betreut werden, Vermittlung von Erfolgserlebnissen am Arbeitsplatz und in der Gruppe sowie Anerkennung bei der Befolgung sozialer Normen;
3. Bessere psychologische und pädagogische Ausbildung des Betreuungspersonals, Verbesserung der Betreuung außerhalb der Strafanstalt.

Die hier geforderte Überbrückung ist kaum realisierbar. Daher wird die Vorbeugung als die beste Resozialisierung angesehen (↗Jugendkriminalität).

Retardation beschreibt die hinter der durchschnittlichen Ausprägung bei Gleichaltrigen zurückbleibende Entwicklung psychischer und körperlicher Merkmale. Von Retardation wird erst bei gravierenden Entwicklungsverzögerungen gesprochen (über sechs Monate Rückstand). Die Ursachen für Retardationen sind vielfältig: Krankheiten, hirnorganische Schädigungen, Milieuschädigungen, gestörte ↗Familie u. a. belastende Ereignisse.

Retikuläres aktivierendes System (RAS), Region im Mittelhirn, die den Erregungs- oder Aktivationszustand der Hirnrinde beeinflusst. ↗Nervensystem.

Rezeptor. Rezeptoren werden diejenigen Nervenzellen genannt, die bei Auftreffen bestimmter Reize „Aktionspotenziale bilden (↗Nervensystem), die dann weitergeleitet werden. Rezeptorzellen sind je nach Sinnesorgan für eine bestimmte Reizart (z. B. Licht) besonders empfindlich.

Q R

Rigidität, Festhalten an ↗Gewohnheiten und ↗Einstellungen, die aufgrund geänderter Verhältnisse schon lange nicht mehr angebracht und angepasst sind. Fordert man Versuchspersonen auf, eine Reihe von Aufgaben nach einem bestimmten Ansatz zu lösen, und schiebt dann eine Aufgabe ein, die sowohl mit dem gewohnten Vorgehen als auch mit einem Weg – der eigentlich eine viel einfachere Lösung ist – bewältigt werden kann, so bleibt man häufig bei dem alten Lösungsweg (↗Perseveration); man verhält sich rigide. Nach J. P. Guilford ist Rigidität das entgegengesetzte Persönlichkeitsmerkmal von ↗Flexibilität.

Rolfing ist eine von Ida Rolf entwickelte Methode der ↗Körpertherapie, bei der der Rolfer (Therapeut) den Kopf, das Becken, die Beine und Arme des Klienten zu „richtigen" Bewegungen verschiebt und einrenkt, damit wieder ein Schwerkraftverhältnis erreicht wird, das Schmerzfreiheit ermöglicht. Man nimmt an, dass neurotisch oder unfallbedingte Haltungsfehler zu falschen Gewichtsverteilungen führen, die Leistungsminderung, Angst und andere Symptome zur Folge haben.

Rückenmark, Teil des Zentralnervensystems (↗Nervensystem), in dem zahlreiche Nervenfasern verlaufen.

Rückmeldung, Informiert-Werden über eigenes Erleben, Verhalten und Handeln. ↗Feed-Back.

Sadismus, Erlangen von Lustgewinn, indem man andere quält und ihnen Schmerzen zufügt. ↗Perversionen.

Sanguiniker, nach Hippokrates' Typenlehre ein unbeständiger, lebhafter Persönlichkeitstyp (↗Typologie).

Sapir-Whorf-Hypothese. Sie beschreibt die gegenseitige Abhängigkeit von Sprache und Denken, insbesondere hebt sie hervor, dass Begriffsbildungen und Denkweisen das Resultat der Sprache sind. ↗Denken.

Säuglingsalter. Als Säuglingsalter bezeichnet man das erste Lebensjahr des neugeborenen Kindes, dem in der Entwicklung des Menschen eine besondere Bedeutung zukommt. Dem Neugeborenen fehlen wesentliche Möglichkeiten der Lebensbewältigung (Sprechen, Laufen), und die ersten Wochen stellen praktisch eine Fortsetzung des embryonalen Zustandes dar. Portmann spricht deshalb auch von einer „physiologischen Frühgeburt".
Die Gehirnzellen des Neugeborenen sind voll ausgebildet, aber noch nicht funktionsfähig. Sie können sich nicht erneuern wie andere Gewebszellen, deshalb können durch Verletzungen bei der Geburt und Krankheiten im ersten Lebensjahr irreparable Schäden verursacht werden. Die Teile des Nervensystems, die Atmung, Herztätigkeit, Kreislauf, Körpertemperatur und Blutzuckerspiegel regulieren, sind voll funktionsfähig. Der sensorische Teil des Nervensystems ist bei der Geburt weitgehend ausgebildet. Das einen Monat alte Kind kann schon zwischen verschiedenen Objekten in der Umgebung unterscheiden; es handelt sich wahrscheinlich um unscharfes Sehen, denn es kann die Augen noch nicht auf einen Punkt gerichtet halten (Akkommodation und Konvergenz; „Gesichtswahrnehmung). Es steht fest, dass Neugeborene auf laute Töne reagieren (Autogeräusche, lautes Reden). Es gibt Hinweise, dass sie auch verschiedene Tonhöhen unterscheiden können. Ebenso funktionieren schon der Temperatur-, Geschmacks-, Geruchs- und Gleichgewichtssinn. Ohne Zweifel ist das Neugeborene schmerzempfindlich, entsprechende Reaktionen sind das Verzerren des Gesichts, Schreien oder das Wegwenden des betreffenden Körperteils. Es ist lediglich zu unkontrollierten Bewegungen, wie z. B. dem Strampeln und zu Reflex- und Instinktbewegungen fähig (Sauginstinkt, Atmen, Darmentleerung). Mit der Reifung von Muskeln, Knochen und den für die Willkürbewegungen zuständigen Pyramidenbahnen entwickelt sich die Körpermotorik „cephalo-caudal", d. h. vom Kopf zu den Füßen hin. Mit einem Monat kann der Säugling den Kopf heben, mit zwei Monaten Brust und Kopf, mit drei bis vier Monaten beginnt er, gezielt zu greifen, mit sieben Monaten sitzt er allein und mit elf Monaten kann er, von den Eltern gehalten, gehen. Bei größeren Verzögerungen besteht der Verdacht auf eine körperliche oder geistige Behinderung. Am Ende des ersten Lebensjahres ist auch die Sprechmuskulatur entwickelt, und das Kind spricht nach einer Zeit des Lallens das erste Wort. Erste bewusste Auseinandersetzung mit der Umwelt ist ab dem dritten Monat zu beobachten; der Säugling ergreift z. B. immer wieder eine Rassel, weil ihm offensichtlich ihr Klang oder ihre Bewegungen gefallen. Verdeckt man die Rassel, hört das Kind mit dem Spiel auf. Erst vom siebten Monat an sucht es nach dem Gegenstand, es weiß in dieser Zeit schon um

S

die Dauerhaftigkeit und Konstanz der Gegenstände. Anfänge des kausalen Denkens kann man beobachten, wenn das Kind absichtlich eine Bewegung ausführt, um etwas Bestimmtes damit zu erreichen (z. B. den Ball wegrollen, die Gardine über sich ziehen, um sich zu verstecken). Dies wird häufig auch als beginnendes Werkzeugdenken eingestuft.
Im Zusammenhang mit der Geburt treten beim Neugeborenem starke nicht näher einzuordnende Erregungen auf, jedoch lassen sich bald differenziert auftretende Lustgefühle (z. B. beim Saugen, Streicheln) und Unlustgefühle (z. B. beim Frieren, Wundsein) feststellen. Mit etwa drei Monaten wird die Pflegeperson mit dem ersten Lächeln begrüßt. Es ist eine unwichtige Streitfrage in der Psychologie, ob das Bedürfnis des Kindes nach emotionaler Zuwendung (Zärtlichkeit) angeboren ist oder nicht. Es steht eindeutig fest, dass das Kind im ersten Lebensjahr eine es ständig umsorgende Pflegeperson braucht, die es ab dem sechsten Monat erkennen und von anderen unterscheiden kann. Von dieser Zeit an hat es vor Fremden Angst (Sechs-Monats-Angst) und fühlt sich nur in der Nähe des Menschen, der es ständig betreut, wohl. Verschiedene Entwicklungspsychologen meinen, dass Kinder, die sich im 1. Lebensjahr sicher fühlen, ein *Urvertrauen* zur Umwelt entwickeln. Immer dann, wenn sie durch die negative und unbekannte Umwelt erschreckt werden, muss eine Person da sein (meist die Mutter), die ihre Bedürfnisse nach Wärme, Nahrung, Sicherheit befriedigt hat und ihnen hilft, die aufgekommene Angst zu überwinden. Das Kind traut sich, die Umwelt zu erforschen, ist aktiv und entwickelt ein die gesamte weitere Entwicklung und das Verhalten bestimmendes Vertrauen zur Umwelt, auch Urvertrauen genannt. Der Gegensatz des Urvertrauens, die Urangst, schränkt das Verhalten des Kindes stark ein, die Umwelt ist bedrohlich, das Kind zieht sich von der Umwelt zurück. Es ist wichtig, dass die das Kind pflegenden und betreuenden Personen Sicherheit ausstrahlen, dass sie nicht ängstlich sind und dem Kind Geborgenheit vermitteln.

Sceno-Test, ein Verfahren, das in Erziehungsberatung und Schulpsychologie verwendet wird, um unbewusste Probleme von Kindern und Jugendlichen zu erfassen. Mit Puppenfiguren, Tieren, Bäumen, Symbolfiguren und Gegenständen aus dem alltäglichen Leben werden Szenen gestaltet, die den Therapeuten Alltagserleben, Ängste, Wünsche und Bewältigungsversuche des Kindes erkennen lassen. Gleichzeitig gewinnt das Kind im Spiel Distanz zu seinen Problemen und setzt sich mit ihnen auseinander.

Schatten. Die ↗Analytische Psychologie versteht darunter verdrängte Persönlichkeitsanteile, die dem Menschen nicht bewusst sind, aber sein Verhalten beeinflussen.

Schätzverfahren (ratings), Einschätzung der Ausprägung bestimmter Merkmale oder des Verhaltens auf vorgegebenen Merkmalslisten. ↗Statistik, ↗Methoden der Psychologie. Merkmalslisten werden Ratingskalen genannt.

Scheidung. Trennungen und insbesondere Scheidungen können die Betroffenen ernsthaft beeinträchtigen. Untersuchungen haben festgestellt, dass die Gesundheit von Geschiedenen schlechter ist als die von Verheirateten, Verwitweten oder Alleinlebenden. In dem nach einer Trennung ablaufenden Trauerprozess wird der Mensch mit dem Problem des Alleinseins konfrontiert, da man lange mit jemandem zusammengelebt hat und alte Freundschaften oft nicht aufrechterhalten werden können. Nicht alle sind von solchen Probleme in gleichem Maß betroffen. Personen, die eine weniger enge Bindung zu ihrem Partner hatten, die Initiative zur Trennung selbst ergriffen hatten oder eine neue zufrieden stellende Beziehung eingegangen sind, leiden weniger unter einer Trennung. Gleiches gilt für Menschen mit einem hohen Maß an Selbstwertgefühl und Offenheit gegenüber Veränderungen (nach: http://www.beratung-therapie.de).

Eine Ehe kann geschieden werden, wenn die eheliche Lebensgemeinschaft nicht mehr besteht und nicht erwartet werden kann, dass sie wiederhergestellt wird (Zerrüttungsprinzip); weiterhin dann, wenn die Fortsetzung der Ehe unzumutbar ist, weil der andere Partner z. B. trunksüchtig oder gewalttätig ist. Bei einer Scheidung werden durch ein gerichtliches Urteil u. a. geregelt:
- der Unterhaltsanspruch gegenüber dem Ehegatten
- Ansprüche auf Rente oder Pension (Versorgungsausgleich)
- die Aufteilung des Vermögens, das während der Ehe entstand (Zugewinnausgleich)
- die Sorge für die Kinder (Sorgerecht)

Der Regelfall ist die gemeinsame elterliche Sorge (auch nach der Trennung von nicht-ehelichen Gemeinschaften). Sollte ein Elternteil die alleinige elterliche Sorge beantragen, wird das Gericht mit Hilfe des Jugendamtes und eines psychologischen Gutachtens feststellen, welche Lösung am ehesten dem Wohl des Kindes dient. Allen Eltern sollte bewusst sein, dass mit einer Trennung die Elternschaft nicht aufhört. Deshalb sollten sie schon im Trennungsprozess bedenken, dass
- der Abbruch des Kontakts zu einem Elternteil das Kind in Konflikte treibt, da es beide liebt;
- Kinder nach einer Trennung am besten zurechtkommen, wenn sie aus den Auseinandersetzungen herausgehalten wurden;
- Kinder am Modell der Eltern lernen, wie mit Problemen umgegangen wird.

Schichtenlehren sind die ältesten Modelle für die Persönlichkeit des Menschen und betrachten ihn als ein System verschiedenartiger Schichten (z. B. Körper, Geist, Seele). ↗Persönlichkeit.

Schizoid. Dieser Begriff bezeichnet nach dem ICD-10 Menschen, die an einer ↗*Persönlichkeitsstörung* leiden, die dadurch gekennzeichnet ist, dass sie keine engen Bindungen eingehen und es vorziehen alleine zu sein. Sie sind übertrieben zurückhaltend, verschlossen, erscheinen kalt und abweisend, erleben nur selten starke Gefühle und haben wenig Interesse an sexuellen Aktivitäten. Vertreter der ↗Psychoanalyse verwenden den Begriff „schizoid", um eine „normale" *Persönlichkeit* zu kennzeichnen, die nicht das richtige Verhältnis zwischen Nähe und Distanz, Vertrauen und Misstrauen finden kann. Sie wünscht sich Nähe, wehrt diese aber gleichzeitig ab, da sie ihre Selbständigkeit bedroht sieht. Ein solches Verhalten wird in Zusammenhang mit Kindheitserfahrungen gesehen, die durch mangelnde menschliche Wärme und Nähe gekennzeichnet sind. Positive Merkmale einer solchen Person sind oft ein kritischer Blick für die Tatsachen, Sachlichkeit und Selbständigkeit.

Schizophrenie ist eine schwere ↗psychische Störung, die man früher den ↗Psychosen zuordnete. Im Laufe des Lebens entwickelt 1 % der Bevölkerung eine schizophrene Störung, wobei viele Kranke nur ein einmaliges Auftreten dieser Störung erleben, andere aber dauernd betroffen sind. Meist tritt die Krankheit erstmals in der Jugend oder im frühen Erwachsenenalter auf, weitere Schübe folgen dann. Die Symptome einer Schizophrenie erscheinen dem Außenstehenden völlig fremd, seltsam oder unverständlich. Als Symptome sind zu beobachten:
- Wahnvorstellungen (↗Wahn). Man vermutet z. B., verfolgt, beobachtet oder kontrolliert zu werden.
- Wahrnehmungsstörungen, wie z. B. das Hören nicht vorhandener Stimmen (↗Halluzination), das Gefühl im Mittelpunkt der Aufmerksamkeit der anderen zu stehen.
- Denkstörungen, z. B. verschachtelte Sätze und Gedanken, Wortneuschöpfungen, spielerische Wortreimereien, plötzliches Abbrechen von Gedankengängen
- Unpassende Gefühlsäußerungen. Gefühle passen nicht zum Denken und Sprechen (z. B. fühlt man sich verfolgt und lacht dabei herzlich).

Eine abgeschwächte Form der Schizophrenie stellt die *schizotypische Persönlichkeitsstörung* dar. Wie andere psychotische Erkrankungen sind die *Ursachen für Schizophrenie* in einer Kombination unterschiedlicher Einflüsse zu suchen (↗Psychose): Biologische Ursachen (der Neurotransmitter Dopamin ist im Übermaß vorhanden), psychologische Faktoren (z. B. gestörte Kommunikation in Familien), aber auch Erbeinflüsse (vererbter Enzymdefekt) werden genannt. Personen, die dauerhaft unter psychotischen Symptomen leiden, kann geholfen werden, mit ihrer Krankheit ein selbständiges Leben zu führen. *Medikamente* (Neuroleptika) reduzieren die Intensität und Häufigkeit psychotischer Symptome. Im Rahmen einer psychiatrischen *Rehabilitation* werden soziale und berufliche Fertigkeiten sowie Abläufe des täglichen Lebens wieder geübt. Vor allem lernt man erste Signale für das Auftreten eines Rückfalls wahrzunehmen und entsprechend zu reagieren. Wichtig ist eine *Unterstützung der Familie*, damit sie Verständnis für den Betroffenen entwickeln kann und familiäre Belastungen reduziert werden. In *Selbsthilfegruppen* können sowohl Kranke als auch Angehörige von Patienten Unterstützung finden.

Schlaf, Schlafforschung. Seit 1953 N. Kleitman und E. Aserinsky entdeckt haben, dass der Schlaf kein einheitlicher psychischer Zustand ist, sondern nach einer bestimmten Rhythmik verläuft, und dass es fünf charakteristische Schlafstadien gibt, hat eine intensive Schlafforschung eingesetzt.
Die bisherige Schlafforschung brachte folgende Ergebnisse:
1. Nach den aufgezeichneten Hirnströmen („EEG) werden fünf Schlafstadien unterschieden, die sich während der Nacht wiederholen.

Stadium	*Charakteristische EEG-Wellen*
1. Entspannter Wachzustand	Alpha-Wellen – spontane Gedanken, entspannt
2. Einschlafen, leichtester Schlaf	Verschwinden der Alpha-Wellen und Aufkommen der langsameren Theta-Wellen – Auftreten gewisser optischer oder auch akustischer ↗Halluzinationen
3. Leichtschlafphase	Plötzliche Ausschläge (Sägezähne) im EEG – Tageserinnerungen
4. Mittlere Schlaftiefe	Ablösung der Theta-Wellen durch die noch langsameren Delta-Wellen
5. Phase des Tiefschlafs	Delta-Wellen. Die Phase des Tiefschlafs beträgt etwa ein Fünftel des gesamten Nachtschlafs

2. Während der Nacht werden die Stadien 2 bis 5 vier- bis fünfmal durchlaufen, wobei das Tiefschlafstadium mit zunehmender Schlafdauer kürzer und seltener wird.
3. Wenn alle Schlafstadien durchlaufen werden, treten im leichtesten Schlaf sog. REM-Phasen auf. Charakteristisch für diese Phasen, die während einer Nacht vier- bis fünfmal auftreten, sind schnelle Augenbewegungen (Rapid Eye Movement = REM), sexuelle Erregung, unregelmäßiges Atmen, Muskeltätigkeit. In diesen REM-Phasen, die mit der zunehmenden Schlafdauer immer länger werden (von 10 Minuten bis zu 50 Minuten) träumt der Schläfer. Obwohl es sich um den leichtesten Schlaf handelt, kann der Schläfer aus diesem Schlaf schwerer aufgeweckt werden als aus anderen Schlafstadien. Daher werden die REM-Phasen auch „paradoxer" Schlaf genannt und die Nicht-REM-Phasen „orthodoxer" Schlaf.
4. Schlafwandeln, Sprechen im Schlaf und auch Bettnässen treten immer während der Nicht-REM-Phasen auf (im orthodoxen Schlaf). Wird der Mensch am Schlaf gehindert, so treten Konzentrationsstörungen auf, nach etwa 60 Stunden Wachzustand auch ↗Halluzinationen (Trugwahrnehmungen) und Wahnvorstellungen. Wird der Mensch immer am Anfang der REM-Phase aufgeweckt und somit am Träumen gehindert, so wird der ausgefallene paradoxe Schlaf in nachfolgenden Nächten nachgeholt, d. h. die Phasen des orthodoxen Schlafes werden zugunsten des paradoxen verkürzt. In jedem Schlafstadium ist der Mensch in der Lage, Reize aufzunehmen und zu verarbeiten, wenn auch anders als im Wachzustand (Bedeutungsgehalt der einwirkenden Reize).
5. Diese Forschungsergebnisse zeigen, dass der Schlaf neben der reinen biologischen Funktion (Erholung) auch eine wichtige psychische Funktion erfüllt. Schlaf ist kein Zustand der Passivität. Die Rolle der psychischen Aktivität während des Schlafes ist noch nicht völlig geklärt. Da jeder Mensch eine andere Schlafkurve aufweist, erhofft die Psychologie von der Erforschung des Schlafes wichtige Informationen über Eigenarten des ↗Nervensystems und über individuelle Eigenschaften zu gewinnen (↗Diagnostik).

Schlafstörungen. Man spricht von Schlafstörungen, wenn eine Person über längere Zeit hinweg nicht genügend Schlaf bekommt, weil sie Probleme hat

S

einzuschlafen oder durchzuschlafen. Häufig sind die *Ursachen* hierfür psychische Probleme (Überlastung im Beruf, Spannungen in der Familie, Tod eines Angehörigen, intensive geistige Arbeit u. a.), seltener sind es Krankheiten, wie eine zu starke Tätigkeit der Schilddrüse, ↗Depressionen oder Diabetes. Schlafstörungen können chronisch, d. h. dauerhaft werden, wenn der Betroffene der Schlaflosigkeit eine zu hohe Bedeutung beimisst, sich z. B. sehr viel Sorgen um seine Leistungsfähigkeit oder Gesundheit macht und sich immer mehr unter Druck setzt. Bei der *Behandlung* von Schlafstörungen ist zuerst zu fragen, ob überhaupt angemessene Vorstellungen über die Länge des Schlafens und die (unproblematischen) Folgen von vorübergehendem Schlafmangel bestehen. So lässt sich manche Schlafstörung auflösen. In ernsteren Fällen muss man die Probleme erkennen und beseitigen, die zum Schlafmangel geführt haben. Das ist mit Hilfe der bekannten ↗psychotherapeutischen Verfahren möglich, eine besondere Bedeutung haben dabei ↗Entspannungstechniken und Möglichkeiten der Stressbewältigung. Die Anwendung von Schlafmitteln (Barbiturate; ↗Psychopharmaka) ist riskant, da sie den notwendigen paradoxen Schlaf unterdrücken, was nach Absetzen des Medikamentes zu kurzfristigen Problemen führen kann (unruhiger Schlaf, Angstträume). Tranquilizer (↗Psychopharmaka) können für einige Tage beruhigen und den Schlafrhythmus wiederherstellen, sollten aber nicht ständig genommen werden.

Schlüsselreize sind Umweltreize, die ein in der Regel angepasstes zielgerichtetes Instinktverhalten auslösen. ↗Instinkt.

Schmerz. Reaktionen des Organismus auf schädigende Reize, die mit Empfindungen des Leidens und dem Gefühl der Angst verbunden sind, stellen ein Warnsystem vor Gefahren und einen Schutzmechanismus für den Körper dar. Die Schmerztoleranz, also die Fähigkeit, Schmerz zu ertragen, ist interindividuell unterschiedlich. Sie ist bei Personen, die schon oft Schmerz erlebten, gering (man gewöhnt sich nicht an Schmerz) und kann durch Ablenkung (z. B. Arbeit) erhöht werden. Schmerzerleben wird durch Lernvorgänge (↗Lernen) beeinflusst. Vermehrte Zuwendung erhöht die Häufigkeit des Schmerzes und die Intensität des Erlebens (was aber nicht heißen soll, dass man leidenden Menschen sich nicht zuwenden soll). Erfahrungen von Beachtung im Zusammenhang mit Schmerz werden schon in der Kindheit gemacht und beeinflussen die individuelle Empfindsamkeit gegenüber Schmerzen. Aufgrund des Mechanismus der ↗klassischen Konditionierung werden Schmerzen erlebt, obwohl der Schmerzreiz noch gar nicht vorhanden ist. So kann ein Patient aufgrund häufiger schmerzhafter Untersuchungen lernen, dass ein Arztbesuch Schmerzen bereitet. Diese Schmerzen empfindet er oft schon im Wartezimmer oder auf dem Weg zum Arzt. Das führt zu erhöhter Muskelanspannung und -verspannung, was wiederum Schmerzen zur Folge hat. Bald können dann schon neutrale Reize zu Muskelverspannungen führen und auch jene Schmerzen auslösen, wegen derer man den Arzt aufgesucht hat (nach: http://www.medizinfo.com/schmerz/patienten.htm). Weiterhin können Angst, die häufig entsteht, wenn Schmerzen unerwartet auftreten, und ↗Depressionen die Schmerzempfindung verstärken. Dieser Prozess kann so weit gehen, dass

Schmerz auch dann noch empfunden wird, wenn kein schädigender Reiz mehr einwirkt. Andrerseits erhöht sich meist die Schmerztoleranz , wenn man den Schmerz kontrollieren kann (z. B. durch Einnehmen einer anderen Sitzhaltung). Akute Schmerzen behandelt man mit Schmerzmitteln, die vom Aspirin (Acetylsalicylsäure) bis zum Morphin reichen. Schwere Schmerzen, wie sie z. B. bei Krebs vorkommen, werden mit Schmerzmitteln gelindert, in denen zusätzlich Beruhigungsmittel oder Antidepressiva (↗Psychopharmaka) enthalten sind.
Einen wesentlichen Anteil an der Entstehung von *chronischen Schmerzen* hat das Schmerzgedächtnis. Sensible Nervenzellen und Großhirn („Nervensystem) verändern sich, wenn immer wieder Schmerzimpulse empfunden werden. Nun reichen schon relativ schwache Reize (z. B. Berührung, Dehnung) aus, um einen Schmerz zu verursachen (nach: http://www.medizinfo.com/schmerz/patienten.htm). Einer Chronifizierung der Schmerzen muss vorgebeugt werden. Dabei ist es wichtig, den Teufelskreis von Schmerz, Verspannung und noch mehr Schmerzen durch Einsatz schmerzstillender Medikamente zu durchbrechen; anschließend ist darauf zu achten, dass der Patient z. B. durch Krankengymnastik, ↗Entspannungstechniken, Muskelaufbau Fähigkeiten erwirbt, Entspannung bzw. Verspannung zu kontrollieren und dem Schmerz vorzubeugen. Ist eine Chronifizierung schon eingetreten, kommen oftmals zusätzlich Antidepressiva oder auch Opioide zum Einsatz (↗Psychopharmaka).
Angemerkt sei, dass für Menschen mit sadomasochistischen Neigungen (↗Perversionen) sowie für Mystiker und Märtyrer, die glauben, durch Leiden ihr „höchstes Ziel" zu erreichen, Schmerz auch zur Lustquelle werden kann.

Schocktherapie. Eine Behandlung mit Elektroschock erfolgt auch heute noch bei schweren psychotischen Erkrankungen (↗Psychose). Man setzte diese Behandlungsform erstmals Ende der dreißiger Jahre ein, als noch keine ↗Psychopharmaka zur Verfügung standen. Heute findet sie vor allem Anwendung, wenn Patienten Medikamente aufgrund ihrer Nebenwirkungen nicht mehr vertragen. Vor allem bei intensiven ↗Depressionen wird durch eine elektrische Reizung der Stirnregion des Gehirns ein der Epilepsie ähnlicher Krampf verursacht, der auf eine nicht geklärte Weise zu einer Erleichterung führt. Eine solche Behandlung erfolgt unter Narkose, und oft wird nur die dominante Seite des Gehirns unter Strom gesetzt, um die unvermeidliche auftretenden Gedächtnisverluste einzuschränken. Andere Nebenwirkungen, die aber nach einer Woche wieder abklingen, sind z. B. Benommenheit, Orientierungsschwäche (Unsicherheit, wo man sich im Moment befindet, welche Jahreszeit herrscht u. a.) und eine affektive Labilität (z. B. unmotiviertes Wechseln von Lachen und Weinen).

Schöpferisches Denken, Synonym für produktives oder divergentes Denken, das einen wesentlichen Teil der ↗Kreativität ausmacht.

Schulberatung ist eine Aufgabe der ↗Schulpsychologie, die von Schülern, Eltern und Lehrern beansprucht werden kann, wenn Schulversagen droht oder Leistungsängste, Teilleistungsstörungen wie Lese-Rechtschreib-Schwäche,

S

Aggressionen, Konzentrationsstörungen, psychische Störungen verschiedener Art auftreten.

Schuldfähigkeit. In der ↗forensischen Psychologie ist manchmal zu prüfen, ob ein Straftäter aufgrund einer „krankhaften seelischen Störung, einer tief greifenden Bewusstseinsstörung, Schwachsinn oder einer anderen seelischen Abartigkeit" das Unrecht seiner Tat nicht oder nur eingeschränkt einsehen konnte.

Schuldgefühle können entstehen, wenn eine sozial unerwünschte Handlung begangen wurde. Sie können als Gefühle mit Selbstbestrafungstendenz aufgefasst werden. Sie sind von der Erziehung, der ↗Gruppe und anderen sozialen Faktoren abhängig. Das Schamgefühl beeinträchtigt das Verhalten und ist vom ↗Gewissen abhängig.

Schulkindalter. Der Wechsel vom Elternhaus in die Schule bedeutet besonders für jene Kinder eine Belastung, die bisher wenig Gelegenheit hatten, außerhalb des Elternhauses Erfahrungen mit anderen Menschen zu sammeln (z.B. im Kindergarten, bei befreundeten Familien, mit Nachbarskindern). Diese Kinder fühlen sich leicht in ihrer emotionalen Sicherheit bedroht. In günstigen Fällen, besonders in kleinen Klassen, ist es möglich, die Ängste des Kindes zu reduzieren. So wird aus den USA berichtet, dass der Lehrer sich über Disziplinierungstechniken der Eltern und die Anzahl der Geschwister erkundigt, um sein Erziehungsverhalten darauf abzustellen. Eltern können z.B. die Angst der Kinder verringern, wenn sie zu Hause mit dem Kind in einer zwangsfreien, entspannten Atmosphäre „Schule" spielen. Ein freudiges Erwarten der Schule hängt u.a. davon ab, ob die Interessen des Kindes schon früh auf die Schule ausgerichtet sind (frühes Lesenlernen); ob die Eltern es vermieden haben, dem Kind mit der Schule zu drohen, oder ob das elterliche Verhalten ein Modell für das schulische Leben des Kindes sein kann (Umgang der Eltern mit Büchern, Schreibtischarbeit des Vaters).
Sogenannte „schulreife" Kinder sind in der Lage, sich eine gewisse Zeit (ca. 10 bis 20 Minuten) zu konzentrieren und sich mit anderen über bestimmte Themen zu unterhalten. Sie sind wissbegierig und wollen vom Lehrer belehrt werden, jedoch sind sie in ihrem Auffassen und Denken an das konkret Erlebte, Anschauliche gebunden und verstehen oft nicht das Wesentliche eines Objektes, weil sie die Sache nur so sehen können, wie sie in ihrem Lebensbereich vorkommt und verwendet wird. Spricht der Lehrer z.B. über den Bau eines Hauses, so denken die einen daran, wie der Vater Zement mischt, ein Kran aufgebaut wird, viele Arbeiter kommen usw.; sie sind aber noch nicht in der Lage, den Begriff „Bauen" in seiner umfassenden Bedeutung zu verstehen, wie es z.B. ein Erwachsener tut. Deshalb kann man sich in den ersten Schuljahren nicht sicher sein, wie die Kinder den Unterrichtsinhalt auffassen. Erst mit neun bis zehn Jahren sind die Kinder in der Lage, das Wesentliche einer Sache und das, was sie mit anderen gemeinsam hat, zu erkennen. Unter „Haus" verstehen sie jetzt jedes Gebäude, das ein Dach und Wände hat und in dem Menschen leben können. Sie sind jetzt in der Lage, diesem Begriff die ei-

genen Vorstellungen von einem Haus einzuordnen. Auch die Art des Lernens ändert sich beim Zehnjährigen, der nun nach sinnvollen Zusammenhängen sucht, wenn er sich z. B. ein Gedicht einprägen muss, während er es vorher mechanisch auswendig lernte. Nun werden auch in der Schule Fächer wie Erdkunde und Geschichte eingeführt, die über den direkt erfahrbaren Lebensbereich des Kindes hinausgehen. Jedoch müssen sie immer noch anschaulich, d. h. real vorstellbar sein, denn erst nach dem 12. Lebensjahr ist das Kind in der Lage, abstrakt zu denken und mit Fächern wie Physik oder Algebra etwas anzufangen.
Das soziale Klima in der Schulklasse hängt weitgehend vom Verhalten des Lehrers ab. Beim sozial-integrativen Führungsstil sind die meisten Schüler zufrieden, entspannt und fühlen sich frei, weil ihnen Verständnis entgegengebracht und ihre Interessen berücksichtigt werden. In der Schulklasse hat das Kind Gelegenheit, andere Konflikte als zu Hause zu erleben und zu lösen (z. B. mit Gleichaltrigen, mit Stärkeren, mit einer Gruppe). Dazu bedarf es jedoch einer weitgehenden Zurückhaltung des Lehrers. Durch häufiges Eingreifen verstärkt er das Auftreten von Streitigkeiten; sie nehmen ab, wenn er sich mehr zurückhält. Das Kind kann in der Schule oft erstmals Verantwortung übernehmen; jedoch äußert sich dies meist weniger im Sinne eigenverantwortlichen Handelns (z. B. Mitbestimmung bei der Auswahl des Lehrstoffes, beim Umfang der Hausaufgaben, in disziplinarischen Angelegenheiten) als vielmehr im Sich-Einsetzen für den ordnungsgemäßen Ablauf des Schullebens. Es erfüllt die Erwartungen des Lehrers und erledigt z. B. den Tafeldienst, führt das Klassenbuch, gießt die Blumen usw.
Mit der Herausbildung dieser auf die Wünsche des Lehrers bezogenen Verantwortungsbereitschaft hängt die Entwicklung einer bestimmten Leistungsmotivation zusammen. Das Kind lernt, sich nur dann bei der Arbeit voll einzusetzen, wenn es vom Lehrer Beachtung (gute Noten, freundlicher Blick u. a.) erfährt. In den ersten Jahren der Grundschule sind solche Beweggründe beim Kind durchaus üblich. Um jedoch bei einem älteren eine weitgehend eigenbestimmte, aus den eigenen Interessen herrührende Lernmotivierung zu erreichen, die für eine spätere selbständige Arbeit im Beruf notwendig ist, muss es früh Gelegenheit haben, selbständig zu arbeiten und dabei Erfolgserlebnisse zu sammeln. Es ist fraglich, ob ein Kind in der Schule „Kreativität, d. h. schöpferisches Denken, entwickeln kann, da dies eine Atmosphäre erfordern würde, die weitgehend von der Verpflichtung frei ist, erfolgreich zu sein und gute Noten zu bringen.

Schulpsychologie. Die zentrale Aufgabe von Schule ist es, die kognitiven Begabungen, die sozialen Fähigkeiten und die emotionale Stabilität der ihr anvertrauten Schüler möglichst optimal zu fordern und zu fördern. Die Bewältigung dieser Aufgabe wird angesichts der Anforderungen, die auf die Schule, die Lehrer, die Schüler und die Schulleiter zukommen, immer schwieriger. Ohne hoch qualifizierte Beratung sind Probleme wie „veränderte Kindheit“, Erziehungsverlust der Familie, Schulentwicklung, Entwicklung neuer Unterrichtsformen, Aktivierung der Schüler usw. nicht zu lösen. Schulpsychologen sind wesentlicher Bestandteil dieser Beratung.

Schulpsychologen sind Diplom-Psychologen mit einem Lehramtsstudium als pädagogischer Zusatzqualifikation und haben oft auch eine psychotherapeutische Ausbildung absolviert. Schulpsychologen unterstützen durch wissenschaftliche Erkenntnisse und Methoden der Psychologie die pädagogische Arbeit an den Schulen und fördern die Weiterentwicklung des Schulwesens.
Durch ständige eigene Fort- und Weiterbildung halten sich Schulpsychologen auf einem den Anforderungen ihrer Tätigkeit angemessenen Wissens- und Kompetenz-Niveau. Schulpsychologische Arbeit orientiert sich sowohl an Problemen, wie sie der Schulalltag aufwirft, als auch an präventiver Gestaltung und Entwicklung von Schule. Es kann bei der schulpsychologischen Beratung um Ziele gehen, die eher auf einzelne Personen, oder um solche, die eher auf die Institution bezogen sind. Schulpsychologische Beratung ist Hilfe zur Selbsthilfe, sie will Ratsuchende darin unterstützen, auftretende Probleme in eigener Verantwortung zu bewältigen. Die Ziele der Beratung legt der Ratsuchende fest; Schulpsychologen unterstützen und begleiten ihn dabei, seinen Lösungsweg selbst zu finden.
Psychologische Beratung ist immer freiwillig und kostenfrei, sie darf nicht erzwungen werden. Schulpsychologen haben genaue Kenntnis des „Systems Schule“, sie sind aber weder einseitig der Schule verpflichtet, noch vertreten sie einseitig die Interessen von Eltern und Schülern. Ihre Neutralität gewährleistet die notwendige gegenseitige Offenheit für Veränderungen. Schulpsychologen unterliegen der Schweigepflicht.
Schulpsychologen beraten einzelne Schüler und Gruppen von Schülern bei Schulschwierigkeiten. Dies können sowohl Leistungs- und Lernschwierigkeiten als auch Verhaltensprobleme und soziale Auffälligkeiten sein. Einzelne Anlässe und Problemstellungen sind z. B.: Lern- und Arbeitsstörungen, Schul- und Prüfungsangst, Leistungsschwankungen und Leistungsversagen, Teilleistungsstörungen wie Lese-Rechtschreibschwäche und Rechenschwäche, mangelnde Motivation, geringes Selbstvertrauen, Aufmerksamkeits- und Konzentrationsschwierigkeiten, Schulschwänzen, soziale Auffälligkeiten wie z. B. aggressives oder gehemmtes Verhalten, Fragen zur Schullaufbahn.
Gemeinsam mit Eltern und Lehrern werden mögliche Ursachen für die Probleme erhoben mit dem Ziel, eine umfassende, sachgerechte und zutreffende Diagnose zu erstellen. Sie wird gestützt durch psychologische Diagnostik, die je nach Fragestellung eingesetzt wird. Die pädagogisch-psychologische Intervention erfolgt in Absprache mit allen Beteiligten (Schüler, Eltern, Lehrer). Ziel schulpsychologischer Arbeit ist es, sowohl die Sachkompetenz beim Lernen als auch die Ich- und Sozialkompetenz der Schüler zu stärken. Auf Wunsch der Ratsuchenden ist eine Zusammenarbeit mit privaten Diensten und Stellen der Jugendhilfe möglich.

Schulreife. Schulreife wird als der Grad körperlicher, intellektueller und sozialer Entwicklung definiert, der notwendig ist, um die von dem jeweiligen Schulsystem bzw. Lehrer gestellten Anforderungen zu bewältigen.
Die bisherige Praxis der Schulreifefeststellung durch *Schulreifetests* hat sich als sehr problematisch erwiesen, da mit diesen Verfahren lediglich kognitive Fähigkeiten (z. B. Merkfähigkeit, Begriffsbildung, Sprachentwicklung) erfasst

werden. Auch sind sie veraltet und entsprechen nicht mehr der heutigen Lebenswelt der Kinder. Kindern aus fremden Kulturen mit anderer Muttersprache als Deutsch werden diese Verfahren gar nicht gerecht. L. Kemmler und L. Schenk-Danzinger konnten feststellen, dass ein hoher Prozentsatz der als „nicht schulreif“ qualifizierten Kinder ohne Schwierigkeiten und Sitzenbleiben die Grundschule durchlief, viele „schulreife“ Kinder in der Grundschule jedoch versagten. Da die Schulfähigkeit vor allem das Ergebnis von Lernprozessen und nicht von Reifungsprozessen ist, sollte das Testen der Schulreife kurz vor der Einschulung durch eine Prüfung des allgemeinen Entwicklungsstandes, durch Entwicklungs- oder Intelligenztests mindestens ein Jahr vor dem Einschulungstermin ersetzt werden. Bei Entwicklungsrückständen müsste eine intensive Förderung einsetzen, z. B. im Kindergarten oder der Vorschule. Das Versagen in der Grundschule ist in vielen Fällen keineswegs auf Schulunfähigkeit zurückzuführen, sondern auch auf unser Schulsystem mit zu großen Klassen und auf Forderungen wie z. B. strikte Ordnung, langes Stillsitzen, lange Unterrichtszeiten und kurze Pausen, wenig Bewegung und Spiel, Frontalunterricht.

Score, Punktwert bzw. Zahlenwert. Aus der Anzahl gelöster Aufgaben oder ↗Items pro Test ergibt sich der Ausgangsscore oder Rohpunktwert.

Sedativa, Bezeichnung für Substanzen, die in geringen Mengen genommen beruhigend wirken, in höheren Dosierungen aber zu Rauschzuständen führen können. ↗Drogenabhängigkeit.

Seele. In der Psychologie ist sie ein selten verwendeter Begriff , um im Gegensatz zum Körperlichen das Psychische (Bewusstsein, Geist) zu benennen. Sie wird in der christlichen Religion als das Unsterbliche des Menschen angesehen. ↗Leib-Seele-Problem.

Selbst, die Gesamtheit aller Eigenschaften, Einstellungen und Verhaltensweisen, die jemand als wesentlich bei sich wahrnimmt. Grundsätzlich ist die Frage nicht geklärt, ob das Selbst ↗endogen vorgegeben ist und der Mensch deshalb zu einer Selbstverwirklichung gelangen kann, oder ob das Selbst im Laufe des Lebens erst entsteht. In der ↗Klinischen Psychologie spielt die Selbstfindung eine wichtige Rolle, denn die Problematik der Selbstentfremdung ist wesentlicher Bestandteil vieler ↗psychischer Störungen. ↗Selbstkonzept, ↗Ich, ↗Gesprächspsychotherapie.

Selbstbeobachtung (Introspektion), bewusste Beobachtung eigener Erlebnisse und psychischer Vorgänge, z. B. der ↗Gefühle, des Denkens oder der ↗Wahrnehmung, wird als Methode der Datengewinnung in der modernen Psychologie (↗Methoden der Psychologe) nur noch selten angewandt. Haupteinwände sind: Erlebnisse können nur schwer gleichzeitig erlebt und beobachtet werden, die gleichzeitige Beobachtung verändert das Erleben selbst, die Daten werden in eigenen Worten beschrieben, sind daher subjektiv und nicht nachprüfbar. Um zumindest die Subjektivität der Mitteilung einzuschränken, werden bei Fragestellungen, wo eine Fremdbeobachtung nicht möglich ist, den Versuchspersonen Merkmalslisten, z. B. ↗Fragebogen, zur Selbsteinschätzung vorgelegt.

Selbsterfüllende Prophezeiung (self-fulfilling-prophecy), Äußerungen, die unbemerkt dazu beizutragen, dass das Vorausgesagte eintrifft. ↗Kommunikation.

Selbsthilfegruppen, Kleingruppen von Leuten mit ähnlichen Problemen, die sich gegenseitig ohne fachliche Hilfe, z. B. durch einen Therapeuten, helfen. ↗Gruppenpsychotherapien.

Selbstinstruktionstraining, eine Methode der ↗kognitiven Therapien zur Bewältigung von ↗Angst und ↗Stress, die von D. Meichenbaum entwickelt wurde. Es geht dabei darum, sich von belastenden Gedanken in Belastungssituationen freizumachen und stattdessen förderliche Vorstellungen zu entwickeln. Dabei wird in vier Schritten vorgegangen, die nach Comer lauten:
– *Vorbereitung auf eine Belastung*. Förderliche Gedanken: Du kannst einen Plan machen; denk dran, was du dagegen tun kannst u. a.
– *Konfrontation und Umgang mit der Belastung*. Förderliche Gedanken: Du kannst damit fertig werden, entspanne dich, du hast dich unter Kontrolle u. a.
– *Bewältigung des Gefühls, übermannt zu werden*. Zeit lassen, konzentriere dich auf den Moment u. a.
– *Selbstverstärkung*. Es hat funktioniert; es war nicht so schlimm, wie du dachtest.

Diese Gedanken werden „gelernt" und ihre Anwendung in absichtlich herbeigeführten Stresssituationen (z. B. im Rollenspiel) trainiert. Diese Technik hat in Verbindung mit der „rational-emotiven Therapie gute Erfolge bei der Behandlung von Angststörungen. In abgewandelter Form hilft sie auch, die Leistungsmotivation von Sportlern zu steigern.

Selbstkonzept. Der Begriff des Selbstkonzeptes spielt in der heutigen Psychologie eine große Rolle und ist ein wesentlicher Baustein zur Beschreibung der ↗Persönlichkeit des Menschen geworden. So betont z. B. Rogers, dass alle Erfahrungen, die ein Mensch macht, bei ihm eine Vorstellung über sich selbst entstehen lassen (z. B. „ich bin schüchtern" oder „ich kann etwas"), mit deren Hilfe er dann wiederum der Umwelt begegnet. Das Selbstkonzept stellt somit die durch Erfahrung zu Stande gekommene Gesamtheit aller Sichtweisen dar, die jemand von sich hat. ↗Ich, ↗Gesprächspsychotherapie.

Selbstmord (Suizid). Die Zahl der Selbstmordversuche steigt in allen Ländern. Die Anzahl vollendeter Selbstmorde ist jedoch unterschiedlich hoch. Selbstmord kommt relativ häufig in Großstädten und in Ungarn, Deutschland und Österreich vor. Im Jahr werden in Deutschland durchschnittlich 43 Selbstmorde pro 100 000 Einwohner verübt, damit nimmt man weltweit einen Spitzenplatz ein (nach Comer, 1995). Auf jeden vollendeten Selbstmord kommen weitere 10–20 Suizidversuche. Man vermutet, dass vor allem religiöse Einflüsse (Zugehörigkeit zu einer Religion, Glaubensaussagen und die Intensität einer religiösen Bindung) auf die unterschiedliche Häufigkeit von Selbstmorden in den einzelnen Ländern Einfluss haben. Ebenso spielt das Ausmaß von individuellen sozialen Bindungen eine Rolle: Verheiratete haben die niedrigste Selbstmordrate, sie steigt bei Alleinstehenden und Verwitweten, die höchste Rate weisen Geschiedene auf. Der Selbstmord könnte auf den ersten Blick eine „vernünftige" Handlung des Menschen darstellen, der eine Bilanz seines Lebens zieht und z. B. aufgrund einer unheilbaren Krankheit oder einer aussichtslosen Krisensituation den Tod sucht. Jedoch ist dies nur in seltenen Fällen die Selbstmordursache. Meistens stellt der Suizid eine Kurzschlusshandlung dar, die dem Menschen die Möglichkeit gibt, aus Problemen zu fliehen, die nicht mehr lösbar scheinen. So überrascht nicht, dass Selbstmordhandlungen oft mit belastenden Ereignissen, wie dem Verlust einer nahe stehenden Person, schweren Krankheiten, erlebten Misshandlungen oder beruflichen Belastungen, einhergehen. Oft beobachtet man auch eine „Ansteckung", wenn z. B. nach dem Selbstmord eines Prominenten oder nach Aufsehen erregenden entsprechenden Berichten in den Massenmedien Selbstmorde häufiger werden. Spezifische Motive für Selbstmorde und -versuche können sein:

- Der Betreffende möchte Ruhe haben, weg von allem sein. Dieser Wunsch wird auch in der Wahl der Mittel deutlich: 85 % der Selbstmorde geschehen durch Schlaf- und Betäubungsmittel.
- Der Selbstmord soll an Menschen appellieren. Er ist eine Art Vorwurf, weil sie offensichtlich versagt haben. Das geht oft bis zur Erpressung („Wenn du nicht bei mir bleibst, bringe ich mich um").
- Der Betreffende ist nicht in der Lage, Kontakt zu anderen zu finden („Kontaktstörungen). Das ist besonders bei Jugendlichen (↗Jugendalter) auffällig, die keine feste Bindung mehr ans Elternhaus und keinen ständigen Partner haben und deren berufliche Situation noch nicht gefestigt ist.

Zwischen dem zugrundeliegenden Motiv (z. B. Auseinandergehen einer Freundschaft) und der Handlung des Selbstmordes liegt gewöhnlich eine Zeit, in der der Mensch sich stark von anderen zurückzieht, hoffnungslos ist, grübelt und dabei den Überblick über seine Situation völlig verliert (↗Depression). Aber nur 30 % bis 70 % der Menschen, die versuchen sich umzubringen, leiden an einer ↗psychischen Störung .

Umgang mit Selbstmordgefährdeten. Versteckte oder offene Selbstmordandeutungen sind ernst zu nehmen. Die Andeutungen sollten keineswegs als momentanes „Niedergedrückt-Sein" abgetan werden. In den meisten Fällen ist bei Suizidgefährdeten zunächst eine fachliche Krisenintervention und danach je nach den Umständen eine ↗Psychotherapie angebracht, die zu einer Konfliktklärung führen soll. Häufig wird aber eine solche Unterstützung abgelehnt („ich bin nicht verrückt") oder auch die anonyme Hilfe der Telefonseelsorge (↗Beratung) nicht in Anspruch genommen. Hier wird man von Laien, die jedoch in Beratungsgespräch und in *Suizidprävention* geschult sind, betreut. Sie versuchen zum Ratsuchenden eine vertrauensvolle Beziehung herzustellen, das Problem zu verstehen, Alternativen aufzuzeigen und Möglichkeiten abzuklären, die der Betreffende zu seiner Hilfe nutzen kann.

Die Ansätze, die das Geschehen des Selbstmordes erklären wollen, überzeugen wenig. Die ↗Psychoanalyse spricht vom Todestrieb, der sich gegen die eigene Person richtet statt gegen Außenstehende (auffälligerweise sinkt die Selbstmordrate in Kriegszeiten), die Biologie hebt die niedrige Konzentration des Neurotransmitters Serotonin (↗Nervensystem) bei Selbstmördern hervor.

Selbststeuerung. Der Gedanke, dass der Mensch seine Lern- und Entwicklungsprozesse selbst beeinflussen kann, wurde in der Psychologie recht spät zu einem zentralen Thema. Anfang der 80er Jahre äußerte Albert Bandura die Überzeugung, dass der Mensch durch sein Denken Einfluss auf das eigene Verhalten nehmen kann. Über die Ausbildung von Kompetenz- und Ergebniserwartungen und das Entwickeln eigener Gütemaßstäbe kann er sich zu Leistungen motivieren und Neues lernen (↗Lernen). Ungefähr zur gleichen Zeit wurde in der ↗Entwicklungspsychologie die „ewige" Diskussion um die Einflüsse von Anlage und Umwelt auf die menschliche Entwicklung in ihrer Bedeutsamkeit relativiert, weil man erkannte, dass der Mensch auch Gestalter seiner eigenen Entwicklung ist. Ein Vertreter einer solchen Sicht, Hurrelmann, betrachtet den Menschen als erkennendes und reflektierendes Wesen, das sich und seine Umwelt verändern kann. Dieser Gedanke ist nicht neu: J. Piaget (↗Intelligenzentwicklung), H. Werner oder W. Stern haben ihn auch schon vertreten.

Selbstverwirklichung (Selbstaktualisierung). Nach Ansicht der ↗Humanistischen Psychologie gibt es ein angeborenes Bestreben des Menschen, sein persönliches Potenzial zu entwickeln. Der Wunsch nach Selbstverwirklichung kann nach Maslow nur entstehen, wenn tiefere Bedürfnisse, wie jene nach Sicherheit, Zuwendung und Anerkennung, angemessen befriedigt wurden. ↗Motivation.

Semantisches Differenzial, Methode zur Beurteilung des Bedeutungsgehaltes von Begriffen, Gegenständen, Personen u. a. ↗Polaritätsprofil.

Sensibilität (Empfindsamkeit, Feinfühligkeit, Gefühlserregbarkeit und -ansprechbarkeit) wird häufig nur im Sinne der Fähigkeit lebender Organismen verstanden, Sinnesreize zu empfinden und wahrzunehmen (sensibles Organ = reizempfindliches Organ).

Sensorisch, ↗Sinne, Sinnesorgane und auch ↗Empfindungen betreffend. Sensorische oder sensible Nerven sind ↗Rezeptoren, die Reize in elektrische Potenziale umwandeln, und Nervenbahnen, die die Erregung zum Zentrum leiten.

Sensomotorik (auch: Sensumotorik). Der Begriff beschreibt das Zusammenspiel von ↗Wahrnehmung und ↗Motorik zum Zweck der Steuerung des Verhaltens.

Sexualität. Unter Sexualität wird nicht nur der heterosexuelle (zwischen Partnern verschiedenen Geschlechts) oder homosexuelle (zwischen Partnern gleichen Geschlechts) Geschlechtsverkehr verstanden, sondern alle spezifisch männlichen und weiblichen Verhaltensweisen, unabhängig davon, ob sie durch biologische Unterschiede, den Sexualtrieb (↗Triebe) oder durch soziokulturelle Faktoren verursacht wurden. ↗Sexualpsychologie.

In der psychologischen Literatur wird zwischen der „Physiosexualität", zu der das morphologische Geschlecht, Hormongeschlecht, Keimdrüsengeschlecht u. a. spezifisch weibliche bzw. männliche körperliche Merkmale gezählt werden, und der „Psychosexualität" unterschieden. Die Psychosexualität umfasst die eigene Sexualerfahrung, die kognitive Verarbeitung der eigenen Sexualität, das sog. „Erziehungsgeschlecht" (Folgen der Erziehung als Junge oder Mädchen), das sexuelle Interesse des Menschen an seinen Mitmenschen („Neigungsgeschlecht") und andere soziokulturelle Faktoren (z. B. Sexualmoral, Ideologie, Religiosität, erotische Modeerscheinungen), die das Erleben der Sexualität und das Sexualverhalten mitbestimmen.

Erst seit S. Freud können wir von einer wissenschaftlichen Erforschung der Sexualität sprechen, die drei charakteristische Phasen aufweist:

1. die Erforschung der Sexualentwicklung und der Bedeutung der Sexualität im Kindesalter (↗Psychoanalyse);
2. die empirische Erforschung des Sexualverhaltens durch A. C. Kinsey und seinen Mitarbeitern, deren Ergebnisse 1954 in Deutschland veröffentlicht wurden;
3. Untersuchungen der sexuellen Erregung (↗Orgasmus) und Messung physiologischer Reaktionen beim Orgasmus durch W. H. Masters und V. E. Johnson, deren Ergebnisse unter dem Titel: „Die sexuelle Reaktion" 1967 in Deutschland veröffentlicht wurden. Nach der Veröffentlichung des oben genannten Buches folgte die so genannte „Sexwelle", die die Sexualität auf die Techniken des Sexualaktes, auf Orgasmus und auf sexuelle Befriedigung begrenzen wollte, was zu vielen negativen Folgen (sexueller Leistungszwang, Angst vor Versagen) und Missverständnissen geführt hat.

Empirische Erforschung des Sexualverhaltens. Die außerordentliche Mannigfaltigkeit sexueller Aktivitäten führte zu vielen Vermutungen über Häufigkeit und Form des Geschlechtsverkehrs, Unterschiede zwischen den Geschlechtern und über die Rolle des Alters bei der Ausübung des Geschlechtsverkehrs. Laut ↗Kinsey-Report und nach den Untersuchungen deutscher Sexualwissenschaftler (H. Giese, G. Schmidt, V. Sigusch u. a.) variiert der Geschlechtsverkehr beim Menschen sehr stark (von einmal im Jahr bis zu fünfzehn Mal am Tag), der Beginn des Geschlechtsverkehrs sowie Partnerwechsel scheinen stark schichtabhängig zu sein (Arbeiter und Arbeiterinnen neigen eher zum Partnerwechsel als Studenten und Studentinnen und haben ihren ersten Geschlechtsverkehr durchschnittlich etwa vier Jahre früher). Die Aufnahme und Häufigkeit des vorehelichen und außerehelichen Geschlechtsverkehrs ist auch vom Alter abhängig, wobei der voreheliche Geschlechtsverkehr im Gegensatz zum außerehelichen kaum noch als moralisch verwerflich gilt. Aber auch hier werden dem Mann mehr Rechte eingeräumt als der Frau, was zu der Prostitution und der ↗ Doppelmoral führt. Bei den Behauptungen über die „passive" Rolle der Frau beim Geschlechtsverkehr und über die sexuelle „Freizügigkeit" der Jugend handelt es sich um Klischeevorstellungen und ↗Vorurteile.

Das mit dem Geschlechtsakt zusammenhängende Lustempfinden wird in der Literatur mit dem Begriff *„sexueller Reaktionszyklus"* zusammengefasst. Die

Forschungsarbeiten von W. H. Masters und V. Johnson haben weltweites Aufsehen erregt, weil sie auf der unmittelbaren Beobachtung freiwilliger Probanden beruhen und mit Hilfe exakter Messungen physiologischer Reaktionen genauen Aufschluss über körperliche Vorgänge während des Geschlechtsverkehrs – über den bis dahin viele Irrmeinungen verbreitet wurden – lieferten. Die genannten Sexualwissenschaftler haben die sexuelle Erregung in vier Phasen aufgeteilt. Sie laufen bei Mann und Frau sehr ähnlich ab. In der *Erregungsphase*, die durch geeignete Reize eingeleitet wird, baut sich die sexuelle Spannung schnell auf. Der Zustand hoher sexueller Erregung wird *Plateauphase* genannt und kann länger andauern. Dauert die sexuelle Stimulation an, kommt es in der Regel zu unwillkürlichen Reaktionen wie erhöhte Muskelspannung, Atmung, Hautrötung, Blutdruckanstieg, die im Alltag *Orgasmus* oder Klimax genannt werden. Danach folgt die sog. *Rückbildungsphase*, die zu einem entspannten Zustand führt. Ein erneuter Orgasmus ist bei den Männern während der sog. *Refraktärperiode* (unterschiedlich lange Zeitspanne nach dem Orgasmus) nicht möglich. Die Frauen können in der Regel mehrere Orgasmen in schneller Folge haben. Masters und Johnson haben aus ihren Erkenntnissen zahlreiche Methoden zur Behandlung von Sexualstörungen entwickelt.

Heiman und Lo Piccolo haben einige Mythen über Geschlechtsrollen dargestellt, mit denen Menschen sich ihr Sexualleben schwer machen können. Mythen, die über Männer geläufig sind, lauten z. B. : Man soll Gefühle der Zärtlichkeit, Offenheit, Nähe nicht haben; beim Sex zählt nur Leistung; der Mann übernimmt die Führung; ein Mann ist immer bereit; Küssen, Kuscheln u. a. sind immer Vorspiele zum Geschlechtsverkehr; für Sex ist immer eine Erektion erforderlich; Sexualität soll natürlich und spontan sein. Mythen über weibliche Sexualität lauten z. B.: Sex ist nur für Frauen unter 30; normale Frauen kommen jedes Mal zum Orgasmus; Schwangerschaft und Entbindung verringern die sexuelle Reaktionsbereitschaft; Verhütung ist die Pflicht der Frau.

Das Sexualverhalten variiert beim Menschen so stark, dass man nicht sagen kann, was ein „normales" Maß (↗Normalität) an sexuellem Verlangen und sexueller Erregung ist. Man spricht vor allem dann von Störungen der Sexualität, wenn der Betroffene durch sein Verhalten oder seine Fantasien leidvoll eingeschränkt ist oder er dadurch seinen Mitmenschen Schaden zufügt (↗psychische Störungen, ↗Sexualstörungen).

Sexualpsychologie umfasst nicht nur das sexuelle Verhalten des Menschen, d. h. die Art und Weise, Häufigkeit und Bedeutung sexueller Aktivitäten einzelner Geschlechter und zwischen den Geschlechtern (Sexualforschung), sondern das gesamte Verhalten und Erleben des Menschen, das mit den biologischen, psychologischen oder soziokulturellen Merkmalen der beiden Geschlechter in irgendeiner Beziehung verknüpft ist (= Psychologie der Geschlechter). Sexualpsychologie erforscht Probleme der Entwicklung der ↗Sexualität und der ↗Sexualerziehung, menschliches Sexualverhalten (↗Koitus, ↗Orgasmus, ↗Homosexualität, ↗Perversionen u. a.), untersucht die Folgen der biologischen Geschlechtsunterschiede (↗Geschlechterrollen) und die ↗Sexualstörungen (Impotenz, ↗Frigidität, ↗Sexualneurosen).

Sexualstörungen. Die Häufigkeit sexueller Störungen wird oft unterschätzt, da Scham und das Erleben von Peinlichkeit Betroffene oft hindern, professionelle Hilfe aufzusuchen. Neben der schwersten Sexualstörung des Mannes, der Unfähigkeit, eine Erektion des Penis zu erreichen oder aufrechtzuerhalten (*Impotenz*) sind als weitere Probleme, die einen zufrieden stellenden Geschlechtsverkehr verhindern, *Störungen der Ejakulation* zu nennen (vorzeitiger oder ausbleibender Samenausstoß, frühes Erschlaffen des Penis). Bei Frauen sind *Erregungsstörungen* (Scheide wird nicht feucht, sexuelle Erregungsgefühle bleiben aus), *Orgasmusstörungen* (fehlender Orgasmus nach sexueller Erregung) und *Vaginismus* (reflexartiges Verkrampfen des Scheideneingangs und der Beckenbodenmuskulatur) anzutreffen.
Diese sexuellen *Funktionsstörungen* werden selten durch organische Defizite (z. B. Erkrankungen, Operationsfolgen) verursacht, sondern meist durch psychische Einflüsse, wobei Angst vor Versagen, Hemmungen, Schuldgefühle, Konflikte, mangelnde Kommunikation der Partner untereinander, Einnahme von „Psychopharmaka und übermäßiger Alkoholkonsum hervorzuheben sind. Gerade bei der Behandlung von Sexualstörungen sind verhaltenstheoretische (↗Verhaltenstherapie) und ↗kognitive Therapien sehr erfolgreich. Eine Vielzahl von Techniken kommt zum Einsatz: Informieren über Anatomie und Funktionieren des Geschlechtsapparates, Techniken zur Angstreduktion (z. B. ↗Desensibilisierung), angeleitete Masturbation (vor allem bei Frauen), Informieren über sexuelle Fertigkeiten und Verbesserung der Kommunikation mit dem Partner (nicht nur über Sexualität), Verfahren wie die ↗rational-emotive Therapie zur Änderung von Einstellungen und Gedanken (z. B. der „Ich-Muss-Mentalität"). Wenn ein größerer Konflikt (z. B. aufgrund schädigender Einflüsse in der Kindheit) Grundlage für die Sexualstörung ist oder Klienten nicht darüber sprechen können, was sie bedrückt, werden auch psychodynamische Techniken (z. B. ↗Gesprächspsychotherapie) eingesetzt. Bei körperlichen Ursachen oder beim Vorliegen einer ↗Depression können medizinische Maßnahmen Anwendung finden (z. B. potenzsteigernde Medikamente, Antidepressiva). Häufig führt aber schon die einfache und strikte Anweisung des Therapeuten, sich jeglichen Geschlechtsverkehrs zu enthalten, zum Erfolg.
Eine weitere Gruppe von Sexualstörungen sind die *Paraphilien* (↗Perversionen), bei denen überwiegend Männer starke Erregung oder sexuelle Fantasien gegenüber Objekten entwickeln, die in der Gesellschaft verpönt sind (z. B. Pädophilie, Fetischismus, Sodomie). Ursache eines solchen Verhaltens können operante Konditionierungsvorgänge (↗Lernen) sein, bei denen in der Kindheit zufällig und meist heimlich diese Objekte in Verbindung mit ↗Onanie erlebt wurden. Immer wieder stellt man auch bei Paraphilen begrenzte Fähigkeiten zur sozialen und intimen Kontaktaufnahme fest. Psychotherapien sind meist nur erfolgreich, wenn sie freiwillig und nicht z. B. aufgrund einer Auflage des Gerichtes durchgeführt werden. Vor allem werden Techniken der ↗Verhaltenstherapie eingesetzt, wie die Aversionstherapie, masturbatorische Sättigung (Onanieren bis zum Überdruss in Verbindung mit dem fetischistischen Objekt, sodass der Überdruss mit ihm konditioniert wird), orgasmische Neuorientierung (Konditionierung auf neue erotische Quellen) oder Vorgehensweisen ↗kognitiver Therapien.
Einige Menschen erleben tief greifende Störungen ihrer geschlechtlichen Iden-

tität (*Transsexualismus*), sie haben das nachhaltige Gefühl, zum falschen Geschlecht zu gehören. Die genauen Ursachen für eine solche Störung sind unbekannt. Man beobachtete einen Zusammenhang mit der Einnahme von Hormonen durch die Mutter während der Schwangerschaft, einen stärkeren Einfluss vermutet man aber in der Art und Weise wie Eltern mit ihren Kindern, die bis zum fünften Lebensjahr ihre geschlechtliche Identität entwickeln, leben und umgehen. Hormonbehandlungen und ↗Psychotherapie helfen Transsexuellen oft, ein Leben mit der Geschlechtsrolle zu führen, die man für richtig hält. Wenigen Betroffenen gelingt das nur über eine operative Geschlechtsumwandlung.

Zusammenfassend lässt sich sagen, dass sexuelle Störungen durch ein Wechselspiel vieler ungünstiger Faktoren bedingt sein dürften. Bereits die Versuche mit Affen von H. F. Harlow haben gezeigt, dass sich menschliche Sexualität nicht auf biologische Faktoren (z. B. Sexualtrieb) reduzieren lässt und dass die Erfahrungen, das Vorbild der Eltern, traumatische Erlebnisse, die öffentliche Meinung und die Darstellung der Sexualität in den Medien eine wichtige Rolle spielen. Als Erster hat S. Freud auf die Bedeutung frühkindlicher Erfahrungen für die Entwicklung einer ungestörten Sexualität hingewiesen (↗Psychoanalyse). Für Masters und Johnson sind sexuelle Störungen eigenständige Probleme, die nicht auf tiefere, verdrängte Konflikte aus der frühen Kindheit zurückzuführen sind. Sie meinen, dass es nichts gibt, „was dem sexuellen Funktionieren so abträglich ist, wie Angst vor Unzulänglichkeit". Lerntheoretisch orientierte Sexualwissenschaftler sehen sexuelle Störungen als Ergebnisse von Lernprozessen: Problematisch sind aversive Reize (Strafen), z. B. bei Masturbation, gelernte Ängste (z. B. überrascht zu werden) und über Bekräftigung gelernte sexuelle Neigungen, z. B. beim Fetischismus.

Sharing, Phase im ↗Psychodrama, in der die Zuschauer berichten, welche Erlebnisse und Empfindungen sie während des Rollenspiels hatten, welche Erinnerungen auftauchten.

Sicherungen entsprechen in der ↗Individualpsychologie den ↗Abwehrmechanismen der Psychoanalyse.

Signifikant. In der Entscheidungsstatistik (↗Statistik) werden wissenschaftliche Ergebnisse als signifikant (bedeutend) angenommen, wenn die Wahrscheinlichkeit, dass es sich um ein Zufallsergebnis handelt, geringer ist als 5 % und als sehr signifikant, wenn die „Zufallswahrscheinlichkeit" weniger als 1 % beträgt ↗Methoden der Psychologie.

Sinne. Eine brauchbare Definition des Begriffes „Sinne" scheint nicht möglich. In der Psychologie werden Sinne entweder mit den Sinnesorganen gleichgesetzt, oder es wird mit dem Begriff Sinne die Fähigkeit des Menschen und anderer Lebewesen bezeichnet, die Umwelt und den eigenen Körper zu erleben (Sinneserlebnisse), d. h. Informationen über die Außenwelt und über die Veränderungen im Körper zu erhalten. Sinne sind ein Vermittler zwischen der Umwelt und dem eigenen Körper (↗Nervensystem). Der gesamte Vorgang wird aufgegliedert in ↗Empfindung und ↗Wahrnehmung.

Die *Sinnesphysiologie* beschäftigt sich mit den Reaktionen der „Rezeptoren, wenn sie gereizt werden, und mit der Weiterleitung von elektrischen Impulsen im ↗Nervensystem. Die Psychologie interessiert sich mehr für die Verarbeitung, das bewusste Erleben und die ↗Wahrnehmung der durch Sinnesorgane aufgenommenen und vermittelten Informationen.
Unsere Sinnesorgane sind so aufgebaut, dass sie nur einen geringen Teil der Vorgänge in der Umwelt und im eigenen Körper aufnehmen können. Durch bestimmte technische Vorrichtungen kann die Leistungsfähigkeit der Sinnesorgane vergrößert werden (Mikroskop, Lautsprecher, Fernglas usw.). Viele aufgenommene Reize (Umweltveränderungen) werden nicht bewusst erlebt (empfunden), können jedoch trotzdem die Reaktion des Organismus beeinflussen. Die bewusst erlebten (wahrgenommenen) Reize werden unter dem Einfluss der Erfahrung (↗Lernen, ↗Gefühle, Bedürfnisse, ↗Einstellungen u. a.) verarbeitet und gedeutet (↗Sprache) und ergeben somit keine objektive, sondern eine subjektive Wirklichkeit (↗Wahrnehmung). Bei bestimmten Reizkonstellationen kann es ebenso wie bei Drogeneinfluss (↗Psychopharmaka,↗Drogenabhängigkeit), bei Erkrankungen (z. B. ↗Psychosen), Durst usw. zu Sinnestäuschungen kommen.

Kriterium	*Reize*	*Sinnesmodalität*	*Sinne*
1. Rezeptor-spezifität	Licht	Photorezeptoren	Auge (Lichtsinn)
	Druck, Zug	Mechano-rezeptoren	Hautsinne, Gleichgewichtsinn, Gehörsinn (Ohr)
	Chemische Eigenschaften	Chemorezeptoren	Geschmacksinn, Geruchssinn
	Wärme, Kälte	Thermorezeptoren	Hautsinne
2. Ort: nah – fern; Körper -Umwelt	nah: Druck, Kälte, Berührung	Nahsinne	Hautsinne, Geschmacksinn
	fern: Licht, Ton usw.	Fernsinne	Lichtsinn, Gehörsinn, Geruchssinn
3. körpereigene Reize	Schmerz, Bewegung, Druck	Propriorezeptoren	Schmerzsinn, Tiefensensibilität, Bewegungssinn. Lagesinn, Gleichgewichtsinn
4. Reiz-modalitäten	Helligkeit, Farben, Raum	Gesichtsinn	Farbensinn, Lichtsinn, Raumsinn
	Töne, Vibration, usw.	Gehörsinn	Musiksinn, Sprachsinn, Vibrationssinn usw.
	Zeit	(innere Uhr)	Zeitsinn
5. Grenz-Bereiche	unbekannt	unbekannt	„Sechster Sinn" (↗Parapsychologie) „Siebter Sinn" (Ahnung der Gefahr)

Anmerkung: In dieser Übersicht wird nicht der Anspruch auf Vollständigkeit erhoben. Die Orientierung des Menschen in der mannigfaltigen Umwelt wird durch ein Zusammenspiel verschiedener Sinne ermöglicht (daher Überschneidungen). ↗Wahrnehmung, ↗Gesichtswahrnehmung, ↗Gehörswahmehmung, Geschmack- und ↗Geruchssinn, ↗Empfindung.

S

Skalen, Bezeichnung für Bezugssysteme oder „Maßstäbe", die dem Messen psychologischer Merkmale zugrunde liegen. ↗Statistik.

Sodomie, Geschlechtsverkehr mit Tieren (↗Perversionen).

Soziale Wahrnehmung. Die Problematik einer Abgrenzung zwischen ↗Wahrnehmung und anderen psychischen Prozessen, wie Urteilen und Schlussfolgern, wird bei der sozialen Wahrnehmung, die die Wahrnehmung sozialer Merkmale beschreibt, besonders deutlich. Unter dem Begriff soziale Wahrnehmung wurden eigentlich Erkenntnisse über die Beeinflussung der Wahrnehmung durch soziale und personale (Personenwahrnehmung; ↗Ausdruck) Faktoren zusammengetragen. In verschiedenen Experimenten haben Psychologen festgestellt, dass soziale Einflüsse, vor allem dann, wenn die Reizanordnung mehrdeutig ist und deshalb Entscheidungsunsicherheit besteht, zur Wahrnehmungsverfälschung und -verzerrung führen. In solchen Situationen macht sich der Gruppendruck (↗Konformität) besonders stark bemerkbar, individuelle Urteile werden der Gruppennorm angepasst. Ebenso wie die ↗Gruppe beeinflusst auch die ↗Sprache die Wahrnehmung der Umwelt. Wörter, die uns geläufig und gut bekannt sind, werden schneller wahrgenommen als unbekannte. Tabu-Wörter sowie Wörter, die emotional störend und bedrohlich erlebt werden, nimmt man häufig langsamer, verzerrt oder sogar falsch wahr.
Meinungen, „Vorurteile und Stereotype über eine Bevölkerungsgruppe, Geschlecht oder Rasse beeinflussen die Wahrnehmung der betreffenden Gruppe im Sinne der bestehenden ↗Einstellung und auch das Verhalten gegenüber solchen Gruppen.

Sozialisation, Bezeichnung für den Prozess der Eingliederung eines Menschen, der ihn mit typischen Werten und Verhaltensmustern einer Gruppe oder Gesellschaft vertraut macht. Ziel der Sozialisation ist die Vermittlung innerer Kontrollen (z. B. in Form von Rollen), so dass eine Orientierung an wesentlichen Inhalten der Gruppe bzw. Gesellschaft gesichert ist. Sozialisationsinstanzen, die bewusst beeinflussen, sind z. B. Familie, Schule oder Betriebe.

Sozialpsychologie. Der Mensch ist in seinem Verhalten grundlegend auf seine Umwelt und auf die Mitmenschen bezogen. Nur über die Kontaktaufnahme mit ihnen kann er viele seiner Bedürfnisse befriedigen. Deshalb ist die ↗Allgemeine Psychologie, die sich mit grundlegenden Gesetzmäßigkeiten des psychischen Geschehens befasst, immer zugleich Sozialpsychologie. Die Sozialpsychologie konzentriert sich hauptsächlich auf soziale Gegebenheiten, wobei unter „sozial" alle zwischenmenschlichen Verhaltensweisen und alle daraus entstehenden Bedingungen des Verhaltens von einzelnen Individuen verstanden werden.
Die Beeinflussung psychologischer Forschungen durch die Sozialpsychologie ist bei allen Themen zu erkennen, die das in der Gesellschaft bzw. ↗Gruppe stehende ↗Individuum betreffen (↗Gefühle, ↗Einstellungen, ↗Begabung, ↗Konflikt, ↗Kriminalität, ↗Lernen, ↗Wahrnehmung sowie verschiedene Be-

reiche der ↗Angewandten Psychologie). Ein soziologischer Einfluss ist festzustellen bei Themen, die eine Strukturanalyse insbesondere von ↗Gruppen betreffen (Status, ↗Normen, Rolle, ↗Interaktion, ↗Kommunikation). Die von der Anthropologie (Wissenschaft vom Menschen) abstammende Richtung der Sozialpsychologie beschäftigt sich mit den Einflüssen einzelner Kulturen auf die ↗Persönlichkeit des Menschen. Wichtige Erkenntnisse der Sozialpsychologie werden in Artikeln abgehandelt, auf deren Stichworte hier verwiesen wurde. Die Sozialpsychologie entwickelt eigene Methoden für die Erhebung von Daten, wie z. B. ↗Soziogramm, ↗Interview, Skalen zur Erfassung von ↗Einstellungen.
Heute stellt sich in vielen Bereichen der Sozialpsychologie die Frage nach der Relevanz ihrer Forschung. Man hat zwar z. B. Vorgänge des gesellschaftlichen Lebens untersucht und Einstellungen beschrieben, aber alles Forschen hat insgesamt zu wenig und vor allem wenig befriedigende Erkenntnisse zur gesellschaftlichen Wirklichkeit, in der Menschen leben, gebracht.

Sozialtherapie. Seitdem es wirksame antipsychotische Medikamente gibt, die entscheidende Probleme von ↗Schizophrenen lindern (z. B. Realitätsferne, Misstrauen) ist eine psychotherapeutische Behandlung möglich geworden. In der Sozial- oder Soziotherapie klärt man den Patienten über Selbstmedikation und Selbstmanagement (↗Selbststeuerung, ↗Psychotherapie) auf, indem man ihn z. B. über Erkennungsmöglichkeiten für einen Rückfall oder Wirkungen von Medikamenten informiert und ihm auf diese Weise ein Leben außerhalb der psychiatrischen Klinik ermöglicht.

Soziometrie. Der von L. J. Moreno entwickelte „soziometrische Test“ dient der Erfassung und Darstellung (Soziogramm) sozialer (Art und Häufigkeit der ↗Kommunikation und ↗Interaktion) und emotionaler (gefühlsmäßige Ablehnung oder Bevorzugung von bestimmten Gruppenmitgliedern) Beziehungen zwischen Gruppenmitgliedern. Aus der Auswertung der abgegebenen gegenseitigen Wahlen oder Ablehnungen ergeben sich typische Positionen, wie z. B. „Star“, „Führer“, „Außenseiter“, „schwarzes Schaf“ und „Cliquen“.

Spannung. a) Nach Ansicht der ↗Psychoanalyse entstehen Spannungen, die meist als Angst erlebt werden, wenn existenziell wichtige Bedürfnisse nicht befriedigt werden.
b) In der Medizin bezeichnet man den ständig, aber in unterschiedlichem Ausmaß vorhandenen Spannungszustand der Muskulatur als Tonus.

Spiegeln. Das im ↗Psychodrama vom Klienten gespielte Verhalten wird von den Zuschauern – zum Teil überzeichnet – nachgeahmt, was zu einer tieferen Auseinandersetzung mit dem Problem führt.

Spiel. Das Spiel wird gerne als Äußerung eines ↗Triebes betrachtet, da nicht nur alle Kinder, sondern auch Erwachsene sich spielerisch betätigen. Eine solche Einordnung besitzt jedoch kaum einen Erklärungswert. In der Vergangenheit wurde ferner das Spiel erklärt als ein Abreagieren von überschüssigen Energien

(Spencer, 1855) oder als Verhalten, das der Einübung bestimmter für das spätere Leben wichtiger Funktionen dient (Schaller, 1930). Schon K. Bühler verweis 1918 auf die Lust als die wichtigste Funktion, die das Kind durch die Erprobung seiner Fähigkeiten (Strampeln, Laufen, Fingerfertigkeit) erreicht. In neuerer Zeit versuchte H. Heckhausen (1964) an fünf Merkmalen das Wesentliche des Spiels zu verdeutlichen: 1. Die Zweckfreiheit (wird auch von anderen Autoren häufig genannt), d. h., die Tätigkeit wird nicht unter dem Zwang, ein bestimmtes Ziel zu erreichen, ausgeübt. 2. Aktivierungszirkel: Der Mensch sucht manchmal Situationen und Möglichkeiten, die spannungserhöhend wirken, da ein mittlerer Grad von psychischer Erregtheit als lustvoll und angenehm erlebt wird, wenn anschließend, wie beim Spiel, eine Entspannung folgt. Ein Beispiel für diesen Zirkel wäre das Versteckspiel der Kinder (spannungserhöhendes „Sich-Verbergen", befreiendes „Sich-Freischlagen" oder „Entdeckt-Werden"). Der Ansatz von K. Bühler, der das kindliche Spiel auf die Funktionslust zurückführt, trifft besonders für jene Verhaltensweisen zu, deren Erfolg nicht von vornherein abzusehen ist und bei denen ein gemäßigtes Angstgefühl als äußerst lustvoll erlebt wird (Beispiel: erster Sprung ins Wasser, das Balancieren auf einem Brett über den Bach). 3. Das Spiel ist eine handelnde Auseinandersetzung mit der realen Umwelt; es werden Umweltgegenstände verwendet, aber nur mit dem Ziel einer „spielerischen Betätigung". Daher kann man 4. vom Charakter der „Quasi-Realität" im Spiel sprechen. Heckhausens fünfter Punkt, die „undifferenzierte Zielstruktur" des Spiels, scheint nicht zutreffend zu sein, da bei vielen Spielen ein eindeutiges Ziel angestrebt wird.
In allen Theorien des Spiels werden Lust, Zweckfreiheit, die Abreaktion überschüssiger Energien und der Übungseffekt betont. Beobachtet man jedoch Kinder beim Spielen, so fällt sofort auf, dass das Spiel für Kinder eine „echte Arbeit" bedeutet, bei der sie bis zur Grenze ihrer Leistungsfähigkeit gehen. Ob es sich dabei um eine Nachahmung von Erwachsenen handelt oder um eine Aktivität, die durch den menschlichen Organismus bedingt ist, kann nicht eindeutig geklärt werden. Es steht jedoch fest, dass dem Kind die Möglichkeit gegeben werden muss, sich mit der Umwelt selbständig auseinander zusetzen, aktiv zu sein, zu spielen bzw. zu „arbeiten". Seine „Arbeit" verdient in jedem Fall Anerkennung, weil das Kind bei jedem Spiel die höchste Leistung zeigt. Es hängt vom Verhalten der Erzieher ab, ob das Kind später in der Schule und im Beruf die zweckgebundene echte Arbeit mit Freude oder Unlust verrichtet.
Formen des Spiels (in Anlehnung an H. Pohle-Hauss und W. J. Schraml): siehe nachfolgende Abbildung.
Pädagogischer Aspekt des Spiels. Ein übermäßiger Konsum des Fernsehprogramms nimmt dem Kind die Zeit zum Spielen und lässt es apathisch werden. Es kann nur noch eingeschränkt schöpferisch spielen. Ein Kind braucht Spielzeug, das seinem Alter, seinen Interessen und Fähigkeiten entspricht, damit es nicht überfordert oder gelangweilt wird. Der „Arbeitsausschuss Gutes Spielzeug" empfiehlt, folgende Punkte zu beachten: Spielzeug soll die Fantasie anregen, viel Spielmöglichkeiten beinhalten, d. h. vielseitig verwendbar sein, Umwelterfahrungen vertiefen, bei kleinen Kindern einfache Form haben, durch Farbe die Kinder gefühlsmäßig ansprechen, in genügender Anzahl vorhanden (Bauklötze und Farben) sowie lange haltbar sein.

Formen des Spiels

Alter	*Art des Spiels*	*Spielobjekte*	*Lernfunktion*
0–1 Jahre	Funktionsspiel	eigener Körper, Rassel, Mobile, Greifspielzeuge	Übung von Bewegungen
1–3 Jahre	Funktionsspiel (Bewegungsspiel)	Nachziehspielzeug, Dreirad, Schlitten Schaukelpferd	Umgang mit Gegenständen, ↗Sensomotorik, symbolisches Denken, Sprache und Wahrnehmung
	Fiktionsspiel (Illusionsspiel)	alle möglichen Gegenstände und Personen	
	Konstruktionsspiel	Bauklötze, Fingerfarben, Filzstifte, Formensteckspiel, Sandspielzeug	
3–6 Jahre	Rollenspiel	Puppe, Puppenzubehör, Puppenstube, Zubehör für Arzt-, Postboten-, Astronautenrolle usw.	Lernen von ↗Rollen sozialer Verhaltensweisen, Regeln und Normen, ↗Kreativität, ↗Leistungsmotivation, Denken
	Konstruktionsspiel	Bau- und Konstruktionsmaterial (Lego-Steine), Puzzle, Buntpapier, Schere, Knetmaterial, Tafel, Wasserfarben, einfaches Werkzeug, Drachen, Segelflugzeug	
	Funktionsspiel (Bewegungsspiel)	Roller, Schubkarre, Seil, Schaukel, Wasserspielzeuge, Fahrrad	
6–10 Jahre	Regelspiele	Gesellschaftsspiele, Kartenspiele, Sportspiele, wie Federball, elektr. Autorennbahn	Anpassung an kulturelle und soziale Anforderungen der Umwelt, Entspannung, Ausgleich zur Schule
	Konstruktionsspiele Rollenspiele	Modellbaubogen- und -kasten, Werkzeug, Stempelkasten wie bei 3- bis 6-jährigen, hinzu kommen Autorennbahn, Eisenbahn	
	Funktionsspiel	Roll- und Schlittschuhe, Stelzen, Balanciermöglichkeiten	
ab 10 Jahre	Spiele in Banden Regelspiele	Umgang mit Gleichaltrigen wie bei 6–10-jährigen	wie bei 6- bis 10-jährigen; Verantwortung, Hilfsbereitschaft
bis 14 Jahre	Konstruktionsspiele	wie bei 6- bis 10-jährigen	

Spieltherapie. Kinder rücken im Spiel von der eigenen Person, besonders von den eigenen Hemmungen und Ängsten ab. Im Umgang mit Puppen, Tieren und Bausteinen geben sie viel von ihrem Erleben preis. Deshalb wurde das Spiel schon von Melanie Klein (1932) und von Anna Freud als Zugang zum Unbewussten des Kindes eingesetzt. Die psychoanalytisch orientierten Spieltherapeuten sehen im Spiel sowohl die Möglichkeit der Herstellung von Kontakt zum Kind als auch ein Mittel zur ↗Diagnose und zum symbolhaften Durchleben unbewusster Konflikte. Für Hans Zulliger besitzt das Spielen heilende Kräfte im Sinne des Abreagierens und der Entfaltung des Unbewussten. Die klientenzentrierte Spieltherapie, durch Virginia Axline begründet, geht davon aus, dass das Spiel dem Kind die Möglichkeit zur Selbstdarstellung gibt. Der Therapeut verhält sich „nichtdirektiv", d. h. er achtet die Fähigkeit des Kindes, mit seinen Problemen selbst fertig zu werden, beeinflusst das Kind nicht, nimmt das Kind so an, wie es ist, pflegt eine warme und freundliche Beziehung zum Kind und reflektiert die Gefühle des Kindes, damit das Kind Einsicht in sein eigenes Verhalten gewinnt.
Die therapeutische Bedeutung des Spiels kommt auch in seiner vorbeugenden Funktion zum Ausdruck. „Man sollte sich immer wieder daran erinnern, dass Spielen an sich schon eine Therapie ist", sagte D. W. Winnicott. Im Spiel kann sinnvolle Freizeit- und Lebensgestaltung ebenso geübt werden wie Selbständigkeit, Kontaktaufnahme und andere wichtige Funktionen. Es sei noch erwähnt, dass auch Sportspiele, z. B. Tennis, Reiten, Ballspiele als therapeutische Mittel eingesetzt werden können.

Spontanremission. Aus unbekannten Gründen bessert sich bei einem Teil von psychisch gestörten Patienten ihr Befinden ohne Inanspruchnahme von professioneller Hilfe, dafür hat sich der Begriff spontane Remission eingebürgert. Diesen Prozentsatz an spontanen Besserungen müssen ↗Therapien wenigstens übertreffen, um als wirksam eingeschätzt zu werden.

Sportpsychologie. Die Sportpsychologie untersucht die psychischen Erscheinungen im Zusammenhang mit der Sporttätigkeit, d. h. die psychologischen Faktoren, Bedingungen und Ursachen, die das Verhalten des Menschen beim Sport beeinflussen und steuern. In der Vergangenheit spielte die Sportpsychologie an den Hochschulen nur eine Nebenrolle. In Deutschland gibt es für diesen Bereich der Psychologie keinen Lehrstuhl und in der Ausbildung zum Diplom-Psychologen ist die Vermittlung sportpsychologischer Inhalte nicht vorgesehen. In den letzten Jahren mehren sich jedoch Untersuchungen, die versuchen, psychologische Theorien und Modelle auf den Sport zu übertragen und entsprechend zu verändern. Besonderes Interesse finden vor allem (siehe auch: H. Allmer, in: J. Straub u. a.):
- *Psychologischen Faktoren* der individuellen sportlichen Leistung, wie „Motivation, Anspruchsniveau, ↗Stress, ↗Angst, Grenzbereiche der Leistungsfähigkeit, ↗Persönlichkeit der Sportler oder Bedingungen, die Menschen veranlassen, sich Sport zuzuwenden und ihn länger auszuüben, aber auch ihn aufzugeben.
- *Gruppensport*: Probleme der ↗Gruppendynamik (vor allem in Wettkampf-

situationen), Koordination zwischen den Leistungen der Gruppenmitglieder, das soziale Klima zwischen den Gruppenmitgliedern (z. B. psychologische Betreuung einer Fußballmannschaft), Einfluss des Regelwerks auf kollektives Handeln u. a.

- *Psychologische und gesellschaftliche Folgen öffentlichen Leistungssports* sowohl für die Sportler als auch für die Zuschauer: Das Verhalten in einer Menschenmenge, Identifikation mit der eigenen Mannschaft, ↗Aggression gegenüber Fremdgruppen, Entwicklung des Wir-Bewusstseins, das den Zusammenhalt (Integration) einer Gruppe oder sogar einer ganzen Nation fördert, Übertragung (↗Projektion) eigener Schwächen auf den Gegner, Befriedigung des Bedürfnisses nach Prestige, Anerkennung und Geltung, Einnahme von Dopingmitteln u. a.
- *Sport zur Vorbeugung oder Behebung von Beeinträchtigungen.* Entwicklung von Bewegungs- oder Sportprogrammen zum Einsatz am Arbeitsplatz, in Schulpausen, zur Reduzierung von ↗Angst und ↗Stress, zur sporttherapeutischen Behandlung von Herzinfarkt-, Krebs- oder psychiatrischen Patienten
- *Erzieherische Wirkung des Sports*: Entwicklung der ↗Leistungsmotivation, ↗Konzentration und deren Übertragung auf andere Bereiche des Verhaltens, das Erlernen von sozialen Spielregeln, der Fairness, Kooperation, Objektivität, Übung der ↗Motorik, das Erlernen sozialer Kontaktfähigkeit und sozialer Rollen (jugendpflegerische Wirkung).

Sprache. Die Sprache als typisch menschliches Zeichen- und Regelsystem wird von der Psychologie als verbales (sprachliches) Erleben und Verhalten erforscht. Das Sprachverhalten umfasst folgende Aspekte: pragmatische Funktionen, semantische Probleme, syntaktische und grammatikalische Regeln und phonetisches Sprechverhalten.

1. Semantische Dimension. Die Sprache als Symbolsystem erfasst die Wirklichkeit keineswegs so, wie sie tatsächlich ist; die Beziehung zwischen dem Symbol (Wort) und dem Objekt, das durch das Symbol ersetzt wird, ist keineswegs eindeutig. Jedes Wort oder jede Wortkombination hat viele Bedeutungen und kann je nach Situation, Lautstärke, Sprechtempo, je nach aktuellem Befinden des Sprechers (Gefühle, Bedürfnisse) viele neue Bedeutungen annehmen. Viele Wörter haben in der Intimsphäre andere Bedeutung als in einer öffentlich vorgetragenen Rede. Neben der „denotativen" Bedeutung, die in Lexika beschrieben wird, besitzt jedes Zeichen auch eine „konnotative" Bedeutung, die emotional (angenehm–unangenehm) und wertend (gut–böse) „mitschwingt". Die konnotative Bedeutung ist abhängig von der Erfahrung, Bildung, „Gruppe, sozialen Schicht, Kultur usw. und kann zum Teil mit dem ↗Polaritätsprofil (semantisches Differential) gemessen werden. Sprachlich bedingte Missverständnisse werden durch unterschiedliche konnotative Bedeutung von Begriffen bei Sender und Empfänger (↗Kommunikation) ausgelöst.

2. Pragmatische Dimension. Die Sprache ist nicht nur ein Mittel zur ↗Kommunikation und ↗Interaktion, sondern übernimmt viele Funktionen. Sie erleichtert die Erfahrung (↗Entwicklung) und Auseinandersetzung mit der Umwelt, indem wichtige Objekte, Personen, Sachverhalte mit einem Namen bezeichnet werden; sie erleichtert die Orientierung und begrenzt das Verhalten des Menschen auf die Teile der Umwelt, die für ihn wichtig sind (selektive Funktion). Erfahrung der Umwelt, Weltanschauung, Sitten, Gebräuche, Moral, Lebensstil und Wertorientierung sind von der Sprache abhängig. Viele Wörter enthalten eine Handlungsweise, wie man mit dem Bezeichneten umgehen darf und soll; sie vermitteln dem Menschen eine „Welt mit eingebauter Gebrauchsanweisung". Diese Handlungsanweisungen, auch „Führungsfunktion" der Sprache genannt, werden nur bei Übertreibungen, z. B. in der Werbung oder Propaganda oder politischen Agitationsreden durchschaut. Sie dient als Stabilitätsfaktor (z. B. im Jargon) verschiedener Gruppen, Ideologien, Institutionen (z. B. Kirche) und der ganzen Gesellschaft. Beim ↗Denken und intelligenten Verhalten (↗Intelligenz) nimmt die Sprache eine Schlüsselposition ein. Das unbeholfene Verhalten von vielen Taubstummen ist zum Teil auf die durch die fehlende Sprache bedingte Isolation zurückzuführen. Man kann bei Kindern oft beobachten, dass sie eine komplizierte Folge von Reaktionen durch lautes „Vorsagen" aufeinander abstimmen. Die Sprache spielt eine wichtige Rolle bei der Bewältigung von Spannungen, Konflikten, Bedürfnissen und Gefühlen. Es ist auf Dauer erfolgreicher, einen Konflikt sprachlich als „handgreiflich" auszutragen. Bedürfnisse und Gefühle können Mitmenschen mitgeteilt werden; leider sind die Menschen nur unzureichend in der Lage, ihre Gefühle zu beschreiben.

3. Syntaktische und phonetische Dimension. Um eine gesprochene Sprache verstehen zu können, muss man bei der Bildung von Lauten oder Lautgruppen (Phoneme) und von Sätzen bestimmte Regeln der Phonetik und Syntax berücksichtigen. Bestimmte Grundregeln sind allen Sprachen gemeinsam, spezifische Regeln für die Auswahl und Anordnung von Wörtern sind von Sprache zu Sprache unterschiedlich.

Spracherwerb. Um die Sprache zu erwerben, muss man gesunde Sprechorgane (Zunge, Kiefer, Zähne, Kehlkopf) besitzen, hören, können fähig sein, die Sprache anderer nachzuahmen und durch ein normal funktionierendes ↗Nervensystem die Sprechbewegungen, das Wahrnehmen, Sprechen und Verarbeiten von Informationen kontrollieren können. Viele Psychologen (z. B. O. H. Mowrer, B. F. Skinner) sind der Auffassung, dass die Sprache nach den gleichen Prinzipien gelernt wird wie andere Verhaltensweisen (↗Lernen); Psycholinguisten, wie z. B. N. Chomsky und E. E. Lenneberg, betonen die biologischen Faktoren: eine „echte" differenzierte Sprache besitzen nur Menschen, es gibt keine Menschengruppe ohne Sprache.

Wenn auch die aufgeführten Tatsachen dafür sprechen, dass die syntaktische und auch phonetische Dimension der Sprache durch genetische Faktoren beeinflusst wird, so sind die pragmatische und semantische Dimension der Sprache eindeutig von Umweltfaktoren abhängig. B. Bernstein, U. Oevermann u. a. konnten nachweisen, dass Kinder, die in verschiedener soziokultureller Umwelt (untere und mittlere soziale Schicht) aufwachsen, verschiedene Sprachstile verwenden. Kinder der unteren sozialen Schicht verwenden einen so genannten „restricted code" (restringierter Sprachstil), der sich vom weitschweifigen, elaborierten Sprachstil der Mittelschichtkinder in folgenden Merkmalen unterscheidet: geringerer Wortschatz, geringer Gebrauch von Ad-

jektiven, einfaches Satzgefüge, häufiges Verwechseln von Begründung und Schlussfolgerung. Die Kinder der Unterschicht sind auch kaum in der Lage, ihre Gefühle, Bedürfnisse, Konflikte usw. so differenziert auszudrücken wie die Kinder der Mittelschicht. Da in der Schule die elaborierte Sprache verwendet wird, wirkt sich der restringierte Sprachstil als Sprachbarriere aus. Bis auf die Benachteiligung in der Schule bringt der elaborierte Sprachstil keine Vorteile bei der Bewältigung von Alltagsaufgaben. Inzwischen wird ganz allgemein ein Absinken sprachlicher Fähigkeiten beklagt, möglicherweise infolge der Computertechnik, des Telefons und des Fernsehens. Die schriftliche Sprache ist nicht mehr so „wertvoll“ wie früher.
Sprach- und Sprechstörungen. Sprache und die Anwendung der Sprache im Sprechen sind im Gehirn verschieden lokalisiert, so dass Sprache bei Erwachsenen im Sinne des Sprachverständnisses und Sprechen im Sinne der Sprechmotorik als isolierte Störungen auftreten können. Im ersten Fall spricht man von der sensorischen ↗Aphasie, d. h. der Patient kann sprechen, das Gesprochene ist jedoch ohne Sinnzusammenhang („plappern“); im zweiten Fall von der motorischen Aphasie, d. h. trotz des erhaltenen Sprachverständnisses kann sich der Patient nicht spontan ausdrücken und auch vorgesprochene Worte nicht nachsprechen; diese Patienten wirken deshalb oft so, als wären sie debil (↗Pseudodebilität), obwohl sie Umweltreize rational interpretieren können. Daneben gibt es verschiedene *Sprechstörungen,* die durch Erkrankungen oder Missbildungen der Sprechorgane, wie z. B. Hasenscharte, Wolfsrachen, bedingt sind. Im Gegensatz zur organisch bedingten Taubstummheit gibt es psychogen bedingte Sprechstörungen, z. B. die so genannte „Seelenstummheit“, ↗Mutismus, d. h. trotz intakter Sprache wird nicht gesprochen; der Mutismus kann als Verhaltensstörung bei Kindern und als Symptom bei der ↗Schizophrenie auftreten; ebenfalls meist psychisch bedingt sind Sprechstörungen, wie ↗Stottern, Stammeln, Lispeln, die sprachheiltherapeutisch (Logopädie) geheilt werden können.

Spuk, Bezeichnung für Erscheinungen, die scheinbar unerklärlich sind und den Charakter des Unheimlichen haben (z. B. Trittgeräusche, Bewegung von Gegenständen). ↗Parapsychologie.

Statistik. *I. Definition.* Allgemein wird mit dem Begriff Statistik die wissenschaftliche Beschreibung der Wirklichkeit bezeichnet, z. B. Angaben über das Wirtschaftswachstum, Berufe und Schulbildung, Kriminalität und Unfälle usw. Die *beschreibende (deskriptive)* Statistik – der Öffentlichkeit als *„amtliche Statistik“* bekannt – spielt in der Psychologie eine relativ geringe Rolle.
Unter Statistik wird in der Psychologie wie auch in anderen Sozialwissenschaften die wissenschaftliche Verarbeitung und Analyse von empirisch gewonnenen Daten („Beobachtung: ↗Methoden der Psychologie) mit mathematischen Modellen verstanden. In diesem Sinne ermöglicht die Statistik als ein Zweig der angewandten Mathematik und eine Teildisziplin der allgemeinen Methodenlehre der Psychologie, bei der Datensammlung Fehler zu vermeiden, die Daten so auszuwerten, dass auch unvollständige Informationen Urteile über die Grundgesamtheit ergeben, und durch die statistische Prüfung

von *Hypothesen* (Annahmen) zu Entscheidungen zu kommen. Jede Statistik kann, wenn bestimmte Regeln nicht berücksichtigt werden, zu Fehlurteilen und falschen Entscheidungen führen oder zumindest einen falschen Eindruck vermitteln („Statistik ist die Kunst, in Zahlen zu lügen"). Die statistische Auswertung setzt das „Messen" von Merkmalen, Variablen, voraus. Während die beschreibende Statistik zum großen Teil schon mit einfachem Benennen von Objekten und Merkmalen und mit einer Rangordnung wie „größer–kleiner" auskommt, ist die *induktive* Statistik im Allgemeinen auf ein „höheres" Datenniveau angewiesen. Die Maßstäbe, die dem Messen von veränderlichen Merkmalen zugrunde liegen, werden *„Skalen"* und die Konstruktion solcher Skalen nach bestimmten methodischen und statistischen Regeln *„Skalierung"* genannt. Von den Eigenschaften des Maßstabes, d. h. der Skala, hängt es ab, welche statistischen Auswertungen und Verfahren sinnvollerweise zur Anwendung kommen.

II. Daten- bzw. Skalenniveau. 1. Eine *Nominalskala* bzw. *Nominalvariable* erlaubt die Klassifizierung (Einordnung in Kategorien) von Merkmalen, z. B. Geschlecht, Augenfarbe, Familienstand u. a. aufgrund ihrer Eigenschaften wie männlich–weiblich, braun—blau–grün, ledig–verheiratet-geschieden usw. Nominalvariablen werden durch grafische Darstellungen und Häufigkeiten (Anzahl des Auftretens eines Merkmals) beschrieben. Oft werden einzelne Häufigkeiten miteinander in Beziehung gesetzt, z. B. weiblich, Augenfarbe blau und geschieden. 2. Eine *Ordinalskala* bzw. *Ordinalvariable* ermöglicht eine Rangordnung im Sinne von größer oder kleiner für eine Reihe von Beobachtungen, sagt jedoch nichts über die Größenunterschiede zwischen einzelnen Stufen der Rangordnung aus. Beispiel für eine Ordinalskala sind Schulnoten, die eine Rangordnung von schulischen Leistungen ermöglichen, jedoch nichts darüber aussagen, ob der Abstand bzw. der Unterschied zwischen Leistungen, die z. B. mit der Note 3 und 4 beurteilt werden, gleich groß ist wie bei Leistungen, die mit 1 und 2 benotet werden.

3. Eine *Intervallskala* bzw. *Intervallvariable* hat keinen echten Nullpunkt, jedoch gleiche Abstände zwischen den Skaleneinheiten, d. h. gleichen Abständen zwischen zwei Messwerten (Messzahlen) entsprechen gleich große Unterschiede in der Ausprägung des so beschriebenen Merkmals. Gut konstruierte ↗Intelligenztests, Einstellungsskalen (↗Einstellung) und *Schätzskalen,* die z. B. der Einschätzung *(rating)* des Verhaltens von Schülern auf einer vorgegebenen Merkmalliste dienen, liefern annähernd Intervallskalenwerte. Erreicht der Schüler A für sein störendes Verhalten den Schätzwert 30 und Schüler B 40, so ist der Abstand zwischen 30 und 40 gleich groß wie zwischen 50 und 60 für Schüler C und D. Auf die Intelligenztestwerte bezogen heißt das, dass der Abstand zwischen ↗IQ-Wert 90 und 95 genauso groß ist, wie zwischen IQ-Wert 105 und 110; die Aussage, dass der IQ-Wert von 120 zweimal so groß ist wie der von 60, ist jedoch nicht möglich, da ein echter Nullpunkt der Skala fehlt (wann ist die Intelligenz gleich Null?).

4. Eine *Verhältnisskala* bzw. *Verhältnisvariable* ist eine Intervallskala mit einem echten Nullpunkt, wie dies beim Messen von Länge und Gewicht der Fall ist. Daten mit Verhältnisskalenniveau werden in der psychologischen Forschung nur selten – wenn überhaupt – erreicht.

III. Datenerhebungstechniken. Mit Hilfe von statistischen Verfahren wird entschieden, ob 1) ein Messinstrument (z. B. ↗Test, Einstellungsskala, Schätzverfahren) *objektiv, zuverlässig* und *gültig* ist und ob 2) die Stichprobenauswahl für die Gesamtpopulation *repräsentativ* ist (in ihren wesentlichen Merkmalen der Grundgesamtheit, der Population, aus der sie ausgewählt wurde, entspricht) und welche „Stichprobenfehler" berücksichtigt werden müssen.
1. *Beurteilung von Messinstrumenten.* Bei der Entwicklung von Messinstrumenten, z. B. Tests, geht man im Allgemeinen so vor, dass nach einer Theorie mit Hilfe logischer Überlegungen und Beobachtungen ein Test konstruiert wird (bei Intelligenztests werden verschiedene Aufgaben formuliert, die eine systematische Verhaltensbeobachtung ermöglichen, bei einer Einstellungsskala viele Feststellungen, Behauptungen, ↗Items, auf die Versuchspersonen zustimmend oder verneinend reagieren). Das so konstruierte Messinstrument wird unter verschiedenen Versuchsbedingungen eingesetzt, und anschließend werden Korrelationskoeffizienten (siehe Abschnitt IV) für die Objektivität, Reliabilität und Validität berechnet. Die *Objektivität* ist gegeben, wenn viele Beurteiler (Auswerter) zu gleichen oder annähernd gleichen Ergebnissen kommen, der Korrelationskoeffizient beträgt dann annähernd 1.0, z. B. r = .98. Die *Reliabilität* (Zuverlässigkeit) gibt darüber Aufschluss, ob ein Messinstrument zuverlässig misst, nicht störanfällig ist und bei gleichen Gegebenheiten auch das Gleiche misst. Es ist auch wichtig, dass ein Messverfahren bei Wiederholung zu denselben Ergebnissen bei denselben Probanden kommt. Re-Test-Untersuchung: der Test wird nach einem bestimmten Zeitabstand wiederholt; Parallelstichproben: der Test wird an gleichartigen Stichproben durchgeführt; Paralleltests: Messung mit zwei gleichartigen Testhälften bzw. mit einer großen Anzahl gleichartiger Tests, und anschließend werden zwischen den Ergebnissen Korrelationen berechnet. Reliabilität ist also ein Maß für die Exaktheit der Messung selbst, unabhängig davon, was gemessen wird. Die *Validität* (Gültigkeit) gibt Aufschluss darüber, wie gut (gültig) ein Test das misst, was er zu messen vorgibt. Die Gültigkeit wird im Allgemeinen durch den statistischen Vergleich zwischen Ergebnissen eines Messinstruments mit anderen schon erwiesenen gültigen Kriterien für die Voraussage eines Merkmals bestimmt. So könnte es z. B. vorkommen, dass ein Test vorgibt, Aggressivität zu messen, in Wirklichkeit misst er jedoch Anpassungsfähigkeit. Besondere Beachtung verdient die so genannte „Augenschein-Gültigkeit" eines Tests (face-validity); es ist z. B. dem Probanden unmittelbar einleuchtend (= augenscheinlich), dass orthographische Sicherheit (Rechtschreibfähigkeit) mit einem längeren Diktat erfasst werden kann oder dass bei der Prüfung der Fahrtauglichkeit Reaktionsprüfungen vorgenommen werden. Diese Augenschein-Gültigkeit bedeutet noch nicht, dass der Test tatsächlich valide ist; man beobachtet nur, dass sie den Probanden bei der Testdurchführung motiviert, da er Sinn und Zweck des Tests unmittelbar einsehen kann.
Erfüllen die Messinstrumente die hier genannten Kriterien, so können sie in psychologischen Untersuchungen zum Zweck der Datenerhebung angewandt werden, und es ist möglich, die Fehler, die auf das Messinstrument zurückzuführen sind, bei der Interpretation der Ergebnisse zu berücksichtigen.
2. *Auswahl der Stichprobe und Stichprobenfehler.* Mit dem Problem der Stich-

probenauswahl wurde zuerst die ↗Meinungsforschung konfrontiert. Da die Meinungsumfragen kostensparend und schnell durchgeführt werden mussten, kam es darauf an, aus einer relativ geringen Anzahl ausgewählter Personen gültige Schlüsse und Voraussagen auf die Meinungen und Einstellungen (z. B. das Wahlverhalten) der Gesamtpopulation zu treffen. Mit Hilfe statistischer Verfahren können so genannte Stichprobenfehler, d. h. die Abweichung der geschätzten Werte, die mit Hilfe von Stichprobenergebnissen gewonnen wurden, vom „wahren" Wert (der Population) berechnet werden. Bei der Planung von Untersuchungen und von Datenerhebungen spielt die Berechnung der Stichprobenfehler eine wichtige Rolle, da bestimmte Stichprobenfehler mit dem Umfang der Stichprobe abnehmen und die Schätzungen der Populationswerte genauer werden.

IV. Datenanalyse. Die mathematischen Modelle zur Prüfung von Hypothesen (↗Methoden der Psychologie) und zum Herbeiführen von Entscheidungen setzen zum Teil das Berechnen von *„statistischen Messzahlen"* voraus. Die Berechnung von statistischen Messzahlen ist wiederum abhängig vom Datenniveau (siehe Abschnitt II) und von der Verteilung einzelner Merkmalsausprägungen. Die Datenanalyse ist auch besonders bedeutend für die Darstellung und Interpretation der Ergebnisse (beschreibende Statistik). Statistische Maßzahlen (Stichproben-Statistiken) sind durch mathematische Operationen aus den Messdaten gewonnene Werte, die die Merkmalsausprägung oder die Verteilung von Häufigkeiten charakterisieren. In der Psychologie werden je nach Skalenniveau folgende Maßzahlen berechnet:

1. Nominalskala: *Häufigkeiten* (wie oft ein Merkmal beobachtet wurde) und *relative Häufigkeiten* (Prozentangaben). Beispiel: Häufigkeiten bestimmter Studienwünsche von Abiturienten.

2. Ordinalskala: *Modus,* der Messwert, der am häufigsten vorkommt; *Median,* in der Mitte der Rangordnung liegender Wert; *Quartilabweichung,* die Differenz zwischen dem Median und dem Messwert oberhalb und unterhalb des Medians, der die Häufigkeitsverteilung in vier gleiche Quartile (jeweils 25 % der Messwerte) aufteilt.

3. Intervall- und Verhältnisskala: arithmetisches Mittel, Streuung (Abweichung) bzw. Standardabweichung und Korrelationen.

a) Der *Mittelwert* oder *Durchschnitt* (M oder X) ergibt sich aus der Summe (XXX) aller Werte (aller Zahlen), die durch die Anzahl aller Zahlen dividiert wird.

b) *Streuung:* Die *Streuungsbreite* ist die Differenz zwischen der größten und der kleinsten Messzahl; die *Standardabweichung* oder *Varianz* (s oder XXX) wird als Durchschnitt aller quadrierten Abweichungen vom Mittelwert berechnet und gibt Auskunft darüber, ob die Maßzahlen weit streuen oder eng beieinander liegen.

c) *Korrelationen.* Werden an gleichen Personen einer Stichprobe nicht nur eine, sondern zwei oder mehrere Variablen gemessen und gehen Veränderungen in einer Variablen (z. B. Gewicht) parallel zu den Veränderungen in einer zweiten Variablen (z. B. Größe), dann besteht zwischen diesen beiden Variablen eine Abhängigkeit, die als Korrelation bezeichnet wird; der Grad der Abhängigkeit wird als Korrelationskoeffizient (r) angegeben. Am häufigsten werden „Rang-Korrelationen" zwischen Ordinalvariablen und Produkt-Moment-Korrelation zwischen annähernd normal verteilten Häufigkeiten berechnet.

Es kommt in der Psychologie wie auch in anderen Sozialwissenschaften häufig vor, dass zwischen zwei Variablen eine Beziehung besteht, die durch eine dritte unbekannte Variable verursacht wird. Ein Beispiel: Es wäre voreilig zu glauben, dass eine hohe Beziehung zwischen Geschlecht und Hochschulbildung als Ursache-Wirkung zu deuten ist, z. B. im Sinn der Hypothese „Frauen sind dümmer". Man sucht nach weiteren Variablen, die diese Beziehung verursachen könnten, und untersucht die Abhängigkeit zwischen Hochschulbildung und Höhe des Einkommens, Religionszugehörigkeit, Erziehungsstilen, ↗Einstellungen, Stadt-Land-Bevölkerung usw. Man stellt nun fest, dass es sich bei der Korrelation zwischen Geschlecht und Hochschulbildung um keine echte Abhängigkeit handelt, sondern dass die Beziehung durch verschiedene Sozialfaktoren verursacht wird.

4. Komplexere statistische Verfahren der Datenanalyse.

a) *Faktorenanalyse.* In der Psychologie werden oft pro Individuum nicht nur zwei, sondern 20 oder mehr verschiedene Variablen gemessen. Durch die Faktorenanalyse (ein rechnerisches Verfahren, das an bestimmte mathematisch-statistische Bedingungen gebunden ist) werden die berechneten Korrelationen zwischen den vielen Variablen auf wenige *Grunddimensionen* oder *Faktoren* zurückgeführt. Auf diesem Wege hat man z. B. festgestellt, dass das „intelligente" Verhalten nicht auf eine einheitliche Fähigkeit, die ↗Intelligenz, zurückgeführt werden kann, sondern auf mehrere „Intelligenzen", die den Abhängigkeiten (Korrelationen) zwischen den Variablen zugrunde liegen und Intelligenzfaktoren genannt werden. Der Nachteil der Faktorenanalyse liegt darin, dass ihr mathematisches Modell an Voraussetzungen gebunden ist, die in der psychologischen Forschung meistens nicht gegeben sind. Daher wird sie von vielen Wissenschaftlern nicht mehr zur Deutung von Zusammenhängen (Ursache–Wirkung), sondern nur noch als statistische Hilfe bei der anschaulichen Darstellung von Zusammenhängen zugelassen.

b) *Varianzanalyse* und Kovarianzanalyse. Messdaten von veränderlichen Merkmalen weisen in der psychologischen Forschung meistens große Streuung (Varianz) auf. Das Verhalten mehrerer Personen, auf die gleiche Reize (unabhängige Variable) einwirken, weist große Unterschiede auf. Die Verhaltensunterschiede, die entsprechend unterschiedliche Messdaten ergeben, werden *Verhaltensvariabilität* bzw. Verhaltens- oder *Reaktionsvarianz* genannt. Durch die Varianzanalyse wird nun der Versuch unternommen, festzustellen, welche Varianzteile auf bestimmte kontrollierte unabhängige Variablen zurückzuführen sind und ob die Streuung (Varianz) zufällig zustande gekommen sein könnte.

Die Psychologen stehen jedoch auch vor der Frage: Welcher Anteil der Verhaltensvarianz wird durch die kontrollierte unabhängige Variable verursachet (↗Experiment) und welcher durch andere unkontrollierte Einflüsse, wie Lärm, Müdigkeit oder die Gegenwart einer attraktiven Person. Dieser Anteil wird *Fehlervarianz* und der zuerst genannte Anteil, der auf die unabhängige Variable zurückzuführen ist, *echte* Varianz genannt. Durch die Kovarianzanalyse – eine Abart der Varianzanalyse – werden die Anteile der echten und der Fehlervarianz geschätzt. In diesem Sinne ist die Kovarianzanalyse eine Art statistische Kontrolle der möglichen methodischen und experimentellen Fehler. Voraussetzungen für die Varianzanalyse sind homogene Varianzen, d. h. die Stichproben müssen derselben Grundgesamtheit entstammen, und die Daten müssen normal verteilt sein.

5. *Häufigkeitsverteilungen* von Messwerten. Bei einer sehr großen Anzahl von Messungen treten bestimmte Messwerte sehr häufig und andere wiederum sehr selten auf. Im Normalfall werden mittlere Messwerte am häufigsten vorkommen und extreme Merkmalsausprägungen und deren Messwerte sehr selten. Es wird angenommen, dass biologische, soziologische und psychologische Merkmale (Variablen), weil die Merkmalsausprägung von vielen verschiedenen Bedingungen abhängt, eine Normalverteilung ergeben, wenn man in einem Koordinatensystem auf die Abzisse (x-Achse) die Messzahlen und auf die Ordinate (y-Achse) die Häufigkeit einträgt. Weil die *Normalverteilung* (Gaußsche Kurve, Glockenkurve) symmetrisch und eingipflig ist, jedoch verschieden „steil" bzw. „breit" sein kann, wird durch den Mittelwert (μ) und die Standardabweichung (ó) die Verteilung aller Messwerthäufigkeiten beschrieben, und man kann aufgrund des Mittelwerts und der Standardabweichung sofort angeben, wie häufig bestimmte Merkmalsausprägungen in einer bestimmten Population vorkommen und wie viel Prozent der Gesamtpopulation in einem bestimmten Bereich von Merkmalsausprägungen (z. B. Intelligenz) fallen (s. Abb.). Weil aus diesen Gründen die Normalverteilung von Häufigkeiten viele praktische und theoretische Vorzüge aufweist, wird in der psychologischen Forschung durch geeignete *Transformationen* (Umrechnungen) die Normalverteilung von Häufigkeiten angestrebt. Die meisten psychologischen Messinstrumente, z. B. Intelligenztests, sind so konstruiert bzw. geeicht *(Eichung* = Normengewinnung; Berechnung von Mittelwert und Streuung an großen Stichproben), dass mit Hilfe von Tabellen die erreichten *Rohpunktwerte* (auch *Ausgangsscore* genannt, z. B. die Anzahl von gelösten Aufgaben in einem Intelligenztest) in *Standardwerte (Standardscore)* umgewandelt werden könne. Durch die Umwandlung wird die Vergleichbarkeit zwischen den Leistungen einzelner Personen erreicht. Erreicht nun ein Schüler einen Intelligenzquotienten (↗Intelligenz) von 130, so ist er gleich gut oder besser als 98 % der Schüler seines Jahrgangs (nach der Normalverteilung). Die Normalverteilung von Häufigkeiten bestimmter Merkmalsausprägungen ergibt sich jedoch nur für Zufallsstichproben. Die vielfach geforderte Normalverteilung von Häufigkeiten bestimmter Notenstufen an einer Schule oder sogar in einer Schulklasse kann statistisch nicht angewandt werden, weil es sich bei der Schulklasse oder bei den Schülern einer Schule nicht um eine Zufallsstichprobe handelt und weil die Merkmalsausprägung, z. B. Leistungen im Fach Deutsch, nicht durch viele Zufallsfaktoren zustande kommen, sondern sehr stark von den pädagogischen Fähigkeiten des Lehrers abhängen. Wählt man jedoch per Zufall aus der gesamten Bundesrepublik 10 000 Schüler (z. B. durch Los) und misst ihre Leistungen im Fach Deutsch, so ergibt sich eine Normalverteilung.

Nicht alle beobachteten Häufigkeiten verteilen sich normal; vor allem für kleine Stichproben (geringe Anzahl von Personen) ergeben sich oft links- oder rechtsschiefe, mehrgipfelige, steile und flache Verteilungsformen. Nach bestimmten mathematischen Formeln können *Steilheit* und *Schiefe* berechnet und bei der weiteren statistischen Analyse von Daten sowie bei der Auslegung von Ergebnissen mitberücksichtigt werden.

Werden an gleichen Personen zwei oder mehrere verschiedene Variablen beobachtet oder werden die Messungen wiederholt, so ergeben sich *bivariate* oder *multivariate* Verteilungen. Schon am Verlauf der bivariaten Verteilung kann ein erster Eindruck über den Zusammenhang zwischen den Merkmalen gewonnen werden, bevor Korrelationskoeffizienten berechnet werden.

V. Statistische Schätz- und Prüfverfahren, Signifikanztests. Zwei Gründe sprechen für die besondere Bedeutung der Statistik in der Psychologie: 1) Die beobachteten Merkmale weisen große Unterschiedlichkeit auf, es handelt sich um die Merkmalsvariabilität oder -varianz, die sowohl zwischen Individuen (interindividuell) als auch innerhalb eines Individuums (intraindividuell) zu beobachten ist. 2) Die Beobachtungen und Messungen werden in der psychologischen Forschung an relativ kleinen Stichproben gemacht (ökonomische und praktische Gründe) und daher muss mit statistischen Schätz- und Prüfverfahren geprüft werden, ob die gewonnenen empirischen Ergebnisse für die gesamte Population zutreffen und ob sie „zufallsbedingt" oder „signifikant" sind.

Die gesamte *Entscheidungsstatistik* baut auf dem Modell der *Wahrscheinlichkeit* auf. Könnte man alle Individuen einer Grundgesamtheit beobachten, z. B. die ↗Intelligenz aller Medizinstudenten testen, so würden die errechneten statistischen Maßzahlen wie Mittelwert und Streuung mit Sicherheit richtig sein. Testen wir jedoch nur 50 per Los ausgewählte Medizinstudenten, so besteht die Möglichkeit, dass wir zufällig mehr Studenten mit höherem IQ ausgewählt haben, als prozentual in der Grundgesamtheit vorhanden sind. Der an dieser Stichprobe berechnete Mittelwert würde höher sein als in der Population. Die Wissenschaftler müssen in solchen Fällen mit statistischen Methoden prüfen, wie groß die Wahrscheinlichkeit ist, dass sie zufällig Studenten mit höherem IQ ausgewählt haben bzw., allgemein ausgedrückt, dass ein Ergebnis und eine Aussage richtig ist oder falsch, weil die Wahrscheinlichkeit groß ist, dass das Ergebnis zufallsbedingt ist. Durch Stichprobenergebnisse lassen sich die Hypothesen (Annahmen) nie mit Sicherheit entscheiden, weil Stichprobenbeobachtungen immer nur Schätzungen der *Parameter* (Kennwerte) in den Populationen sind.

1. *Schätzverfahren.* Aus Stichprobenstatistiken werden Populationsparameter bzw. deren *Vertrauensgrenzen* für 95 % bzw. 99 % Sicherheit geschätzt. Die Wahrscheinlichkeit, dass die Populationsparameter nicht in dem Vertrauensbereich (Vertrauensintervall) liegen, ist dann geringer als 5 % bzw. 1 %.

2. *Statistische Prüfverfahren* bzw. *Signifikanztests.* Verteilungsabhängige (parametrische) und verteilungsfreie (nicht-parametrische, verteilungsunabhängige) Signifikanztests, die keine bestimmte Verteilung von Häufigkeit voraussetzen und mit denen auch Messdaten auf Nominal- und Ordinalskalenniveau geprüft werden können, dienen der Prüfung von Hypothesen und der Absicherung von Aussagen. Am häufigsten wird in der Psychologie geprüft, ob Unterschiede zwischen Mittelwerten zweier Stichproben (z. B. IQ-Mittelwerte

S der Stadt- und Landschüler) *„signifikant"* (gesichert) sind und die Wahrscheinlichkeit, dass es sich um Zufallsabweichungen handelt, geringer ist als fünf Prozent. Ist die Wahrscheinlichkeit für Zufallsabweichungen geringer als ein Prozent, so werden die Ergebnisse als *„sehr signifikant"* bezeichnet. Ebenso oft prüfen die Wissenschaftler, ob der Zusammenhang (die Abhängigkeit, Korrelation) zwischen zwei oder mehreren Merkmalen (Variablen), z. B. zwischen Intelligenz und Schulnoten, zufallsbedingt ist oder ob die Schulnoten mit 95 % Wahrscheinlichkeit von der Intelligenz mit beeinflusst werden. Auch die Entscheidung, ob der Zusammenhang zwischen Intelligenz und Schulnoten bei Jungen signifikant von dem bei Mädchen abweicht, wird mit Hilfe statistischer Prüfverfahren getroffen, um nur einige Beispiele zu nennen. Zusammenfassung: Weil in der Psychologie mit Stichproben gearbeitet wird und nicht die gesamte Population untersucht werden kann, muss mit Hilfe von statistischen Prüfverfahren die Wahrscheinlichkeit berechnet werden, nach der zu erwarten ist, dass die auf Stichprobenergebnissen beruhenden Aussagen richtig bzw. möglicherweise falsch sind.

Stereotyp. Klischeevorstellung, Pauschalurteil. ↗Vorurteil.

Stichprobe ist eine nach bestimmten Kriterien ausgewählte Teilmenge (z. B. 30 oder 1000 Personen) einer Grundgesamtheit bzw. Population (z. B. alle Studenten der Psychologie, alle Lehrer, Arbeiter, Frauen eines bestimmten Alters). Damit die an der Stichprobe gewonnenen Ergebnisse auf die Population übertragbar sind, sollte die Stichprobe für die Population „repräsentativ" sein, d. h. für alle Merkmale der Population muss die gleiche Wahrscheinlichkeit bestehen, in die Stichprobe aufgenommen zu werden. Die Stichprobe stellt sozusagen ein verkleinertes Modell der Population dar, in dem möglichst alle Merkmale der Population vertreten sind. Die an einer repräsentativen Stichprobe gewonnenen Ergebnisse sind auf die gesamte Population übertragbar. In der Regel sind Zufallsstichproben (random sample), deren Einzelelemente z. B. per Los aus der Population ausgewählt worden sind, repräsentativ. ↗Methoden der Psychologie, ↗Statistik.

Stimmung, umfassende Bezeichnung für einen länger andauernden Gefühlszustand individueller Art (fröhlich, traurig, optimistisch–pessimistisch, niedergeschlagen–zuversichtlich), der eher von vergangenen Erlebnissen und Zukunftserwartungen als von aktuellen Ursachen abhängt. Die Neigung zu fröhlicher, optimistischer Stimmung hängt wahrscheinlich mit der ↗Vitalität zusammen und ist individuell – ebenso wie Stimmungsschwankungen – unterschiedlich ausgeprägt.

Stimulantien, schnell wirkende, belebende, leistungssteigernde Substanzen. ↗Psychopharmaka.

Stottern ist eine Beeinträchtigung des Redeflusses und die häufigste Sprachstörung im Kindesalter, die manchmal auch bei Erwachsenen vorkommt. Beim tonischen („angespannten") Stottern ist ein auffallendes Verkrampfen der Atemmuskulatur und des Gesichts während des gesamten Sprechens festzustellen, während beim sog. Initialstottern der Betreffende meist nur am Anfang eines Wortes oder Satzes Schwierigkeiten hat; die restlichen Silben gelingen dann fehlerlos. Stotterer können oft ohne Mühe singen oder eine Fremdsprache sprechen. Das macht deutlich, dass diese Sprachstörung auf keiner körperlichen Krankheit oder Verletzung beruht (z. B. Schädigung der Lippen, der Zunge, des Gaumens), sondern durch das gestörte Erleben des Kindes verursacht wird. Oft findet man bei Stotterern ein gespanntes und unsicheres Verhalten gegenüber den Eltern, insbesondere gegenüber der Mutter. Meist wird das Kind mit zu hohen Leistungsansprüchen überfordert, oder die Eltern unterdrücken in überstarkem Maß die aggressiven Wünsche des Kindes (z. B. Schimpfen, Trotzen, Wütend-Sein). Durch die Reaktion von Spielkameraden oder Erwachsenen auf das Stottern des Kindes, die es verspotten, nachahmen oder ständig ermahnen, langsam zu sprechen, festigt (fixiert) sich das Stottern immer mehr, und das Kind entwickelt zusätzlich Angst, in den Kindergarten, zur Oma oder überhaupt in die Öffentlichkeit zu gehen. Deshalb sollte man das Stottern übergehen, nicht beachten. Wenn es schon zu lange andauert, gewöhnt sich das Kind an die fehlerhafte Sprechweise und behält sie auch bei einer Beseitigung ihrer Ursache bei. Deshalb ist schon frühzeitig psychotherapeutische Hilfe erforderlich, die Entspannung vermittelt (z. B. autogenes Training, ↗Entspannungstechniken), richtiges Sprechen trainiert (↗Verhaltenstherapie, Logopädie) oder die dem Stottern zugrunde liegenden Probleme zu lösen versucht (therapeutisches ↗Spiel). Im Alter von 3 bis 4 Jahren ist ein zeitweiliges Stottern ein normales Verhalten des Kindes. Es ist nicht in der Lage, so schnell zu sprechen, wie ihm die Gedanken einfallen. Bei der Therapie erwachsener Stotterer hat sich die aus der ↗Logotherapie stammende „paradoxe Intention“ bewährt.

Strafe, Bestrafung. Strafe als aversiver (↗Aversion) Reiz wird als Mittel (Erziehungsmittel) zur Verhaltenskontrolle bzw. zur Unterdrückung unerwünschten Verhaltens eingesetzt; die Effektivität der Strafe im Sinne des ↗Lernens ist stark umstritten. Viele Psychologen sind der Meinung, dass die Strafe nur ein Vermeidungsverhalten provoziert, d. h. solche Verhaltensweisen und Handlungen, die geeignet sind, die Strafe zu vermeiden, und eine nur zeitweilige Unterdrückung der bestraften Reaktion zur Folge hat, ohne ein endgültiges „Verlernen“ (Löschung) zu bewirken. Weitere Argumente gegen die Anwendung der Strafe: unerwünschte und nicht kontrollierbare Nebenwirkungen, wie ↗Angst, ↗psychische Störungen, Passivität und somit kein Lernen neuer erwünschter Reaktionen. Wird ein Vermeidungsverhalten bestraft (z. B. ein Kind fürchtet sich vor einer Person, einem Tier oder einer Situation und zeigt aus diesem Grunde unerwünschte Vermeidungsreaktionen), so zeigt sich die Wirkung der Strafe darin, dass das Vermeidungsverhalten schneller erfolgt und nicht gelöscht wird. In solchen Situationen dürfen die Erzieher nie bestrafen oder eine Strafe androhen.
Über die Wirkung der Strafe können kaum allgemein gültige Aussagen getroffen werden; sie hängt ab:
– von der individuellen Lerngeschichte; R. M. Church meint, dass die vergan-

gene Erfahrung häufiger und unvermeidbarer Bestrafung die Wirkung erneuter milder Strafen erhöht und intensiver herabsetzt;

- von den Eigenschaften des Organismus bzw. von „Persönlichkeitsmerkmalen, wie ↗Extraversion, ↗Neurotizismus, ↗Vitalität;
- von der Art der bestraften Reaktion; es gibt Nachweise dafür, dass die Bestrafung aggressiver Verhaltensweisen mit primären aversiven Reizen (Schläge, An-den-Haaren-Ziehen, Lärm, Kälte usw.) das bestrafte Verhalten fördert;
- von der Art der Strafe, ihrer Dauer, Intensität und Häufigkeit; plötzliche intensive Strafreize sind erfolgreicher als stufenweise Steigerung der Intensität.

In der Erziehungspraxis können die Strafen kaum so gezielt und kontrolliert eingesetzt werden, dass ihre Wirksamkeit gewährleistet ist und kontrollierbar bleibt. Daher wird die Bestrafung auch weiterhin ein umstrittenes Erziehungsmittel bleiben; man sollte das Nicht-Beachten unerwünschter Reaktionen und das Verstärken erwünschter der Bestrafung vorziehen. Nebenwirkungen und paradoxe Folgen von Strafreizen können nur im klinischen Bereich durch eine systematische und sorgfältige Kontrolle (Aversionstherapie, ↗Verhaltenstherapie) weitgehend vermieden werden.

Stress. Es handelt sich um ein aktuelles und sehr interessantes Thema für die angewandte Psychologie und Therapie. Es geht dabei um stressfreie Gestaltung von Arbeitsplätzen, um den Zusammenhang zwischen Stress und psychischen sowie körperlichen Erkrankungen und um die Bewältigungsstrategien für Stress (Stressmanagement, Stressimmunisierung, Therapie).
Die wissenschaftliche Verwendung des Begriffs Stress deckt sich weitgehend mit der aus dem Alltag. Im Laufe der Forschung sind folgende Spezifizierungen vorgenommen worden: 1. Der bekannteste Stressforscher, H. Selye, bezeichnete mit Stress die „unspezifische Reaktion des Organismus auf jegliche Anforderungen". Es hat sich gezeigt, dass dieselben Reaktionen durch sehr verschiedene Ereignisse ausgelöst werden. Seine Unterscheidung zwischen *„Eustress"* (eine Situation wird als Herausforderung erlebt) und *„Disstress"* (eine Situation wird als Belastung eingestuft) hat in der Stressforschung keine große Beachtung gefunden. 2. Andere Autoren benutzen den Begriff Stress als Bezeichnung für „Belastungs- und Beanspruchungssituation" physikalischer (z. B. Hitze, Druck, Lärm) und psychischer Art (z. B. Zeitdruck, Verlust, wichtige Prüfung). Belastend können auch Unterforderung, Monotonie, Isolation wirken. Auslöser körperlicher (und auch psychischer) Reaktionen werden inzwischen nicht mehr Stress, sondern *Stressoren* (belastende Reize) genannt. 3. Im kognitiven (auch transaktional genannt) Stressmodell von R. S. Lazarus wird die Trennung zwischen Stressor und Stress wieder aufgehoben. Die Verbindung zwischen den „beiden Aspekten des Stress" gelingt über die kognitiven Prozesse der Einschätzung einer Situation. Wird eine Situation als „schädlich" (stressful) eingeschätzt, dann folgt die kognitive Bewertung hinsichtlich folgender Fragen: Handelt es sich um eine *Schädigung/Verlust* (z. B. Krankheit, Tod des Ehepartners), um eine *Bedrohung* (z. B. Angst vor möglichem Verlust, Krankheit) oder um eine *Herausforderung* (z. B. Heirat, Berg-

steigen)? Nach dieser „primären Bewertung" folgt die „sekundäre", die aus der Prüfung der „Bewältigung" einer als „stressful" eingestuften Situation besteht. Bewertet werden sowohl Bewältigungsfähigkeiten als auch Bewältigungsmöglichkeiten. Die Bewältigungsstrategie, Fähigkeiten zur Stressbewältigung und der Prozess der Stressbewältigung wurden von Lazarus „coping" genannt. Manche Autoren beziehen coping in die Definition des Begriffs Stress mit ein und sprechen erst dann von Stress, wenn die gewählte und eingesetzte Bewältigungsstrategie (coping) nicht zum Ziel führt und entsprechende negative emotionale Reaktionen entstehen.
Im Mittelpunkt der Stressforschung stehen folgende Fragen: Welche Situationen werden in der Regel als Stressoren erlebt? Welche kurzfristigen und langfristigen Folgen bewirken Stressoren? Welche Bewältigungsstrategien von dauerhafter Belastung stehen den Menschen zur Verfügung und/oder wie können sie erworben werden?
Seit der „Life-Event-Forschung werden *physikalische* (Schmerzreize, Lärm, Isolation, Unfälle), *psychische* (Versagen, Leistungsüberforderung, Leistungsunterforderung, Prüfungen, Verlust, Bedrohung) und *soziale* Stressoren (Konflikte, Verlust von Eltern, Freunden, soziale Ablehnung) unterschieden. Die unmittelbaren körperlichen Reaktionen auf Stressoren hat Selye mit dem Begriff *„allgemeines Adaptationssyndrom"* zusammengefasst. Die verschiedenen körperlichen Reaktionen (Aktivierung des vegetativen Nervensystems, Ausschüttung bestimmter Hormone, erhöhter Energieverbrauch, erhöhte Muskelspannung) werden als Widerstand, als Anpassung an die Belastungssituation verstanden. Ist die Belastung von längerer Dauer, hat das allgemeine Adaptationssyndrom negative Folgen: Verdauungsstörungen, Müdigkeit, Appetitmangel, Gefäßerweiterung und vor allem Schwächung des Immunsystems. Als Langzeiteffekte treten u. a. folgende Erkrankungen und psychische Probleme auf: Magengeschwüre, Herz-Kreislauferkrankungen, Hörsturz, generelle Erhöhung des Krankheitsrisikos, Unzufriedenheit, Depression, Leistungsschwankungen, Streit, Konflikte, allgemeine Anspannung und andere Belastungssymptome (siehe auch Diathese-Stress-Modell unter ↗Neurose). Für den Praktiker ist nicht nur die Frage, „was können Gestresste tun?", sondern auch die möglichst stressfreie Gestaltung von Arbeitsplätzen von Bedeutung. Es hat sich gezeigt, dass „neue Technologien" (z. B. Computer) neue Belastungen mit sich bringen. Einige interessante Erkenntnisse zur Stressbewältigung: Soziale Unterstützung vermindert die Stresswirkung; Widerstandskraft bzw. Stressresistenz lässt sich durch Engagement für das, was man tut, steigern; Situationskontrolle, d. h. das Gefühl, auf die Situation Einfluss nehmen zu können, wirkt stressmindernd; „Stressmanagementprogramme", Entspannungstechniken (z. B. Meditation), „Stressimpfung" als eine Selbstinstruktionstechnik (↗Verhaltenstherapie) sind bei Dauerbelastung hilfreich. Da Menschen verschiedene Belastungen unterschiedlich erleben und bewerten, ist das Finden einer optimalen Stressbewältigungsstrategie eine wichtige Aufgabe der Beratung und Therapie.

Streuung, statistische Kennzahl, mit der die Verteilung von Häufigkeiten bzw. die Abweichung der Messwerte vom Mittelwert beschrieben wird. ↗Statistik.

S

Struktur, allgemeine Bezeichnung für komplexes „Gefüge", dessen Einzelteile sich gegenseitig beeinflussen, voneinander abhängig sind und ein Funktionsganzes, z. B. ↗Persönlichkeit, ↗Intelligenz usw., bilden. In der Ganzheitspsychologie wird mit Struktur das dem Erleben, Verhalten und der ↗Wahrnehmung zugrunde liegende „Ganze" bezeichnet. ↗Ganzheit.

Sublimierung, ein zweifelhafter und nur im Nachhinein festgestellter ↗Abwehrmechanismus, der als eine Bewältigung von Triebwünschen durch analoge, ähnliche, aber gesellschaftlich akzeptable Verhaltensweisen interpretiert wird. So wird häufig das Beispiel des Kindes genannt, das gerne mit seinem Kot gespielt hat und später zum Bildhauer oder Maler wurde, oder von einem Kind, das gerne und viel aß und später ein berühmter Koch wurde. Von Ratschlägen, die manchmal Jugendlichen erteilt werden und empfehlen, sexuelle Triebregungen in „wertvollere" intellektuelle Verhaltensweisen umzusetzen, ist wenig zu halten, da es an Hinweisen mangelt, wodurch eine Sublimierung begünstigt wird.

Sucht, beschreibt jede zwanghafte Bedürfnisbefriedigung, die Merkmale von psychischer oder physischer Abhängigkeit aufweist (↗Drogenabhängigkeit). Sucht kann sich im Zusammenhang mit psychoaktiven Substanzen (meist Drogen, Alkohol) entwickeln, aber auch nicht substanzbezogen sein (z. B. ↗Verhaltensstörungen, wie übersteigerter Arbeitsdrang, übermäßiges Kritikverhalten, zwanghaftes Glücksspiel u. a.).

Suggestion, Beeinflussung eines Menschen durch sprachliche Vermittlung gefühlsbetonter Vorstellungen, die ihm „untergeschoben" werden (lateinisch: subgerere) und dann sein Verhalten beeinflussen (↗Hypnose). Bei der Autosuggestion formuliert man für sich selbst Vorstellungen (z. B. „mein rechter Arm wird ganz warm"), was als Vorgehensweise von verschiedenen ↗Entspannungstechniken, ↗kognitiven Therapien und beim mentalen Training im Sport genutzt wird.

Suggestopädie, im Volksmund als Superlearning bekannte Methode des Lernens wurde in den 60er Jahren an der Universität Sofia von dem Arzt und Psychotherapeuten Georgi Lozanov entwickelt. Er hatte zuvor auf seinen Reisen das Phänomen des „Supergedächtnisses" bei Fakiren und Yogis entdeckt und bemerkt, dass die Personen während ihren geistigen Höchstleistungen körperlich und mental völlig entspannt waren. Daraus schloss er, dass bei dieser Art von Entspannung ein erhöhtes Maß an Informationen aufgenommen und verarbeitet werden kann.
Seine Forschungen zu Hypermnesie (ungewöhnlich gut ausgeprägtes Behaltensvermögen) führten zu der Erkenntnis, dass ein besonderer Bewusstseinszustand (leichte Entspannung, innere Ruhe, Gelassenheit und Zentriertheit) das Speichern im Langzeitgedächtnis und das Wiederauffinden gespeicherter Informationen ungewöhnlich stark fördert und beschleunigt oder erleichtert. Im Jahre 1978 fand der pädagogische Ansatz von Lozanov das Interesse der UNESCO, die auf einem Kongress die Suggestopädie als zukunftsweisende pädagogische Methode empfahl.

Da sich Probleme und Missverständnisse bei der Übersetzung des Wortes Suggestopädie ergeben haben, wird heute die Bezeichnung „ganzheitliches Lehren und Lernen" bevorzugt. Das Motto des ganzheitlichen Lernens lautet, dass nicht nur mit dem Verstand, sondern auch mit Lust, mit Musik und Lachen, mit Spiel und Spaß, mit Bewegung und Ruhe gelernt wird. In der Suggestopädie werden alle Sinne zum Lernen genutzt, nicht nur der Kopf.
Suggestopädie hat nichts mit Tiefenentspannung oder gar Hypnose zu tun. Hier wird keineswegs im Schlaf gelernt. Im Gegenteil: beim Lernen mit suggestopädischen Methoden sind die Teilnehmer hellwach – wohl aber entspannt.
Den Schülern werden beim ganzheitlichen Lehren und Lernen viele Wahlmöglichkeiten angeboten (suggestions, to suggest = to propose = etwas vorschlagen, anregen), damit sie ihr ganzes Lernpotential (kognitives und emotionales) ausschöpfen. Lozanov ging in seinen Arbeiten davon aus, dass vor allem unsere „anti-suggestiven Barrieren" im Denken, Fühlen und Werten (z. B. „Mathe kann ich nicht!", „Streng dich mehr an!", „Englisch ist schwer!", „Geschichte ist überflüssig!") uns daran hindern, effektiv zu lernen.
Für einen Suggestopäden stehen die Bedürfnisse der Schüler oder Kursteilnehmer im Mittelpunkt und nicht allein der Lernstoff. Im Unterricht geht es deshalb nicht allein darum, Wissen zu vermitteln, sondern darum, das Verstehen zu schulen. Der Unterricht in Form des so genannten „suggestopädischen Kreislaufs" gestaltet sich als Abwechslung von Entspannung und Spannung, von Ruhe und Aktivierung. Nach der Einübung der Entspannung folgt das so genannte „Centering" (Zentrieren, Aufbau der Aufmerksamkeit und Wachheit) mit einer dramatisch-anschaulichen Präsentation der Lektionen begleitet von klassischer Musik (Beethoven, Mozart, Barockmusik). Danach folgt Stoffwiederholung in Entspannung begleitet von ruhig fließender Musik. Es schließt sich eine Phase der spielerischen Umsetzung des Gelernten an, die als Aktivierungsphase sehr kreativ, zeitlich umfangreich sein kann, alle Sinne beansprucht und auch Bewegung beinhaltet.
Ganzheitliches Lernen wurde in den vergangenen zehn bis fünfzehn Jahren zunehmend in der Erwachsenenbildung, im Sprachunterricht und vor allem in Lernbehindertenschulen eingeführt.

Suizid ↗Selbstmord.

Sündenbock. „Jemanden zum Sündenbock machen", beschreibt einen Vorgang, bei dem in Krisen- oder ↗Frustrationssituationen die Verantwortung für das Entstehen solcher Situationen – meist von sich – auf andere abgewälzt wird, wodurch das Selbstbild der Person erhalten bleibt. Psychoanalytisch gesehen handelt es sich dabei um einen ↗Abwehrmechanismus. Das Bild des „Sündenbocks" stammt aus der altjüdischen Tradition, wo man einen Ziegenbock symbolisch mit den eigenen Sünden belud und in die Wüste schickte.

Symbol. Darunter versteht manein Zeichen oder einen Gegenstand, der für etwas anderes, nicht Wahrnehmbares steht. So symbolisiert die Sanduhr Tod und Sterben, das Haus Geborgenheit oder der Fuchs Verschlagenheit. Die

S

↗Psychoanalyse stellt heraus, dass im ↗Traum oft Symbole auftauchen, die Zeichen für verdrängte Inhalte sind. Im ↗katathymen Bilderleben, einem psychotherapeutischen Verfahren, bei dem mit Hilfe bestimmter Symbole Fantasien ausgelöst werden, die dann therapeutisch bearbeitet werden, spielen Symbole ebenfalls eine zentrale Rolle.

Symboldrama, Synonym für das ↗katathyme Bilderleben, einepsychotherapeutische Technik.

Sympathikus, Bündel von Nervenfasern im autonomen ↗Nervensystem, das die inneren Organe des Menschen versorgt und eine im Allgemeinen anregende Wirkung hat (z. B. Beschleunigung der Herztätigkeit, Pupillenweitung).

Symptom. Symptome sind beobachtbare „typische" Zeichen, die auf ein dem Symptom zugrunde liegendes Erscheinungsbild (Krankheit, ↗psychische Störung) oder einen bestimmten Zustand hinweisen, z. B. Traurigkeit. So kann Fieber ein Symptom für eine Entzündung sein, ↗Stottern für unterdrückte aggressive Tendenzen gegenüber den Eltern.

Synapse, Verbindungsstelle zwischen Nerven, an der Reize von einem Nerv zum anderen weitergeleitet werden (↗Nervensystem). Diese Weiterleitung erfolgt durch die Freisetzung von chemischen Substanzen (Neurotransmitter).

Systemgestaltung, partizipative, Mitwirkung der Arbeitnehmer bei der Gestaltung des Arbeitsplatzes. ↗Arbeitspsychologie.

Tabu, etwas, was meist aus moralischen, religiösen oder politischen Gründen nicht ausgesprochen, gedacht oder getan werden darf. ↗Inzest.

Täuschungen. Unsere ↗Wahrnehmung gibt kein objektives Bild der Wirklichkeit wieder, dennoch halten wir das Gesehene, Gehörte usw. für „wahr". Der Mensch ist sich oft nicht klar, dass er aufgrund der Subjektivität seiner Wahrnehmung Täuschungen unterliegt. Am bekanntesten sind die geometrisch-optischen ↗Wahrnehmungstäuschungen.

Taylorismus, Methode der wissenschaftlichen Betriebsführung, um eine möglichst große Leistung und Produktivität zu erreichen. ↗Arbeitspsychologie.

Teamarbeit, Teamentwicklung. In den 90er Jahren setzte zuerst in der Automobilindustrie und später sogar in verschiedenen Dienstleistungsunternehmen eine Neuorganisation von Arbeitsprozessen ein, die verschiedene Vorteile der Gruppenarbeit bzw. der Teamarbeit nutzen wollte. Man war überzeugt, dass Teams ein großes Potential an Kreativität, Produktivität und Leistung enthalten. Die Voraussetzung für eine effektive Teamarbeit ist allerdings, dass sich Gruppenmitglieder zu Teams organisieren, dass sie eine Atmosphäre des Miteinander entwickeln, dass Misstrauen, Wettbewerb, egoistische Tendenzen in Vertrauen, gegenseitige Unterstützung umschlagen und vor allem dass der Nährboden für laufende Missverständnisse und Konflikte beseitigt wird.
Alle Teams durchlaufen verschiedene Entwicklungsphasen. Gerade in der Anfangszeit, ja sogar schon bei der Planung der Einführung von Teamarbeit sollte größte Sorgfalt auf die vielfältigen Aspekte der Teamarbeit gelegt werden. Teamentwicklung gelingt nur dann, wenn einzelne Gruppenmitglieder bereit sind, eigene Schattenseiten zu hinterfragen, die Wahrnehmung für Positionen anderer zu schulen und die Perspektive der Teampartner zu übernehmen. Gelingt dieser „Umdenkprozess", so kommt es zur Leistungssteigerung bei gleichzeitiger höherer Arbeitszufriedenheit.

Temperament. Im Altertum kannte man die vier Temperamente, nämlich den ↗Melancholiker, den ↗Sanguiniker, den ↗Choleriker und den ↗Phlegmatiker (siehe auch ↗Typologien). Heute kennzeichnet man mit diesem Begriff die körperliche Energie, ↗Vitalität und Antriebsstärke eines Menschen. Diese Eigenschaften eines Menschen sind zu einem nicht geringen Teil genetisch bedingt (sie hängen von physiologischen Prozessen ab), können sich aber durch Umwelteinflüsse, wie z. B. Erziehung, auch verändern.

Tests. Man versteht unter einem Test ein diagnostisches (↗Diagnostik) Hilfsmittel, mit dem aufgrund weniger Beobachtungsdaten auf komplexe ↗Fähigkeiten, wie ↗Intelligenz, auf ↗Gefühle, ↗Interessen, ↗Einstellungen und andere Merkmale der ↗Persönlichkeit geschlossen werden kann. Diese psychischen Merkmale entziehen sich der unmittelbaren Beobachtung, so dass – ähnlich dem Röntgenbild, nur wesentlich unschärfer – der Test ein Verhaltens- bzw. Einstellungsmuster bei dem Probanden provoziert, von dem aus auf individuelle Eigenarten geschlossen werden kann. Der Test muss unter kontrollierten und kontrollierbaren Bedingungen ablaufen. Der wesentliche Unterschied zwischen Test und Experiment, das immer einer Testkonstruktion vorausgeht, besteht darin, dass verschiedene Personen quantitativ miteinander verglichen werden können, während das Experiment mehr allgemeine Gesetzmäßigkeiten aufdeckt. Mit Hilfe der Standardisierung (Eichung, ↗Statistik) können experimentell gewonnene Ergebnisse zu einem Test zusammengefasst werden, der dann erst eine Differenzierung zwischen den einzelnen Individuen zulässt. So wird verständlich, dass der Test eine der wichtigsten Methoden in der ↗Differentiellen Psychologie ist, für die ↗Allgemeine Psychologie das Experiment. Nicht alles, was unter dem Begriff „Test" läuft (z. B. psychologische Tests in Illustrierten o. ä.), erfüllt die Anforderungen, die von der wissenschaftlichen Psychologie an brauchbare Tests gestellt werden. Sie stellte sog. Gütekriterien auf, denen ein Test genügen muss, soll er die Bezeichnung „Test" verdienen; diese Kriterien sind Objektivität, Reliabilität und Validität (↗Statistik).

Einteilung der Tests

- nach Testinhalten: Leistungs- und Fähigkeitstests (z. B. „Intelligenztests), Persönlichkeitstests (z. B. ↗projektive Tests);
- nach Art der Durchführung: Gruppen- und Einzeltests, paper-pencil-Tests, ↗Fragebogen;
- nach Art der Auswertung: objektive Auswertung mit Schablonen (z. B. Konzentrationstests oder Persönlichkeitsfragebogen); globale Interpretation (Zeichentes s, Thematischer Apperzeptionstests). ↗Intelligenztests, ↗Projektive Tests und ↗Fragebogen werden als die wichtigsten Testarten näher erklärt.

Thalamus, Hauptteil des Zwischenhirns, der eine Schaltstation für sensorische und motorische Impulse darstellt. ↗Nervensystem.

Thanatopsychologie beschäftigt sich mit psychologischen Fragestellungen im Zusammenhang mit der Thematik vom Sterben und Tod. ↗Todespsychologie.

Themenzentrierte Interaktion (TZI). Auf dem theoretischen Hintergrund der ↗Psychoanalyse und der ↗humanistischen Psychologie sowie unter Berücksichtigung von Erfahrungen aus der ↗Gruppentherapie mit gestalttherapeutischen Prinzipien (↗Gestalttherapie) entwickelte Ruth C. Cohn ein Konzept des „Lebendigen Lernens" in Gruppen (Schulklassen, Erwachsenenbildung, Organisationen, Betriebe). Themenzentrierte Interaktion, bekannt unter der Abkürzung TZI, gilt nach Auffassung vieler Autoren als einer der wichtigsten und vielversprechendsten Ansätze der humanistischen Pädagogik. TZI als pädagogisches und auch als therapeutisches Modell zielt auf „lebendiges", ganzheitliches (Körper-Geist-Seele; Verstand und Gefühle), schöpferisches, lustvolles Lernen. Um eine Gruppe zum lebendigen Lernen hinzuführen und das Lernen leiten zu können, braucht man eine gründliche und langjährige Ausbildung sowohl in der humanistischen Grundhaltung als auch in Methoden der Themenfindung und Themeneinführung, der Herstellung von Ganzheitlichkeit (Einbeziehung des Körpers und der Gefühle) und in Methoden des Balancierens zwischen der Sache (Lernstoff), der Person und den Vorgängen zwischen den Menschen in ei-

ner Gruppe. Damit die TZI lehr- und lernbar wurde, hat R. Cohn ein Strukturmodell der TZI entwickelt, Postulate und Hilfsregeln formuliert und 1966 in New York das Workshop Institute for Living-Learning (WILL) gegründet. 1972 wurde in Zürich das „WILL Europa" gegründet, um die Theorie und Praxis der Ausbildung von Gruppenleitern nach TZI zu organisieren.
Grundlegend für die TZI sind das anthropologische, ethische und pragmatisch-politische Axiom. Das anthropologische Axiom besagt, dass der Mensch nur dann sinnvoll nach sich selbst fragen kann, wenn er Mitmensch und Gesellschaft, Geschichte und Natur, Erde und Universum miteinbezieht. „Der Mensch ist eine psychobiologische Einheit und ein Teil des Universums. Er ist darum autonom und interdependent. Die Autonomie des Einzelnen ist umso größer, je mehr er sich seiner Interdependenz mit allen und allem bewusst wird."
Das ethische Axiom enthält die humane Wurzel der TZI: „Ehrfurcht gebührt allem Lebendigen und seinem Wachstum. Das Humane ist wertvoll; Inhumanes ist wertbedrohend." Im politisch-pragmatischen Axiom hat R. Cohn eindeutig herausgestellt, dass wir für unsere Situation verantwortlich sind: „Freie Entscheidung geschieht innerhalb bedingender innerer und äußerer Grenzen. Erweiterung dieser Grenzen ist möglich (...) Bewusstsein unserer universellen Interdependenz ist die Grundlage humaner Verantwortung."

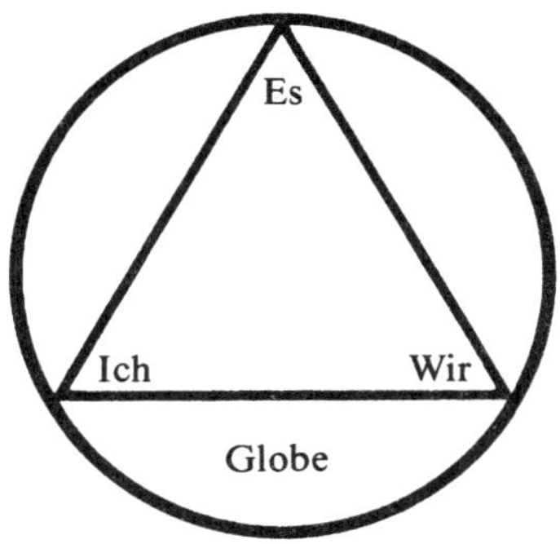

Die vier Elemente des Strukturmodells der TZI und die dazugehörigen Postulate bilden deren methodische Grundlage. Jede lernende Gruppe besteht nach R. Cohn aus vier Elementen, die man sich bildlich als die Endpunkte eines Dreiecks in einer Kugel vorstellen kann. Es sind: Das *Ich* (die Person mit ihren Anliegen) das *Wir* (die Beziehung zwischen den Personen), das *Es* (das Thema, die Aufgabe) und der *Globe* (situative, soziale und andere äußere Bedingungen). Das lebendige Lernen beruht auf der Verwirklichung der dazugehörigen Postulate. *Ich-Postulat:* Sei dein eigener Chairman, sei deine eigene Leitperson. Mache dir deine innere und äußere Wirklichkeit bewusst. Benutze deine Sinne, deine Gefühle, deine gedanklichen Fähigkeiten und entscheide dich verantwortlich für dich. Ich bin verantwortlich für meine Anteilnahme und meine Handlungen, für mein Zupacken und Zurückhalten, für mein Zerstören und für meine Beiträge. *Wir-Postulat:* Die Menschen in der Gruppe interagieren miteinander, haben ein gemeinsames Anliegen. Dabei gilt: Störungen und Betroffenheiten haben Vorrang; ohne ihre Lösung wird Wachstum

verhindert oder erschwert. Jeder Mensch verwirklicht sich durch die Beziehung zu den anderen und in der Zuwendung zu der Aufgabe. Das Wir wird stärker nicht durch die Mitglieder, die sich aufgeben, sondern durch die Mitglieder, die sich eingeben. Innere und äußere Widerstände, Betroffenheiten wie Schmerz, Freude, Angst, Antipathie verhindern das Lernen.
Es-Postulat: Wie jede Sache, sei es Natur- oder Kulturprodukt, enthält das Thema ein Potenzial an menschlicher Intelligenz und oft auch Gemütsstärke. Das Thema ist wie ein runder, zu erkundender Raum. Er hat viele Eingangstüren. Da alle Menschen unterschiedliche Bedürfnisse und Anliegen haben, unterschiedliche Erfahrungen und Erinnerungen mit der Sache verbinden, muss jeder seinen eigenen Zugang suchen, um der Sache ihr Geheimnis zu entlocken.
Globe-Postulat: Das Umfeld der Gruppe ist eine reale Gegebenheit und muss bei der Planung und Durchführung der Arbeit unbedingt berücksichtigt werden. Die Axiome, Postulate und Prinzipien des TZI sind den meisten Menschen einleuchtend. Das Erlernen der grundlegenden humanen Haltung und der methodischen Werkzeuge bedarf aber vieler Kurse im Rahmen einer systematisch aufgebauten Fortbildung. Es hat sich gezeigt, dass die von R. Cohn formulierten Hilfsregeln ohne eine solche gründliche Ausbildung eher missbraucht (mechanische und maßregelnde Anwendung) als zum persönlichen Wachstum und zum Zulassen des lebendigen Lernens gebraucht werden. Solche Hilfsregeln sind z. B. „Halte dich mit Interpretationen von anderen zurück." „Werde wach für deine Gefühle." „Vertrete dich selbst in deinen Aussagen. Dies ist leichter zu tun, wenn du ‚Ich' und nicht ‚man' sagst." „Beachte deine Körpersignale und die von anderen; gehe damit taktvoll um." „Sei authentisch und selektiv in deinen Aussagen. Mache dir bewusst, was du denkst und fühlst, und wähle aus, was du sagst und tust. Du musst nicht alles sagen, aber was du sagst, muss echt (authentisch) sein." In solchen Hilfsregeln kommt eindeutig die Erfahrung von R. Cohn in Gruppentherapie und Gestalttherapie zum Vorschein. TZI ist anwendbar in allen Organisationen, die humanistische Ziele verfolgen. Da die vier Grundelemente gleich wichtig, gleichgewichtig sind, muss der Leiter oder Lehrer immer wieder für Balance sorgen, wenn ein Element zu „gewichtig" wird, zu viel Zeit und Raum beansprucht. Da das Thema genauso wichtig ist wie die Person und die Beziehungen zwischen den Gruppenmitgliedern, handelt es sich um ein pädagogisches Modell und nicht um eine Therapie oder Selbsterfahrungsgruppe, wenn auch die Übergänge in der Praxis fließend sind. Methodisch gesehen ist die Beachtung der Elemente Struktur – Prozess – Vertrauen ebenso wichtig wie die Kunst des Balancierens zwischen Ich, Thema und Wir. Themengerechte Strukturen (Gruppengröße, Gruppenbildung, Methode) fördern gute Prozesse. Je mehr ein Thema in die intime Privatsphäre greift, desto kleiner muss die Gruppe sein. Gute Prozesse fördern Vertrauen und persönliche Befriedigung, und Vertrauen fördert wiederum informative und Gewinn bringende Prozesse. Professionelles Handhaben von Gruppierungen, d. h. insbesondere das Finden, Formulieren und Einführen von Themen und der sinnvolle Gebrauch methodischer Hilfen, ist unerlässlich für das Gelingen des Lebendigen Lernens in Gruppen.

Theorie, eine Systematik, in der Annahmen zur Erklärung des Zusammenhanges von beobachteten Variablen sinnvoll verknüpft oder gefundene Gesetzmäßigkeiten zusammengefasst sind. Theorien wollen Wirklichkeit erklären. ↗Methoden der Psychologie.

Therapietechniken. Die Vielzahl psychotherapeutischer Techniken ist nicht mehr zu überblicken. Eine erste Orientierung bieten die drei Hauptströmungen der Psychologie (Tiefenpsychologie, lerntheoretische Psychologie, ganzheitliche Psychologie), innerhalb derer sich zahlreiche Therapiekonzepte und -techniken entwickelt haben. ↗Psychotherapie.

Tic. Kurze Muskelzuckungen im Gesicht, am Hals oder an der Schulter können zwangsartige (Zwang; ↗Neurose) Bewegungen sein oder als Folge von Gehirnverletzungen auftreten.

Tiefenpsychologie. Mit dem Begriff werden alle psychologischen Theorien bezeichnet, die beim Menschen ein unbewusstes, verborgenes (latentes) Spiel seelischer Kräfte annehmen, das sich auf sein Erleben und Verhalten auswirkt. Im „Unbewussten" sind Triebwünsche, Vorstellungen, Wahrnehmungen, Gefühle und Ängste zu finden, die zum Teil unterdrückt werden, weil sie ihm peinlich und unangenehm sind (z. B. sexuelle Wünsche; ↗Verdrängung); andererseits können sie auch Nachwirkungen von Erlebnissen sein, die nicht bewusst erlebt wurden (z. B. ein im Gespräch überhörter Nebensatz). Durch die Annahme einer unbewussten psychischen Instanz, die in Schichtenmodellen als Tiefenperson bezeichnet wird, konnten einige menschliche Verhaltensweisen erklärt werden, die vorher als unsinnig oder verrückt bezeichnet wurden (z. B. ↗Träume, ↗Neurosen, ↗Wahrnehmungstäuschungen). Die unbewussten Vorgänge konnten zum Teil experimentell nachgewiesen werden. Man hat z. B. nachgewiesen, dass subliminale (unter der Bewusstseinsschwelle ablaufende) ↗Wahrnehmungen (im Wachzustand nicht wahrgenommene Einzelheiten eines Bildes, die direkt nach der Darbietung nicht mehr erinnerbar waren) später in Träumen wieder auftauchten. Unbewusstes kann auch aus dem Trauminhalt erschlossen werden. Auch neurotische Verhaltensweisen sind im Verständnis der Tiefenpsychologie Zeichen für Unbewusstes. So meint man, dass ein bettnässendes Kind durch sein Verhalten die Mutter an sich bindet und dadurch seinen unbewussten Wunsch nach mehr Zuneigung befriedigt.
Die bekanntesten Vertreter der Tiefenpsychologie sind ihr Begründer S. Freud, der die „Psychoanalyse entwickelte, sowie A. Adler und C. G. Jung, die mit der ↗Individualpsychologie bzw. ↗Analytischen Psychologie die Gedanken Freuds verändert übernahmen und ergänzten.

Tierpsychologie. Reine Tierpsychologie, die sich mit dem Bereich des tierischen Verhaltens befasst, das dem menschlichen ähnlich ist, gibt es nicht mehr, bzw. sie wurde von der ↗Verhaltensforschung verdrängt. Kennzeichnend für die Tierpsychologie war eine allzu große „Vermenschlichung" der Tiere, die viele unzulässige Anekdoten über „sprechende" Tiere und „intelligente" Tiere aufkommen ließ.

Todespsychologie. Sterben und Tod sind zumindest für die Psychologie kein „Tabu-Thema" mehr, denn in den 70er und 80er Jahren haben sich viele Wis-

senschaftler mit der „Psychologie des Todes" (auch Thanatopsychologie genannt), d. h. mit den psychologischen Fragen auseinander gesetzt, die eine Begegnung mit Tod und Sterben (Bewusstsein des eigenen Todes, Angst vor dem Sterben, Todkranke, Betreuung Sterbender und Trauernder) auslöst. Einige Erkenntnisse: Der Tod wird von jüngeren Menschen negativer beurteilt als von älteren; er wird als das Ende bisherigen Lebens, als Feind, als Beginn eines neuen Lebens, als Bestrafung, als Belohnung, als Zeit der Ruhe und des Friedens begriffen. Angst vor dem Tod wird im hohen Alter schwächer, Frauen ängstigen sich mehr als Männer, Religiosität kann die Angst vor dem Tod sowohl verstärken (bei Strafandrohung) als auch abschwächen (bei Verheißung der Gnade, Beginn eines neuen Lebens). Es wird angenommen, dass die Angst vor der Begegnung mit Tod und Sterben aus Hilflosigkeit entsteht, mit Sterbenden umzugehen, und daher werden vor allem für Ärzte und Pflegepersonal Ausbildungsprogramme zum Umgang mit Sterbenden gefordert. Hohes Lebensalter und Zufriedenheit mit dem Leben begünstigen die Akzeptierung des Todes. Im Allgemeinen wird angenommen, dass Sterbende bis zur Akzeptierung des Todes folgende Phasen der psychischen (emotionalen und kognitiven) Auseinandersetzung mit dem eigenen Tod durchmachen (nach E. Kübler-Ross): Nichtwahrhabenwollen (die Tatsache des bevorstehenden Todes wird ignoriert), Zorn (Hadern mit dem Schicksal, Aggressionen gegenüber Gesunden), Verhandeln (es wird der Versuch unternommen, durch Wohlverhalten das Sterben aufzuschieben), Depression (Niedergeschlagenheit, Hoffnungslosigkeit) und schließlich Zustimmung, Einwilligung, Annahme des Schicksals. Die geschilderten Phasen der psychischen Verfassung Sterbender sind bei vielen Sterbenden zu beobachten, bei einzelnen Menschen kann sich hingegen ein anderer Verlauf zeigen. Auch die Annahme, dass Tod und Sterben ↗ Abwehrmechanismen auslösen, die zur Vermeidung der Angst durch Unbewusstmachung, Verdrängung der Begegnung mit dem Tod führen, konnte durch die Forschung vielfach belegt werden.
Es sei noch erwähnt, dass S. Freud mit der Annahme des „„Todestriebes" neben C. G. Jung, der die Akzeptierung des eigenen Todes als einen wichtigen Teil der Individuation (↗ Analytische Psychologie) ansah, als ein Vorläufer der Thanatopsychologie gilt.

Todestrieb, von S. Freud als der der ↗ Libido entgegengesetzte Grundtrieb beschrieben, der sich im Zerstören-Wollen und anderen Formen der Destruktion bzw. der ↗ Aggression äußert. Es handelt sich um das Streben nach Wiederherstellung des ursprünglichen unbelebten Zustandes. Später wurde der Todestrieb ganz durch den Begriff Aggressionstrieb ersetzt, dessen Existenz auch von Verhaltensforschern angenommen wird.

Tourismus und Urlaub. Aus dem Massentourismus von heute, der die ursprüngliche Funktion des Urlaubs, nämlich sich zu entspannen, zu erholen, abzuschalten und neue Kräfte zu schöpfen, nicht mehr erfüllt, ergeben sich für die Psychologie folgende Fragestellungen:
1. Aus welchen Gründen, Motiven, Bedürfnissen lässt sich die Reiseaktivität erklären? Als Motive werden von den Reisenden Erholung, „Tapetenwech-

sel“, Entspannung, der Wunsch nette Leute zu treffen und Neues zu sehen sowie Bildung genannt und von den Psychologen das Bedürfnis, dem monotonen Alltag zu entfliehen, Geltungsstreben, Angeberei, Ersatzbefriedigung, Kontaktarmut, Isolierung in Großstädten, Abenteuersuche.
2. Was erwarten Touristen, und was erleben sie tatsächlich? Wie schon bei den Bedürfnissen aufgeführt, erwarten die Reisenden Erholung, und in Wirklichkeit erleben sie häufig dieselbe Monotonie wie zu Hause, Lärm, Termindruck, Langeweile, Stress. Auf der anderen Seite wird die Frage nach den sog. Urlaubsstereotypen nachgegangen, d. h. der Frage: „Was macht einen perfekten Urlaub aus?“
3. Auswirkungen des Massentourismus: Für die Reisenden keine Erholung, Spielen einer Rolle, die ihnen von den Reisebüros aufgezwungen wird, Unzufriedenheit und für die Länder, die von Touristen überfallen werden, überwiegend negative Folgen und Gefahren für Sitten, Gebräuche und die natürliche Ordnung der einheimischen Bevölkerung. In einigen Untersuchungen konnten auch negative Folgen des Tourismus sowohl für die Reisenden (Stress, Verstärkung schon vorhandener Probleme, z. B. psychosomatische Krankheiten) als auch für die Einheimischen festgestellt werden. In einem Alpendorf wurden als Folgen des Massen-Tourismus bei den Einheimischen Stress-Symptome, psychosomatische Beschwerden, Ängste, steigender Alkoholkonsum herausgefunden. Auch die Hoffnung, der Massentourismus könnte zur Völkerverständigung beitragen, geht nach Auffassung von Psychologen nicht in Erfüllung. Im Gegenteil: Es zeigt sich, dass die Begegnungen zwischen einheimischen und Reisenden eher die bestehenden Klischees verstärken und die Spannungen erhöhen, denn zu gegensätzlich ist die Situation beider Gruppen.
Unter dem Stichwort „humanes Reisen“ werden von der Psychologie Anregungen für Reisen von Behinderten und alten Menschen angeboten. Mit dem Begriff „Animation“ werden solche psychologisch begründete Methoden und Hilfen zusammengefasst, die geeignet erscheinen, um Kontaktbarrieren, Hemmungen, Ängste, Unfähigkeit zu spielen, Kreativitätsdefizite u. a. Probleme der Urlauber zu überwinden. In neuerer Zeit wurde auch die ökologische Problematik des Tourismus zum Diskussionspunkt. Es wird ein „kritischer Tourist“ gefordert, der einen umweltverträglichen Urlaub plant und solche Reiseformen sucht, die sowohl dem Reisenden als auch der einheimischen Bevölkerung möglichst wenig ökologische Nachteile bringen.

Transaktionsanalyse ist die Bezeichnung für ein von Eric Berne entwickeltes Modell, mit dessen Hilfe sich gesund bzw. krank machende lebenswichtige soziale Wechselbeziehungen veranschaulichen, verstehen und behandeln lassen. Eine Transaktion besteht nach E. Berne aus einem *Transaktions-Stimulus* (Person A sagt oder tut etwas gegenüber Person B) und einer *Transaktions-Reaktion* (Person B antwortet mit einer Äußerung oder Handlung). Um krank machende von gesunden Transaktionen unterscheiden zu können, muss man die Grundannahme von Berne akzeptieren, wonach jeder Mensch drei verschiedene Ich-Zustände in sich vereinigt: das Kindheits-Ich, das Eltern-Ich und das Erwachsenen-Ich.

Im *Kindheits-Ich* sind alle Erfahrungen und vor allem Gefühle aufgezeichnet, die das Kind in den ersten fünf Lebensjahren machte und erlebte. Zum Kindheits-Ich gehören unsere Triebe, Wünsche, Neugier, Kreativität, aber auch alle Reaktionen, die wir in den ersten fünf Lebensjahren eingesetzt haben, um mit den Anforderungen der Umwelt und der Eltern fertig zu werden. Das *Eltern-Ich* setzt sich aus dem zusammen, was das Kind in den ersten fünf Jahren an den Eltern beobachtet und erlebt hat. Im Eltern-Ich sammeln sich alle elterlichen Vorschriften, Ermahnungen, Vorwürfe, aber auch Lob und Anerkennung (vergleichbar dem Über-Ich von Freud). Das *Erwachsenen-Ich* urteilt, denkt, legt sich seine Handlungen zurecht und berücksichtigt auch die Handlungskonsequenzen.

Die Transaktionsanalyse untersucht, welche Strukturebene des Ich in einer Kommunikationssituation aktiviert bzw. angesprochen wird. Gespräche sowie Reize und Reaktionen lassen sich durch Kreise und Vektoren abbilden. Wenn die Vektoren von Reiz und Reaktion parallel verlaufen, dann spricht Berne von einer *komplementären* Kommunikation, die erfolgreich verlaufen kann. Wenn sich die Vektoren von Reiz und Reaktion im Diagramm überkreuzen, dann ist eine erfolgreiche Kommunikation zu Ende (s. Abb.).

Beispiel für komplementäre Kommunikation zwischen Erwachsenen-Ich und Erwachsenen-Ich (durchgezogene Linie) sowie zwischen Eltern-Ich und Kindheits-Ich (gestrichelte Linie).

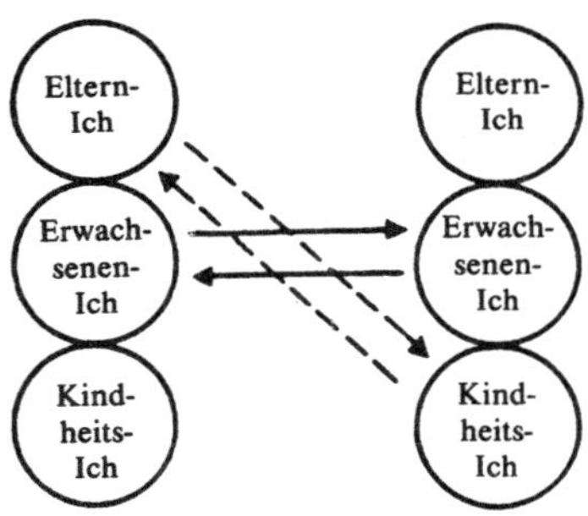

Erwachsenen-Ich zu Erwachsenen-Ich:
Reiz: „Was machst du nach dem Essen?"
Reaktion: „Ich gehe einkaufen."

Eltern-Ich zu Kindheits-Ich:
Reiz: „Du läßt alles liegen."
Reaktion: „Mich stört das überhaupt nicht."

Beispiele für überkreuzte Kommunikation

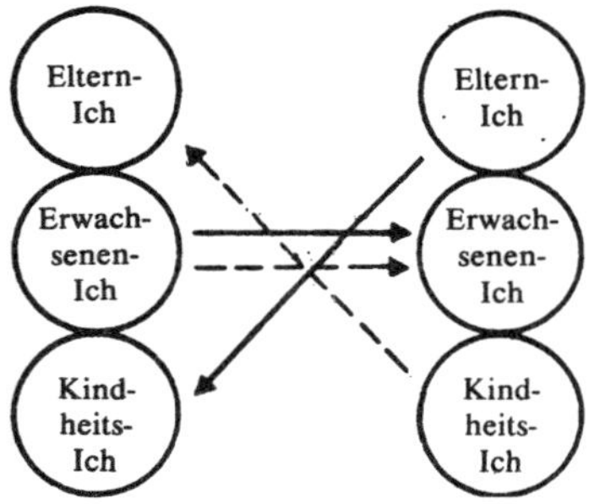

Die Antwort des Eltern-Ich:
Reiz: „Das Essen schmeckt mir heute nicht."
Reaktion: „Was auf den Tisch kommt, wird gegessen."

Die Antwort des Kindheits-Ich:
Reiz: „Warum bist du so spät gekommen?"
Reaktion: „Warum, warum? Wer fragt ist dumm."

In der Beratung und Therapie wird der Versuch unternommen, das „Skript" (Pläne, Drehbuch), nach dem ein Mensch in der Partnerbeziehung „spielt" (auf Reize reagiert bzw. selbst Reize sendet), klarzulegen, zu übersetzen und gegebenenfalls zu verändern. Dabei spielt der sog. „innere Dialog" zwischen den Ich-Ebenen eine wichtige Rolle. Der innere Dialog z. B. zwischen dem Eltern-Ich und dem Kindheits-Ich beansprucht die Aufmerksamkeit voll und entfernt uns von dem Kommunikationspartner, der sich dadurch abgewertet fühlt. Es handelt sich um ein „Ausblenden" aus dem Hier und Jetzt in die vergangene Wirklichkeit. Die Transaktionsanalyse hilft herauszufinden, durch welche Reize der innere Dialog angeregt wird und welche Reize das Eltern-Ich und damit auch der Situation unangemessene Gefühle auslösen. Es gibt viele Therapiekonzepte, die Elemente der Transaktionsanalyse in ihr Programm aufgenommen haben. In Deutschland hat vor allem ein Mitarbeiter von Berne, Thomas A. Harris, mit seinem Buch *Ich bin o. k. – du bist o. k.* viel zur Verbreitung der Transaktionsanalyse beigetragen.

Transfer (Generalisierung), Übertragung des Lerneffektes auf ähnliche Situationen oder Handlungen. ↗Generalisierung.

Transsexualismus, zwanghaftes Verlangen, dem anderen Geschlecht anzugehören, die Rolle des entgegengesetzten Geschlechts zu übernehmen. ↗Sexualstörungen.

Transvestitismus ist eine abgeschwächte Form des ↗Transsexualismus und besteht im starken Verlangen, die Kleidung des entgegengesetzten Geschlechts zu tragen; in der Praxis trifft dies hauptsächlich für den Mann zu, der typische Frauenkleidung trägt.

Trauer, Trauerarbeit. Der Verlust eines geliebten Menschen, eines Kindes oder Lebenspartners kann uns tief erschüttern, uns zur Verzweiflung treiben und so unendlich große Schmerzen verursachen, dass manch einer selbst nicht mehr weiterleben will. Mit einem solchen Verlust umzugehen, kann man lernen und den Tod akzeptieren.
Abschied-Nehmen und Trauerarbeit sind Themen, die mit dem Verlust eines geliebten Menschen zusammenhängen. Wir müssen erkennen und akzeptieren, dass sich ein wichtiges Ereignis unserer Kontrolle entzieht und dass sich etwas für immer verändert.
Nach Verena Kast erfolgt die Verarbeitung eines Verlustes durch den Tod in vier Phasen der Trauer: In der ersten Phase überwiegen *Schock und Verneinung*, d. h. wir können es einfach nicht fassen und deshalb „kann nicht sein, was nicht sein darf". Diese Phase kann kurz sein, aber auch über Wochen, ja sogar Monate andauern. In der zweiten Phase werden Trauernde von so genannten *aufbrechenden Gefühlen* wie Wut, Verzweifelung, Schuldgefühle, Schmerz, aber auch von Empfindungslosigkeit überwältigt. In der dritten Phase des *Suchens und Trennens* findet der Hinterbliebene den Kontakt zum Verstorbenen, z. B. durch Rituale und Tagträume, und befindet sich im Wechselbad der Gefühle zwischen Trost, Verneinung und Trauer, Ernüchterung

und Annehmen des Schicksals. In der vierten Phase entsteht ein neuer Weltbezug, der Hinterbliebene gibt die Gewohnheiten, die mit dem Verstorbenen geteilt wurden, auf und beginnt, seinen Lebensrhythmus neu zu gestalten. In dieser Phase findet die tatsächliche Akzeptanz des Todes statt.
Im Alltag stellen diese Phasen kein gradliniges Nacheinander dar. Es kann vorkommen, dass Trauernde bereits nach der zweiten Phase glauben, den Verlust verschmerzt zu haben, und es kann nach Jahren erneut zu heftigen schmerzlichen Gefühlsausbrüchen kommen.
Trauer braucht vor allem viel Zeit. Trauer und Abschied kann jeder Mensch nur in seinem eigenen Tempo bewältigen. Als Angehörige trauernder Menschen müssen wir wissen, dass der Verlust eines geliebten Menschen eine tiefe Verletzung darstellt, die manchmal erst nach Jahren verheilt. Den Satz „das Leben geht weiter" wollen die Trauernden in der Regel am wenigsten hören. Trotzdem beginnt mit der Annahme des Todes ein neuer Lebensabschnitt. Unterdrückte Trauer führt erfahrungsgemäß zu zahlreichen körperlichen und seelischen Krankheiten, manchmal erst viele Jahre später. Deshalb ist es wichtig, die eigene Trauer ausleben zu können. Einen „richtigen" Weg hierfür gibt es nicht.

Traum, Traumforschung. Es gibt kaum eine Erscheinung, die nach dem Volksglauben so viele Geheimnisse und Rätsel enthält wie der Traum. Die schon ohnehin interessante Frage, was denn Träume bedeuten könnten, wurde durch die „Traumdeutung" von Sigmund Freud noch stärker in den Mittelpunkt der Diskussion gerückt.
Nach S. Freud ist der Traum immer Erfüllung vornehmlich sexueller Triebwünsche, die unterdrückt, verdrängt wurden, weil sie unerlaubt, verpönt, verboten sind. Die verpönten Triebwünsche werden durch die „Traumarbeit" derart maskiert und verschleiert, dass sie nur schwer durchschaubar in den Trauminhalt eingehen können. Die *Traumdeutung* besteht demnach in der Demaskierung, Entschleierung der im Trauminhalt verschlüsselten Triebwünsche. Bei der Deutung des Trauminhalts sind richtige „Zufallstreffer" möglich.
Mit Hilfe der modernen Technik gelangten „Schlaf- und Traumforscher, wie N. Kleitman, E. Aserinsky, W. Demant u. a. zu Erkenntnissen, die Träume in einem völlig neuen Licht darstellen.
1. Jeder Mensch träumt, viele können sich jedoch an ihre Träume, wenn sie aufwachen, nicht mehr erinnern. Auch diejenigen, die glauben, nie zu träumen, berichten über Träume, wenn sie während oder direkt nach der Traumphase aufgeweckt werden.
2. Der Traum läuft nicht blitzartig innerhalb weniger Sekunden ab, sondern jeder Mensch träumt bis zu fünfmal in einer Nacht, wobei die erste Traumphase etwa 10 Minuten und die letzte bis zu 40 Minuten dauert. Geträumt wird in der Phase des leichteren ↗Schlafs, der wegen der schnellen Augenbewegungen auch REM-Schlaf oder „paradoxer" Schlaf genannt wird.
3. Träume werden von sexuellen Erregungen begleitet – auch dann, wenn es sich um keine sexuellen Träume handelt –, von Muskelspannungen, unregelmäßigem Atem und von einer Gehirnaktivität (↗EEG), die sich von der während des echten ↗Schlafs stark unterscheidet.
4. Der Inhalt der Träume sagt nichts über die Zukunft und wahrscheinlich sehr

wenig über die Vergangenheit des Träumers aus. Der Trauminhalt wird oft durch Erlebnisse des vergangenen Tages (Tagesreste) bestimmt, wobei Wünsche, sexuelle Vorstellungen oder ↗Gefühle (z. B. Angst = Angst- oder Albträume) mitverarbeitet werden können. Es steht fest, dass aktuelle Reize (z. B. Nässe, Geräusche oder Druck), die während des Schlafes auf den Schläfer einwirken, in den Traum eingebaut werden und den Trauminhalt mitbestimmen.
5. Werden die Menschen über längere Zeit hinweg am Träumen gehindert, können psychische Störungen auftreten, und außerdem wird der Traumentzug in den Erholungsnächten nachgeholt (längere Traumphasen).
6. Über die Bedeutung und Funktion der Träume können nur Hypothesen gebildet werden. Jan Oswald nimmt an, dass der REM-Schlaf und somit der Traum eine biochemische Erholungsfunktion des Gehirns darstellt, Ch. Evans meint, der Traum diene der Entlastung des Gehirns, dem Vergessen von unwichtigen Daten, und nach einer anderen Hypothese dienen der Traum und die psychische Aktivität während des REM-Schlafs der Einordnung vergangener Erlebnisse in den schon vorhandenen Erfahrungsschatz und somit der Gedächtnisbildung. Es wird angenommen, dass die aktuellen Erlebnisse im Traum mit den am weitesten zurückliegenden Erfahrungen verglichen werden – auch mit denen aus der frühen Kindheit –, an die wir uns im normalen Wachzustand nicht mehr erinnern. Dies könnte die Erklärung für die oft verblüffenden und aufregenden Trauminhalte sein.
Nach dem gegenwärtigen Stand der Forschung ist der Traum nicht nur der „Hüter des Schlafes“ (S. Freud), indem aktuelle Reize während des leichtesten Schlafes in den Trauminhalt eingebaut werden, damit sie den Schläfer nicht aufwecken; er dient nicht nur der Wunscherfüllung, sondern ist in vielfacher Hinsicht für das normale Funktionieren des ↗Nervensystems verantwortlich. Es ist sicher, dass Schaltsysteme im Zentralnervensystem (↗Nervensystem) im Schlafzustand anders verlaufen als im Wachzustand.

Traumdeutung. Der Traum „hütet“ nach Ansicht der Psychoanalyse den Schlaf und macht ängstigende, unerlaubte Triebwünsche unkenntlich. Mit der Traumdeutung möchte man diese Triebwünsche aufdecken, wobei davon ausgegangen wird, dass im Traum einmal eine *Verdichtung* (unterschiedliche Vorstellungen sind ineinander verwoben, sind einzeln nicht mehr erkenntlich) aber auch eine *Verschiebung* (Gefühlsinhalt einer Vorstellung wird auf eine andere verschoben) stattfindet. Bei der Aufdeckung des verborgenen, latenten Trauminhaltes arbeitet man vor allem mit freien Einfällen des Träumers, eine schematische Deutung von ↗Symbolen hat sich nicht bewährt. ↗Analytische Psychologie, ↗Traum.

Tremor (Zittern) entsteht aufgrund schnell wechselnder Muskelanspannungen; ist beobachtbar beim Frösteln, Erregung, starker Ermüdung, im Greisenalter (Parkinsonsche Krankheit) und bei Delirien (z. B. infolge von Alkohol- oder Nikotinvergiftung).

Triebe. Mit dem Begriff Trieb wird diejenige Aktivierung des Verhaltens und Handelns bezeichnet, die aus einer Beeinträchtigung des physiologischen Gleichgewichts, also aus einem Zuwenig oder Zuviel an bestimmten Stoffen

herrührt und als Drang oder Triebdruck erlebt wird. Es handelt sich zunächst um eine angeborene (auch primär genannte), biologisch bedingte Energie oder Triebstärke, die an physiologische Vorgänge im Organismus gebunden ist. Vom zentralen Nervensystem und vor allem vom Hormonsystem geht eine Antriebsenergie aus, die zu spezifischen Verhaltensweisen führt.
Triebe haben eine wichtige lebenserhaltende Funktion. Schon 1928 hat C. M. Davis festgestellt, dass Babys, wenn sie die Möglichkeit haben, zwischen verschiedenen Nahrungsangeboten zu wählen, diejenigen auswählen und essen, die ihr Organismus braucht. Vor allem in der Tierwelt wird beobachtet, dass Triebe ein Suchverhalten nach dem passenden Schlüsselreiz auslösen, der dann die Triebhandlung in Gang setzt. Diese läuft so lange ab und wird so oft wiederholt, bis der Trieb befriedigt ist. Nach der Triebbefriedigung lädt sich die Antriebsenergie wieder neu auf. Von Triebstau spricht man, wenn ein Trieb nicht sofort befriedigt werden kann.
H. Rohracher unterscheidet zwischen Erhaltungstrieb, Gesellschaftstrieb, Genusstrieb und Kulturtrieb. In einer ähnlichen Gliederung werden aufgeführt vitale Triebe (Lebenserhaltungstriebe), soziale Triebe (Gesellschaftstriebe, z. B. Herrschsucht, Machttrieb), hedonistische Triebe (Genusstriebe, z. B. Rauchen) und Kulturtriebe (z. B. Interessen, Wissensdrang).
Nach Auffassung von Rohracher weisen Triebe folgende Merkmale auf:

1. Das Erleben eines Dranges, meist im Zusammenhang mit einer Zielvorstellung.
2. Triebe sind unabhängig von Wollen und Denken und treten ohne Mitwirkung des Bewusstseins auf.
3. Die Befriedigung eines Triebes ist lustvoll; bleibt der Trieb unbefriedigt, entsteht Unlust.
4. Starke Triebspannungen können die Klarheit des Denkens und der Wahrnehmung beeinträchtigen und herabsetzen. Das trifft vor allem für so genannte Triebtäter zu.

Zu den lebenserhaltenden Trieben werden gerechnet:
a) *Versorgungstriebe:* Das Verhalten wird durch einen Mangelzustand (z. B. zu wenig Sauerstoff im Blut) aktiviert. Diese Triebe erleben wir z. B. als Hunger, Durst, Schlafbedürfnis, und nach Meinung vieler Wissenschaftler gehört auch der Neugiertrieb (Explorationsbedürfnis) dazu.
b) *Schutztriebe oder Vermeidungstriebe*, die Verhaltensweisen zur Vermeidung schädlicher Reize aktivieren. Zu nennen sind Schmerzvermeidung, Ausscheidungsbedürfnisse und Furcht.
Zu den *arterhaltenden Trieben* zählen der Sexualtrieb und auch der Aggressionstrieb (z. B. nach Sigmund Freud). Diese beiden Triebe lassen sich allein durch physiologische Vorgänge nicht hinreichend erklären. Bei beiden wirken sich Erziehung, Normen, Gruppendruck, Erwartungen, Erfahrungen und äußere Anreize stark aus. Die Befriedigung dieser Triebe ist in der Regel mit starker Erregung verbunden.

Typologie. Aus den zahlreichen Persönlichkeitsmerkmalen versucht die Typenforschung diejenigen herauszufinden, die am stärksten verhaltensbestimmend und typisch für eine bestimmte Anzahl von Individuen sind.
a) Konstruierte Typen. In der Typenforschung werden entweder von vornherein

bestimmte Kategorien oder Klassen angenommen, die auf logischen Überlegungen über Verhaltensbereiche beruhen (z. B. politischer, sozialer, ästhetischer, ökonomischer Mensch nach E. Spranger), oder es werden besonders ausgeprägte, dauerhafte (konstante) Verhaltensweisen herausgestellt, die in jedem Verhaltensbereich zu beobachten sind („phlegmatisch, ↗cholerisch, ↗sanguinisch und ↗melancholisch nach Galenus, s. innerer Kreis der folgenden Abb.).

b) Empirisch gewonnene Typen. Im Unterschied zu den gedanklich konstruierten Typen, die häufig unter dem Begriff „vorwissenschaftliche Typen" zusammengefasst werden, geht die „wissenschaftliche Typologie" von beobachtbaren Merkmalen aus, z. B. dem Körperbau.

So beobachtete der Psychiater E. Kretschmer, dass Patienten mit der Diagnose ↗Schizophrenie häufiger einen sog. leptosomen (schmalwüchsigen) Körperbau hatten als manisch-depressive, bei denen häufiger der sog. pyknische (rundwüchsige) Habitus gefunden wurde. Auf der Grundlage dieser Beobachtung baute Kretschmer seine ↗Körperbautypologie auf.

Die statistische Analyse beobachteter Merkmalsvariabilität führte andererseits zur Aufstellung dimensionaler Persönlichkeitstypen (s. Abb. unten und das Modell von H. J. Eysenck und R. B. Cattell, ↗Persönlichkeit). Dimensionsmodelle weisen gegenüber älteren Typologien folgende Vorzüge auf:

1. Für die Klassifikation von Menschen dienen die der Verhaltensvielfalt zugrundeliegenden Dimensionen, wie z. B. ↗Extraversion – Introversion;
2. Mischformen sind möglich: es gibt nur wenige Menschen, die eine Dimension in extremer Ausprägung aufweisen.
3. Die „typischen" Dimensionen können zur Einordnung vieler Verhaltenserscheinungen herangezogen werden.

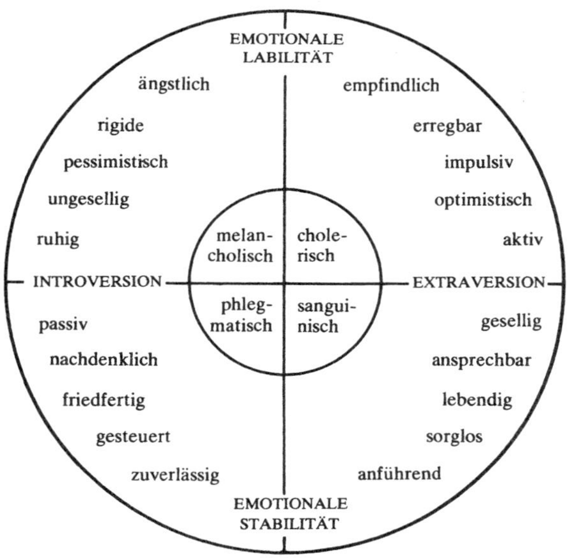

Bei allen Typologien besteht die Gefahr, dass der Blick auf die individuelle Persönlichkeitsstruktur verstellt wird. Menschen neigen allzu leicht dazu, erst einem Fremden einen bestimmten Typus zuzuschreiben und ihn später ständig mit der „Brille" des angenommenen Typus zu sehen und zu beurteilen. Die Typologie vereinfacht die individuellen Unterschiede zu stark, kann nur bestimmte Verhaltensweisen erklären und kommt unserem Bedürfnis, die Menschen zu „katalogisieren", sehr entgegen. In der modernen Psychologie wird der Begriff „Typ" auch weitgehend von dem neutraleren und anspruchloseren Begriff Persönlichkeitsfaktor (↗Persönlichkeit) abgelöst. Es kann kaum von einem extravertierten, phlegmatischen, neurotischen oder kriminellen Menschen gesprochen werden, da sich die meisten Menschen nur in wenigen Situationen z. B. neurotisch und in den meisten vollkommen angepasst verhalten.

U

Über-Ich, kontrollierende Instanz im psychoanalytischen Persönlichkeitsmodell. ↗Psychoanalyse.

Übertragung. Im Alltag äußern wir Einstellungen, Gefühle und Wünsche, die wir in der Kindheit hatten, oftmals im Kontakt zu anderen Menschen. Manche übertragen z. B. die Wut, die sie gegenüber dem Vater erlebten, und suchen aus lächerlichen Ansätzen immer wieder Streit mit ihren Vorgesetzten. In der Psychoanalyse geht der Therapeut auf solche Neigungen des Menschen ein, er analysiert sie und macht sie dem Klienten als Übertragung deutlich. ↗Psychoanalyse.

Übung. Das Wiederholen einer Handlung, Tätigkeit oder Bewegung dient der Leistungssteigerung, der Verringerung von Fehlern und der Erhöhung der Schnelligkeit, dem Erwerb neuer Verhaltensweisen und Fertigkeiten und der „Automatisierung" von Bewegungen (gut eingeübte Bewegungen können ohne bewusste Steuerung präzise und schnell ausgeführt werden). Systematische Übung wird Training genannt. Der Übungseffekt steigt mit dem Einlegen von Erholungspausen (längere Pausen bei längerem Wiederholen einer Tätigkeit und kürzere Pausen bei wenigen Wiederholungsvorgängen). Das Einüben einer Fertigkeit oder Verhaltensweise begünstigt das Erlernen ähnlicher Fertigkeiten *(Transfer)*.

Ultrakurzzeitgedächtnis, registriert alle Informationen, die der Mensch durch seine Sinne aufnimmt; es wird deshalb auch sensorisches Gedächtnis genannt. ↗Gedächtnis.

Umfragen, grundlegende Methode der ↗Meinungsforschung.

Umwelt. Der Mensch lebt in einer natürlichen (Klima, Landschaft u. a.), kulturellen (Sprache, Weltanschauung u. a.), wirtschaftlichen (Vermögen, Wohngegend u. a.) und sozialen Umwelt (Familie, Geschwister, Freunde u. a.), die ihn beeinflusst und auf die wiederum er einwirkt. Diese Wechselwirkungsprozesse werden vor allem von der ↗Umweltpsychologie thematisiert. In früheren Jahren beschäftigte sich die Psychologie stark mit dem ↗Anlage-Umwelt-Problem.

Umweltpsychologie, Ende der siebziger Jahre entwickelte sich in Deutschland im Zusammenhang mit der in den Industriegesellschaften einsetzenden Umweltkrise („Ölschock", Waldsterben u. a.) die ökologische oder Umweltpsychologie. Ursprünglich war der Begriff „ökologische Psychologie" für die theoretische Auseinandersetzung mit Umweltfragen gedacht, „Umweltpsychologie" sollte für deren Bewältigung zuständig sein. Diese Unterscheidung hat sich nicht durchgesetzt.
In der Umweltpsychologie lassen sich drei Forschungsfelder unterscheiden (nach: Homburg und Matthies, 1998):
- Wahrnehmung der Umweltkrise durch einzelne Menschen und Gruppen (Erfassen von Meinungen, Umwelteinstellungen, Risikobewertungen u. a.)
- Feststellung negativer psychischer Folgen aus der Umweltbelastung
- Förderung umweltschonenden Verhaltens

Im Einzelnen setzt sich die Umweltpsychologie z. B. mit folgenden Fragen auseinander:
a. Wie können bestimmte Umwelten (Wohnungen, Städteteile, Produktionsstätten, Straßen) so gestaltet werden, dass sie den individuellen Bedürfnissen ebenso gerecht werden wie den Interessen von Gruppen und für die Zukunft Perspektiven eröffnen?
b. Wie ist das Entsorgungsproblem zu lösen, wenn sich die Abfallmenge nicht über die Reduktion des Konsums verringern lässt, und wie kann das Recyclingverhalten, das Verhalten bei der Abfallbeseitigung, erfolgreich beeinflusst werden? Wie ist mit weiteren Problembereichen wie Wasser und Lärm umzugehen?
c. Wenn das Problem des Energiesparens über finanzielle Anreize oder über Preiserhöhungen nicht zu lösen ist, welche Rolle spielen Einstellungen und Werte beim täglichen Umgang mit Energie? Mit welchen Methoden kann das Verhalten von Energieverbrauchern geändert werden?
d. Das Verkehrsverhalten ist zunächst der Gegenstand der „Verkehrspsychologie. Aus der Sicht der ökologischen Psychologie stellt sich die Frage, wie das Verkehrsverhalten zugunsten des Umweltschutzes verändert werden kann, wie die Verkehrsmittelwahl beeinflusst werden könnte, welche Ursachen für die Verkehrsgefährdung von Kindern bekannt sind und wie Verkehrswege umweltschonender gestaltet werden können.
Die Umweltkrise ist sicherlich auch ein Bewusstseinsproblem, das mit der Fragestellung „Wie wird die Umweltthematik von Individuen und Gruppen wahrgenommen?“ erforscht wird. Mit dieser Fragestellung werden Umwelteinstellungen, Risikobewertungen, Umweltängste und individuelle Sichtweisen zum Thema Umwelt erfasst. Als „Umweltstress“ werden psychische und psychovegetative Folgen, die mit der Umweltbelastung einhergehen, zusammengefasst. Die Frage, wie Menschen als „Bewältiger“ der Umweltproblematik reagieren, richtet sich auf das Erarbeiten von Interventionsprogrammen zur Förderung und Stabilisierung umweltschonender Verhaltensweisen von Individuen und Gruppen. Es hat sich herausgestellt, dass viele sozialpsychologische Erkenntnisse zur Entwicklung solcher Interventionskonzepte geeignet sind. Zu nennen sind: ↗Lernen am Modell, Erkenntnisse zur Änderung sozialer ↗Einstellungen, die Theorie des prosozialen Verhaltens (Übertragung prosozialer Normen auf Umweltnormen) und auch die Attributionstheorie, die interessante Einblicke in die Ursachen- und Verantwortungszuschreibung für die Erzeugung und Lösung von Umweltproblemen liefert.

Unabhängige Variable. Das ist jene Größe in einem Experiment, deren Einfluss vom Forscher willkürlich gesetzt und kontrolliert wird. So wird z. B. ein Musikstück als Einflussgröße „gesetzt“ und festgestellt, welche Auswirkung sie auf einen bestimmten Lernvorgang (↗abhängige Variable) hat. ↗Experiment, ↗Methoden der Psychologie.

Unbewusstes, Gesamtheit der psychischen Vorgänge, zu den wir keinen Zugang mit unserer bewussten Aufmerksamkeit haben. ↗Psychoanalyse, ↗Tiefenpsychologie.

Validität, Gültigkeit von Messinstrumenten. ↗Statistik.

Variable, ein aus der Mathematik kommender Begriff, der in der Psychologie jedes Element, Ereignis oder Merkmal bezeichnet, das beobachtbar und messbar ist. ↗Statistik.

Varianz, Maß für die Streuung, d. h. die Differenz zwischen dem größten und kleinsten Wert eines Merkmals. ↗Statistik.

Varianzanalyse, statistisches Verfahren, mit dem man untersucht, ob die Streuung eines Merkmals zufällig zu Stande gekommen oder auf einen bestimmten Einfluss zurückzuführen ist. ↗Statistik.

Vegetatives Nervensystem. Es steuert die inneren Organe, das Herz und die Drüsen des Körpers und ist willentlich nur schwer beeinflussbar (↗Entspannungstechniken). ↗Nervensystem.

Verdrängung. Triebwünsche, Gefühle und Bedürfnisse, deren Befriedigung verboten oder nicht möglich ist und die deshalb Angst auslösen, werden „vergessen" und ins Unbewusste abgeschoben. Mit diesem ↗Abwehrmechanismus wird Angst reduziert. Die verdrängten Inhalte sind aber nicht wirkungslos geworden, ihre Energie bleibt erhalten und wirkt sich auf das Erleben und Verhalten des Menschen aus.

Vergessen. Im Langzeitgedächtnis gespeicherte Erfahrungen sind zwar ein Leben lang vorhanden, da sie eine dauerhafte chemische Veränderung im Gehirn bewirkt haben, können aber nicht mehr auf dem Weg des bewussten Erinnerns erreicht werden. ↗Gedächtnis.

Verhalten, umfassende Bezeichnung für alle Aktivitäten, Vorgänge und körperliche Reaktionen, die beobachtet oder gemessen (z. B. physiologische Vorgänge) werden können. Das Verhalten wird vom Erleben abgegrenzt.

Verhaltensforschung *(Ethologie)* befasst sich mit dem Verhalten der Tiere, mit den stammesgeschichtlich erworbenen (Phylogenese) und vererbten Anpassungsmechanismen und deren physiologischen Grundlagen. Sie erforscht die Auseinandersetzung der Tiere mit der Umwelt *(Umweltforschung, Ökologie)* und den Artgenossen und versucht mit Hilfe der gewonnenen Einsichten über das tierische Verhalten das menschliche Verhalten zu erklären *(vergleichende Verhaltensforschung, Humanethologie).* Die Verhaltensforschung erwarb ihre wissenschaftliche Anerkennung mit den Arbeiten von E. v. Holst über die Verhaltensphysiologie (organismische Grundlagen des Verhaltens), durch N. Tinbergen, der das angeborene Verhalten von Insekten, Fischen, Vögeln und auch das soziale Verhalten von Tieren untersuchte, und durch K. Lorenz, der zusammen mit Tinbergen verschiedene Anpassungsmechanismen der Tiere erforschte und mit seinen Untersuchungen über die ↗Prägung bei Graugänsen weltbekannt wurde.

Den Forschungsarbeiten von Tinbergen und Lorenz hat die Verhaltensforschung auch die Klärung folgender Begriffe zu verdanken: „Instinkt, Appetenzverhalten, Schlüsselreiz, ↗AAM (angeborener Auslösemechanismus), Leerlaufreaktion und Übersprungshandlung. Durch die Klärung dieser Mechanismen wurde verständlich, wie die Anpassung der Tiere trotz angeborener Verhaltensweisen möglich ist.
Das Verhalten der Tiere wird weitgehend durch angeborene Tendenzen, auf bestimmte innere oder äußere Reize angepasst zu reagieren, gesteuert, wobei ↗Instinkte als angeborene Tendenzen im Laufe der Stammesgeschichte erworben wurden. Angeboren ist immer nur die Reaktion und nur zum Teil auch die Reize, auf welche eine solche Reaktion oder Endhandlung, erfolgt. *Schlüsselreize,* d.h. Reize, die eine bestimmte angeborene Reaktion auslösen (deswegen auch *Auslöser* genannt), können sowohl angeboren als auch gelernt sein. Vielfach handelt es sich bei Tieren nur um eine angeborene Bereitschaft, einen bestimmten Reiz mit einer angeborenen Reaktion zu beantworten; sie wird *angeborener Auslösemechanismus* (AAM) genannt. Wenn Schlüsselreize in einer bestimmten kritischen Phase gelernt werden, wird der Vorgang als ↗Prägung bezeichnet; bei Lernvorgängen außerhalb kritischer Phasen, die nach bestimmten Prinzipien erfolgen, spricht man von Konditionierung (↗Lernen). Konditionierungsversuche mit Tieren, die als erster I. P. Pawlow, später B. F. Skinner u. a. durchgeführt haben, führten zu der Erkenntnis, dass dem ↗Lernen von Verhaltensweisen bei Mensch und Tier weitgehend dieselben Mechanismen zugrunde liegen. Diese Tatsache und die Evolutionstheorie von C. Darwin ermutigten manche Verhaltensforscher, von ähnlichen Verhaltensmustern bei Tier und Mensch auf gleiche Grundmechanismen zu schließen. So glaubt z.B. K. Lorenz, durch seine Beobachtungen über ↗Aggression unter Tieren einen angeborenen Aggressionstrieb beim Menschen nachgewiesen zu haben und vom Pflegeverhalten bei Tieren auf angeborenes mütterliches Verhalten beim Menschen, das durch das „Kindchenschema" ausgelöst wird, schließen zu können, und meint, dass vor allem das soziale Verhalten des Menschen in weit höherem Maße von angeborenen Komponenten bestimmt wird, als dies allgemein angenommen wird. Diese methodisch unzulässige Verallgemeinerung (↗Methoden der Psychologie) wird von seinem Schüler I. Eibl-Eibesfeldt fortgesetzt. Eibl-Eibesfeldt behauptet u. a., aufgrund der beobachteten Ähnlichkeit im Ausdrucksverhalten (↗Ausdruck) zwischen Tieren, Naturvölkern und zivilisierten Menschen angeborene („vorprogrammierte") Wahrnehmungsmechanismen, ethische und soziale Normen nachgewiesen zu haben. Die fragwürdigen Verallgemeinerungen werden von Psychologen scharf kritisiert.

Verhaltensstörungen. Dieser Begriff wird sehr unterschiedlich, zum Teil verwirrend gehandhabt. In der internationalen statistischen Klassifikation für Krankheiten (ICD-10) stehen die Verhaltensstörungen zusammen mit den ↗psychischen Störungen in jener Gruppe von Krankheiten, mit denen sich vorwiegend die ↗Klinische Psychologie und ↗Psychiatrie befassen. dabei beschreiben Verhaltensstörungen, wie ihr Name sagt, Beeinträchtigungen des Menschen, die sich vorwiegend in seinem Verhalten äußern. Das wären z. B.

beim Erwachsenen pathologisches Glücksspiel, Pyromanie (krankhafte Brandstiftung) oder Kleptomanie (krankhaftes Stehlen) und beim Kind z. B. Überängstlichkeit, Mutismus, Einnässen, Stottern. Bei der Klassifizierung im ICD spielt keine Rolle, ob Verhaltensstörungen erworben wurden oder organisch bedingt sind.

Ganz anders ist es in der *Heilpädagogik*. Hier wird betont, dass die Verhaltensstörungen erworben wurden, d. h. im Wesentlichen nicht auf organische Ursachen zurückzuführen sind; außerdem beschränkt man sich nicht auf das „offene“, deutliche Verhalten des Menschen, sondern berücksichtigt z. B. auch emotionale und soziale Beeinträchtigungen. Ansonsten ist man sich mit der Medizin einig und betont, dass Verhaltensstörungen Verhaltensweisen sind, die von der „Norm einer Gruppe abweichen, dauerhaft auftreten und den Betroffenen selbst oder seine Umwelt beeinträchtigen.

Man kann Verhaltensstörungen nach den Bereichen beim Menschen einteilen, die von ihnen bevorzugt betroffen sind:

- Körperlicher Bereich: Bauchschmerzen, ↗Essstörungen, Einnässen, Zähneknirschen, Daumenlutschen, Haareausreißen u. a.
- Emotionaler Bereich: ↗Prüfungsangst, Schulangst, ↗Phobien, depressive Verstimmungen (↗Depression) u. a.
- Verhaltensbereich: häufiges Schlagen, Wutanfälle, Clownerien, Hyperaktivität, Verträumtheit, Überangepasstheit, Streitsucht u. a.
- Sozialer Bereich: Lügen, Teilnahme an Diebstählen, Brutalität, Schulschwänzen u. a.

Als soziale Ursachen, die bei der Entstehung von Verhaltensstörungen zusammenwirken, können nach H. Hobmair genannt werden:

- soziokulturelle Faktoren (z. B. zu hohe Leistungsanforderungen, übermäßiger Einfluss von Massenmedien, Überangebot an Konsumgütern)
- ökonomische Faktoren (mangelnder Wohnraum, Armut)
- familiäre Faktoren (Gewalt in der Familie, Beziehungsstörungen, ungünstige ↗Geschwisterkonstellation u. a.)
- Fehlformen in der Erziehung (Ablehnung, Vernachlässigung, Überbehütung, Verwöhnung, inkonsequente Erziehung u. a.)
- individuelle Erlebnisse (Misshandlungen, sexueller Missbrauch, Erleben von vermeintlicher Minderwertigkeit wie z. B. im Aussehen, Geschlecht)

Gefährdet sind besonders zu früh geborene, genetisch belastete (z. B. Chromosomenanomalie), häufig kranke (z. B. als Folge einer Immunschwäche), sehr sensible oder impulsive Kinder. Es handelt sich hier um organische (biologische, körperliche) Faktoren, die die Entstehung von Verhaltensstörungen begünstigen können. Andrerseits spielen bei der Entstehung von Verhaltensstörungen auch Persönlichkeitseigenschaften des Betreffenden, wie z. B. Ängstlichkeit, emotionale Labilität, Schüchternheit oder überzogene Ansprüche eine Rolle.

Die Wirkung dieses Ursachenbündels von sozialen, biologischen und psychischen Einflüssen wird von den einzelnen psychologischen Theorien unterschiedlich erklärt. Psychodynamische Ansätze wie die ↗*Psychoanalyse* stellen heraus, dass wichtige Triebwünsche des Kindes zu viel oder meist zu wenig befriedigt wurden, so dass Angst entstand, die von einem schwachen Ich, das den

Anforderungen der Umwelt und denen des Über-Ich nicht gewachsen ist, abgewehrt werden muss. Es kommt zu Fehlanpassungen und Konflikten mit der Umwelt. *Lerntheorien* (↗Lernen, ↗Behaviorismus) heben hervor, dass „falsches" Verhalten gelernt wurde. Kritik, Abwertung, Gewalt können z. B. Angst oder Aggressivität erzeugen, die dann in der weiteren Entwicklung positiv oder negativ verstärkt werden, so dass schließlich das Verhalten sich festigt und immer häufiger auftritt. Die ↗*humanistische Psychologie* sieht verhaltensgestörte Menschen in ihrer Selbstaktualisierungstendenz eingeschränkt (↗Selbstkonzept).

Verhaltenstherapie. Behandlungsverfahren, die sich auf Erkenntnisse über das ↗Lernen stützen und an den Symptomen einer Störung ansetzen, werden Verhaltenstherapie (VT) genannt. Verhaltenstherapeuten sehen ↗psychische Störungen und ↗Persönlichkeitsstörungen als fehlerhaft vollzogene Anpassungsleistungen des Individuums an, die mit Hilfe derselben Lernprozesse wie normales Verhalten geschehen. Die Bedingungen des vergangenen Lernens (Ursachen) spielen, anders als z. B. in der Psychoanalyse die Konflikte, keine Rolle mehr. Es kommt wesentlich darauf an, durch gezielte Lernhilfen die vorhandene Störung abzubauen (= Symptombehandlung). Diese Annahme der Verhaltenstherapie ist umstritten, und vor allem ihre kognitiv orientierte Methoden beziehen deshalb das Problem der Verursachung in die Therapie mit ein.

Allen Verfahren der Verhaltenstherapie geht immer eine genaue Verhaltensanalyse voraus. Nach D. Schulte umfasst sie

- eine genaue *Klärung der Symptome* (Was geht dem problematischen Verhalten voraus? Welche Vorgänge im Körper sind wichtig? Welche vergangenen und aktuellen Bedingungen für das Auftreten der Symptome sind bekannt?)
- die *Findung der Therapieziele* (z. B.: Sind Lebensbedingungen zu ändern? Ist die Bedeutung der Symptome zu ändern? Welche Folgen müssen nach der Änderung der Symptome bewältigt werden? Wo kann direkt eingegriffen werden?)
- und die *Planung der Therapie* (Festlegung einzelner Schritte; Aufstellen von Verstärkerplänen, d. h. Bestimmen von Verstärkern, Festlegung, ob sie intermittierend oder kontinuierlich auftreten sollen; Ermitteln von Möglichkeiten der Erfolgskontrolle u. a.). „Lernen.

Als Begründer der Verhaltenstherapie gilt J. B. Watson, der im Anschluss an seine Experimente mit dem „kleinen Albert" (Konditionierung der Angstreaktion gegenüber Ratten) mit einigen Mitarbeitern Verfahren zum Angstabbau entwickelte. Weiterhin ist B. F. Skinner zu nennen, der erstmals die Bezeichnung Verhaltenstherapie benutzte. H. J. Eysenck hat im Maudsley Hospital in London die Entstehung und Behandlung von psychischen Störungen nach lerntheoretischen Prinzipien erörtert und danach die Praxis der Behandlung organisiert. J. Wolpe gilt als Begründer der Systematischen Desensibilisierung.

Es ist sinnvoll, die zahlreichen verhaltenstherapeutischen Verfahren in vier Bereiche einzuteilen:

- Zunächst wurden vor allem sog. *Beseitigungsverfahren* entwickelt. In der *Desensibilisierung* stellt sich der Klient in einem tief entspannten Zustand (↗Entspannungstechniken) den Reiz, der eine Angstreaktion auslöst (z. B. eine Spinne bei der Spinnenphobie), in verschiedenen Intensitätsgraden vor oder nimmt ihn wirklich wahr. Es wird mit einem Reiz begonnen, der keine oder nur geringe Angst auslöst (Photo einer kleinen Spinne). Derselbe Vorgang wird mit Reizen wiederholt, die vor der Behandlung immer intensivere Ängste (Vorstellung einer Spinne im Zimmer bis zum Nacherleben einer fetten, schwarzen Spinne, die sich auf dem Gesicht bewegt) hervorgerufen haben. Der Klient verbindet mit den angenehmen Empfindungen der Entspannung die angstauslösenden Reize, wodurch sie allmählich ihre ursprüngliche Signalwirkung verlieren. Es ist bei diesem Vorgehen darauf zu achten, dass stets das Entspanntsein überwiegt, da sonst die angstbesetzten Vorstellungen ihren Signalcharakter auf die Entspannung übertragen würden und der Klient in der Folge Angst vor der Therapie entwickelt. Zu diesem Zweck wird vor der Behandlung eine Angst- bzw. Reizhierarchie aufgestellt, die von Reizen, die geringste Angstreaktionen auslösen, ausgeht und bei Reizen, die stärkste Angstreaktionen hervorrufen, endet. Bei eng begrenzten ↗psychischen Störungen, wie bei ↗Ticks, Arbeitsstörungen, ↗Angst- und Zwangsstörungen, werden mit der Verhaltenstherapie die besten Erfolge erzielt. Eine Verhaltenstherapie dauert in der Regel sehr viel kürzere Zeit als andere Techniken, deshalb wird sie ebenso gern bei sehr dringlichen Beschwerden, wie z. B. ↗Prüfungsängsten, eingesetzt. Jedoch braucht man auch hier einen Zeitraum von ungefähr drei Monaten, um Erfolg zu haben. Oft werden negative Verhaltensweisen (z. B. ↗Alkoholismus, Rauchen) dadurch beseitigt, dass man ihnen einen unangenehmen Reiz vorschaltet (z. B. ekliger Geschmacksreiz), mit dem Reize, die problematisches Verhalten auslösen (z. B. Bier, Zigarette) konditioniert werden (*Aversionstherapie*).
- Die Techniken, welche die Konsequenzen des Verhaltens so verändern, dass ein erwünschtes Verhalten aufgebaut wird, berücksichtigen die Forschungsergebnisse zum operanten Konditionieren (↗Lernen). Es handelt sich um sog. *„Aneignungsverfahren“*. Die Methode des *Shaping* (Verhaltensformung) wird außer bei der Behandlung von Neurosen in der psychiatrischen Klinik auch in der Erziehung des Kleinkindes (z. B. Reinlichkeitserziehung) verwendet. Man formt Verhaltensweisen aus, indem schon kleinste Schritte des erwünschten Verhaltens verstärkt werden, damit letztlich ein komplexer Ablauf entsteht. Autistische Kinder (↗Autismus), die überhaupt nie sprachen, wurden anfangs jedes Mal mit Süßigkeiten belohnt, wenn sie überhaupt einen Laut äußerten, dann für Laute, die sie dem Therapeuten nachsprachen, und später für das Unterscheiden und Nachahmen von zwei verschiedenen Lauten. Schließlich waren die Kinder in der Lage, alle vorgesprochenen Laute nachzuahmen, worauf dann eine Spracherziehung aufbauen konnte. Eine in der therapeutischen Praxis wichtige Lerntechnik ist das sozial-kognitive Lernen. Hier wird ein Vorbild, das ein Verhalten zeigt, welches belohnt wird, systematisch nachgeahmt. Für die Nachahmung wird der Klient wiederum verstärkt.

- *Konfrontationsverfahren* bringen den Klienten therapeutisch sorgfältig vorbereitet und begleitet mit den Auslösern seiner Angst in Kontakt (↗Angststörungen), er kann ihnen nicht ausweichen und erlebt, dass die erwarteten katastrophalen Folgen nicht eintreten.
- Eine große Bedeutung haben in letzter Zeit verhaltenstherapeutische Verfahren gewonnen, die sich um eine *Integration kognitiver Prozesse* bemühen. Sie gehen davon aus, dass es keine allgemein gültigen festen Reize gibt, die ein Verhalten auslösen, sondern die Reize erst durch die Einschätzung des Betroffenen z. B. angstauslösend werden. Einige solcher Verfahren sind: die ↗*Rational-emotive Therapie* von A. Ellis (die irrationalen Denkmuster, Bewertungen und Interpretationen, die unerwünschte Gefühle produzieren, werden erkennbar gemacht und vom Klienten modifiziert), das ↗*Selbstinstruktionstraining* von D. W. Meichenbaum (der Klient übt, trainiert Selbstanweisung, Stressimpfung, problemlösendes Denken), die *kognitive Therapie* der Depression von A. T. Beck (der Klient soll seine negativen Gedanken aufgeben, lernt unangemessene Gedanken erkennen und erfährt deren schädigende Wirkung, entwickelt kognitive Neueinschätzung), das *Gedankenstoppen* von A. Bain (durch lautes „Stopp"-Rufen unterbricht der Therapeut eine unerwünschte Gedankenkette).

Verhaltenstherapeutische Methoden sind sehr populär, da sie nur sehr kurz dauern (z. B. zehn oder zwölf Sitzungen), ihre Wirksamkeit vielfach nachgewiesen wurde und die Erfolge stabil sind (es treten keine Symptomverschiebungen auf). Bei diffusen, nicht klar zu beschreibenden Störungen, die z. B. im Zusammenhang mit mangelndem Selbstwertgefühl oder einer allgemeinen Ängstlichkeit stehen, bei Partnerschaftsproblemen oder auch bei vielen ↗Persönlichkeisstörungen stoßen verhaltenstherapeutische Techniken jedoch an ihre Grenzen.

Verkaufspsychologie, zusammenfassende Bezeichnung für die ↗Markt- und ↗Werbepsychologie.

Verkehrspsychologie befasst sich mit psychologischen Problemen aller Verkehrsbereiche, wobei das Hauptgewicht der Forschung und der Anwendung psychologischer Erkenntnisse auf dem motorisierten Straßenverkehr liegt. Die Verkehrspsychologie ist inzwischen neben der Verkehrsmedizin, Verkehrstechnik und dem Verkehrsrecht eine der wichtigsten Teildisziplinen der Wissenschaft vom Verkehr geworden.

Beim Verkehr handelt es sich um mitmenschliche Beziehungen und Begegnungen auf Verkehrswegen und beim Verkehrsverhalten um *soziales Verhalten,* das nicht nur von anderen Verkehrsteilnehmern abhängt, sondern auch durch Verkehrsregeln, Verkehrsmittel und Straßengestaltung sowie durch Eigenschaften des Verkehrsteilnehmers weitgehend mitbestimmt wird. Für die Psychologie gilt es, die sozialen Beziehungen zwischen den Verkehrsteilnehmern (auch Fußgänger) zu erforschen und Möglichkeiten aufzuzeigen, wie Konflikte (Unfälle) vermieden werden können und ein reibungsloser Ablauf des Verkehrsgeschehens garantiert wird.

Im Mittelpunkt der bisherigen verkehrspsychologischen Forschung standen folgende Fragen:

1. *Die Orientierung des Menschen im Verkehr:* Nach W. Lejeune ist ein hoher Teil der Unfälle auf menschliches Versagen zurückzuführen. Aus diesem Grunde konzentrierte man sich lange Zeit auf die Untersuchung jener psychischen Fähigkeiten, Fertigkeiten, Kenntnisse und Charaktereigenschaften, die unbedingt notwendig sind, um den Anforderungen des modernen Straßenverkehrs gewachsen zu sein. Es wurden viele nützliche Erkenntnisse festgestellt über die Orientierung im Straßenverkehr durch Gesichtssinn, Gehörsinn und Hautsinne bei verschiedenen Geschwindigkeiten, in verschiedenen Situationen (z. B. Tag- und Nachtfahrt) und auf verschiedenen Altersstufen. Es gilt: Neben optischen sind auch akustische und durch Hautsinne (Druck, Wärme, Gewichtsverlagerung u. a.) wahrgenommene Signale sehr wichtig. Bei akustischen Signalen ist die Gefahr des Erschreckens und damit zusammenhängender spontaner und nicht angepasster Muskelreaktionen sehr groß.
Bei der optischen Wahrnehmung spielt die Erfahrung die wichtigste Rolle, vor allem beim schnellen Fahren. Bei höheren Geschwindigkeiten ist der Fahrer gewöhnlich nicht mehr in der Lage, das Randgeschehen voll zu beobachten, das Gesichtsfeld wird stark eingeengt (bei einer Geschwindigkeit von 100 km etwa 45°). In Zukunft wird es wichtig sein, nicht direkt beobachtbare Gefahren und nicht einsehbare Straßenabschnitte durch bessere Voranzeigen anzukündigen. Besondere Beachtung hat das Alter als eine Einflussgröße auf das Fahrverhalten gefunden. Die inzwischen erwiesene höhere Unfallquote der Altersgruppen bis 23 Jahre wird durch mangelnde Erfahrung und zum Teil durch unangemessene Gefühle, Motive und Einstellungen erklärt. Die Fahrtauglichkeit älterer Fahrer wird durch Leistungsminderung oder -ausfälle, Reaktionsverzögerungen und Orientierungsschwäche erheblich gemindert, jedoch zum Teil durch größere Erfahrung wiederum ausgeglichen.
2. *Anpassung des Menschen an den Verkehr.* Es hat sich herausgestellt, dass für das verkehrsangepasste Verhalten die „Intelligenz nur eine sehr geringe Rolle spielt. Wichtiger scheinen Persönlichkeitseigenschaften wie Zuverlässigkeit, innere Ausgewogenheit, Gefühlsstabilität, Kooperationsbereitschaft, Selbstkritik, Meiden des Risikos und richtiges Einschätzen eigener Fähigkeiten zu sein. Personen, die häufig Unfälle verursachen, weisen häufig Störungen im Bereich familiärer Bindungen auf, geringe Bildung und häufiges Versagen im Erwerbsleben und außerdem eine mangelhafte Anpassung an die normativen Forderungen der Umwelt (sozial unangepasst und verunsichert). Wiederholte Misserfolge in praktischen Führerscheinprüfungen und häufiges Verursachen von Verkehrsunfällen kann auf dieselben leistungspsychologischen Mängel zurückgeführt werden, und zwar auf erhöhte Erregung und Unsicherheit (Ängstlichkeit) oder verlangsamtes Reaktionstempo. Unauffälliges bzw. angepasstes Verhalten im Straßenverkehr setzt vor allem soziale Konformität voraus.
W. D. Oswald stellt aufgrund seiner umfangreichen Untersuchungen fest, dass zum Führen von Kraftfahrzeugen jeder geeignet ist, der im Leistungsbereich über „Minimalausstattungen" verfügt, „sich weitgehend sozial konform verhält und weder durch Minderbegabung noch durch gravierende organische Mängel auffällt".

3. *Fahrbahngestaltung, Schilder und Zeichen, Anpassung der Bedienungselemente an den Menschen.* Auf die visuelle Gestaltung von Verkehrswegen lassen sich die wichtigsten Erkenntnisse der Wahrnehmungspsychologie (Gestaltwahrnehmung, ↗Gesichtswahrnehmung) anwenden. Die sog. optische Führung (z.B. durch Leitlinien) spielt dabei eine besonders wichtige Rolle. Der Fahrer soll, vor allem auf „freien Strecken" geführt werden, statt sich aktiv orientieren zu müssen. Die Gestaltung von Schildern und Zeichen (Form und Farbe) wurde inzwischen eingehend untersucht und deren „Lesbarkeit" überprüft. Es wird jedoch immer wieder gegen eine psychologisch sinnvolle Aufstellung von Schildern verstoßen: übermäßige Häufigkeit von Schildern, mangelnde Abhebung vom Hintergrund, Irreführung durch paradoxe Schilderkombination, unnötiges Aufstellen der Schilder.
Neben der Überforderung des Fahrers bewirken solche Verstöße auf lange Sicht auch einen Unwillen, die Verkehrszeichen zu befolgen.
4. *Trunkenheit am Steuer, Ermüdung und Medikamenteneinfluss.* Am folgenschwersten wird das Fahrverhalten zweifellos durch Trunkenheit am Steuer beeinflusst. Unter Alkoholeinfluss kommt es neben Leistungsabfällen (Reaktionsverzögerung) vor allem zur Fehleinschätzung eigener Fähigkeiten und der aktuellen Verkehrssituation (alkoholbedingte Verkehrsunfälle in Kurven). Hier wird von den Psychologen vor allem die Frage untersucht, warum sich Personen mit eingeschränkter Fahrtauglichkeit überhaupt ans Steuer setzen und das Fahrzeug in Betrieb nehmen. Analoge Probleme bestehen auch bei Medikamentenbeeinflussung wie auch bei sehr starken ↗Affekten. Ermüdung wird durch monotone Geräusche, Unlust des Fahrers (man will nicht dorthin, wohin man fährt), Dunkelheit und Wärme im Fahrzeug besonders schnell herbeigeführt. Prokop meint, dass die ersten Ermüdungserscheinungen (Gähnen, Trockenheit im Mund, Durst u.a.) im Verlauf der dritten bis achten Fahrstunde auftreten. Der Zeitpunkt lässt sich hinauszögern, wenn die Fahrt häufig unterbrochen wird. Das Autoradio und das Gespräch mit dem Beifahrer bedeuten eine wertvolle Hilfe (vermindern Monotonie). Durch mehr Sauerstoff und Kälte kann man sich vor Ermüdung schützen. Hier gilt dasselbe wie für sog. „Ernüchterungsmittel" (z.B. Kaffee).
5. *Fahrtauglichkeit.* Verkehrspsychologen müssen in Deutschland häufig Fahrtauglichkeitsgutachten erstellen. Technische Überwachungsvereine (TÜV) stellen Psychologen ein, die bei psychologisch-medizinischen Untersuchungen (PMU) von Berufsfahrern und Prüfungsversagern mitwirken und auf Antrag (z.B. der Landratsämter) Gutachten über Fahrtauglichkeit erstellen. Obwohl für die Beurteilung der Fahrtauglichkeit viele Tests entwickelt wurden, kann das künftige Verkehrsverhalten nur schwer vorausgesagt werden. Hauptsächlich biografische Daten über soziale Auffälligkeiten ermöglichen eine einigermaßen zuverlässige Prognose des Fahrverhaltens.
6. *Verkehrserziehung.* Psychologische Probleme der Verkehrserziehung wurden bisher zu wenig beachtet. Die sehr hohe Zahl von Schulkinder- und ganz allgemein Fußgängerunfällen hat 1990 zur Verschärfung der Straßenverkehrsordnung geführt und das öffentliche Interesse auf die Verkehrserziehung gelenkt.

Inzwischen haben Psychologen die Wirksamkeit von verschiedenen Aufklärungsmethoden (Fernsehspots, Zeitungsanzeigen usw.) und die Didaktik der Verkehrserziehung in den Schulen untersucht.
Wichtige Erkenntnisse:
- Eingefahrene Gewohnheiten der Kraftfahrer können nur sehr schwer abgebaut werden.
- Fußgänger – vor allem Ausländer – verfügen über ein sehr geringes Wissen über Verkehrsregeln.
- Bei der Verkehrserziehung in der Schule kommt es auf das Erlernen von sozialen Verhaltensweisen und weniger auf Wissenserwerb an.
- Neben Aufklärung, Ausbildung und Information erscheint Entspannung der Atmosphäre im Verkehr als eine entscheidende Voraussetzung für ein richtiges, d. h. vom Wissen statt von Gefühlen bestimmtes Verkehrsverhalten. Starke Motivationen, wie Eile, Ungeduld, Risikofreude, Rechthaberei, Konkurrenzdenken, verursachen häufig ein Verkehrsverhalten „wider besseres Wissen";
- Personen, die schon häufig Unfälle verursacht haben, sollten dazu verpflichtet werden, an Trainings- und Ausbildungskursen teilzunehmen. Es hat sich herausgestellt, dass Kursteilnehmer nach dem Kurs weit weniger Unfälle verursachen als vor dem Kurs. In den USA sind sog. „driver clinics" eingerichtet worden, die Unfäller wieder an den Verkehr anpassen.
- Bei der Verkehrsaufklärung ist besonders darauf zu achten, dass sich Bild und Ton ergänzen, dass Lernziele je nach Zielgruppe richtig ausgewählt werden, dass der Sinn einer Verhaltensweise und Beweggründe für richtiges Verhalten aufgezeigt werden. Zeitungsanzeigen haben sich bisher als wenig effektiv erwiesen. Themen der Verkehrssicherheit „verkaufen sich" vom Standpunkt des Journalisten her noch immer sehr schlecht.

Vermeidungsverhalten. Menschen neigen dazu, sich vor unangenehmen Situationen (z. B. Strafen, Prüfungen, Lernen) zu drücken. All die Verhaltensweisen, mit deren Hilfe man das Unangenehme vermeidet, nennt man Vermeidungsverhalten. Es wird nach seinem ersten Auftreten immer häufiger werden, da es zu einer angenehmen Konsequenz führte, denn die erwartete negative Situation trat nicht ein. Man spricht von einer *negativen Verstärkung* des Vermeidungsverhaltens. ↗Lernen.

Verstärkung, beschreibt den Prozess, der dazu führt, dass ein spontan gezeigtes Verhalten in Zukunft häufiger auftreten wird. ↗Lernen.

Versuchsperson (Abkürzung Vp bzw. (für Versuchspersonen) Vpn) wird jede Person genannt, die unter kontrollierten Bedingungen (z. B. in einem ↗Experiment) beobachtet wird.

Vigilanz. Wachsamkeit, Helle des Bewusstseins. ↗Arbeitspsychologie.

Vitalität, die (Lebens-)Energie, die ein Mensch in den verschiedenen psychischen Bereichen (Bewegungen, Körperhaltung, ↗Wahrnehmung, Fühlen, Sprechen u. a.) äußert (vitalstark–vitalschwach).

V

Vorpubertät. Das Jugendalter umfasst eine große Zeitspanne vom Ende des ersten Lebensjahrzehnts bis ungefähr zum 18. Lebensjahr. Die Anfangszeit der Pubertät bis zur Geschlechtsreife nennt man Vorpubertät. ↗Jugendalter.

Vorstellung, Bezeichnung für bewusstes „Wiederhervorrufen“ („Sich-Vorstellen“) von Wahrnehmungs- und Gedächtnisinhalten. Der Anschauungscharakter (die Lebendigkeit) von Vorstellungen, besonders von ↗Phantasie-Vorstellungen ist individuell unterschiedlich und kann durch Einnahme bestimmter ↗Psychopharmaka (↗Drogenabhängigkeit) gesteigert werden.

Vorurteile. Man spricht von Vorurteilen, wenn sachlich inadäquate pauschale Meinungen (entweder zu positiv oder zu negativ) durch hinzukommende Informationen kaum geändert werden und das Individuum strikt bei seinem alten Urteil bleibt. Die Begriffe „Vorurteil“ und „Stereotyp“ werden in wissenschaftlichen Untersuchungen häufig gleich bedeutend (synonym) verwendet und definiert. In psychologischen Abhandlungen ist jedoch eine gewisse Differenzierung zu beobachten. Unter *Vorurteil* versteht man weitgehend eine freundliche oder feindliche Meinung über andere Personen, Objekte oder Sachverhalte; mit *Stereotypen* werden schablonenhafte Beurteilungen, vereinfachte Verallgemeinerungen bzw. Klischeevorstellungen über eine eigene oder fremde Gruppe und Völker bezeichnet. Diese Gruppen- und ethnischen Stereotype sind meist nur gegenüber Minderheiten feindlich getönt (emotionale Komponente), oft handelt es sich jedoch nur um vereinfachte Konzepte (weder feindselig noch freundlich), die von einer großen Gruppe oder vom ganzen Volk als wahr angenommen werden. So sind Juden schlau, gewinnsüchtig, geizig, Neger abergläubisch, faul, dumm, leichtsinnig; über Juden als Minderheit und Neger als Rasse werden feindliche Stereotypen aufgestellt, die Gruppen abgewertet und mit Aggressionen belegt. Dagegen sind Engländer und Deutsche fleißig und intelligent und Italiener künstlerisch, leidenschaftlich und impulsiv. Diese Klischeevorstellungen beinhalten keine feindliche oder freundliche Komponente. Außerdem werden Stereotype immer wieder durch Massenkommunikationsmittel wiedergegeben.
Vorurteile treten als „Einstellungen nie isoliert auf, sondern sind mit der gesamten Persönlichkeit verflochten (↗autoritäre Persönlichkeit). Stereotype können isoliert auftreten und von anderen Einstellungen der Personen unabhängig sein. Sowohl Stereotype wie Vorurteile bestimmen das Verhalten und werden schon in der Kindheit gelernt.

W

Wahn *(Paranoia),* eine ↗Psychose, für die psychische Erlebnisse wie Ideen, Überzeugungen und Vorstellungen charakteristisch sind, die keine äußere Ursache und keinen Realitätsbezug haben („falsch sind") und durch Aufführen von Beweisen nicht korrigiert werden können. Der paranoische Wahn ist im Gegensatz zum schizophrenen Wahn einfühlbar, d. h. dieselben Ideen können in stark abgeschwächter Form auch beim Normalen vorkommen. Wichtigste Formen sind: der *Beziehungswahn,* bei dem zufällige Vorkommnisse auf die eigene Person bezogen werden (der Kranke fühlt sich ständig betroffen, belächelt, beschämt, wird verlegen), der *Größenwahn,* bei dem der Kranke sich in höchsten Positionen erlebt (König, Gott) und der *Verfolgungswahn,* bei dem sich der Kranke ständig am Leben bedroht fühlt.

Wahrnehmung. *I. Allgemeine Vorbemerkungen.* Wahrnehmung stellt die Grundlage jedes psychischen Geschehens dar; sie ist auf der einen Seite an Sinnesempfindungen gebunden (physiologischer Aspekt der Wahrnehmung), andererseits wird sie durch Erfahrungen und Erwartungshaltungen modifiziert (psychologischer Aspekt der Wahrnehmung – social perception). Man unterscheidet zwischen Wahrnehmung, ↗Empfindung und ↗Vorstellung: Empfindungen (sowohl die zentralnervösen Erregungen des ↗Nervensystems als auch gleichzeitig ablaufende emotionale Empfindungen) bilden die Grundlage für die Wahrnehmung, von der wiederum die Vorstellungen abhängen.
II. Definition. Die Wahrnehmung wird allgemein als Prozess und Ergebnis der Gewinnung von Informationen über die Außenwelt definiert (s. Abb. unten). Aus der schematischen Darstellung wird ersichtlich, dass auch der Hintergrund eine Rolle spielt („Wahrnehmungstäuschungen, Kontrastphänomene, soziale Wahrnehmung), dass aufgrund der Beschaffenheit der Sinnesorgane nur ein kleiner Ausschnitt der Umwelt wahrgenommen wird, dass die Informationen durch Erfahrung, Gedächtnis, Gefühle und andere Faktoren verändert (modifiziert) werden und dass das auf die Wahrnehmung folgende Verhalten (z. B. Vermeiden von bestimmten Situationen) eine erneute Selektion und Verfälschung der Wirklichkeit herbeiführen kann.
III. Einige Ergebnisse der Wahrnehmungsforschung. In der Geschichte der Wahrnehmungsforschung wurden nacheinander Schwerpunkte auf einzelne Faktoren, die an der Wahrnehmung beteiligt sind, gelegt und diese besonders gründlich erforscht. Die gewonnenen Erkenntnisse führten dann jeweils zur Aufstellung einer neuen Wahrnehmungstheorie.
Die bisherigen Bemühungen der Wahrnehmungsforschung brachten einige wichtige Erkenntnisse (im Einzelnen wird auf die in der Übersicht aufgeführten Stichwort-Artikel verwiesen) und führten zu verschiedenen theoretischen Ansätzen:
1. Die Wahrnehmung vermittelt keine objektive Wirklichkeit, sondern eine subjektive Welt; wir nehmen das wahr, was unseren Bedürfnissen, Erfahrungen, Erwartungen entspricht und nicht die objektiv gegebenen Reize.
2. Die Wahrnehmung hängt zum Teil von angeborenen Organisationsprozessen (↗Gestalt, ↗Wahrnehmungstäuschungen) und der Beschaffenheit der Sinnesorgane und äußeren Umständen ab und zum Teil von ↗Lernen, Erfahrung, aktuellem Zustand des Individuums (Bedürfnisse) und von seinen Erwartungen.

Schematische Darstellung der Wahrnehmungsvorgänge

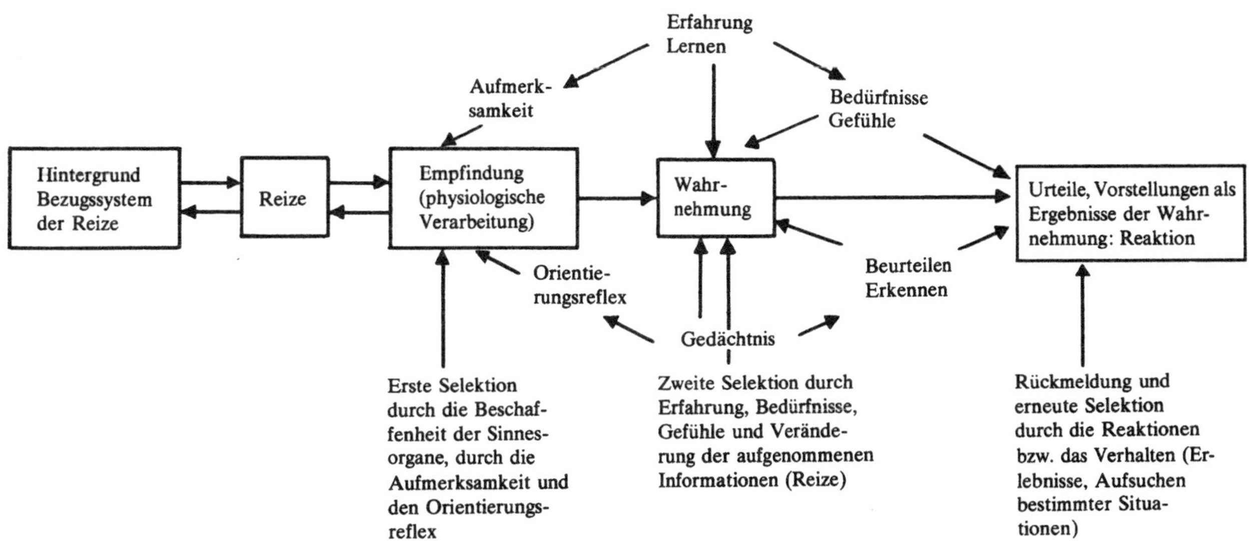

Übersicht über die Wahrnehmungsforschung

Forschungs-schwerpunkt	Sinne	Soziale Merkmale	Differentielle Psychologie	Funktionen
Teilbereiche der Forschung	↗Gesichts-wahrnehmung ↗Gehörs-wahrnehmung ↗Geruchs-wahrnehmung ↗Hautwahr-nehmung ↗Gestalt-Wahrnehmung	↗Soziale Wahrnehmung	Person-Wahr-nehmung (↗Ausdruck)	Bedeutung der Erfahrung, Gefühle, Bedürf-nisse usw.
Spezielle Probleme und Erkenntnisse	↗Wahrnehmung-stäuschungen, gestalthafte Or-ganisation der Wahrnehmung	↗Konformität, ↗Sprache, Ge-setzmäßigkeiten der Wahrneh-mung von sozia-len Merkmalen	↗Ausdruck, systematische Fehler bei der Personwahr-nehmung	Entwicklung der Wahrnehmung (Erfahrung) Wahrnehmungs-abwehr u.a.m.

3. Die Verfälschung und Verzerrung der objektiven Wirklichkeit durch die Wahrnehmung wird in der sozialen und Person-Wahrnehmung besonders deutlich. Es wird entsprechend den eigenen ↗Einstellungen, den sozialen und kulturellen ↗Normen der beherrschten Sprache wahrgenommen; ↗Vorurteile, Klischeevorstellungen und Gruppendruck führen zu weiteren Verfälschungen.

Wahrnehmungstäuschungen *(Sinnestäuschungen).* Als Wahrnehmungstäuschungen werden Wahrnehmungsinhalte bzw. bewusste Erlebnisse bezeichnet, die von der objektiv gegebenen Wirklichkeit (z. B. eine Reizkonstellation) abweichen, jedoch als Erlebnis, als Wahrnehmung der „gegenwärtig" vorhandenen Umgebung empfunden werden. Vorstellungen (Illusionen) und Gedanken, die auf Vergangenheit oder Zukunft gerichtet sind, sind auch dann keine Wahrnehmungstäuschungen, wenn sie der Wirklichkeit nicht entsprechen. Unter den Wahrnehmungstäuschungen sind vor allem die „geometrisch-optischen Täuschungen" bekannt. Die Tatasche, dass wir trotz des „Besser-Wissens" der Täuschung immer wieder unterliegen, ist ein wichtiges Merkmal von Wahrnehmungstäuschungen. Die ältere Bezeichnung „Sinnestäuschungen" wird für die oben definierten Erscheinungen nicht mehr verwendet, weil es sich um keine Täuschungen der Sinnesorgane oder ↗Sinne handelt und der abweichende Wahrnehmungsinhalt erst durch die zentrale Verarbeitung (↗Wahrnehmung) zustande kommt.
Klassifikation von Wahrnehmungstäuschungen:
1. Zu den Täuschungen, die ohne entsprechende Außenreize entstehen oder starke Fehldeutungen der Wirklichkeit darstellen, werden gerechnet: *Halluzinationen,* lebhafte Wahrnehmungsinhalte, die durch „Psychopharmaka oder Ausnahmezustände, wie Durst, Hunger oder Isolation, hervorgerufen werden und für ↗Psychosen wie Schizophrenie charakteristisch sind (Nicht-Vorhandenes wird wahrgenommen).

2. *Bewegungstäuschungen,* wie Bewegung der Landschaft im fahrenden Auto, des Brückenpfeilers bei fließendem Wasser, des Mondes am bewölkten Himmel, die als „Rollentausch“ bezeichnet werden könnten, und Scheinbewegungen, die entstehen, wenn z. B. zwei Lichtpunkte in kurzer Entfernung hintereinander aufleuchten oder ruhende Objekte kurz hintereinander dargeboten werden (Phi-Phänomen).
3. Die (geometrisch-)*optischen Täuschungen,* für die geringe Abweichungen des Wahrnehmungsinhalts von der Vorlage charakteristisch sind.

Beispiele für optische Täuschungen: [Zeichnungen einfügen]
(1) Amessche Räume (der Bezugsrahmen, d. h. der Raum ist nicht quadratisch)

Bei einäugiger Betrachtung durch ein Guckloch wird die Raumverzerrung nicht bemerkt („Erfahrung“); die Eltern erscheinen als Zwerge und ihr Kind als Riese.

(2) Perspektive und Entfernung (der letzte Mann wird wegen der Perspektive und der angenommenen größeren Entfernung größer gesehen)

Die vier Männer sind gleich groß.
Weil wir aber, durch die perspektivischen Linie, die rechten weiter hinten sehen, kommen sie uns größer vor.
(Zeichnung aus *Psychologie, die uns angeht,* Bertelsmann Lexikon-Verlag).

(3) Kontrast-Täuschungen (das Gefäß in der dunklen Umgebung erscheint heller, von kleineren Kreisen umzäumter Kreis größer)

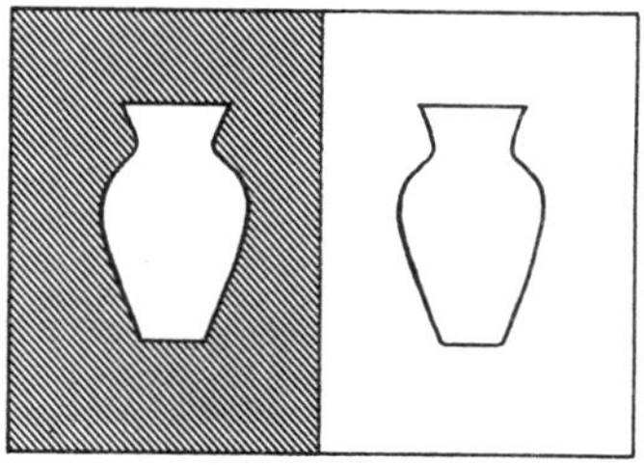

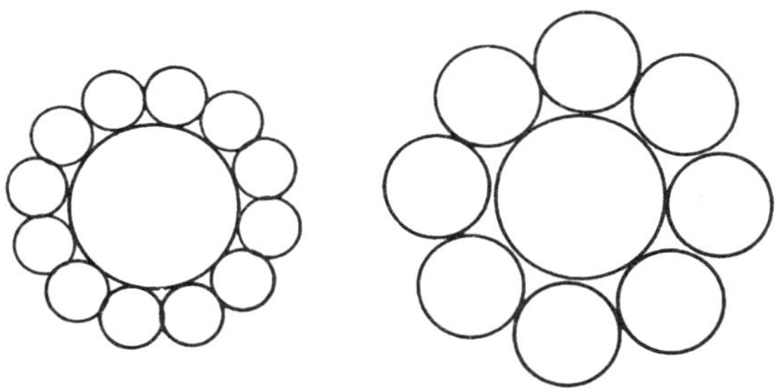

(4) Beispiele für geometrisch-optische Täuschungen:

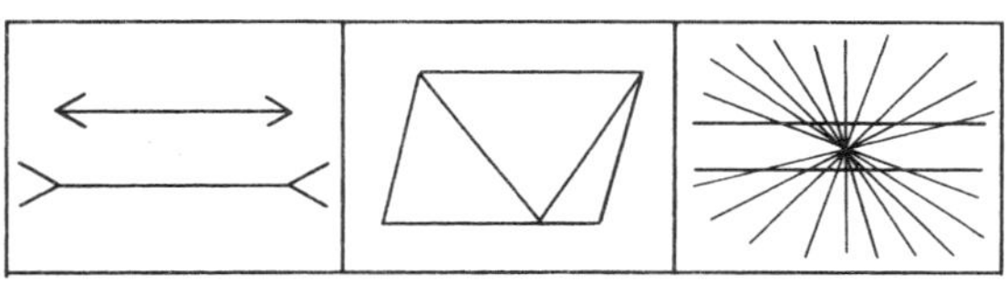

Müller-Leyersche Täuschung | Heringsche Täuschung | Sandersche Täuschung

Die unter a), b) und c) aufgeführten Täuschungen haben zweifelsohne eine gewisse funktionale Bedeutung, indem sie im täglichen Leben eine realistischere Wahrnehmung der Umwelt ermöglichen, als sie durch die Sinnesorgane vermittelt wird. Auch bei diesen Wahrnehmungstäuschungen zeigt sich die große Bedeutung des ↗Lernens, der Gefühle, Bedürfnisse und ↗Einstellungen. Im Amesschen Raum wird z. B. die eigene Ehefrau oder Freundin normal gesehen und der Raum verzerrt (Honey-Phänomen).
Die unter c) und d) aufgeführten Täuschungen waren ursprünglich hauptsächlich für Forschungszwecke interessant; unter anderem haben mit ihrer Hilfe Gestaltpsychologen (↗Gestalt) den ganzheitlichen Charakter der Wahrnehmung bewiesen. Sie verdeutlichen, dass man durch geschickte Anordnung des Umfeldes den Menschen täuschen kann. Man kann, je nach Bedarf, ein Objekt größer oder kleiner erscheinen lassen (z. B. in der Werbung).

W

Weber-Fechnersches-Gesetz. Der Begründer der experimentellen Psychologie, G. T. Fechner, und E. H. Weber haben festgestellt, dass der eben merkliche Unterschied bei einer Reizänderung von der Ausgangsgröße des Reizes abhängt. So muss beispielsweise ein Gewicht, das auf die Hand aufgesetzt wird, um ein Drittel bis die Hälfte größer sein als das Ausgangsgewicht, um eine Gewichtsänderung wahrnehmen zu können. Hebt man Gewichte, ist die Unterschiedsschwelle viel feiner, man bemerkt schon Veränderungen, die ein Fünfzigstel bis ein Siebzigstel der Ausgangsgröße betragen. ↗Empfindung, ↗Psychophysik.

Wehrpsychologie. Die komplizierten Führungs- und Waffensysteme erfordern den Einsatz von psychologischen Erkenntnissen und von Psychologen in folgenden Bereichen:
1. Eignungsuntersuchungen und Auswahl von Spezialisten für das Bedienen komplizierter Waffensysteme und für die Übernahme von Führungsaufgaben;
2. Entwicklung von optimalen Ausbildungsmethoden;
3. Anpassung komplizierter Waffen an menschliche Leistungsfähigkeit, z. B. Steuerung von U-Booten oder Flugzeugen;
4. Untersuchung sozialpsychologischer Probleme in einer Streitkraft (Führung, Gruppenbeziehungen, Motivierung usw.).

Werbepsychologie. Die Erkenntnisse der Psychologie haben die Werbung, d. h. die Kunst zu überreden, Erwartungen, „Einstellungen und Meinungen zu beeinflussen und das menschliche Verhalten zu lenken, stark verändert. Produkte und Firmen werden nicht mehr angepriesen, es wird vielmehr versucht, ein positives Image der Produkte herzustellen, die Erwartungen, Gefühle und Vorstellungen der Konsumenten zu erfüllen (angenehme Atmosphäre, Attraktivität; „exotische Frucht“, „typisch deutsch“ usw.), Bedürfnisse zu wecken und bestehende Bedürfnisse, Hemmungen und Konflikte zu verstärken (Mundgeruch, Schuldgefühle beim Gebrauch des falschen Waschmittels, Bedürfnis nach Anerkennung, Gefühl der Isolierung usw.) und eine Befriedigung durch Kauf zu suggerieren.
Der Ausgangspunkt der Werbepsychologie war die so genannte *Reklamepsychologie* nach 1920, die hauptsächlich in Laboruntersuchungen die Wirksamkeit gedruckter Anzeigen und Grafiken erforscht hat, wobei die Gestaltgesetze (↗Gestalt) sehr stark berücksichtigt wurden. Später wurden in der Werbung die Annahmen der ↗Tiefenpsychologie über die verhaltenssteuernde Wirkung des Unbewussten berücksichtigt, was zur Anwendung der so genannten unterschwelligen Wahrnehmung (subliminale Wahrnehmung: Reize und Informationen werden nicht bewusst erlebt) und verschiedener Symbole für die verborgenen Bedürfnisse und Gefühle (die „geheimen Verführer“, V. Packard) führte. Dies war auch der Ausgangspunkt für die gegenwärtige Motivforschung (↗Marktpsychologie) als Grundlage jeder Werbung, wobei die Erkenntnis, dass die ↗Wahrnehmung weniger von der Reizkonstellation und stärker von den Bedürfnissen und Gefühlen des Empfängers abhängt, die entscheidende Rolle spielt.
Die moderne Werbepsychologie umfasst drei große Aufgabenbereiche:

1. Die *kommerzielle Werbung, Reklame,* Beeinflussung von Konsumenten und deren Kaufverhalten. Dabei geht man im Allgemeinen so vor: a) Erforschung der Bedürfnisse der potenziellen Käufer (Zielgruppe); b) Festlegung des Werbethemas und Wahl des Werbemotivs; c) Gestaltung des Werbetextes, damit er Aufforderungscharakter besitzt (Aufmerksamkeit erweckt), sich des ↗Lernens nach dem Prinzip der klassischen Konditionierung bedient (gleichzeitig mit dem Produkt wird ein Reiz dargeboten, der natürliche Reaktionen auslöst, Bedürfnisse anspricht und Befriedigung verspricht bzw. Vertrauen erweckt); d) Durchführung der Werbeaktion und Kontrolle der Werbewirksamkeit.
2. *Publicrelations,* Öffentlichkeitsarbeit, die ein positives Image (↗Marktpsychologie) eines Betriebes oder eines Politikers aufbauen soll. Techniken sind: Prestigepropaganda (Ruf des Unternehmens), Veröffentlichung von Bilanzen, Spenden für wohltätige Zwecke, Empfang von hohen Persönlichkeiten, Tage der „offenen Tür", Verbreitung von Informationen über so genannte „Meinungsmacher" (opinion leaders, Personen, die populär sind, z. B. Sportler, und hohes soziales Prestige besitzen), Zusammenarbeit mit den Massenmedien und persönliche Begegnung.
3. *Politische Propaganda:* Wahlkampf, Gegenpropaganda, die an die Ehre und positive (Freiheit, Gerechtigkeit ...) sowie negative soziale Werte (Angst, Unsicherheit, Missbrauch der Macht ...) der Zielgruppe appelliert, Agitationspropaganda, die auf der Unzufriedenheit und den Ansprüchen der Zielgruppe aufgebaut (politische Außenseiter), und Integrationspropaganda, die größeren Zusammenhalt der eigenen Gruppe durch Schaffung von Feindgruppen zum Ziel hat und sich am „Sündenbockmechanismus" orientiert (↗Politische Psychologie).
Hinsichtlich der Wirksamkeit der Werbung bestehen viele ↗Vorurteile. Die Menschen sind nicht so leicht manipulierbar (beeinflussbar), wie das häufig angenommen wird. Die einmal gelernten ↗Einstellungen, ↗Gefühle, Bedürfnisse, ↗Vorurteile und somit das gesamte Verhalten – auch Kaufverhalten – sind sehr widerstandsfähig und können durch Massenmedien nur schwer geändert werden. Die Tatsache, dass in unserer Gesellschaft mehr konsumiert wird, als es zur Lebenserhaltung notwendig ist, ist gewiss nicht auf die Bemühungen der Werbung zurückzuführen. Nicht, dass gekauft wird, sondern welche Wahl zwischen etwa gleichwertigen Produkten getroffen wird, ist z. T. eine Funktion der Werbung.

Wertorientierung, allgemeine Bezeichnung für das Verhalten und für ↗Einstellungen (Haltungen), die sich auf soziale ↗Normen und moralische (↗Moral) Werte beziehen.

Wille, Bezeichnung für eine angenommene „Fähigkeit" des Menschen, sich bewusst für ein Verhalten zu entscheiden und ein Ziel anzustreben. Die Willensaktivität wird zu den kognitiven Fähigkeiten gerechnet (Willenshandlung im Gegensatz zur emotionalen Reaktion) und im Sinne der Fähigkeit zur Selbstdisziplinierung verstanden. In der älteren Psychologie oft benutzt, wird dieser Begriff heute durch den der ↗Motivation ersetzt.

W

Wir-Postulat. Die ↗Themenzentrierte Interaktion von Ruth C. Cohn beinhaltet vier wesentliche Elemente, das *Ich* („einzelner Teilnehmer"), das *Es* („Thema"), das *Wir* („die Gruppe") und den *Globe* („äußere Bedingungen"). Die Aussagen zu diesen einzelnen Elementen formuliert Cohn als Postulate. Beim *Wir* betont sie z. B. die Wichtigkeit eines gemeinsamen Anliegens und die Notwendigkeit, dass alle Mitglieder sich in die gemeinsame Arbeit einbringen.

Wirtschaftspsychologie. Die Anwendung psychologischer Erkenntnisse der Wirtschaft wird aufgegliedert in die Psychologie der Produktion, die ↗Arbeits-, ↗Betriebs- und ↗Organisationspsychologie umfasst, und in die Psychologie des Konsumverhaltens (Verbraucher-Psychologie) mit den beiden wichtigsten Bereichend der psychologischen Marktforschung und Werbung (↗Marktpsychologie und ↗Werbepsychologie). Für die Arbeits- und Betriebspsychologie wird oft die Bezeichnung *Industriepsychologie* gebraucht und für die Markt- und Werbepsychologie der Begriff *Verkaufspsychologie.*

Yoga, Übungen, die sich im Zusammenhang mit einer indischen philosophischen Lehre entwickelt haben und heute im Westen besonders auch dafür eingesetzt werden, um eine größere Körperbeherrschung, Konzentration und Entspannung zu erreichen. ↗Entspannungstechniken.

Zeitmanagement bedeutet in der Wirtschaft, Methoden und Techniken zu entwickeln, um die zur Verfügung stehende Zeit optimal zu nutzen. Beim Privatmenschen geht es häufig darum, Zeit zu sparen, damit die wichtigen Dinge in Beruf und Freizeit getan werden können. Wichtig ist, in einem ersten Schritt den Ist-Zustand festzustellen, indem man schriftlich festhält, in welchen Lebensbereichen (z. B. Haushalt, Arbeit, Sport) man wie viel Zeit mit welchen Tätigkeiten verbringt. So stellt man z. B. Leerläufe oder schlecht genutzte Zeiten fest, man kann sich fragen, ob man auf Tätigkeiten verzichten kann oder andere verstärken will. In einem weiteren Schritt wird mit der Zeitplanung begonnen, in der man vor allem Prioritäten bei den zu erledigenden Aufgaben setzt, damit man sich nicht verzettelt. Dabei sind die Aufgaben hinsichtlich Wichtigkeit und Dringlichkeit zu unterscheiden. Planungen werden am Ende eines Tages überprüft und, wenn sie nicht realitätsgerecht waren, für den nächsten Zeitabschnitt korrigiert. Hauptzweck einer Planung ist nicht die Schematisierung des Tagesablaufes, sondern eine Hilfestellung bei der Beantwortung der Frage, was im Leben eigentlich wichtig ist.

Zeitwahrnehmung. Die nicht anschauliche Dimension Zeit kann nur an der Anzahl und Dauer der Erlebnisse, Gefühle und Erfahrungen subjektiv geschätzt bzw. wahrgenommen werden. Für die Zeit gibt es weder ein Sinnesorgan noch die adäquaten ↗Reize; trotzdem wird von einem Zeitsinn (↗Sinne) gesprochen. In der Psychologie wird zwischen „subjektiver Zeitschätzung“, „Zeiterleben“ und „Zeitverhalten“ unterschieden. Durch die Erkenntnis der Wissenschaftler, dass das *Zeitverhalten,* d. h. das Herstellen und mehr oder weniger genaues Einhalten bestimmter Zeitabstände im Schlaf und unter Hypnose genauer ist als im Wachzustand, wurde die Annahme einer „inneren Uhr“ bestätigt. Es wird angenommen, dass das Funktionieren der inneren Uhr an physiologische Vorgänge im Körper gebunden ist. Diese Annahme wird außerdem durch die Erkenntnis bestärkt, dass die Einnahme bestimmter ↗Psychopharmaka sowohl das Zeitverhalten als auch das Zeitschätzen beeinflusst. Bei entsprechendem Training ist es möglich, eine bestimmte Zeitspanne im Schlaf genau einzuhalten und zu dem – vor dem Einschlafen – festgelegten Zeitpunkt aufzuwachen. Das Zeiterleben und die subjektive Zeitschätzung sind stark von der Erfahrung (Alter), den Gefühlen, Bedürfnissen, Erwartungen und der Art der Erlebnisse abhängig. Unter *Zeiterleben* wird das bewusste Erfassen zeitlicher Abstände wie „kurz“ oder „lang“ und der zeitlichen Aufeinanderfolge (Vergangenheit, Gegenwart und Zukunft), verstanden. Außer der kürzesten wahrnehmbaren Zeitdauer („Moment“) und der *„psychischen Präsenzzeit“,* die von 0,5 bis etwa 7 Sekunden dauert, ist das Zeiterleben von Gedächtnisleistungen abhängig. Kinder sind erst ab acht Jahren in der Lage, die zeitliche Reihenfolge über längere Zeitspannen hinweg richtig anzugeben.

Durch Vergleiche zwischen der „objektiven“ Zeituhr und „subjektiven“ Schätzungen der verstrichenen Zeit wird die Genauigkeit der Zeitwahrnehmung *(subjektive Zeitschätzung)* gemessen. Die zeitliche Überschätzung ist häufiger bei Frauen, bei spannender Erwartung und Langeweile sowie bei verschiedenen krankhaften Störungen (z. B. „Depressionen) beobachtbar. Eine Unterschätzung der verstrichenen Zeit tritt normalerweise bei angenehmen Erlebnissen, in Kleingruppen, bei abwechslungsreicher Arbeit und bei Einnahme von Tranquilizern (↗Psychopharmaka) auf.

Zentralnervensystem, von Gehirn und Rückenmark gebildeter Teil des ↗Nervensystems.

Zeugentüchtigkeit. Es handelt sich hierbei um die generelle *Glaubwürdigkeit* von Zeugen, die manchmal von psychologischen Sachverständigen festgestellt werden muss. Von ihr wird die *Glaubhaftigkeit* unterschieden, bei der die einzelne Aussage auf ihre Stichhaltigkeit überprüft wird. ↗Forensische Psychologie.

Zufallsstichprobe. Eine Möglichkeit, eine repräsentative ↗Stichprobe zusammenzustellen, ist die Auswahl per Zufall (z. B. durch Zufallszahlen, Los) aus einer vorgegebenen ↗Population. ↗Methoden der Psychologie, ↗Statistik.

Zuverlässigkeit, auch ↗Reliabilität genannt, stellt ein Maß für die Genauigkeit dar, mit der psychologische Instrumente (z. B. ↗Tests) messen.

Zwanghaft. Dieser Begriff bezeichnet nach dem ICD-10 Menschen, die an einer ↗Persönlichkeitsstörung leiden, die dadurch gekennzeichnet ist, dass die Betroffenen dauerhaft Gefühle von Zweifel zeigen, Perfektion von sich verlangen, übertrieben gewissenhaft und halsstarrig sind, ständig kontrollieren und extreme Vorsicht walten lassen. Sind die Merkmale weniger extrem ausgeprägt und nicht im Bereich der Störungen angesiedelt, sprechen Vertreter der ↗Psychoanalyse bei einem solchen Menschen von der *zwanghaften Persönlichkeit.*
Die zwanghafte Persönlichkeitsstörung unterscheidet sich von der „Zwangsstörung dadurch, dass der Betroffene keine Zwangshandlungen und Zwangsgedanken entwickelt.

Zwangsstörung. Wesentliche Kennzeichen dieserStörung sind nach dem ICD-10 wiederkehrende Zwangsgedanken und Zwangshandlungen, die als bedrängend und quälend erlebt werden und von keinem Nutzen sind. Angst ist meist ständig vorhanden, sie steigert sich deutlich, wenn Zwangshandlungen unterdrückt werden (↗Angststörungen).

Zwei-Faktoren-Theorie, Theorie von Mowrer u. a., die besagt, dass bei der Entstehung von Angst zum einen die Konditionierung eine Rolle spielt, zum anderen aber Vermeidungslernen hinzukommen muss, welche die Angst festigt. ↗Angst, ↗Lernen.

Zwillingsforschung. Sie wird zur Untersuchung über die Vererbung von bestimmten Eigenschaften beim Menschen eingesetzt. Man vergleicht hierbei z. B. das Verhalten von eineiigen und zweieiigen Zwillingen in gleichartigen Situationen oder die Entwicklung von eineiigen Zwillingen in verschiedenen Umgebungen. ↗Anlage-Umwelt-Problem.

Zyklothym. Bezeichnung für Menschen, die eher gutmütig, weich und gesellig sind. ↗Körperbautypen.

Literaturverzeichnis

Die Zusammenstellung soll die Möglichkeit bieten, in kurzer Zeit einen Einblick in die deutschsprachige Literatur der Psychologie zu finden, um z. B. Inhalte zu vertiefen, die in diesem Lexikon nur kurz angesprochen werden konnten. Es war deshalb notwendig, auch Bücher anzuführen, die in den Artikeln des Lexikons keine Berücksichtigung fanden.

Einführungen und Wörterbücher

Asanger, R. u. Wenninger, G. (Hrsg.): Handwörterbuch der Psychologie, München, Weinheim 1999[9]

Fröhlich, W. D.: Wörterbuch Psychologie, München 2000

Legewie, H. u. Ehlers, W.: Handbuch moderne Psychologie, Augsburg 1999

Lindner, I.: Studienführer Psychologie, Würzburg 1999[4]

Lück, H. E.: Geschichte der Psychologie, München 1996[2]

Nolting, H.-P. u. Paulus, P.: Psychologie lernen, Weinheim 1999

Schmidbauer, W.: Lexikon Psychologie, Reinbek 2001

Schönpflug, W. u. Schönpflug, U.: Psychologie, Weinheim 1997[4]

Schönpflug, W.: Geschichte und Systematik der Psychologie, Weinheim 2000

Ulich, D.: Einführung in die Psychologie, Stuttgart 2000

Zimbardo, P. G.: Psychologie, Berlin 1999[7]

Allgemeine Psychologie

Birbaumer, N. u. Schmidt, R. F.: Biologische Psychologie, Berlin 1999[4]

Goldenberg, G.: Neuropsychologie, München, 1998[2]

Guski, R.: Wahrnehmung, Stuttgart 2000[2]

Izard, C. E.: Die Emotionen des Menschen, Weinheim 1999[4]

Keller, H. (Hrsg.): Lehrbuch Entwicklungspsychologie, Bern 1998

Mielke, R.: Psychologie des Lernens, Stuttgart 2001

Oerter, R. u. Montada, L.: Entwicklungspsychologie, Weinheim 1998[4]

Rheinberg, Falko: Motivation, Stuttgart 2000[3]

Schermer, F. J.: Lernen und Gedächtnis, München 1998[2]

Vossel, G. u. Zimmer, Heinz: Psychophysiologie, Stuttgart, 1998

Klinische Psychologie

Bastine, R. H. E.: Klinische Psychologie, 2 Bände, Stuttgart 1998[3] und 1992

Comer, R. J.: Klinische Psychologie, Heidelberg 2001[2]

Davison, G. C. u. Neale, J. M.: Klinische Psychologie, München, Weinheim 1998[5]

Elhardt, S.: Tiefenpsychologie, Stuttgart 1998[14]

Hautzinger, M.: Kognitive Verhaltenstherapie bei psychischen Störungen, Weinheim 2000[3]

Jaeggi, E. u. a.: Klinische Psychologie. Was ist das?, Weyarn 1999
Köhler, T.: Psychische Störungen, Stuttgart 1998
Meinhold, W.: Das große Handbuch der Hypnose, München 1999[6]
Reinecker, H.: Lehrbuch der Verhaltenstherapie, Tübingen 1999
Riemann, F.: Grundformen der Angst, München 2000
Textor, M. R. (Hrsg.): Das Buch der Familientherapie, Eschborn 1998[5]
Weber, W.: Wege zum helfenden Gespräch, München 2000[12]

Pädagogische Psychologie, Persönlichkeitspsychologie, Sozialpsychologie

Asendorp, J.: Psychologie der Persönlichkeit, Berlin 1999[2]
Herkner, W.: Lehrbuch Sozialpsychologie, Bern 2001[2]
König, K.: Kleine psychoanalytische Charakterkunde, Göttingen 1997[4]
Metzig, W. u. Schuster, M.: Lernen zu lernen, Berlin 2000
Mietzel, Gerd: Pädagogische Psychologie des Lernens und Lehrens, Göttingen 2001[6]
Nolting, H. P. u. Paulus, P.: Pädagogische Psychologie, Stuttgart 1996[2]
Pervin, L. A.: Persönlichkeitstheorien, München 2000[4]
Roseman, B. u. Bielski, S.: Pädagogische Psychologie, Weinheim 2000
Schulz von Thun, F. Miteinander reden, 3 Bände, Reinbek 1998
Tausch, R. u. Tausch, A.: Erziehungspsychologie, Göttingen 1998[11]
Watzlawick, P. u. a.: Menschliche Kommunikation, Bern 2000[10]

Angewandte Psychologie

Baumann, S.: Psychologie im Sport, Bitburg 2000[3]
Homburg, A. u. Matthies, E.: Umweltpsychologie, Weinheim 1998
Straub, J. u. a. (Hrsg.): Psychologie in der Praxis, München 2000
Stroebe, W. u. Stroebe, M. S.: Lehrbuch der Gesundheitspsychologie, Eschborn 1998
V. Rosenstiel, L.: Grundlagen der Organisationspsychologie, Stuttgart 1999
Winterhoff-Spurk, P.: Medienpsychologie, Stuttgart 1999

Stichwortliste

Gabriele Kreppold-Gröger/Josef Kreppold
Der Weg zu zweit
Liebe ohne Selbstaufgabe
Band 4969

Auf Dauer kommt es darauf an, die Beziehung gut zu pflegen. Die Autoren zeigen, wo Fallen liegen, wie man sie erkennt, umgeht oder produktiv nutzt.

Michael Vincent Miller
Wenn die Liebe Angst macht
Liebesterror und wie man ihm entgeht
Band 4612

Miller beschreibt, wie die Wege hin zu einer glücklichen Liebe und Partnerschaft aussehen, wie es gelingen kann, sich aus dem Teufelskreis von angstauslösendem Machtstreben zu befreien.

Joachim Engl/Franz Thurmaier
Wie redest du mit mir?
Fehler und Möglichkeiten in der Paarkommunikation
Band 4887

Wie man – statt in Vorwürfen steckenzubleiben – richtig spricht und zuhört, Gefühle und Wünsche ausdrückt, Probleme in konstruktiver Weise löst.

Wolf Jordan
Aus Eifersucht kann Liebe werden
Wie Partner zu neuem Vertrauen finden
Mit einem Vorwort von Hans Jellouschek
Band 4776

Warum ist jemand eifersüchtig? Und wie kann sich ein Paar aus dieser Verstrickung befreien? Wolf Jordan zeigt Wege, die zu neuem partnerschaftlichen Vertrauen führen.

Thea Bauriedl
Leben in Beziehungen
Von der Notwendigkeit, Grenzen zu finden
Band 4483

Ein Buch, das klarmacht, wo die Bedingungen und Möglichkeiten liegen, Beziehungen von Anfang an zu pflegen und zu verbessern.

C. G. Jung
Ein großer Psychologe im Gespräch
Interviews, Reden, Begegnungen
Band 4346

Die packende Begegnung mit einem faszinierenden Kenner der menschlichen Seele und bedeutenden Wissenschaftler.

Tilmann Moser
Dabei war ich doch sein liebstes Kind
Eine Psychotherapie mit der Tochter eines SS-Mannes
Band 4807

Was der Rechtsradikalismus gerade grausam klar macht: Die unbewusste Dimension der NS-Zeit wirkt lange weiter, gerade wenn sie verdrängt wird. Das Buch ist eine „enorme Bereicherung“ (Dt. Ärtzteblatt).

Paul G. Quinnet
Es gibt etwas Besseres als den Tod
Suizidgefährdung – Rat und Hilfe
Band 4788

Der Autor eröffnet Möglichkeiten, im Leben neuen Sinn zu sehen.
Ein Buch nicht nur für Suizidgefährdete, sondern auch für Angehörige und Therapeuten.

Greg Anderson
Der Krebs-Überwinder
Eine unglaubliche Reise zur Heilung
Band 4689

„Nicht der Krebs bestimmt dein Leben, sondern du selbst kannst bestimmen, wie dein Leben aussieht.“ Ein Buch über positives Leben, das wirklich weiterhilft.

von Franz / Frey-Rohn / Jaffé
Erfahrungen mit dem Tod
Archetypische Vorstellungen und tiefenpsychologische Deutungen
Band 4324

Drei faszinierende Beiträge, die das geheimnisvolle Erlebnis des Todes als eine Wandlung zu neuem Sein verstehen.